廣東文徵

番禺吳道鎔原稿
番禺張學華增補
順德李棪改編

廣東文徵編印委員會校刊

第二册
卷六至卷十

南方出版傳媒
廣東人民出版社
·廣州·

廣東文徵改編本第二册目次

卷六

明一

陳獻章

卷七
明二

卷八

明三

湛若水

鍾曉

卷九

明四

卷十

明五

黄佐

廣東文徵 改編本卷六

番禺吳道鎔原稿

明一

孫蕡 字仲衍・號西庵・南海人・洪武庚戌舉於鄉・初授織染局使・遷虹縣主簿・入爲翰林典籍。蕡自元季避亂山澤・東莞何眞保有南海・征南將軍廖永忠南下・蕡爲眞作書請歸附・廖永忠嘉其誠欵・不戮一人・嶺表晏然・蕡之力也・性敏邁・工詩・與黃哲、王佐、李德、趙介爲南園詩社・振興風雅・世稱南園前五先生・後以題畫坐藍玉黨被禍。既登科第・仕宦二十餘年・一禁繫、一謫戍、四爲下僚・僅一入史局・而不免於凶終・論者惜之・所著有通鑑前編・孝經集善・理學訓蒙・和陶集古皆佚・西庵集原稱九卷・今存者文數篇詩二卷而已。

夜遊棲禪寺紀事詩序

庚戌十月・予與二客自五羊城泛舟遊羅浮・道出合江・訪東坡白鶴峯遺址・還艤舟西湖小蘇堤下・夜登棲禪寺・留宿精舍・時薄寒中・霜月如晝・山深悄無人聲・二客醉臥僧榻上・予獨散步東廊・壁光皎潔若雪・隱約有字・急呼小童篝燈讀之・字體流麗飛動・倣衞夫人書法・詩凡十首・皆集古語而成者・其後復書羅浮玉仙姑月夜過此・有感而賦・予驚曰・此非仙語・乃人間意態也・方欲再諦視・而燈爲北風所滅晦・林木瀝淅作山鬼聲。予毛髮森竦・不敢久立・卽還室掩戶・蹌踉而臥・夢一美人年可二十六七・奇葩逸麗・光奪人目・風鬟霧髩・颯然凄冷・殆不類人世中所見者・彷彿若有金支翠蕤導從其前後・隔水先聞歌聲・似吳人語・余傾耳聽之・則悠揚宛轉・欲斷還續・半空松柏・作笙簫聲・助其清婉。歌已・復續拗體三首・其聲哀而不傷・怨而有容・娓娓而不窮・如孤鳳之鳴梧桐・雌龍之吟水中也・歌闋・予不覺泣下・亟趍見之・環珮歷落・餘音猶冷・然異香馥郁襲人・沁入肌骨・含愁作羞態・已而謂予曰・君知妾之來意耶・妾乃錢塘歌者・眉山蘇長公妾也・公昔南遷・諸侍姬皆雲鳥散去・獨妾結衣從之・巾櫛之餘・吟弄筆墨・粗識其風致・晚得泗上比邱尼・敎誦金剛釋典・頗悟佛法・今淪落于茲・無所復恨・但幽情婉意・鬱鬱無相知者・方將鎔金而鑄子期・買絲而繡平原・江波悠悠・歲月延佇・君富有文彩・思如湧泉・獨弗能吐胸中華藻・小慰妾之岑寂耶・古人云・心誠同・百世通・不投機・促膝離・千載而下・君之情思・惟妾知之耳・言訖不見・予亦驚寤・詰旦尋壁間字・已漫滅不可復辨・詢之寺僧・則曰寺南有王氏朝雲墓・今數百年矣・焄蒿悽愴・時露光景・豈或其餘魂也耶・予爲怛然自失者久之・卽日陳椒漿之奠・復竊高唐洛神之意・爲詩一百韻以紀其事・非獨慰朝雲・亦聊以自悼云爾・

黃連鄉敦義祠紀事

元季不造・士酋割險・角起爲寇・南海關敏氏・以義勇

戍土保民．死于事．洪武紀元春．征南大將軍廖公行師．納降討叛．開拓疆宇．征南公以其忠義．具實聞于朝．奉勅贈敦武校尉兵馬司副指揮．立祠以每歲秋九月祀之．命下．郡守徐公親督其事．再閱月而廟成．報其忠也．其有關於名敎亦大矣．（案此文見南海志．本集不載．其本集別有關敏廟詞．附錄於下．蓋卽祠祀侑神之詞也．）

風英英兮龍堂．海幻影兮雲流芳．蜀椒佩兮越紵裳．中牢殺兮交桂漿．新宮莪莪兮侯故鄉．侯船來遲兮我心傷．忠零連兮旣展．困羣氛兮未遠．采青菱兮驚波．延素月兮煙苑．以身易名兮樹此孤蹇．哀如飄風兮山宿之顯．枇杷青兮金斗黃．千秋萬夏兮侯食此邦．雲旌旗兮雨干將．佑正直兮誅姦狂．皋歸乎來兮噫侯可忘．

五僊觀記

五僊觀在廣城藩治西偏側．按舊志．治城建時．五僊騎羊臨之．持穗祝曰．愿此闤闠．永無饑荒之虞．辭訖徑去．羊化爲石．邦人德之．用啓今祀．元年春今征南將軍中書平章廖公下廣東．駐節藩治．兵寓斯觀．誤烈薪火毀焉．由是一區化爲榛莽．中書掾錢塘高君過之．爲之慨然曰．是靈境也．卽請於公．作而新之．以答休貺．公曰吾志也．子其成焉．君乃擇吉日．選有司．規沒入之贏．購免眚之氓．具器就作．材良力勤．勿亟匪徐．翼月告成．華構有嚴．前開靈門．祠後峙蕊宮．簷楹騫飛．黝堊鮮澤．大平盛觀．復在目中矣．神僊方技．本出常理之外．然爲吾人鍾扶輿．萃淸淑．苟不梏而全焉．則長生騰化．理亦可致．然使得志於世．出入將相．精神志慮竭於經濟．則交梨火棗所不暇服．夫惟蘊其才而不試．鬱其志而不泄．端君靜默．將谷神於內景．私載營魄．蟬蛻方外．固自君子餘事．而之數者．其亦斯人之儔歟．生爲英賢．不得以沛惠．澤于斯民．去爲佺僊．烜其餘光．猶可以垂脩名于千秋．天理之定．觀惠從之極偉其表建．可謂廖廓曠絕不凡者矣．然當生死之關．旣握玄命之柄．萬化生身．宇宙在手．則能明復爲人．宜無難者．昌運旣復．其亦可以出而上佐天子矣．等人間世．何昔眷而今遺邪．紺殿風朝．星壇月夕．羽衣士子．其爲余吟步虛以招之辭曰．

大和磅礴神構精．黍珠光開生洞靈．蒼虯出海眼若鉦．白虎嘯風尾爲旌．地爐槲葉乾坤幷．龍蟠虎伏丹始成．朱衣眞人居黃庭．顏如寒梅眉紫青．坭丸夜誦蕊珠經．風淸響澂韻冷冷．翻然太虛凌太淸．前呵豐隆後朱陵．晨朝十二樓五城．手持芙蓉拜龍軿．帝旁羣曹愉且驚．之人奚爲目熒熒．三光森羅下倒明．天孫賜錦華若英．醉騎麒麟驅亦丁．來遊人間寄閉贏．何年塵中留幻形．元都絳闕高岧嶢．露窗霧閣開彤庭．綺食更覺飄香腥．春風桃花吐前楹．石壇秋高淡見星．兎葵燕麥鶴遺翎．征南南來道復興．環佩淸淸雲杳冥．天風何處鸞簫聲．昌辰寶曆開天徵．騎羊歸來佐明廷．文爲蕭曹武韓黥．明星作景雲作卿．鈴劍吼思罡風鳴．九還如粟倉箱盈．四海盡化爲蓬瀛．蒼生顒望如秋蠅．胡爲坭酒酣山坰．遲君一住三千齡．

和歸去來辭

歸去來兮・離家千里今始歸・返故園之初服・抱去國之餘悲・慕古人之遠引・高風邈其難追・嗟弱齡之昧道・及暮齒而知非・廻獨軫之脩途・振江海之輕衣・望松楸其匪遠・睇桑梓之依微・爰憩我馬・自兹驚奔・復掃花徑 ・重開蓽門・朋舊載過・宗族具存・既列琴書・亦羅匏樽・俯清泉以濯足・蔭嘉樹以怡顔・喜塵緣之淨盡・覺靈府之閑安・挹涼風以抗牖・延素月而開闗・極林野之清娱・縱卉木之奇觀・歲將闌而獨往・日既夕而忘還・感風霜之交集・立檜柏之桓桓・歸去來兮・罷吳楚之宦遊・撫四方者倦矣・獲素願兮焉求・窮歲月以靜賞・抒夙昔之煩憂・侶漁樵于山澤・服稼穡于田疇・心淡止水・身如虚舟・慰佳辰以雅集・散遐矚於高邱・慨百年于日邁・閲逸景於星流・守窮閻以待盡・依先隴之餘休・已矣乎・人生會遇良有時・丹崖綠壑不少留・世路如此將安之・心與造物游・全歸以爲期・問桑麻於井裏・課童僕之畬耔・飲茅柴之薄酒・詠秋菊之新詩・信流行與坎止・達生委運其何疑・

何子海 字百川・番禺人・宋進士・起龍之後・洪武辛亥進士・歷睢寧・永康二縣縣丞・博學能詩・嘗擬秋風三疊・清婉沈蔚・評者謂遠過居實・著有百川集・阮志著錄未見。

肯標堂記

書曰・若考作室・厥子弗肯堂・矧肯構・言爲子者・當承厥考之志也・吾家自先世以來・世守一廛・罔失舊物・及予生・而憂患相仍・弱冠而失所恃・四載而陟岵興悲・升斗之祿・既不能逮養於生前・顯揚之志・復不能自勵於今日・求所謂繼志述事者・萬無一焉・矧所謂肯堂肯構者哉・念先君之相土卜居・擇一區之地・厥土惟高惟明・載經載營・幾年於兹・荏苒因循・未及興作・至正癸卯春・復循舊址・作草室數間・堂構其中・以爲春秋時思之所・雖規模淺狹・非復前堂廣大・而章程方位・一仿於前・堂成之日・以肯構二字爲名・以見父基子構之義・非敢以肯構堂之名自居也・雖然先人往矣・視此堂奚益・然聞事死如事生・事亡如事存・苟存一念之誠・焄蒿凄愴・如或見之・春秋祭祀・安知其不往來於此乎・誠如是・則此堂不可以不名・而守家廟・奉祭祀・乃子職所當盡而勿替者也・後之子孫・能繼余志・擴廣而潤色之・則自今始・

梁　敏 字以訥・高要人・年十九舉洪武壬子鄉薦・歷清遠教諭・繁昌・宛平丞・以文學薦・擢左春坊・左贊善・嘗被命賦詩・操筆立就・成祖稱賞不已・以乞休忤旨・謫官歸・自奉如寒儒。以勤儉訓諸子・暇日多所著詠・著有雲屏集・阮志注見未。

星巖書屋記

吾邑王德安氏・性敏好學・以家居城西・厭市塵之擾・乃卜築星巖徙居之・冀以養其心・成其學也・巖去城數里・屹然壯峙・巉巖硿砑・崪屼磅礴・若奔若止・若起若伏・布列如七星狀・故名焉・中有洞穴廓然・縱廣可數十步。敞達若堂室．宦遊旅寓．孰不往觀．誠天造地設．爲一郡之名勝也．若夫晴暉翠崖．丹霞赤壁．列竇通泉．洞門長開．巖桂發而秋香．瑤草生而春碧．對此則心懌而神怡．澹然而忘欲也．至若村屯散居．映帶左右．羣山疊見．聯絡前後．溪澄清而魚肥．土沃潤而苗秀．覩茲風物可覽．則駕言出遊也．環區嘉木競秀．廬舍整頓．過其門．苔跡甚稀．綠陰滿地．童子守扃．庸夫俗子莫造其庭矣．入其室．圖書列座．卷帙盈案．聞清談歌詠之聲．則縉紳之徒．舉列於席矣．德安以靜專爲學．學成而德業信於人．聲譽聞於有司．遂膺茂才．舉洪武癸酉鄉試．歷任臨桂．會稽司訓．予時亦頁乘繁昌．後調宛平．邈如參商之隔．永樂戊子冬．予入侍東宮．又二年德安由秩滿來會於京．執手歔欷．不覺流涕．語竟乃出圖示予．求爲記．顧予宦遊一紀．見圖若見鄉國．風景如昨．惡得無言．然斯巖人咸悅而觀之．未聞擇而居之者．其有待於德安之幽賾也．豈偶然耶．雖然達不忘窮．出不遺處．宜常展圖熟玩．覩崖之高．則思尙吾志．而不雜於物．庶幾吾儒德業之助．　實吾端山水之光也．蓋地有因人而勝者．如莘野之耕．傅巖之築．渭川之釣．列聖出處之大．而地之名勝．遂與霄壤俱．德安誦法古人．必興思齊齊念．　勉期策勛．立名垂裕於後．則星巖雖硜然之石．亦賴之增輝矣．是用記之．以俟後云．

黎　光　字仲輝．東莞人．博學能文．洪武壬子鄉薦．與張唯．王輝等十八人選入禁中文華堂讀書．拜監察御史．巡蘇州．請賑水災．存活甚衆．巡鳳陽．上封事甚切時弊．擢刑部侍郎．爲御史大夫陳寧所忌．坐事中之．死貶所．時人惜焉．父伯原．元季連山教諭．歷德慶．惠陽教授．所至學者尊之．有漁唱集傳世．黃佐爲廣州人物傳．謂光之學行才識．蓋得家庭之樂云．

趙處士傳

處士諱良驥．字逸仲．必瑑仲子．生而凝重．好讀書．不屑屑於章句之末．惟求大義所存．必瑑嘗器之．曰．此子能讀父書．未幾宋室淪沒．處士抱黍離之悲．　絕無仕進意矣．每以王蠋自期．雖身爲布衣．而忠節常存．義不北面．爰是深自隱晦．營隙地．植花竹．時與二三知我醉歌其中．以成澤畔行吟之志．視人世之富貴利達．直等之微塵纖埃．且日訓其子暨諸姪讀書．而語之曰．學以明心見性．非徒襲取功名．況吾家爲大宋之裔．豈可甘心臣仇．　而塗炭衣冠耶．其天植孤忠．耿耿如此．贊曰．氣正性剛．心悲宋亡．效不帝秦之義．而東海而流芳．或釣魚于水之滸．或採芝于壠之岡．陋彼巾幗之婦人．反目之爲顚爲狂．其讀書非以邀祿位．其敎子蓋以明義方．宜爾孫枝之振振．詩書之彬彬．以貢其忠貞之光．令後之景仰者．讀傳與贊而得其詳．

黃子平　字觀瀾．電白人．洪武乙丑進士．任山東．雲南．京畿三道御史。

潘氏三賢記

惟賢潘公．宋高州茂名人也．生平有康濟之才．以鄉貢拜本縣尹・九載無代・時咸淳末年・天下鼎沸・元主應運・游兵將抵高州・宋幼主自閩渡海・至那黎港艤岸・舳艫塞海・旌旗蔽空・海濱父老・爭以牛酒迎勞・公亦以職上覲・奉命守禦白沙寨隄・備元兵・既而主舶往交趾・敵愈猖熾・人皆奔降之不暇・公仰天大慟・志無所屈・謂其子斗輔・梅窗曰・烈女不事二夫・忠臣不事二君・我爲宋臣・當爲宋鬼・斷不效他人妾婦之爲也・遂爲敵執至電白縣・其帥見公・顏色不變・語言自如・頗異之・公奮罵不屈・

陳　璉　字廷器・東莞人・洪武丁卯舉人・初選桂林教授・遷國子助教・永樂初以人才薦・召試高等・擢知許州・改滁州・累擢揚州知府・四川按察使・宣德間召還・改南京通政使・正統初擢南京禮部侍郎・致仕卒。

按璉以文學受知成祖・嘗進平胡頌・平安南頌・又嘗仿柳宗元爲鐃歌曲・鼓吹曲十二首・皆稱於時・士夫求爲碑銘記序者・不絕於道・尤好記述山川人物・風俗物產・以備志乘・阮藝文志載琴軒集三十卷・與明志卷數合・又寶安新志二卷並注存・

羅浮山志序

予家寶安・去羅浮百里而遙・當天宇晴碧・山色歷歷在眉睫間・今雖宦遊於外・而寤寐未嘗忘也・永樂五年秋八月・余自滁陽考績至京師・偕同邑徵士袁友信・訪神樂觀・道士徐子明・鄧能宗談及茲山之勝・徐鄧舊住山中・因出羅浮志・乃是宋是菴王胄所輯・而後人所續者・惜非刻本・帙弗全・字多舛繆・幸而指掌諸圖記猶在・有足徵者・二人固請釐正刪補・予嘉其意之勤・遂爲考訂去取・彙而成編・增至一百十五卷・眞風靈跡・昭著可考・履其地・思其人・寧不有飄然御風騎氣之志哉・洞天福地・儲休以彰雍熙太和之盛・異時歸省・當造山中・特書禎祥盛事・與茲山爲無窮云・永樂八年庚寅冬十月既望・

上舍區公墓表

嗚呼・此有宋上舍九峯區先生墓也・先生諱仕衡・字邦銓・生于嘉定丁丑四月初二日・淳祐間鄉貢入大學・遂爲上舍生・歸而築九峯書院以聚徒講學・學者稱九峯先生云・據家譜及狀・稱其先世諱觀昱者・梁乾化中避江淮盜亂・遷嶺南之韶州・隱居棉圃里・再傳文傑・攝邕州軍事推官・曾孫廣能爲泰和令・廣能元孫端・提舉江州常平茶鹽公事・是爲遷五羊區姓始祖・端子志平・右文殿修撰・卜居南海陳村・志平生慶昌・西京留守推官・慶昌生孺文・泉州教授・孺文生紹霖・爲實錄院宣教郎・紹霖生泰亨・入玉牒所檢討・至國子助教・區氏後先・列于史館・衣冠文學彬彬矣・

仕衡爲助教公長子・生而穎異・强識博聞・以先世多在史局・得縱觀中秘書・故上自結繩・下及百家諸子・無不研究・而一以反本歸約爲宗・蓋奉宋大儒程朱二氏爲王父尸也・嘗出遊錢唐建康・收覽形勝・謂非建都要害・兩河父老・日望王師北轉・何不移蹕淮汝襄漢・以圖恢復・上豈甘爲晉元帝偷安一隅哉・將相爲豢・酣湖山・殊無擊楫渡江・聞雞起舞之志・尙得謂國有人助哉・公曰咄・小子何知廟堂大計・及入太學與樂淸劉黻・吉水鄒渢爲莫逆交・時當賈似道弄權誤國・率三學諸生劉黻等疏論似道爲相不法・當嚴斥

逐．以爲人臣擅專之戒．天下事尙可爲也．陛下苟以似道爲可獨任．使文臣不容效其謀．武臣不容竭其力．鎭戍苦於轉移．兵士苦於策應．荆湘苦於打算．江淮苦於抽丁．行都人心輒以動搖矣．疏入不報．又値蒙古入冠．國勢危急．先生畫郭林宗像．贊之以自况．語具集中．遂遁歸龍津．倡明經學．先後來就業者二百餘人．先生自著論以示之．謂六經．論孟．聖賢糟粕．自程朱訓詁後發明盡矣．唯在守一而躬行．庶幾不爲書淫傳癖．此亦豈僅僅屈首宋儒者．詩文更務沉蔚婉雅．不落宋人齒頰．余友王黃門佐．黃待制哲．稱其有嘉祐風．惜其散佚少傳．所稱九峯集．理學簡言．亦在全缺閉耳．

德祐二年元兵漸逼．端宗航海幸閩廣．先生家故饒．出萬金集鄉兵爲聲援計．上陳丞相恢復策曰．賈勇决戰．先護六飛．據廣爲行在．一軍爲前鋒．四軍爲左右翼．兩軍爲游兵．一軍向浙．一軍向閩．皆由海往．一軍由湞江向嶺．一軍由湘離備楚蜀．北軍雖强悍．無能爲．且戰且守．勤王之兵．旦夕四集．天下事未可知也．議未决．帝次于惠州甲子門．會逢龍．熊飛諸將屢戰不利．先生知宋祚將傾．勢不復支．景炎元年病卽不食．曰得爲宋室完人幸也．自書其碣．命二子勿起墳．勿表墓．二子一爲貢元子美．一爲武僊縣縣丞子復．卒葬大嵛山甲向之原．葢從治命也．孫男五人．國瑞子美出．國瑤．國瑛．國珍．國輔．子復出．國輔爲元江西肅政廉訪司副使．曾孫男十一人．顯宗．興宗．敬宗．眞禮．學禮．和禮．賢禮．辛禮．寅禮．宗禮．鼎以字行爲．禹民．則副使國輔子也．元末同姪太原．太吉．太忠．立砦保障鄉邑．我大明將軍廖永忠兵下．禹民諸子首請歸義．且書勸東莞何眞入朝．詞極詳婉．

余典郡教三年．得交歡四君子於何東莞所．竊嘆區氏多才．諸子遂泫然流涕曰．吾屬非上舍府君甯有今日．其當宋社將屋時．府君間關以保如綫之脈．豈唯吾屬賴之．卽鄉邑父老猶能口述也．向省元公兄弟重違先志．故不敢塋封表墓．副使公兄弟又倥偬于勝國干戈間．今海內有聖天子出．吾屬幸際太平．辱於子爲鄉人．敢以是累子．子其爲先府君圖之．余向得聞諸里人區魯卿．談上舍先生事甚詳．魯卿得諸其父適子．適子與先生時地近也．先生才猷節義．經學詩詞可稱宋家第一人．惜在亂亡．無有展揚之者．故某也不揣無文而縷述之．以表其墓．亦欲使五嶺以南．萬世知有上舍先生而已．豈阿所好哉．大明洪武七年．歲在甲寅孟春穀旦．

梅外李公墓表

自昔有德君子．雖不獲大施於當時．而盛且大者．恆在其後人焉．葢積之旣厚．則發之必茂．今日所以淑諸人者．卽異日所以起其家者也．矧承家學之懿．仁聲義聞．足以勵俗而化人．其宗支之蕃敷．亦理之必然者．予於梅外李公而有徵焉．公之先南雄人．其居東莞則自朝議公始．至竹隱先生尤有重名．先生諱用．字叔大．性至孝．喜讀書．邃伊洛性理之學．宋忠簡公李昂英．嘗以其著論語解進於朝．授校書郎不就．尋遷承務郎．以旌其高．憲使周梅叟諸公．交口薦舉．復奏於朝．御書竹隱精舍賜之．鄉人以爲榮．咸淳中．提刑劉叔子命祠於邑庠．先生娶王氏．敕封三安人．生公昆仲三人．而公居長．次得朋號梅邊．次某號梅際．俱以孝行知名．公諱春叟．字子先．資敏悟學如夙習．邑庠許巨川見而奇之．勉其進業．剡承家學淵源．而覃思經術遂通春秋．凡三中舉．初爲惠州司戶．有政譽．提刑揚允恭奏爲肇慶司理．嘗辨寃獄．爲郡守劉叔子推服．薦除德慶教授．時銀場鹽局政弊．因上書郭察院．深切時病．郭爲條奏罷之．民歌於道．旣謝事．以經學訓生徒．誘掖獎勸甚至．故及門者．後皆知名．鄉邑化之．儒風翕然爲振．由是聲聞於朝．復授朝奉郎軍器大監．懇辭不就．特賜梅外處士號以旌之．時宋主駐蹕南服．邑人熊飛起兵勤王．潰歸駐近郊．居民竄匿山谷．飛怒其不附已．欲縱兵捕戮．邑人洶洶．公泣諫．語甚激切．飛素重公遂止．時羣盜乘間剽掠．以公故．多不忍犯邑．歲丁丑．元張呂二帥克廣州．哨騎將及邑．衆皆危懼．公毅然與張元吉走謁麾下．掉三寸舌．活一邑人命．因命公宰邑．力辭不就．以元吉宰之．是後益無意仕進．橫經講學．以道自任．部使者至邑．必躬謁問政．邑大夫嘗造席請益．過者以識爲幸．其見重於時類此．娶何氏封四八太安人．生三子．長時可．寶祐六年以春秋中舉．次昭可．獻可俱克世其家．二女長適曾羅溪．次適張某．享年八十．與安人合窆於英村麻地嶺坤向．誌其墓者．則資中郭應木也．邑人德公．不忘繪像於竹隱祠祀之焉．記其事者．則門人陳庚也．

公性孝友．然偉特方嚴．風岸峻立．望之知爲端人正士．恒以濟時行道．盡忠所事爲心．成敗利鈍初不計恤．而遇事風生．果於決斷．矯矯然有三代遺直．其爲文以理爲主．雄渾有氣．詩典雅温厚．耻作綺麗語．有詠歸集傳於世．素負經濟才．遭叔季之世．弗克以究厥施．仕止郎官．人皆惜之．然而名重搢紳．仁洽鄉邑．慶流後裔．眞可謂有德君子矣．公曾孫勝輔間馳書請曰．惟我李氏世以文學行義重於鄉邑．梅外公之名尤彰．今宰木拱矣．而墓隧之石未刻．幸爲文以表於墓．庶幾發潛德於九泉．俾後世子孫知所自也．於戲．仁者必有後．李氏自朝議公至於今．凡十有餘世．詩書之緒．繼繼承承．其大而盛者．已兆於今日．則公淑人之德．天報之施．蓋未艾也．於是論著公之出處大節．揭於墓道．庶幾以慰其後人之思．而立信於邑人云．

登泰山賦

巍乎高哉．岱宗之爲山也．嶔岑磅礴．峻極高崇．爲齊魯之巨鎭．奠后土之龐鴻．蓋宇宙清淑之氣．主此凝而不散．乾坤闔闢之機．由此蘊而無窮．此其紀名載籍．爲羣山之宗者乎．宜乎廣也無朋．高也無匹．東蒙遜其森秀．徂徠讓其紆鬱．夾以梁父．輔以長白．巍巍之高．四萬餘尺．齊州九點．視猶螘蛭．陰陽轇轕．日月出沒．煙霞嵐靄．呑吐鬱勃．神奇靈異．變化莫測．揆耳日之聽觀．曾不究其萬一．所以表七十二君封禪之壇．爲三千餘里鬼神之宅也．

時予典司桂籍．旋旆瑤京．行尋洙泗．思訪祖庭．招白雲而徑進．乘颷輪而迅征．旣載臨于社首．遂弭節乎岩扃．于焉披榛莽．陟崢嶸．雖一冒于垂堂．儻夙願于平生．信飛步之自然．履崄巇而如平．喜上躋于天門．紛鸞鶴之來迎．遂登絕頂．以縱大觀．東臨日觀之峰．西陟月華之巒．肅瞻岱宗之主・行尋封禪之壇・玉牒何在・金泥已乾・望仙山兮延佇・撫秦松兮盤桓・振塵衣兮岩際・舒長嘯兮雲端・維時季秋・金氣始肅・天風號寒・響振林木・倏陽光之熹微・漸華星之燁煜・嬉游已契乎夙心・棲息喜安乎幽獨・爰假榻于洞房・喜清夢之方熟・儼羣眞之下臨・來麾幢之聯屬・參以青鸞・導以白鹿・招我乎瓊臺・宴我乎瑤屋・擘麟脯以薦霞觴・歌洞章而鳴絲竹・從而遺以元圃之芝・贈以崑崙之玉・語以象外之言・授以長生之籙・嘉會未終・歸輿何速・倏焉壁月西流・天雞咿喔・琪林飛鳥・玉關控鶴・悵仙馭之迢迢・夢蘧蘧而如覺・是知仙可遇而不可求・道可悟而不可學・孰能違正理・越天常・而超溟漠也耶・

爰念岱宗・鐘靈厚地・望祭之名・始于虞氏・歷代因之・禮有常祀・夫何封禪之名・盛于秦漢諸帝・燦珪璧之有光・紛壇禪之有制・玉檢金書・期存永世・豈知時有盛衰・運有隆替・覩遺跡之荒涼・悼流光之易逝・壇壝荒兮綠草積・碑碣老兮紫苔翳・因登山兮吊古・增予心兮歔欷・

驄馬賦

房星委精・驄馬下生・風騣霧鬣・鳳臆龍睛・燦連錢之可數・紛赭汗之交凝・耀采沙苑・澡神清冷・逸足超羣・調良可稱・初期未遇・伏于槽櫪・與駑駘而並處・雖神駿其誰識・厄鹽車兮垂兩耳・歷羊腸兮空嘆息・偶繡衣之相逢・贖千金而不惜・唯烏府之清華・幸依棲而托迹・揚鬐振鬣・百獸震驚・奮迅長鳴・萬騎辟易・當夫沙堤雨霽・馳道春融・繡衣朝謁・冠蓋憧憧・朱衣前導・驄兮實從・矯矯兮若鯨躍乎滄海・昂昂然猶鶴出乎樊籠・奮霜蹄而踣鐵・舒逸氣而吐虹・雖驊騮與綠駬・亦皆在其下風・

至若蓐收司辰・秋氣愈厲・柏府深嚴・蘭臺清閟・白簡與秋霜共清・豸冠與繡衣同麗・爰有執法之臣・稱爲直指之使・入近龍顏・出辭螭陛・奉綸音以廉察・持玉斧而徑逝・于以埋張綱之輪・于以攬范滂之轡・玉潔冰清・鷹瞬鶚視・奸貪屏息・權豪喪氣・非望塵而跼蹐・或顧影而驚避・雖原隰之逶迤・亦無遠而弗至・非徒恣山水之嬉遊・蓋在洗寃而伸滯・嗟夫・物不自貴・以人而貴・物不自異・以人而異・彼驄馬所以稱德于烏臺・而表祥于房駟・故其不獨顯于桓典之時・而實重于聖明之世・因爲之歌曰・初未遇兮・駑駘與同・倏騰踏而奮迅兮・幸繡衣之逢・

河清頌

永樂二年冬・十一月十有七日・山西蒲州河津縣・禹門渡・黃河清・先是滎光燭天・倏焉消散・淵然澂澈・尋而淪漪晃漾・色具五采・或如金芝翠羽・黃龍丹鳳・文藻花卉・形狀萬千・或沉或浮・或聚或散・既而澄清可鑑・毛髮來遊・觀者莫不嗟異・以爲國家大瑞・至明年三月十有八日・始復其舊・臣聞河源出自崑崙・夏禹治水時・嘗疏導之・厥後代見澄澈・然輿圖分裂・未足以當天地嘉應・我皇明統一寰宇・崑崙葱嶺率在化內・今上皇帝嗣承大業・仁洽德流・光被四表・至于海隅・越小大邦・蠻貊師長・罔不欽于承憲・以承天休・于是天用彰報聖德・來比嘉徵・太平之應・實在今日・是宜形諸歌頌・紀于國典・傳示無疆・臣稽

首頓首而獻頌曰·

河出崑崙·經緯天文莫窮源兮·□□□合·溶溶沄沄浩無垠兮·龍門積石 · 神禹所闢應不改兮·黃流駿奔·沃日噴雲東注海兮·天啓聖明·乾清坤寧來休徵兮·河伯效靈·河流變清昭太平兮·既白既玄·或清或丹熟能致兮·淵澄若鏡·動植交映何詭異兮·于此考祥·粵自故常孰克當兮·睠茲河津·瑞應昌辰塞榮光兮 · 來遊來覩·懽忭鼓舞歌聖德兮·陳詩頌美·獻於天子示無極兮·

鄧林 初名彝·字士林·新會人·洪武壬申舉人·任貴縣教諭·入都與修永樂大典·出爲南昌教授·秩滿試高等·遷吏部主事·宣宗時以言事謫杭州。日爲湖山之遊。吟詠甚富·後田汝成作西湖志多采之·尋放歸·著有退庵集十二卷·阮志藝文畧作七卷·注存·據四庫提要·此爲會稽陳贇官廣東參議時·掇合殘稿而成·蓋非原帙矣。

懷春賦

方春陽之和煦兮·萬物育而熙熙·何使予之不樂兮·獨惆悵而歔欷·思抑鬱其若緘兮·言可結而詒詒·闃深閨而惛嘿兮·焉知予之所懷·女生而願有家兮·及嬿婉於良時·時與願而兩睽兮·豈予德之有虧·以保傅之愛助兮·幸無非而無儀·辨貞愼以爲鞶兮·節禮義以爲綦·陳女圖以爲鏡兮·鑑在彼之姸媸·不外炫其姣服兮·矧自揚其娥眉·吾有此姱節兮·諒君子之攸宜·申予好以元纁兮·亦既差穀而結縭·指初昏以爲期兮·胡申旦而改違·德無虧而見擇兮 、 俛顧懷而靜思·豈導言之不固兮·致兩美之參差·將其志有緯繣兮·非蹇修所能媒·感標梅之在筐兮·欲自往而謂之·念伐柯之匪斧兮·懼相鼠之貽譏·不由禮而汲汲兮·固非予之所知·時忽忽其不掩兮·亦恐繁華之不滋·心昧昧而莫喻兮·假筳篿以決疑·靈氛告予以吉兮·曰貞固之可持·雖佳期之非眞兮·孰求美而釋茲·節余情而不傷兮·聊撫景而娛娭·步逍遙而容與兮·玩衆芳于畹畦·崇蘭汎乎光風兮·竟芳菲而襲衣·顧申椒與若蕙兮· 謂結車與江蘺· 荃好修而有取兮·終必充夫佩韋·曼余目于遠道兮·望軒車之載馳·冀芳非之未歇兮·及公子以同歸·辭曰·有美一人淸揚姱兮·綣嬋娟·惟靈修之故兮·芳春永懷·無使歎夫遲暮兮·

皇都大一統頌有序

永樂十八年冬·北京宮殿造成·明年春正月甲子朔·皇上祇率羣臣·告于天地廟社·御明堂受萬方朝賀·華夷一統·基業萬年·神人胥慶·頌聲交作·臣草茅下士·詞章末流·言不足以美盛德之形容·而不勝螻螘微衷·謹譔四百一十六字·爲皇都大一統頌·拜手稽首·俯伏以獻其詞曰·

天作神京·山河鞏固·聖皇宅之·永隆寶祚·大明啓運·定鼎金陵·皇上繼統·再營北京·維彼金陵·俯臨淮甸·龍飛渡江·洪基肇建·維此北京·冀域堯封·龍潛舊邸·王氣所鍾·昔在太祖·心存北顧·允惟聖皇·是簡是付·聖皇文武·謨烈祇承·聿追來孝·聿觀厥成·歲在丁酉·星中營室·正于四方·元龜告吉·工師効力·山川獻材·四方和會·庶民子來·爰法天經·爰因地義·斷自宸衷·率由舊制·廼營三殿·三殿堂堂·乃立九門·九門將將·廼築圜丘·廼除方澤·父天母地·于焉昭格·廼嚴廟

社・廼定市朝・規模位置・秩焉有條・龍樓中屹・鳳闕前峙・禁城萬雉・邦畿千里・迴廓阿閣・玉戶金鋪・燁然壯觀・偉矣宏模・府第星羅・廬井櫛比・萬景一新・兩京駢麗・歲在辛丑・告厥成功・元日甲子・帝御九重・虎衞嚴宥・雞人報曉・雨露頌恩・絲綸下詔・萬國執玉・八蠻貢琛・華夷一統・臣民同心・洪惟聖皇・與天合德・營此北京・象彼北極・維北有極・環拱衆星・維北有京・包舉八維・洪惟聖皇・德備神武・郡縣南交・衣冠北虜・洪惟聖皇・德備聖文・六合爲家・一視同仁・拜手稽首・聖皇萬壽・與天同長・與地同久・拜手稽首・聖皇萬年・博厚配地・高明配天。日月貞明・山河帶礪・聖子神孫・本支百世・簡編有紀・金石宜鐫・臣作頌章・永世其傳・

梁致育 字遂初・高要人・通五經・洪武癸酉鄉舉・歷紹興建昌訓導・六典文衡・致仕家居・嘗修郡志・天順初流賊刧掠蓮塘・以竹輿舁之行・至逕口深淵・遂投淵死・有竹屛稿・阮志注未見・

肇慶府儒學記

肇慶爲嶺南內郡・有學舊矣・國初建置・悉仍故宇・殿堂門廡・齋廬庖湢・以次葺新・肄業之士・得以藏修游息・蓋亦有年・歷歲既久・日就朽壞・永樂十九年夏・大成殿忽傾圮・時爲郡者俾芟草菅・以修祀事・宣德改元之秋・廣東左參政況公文蒞學・顧瞻弗治・喟然曰・不可不亟爲也・得楮弊五千弍百五十・付訓導楊壽經營之・壽秩滿解去・教授李義・訓導羅繹繼至・僦工弗就・六年春・今太守四明王公瑩・由刑科給事中奉敕命出守茲郡・始至・大懼祀謁不恭・恐息教緒・罔以稱建學養才之意・謀於同府馬公載・通府常公衡・推府蕭公宗誠・議已克合・相舊殿基・低隘不足・益其土而高之・斥東西廡僅一尋・增前後楹不及尋尺・許以高要知縣蕭進集其事・復衆材鳩工・侈而大之・適中使黎公文遜・陳公璟至郡・皆樂施勸工・肇慶衞官亦相率出私帑以贊不及・自是執役趨工之人・以後至爲羞・材良力勤・幷手皆作・越二年新廟成・塑先聖四・配十・哲像十五・補兩廡從祀像二十有二・棟宇整峻・嚴嚴翼翼・髹彫黝堊・光彩炳耀・門廡堂舍・亦皆去故設新・用人之力若干工・而人不以爲勞・給工之費若干緡・而人不以爲侈・肇工於宣德六年六月初三日・以宣德八年八月十五日訖工・

凡物之經久則壞・壞而不已・必將復興・其理然也・僉謂是役之成不苟・而歲月不可不紀也・徵記于予・惟四代之學・大備之制・且載於經可見已・自是而後・學非不興・而教化風俗・大率不及前代者・名實之所以異也・我國家制治・以學校爲首・不推不襲・其故常猶・必責備其實效・六十餘年之間・漸摩造就之久・人蒙其教・賢興俗化・與虞夏商周相彬彬矣・今太守公暨其佐若屬・又皆以文學起身・乃能知所先務・新殿宇・朔望有謁・知師尊也・葺堂舍・使朝夕有講・知敬業也・學者而知尊師敬業・則在門墻・皆高明俊偉之人・在官守・皆忠良賢能之士・仁讓可興・澆薄可革・於以見聖明德化所覃被・久而愈盛・是宜記其顚末・以啓後之人・董是役者・暨施財助工姓氏・幷刻碑陰云・

唐　豫　字用之・南海人・父奎・洪武初鄉貢・博洽羣書・有龜峯集傳於時・豫少頴悟・從孫賁遊・詩文有古人風度・性剛介・尤篤於孝思・作蓼莪亭・主事劉履爲之記・自號樂澹・學者稱樂澹先生・所居平步鄉・時有平步六逸・謂東皋周祖生・南軒周祖念・節庵劉子羽・芸庵何淮・素庵劉子高及豫也・嘗相與定鄉約・鄉人信守行之・一時公卿間皆待以賓禮・所著樂澹集五卷・阮志著錄未見・子璧亦有文行・築主一齋・遠近尊師之・

鄉約十則

嘗讀藍田呂氏鄉約・千載而下・藹然仁厚之風尚・使人興起・余等幸爲太平之民・可無一言以爲鄉閭規範乎・因立爲約・與鄉人守之・庶存古人風致之萬一也・

其一曰供納稅糧・民之職也・收成後・即便輸納・庶使役人無違期之徭・而鄉里有守法之譽・諺不云乎・若要寬・先了官・其二曰補解軍役・必審其少壯當行之人・不得受私瞞官・恐招罪咎・戒之戒之・其三曰冠禮・當依文公所制行之・庶見習俗之美・其謝賓束帛・不必如古人之數・飲燕之物・不必過於華盛・財有餘者・自當如儀・其四曰婚禮・舊俗先一夕燕其子・子必据尊席而坐・以爲漸老之宴・殊非禮也・今後止許設筵聚親・子不當據尊席而坐・爲父當依醮禮命之・庶不違古人之意・其五曰禮父・在子雖老猶立・今後爲子者不許坐・違者叱以辱之・其六曰父母之喪　・不得飲宴・遠方親朋來弔・亦待以蔬素・朔望止設饌一桌・奠畢親朋來弔亦待退・其七曰四時祭祀・稱家有無・須及時爲之・忌日之祭・當以喪禮處之・讀祝後・孝子哭盡哀・是日不飲酒食肉・居宿於外　・傳所謂君子有終身之喪是也・其請親賓散胙・必待祭畢而後令人相邀・庶不分其祭祀之誠意・親朋一請必至・無待再三也・其八曰禮重往來・古之道也・而冠・婚・喪・葬又事之大者・鄰里親朋・互相輔助・不可有失・如此則鄉里和・氣自藹然矣・其九曰子弟當以讀書學問爲務・孝於父母・悌於兄長・和於親族鄉黨・其衣冠必須嚴雅・不得過於華麗・若有賭博破家花酒無度者・爲父兄當禁之・勿使其至於大惡　・傳曰・愛之能勿勞乎　・念之念之・其十曰居處相接・當以十家爲甲・其出入務相周知・或有出入不明・衆必體察之・倘爲不善・則呈於官・庶免其累己・上所言・余等當先力行之・不可徒責人而忘自責也・苟或如此・則余等爲徒言矣・

廖　謹　字愼初・南海人・恬靜力學・經史百家・靡不淹貫・不妄交遊・以澹交名其齋・學士解縉以名儒稱之・名聞公府・識與不識・皆曰廖五經云・舉明經・爲四會訓導・轉通山教諭・以教績著聞・陞南安府學教授・致仕卒・所著有澹交集・阮志著錄未見・

古必解

有孤魯先生與結吉先生・同遊於廣漠之野　・衣大博之衣・冠章甫之冠・昂昂然・飄飄然・若遠去世俗・而人莫知之者・有方外之客・適邂逅焉・始而睨之・中而隨之・終則逼而近之・曰・先生之遊何樂乎・結吉先生呀然歎曰・子豈能知我邪・予之遊・自樂予之樂耳・復又何求・客乃揖而前曰・夫知進而不知退者・非禮也・知方而不知圓者　・非智也・知易而不知險者　・非識機者也・知有己・而不知有人

者・非識時者也・今先生博極經史・而莫適其逢・出入仁義・而莫收其功・周情孔思・千態萬狀・而莫變其通・蹈不見今之人乎・不以其文・而惟其人・不以其仁・而惟其親・不以其直・而惟其順・若先生也・久典泮芹・寂寂其身・名不爲顯・行其孰聞・德不見施・孰知爾眞・乃不知此・徒大言於斯文・曷亦自反・遂以更新・不古則必・乃以我爲嗔邪・孤魯先生乃囅爾答曰・君子之於所知也・則當有言・其所不知・則當闕而不宣・汝談何易・曷知其然・夫君子進退・義爲周旋・方圓易險・中而不偏・萬變曲折・正以行權・若乃肆口騰舌・翻雲覆雨・隨圓八方・趦趄旁午・此乃狂押小人之行・豈君子正大之矩也邪・故寧不合而不詭隨・寧不用而不以諂爲・動循禮則・惟古人是師・不世不俗・惟古人是期・昔在元聖・其仕其止・惟義是宜・惟久惟速・惟禮是依・其非不智也・而或致喪家之譏・其非無禮也・而或致諂君之非・人之莫知也・而於聖德容又何虧・故能垂教萬世・與日月而同輝・

若予也・少頗讀書・長遊鄉校・友二明師・亦以明道・髮燥吹風・卽此是好・由西而南・忝爲人教・學不如人・功亦克造・智則不足・而禮不踰・因機與時・亦頗不愚・若乃隨時俯仰・低昂以趨・行而趦趄・口而囁嚅・則又與古人殊也・假因諂以致浮譽・貿魚目以混明珠・吾則山石可攻・而心難移・是宜乎人之不我與歟・然此心亦古人之心・則其人亦古人之徒也・茲願愛古必之劣・而不願詭隨阿曲以諛・使有識者・吾將質而問諸・彼大方者・其將以予言爲何如・客旣就去・先生亦返乎所居之庭除・

羅亨信　字用實・東莞人・永樂甲申進士・改庶吉士・累擢工科吏部給事中・坐累・謫交阯・尋召爲監察御史・丁父憂歸・起巡撫宣府・大同土木之變・內屛京師・外禦强寇・著兜鍪・處顚沛・髮盡禿・進副都御史・致仕歸・著有覺非集十二卷・阮志著錄與明史藝文志卷數同・

書吏部尚書蹇公欽賜忠貞圖卷後

贈特進光祿大夫太師吏部尙書・諡忠定・重慶蹇公・當永樂初元以篤厚老成・位冢宰・進退百官・小心寅畏・克愼克勤・太宗文皇帝甚寵遇之・明年春・仁宗昭皇帝肇登儲位・命公兼詹事・以輔導于東朝・歲己丑・大駕巡狩北京・百職景從・特留公奉儲皇監國・以贊理庶政・公惟付畀之重・夙夜兢惕・殫厥心力・艱險不辭・獻可而替否・政無鉅纖・靡不允協于中・庚寅冬駕還・深加獎賚・甲辰秋・鼎湖龍昇・仁宗昭皇帝嗣承大統・陞公少傅・進少師・仍兼冢宰・公忠誠益懋・潔白自持・始終一節・于是仁宗不忘疇昔共理之艱・因製忠貞圖書以賜公・復降敕褒譽・眷顧之恩・可謂至矣・於時臣亨信猥以鄙陋・給事吏科・凡銓選機要・常偕進奏・觀公臨事决議・至誠精一・而無毫髮之忽・所謂忠謹而貞固者・誠無忝矣・嗚呼非公之篤厚・不足以當聖訓之褒・非聖德之昭明・亦豈能知公之忠哉・傳曰・知臣莫若君・于斯益信矣・爲其子若孫・誠能上體列聖眷遇之隆・克紹前人之志・臣焉竭忠・子焉盡孝・則忠貞之譽・播之四方・傳之萬世・永永而不磨矣・冢嗣尙寶司丞英請予誌其後・因書此以復云・

勅賜彌陀禪寺碑記

宣府距京師三百餘里・當西北要衝・即古上谷郡地・今立萬全都指揮使司・恒命大將統重兵以蒞焉・蓋所以內屛邦畿・外遏戎虜・實鉅鎭也・自永寧伯譚公總兵於斯・百廢俱興・遠夷欵附・二十年間・靡金革之聲・乃推其餘力・崇飭三教之宮暨諸神祇壇・于俾人知敬仰而不懈・于祈報以希神之惠・城舊有彌陀寺・乃元相安童所創・歸附後・城墟蕩爲瓦礫・僅存其佛殿・風雨弗支・公廓而新之・規模宏豁・塑粧諸像・極其精華・復奏設僧綱司・授官領衆・焚脩集福・以保佑邊疆・今上皇帝履祚以來・福民之意・尤惓惓焉・崇敎度僧之命・屢下所司・奉承惟謹・正統丙寅夏 ・ 鎭守尙膳監右少監趙公・顧惟天下名藩大郡・寺宇皆有賜與名額・而斯獨缺・何以顯揚而瞻企・因封章上聞・六月之吉・特勑旨仍賜舊額曰彌陀禪寺・大書華扁・金碧粧嚴・降臨邊閫・山川爲之改觀・神人莫不具瞻・其榮矣哉・

冬十一月・復遣中官黎覬・馳送大藏寶經而至・頒勑護持・其畧曰・朕禮天地保民之心・刊印是經・頒賜天下・用廣流傳・玆以一藏與爾宣府・可置之大寺・永爲供養・俾僧徒看誦・讚揚上爲國家祝釐・下爲生民祈福・恩至渥也・于時少監趙公・總戎武定侯郭公・備禦奉御陳公・參將朱公・紀公・督儲戶部右侍郎劉公・都帥董公等・莫不祗愼踴躍・乃諏日命副都綱相福・召集諸山僧衆・開函披閱・轉誦一月而周・僉謂皇上憫念臣鄰・或昧於修省・致罹罪愆・頒玆釋典・以化導之・俾咸歸于正覺・而超乎塵劫・即古聖人斂時五福・以錫萬民之意・感荷之至爲何如哉・爰庀工伐材・構崇閣于毘盧殿之北・高明輪奐・內作龕若干・次第納于匭・凡展誦則依次以取・畢則隨號而收・罔敢遺紊・復曰覆載之恩・不可思議・苟無文以紀其盛・何以昭示將來・相與囑予爲文勒石・以垂不朽・惟昔如來滅度・象敎東傳・於今千三百八十餘載矣・凡有國家者・咸知敦尙・以裨政化・導民爲善・而弭乎凌犯之風・然崇敬之極・莫過於今日 ・ 宏宮峻宇・殆周于海內・玆又渙頒經典・廣布四方 ・ 將見臣忠子孝・兄愛弟敬・夫和妻柔・咸臻於壽富康寧・攸好德・考終命之祉・而免乎凶短折疾・憂貧惡弱之患矣・何其幸哉・

寺之興建始末・堂殿崇隘深廣・少傅楊先生記之備矣・玆可畧也・系以銘曰・北藩之城・昔創梵宇・恭事瞿曇・邦人依怙・名額未賜・殿廡傾塢・僧徒無依・釋典誰護・我皇烝哉・誕握靈契・太清佐之・委裘而治・景化旣寧・百神來曁・眷言陀寺・聿懷起敝・曰邀佛貺・以康兆人 ・ 寧浚其生・而祈於神・廼發私藏・萬億其緡・帝曰兪哉 ・ 以命侍臣・將作不知・有司罔勑・浹歲而成・匪疚匪棘 ・ 玉榜璇題・作寺翼翼・丹闕彤庭・罔不具飭・其飭伊何 ・ 寶相莊嚴・有金有碧・有几有筵・無邊無量・佛心孔安 ・ 邊人咸喜・奔走以觀・邊人相告・彌陀其寧・保我天子 ・ 於萬年齡・恭誦經典・以覺群生・誰其假之・我后之誠・

武定侯郭公墓誌銘

正統十二年丁卯七月十有六日・鎭朔將軍總兵官武定侯郭公・以暴疾卒於宣城之鎭・所守臣遣使馳奏京師・十九日

訃聞・皇上爲之悲悼・輟朝在廷・文武之臣莫不駭歎・翌日詔所司俾護其喪還・九月朔柩車至京・寓朝陽門外・命禮部致祭如儀・賻贈其家・擇是月十七日歸窆懷柔縣紅螺山・先妣太夫人徐氏墓次・仍命工部營理葬事・其家嗣聰跣以奉狀泣予言曰・惟執事與亡父相知惟最深・奄茲不幸・敢以墓銘請・予以衰耄出廵塞外・公繼總戎於斯・凡有利於人而益於邊者・必共商其可否・塞垣嚴謹・邊塵不興・方慶朝廷任將得人・兵民咸得其所・豈意公遽云亡・其可悲已乎・予不果以拙陋辭・乃雪涕爲之序曰・郭氏世爲鳳陽之臨淮縣望族・在昔元運既終・四方鼎沸・我太祖高皇帝應天順人・舉兵奮起畎畝・以拯斯民於塗炭之中・當時豪傑・感風雲之會・皆肆力效忠左右・輔弼公之伯祖興・祖父英尤其超毅者・竝統雄師・東殲西伐・南招北討・既而妖氛蕩息・遂奄有華夏・洪武戊申上卽帝於金陵・論定爵興封鞏昌侯・沒贈陝國公諡宣武・英封武定侯・沒贈營國公諡威襄伯　・　父鎭尚永嘉公主爲駙馬都尉・父銘任遼府典寶・後沒于國事・母徐氏實中山王叔都督同知成之女・年未三十喪其夫・誓死教育二子・長曰琮・初授府軍衞千戶・繼升指揮僉事・次卽公諱玹・字貞白・永樂九年以世勳子・授錦衣衞指揮僉事・轉漢府護衞指揮・二十二年甲辰秋・仁宗皇帝嗣位召還・超陞左軍都督同知・冬十一月襲封祖父武定侯爵・給賜誥命・追封故父銘爲武定侯・祖母嚴氏・封營國公夫人・母徐氏・封太夫人・故妻鄧氏・繼室林氏・俱封夫人・宣德二年掌署宗人府事・纘脩玉牒成被賞・三年九月統領右掖軍馬・扈從宣宗皇帝出境廵邊至會州命總大營・十月送俘獲醜類男女牛羊還京・後隨車駕時獵近郊・屢命居守京師・總理五軍諸司庶務・其見重類如此・今上皇帝卽位・益隆委任・正統三年八月・命往鳳陽督修皇陵洎白塔諸陵・竣事還京・九年十一月掛鎭朔將軍印・充總兵官・鎭禦宣府・於時邊鎭政殷・狼烟四起・公夙夜罔敢自逸・與鎭守諸重臣籌議禦寇保民之策・於是整戎伍・精器械・嚴斥堠・謹烽火・砌完宣府城垣・及重修邊壘二百餘里・虜寇聞風遠遁・朔漠晏然・外夷歲來朝貢・人畜動踰數千・公撫綏勞徠・人皆歡悅・三年之間・事集人懷・利興廢舉・國家倚爲長城・士卒仰如慈父　・　內外莫不交譽之・一旦溘然長逝・將校如喪所親・豈不重可悲也耶　・　沒距所生洪武乙亥十月五日・享年五十有三・初娶方氏・贈威遠伯政之弟女・再娶沐氏・黔國公晟之女・子男五　・　長卽聰・錦衣衞散騎舍人・次眈睛聲聞皆知學好禮・一女尙幼・嗚呼公以世勳戚里之胄・　資性温醇・　丰儀俊爽・幼孤・能自力學・善書翰・工經史・事母克盡其孝・處弟尤篤友于・與朋友交・久而益敬・入典戎樞・則推其仁心　・　以撫愛士卒・出爲邊將・復謙退自居・以好賢下士・其禦戎虜也・惟用常勝之兵・而不求其近效・視古之名將若趙充國・李牧諸人・信不多讓矣・使天假之以年・所就豈可量哉・今不可作矣・茲因聰之請・深愧不腆之辭・不足以發公之善・姑述其概以告來裔云・銘曰・濠梁郭氏・開國元勳・陰德所基・世多顯人・惟公之生・俊偉純粹・早襲華勳・卓有才藝・攝政宗人・清譽著聞・玉牒纘修・克愼克勤・掌握兵戎・扈蹕出塞・殲厥醜徒・竭誠匪懈・宣王獵郊・簡公留守　・　俾領五軍・威武糾糾・邊閫乏人・簡公出鎭・俾總戎師　・　授以將

印．丈夫至此．咸曰榮哉．邊政甫就．梁木遽摧．當宁震驚．朝野悲悼．君子云亡．於予何好．紅螺之原．先隴在焉．祔葬于斯．百世弗諼．佳氣所鍾．山明水秀．我銘其幽．永利爾後．

李　齡　字景齡．潮陽人．正統丙辰乙榜進士．授賓州學正．以尚書胡濙．祭酒李時勉薦．補國子學錄．轉江西道監察御史．景泰初選充宮僚．英宗復辟．護導官多獲譴．齡以弗與建儲議．改太僕寺丞．出爲江西提學．訓士子敦本尙行．建二陸講堂．延餘干胡居仁主白鹿洞教事．士論翕然．卒祀白鹿洞．所著宮詹集．阮志未著錄．順德馮奉初選其文一卷．入潮州耆舊集中．馮選在道光末年．其例言稱所選二十家皆有專集．是當時全集尙存也．

金文靖公文集序

文莫深於六經．然經以載道．非爲作文設．而其文自彰焉．辟如天地之道．運而爲陰陽．爲四時．燦然而日月明．秩然而河岳分．雜然而草木蕃．禽魚生於其間．非有意於物．物以形色之．而其文自成焉．此六經之文．所以卽天地之文．而非後世所能及也．三代之文．至戰國．變而爲邪亂正．紫奪朱．文斯弊矣．漢之文．雖不及古．猶有先秦之遺烈．歷魏．晉．齊．梁而光芒氣焰．埋蝕以盡．唐韓愈氏始推孟而振起之．唐之文．涉五季而弊．宋歐陽修復推韓而析之於至理．使斯文正氣．可以扶持人心．羽翼六經者．二公之力也．近世作文．務爲琢刻藻繪．以誇耀一時爲工．而去道遠矣．

江西自古以文章鳴．代不乏人．若今少保金文靖公是已．公世爲臨江望族．生而岐嶷．英邁風成．奇偉秀出．父雪厓先生喜而遣從前進士聶先生鉉授左氏春秋．鈎元剖微．得屬詞比事之旨．旣長入邑庠．與諸士子遊．涵煦陶養．德器大就．遂韞櫝六經．博極羣書．操觚吐辭．動千百言．蕩達疎暢．若決江河而注之海．滔滔汩汩．衝風激石．噴薄萬狀．而奇變自生．卒本於仁義道德之淵源．此公之文所以駸駸乎前作．而非近世之務爲工巧者．可擬倫也．

洪武庚辰．由鄉薦登進士第．授戶科給事中．恭遇太宗文皇帝卽位．首以文名與少師楊公士奇等．推入內閣．參謀機密．弼亮四聖．公忠鯁弼．亮勳業巍．然而凡典章訓誥之製．賦詠詩詞序記諸作．溫潤而豐縟．典雅而清麗．誠足以宣揚皇澤．發明功德．播夏夷．垂翰簡．以昭一代文明之治於無窮．其有裨於世道也大矣．昔人以韓愈．歐陽修爲挽百川之頹波．息千古之邪說．信乎然也．然愈不獲周於用．修亦弗克究其所爲．今觀公之文章如此．勳業如此．遭遇如此．則修未盡用．公大用矣．非斯文之幸．實斯道之幸也．齡自早歲聞公之名節．嘗誦公文．恆以不得見其全集爲恨．今年春督學至臨江．公之家嗣給事君昭伯．始以斯集見示．且俾序其首簡．晚學淺聞．受而讀之．累日不能窺其門牆．敢引乘於足下之前也耶．固辭弗獲．謹述所見．以俟後之知言君子云．

重修白鹿洞書院記

南康府北行一十里．廬山五老峯之東．舊有白鹿洞書院．院後有崇山峻嶺．騎馳雲矗而來．結爲院基．羣山環繞於左右・前有三小峯・峭拔奇偉・如拱如揖・西有泉水瀉出於巖谷之間・衝濤觸石・懸爲瀑布・湧而雪浪・滙爲清池・淵泓澄碧・洞鑒萬彙・折流而東・經於院門而去・嘉葩茂樹・修篁奇石・交布於其上・唐李渤先生愛其山水之勝・隱居讀書於其地・嘗養白鹿以自娛・因以名其洞・後經五季之亂・故址已廢・宋淳熙五年戊戌・晦庵朱文公先生來知南康軍・始訪其處・復建書院・又上言請賜敕額・及賜御書石經・監本九經於其中・用聖賢教人爲學次第以示學者・置田以贍其用・每休沐・輒一造・與諸生質疑問難・誨誘不倦・暇則相與優游泉石間・攄幽發粹・竟日乃返・一時名人陸子靜・劉子徵・林澤之輩・皆從先生游焉・後文公爲浙江提舉・復遣錢屬郡守錢聞詩建禮殿・塑宣聖繪十哲像・備官僚學徒行釋菜之禮・其垂教貽謀之意深矣・

歷宋及元・屢經兵燹・書院遂廢・我朝正統丙辰・東莞翟君溥福繼守是邦・仍其舊基・復構殿立像・殿前有大成門・左有先賢祠・中白鹿・左濂溪・右晦庵三先生像・前有二程・張横渠・陳了翁・陶靖節・劉西澗父子七先生神主在焉・殿右有明倫堂・東西齋儀門貫道門・堂右有文會堂・祠左有燕食房・總若干間・歷歲滋久・梁棟朽腐・成化紀年乙酉・齡奉命督學至南康・翼日謁書院・仰瞻其陋・謀欲脩之・適知府中州何君濬抵任・且在國學素有師弟之好・因以命之・君乃謀於推官沈瑛・知縣周讓・募義民廣達華等・得穀五百斛・鳩工集材・命主簿曹昇・耆民廖笙・高鑑・敎讀唐維禎・董其事・邑人聞風慕義・捐資財・施磚瓦・助力役者比比・經始於是歲八月朔日・以明年二月訖工・既重修其舊・復增建兩廡・櫺星門・貫道橋・剗除荒穢・周以垣墻・樹以松竹・殿堂祠宇・煥然一新・乃聚在泮諸生朱暉・梁貴等・與郡人子弟之俊秀者・講學討論・繼先賢之遺教・而興學於當時・誠書院之再興也・興廢始末・前祭酒胡先生記之詳矣・星子縣學教諭吳慎・復慮是功不記・無以垂勸將來・乃具其事・請記於石・

齡惟是洞山川之勝・非若禪宮道觀・徒爲遊覽具・而聖賢遺像在是・朱子教人成規在是・先儒之遺風流澤在是・一郡之教化盛衰在是・誠爲政之首務也・孟子曰・知者無不知也・當務之爲急・若翟・何二守・可謂知所務矣・視彼瘝官怠政・徒知竊祿而有玷於名教者・其賢不肖何如也・後之繼治者・尙鑒於斯・

嘉瓜賦

洪武紀元之五年夏・句容民張觀之園・產嘉瓜・二實同蔕・遂進于上・我太祖高皇帝既賜以錢幣・復製讚以美之・而學士宋濂亦獻頌以揄揚之・宣宗章皇帝又增入五倫書・以爲君臣歡・誠萬世之幸也・一日其孫今御史君諫以示齡・盥沐拜覽・忻躍不勝・庸是不揆・謹識其事以誌于後云・

緊聖皇兮龍興・奎璧合兮重明・揮金戈而剗群雄兮・扶人紀之既傾・挽銀漢而洗腥羶兮・登斯世于隆平・九疇斁而復敍・寰宇混以載清・播仁風兮四達・敷和氣兮八埏・禮備兮樂和・治定兮功成・于是天不愛道・休徵應兮・地不愛寶・瑞物臻兮・羲皇之龍出于河兮・有虞之鳳儀于廷兮・懿彼句客・實皇祖鄉・地應吳越・水接湖湘・山欽岑兮旋繞・烟

景鬱兮蒼蒼．泉甘兮土肥．民淳兮俗良．偉金陵之形勝．亘揚州之封疆．彼美農兮．厥姓四張．世植其本．家和以昌．睇東方兮既作．闢瓜園兮南陽．獲回紇之嘉種．發東陵之秘藏．濬清流以灌漑．聚沃壤而隄防．根紆回兮深入．蔓旁繞兮延長．黃花婭姹兮．爛金鋪以浴日．綠葉皁蕃兮．燦瑤珹以凝霜．展碧雲兮蓋地．引翠帶兮盈岡．忽同蔕而連實兮．雙星降以儲祥．羌含陰而育陽兮．重輪合以搖光．清涵玉井之水．甘逾醴泉之漿．雖三秀之靈芝兮．未足以爲奇也．縱連理之嘉木兮．亦難以並美也．魁麥秋之兩岐．紹嘉禾之秀趾．漢之元初．雖曰同蔕．惟一瓜焉．昔之太康．雖有二莖．特一實耳．疇若茲瑞．曠前古之所無．豈近代之所能擬．于以昭張氏之餘慶．于以兆皇家之福祉．廼告京尹．函以素匭．炙背來庭．献之天子．天子穆穆．謙讓弗居．重瞳屢顧．天顏怡愉．薦之太廟．以表禎符．匪徒物稱．至治惟馨．于赫皇祖．昭格來臨．誕錫洪禧．以揚厥靈．聖子神孫兮．衍皇圖于億世．際天極地兮．沐聖化於千齡．神人兮交慶．朝野兮歡騰．于献我皇．嘉言孔彰．亦有詞臣．拜頌其祥．燦龍章兮珠璣．鳴璆鏘兮琳琅．瞻天顏兮咫尺．荷寵賚兮汪洋．雖一時兮奇遇．實垂慶兮無疆．澤及裔孫兮．爲繡衣郎．永蘗其操兮．金玉其相．超去襜兮郭賀．並埋輪兮張綱．覩列聖之相承兮．實足以符嘉祥之所應．而張氏之蓄衍兮．又足以驗我皇之期望．愧譾才兮．不足以形容乎盛德．謹稽首而作賦兮．俾後世以傳芳．

袁衷 字秉中．東莞人．祖友信號雲蘿．洪武永樂兩朝徵聘．以材幹稱．湛甘泉爲作傳．衷正統六年辛酉鄉貢．初授戶部主事．歷梧州知府．改平樂爲郡守．三十餘年所至公正廉明．民蒙其惠．尤長於詩文．所著有竹庭稿．

重修富川縣學記

記曰．古之王者．建國君民．教學爲先．是學校爲王政之大端．而爲政者不可不先於興學校也．蓋教道興舉．民知務德．則風俗可厚．人才可興．治效可得而致矣．仰惟聖朝．崇重學校．大興文教．恢宏治道．而爲郡邑者．奉承德意．有祗有怠．故學校修舉．有能有否．富川爲平樂屬邑．在邑治西南一里許．洪武二十九年．縣治自五十里外鍾山之下移來．附於守禦千戶所鎮城之中．在當時知縣張純與教諭王惟政乃創立學．其文廟．其櫺星門．其東西兩廡．與夫明倫堂東西二齋．會饌之所．神廚倉庫之制．靡不俱備．歷歲既久．寖於頹壞．弗稱國家教育賢才之盛典．成化四年秋．知縣韋忠與教諭陳曜．慨然興舉．乃伐木於山．陶瓦於野．鳩工聚材以重修之．維時守備富川桂林右衛指揮同知王政．好學尙文．多所助力．守禦千戶周紀．劉英亦克效勞以贊其成．經始於是年冬十月朔．落成於明年夏四月望．奐然一新．教諭陳曜乃具述始末之詳．徵記於予．勒之貞石．用垂久遠．嗟夫．守令亦事以興學校爲首要．今知縣韋忠輩能與是舉．可謂知先務．達政體．不失其職．而無負於朝廷崇重學校．教育人才之盛意矣．因書此爲重修富川縣學記．

稼軒記

大屛・在東莞之東南・寶山之西・鵬海之北・去縣治僅百里・環迴周匝・皆護以山・山皆渾厚秀拔・外困而中寬・長溪夾流・平衍亘廣袤直・沿溪多肥田沃壤・泉脈時湧・灌漑不竭・無水旱之虞・而歲常稔・素稱饒足・邑之他鄉尠及也・著姓葉氏・世居於是・有曰福者・予姑所出・爲予表弟・予爲地官主事・時常奉使閩中・便道歸省・得往拜姑氏於大屛・見福質實敦篤・言行必依於理・不事外務・讀書之暇・唯課童僕耕稼以自樂・盖有先民之遺風焉・近構數楹以爲游息之所・堅樸古雅・面對田畝・因以稼軒爲名・而徵記於予・予難之曰・昔樊遲請學稼・孔子嘗直拒之・今子讀書知義理・何以稼名軒・福復予曰・富室子弟・不知稼穡之務・農畝之事・達人亦多厭苦之・而未知其樂也・吾爲老兄誦焉・當春雨時・土膏發動・于焉舉趾而耕・既種而蒔・糞漑有時・耘耨有節・及風日晴和之候・倚吾軒而觀焉・鬱者達・而穉者秀・秋成之際・旣穎而實・旣堅而好・黃雲萬頃・平鋪於隴畝之間・彌望無際・玉粒金苞・荏苒可愛・於是斂而收之・登于場圃・吾之所以奉先祖・資祭享・供賦稅・待賓客・終歲舉家衣食之需・皆望是稼而給・食力者惟分之甘・庶不愧怍於俯仰・非如吾兄勤勞王家・而食人之力比・亦非若世之游惰放逸・衣食無以自給者論也・予重其知務本・而言有合於道・遂爲之記以相之・

盧祥　字仲和・東莞人。正統壬戌進士・官南京禮科給事中・丁外艱服闋補吏科・謫山西蒲州判・天順改元・召爲禮科給事中・擢南京太僕寺少卿・以內艱歸・起補順天府丞・擢都察院右僉都御史・巡撫延綏・上言延安慶陽各州縣邊民・驍果敢鬥・若選以訓練・各護鄉里・不煩調募・請勑御史會點・編爲土兵・得精壯五千餘人・是爲陝西土兵之始。逾年謝病歸・尋卒・年六十六・著有行素集六卷・阮志注存・

廉泉箴并序

唐書地理志載・黃嶺爲東莞邑之祖山・山下有泉・清冽而甘・曰廉泉・古人嘉其名・而悅其味・恒嘆賞之・宋紹熙間・邑令張勛甃井・元至大四年・攝邑資中郭居仁・嘗勸農其下・作亭泉上・矢辭刻石・期與同潔・當是時也・政通人和・泉水泱泱・流而不息・厥後司民社者・無意斯泉・亭荒而泉竭矣・天順辛巳・樂丰吳侯時中以進士來爲宰・廉謹自飭・再期之間・庶政克修・百廢俱舉・閱邑志有廉泉亭・乃尋訪之・於草莽中得亭故址・泉則湮塞・遂命浚之・泉源沁沁始達・卽疏導之・泉大湧出・湛然清冽・侯乃通其流・引入溝澮・漑諸畎畝・復築亭于上・柱以石・梁以木・甃以甓・覆以陶瓦・浹辰而成・時天順甲申三月上巳日也・於是集諸僚友于宇・酌泉以誓・能鳴者咸有紀述・予因作箴以自警・且以告諸後之執政者曰・一六數始・水實生焉・艮坎相乘・蒙泉涓涓・截被黃嶺・秀拔崛起・有泉之源・發于山趾・維茲之泉・湛然以清・君子重之・加以廉名・泉流之冽・士行之潔・潤下之澤・出而不竭・爰作泉亭・矢辭刻銘・有如白水・靡矢厥貞・廉士旣逝・貪人敗類・山川閟靈・泉湮亭

廢・卓哉吳侯・來宰茲土・廉公有威・作民父母・載浚其源・載疏其流・導其潤澤・漑于田疇・修亭臨泉・以償清白・偕厥同盟・共守水蘖・有亭翼翼・泉冽如昔・酌之濯之・以蕩以滌・既滌而襟・當爲而箴・始終如泉・無貳而心・

譙樓記

鄭　敬　字德聚・東莞人・正統壬戌進士・授南京湖南道監察御史・陞江西按察僉事・改雲南・考滿將之京・土酋循故事・餽以兼金異貨・家人勸之受・叱曰・我司風紀二十年・享有常祿・猶懼弗稱・敢改節以欺天乎・竟却之・累擢至山東副使・致仕卒於家・幾無以殮・人皆稱之・

東莞邑治・舊以木構鼓樓于門之上・景泰庚午・燬于叛寇・天順辛巳秋・樂平吳公中由進士・來宰茲邑・以清白持己・以明敏涖事・作興學校・肅清狴獄・勸貸賑濟・而貧民得所養・翦難奸宄・而豪橫知所懼・未及再期・政通人和・百廢修舉・顧茲譙樓・廢墜特甚・乃捐己貲以倡・同官者・各出帑鏹有差・鳩工庀材・擇時興役・伐石爲基・增築層臺・規甃爲門・尋有二尺・參其基以爲崇・倍其崇以爲修・而廣則加修尋有六尺・視舊率加什二・而崇倍焉・經始於壬午之冬・落成於癸未之春・置司刻漏者・正四氣以授民時・嚴更鼓以警民情・其規模宏壯・布置周備・蓋前古所未有也・吳侯徵予記之

予惟古者國無大小・必爲臺門・所以嚴等威・重教令・使民習於上下之分・而一其觀聽也・後世郡國・以樓易臺・所謂麗譙者・雖不皆出諸侯三門之制・蓋亦取禮以高爲貴之意・然春秋重民力・凡興作必書・書魯僖新作南門者・譏其創作以勞民也・周官司寤氏・以掌夜時・以星分夜・以詔夜士嚴夜禁・禦晨行者・禁宵行者・夜遊者・明司夜之有法也・今是樓之建・仍其舊・而非創始・則無春秋新作之譏矣・嚴夜禁・以警作息・則得周官司寤氏之制矣・矧更鼓分明不忒・尤足以見侯之政令也・昔范延貴過萍鄉・夜宿邸中・聞更鼓分明・知其宰張晞顏爲好官・遂語金陵守張忠定公同薦于朝・卒爲良吏・然則吳侯殆今之晞顏者歟・必有知侯如延貴者矣・書以俟之・是爲記・

陳獻章　字公甫・新會人・舉正統丁卯鄉試・再上禮部・不第・從吳與弼講學・居半載歸・築陽春臺靜坐其中・久之・復游太學・祭酒邢讓試和楊時此日不再得詩一篇。驚曰龜山不如也・由是名震京師・既歸・四方來學者日衆・廣東布政使彭韶・總督朱英交薦・召至京・令就試吏部・辭疾不赴・疏乞終養・授翰林院檢討・自是累徵不起・宏治十三年卒・年七十三・萬曆初從祀孔廟・追謚文恭・

按白沙之學・以靜爲主・或勸以著述・不答・今唯詩文全集九卷・阮志注存文行錄十卷・亦未見・其教學者・但令端坐澄心・於靜中養出端倪・論者或疑其近禪・然嘗云・名節道之藩籬・不固其中・未有能自存者也・又曰・過此以往・儘有分殊處・切須理會・是白沙之所謂自得・與禪學之所謂自得・固灼然有辨矣・故欲觀先生立身大節・當讀惲子居白沙祠堂記・欲知先生論學宗旨・當讀胡大靈白沙子論・可畧識其微矣・

乞終養疏

臣原籍廣東廣州府新會縣人・由本縣儒學生員・應正統

十二年鄉試中式・正統十三年會試禮部中副榜・告入國子監讀書・景泰二年會試下第・成化二年監撥送吏部文選淸吏司歷事・成化五年復會試下第・告回原籍・累染虛弱自汗等疾・又有老母朝夕侍養・不能赴部聽選・成化十五年以來・廣東左布政使彭韶・欽差總督兩廣軍務兼理巡撫右都御史朱英・前後具本薦臣堪充任使・吏部移文廣東布政司等衙門・趣令起程・臣以舊疾未平・母年加老・未能趣行・府縣官吏承行文書・日夕催迫・不免・强起就道・而沿途病發・隨地問醫・扶衰補羸・僅不大憊・於成化十九年三月三十日到京朝見赴部・乃以久勞道路・舊疾復作・延至月餘・於五月二十五日蒙吏部題奏・奉聖旨恁部裏還考試了・量擬職事來說・欽此欽遵・臣時方在床褥・聞命愧悚・未能就試・即令姪男陳景星赴通政司告轉行本部・暫令調治・再歷晦朔・心不自安・七月十六日扶病赴部聽試・而筋力朽弱・立步艱難・再自揣虛薄・未堪筆硯・因續具狀再延旬日・日復一日・病勢轉增・耳鳴痰壅・面黃頭暈・視昔所染・無慮數倍・衆目所覩・不敢自誣・又於八月二十二日・得男陳景陽書報・臣母別臣以來・憂念成疾・寒熱迭作・痰氣交攻・待臣南歸・以日爲歲・臣病中得此・魂神飛喪・仰思君命・俯念親情・展轉鬱結・終夜不寐・臣之愚迷・實不知所以自處也・

臣自幼讀書・雖不甚解・然於君臣之義・知之久矣・伏惟我國家教育生成之恩・陛下甄錄・收采不遺卑賤之德・至深至厚・此而不速就以圖報稱於萬一・非其情・有甚不得已者・孰敢騖虛名・飾虛讓・趦趄進却於日月之下・以冒雷霆之威哉・臣所以一領鄉書・三試禮部・承部檄而就道・聞君命而驚心者・正以此也・緣臣父陳琮年二十七而棄養・臣母二十四而寡居・臣遺腹之子也・方臣幼時・無歲不病・至於九齡・以乳代哺・非母之仁・臣委於溝壑久矣・臣生五十六年・臣母七十有九・視臣之衰・如在襁褓・天下母子之愛雖一・宜未有如臣母憂臣之至・念臣之深者也・臣於母恩無以爲報・而臣母以守節應例爲有司所白・已蒙聖恩表厥宅里・是臣以母氏之故・荷陛下之深恩厚德・又出於尋常萬萬也・顧臣母以貧賤早寡・俯仰無聊・殷憂成疾・老而彌劇・使臣遠客異鄉・臣母之憂臣日甚・愈憂愈病・愈病愈憂・憂病相仍・理難長久・臣又以病軀憂老母・年未暮・而氣則衰・心有餘・而力不逮・雖欲效分寸於旦夕・豈復有所惜哉・臣所以日夜憂憊・欲處而未能者・又以此也・夫內無攻心之疾・則外不見從事之難・上有至仁之君・則下必多曲成之士・惟陛下以大孝化天下・以至誠體萬物・海宇之內・無匹夫匹婦不獲其所者・則臣之微・亦豈敢終有所避・而不自監哉・

伏望聖明・察臣初年願仕之心・憫臣久病思親・不能自已之念・乞勅吏部放臣暫歸田里・日就醫藥・奉侍老母・以窮餘年・俟母養獲終・臣病全愈・仍前赴部以聽侍用・則臣母子未死之年・皆陛下所賜・臣感恩益深・圖報益切・雖死於道路・無所復辭矣・臣干冒天威・無任皇恐戰栗之至・

復趙提學僉憲書

執事謂・浙人以胡先生不教人習四禮爲疑・僕因謂禮文雖不可不講・然非所急・正指四禮言耳・非統論理也・禮無所不統・有不可須臾離者・克己復禮是也・若橫渠以禮教

人·蓋亦由是而推之·敎事事入途轍去·使有所據守耳·若四禮則行之有時·故其說可講而知之·學者進德修業·以造於聖人·緊要却不在此也·程子曰·且省外事·但明乎善·惟進誠心·外事與誠心對言·正指文爲度數·若以其至論之文爲度數·亦道之形見非可少者·但求道者·有先後緩急之序·故以且省爲辭·省之言畧也·謂姑畧去之·不爲害耳·此蓋爲初學未知立心者言之·非初學不云且省也·若以外事爲外物·累己而非此之謂·則當絕去·豈直省之云乎·僕才不逮人·年二十七始發憤從吳聘君學·其於古聖賢垂訓之書·蓋無所不講·然未知入處·比歸白沙·杜門不出·專求所以用力之方·既無師友指引·惟日靠書冊尋之·忘寢忘食·如是者亦累年·而卒未得焉·所謂未得·謂吾此心未得理·未有湊泊脗合處也·於是舍彼之繁·求吾之約·惟在靜坐·久之然後見吾此心之體·隱然呈露·常若有物·日用間種種應酬·隨吾所欲·如馬之御銜勒也·體認物理·稽諸聖訓·各有頭緒來歷·如水之有源委也·於是渙然自信　·　曰作聖之功·其在茲乎·有學於僕者·輒敎之靜坐·蓋以吾所經歷·粗有實効者告之·非務爲高虛以誤人也　·　執事知我過胡先生·而獨不察此·僕是以盡言之·希少留意·

與朱都憲書

頃者獲拜執事於蒼梧·十餘年間·執事之心不忘乎僕·與僕願見執事之誠·交慰並沃於一堂之上·一日之間·至矣盡矣·執事負一世之豪才·際百年之嘉會·故能受之當宁·進位都憲·奉璽書·督三軍·以經營於一方·誰不瞻仰·誰不歸戴·僕一介書生·生長東南·聞見寡陋·徒負虛名·無補於世·乃蒙追憶十餘年相與尺牘往來之雅·而賜見焉·幸甚幸甚·

僕之齒非少·然以方於執事·則爲後進·執事先生長者也·長者有問·不辭讓而對·非禮也·隱而不告·非禮也·僕之始至·執事問以出處·僕未敢率爾·執事又益之以薦進之說·且令囘自決之·僕於是乎若負芒刺·避席而不敢言·慚也·退而思之·又大慚也·明日具以情告·且言其不可·當是時也·執事亦見僕之顏色乎　·　始者僕欲往見執事於蒼梧·凡三復計之·而後果行·誠以執事之賢·固所願識·然自念二三十年所守進退之節·一旦由此而變·亦不能不少踧踖也·況諭之以薦進之說耶·僕竊以爲執事好崇獎人之善·偶見一士·少異乎人·亟以此言籠之·使勉乎善云耳　·　不然·則將悼其窮且老·踽踽焉無所與同·恤恤焉無所與歸·故問而遣之·使自爲祿仕之計焉耳·不然執事之明·足以照物·豈不知僕之駑鈍不可驅策·而思進之萬里之途也·執事又以韓退之之事見勗·退之雖賢·不及孟子·孟子不肯枉尺直尋·退之以書干宰執·僕固不得舍孟而學韓也·僕之歸白沙·幾一月矣·鄉之逢掖士·無日不來問·詢僕告以所接盛德之光·莫不鼓舞興起·信乎德之流行　·　速於置郵而傳命也·惟是進退出處之念·尙日往來於心·誠懼執事所以待僕者如此·而人之知僕者淺也·此意已託邱侍御達之左右·不審亮之否乎·未能默默·伏此布聞·且以代面謝·惟少垂鑒焉·

敬惟執事·位高而望重·德博而民化·而恒患乎善之不

彰・士罔攸勸・故能尊重名教・秩秩其儀・以興起山林之遺逸・大哉執事之心・僕雖駑鈍・敢不夙夜祇奉・然僕竊觀來喻之言・大意欲勸僕出仕耳・非直勸之・且加責焉・是故出於愛僕之誠・而僕之心亦未有蒙照察者・何則・掇科登仕・固僕之素志・抱病違時・非僕之得已・僕自染疾來・六七年間・每遇疾作・偏身自汗若雨・或遭數月不止・既止復作・畏勞怯冷・沉綿反復・元氣寖耗・力加防愼・庶幾保全・而母氏年益高・百疾交苦・是以未能出門耳・假令僕疾愈可以出矣・而忘親之老・豈人之情也哉・在親爲親・在君爲君・無所往而不然矣・夫天下之理・至於中而止矣・中無定體・隨時處宜・極吾心之安焉耳・若昔之李密是也・密被徵時・密之心蓋自揆安於事劉則止爲中・而行・非中也・今若概以聖賢出處之常・責密以必仕・恐非密之心・密之心・天理之時中也・僕今自處・亦欲無愧於密耳・執事信以爲何如哉・願終敎之・僕不敢固執也・

復江右藩憲諸公

七月二十四日僕方困暑・閉齋獨臥・而李劉二生適至・書幣交陳・輝映茅宇・僕再拜讀書・識其所以來之意・不敢當・不敢當・匡廬五老名山也・白鹿名書院也・諸公皆世偉人也・修名山・復名書院之舊・希世偉事也・僕生於海濱・今五十有四年矣・未始聞天下有如是之事・悠然得趣於山水之中・超然用意於簿書之外・旁求儒師・俾式多士・將以培殖化原・輔相皇極・以無負於斯世斯民也・於乎盛哉・昔朱文公之留意於斯也・一賦一詩・足以見之・其與諸公之心・蓋異世同符也・諸公讀文公之書・慕文公之道・亦罔不惟文公是師也・自文公歿・至今垂四百載・仕於江右者多矣・其間有能一動其心・於白鹿之興廢者誰歟・文公固有待於諸公也誠・公誠念之・不宜謀及鄙人・鄙人非不欲斯道之明也・學焉而不得其術・其識昏以謬・其志弱以小・其氣乏之餒・其行怠肆・其文落莫而不章・歲月侵尋・老將至矣・其於聖賢之道・非直不能至而已・其所求於其心・措於其躬者・亦若存而若忘・雖欲自信自止・而不可得・况以導人哉・百鈞之任・以與烏獲・而不與童子・慮弗稱乎力也哉・夫天下之事慮而作者患恒少・不慮而作者患恒多・千里之足・不蹶於遠途・萬斛之舟・不虞於大水・其才足以勝之・非不慮而作者也・使之不以其誠・任之而過其分・與自欺而誤人者・其失均耳・諸公獨不慮至此乎・天下有任大責重・而祿位不與者・苟能勝之・則至大・至大通無方無體・故能爲天地立心・爲生民立極・爲往聖繼絕學・爲萬世開太平・所謂建諸天地而不悖・質諸鬼神而無疑・百世以俟聖人而不惑・此其分內也・宇宙無窮・誰當負荷・伏惟諸公念之慮之・勿遷惑於衆口・期匹休於先賢・收回束幣・更聘眞儒・俾諸士子有所效法・以無負於今日之意也・幸甚幸甚・

與趙明府書

平後山碑文・僕已謝於陶公・非敢有愛於言也・夫文以紀功・必書首事・主後山之役者誰乎・今秦公已去・存者兩府・皆非知僕者也・孟子譏未同而言・此豈止於未同而已耶・一二十年來・僕與人爲記序等文・多不過十數碑而已・

爲陶公者半之・謂僕於公有所擇於言乎・必不然矣・司馬公作相・欲除諫官・而難其人・問於伊川先生・不對・公曰・出於子口・入於光耳何害・伊川終不爲言之・語默要自有當也・若不問可否・惟以相與之・密而責之・言伊川爲不忠矣・僕廢退之餘・恐收斂之不謹・以取罪累・實非有他也・惟執事亮之・

與舊生陳魁書

生仰給歲月於鉛槧・瓶無贏粟・以畜其妻子・年幾六十・益以疾病・困以盜劫・士一窮至若是哉・昨夢見生・龍鍾如東田老人・稍就之・疲頓與石翁異者幾希・然與之論舊事・寫平生・於我三沐三薰之・歷歷猶是也・使我囊中有九還大丹・能反老爲童・與生共之・庶幾其成也可待・生既絕望於我矣・我更望於何人・惟日孜孜・斃而後已・生與我皆然・復何道哉・復何道哉・佃者還・聊此復・

答林光書（與林郡博之六）

承諭進學・所見甚是超脫・甚是完全・病臥在牀・忽得此柬・讀之慰喜無量・自不覺呻吟之去體也・終日乾乾・只得收拾此而已・此理干涉至大・無內外・無終始・無一處不到・無一息不運・會此則天地我立・萬化我出・而宇宙在我矣・得此霸柄・入手更有何事・往古來今・四方上下・都一齊穿紐・一齊得收拾・隨時隨處無不是・這個箇充塞色色・信他本來何用・爾脚勞手攘・舞雲三三兩兩・正在勿忘勿助之間・曾點些兒活計・被孟子一口打併出來・便都是鳶飛魚躍・若無孟子工夫・驟而語之・以曾點見趣・一似說夢會得・雖堯舜事業・只如一點浮雲過目・安事推乎此理包羅上下・貫徹終始・滾作一片・都無分別・無盡藏故也・自茲已往・更有分殊處合要理・會毫分縷析・義理儘無窮・工夫儘無窮・書中所云乃其統體該括耳・病中還答不周・言多未瑩・乞以意會・前此所論命之理・以下數段亦甚切實有味・愧不時復・草席香各領賜・感感・

詩教篇

陳子曰・詩之工・詩之衰也・言心之聲也・形交乎物・動乎中・喜怒生焉・於是乎形之聲・或疾或徐・或洪或微・或爲雲飛・或爲川馳・聲之不一・情之變也・率吾情・盎然出之・無適不可・有意乎人之贊毀・則子虛長揚・飾巧夸富・媚人耳目・若俳優然・非詩之教也・甚矣詩之難言也・李伯藥見王通而論詩・上陳應劉・下述沈謝・四聲八病・剛柔清濁・靡不畢究・而王通不答・薛收曰・吾嘗聞夫子之論詩矣・上明三綱・下達五常・於是徵存亡・辨得失・小人歌之・以貢其俗・君子賦之・以見其志・聖人觀之・以觀其變・今子之言詩・是夫子之所痛也・南朝姑置勿論・自唐以下・幾千年於茲・唐莫若李杜・宋莫若黃陳・其餘作者固多・率不過是・烏呼・工則工矣・其皆三百篇之遺意與・率吾情・盎然出之・不以贊毀・與發乎天和・不求合於世人・明三綱・達五常・徵存亡・辨得失・不爲河汾・子所痛者殆希矣・故曰詩之工詩之衰・夫道以天爲至言・詣乎天・曰至言・人詣乎天・曰至人・必有至人・能立至言・堯舜周孔至

矣・下此其顏孟大儒・與宋儒之大者・曰周・曰程・曰張・曰朱・其言具存・其發之而爲詩・亦多矣・世之能詩者・近則黃陳・遠則李杜・未聞舍彼而取此也・學者非歟・將其所謂大儒者・工於道・不工於詩・與將未至於詣乎天・其言固有不至歟・將其所謂聲口弗類與言而至者・固不必其類於世・或者又謂詩有別材・非關書也・詩有別趣・非關理也・則古之可與言詩者・果誰歟・夫詩小用之・則小・大用之・則大・可以動天地・可以感鬼神・可以和上下・可以格鳥獸・四時行焉・百物生焉・皇王帝霸之褒貶・雪月風花之品題・一而已矣・小技云乎哉・

內化篇

陳子曰・意所嚮往處・非乘雲馭風・身不可得而至・窮之乎山川・委之乎官守・曠之乎歲月・當食・食忘・當寢・寢廢・一有感乎外・而動乎中・終日視而目不瞬・以言乎化・外不化・而內化・以言乎情・則哀而不傷・至矣乎・非子之於親・則臣之於君・過而不過・其狄梁公歟・梁公仕唐・在武后朝・以一身繫唐宗社之重・扶陽抑陰・光復唐祚・事載簡冊・昭若日星・夫梁公可謂有大功於唐矣・賢者識其心・自望雲一念中來・故曰求忠臣・必於孝子之門・苟無是心・有文章足以收譽於衆口・有功業足以耀榮於一時・有名節足以驚動乎流俗・皆僞而已・豈能久而不變哉・夫孝百行之源也・通於神明・光於四海・堯舜大聖也・孟子稱之曰孝弟而已矣・故君子莫大乎愛親・

仁術論

天道至無心・比其著於兩間者・千怪萬狀・不復有可及・至巧矣・然皆一元之所爲・聖道至無意・比其形於功業者・神妙莫測・不復有可加・亦至巧矣・然皆一心之所致・心乎其此・一元之所舍乎・昔周公扶王室者也・桓文亦扶王室也・然周公身致太平・延被後世・桓文戰爭不息・禍藏於身者・桓文用意・周公用心也・是則至拙莫如意・而至巧者莫踰於心矣・孟氏學聖人也・齊王不忍見一牛之死・不有孟氏・不知其巧也・蓋齊王之心・卽聖人之心・聖人知是心之不可害・故設禮以預養之・以爲見其生・而遂見其死・聞其聲・而遂食其肉・則害是心莫甚焉・故遠庖廚也・夫庖廚之禮至重・不可廢・此心之仁至大・不可戕・君子因是心・故制是禮・則二者兩全矣・巧莫過焉・齊王之心一發・契乎禮・齊王非熟乎禮也・心之巧同也・聖人誅民害・而迸之四裔・四裔之民奚罪焉・亦曰戮之則傷仁・存之則遺害・故聖人之仁有權焉・使之遠寓魅魑・則害去・而惡亦不得施矣・夫人情之欲在於生・聖人卽與之生・人情之惡在於死・聖人不與之死・惡衆人所惡也・聖人卽迸除裔夷・惡難施也・聖人以投惡・聖人一舉而適中・聖人未嘗巧也・此心之仁自巧也・而聖人用之・故天下有意於巧者・皆不得厠其間矣・周公一金縢・大發寤時主・以後世事觀・至巧矣・周公豈有意耶・亦任心耳・

銖視軒冕塵視金玉論三篇

上篇

道至大．天地亦至大．天地與道若可相侔矣．然以天地而視道．則道爲天地之本．以道視天地．則天地者太倉之一粟．滄海之一勺耳．曾足與道侔哉．天地之大．不得與道侔．故至大者道而已．而君子得之．一身之微．其所得者．富貴貧賤死生禍福．曾足以爲君子所得乎．君子之所得者．有如此．則天地之始．吾之始也．而吾之道．無所增．天地之終．吾之終也．而吾之道．無所損．天地之大．且不我逃．而我不增損．則舉天地間物既歸於我．而不足增損於我矣．天下之物盡在我．而不足以增損我．故卒然遇之而不驚．無故失之而不介．舜禹之有天下而不與．烈風雷雨而弗迷．尚何銖軒冕塵金玉之足言哉．然非知之眞．存之實者．與語此．反惑．惑則徒爲狂妄耳．

中篇

天下事物雜然前陳．事之非我所自出．物之非我所素有．卒然舉而加諸我．不屑者視之．初若與我不相涉．則厭薄之心生矣．然事必有所不能已．物必有所不能無．來於吾前矣．得謂與我不相涉耶．夫子謂不義而富且貴．於我如浮雲．謂薄不義也．非薄富貴也．孟子謂舜視棄天下如敝屣．亦謂重愛親也．非謂輕天下也．君子一心．萬理完具．事物雖多．莫非在我．此身一到．精神具隨．得吾得而得之耳．失吾得而失之耳．厭薄之心胡自而生哉．巢父不能容一瓢．嚴陵不能禮漢光．此瓢此禮．天下之理所不能無．君子之心所不能已．使二人之心果完．其亦焉得而忽之也．若曰物吾知其爲物耳．事吾知其爲事耳．勉然舉吾之身以從之．初若與我不相涉．比之醫家謂之不仁．昔人之言曰．銖視軒冕塵視金玉．是心也．君子何自得之哉．然非其人與語此．反惑．惑則累之矣．或應曰．是非所謂君子之心也．君子之辨也．曰然．然無君子之心．徒有輕重之辨．非道也．

下篇

或曰道可狀乎．曰不可．此理之妙不容言．道至於可言．則已涉乎麤迹矣．何以知之．曰以吾知之．吾或有得焉．心得而存之．口不可得而言之．比試言之．則已非吾所存矣．故凡有得而可言．皆不足以得言也．道不可以言狀．亦可以物狀乎．曰不可．物囿於形．道通於物．有目者．不得見也．何以言之．曰天得之爲天．地得之爲地．人得之爲人．狀之以天．則遺地．狀之以地．則遺人．物不足狀也．曰道終不可狀歟．曰有其方．則可舉一隅而括其三隅．狀道之方也．據一隅而反其三隅．按狀之術也．然狀道之方非難．按狀之術實難．人有不知彈．告之曰彈之形如弓．而以竹爲弦．使其知弓則可按也．不知此道之大．告之曰道大也．天小也．軒冕金玉又小．則能按而不惑者鮮矣．愚故曰．道不可狀．爲難其人也．

安土敦乎仁論

易上繫曰．安土敦乎仁．予曰寓於此．樂於此．身於此聚精會神於此．而不容惑忽．是謂之曰君子．安土敦乎仁也．比觀泰之序卦曰．履而泰．然後安．又曰履得其所．則舒泰．泰則安矣．是泰而後可安也．夫泰通也．泰然後安者．通於此然後安於此也．然九二曰包荒用馮河．是何．方泰而憂．念卽興也．九三曰艱貞無咎．則君子於是時愈益恐恐然如禍之至矣．是則君子之安於其所．豈直泰然而無所事哉．蓋將兢兢業業．惟恐一息之或間．一念之或差．而不敢以自暇矣．有於予心符．或曰君子不已勞乎．應曰．乾之象曰．天行健．天之循環不息者．健而已．君子執虛如執盈．入虛如有人．未嘗少懈者剛而已．夫豈勞哉．君子何爲不暇乎．

君子一心．足以開萬世．小人百惑．足以喪邦家．何者．心存與不存也．夫此心存則一．一則誠．不存則惑．惑則僞．所以開萬世．喪邦家者．不在多．誠僞之間而足耳．夫天地之大．萬物之富．何以爲之也．一誠所爲也．蓋有此誠．斯有此物．則有此物．必有此誠．則誠在人何所具於一心耳．心之所有者此誠．而爲天地者此誠也．天地之大．此誠且可爲．而君子存之．則何萬世之不足開哉．作僞之人既惑而喪其誠矣．夫既無誠．而何以有後邪．

送張進士廷實還京序

鄉後進吾與之遊者．五羊張詡廷實．始舉進士．觀政吏部稽勳．尋以疾請歸五羊．五羊大省地．廷實所居．戶外如市．漠然莫知也．自始歸至今六年間．歲一至白沙．吾與之語．終日而忘疲．城中人非造廷實家．不得見廷實．而疑其簡．實不然也．蓋廷實之學．以自然爲宗．以忘己爲大．以無欲爲至．卽心觀妙．以揆聖人之用．其觀於天地．日月晦明．山川流峙．四時所以運行．萬物所以化生．無非在我之極．而思握其樞機．端其銜綏．行乎日用事物中．以與之無窮．然則廷實固有甚異於人也．非簡於人以爲異也．若廷實淸虛高邁．不苟同於世也．又何憂其不能審於仕止．進退語默之槩乎道也．玆當聖天子登寶位之明年．思得天下之賢而用之．而廷實之病適愈．太守公命之仕．廷實不得以未信辭於家庭．於是卜日告行．於白沙留二十餘日．去歲之冬．季世卿別予還嘉魚．贈以古詩十三首．其卒章云．上上崑崙峯．諸山高幾重．望望滄溟波．百川大幾何．卑高入揣料．小大窮多少．不如兩置之．直於了處了．世卿豪於文者也．予猶望其深於道以爲之本．廷實至京師見世卿．重爲我告之．廷實所以自期．廷實其自信自養以達諸用．他人莫能與也．

贈東曉序

居之有名惡乎始．君子之居也．興於斯．息於斯．目之所視．心不所隨．苟無所事乎畏．則怠而入．於忘其主於畏乎．何氏子隱南海之濱．更名潛．榜其居曰東曉．蓋以其識見之超卓．能及於微遠．如陽氣始舒．昭晰無間．故以其象喻之云耳．時乎見．則見矣．宜潛而見．過也．則有畏潛．惡乎畏而取於是．故直以爲喻已．然予謂潛之畏．不終無也．暘谷始旦．萬物畢見．而居於蔀屋之下．亭午不知也．忽然夜半起．振衣於四千丈羅浮之岡．引眄於扶木之區．赤光在海底．皎如晝日．仰見羣星．不知其爲夜半．此無他．有蔽則闇．無蔽則明也．所處之地不同．所遇隨以變．況人易於蔽者乎．耳之蔽聲．目之蔽色．蔽口鼻以臭味．蔽四肢以安佚．一掬之力．不勝羣蔽．則其去禽獸不遠矣．於此得不甚恐而畏乎・知其蔽而去之・人欲日消・天理日明・羅浮之於扶木也・溺於蔽而不勝・人欲日熾・天理日晦・蔀屋之於亭午也・二者之機・間不容髮・在乎思不思・畏不畏之間耳・潛隱者也・理亂黜陟・刀鋸非所畏・尙亦有畏於斯乎・因其乞言・序以勗・

道學傳序

自炎漢迄今・文字記錄著述之繁・積數百千年於天下・至於汗牛充棟・猶未已也・許文正語人曰・也須焚書・一遭此暴秦之迹・文正不諱言之・果何謂哉・廣東左方伯陳公取元所修宋史列傳中・道學一篇・鏤板與同志者共之・宋史之行於天下・有全書矣・公復於此留意焉・噫我知之矣・孔子曰・十室之邑・必有忠信・如丘者焉・不如丘之好學也・聖世由聖門以學者衆矣・語忠信如聖人鮮能之・何其與夫子之言異也・夫子之學・非後世人所謂學・後之學者・記誦而已耳・詞章而已耳・天之所以與我者・固懵然無知也・夫何故載籍多・而功不專・耳目亂・而知不明・宜君子之憂之也・是故秦火可罪也・君子不諱・非與秦也・蓋有不得已焉・夫子沒・微言絕・更千五百年・濂洛諸儒繼起・得不傳之學於遺經・更相講習而傳之・載於此編者備矣・雖與天壤共弊可也・抑吾聞之・六經夫子之書也・學者徒誦其言而忘味・六經一糟粕耳・猶未免於玩物喪志・今是編也・采諸儒行事之迹・與其論著之言・學者苟不但求之書・而求諸吾心・察於動靜有無不機・養其在我者・而勿以聞見亂之・去耳目支離之用・全虛圓不測之神・一開卷・盡得之矣・非得之書也・得自我者也・蓋以我而親書・隨處得益・以書博我・則釋卷而茫然・此野人所欲獻於公・與四方同志者之芹曝也・承公命爲序・故及之・公名選字士賢・浙之臨海人・先公勿齋先生宰新城・遺愛在民・公稱其家學云・

湯氏族譜序

家之譜・國之史也・本始必正・遠邇必明・同異必審・卑而不援高・微而不附彰・不以貴易親・不以文覆愆・良譜也・莫不有家也・小大異焉・莫不有世也・升降異焉・自吾之世推而上之・缺其不可知者・存其可知者・良譜也・世假譜以存者也・譜存之家・是名世家・修譜者不知世之重也・援焉以爲重・無實而借之詞・吾不欲觀之矣・

湯氏邑之著姓也・自言先汴人・隨宋南渡・居嶺南南雄・世遠失傳・今以始自南雄・遷古岡曰統者・爲一世祖・統以上無考・譜亡於元季之亂・續之者・唐府伴讀八世孫有容也・退菴鄧先生序之・正統己巳之秋・黃賊起南海・一郡騷然・賊南攻・湯氏之婦馬氏奮謂其夫溥英曰・賊且至矣・他物易得耳・譜亡文獻無徵・於是馬氏手挈是編・走邑城西北貴奇坑・出入水火・顚沛極矣・譜卒賴以全・湯氏之先・以儒起家・世有顯人・序稱伴讀君之賢有自・今馬氏又賢也・在宋欽州守・馬持國賢而有名・馬氏幾世祖也・其賢蓋亦有自云・胤子紹端・念母氏之賢勞・將託以告後之子孫俾咸念之・徵予序・予維世家之譜可觀・不援不附・如湯氏亦良譜也・內則賢婦女・外則賢丈夫・相與修緝維持・既亡而復存・湯之子孫念之・亦允蹈之・國史記畧與家譜同・史主

勸懲．譜勸而不懲．不修其世．而以譜重．君子不重也．卒亦不勸而已矣．存世者譜也．存而重之譜乎．世之重以德．譜之重以言．德與言孰重．重世乎．重譜乎．在湯氏．

夕惕齋詩集後序

受樸於天．弗鑒以人．禀和於生．弗淫以習．故七情之發．發而爲詩．雖匹夫匹婦．胸中自有全經．此風雅之淵源也．而詩家者流．矜奇眩能．迷失本眞．乃至旬鍛月鍊．以求知於世．尙可謂之詩乎．魏晉以降．古詩變爲近體．作者莫盛於唐．然已恨其拘聲律．工對偶．窮年卒歲．爲江山草木．雲烟魚鳥．粉飾文貌．蓋亦無補於世焉．若李杜者．雄峙其間．號稱大家．然語其至則未也．儒先君子．類以小技目之．然非詩之病也．彼用之而小．此用之而大．存乎人．天道不言．四時行百物生焉．往而非詩之妙用．會而通之．一眞自如．故能樞機造化．開闔萬象．不離乎人倫．日用而給．鳶飛魚躍之機．若是者可以輔相皇極．可以左右六經．而教無窮．小技云乎哉．今之名能詩者．如吹竹彈絲．敲金擊石．調其宮商．高者爲霓裳羽衣．白雪陽春．稱寡和．雖非韶頀之正．亦足動人之聽聞．是亦詩也．吾敢置不足於人哉．少參任君蒞吾省．間過白沙．携其先公詩集求一言於卷末．予故以詩道畧陳之．若夫先公吟咏之情．具在集中．覽者當自得云．

東圃詩序

南海范規從予游．嘗聞規之父東圃翁朴茂．於人無怨惡．早歲出入江湖．既倦而歸．圃於西江之滸．花山之陰．因寄號曰東圃．東圃方十畝．沼其中．架草屋三間．旁植花卉．名木蔬果．翁寄傲於玆．或荷丈人蓧．或抱漢陰甕．興至便投竿弄水．擊壤而歌．四時之花．丹者摧．白者吐．或飲露而餐英．或尋芳而索笑．科頭箕踞．㮒陰竹影之下．徜徉獨酌．目諸孫上樹取果實．嬉戲笑語以爲適．醉則曲肱而臥．藉之以綠草．灑之以淸風．寤寐所爲．不離乎山雲水月．大抵皆可樂之事也．規別白沙去遊曹溪洞．不相見數年矣．一日復來與規語．如聞陳子昂李太白賦感遇詩．一喜一愕．規亦奇矣哉．比歸以東圃詩爲請．且曰無以娛親故也．予樂聞東圃翁爲人．而憐規之志不可違也．賦排律十韻以贈之．東圃名眞●字則未聞也．詩曰．一老胥江臥．瀕江一圃開．林春烟淡泊．地暝月徘徊．盡日扃茆宇．殘年寄酒杯．山蹊人不到．庭竹鳳飛來．靜得邱園樂．淸無市井埃．雲封朝几白．風入夜絃哀．細雨携鋤去．輕筇看藥回．江山吾晚暮．梨栗爾嬰孩．天上羣龍遠．花前獨鶴陪．誰爲求仲侶．心蹟總悠哉．

李文溪公文集序

予嘗語李德孚曰．士從事於學．功深力到．華落實存．乃浩然自得．則不知天地之爲大．死生之爲變．而況於富貴貧賤．功利得喪．屈伸予奪之間哉．今觀其先世文溪先生遺藁．初涉其流．渺漫汪洋．若江河之奔駛．而又好爲生語．險怪百出．讀者往往驚絕．至或不能以句．以爲文溪直文耳．徐考其實．則見其重內輕外．難進而易退．蹈義如弗及．畏利若懦夫．卓夫有以自立．不以物喜．不以己悲．蓋亦庶幾乎・吾所謂浩然而自得者矣・然後置書以歎曰・嗟乎此文溪所以爲文也・亟讀而亟思之・執卷務盡・乃至目倦神疲・欠伸欲起・輒回顧屑屑焉・不忍舍也 ・ 夫因言以求其心・攷跡以觀其用・故人之深淺畢見・愚不敢自謂有得於文溪之蘊・顧平昔所以告德孚者・乃區區願學・而未能忽焉・親諸簡冊之中・靈若冥會・雖不盡解其說・要其歸・與此異者蓋寡矣・則以之而嗟歎慕悅・尙奚疑哉・傳曰生乎百世之上・百世之下聞者莫不興起・此之謂也 ・ 德孚念先緒之落落・遺稿僅存・復多訛缺・乃深自懼悳・悉訪諸族之人・得舊所刊本・與所謄本參校・闕其所疑・刻之家塾・命胤子昭董其事・而俾予爲序之・於乎自予爲兒時 ・ 已聞文溪名而喜・少長益嚮慕・而獨恨未識其心胸氣象爲何如・比歲京師獲交德孚・亦嘗一閱其世譜・今幸寄目於先生之文 ・ 而知富貴果不足慕・貧賤果不足羞・功利得喪・屈伸予奪・一切果皆不足爲累・天地之爲大・死生之爲變・自得者果不可得知・而奮乎百世之上・興起百世之下・孟軻氏果不予誣・其所恃者蓋有在也・故士必志道・然後足以語此・德孚好學・老當益壯・昭也尙亦有激於予之斯言也乎・成化庚寅九月・同郡陳獻章公甫書・

贈李劉二生使還江右詩序

匡盧白鹿之故址・自宋考亭朱晦翁一嘗作新之後・遂無聞焉・我朝文敎誕敷・鄉先輩翟公守南康日 ・ 始圖創復舊觀・潮陽李先生繼之・白鹿書院之名・復聞於天下・成化十七年・江西按察使恥菴陳先生・乃謀於提督學校憲副鍾公・僉事泠菴陳公・大參祁公・慨然以作新斯文爲已任・謂予於考亭之學・亦私淑諸人者・宜領教事・乃具書幣告予・巡鎭遣二生李士達劉希孟如白沙以請・同時司藩臬諸賢・咸與聞之・外則東白張先生・廣東大方伯彭公・按察使閔公・吉水袁德純・各以書遺予・雲輝日映・交迸衡宇・二生以諸公之命命予・予覽幣而驚・置書而走・走且告曰・二生莫誤・諸公欲興白鹿之教・復考亭之舊・必求能爲考亭之學者・夫然後可以稱諸公之任使・乃下謀於予・是何異借聽於聾・求視於盲也・予聞之・君子之使人也由其誠・不強其所不能・諸公卽居予於廬山・予所能也・居廬以奉諸公之教・非予所能也・二生其審諸・於是邑中聞有諸侯之使・自邑令佐以下・至士庶耆老・源源而來・靡不觀感李生豐姿秀發・言論是非不苟雷同・劉生貌恭而言愼・確有據守 ・ 俱稱爲東白門人也・予甚愛之 ・ 留且彌月矣 ・ 二生以諸公之命久不復・辭去・予既返諸公幣・復爲詩別之・所以致區區於二生・而申景仰於廬山也・是日憲副陶公過白沙・邑長丁侯 ・ 鄉諸士友・各賦詩以贈・帙成俾予序之・

書蓮塘書屋册後

成化十九年春正月・予訪予友莊定山於江浦・提學南畿侍御上饒婁克讓來・會予白馬庵・三人相與論學賦詩・浹辰而別・侍御之兄克眞先生・與予同事吳聘君・予來京師・見克貞之子進士性・及其高第門人中書蔣世欽・因與還往・居無何・侍御官滿來朝・予臥病慶壽寺 ・ 之數人者無日不在坐・師友蟬聯・臭味相似・亦一時之勝會也・侍御示予蓮塘

書屋圖．山雲水石．竹樹陰翳．恍然若蓮塘之在目．藹然絃誦之聲盈耳也．予玩而樂之．謂侍御曰．地由人勝．不勝誰傳．周茂叔濯纓於濂溪．而世濂溪．程叔子著書於龍門．而世龍門．朱晦翁講道於考亭．而世考亭．今婁氏居蓮塘．宜世蓮塘．使蓮塘之石有聞於天下後世者．婁氏也．使婁氏有聞於天下後世者．婁氏自爲之．非蓮塘也．蓮塘之遇不其幸歟．濂溪以茂叔勝．龍門以叔子勝．考亭以晦翁勝．蓮塘以婁氏勝．古人今人無不同也．抑不知婁氏之所脩．而執之者同於古人否歟． 惡乎同乎．同其心． 不同其迹可也．同其歸．不同其入可也．入者門也．歸者其本也．周誠而程敬．考亭先致知．先儒恒言也．三者之學．於聖人之道孰爲邇．孰知之無遠邇歟．周子太極圖說．聖人定之以中正．仁義而生靜．問者曰聖可學歟．曰可．孰爲要．曰一爲要．一者無欲也．遺書云．不專一．則不能直遂．不翕聚．則不能發散．見靜坐而歎其善學．曰性靜者可以爲學．二程之得於周子也．朱子不言有象山也．此予之狂言也．婁氏何居焉．予以景泰甲戌遊小陂．與克貞先後至．凡克貞之所脩而執之者．予不能悉也．書予說於蓮塘圖侍御．質之克貞先生以爲何如．

古蒙州學記

立山復州治之幾年．今雲南左布政使．欒安謝公綬．始領右方伯之命來廣西．其民舉欣欣然而相告曰．公復來．公復來．廬陵彭君粟適知州事．問於諸父老．諸老父跪而言曰．是再造我民者．我何可忘．五州古蒙州也．唐改立山縣．國朝洪武間．革爲古眉巡檢司．時草寇竊發．民亡者過半．比年以來．猺獞橫據其地．盜日滋．而民日孤．成化丙申巡撫都御史朱公英．督兩廣軍征荔浦．破賊．賊懼．招之獞老李恭著首．遣其子來納欵．公前以參議佐巡撫於戎．議城立山．立山本州治．在桂林平樂之間．爲藩腹心．今之憂．無控暴之地以居民耳．州復則民定．尋請於上．許之．乃營立山．是役也．公與按察副使范公鏞．都指揮李公輔．更主相之．明年丁酉州始成．方進軍荔浦時．桂山巖恃險後下．一軍怒．將盡殲之．公廉其脅從者．得七百餘人．釋遣歸農．賊以此傾信．招所至猺獞視我立山．咸來．此公以好生一念之仁．代血戰數萬之兵也．今也吾民之亡者復．復而爲州．昔之戕吾民者．今革面爲編氓．我有農桑．我有塾庠．生我有養．死我有藏．公之再造我民也．我何可忘．於是彭君籍記諸父老之言．將碑於學宮以傳．而謀於提學時可周先生．周先生三致彭君之懇於予．俾爲之記．嗟乎彭君誠不私於公．而思惠其州之人士乎．請爲言之．七百死命歸農何致．羣兇之納欵．州亡州復．在民何關．於公之一念．動於此．應於彼．默而觀之．一生生之機．運之無窮．無我無人無古今．塞乎天地之間．夷狄禽獸草木昆蟲一體．惟吾命之沛乎．盛哉．程子謂切脈可以體仁．仁人心也．充是心也．足以保四海．不能充之．不足以保妻子．可不思乎．聖朝仿古設學．立師以教天下．師者傳此也．學者學此也．由斯道也． 希賢亦賢．希聖亦聖．希天亦天．立吾誠以往．無不可也．此先王之所以爲教也．舍是而訓詁已焉．漢以來陋也．舍是而辭章已焉．隋唐以來亦陋也．舍是而科第之文已焉．唐始濫觴．宋不能改．而波蕩於元．至今又陋之餘也．夫士何學．學而變化氣習．求至乎聖人而後已也．求至乎聖人而後已也．而奚陋自待哉．孟子曰．人皆可以爲堯舜．周先生師表一方．彭君爲州守．謁文山澤之癯．非俗吏．是以冒言之．諸生疑焉．請質於周先生．其必有興起焉者．甲倡焉．乙和焉．俛焉孜孜．其傳寖多．其化寖博．其於公也有光焉．則斯文也．其猶庶幾泮水之頌歟．於是乎書．

程鄉縣儒學記

潮之程鄉縣儒學．傾圮久矣．今按察僉事雩都袁公慶祥．處分以新之．明年巡按廣東監察御史劉公纓．分巡嶺東道僉事王公某．往來爲之勸借財用．或拓地以相其成．凡學宮之設．有文廟．有明倫堂．前後位置所具皆同．亦程鄉之舊也．袁公因地之形勢廣狹而更張之．尊左則廟．次右爲堂．皆南面而並峙．此則學之大觀也．廟主以像．世相沿襲．有異教之嫌．而未詳其所自．意者古以尸祭之遺意歟．廟前樹杏爲壇．夾以兩廡．戟門之東祠鄉賢．西祠后土．泮池在櫺星門之內．池之左爲宰牲所．堂之東西偏爲兩齋．爲諸生號舍．道義門與儒學門相望．東廡之上神庫．西齋之上神廚．廟與堂之間會饌堂居之．北列廨宇．凡此皆出於袁公之規畫．授圖於縣令俾成之．總之爲屋若干楹．自辛亥迄癸丑三易寒暑而後成．其形勝雖極壯麗．則亦天下之通制．不書可也．袁公不以風教落第二義．追惟古先聖王立學教人之本意．而作新之．袁公所以望於程鄉．則不可不以告也．今夫南面而堂．一以奉古之人．一以居今之人．卑尊並立乎其間．此雖因地而寓形．而教未始不存也．夫子太極也．而人有不具太極而生者乎．語以四科．稱羣弟子．由漢以來．儒者以言語稱者幾人．以政事稱者幾人．以文學稱者幾人．其間足以方駕古人．而絕塵於當世者．亦鮮矣．況德行乎．顏子超然有見於卓爾之地．所以遨遊乎聖人之方．而玄同乎聖人之神者．非可揣摩而得也．故其言曰．夫子步亦步．趨亦趨．夫子奔軼絕塵．而回則瞠乎其後．微顏子其孰能知之親切如此．夫苟從事於斯．雖未即優入顏域．亦庶乎閔冉之間．而由求又有不屑爲者矣．予嘗聞程鄉風俗．善多而惡少．孟子曰雞鳴而起．孳孳爲善者舜之徒也．雞鳴而起．孳孳爲利者跖之徒也．夫三尺童子聞人稱其善則喜．稱其惡則怒．是何心哉．予老矣．彼將有感吾言而興起者乎．縣令辛君竟以袁公之命．具其事之本末．遣生員陳珀乞記於余．故爲之一言．葉栢．鍾譽．楊偉．咸以義官董茲役．栢又偕珀來謁文．費莫大於納粟．指揮陳昂義官．鍾華次之．其餘助者又七十餘人．名氏多不能具載．宜列之碑陰云．

重修梧州學記

百粵之區幾千里．東望五羊．西通八桂．蒼梧界其間．皆古之名郡也．成化改元．都御史韓公．始於梧州開設三府．病一學宮之不稱．亟選地於州城之南一里許遷焉．弘治丁巳秋．鄧公來總督兩廣軍務．謂不可以軍旅之事先俎豆．於是因前人之舊規．而益修之．凡韓公所欲爲而未暇及者．至是大備．蓋昔之薄者厚之．卑者起之．表柱石以壯闕門．榜化龍而儕起鳳．神廚神庫交映乎前．禮堂膳堂並立於後．齋舍廊廡．登降階級．莫不奐然一新．盛矣哉．夫人之去聖人也遠矣．其可望以至聖人者．亦在乎修之而已．苟能修之．無遠不至．修之云者．治而去之之謂也．去其不如聖人者．求其如聖人者．今日修之．明日修之．修之於身．修之於家國．修之於天下．不可一日而不修焉者也．明道先生言於朝曰．治天下以正風俗．得賢才而本彼學．政之不修．斯道之難立．後生無所興起．無以成造就之功．然則風俗何由而正．賢才何自而得耶．因時而立教．即物以顯義．意者督府所望於蒼梧之士．寧不有在於斯乎．有開厥先．有成厥後．喜二美之駢臻．超八荒而獨立．然後見夫子之門．廓然洞開．可望而不可即．況於廣大尊嚴．端凝洒落．默契乎人心．正大之所存．與山岳而並峙．顯著乎烟霞．歲月之所積．與大化而同流．不可動搖．不可束縛也哉．此則病夫所自勵以佐督府．所望於蒼梧之士者也．州別駕謝君湖．承督府命董茲役．至是訖工．復以教授鍾君偕生員陶荊民來徵記．章於督府舊也．督府命之．義不可辭．於是乎書．

雲潭記

白沙之西山側．圭峯也．東北連數峯．最勝者爲綠護屏．屏之南有潭淵然．曰聖池．下蟠蛟龍．龍噓氣成雲．變化萬狀．里生周鎬偕其季京來謁余白沙．時維仲春．風日晴美．予與二子携酒飲於西山之麓．班荆而坐．仰而四顧．有雲起綠護屏．炫爛如丹青．郁紛若祥瑞．予顧謂二子曰．是聖池之雲也．偉哉觀乎．二子愀然．正襟侍側曰．是吾先子之念也．先子居龍溪垂五十年．無他嗜好．惟喜爲雲潭之觀．故先子之號曰雲潭．予曰嘻有是哉．若先子我舊．不幸早世．不及見若兄弟長也．若豈盡聞之乎．居．吾語女．夫潭取其潔也．雲取其變也．潔者其本乎．變者其用乎．二子齊應曰然．予曰未也．野馬也．塵埃也．雲也．是氣也．而雲以蘇枯澤物爲功．易曰密雲不雨．自我西郊．是也．水以動爲體．而潭靜爲用．物之至者．妍亦妍．媸亦媸．因物賦形．潭何容心焉．是之取爾．二子喜相謂曰．先生命我矣．於是復進而告之曰．天地間一氣而已．詘信相感．其變無窮．人自少而壯．自壯而老．其歡悲得喪出處．語默之變．亦若是而已．孰能久而不變哉．變之未形也．以爲不變．既形也．而謂之變．非知變者也．夫變也者．日夜相代乎．前雖一息變也．況於冬夏乎．生於一息．成於冬夏者也．夫氣上蒸爲水．下注爲潭．氣水之未變者也．一爲雲．一爲潭．變化不一．而成形也．其必有將然而未形者乎．默而識者．可與論易矣．二子於是起而再拜．乞書爲雲潭記．

新會縣輔城記

吾邑輔城．周遭六七里．高若千尺．東南際水．西北鑿城下爲池．旁植刺竹．施蒺藜其中．爲營門以守．嘗記往年西寇之來．憑陵高凉以東．破關襲城．勢如建瓴．至此則截然而止．如虹霓之收急雨．由是而居民之邱壟以完．家室以安．鷄犬以寧．倉箱以盈．燕有歲時．樂有賓客．至於今各得其所者．則誰之賜乎．始者吾謂陶公曰．孔子曰．言忠信．行篤敬．雖蠻貊之邦行矣．以此而盡吾心．則庶政無不修．用人無不當．理財無不富．治兵無不强．不知乎此．而欲徒恃其末．蓋後世以法劫制天下．區區之爲也．公之功固大矣．而聖人之道非耶．公曰不然．行聖人之道有二術．內之曰心．外之曰權．無其心．則權爲挾私妄作矣．無其權．雖有其心．將安施哉．今夫用行伍之人．取其長．不責其備．宥其過．以圖其功可也．或者過於求實．一疵不貸．而用舍乖張矣．今夫理財於擾攘之秋．非常賦．尅取之民．故椎牛釃酒．豐犒厚享．非以醉飽爲德．所以作士氣也．顧小利而忘其大體者．則朝夕與小吏計牙籌．算贏餘矣．今夫治兵於閫外．號令則大將主之．而吾每以偏師從事．況乎深山窮谷．民獠雜居．善惡同狀．生殺在前．而節制不一．沮我者．惟以殺無辜爲言矣．此事之所以難行．而心之所以不孚於人也．烏虖兵凶器也．豈得已哉．公從事於茲餘二十年．吾民之老者以死．少者以壯．事功在邊隅．日遠日忘．蓋不可以無紀．而垂告於將來也．今西師戒嚴．盜賊塞路．吾欲於知力之外．而綱維乎是．則孰與語哉．

肇慶府城隍廟記

端陽城隍廟．在刺史堂之西．歲久就弊．宏治癸丑冬．郡守黃侯撤而新之．命生員陳冕來徵記．侯豐城人．名琥．予曩從吳聘君游．往來劍水．嘗一宿其家．自侯來守端陽三年．愈相傾慕．安能已於言耶．今夫天下府州縣．有城郭溝池．有山川社稷．有神主之．而皆統其祭者．謂之城隍．神制也．不也言矣．然神之在天下．其間以至顯稱者．非以其權歟．夫聰明正直之謂神．威福予奪之謂權．人亦神也．權之在人．猶其在神也．此二者有相消長盛衰之理焉．人能致一郡之和．下無干紀之民．無所用權．如水旱相仍．疫癘間作．民日洶洶以干鬼神之譴怒．權之用始不窮矣．夫天下未有不須權以治者也．神有禍福．人有賞罰．失於此．得於彼．神其無以禍福代賞罰哉．鬼道顯．人道晦．古今有識所憂也．中庸曰．致中和．天地位焉．萬物育焉．說者謂．吾之心正．天地之心亦正．吾之氣順．天地之氣亦順．烏虖孰能信斯言之不誣也哉．侯治端陽．民畏而愛之．蓋有志者也．故專以其大者告之．餘皆在所畧．

增城劉氏祠堂記

古聖賢以民德歸厚．必曰追遠．又曰宗廟之禮．所以序昭穆也．序爵所以辨貴賤也．序事所以辨賢也．旅酬下爲上．所以逮賤也．燕毛所以序齒也．廟始遷之祖而祭之．古之制不可考已．君子隨時變易．以不犯其分．而得其心．蓋人情出於天理之不容已者．夫何嫌歟．古之仕者世繼．死者有廟．生者有宗．恩相慶．而死相弔．百世不相忘．世降俗偸．蓋有不然者矣，邸第之雄．田園之美．肥甘艶麗飽妻子．祖考所棲．與蟲鼠爲伍．殘膏賸馥．何有及之．其鄙陋汚穢．可勝道哉．中古之王天下者．嘗爲卿大夫作家廟以愧之．卿大夫猶然．況士庶乎．先世之流風餘韻．至此幾絕．以吾之一身．散而爲百體．拔其一毛．而心爲之痛．是孰使之然哉．且人之賦於天命者．有賢不肖貧賤富貴之差．吾之所以仁愛者．未能皆然．貧賤不薄於骨肉．富貴不加於父兄宗族者誰乎．故曰收合人心．必原有廟．宋之惠州守劉仲明．自南雄遷增城．有劉氏自仲明始也．傳至今太學生瓛十有二世．其先世嘗廟而祀之不遷．又置田以供祀事．以圖無窮・頹而復起者再矣・父有積薪・子不析而爨之・世豈少哉・瓛自言系本元城・世有衣冠・曰緣者瓛之父也・曰漢・曰孔祥者・瓛之諸父行也・一念追遠之同・天順甲申・始拓廟旁之地而新之・廟成而諸父亡矣・成化庚子瓛之兄瓚・又率其族兄弟而增修之・前堂後院棟宇層起・煥如也・四垣竹樹・周遭過其門者・咸以是稱焉・於前有光・於後有繼・於士大夫其無愧哉・今年秋瓛因林時嘉再至白沙子・示之詩云・一雨變新涼・炎埃洗除盡・廬山昨夜燈・已照劉宗信・故爲之記・以詔其後人・

朱惟慶墓誌銘

君名惟慶・字汝善・桂陽外沙朱氏・贈資政大夫右都御史・諱愚諫之子・故太子太保誠庵先生之弟也・君生三歲而孤・兄弟二人同受學於掌敎淩先生某・先補太保儒學生員・次將補君・家籍戍偏橋衞・有司以君充戍・母夫人胡氏・謀棄其所有以贖君・君奮曰・男子之始生也・懸弧以志・偏橋戍於吾・何有貨以圖之・不恤家恤我・遂太夫人之心・室如懸磬・使吾兄朝夕憂衣食之不暇・而暇爲筆硯憂乎・於是毅然請行・至則見者無貴賤・遇以禮・不敢以常卒伍例視之・其地有横蠻黃一奇・奪孀婦李氏爲妻・君於其夫爲族兄弟・李氏使人告難於君・斷一指以示信・蠻知禍將及・亟餽金以冀免・君叱以狗彘・即日以其狀白於官・捕蠻投衞獄死焉・君鄰盜者・君知之而未能徙・盜憂不見容・以所劫帛獻・君從容喻之於義・火其帛・盜亦感悟・都指揮告某　・由是重君爲人・將謀進之・君一不以介意・而獨以母老哀鳴・一衞憐之・遂得解伍以歸・間奉太夫人來廣・就其兄參議之養・遇鹽商餽白金百餘・不顧而去・其在困也・不自卑而失守・其處亨也・不藉勢以徼利・其才如此・與太保俱學・其不遷業於戎伍・以需其成・其亦可觀也夫・辛丑葬君里之栗堆・節以其狀走南海・于銘干予・爲請者曰・太保知先生者・先生以太保銘不可乎・乃序而銘之・外沙之族何以名・詩書先後著簪纓・汝善可欲介以淸・匪我不學困于兵・搜扶幽隱爲君銘・有譽於試惟我徵・

寶安林彥愈墓誌銘

君姓林氏・諱彥愈・字抑夫・居室外種竹十數個・自號曰竹齋・君上世閩之莆田人・有諱喬者・宋紹定間・爲廣州路別駕・卒于官・其子曰新葬之寶安之茶園山・因家茶園・曰新生慕升・慕升生可久・可久生茂賢・茂賢生信本・娶黃氏・君之考妣也・自別駕至君・凡七世・世爲茶園人・君性快朗・贍於才・而周於事・有忤之者・聲色爲突然・其消也可立而待・少衣食于賈・賈所至・勘耳目所接事好惡・久之若有得者・手書小紙帖・示胤兒光・曰樹立宜如是・乃范文正畫粥長白山時事也・復畀之全集・曰是爲汝師・居常於外・見一名文字時所稱者・亟手錄與光・携錢入市買書・卒爲光所欲得・不問値寡多・光爲舉子業・夜分起讀・輒爲戒曰・兒勿苦・吾聞亥子之交・血行經心・設令斲形神得官・於輕重計・不亦左乎・欲速不達・不欲速速之・非善爲速者也・光既領鄉薦・未即仕・來與余遊・君益爲喜・光誅茅欖山・爲修業之所・君笠屐日至・親工築・不少廢・暇時爲光錄朱子語類・至四十三

卷·值板本出乃已·光感而歎曰·父師覆育·光得一日於此·如得一月·一月如得一年·不倍不惕·不晦不光·君聞而頷之·時論多不合者·君視之漠如也·光既杜門欖山·同時士往往有紆青曳紫·照耀閭里者·親舊以其落莫告君裁·君爲不省答·徐呼光謂曰·汝學如是欲有立·即汝能立·吾啜菽飲水死·瞑目矣·蓋父子間·自爲知己·人莫能間也·君虔於事死·遇宗族內外有恩·接小夫孺子常情所不屑者·君惟恐小拂其意·治家不遺細碎·庭宇必潔·畚帚必親·田圃樹藝之事·與僮僕均勞逸·身所服用·非極弊不忍棄·至承祭祀·接賓客·則儼然明盛也·嘗以仲秋天日晴朗·携諸子壻·曁後生可意者數輩·往遊羅浮·登黃龍飛雲頂·坐磐石·引葫蘆酌酒·徜徉信宿而後返·君所好·奇也哉·君卒之前一日·植菊數本·石竹一本·與客行酒笑語竟夕·凌晨將起就盥·倏逝去·光卜以其年十二月某日·葬君于銀瓶嶺之原·狀來乞銘·乃序而銘之·先世英·自莆田·少服賈·困魚鹽·僥弗長·積乃宣·誰其徵·在欖山·

朱夫人胡氏墓誌銘

夫人姓胡氏·諱盧·桂陽處士胡廣之女·年十九歸同邑朱氏·爲誠庵先生夫人·誠庵先生者·故資政大夫都御史·贈榮祿大夫太子太保朱公英也·公幼而岐嶷·夫人之大父芳·見而異之·手捫公頂·以夫人許之·卒定昏焉·公自游邑庠·舉進士·爲監察御史·歷諸大藩·政績顯著·至入臺爲股肱·晝爲夜思·四十餘年無內顧之憂者·夫人實相之·夫人之事姑也·以姑爲心·以心爲孝·和氣蒸於一家·聞從公于外·常携族孫奇·奇得痢病·穢不可近·夫人親與湯藥·夜禱于天曰·諸叔祖無一後·獨此孫尙存·天若弗祐·願吾子代之·奇疾愈·平居事紡績·不少替·既貴猶以身率下·自旦至夜分不寐以爲常·謂食祿之家惟一侈易流爲之·鐵簪布裙以防之·男未冠·女未笄·不識繒帛珠翠之華者·夫人教之也·過蘇見故黎邦伯長子·凍餒無可仰給於人·爲解衣衣之·以粟周之·顧謂諸子曰·邦伯食二品祿·足以祐其後人·使其家不驕不侈·不逞威而作勢·以取快於目前·寧有是·戒之戒之·夫人以勤儉成性·而教其家不能者約之·其視朝領一官·暮取諸民·作器皿宮室衣服以愚弄其妻子者·何如也·昔者吾嘗見公於蒼梧·服食不踰常人·語予曰·吾在於得已·雖一錢惜之·而不以病民·吾入其室·神爽頓清·便如向夜入三州巖·秉燭讀蘇子瞻題名陶長官·不以家累自隨·公舍人自桂陽來者·老蒼頭一人而已·是謂有之不居·得而不爲·吾以觀於夫人事往往槩之公·不約而同·殆天合也·夫人居家·事小大處之咸宜·至臨大利害·決大去就·矻然以身當之·尤人之所難也·正統己巳盜起閩浙間·公以名御史治盜·留夫人於北京·時英宗北狩未還·虜騎將薄都城·或謂夫人盍去諸·夫人面叱之·召諸子前曰·虜何能爲·設有不幸·臣爲君死義也·奈何去之·夫人先後累受誥封·至夫人·揆於德眞無愧也·丈夫子五人·守孚·守頤·守謙·守蒙·守貢·守孚舉進士·歷官刑部中郎·先夫人一年卒·守頤守謙未仕·守蒙領鄉薦·守貢生員·側室徐氏出也·夫人一視之·二女皆適官人·及夫人之存·孫男十五人·女六人·曾孫男五人·女二人·夫人生永樂某年·其卒也成

化某年・壽七十三・是年十月甲子・守頤等葬夫人於高陂・祔公墓也・以狀來請銘・銘曰・德之愛孰與色之愛・奈何乎配・身之華孰與後之華・奈何乎家・配之既良・家道用昌・乃天錫之祥・蘭桂承芳・以世其光・緊夫人之澤兮・百世可忘・歸骨於高陂兮・永與公同藏・

羅倫傳

吾生平有故人曰羅倫・字彝正・江西永豐人・宋羅開禮之後也・性慷慨樂善・不疑人欺・遇事無所回避・有不可・輒面斥之・舉成化丙戌進士・策對大廷・頃刻萬言・中引程正公語人主・一日之間・接賢士大夫之時多・親宦官宮妾之時少・執政欲截其下句・倫不從・直聲振於時・奏名第一・爲翰林修撰・會内閣大學士李賢遭喪・朝廷留之・臺諫皆不敢論說・倫詣其私第告以不可・李公始以其言爲然 ・既數日・復上疏・歷陳古今起復之非是・且曰如其不然・必準富弼故事終喪劉珙故事・言事反復數千言・一本於天理人心之不可已者・孔子曰・勿欺也而犯之・倫以犯顏切諫爲大・救時行道爲急・其負荷之重・未嘗一日忘天下・故發憤如是・疏奏・遂落職・提舉泉州市舶司・倫雖見逐・而士論益榮之・由是天下士爭自刮磨・向之不言以養忠厚者・爲之一變・而終倫之世・臺者未聞有起復者矣・雖以此爲人所知・然亦以此取嫉於人・明年召還・復修撰・改南京・尋以疾辭歸・閉門授徒・日以註經爲業・垂十年・卒於退居之金牛山・世之知倫者・不過以其滂沛之文・奇偉之節・果敢之氣而已・至其心之所欲爲・而力之所未逮・未必盡知也・嘗欲倣古置義田・以贍族人・或助之堂食之錢・謝而弗受・或衣之衣・行遇乞人死於途・輒解以覆之・客晨至留具飯 ・其妻語其子曰・瓶粟罄矣・之旁舍干之・比舉火日已近午・亦曠然不以爲意・提舉泉州時・官例應得折薪錢・其人欺以乏告・即放遣之不得問・予嘗遣人訪之山中・結茅以居・取給於隴畝・往來共樵牧・若無意於世者・時或作爲文章・以發其感慨之意・而人亦莫知之也・論曰・倫之必爲君子・而不爲小人・皎然矣・如倫之才少貶以狥人・雖欲窮晦其身・寧可得也・以其所學・進說於上・世目之爲狂・何足怪也・孟子稱豪傑之士・雖無文王猶興・若倫者・今所謂豪傑者非歟・無導於前・而所立卓然・人莫能奪之・又曰・倫才大不及志・其青天白日足稱云・

丁知縣行狀代容珪作

侯姓丁氏・諱積・字彥誠・別號三江漁樵人・世家寧都之西關・丁氏系出丹陽司馬・司馬之後・世有顯人・曾祖某・祖某・父某・皆隱德弗仕・曾祖妣某・祖妣某・妣某・侯生有美質・自少岐嶷・入邑庠補弟子員・挺立不爲時輩所喜・登成化戊戌進士・明年出知新會縣・新會廣藩巨邑・素號難治・侯聞邑中有白沙陳先生・喜曰・吾得所師矣・侯之同年梁編修儲・李主事祥・皆先生門人・侯請書以爲先容・比下車・未視篆・即上謁先生・欲事以師禮・月分其所得俸・先生每避還之・凡有所聞・行之惟恐後・四方學者・往來白沙之門・侯聞林縣博光・張進士詡・至必欣然往會・旦夕聽其議論・若渴得飲焉・與一峰羅先生雖素昧平生・然每思慕其

賢・訃聞・專使走湖西致奠・捐俸金以助葬事 ・ 其尊賢樂善・無間於存亡如此・有中貴弟梁長・責民償逋過倍・復妄訴之侯・侯廉知其情・繫長獄・悉追貸劵焚之・由是權豪縮頸・是是非非苟罹于法・雖素親愛不少貸 ・ 未踰年民大趨令・侯於干謁之來・厲詞色以拒之・甚者揭其名以示衆・嚴賭博竊盜之禁・既寘于法・復大榜其門曰・某賭博・某竊盜之家・月朔令赴縣庭聽戒諭・俟其悔然後去・其榜其良家子弟・陷于賭博者・侯悉聚之廡下・使日誦小學書 ・ 親爲講解・冀變化其氣習・嘗爲民辯寃・忤當道・繫獄且危・百姓惶懼・欲用計爲侯解・侯示以手書曰・君子但求無媿於心而已・禍福之來有命・爾等慎勿妄動・以貽我羞・有積年起滅詞訟者・官司病之・莫敢誰何・侯盡擒之・斃于獄・侯尤善節財用・ 前此上下往來・ 非誼之餽・一歲所費無算・民苦之・侯痛革其弊・蓋異時當甲首者・均平錢・悉貯于官・復令出私錢供用・名曰當月錢・官吏里胥・乘時侵尅・每歲雖單丁小戶・所費亦至五六千餘・貧者鬻子女・故逃亡者衆・侯爲處・當每丁派均錢・月支里胥・供用備足外・不妄科一錢・每歲甲首納均平錢畢・即歸田畝・更不令在縣當月・白沙先生樂歲詩云・長官頗似丁明府・甲首終年不到衙・蓋實錄也・民窮於侈且僭・侯爲申明洪武禮制・參之文公冠婚喪祭之儀節・爲禮式一書・使民有所據守・每鄉擇老成者數人主之・月朔進問於庭・優禮具能者・都老馬廣爲衆所推讓・侯於元日進廣於庭・率諸鄉老再拜謝之・春秋祭祀・品物牲牢極其精潔・役者悉令沐浴更衣・然後將事・俎谷既陳・侯周視行列・必極其整方止・壬寅歲大旱・春盡種未入土・侯憂之曰・此令之責也・遂於圭峰絕頂 ・ 築壇禱雨・時當酷暑・山氣鬱蒸・侯晨夕齋沐・伏壇下致禱・凡七日未雨・羸甚・左右進曰・軀命所關・可以少止・侯呵曰・民得雨吾病何憾・至八日暑氣愈熾・侯觸暑跪壇下・衣汗浹踵・大風忽作・卷爐中火著侯衣・畧不爲動 ・ 雨遂迸空下・左右張蓋・侯命撤之・衣盡濕・翌日雨止・侯復禱・至十有一日・雨足乃已・如是者凡三次焉・節義所關・或廟・或墓・各置祭田・擇人守之・如大忠祠・置田二百餘畝・節婦何氏・莊氏・蕭氏等墓・置田共一頃六十餘畝・民所敬事者・惟修復里社一壇而已・其不載祀典之祠・無大小・咸毀之・此其政蹟顯著之大者・一念終始在民・既得疾羸甚・猶日究心於民事・朋友遺之書不能止・遂卒于官・

侯生正統丙寅十二月初十日・至是卒年四十一也・配羅氏・生子男二人・長曰一芳・次曰某・生於公卒之五月・女二俱幼・侯卒之日・民相弔哭於途・歸德里有一嫗・夜哭于家・鄰人怪而問之曰・來年甲首到・丁大人死・吾殆不能聊生矣・是以哭・至今邑人之思侯者・甚於在任之日・雖古桐鄉之遺愛・不是過也・珪邑人也・侯之善政善教 ・ 皆所親覩・故爲狀其行以俟他日觀風者采焉・謹狀・

湖山雅趣賦

丙戌之秋・余策杖・自南海循庾關而北・涉彭蠡・過匡廬之下・復取道蕭山・泝桐江・艤舟望天台峰・入杭觀于西湖・所過之地・盼高山之漠漠・涉驚波之漫漫・放浪形骸之外・俯仰宇宙之間・當其境與心融・時與意會・悠然而適・泰然而安・物我于是乎兩忘・死生焉得而相干・亦一時之壯遊也・迨夫足涉橋門・臂交群彥・撤百氏之藩籬・啓六籍之關鍵・于焉優遊・于焉收斂・靈臺洞虛・一塵不染・浮華盡剝・眞實乃見・鼓瑟鳴琴・一回一點・氣蘊春風之和・心游太古之面・其自得之樂・亦無涯也・出而觀乎通達・浮埃之濛濛・游氣之溟溟・俗物之茫茫・人心之膠膠・曾不足以獻其一哂・而况乎權爐大熾・波勢滔天・賓客慶集・車馬駢闐・得志者揚揚・驕人于白日・失志者戚戚・伺夜而乞憐・若此者吾哀其爲人也・

嗟夫富貴非樂・湖山爲樂・湖山雖樂・孰若自得者之無愧怍哉・客有張褾者・聞余言拂衣而起・擊節而歌曰・屈伸榮辱自去來・外物于我何有哉・爭如一笑解其縛・脫屣人間有眞樂・余欲止而告之・乃去不復還・噫斯人也・天隨子之徒歟・振衣千仞岡・濯足萬里流・微斯人將誰與儔・

止遷齋節婦墓賦

昔兵戈之擾兇盜兮・孰倀倀而握之・何號令紛其不一兮・汩珠玉于泥塗・抹之・亂之・執兵之徇而慾兮・胡寧知恥而畏誅・若美人兮・宗廟之瑚・毋我卽帶兮・毋我捫袪・毋我執手兮・手可斷而不可污・奮犬豕之罵以冒刃兮・貌凜凜其若蘇・死則快兮・生安用諸・嗟此烈婦兮・彼丈夫弗如・丁侯爲縣兮・德教用敷・表正塚兮營祭畬・行路嗟歎兮・揭聲教于海隅・蠢玆弗畏兮・託日者以爲誣・欲改封以自便兮・動有識之長吁・匪今侯之繼軌兮・隳四尺其奚辜・我將告外史兮・筆之于書・

忍字贊

七情之發・惟怒爲遽・衆逆之加・惟忍爲是・絕情實難・處逆非易・當怒火炎・以忍水制・忍之又忍・愈忍愈厲・過一百忍・爲張公藝・不亂大謀・其乃有濟・

王佐

字與學・所居門巷多刺桐・又號桐鄉・臨高人・正統丁卯舉人・卒業太學・爲祭酒吳節所賞譽・與白沙齊名・官高州府同知・丁憂服闋・改邵武・復改臨江・以未登甲科・故低徊三郡・二十餘年一官不擢・然在高州時・防猺山流寇・在邵武時・諭降泰寧盜・復著珠厓錄・洞知邊境利害・表進於朝・其詩文皆和平正大之音・至今瓊人瞻仰不亞於邱文莊・固南溟中奇士也・著有雞肋集存・

進珠崖錄表

臣佐言・竊見古珠崖地・乃今瓊州府十三縣也・唐虞三代・未入禹貢職方・漢武帝元鼎五年平南越・明年始與南海等並立九郡爲內地・漢不擇守者・因鄙夷其民・治之不以道・遂致郡縣陷沒・復爲裔土・終兩漢之世・以迄六朝五百餘年・唐宋鑑漢失・選守牧治以內治・數百年間遂成雅俗・衣冠文物與中州等・元始以土人爲官・分管州縣兵民・卒受

其弊．九十三年之治．無足觀者．我朝聖聖相傳．百年以來．風移俗易．媲美唐宋．蔑以加焉．伏覩太祖玉音．嘗稱海南爲南溟奇甸．又稱其習禮教．有華夏之風．玉音昭囘．昭耀今古．豈容既死之奸邪．欲分事權．敢分裂我祖宗之土地人民．輕與土人．用濟其私．以貽後患者乎．昔已痛革．今復舉行．承襲無窮．何時能已．此乃一方臣民所不忍聞而痛恨者．臣自憾衰老之年．無由報効．切念海南自漢至今．珠崖事體．以遠方之故．多所缺畧．敢昧萬萬死罪．詳考歷代國史．珠崖治亂典故．併今臣愚昧所及．不避斧鉞之誅．謹編爲珠崖錄一冊．庶以盡海南邊圻事情．除具本另奏外．謹奉表進獻者．

伏以嘉禾布畝．豈容稂莠之兼．雅樂在堂．難奏鄭衛之曲．人物一理．治亂同推．伏遇陛下睿智聰明．聖神文武．紹述堯舜．憲章祖宗．位當有臨．而歷數所存．德全廣運．而典謨斯在．人臣但當遵奉以爲彝訓．豈可妄作．而亂舊章．所恨既往之奸邪．貽害後來之境土．既援土酋敵州縣．以分本府之權．復誘良民爲梗化．以益土酋之勢．覬覦今之列土．比擬古者諸侯．豈知事勢不同．況乎人亦難概．天下既是共尊一主．政事豈宜分爲兩家．掣肘尚有難行．敵體豈堪爲治．譬人十指既足．便是全軀．又復胼拇多餘．終爲剩物．適以礙體．豈能益人．況珠崖延袤．道里三千．漢朝失地於前．元人誤事於後．漢之失地．由於孫幸之父子．本非治郡良材．元之誤事．由於至元之君臣．不識中華事體．捐棄南服三千里之封疆．而爲海外五百年之廢地．此非漢之失而誰失歟．多餘瓊管十三翼之冗濫．而開海南千百年之弊源．此非元之誤．而誰誤歟．唐宋之治效．雖有加焉．漢元之失誤．所當鑒也．前姦造罪．既往轍之難追．後人效尤．敢來患之不慮．況又事關邊患．恐其難報國恩．敢獻一得愚衷．上瀆九重睿覽．伏願明目達聰．廣視聽於四海．求言納諫．來忠直於萬邦．俾芻蕘得以盡其誠．而奸邪無由害其正．邊臣咸服祖訓．尊所聞．而行所知．邊民不忘前王．樂其樂．而利其利．澤衍萬年之運．德參兩儀之功．臣誠惶誠恐．稽首頓首．謹以所編珠崖錄一冊．隨表上進以聞．

進珠崖錄奏

廣東布政司．瓊州府臨高縣致仕同知．臣王佐謹奏．爲待罪邊情事．臣休老山林．惟當安分老死牖下．而敢出位言事．罪也．心知邊境利害．顧乃緘默不言．致誤邊事．貽患地方．亦罪也．進退惟罪．不得已必居於此矣．何者．先因永樂二年．有崖州已革寧遠縣歲貢生員潘隆．建言招撫生黎事情予以知縣官．名囘籍招黎．時各州縣生員吏典．坊郭人民．各應例招出生黎．引同黎首赴京朝見．皆蒙照例予官．或州佐縣正以下至典史．大小官名不等．各令囘還原籍．專馴生黎．不預州縣事．予其子孫各以官名承襲．招撫生黎．此當設官之初．就除廣西梧州府起復通判劉銘．前來本府管轄．尋陞爲撫黎知府職．該專一撫黎．不管府事．劉銘因爲不管府事．謀分府權．永樂四年私計奏討本府三州十縣附近黎山版籍．稱爲熟黎者．以招撫生黎爲由．就便分落所屬．

據爲本管・誘以不當差役・多增所屬部伍・以敵偶州縣・小人志在投閑・多背本府・去投撫黎知府部下躲差・永樂十年造冊・又將熟黎各戶未報丁口・報作新招歸附黎戶・本年籍冊內・暗分去本府州縣人民・立作二萬餘戶・四萬九千餘名・名爲梗化黎人不伏差使・邀恩惠奸・希望列土・永遠撫黎・未幾奸弊顯露・宣德年間革去撫黎知府・正統年間革去管黎官・子孫不許承襲・前項百姓・歸還原管州縣當差・（自註云・查該戶部廣東註一百八號勘・係昌化縣申文內稱・本縣以經具奏・奉行在戶部前勘合・仰將原籍黎村即便發回該縣當差）至今遵守六十餘年・前項永樂十年作弊冊籍・以年遠事故・不及改正・近日臣因老病・憂見地方殘賊未盡・山林不得安枕・竊聞邊境事情・上司急於安靖・地方失於詳審・前項先朝事例・誤將劉銘謀分府權事 ・ 由以作洪武永樂舊制・一一再要依循所行・（附王副使權告示・爲遵舊制以安地方事・照得洪武永樂年間・本處地方俱係土舍管束・熟黎納粮不當差・專令防守地方・以固藩籬・生黎不得生事・以此百姓安業・地方寧靖・後來在官不守法度・盡將革除・所有熟黎俱歸版籍粮差・固一時拯救之法・奈何法久弊生・官吏貪酷・里老侵漁・土舍剝削・豪勢軍民之家・貪置黎業・百計侵謀・以致熟黎失所・逃入生黎・日積月盛・藩籬敝毀・又有逃軍逃民逃囚入黎・煽惑爲惡・釀成符南蛇之禍・雖經大征・而禍根未除・現今未息西熾尚無寧日・本當剿除・又恐玉石未分・殺及無辜・必須先年事理招復熟黎 ・ 以固藩籬・斯爲長計・爲此給示土舍王炳然等・就將該管地方版籍熟黎・盡行管束・仍齎告示招回原管熟黎・各復原業・其田產係典者悉許種田・賣者聽其耕種・陸續辦價酬主・止令納粮・各依管束・作兵防守地方・不許有司科派差科及里老擾害・所有逃入黎內軍民囚匪俱要拘拿送官・承委工官・若果能盡効力守法奉公・撫管現在熟黎・招回逃去黎人數・多及招撫生黎・各安生業・不敢爲惡・則使問其實迹・呈報以憑勘實・奏授官毋得虛應故事・夤緣計謀越界爭管黎人・生仇啓釁・自取重罪云云・）且劉銘舊弊・前者大誤邊事・是乃先朝所痛革而深絕者・豈可復襲・他且未及言・觀其前項一事・初不過要得謀分府權而已・其終乃至於割據本府臨邊境土・盡誘良民爲梗化・用强所屬・而弱州縣・惟貪眼前一己之私・而不顧身後無窮之害・當時熟黎戶丁口・已有一半州縣之人・又戢未報者・報作新招・致有前項梗化・人戶口數之多・經今年久不知其數幾何・一旦若依劉銘舊弊・盡行撥與革官子孫分管・以梗王化・令革官子孫沿海三十六家・各帶其人以去・則州縣丁口・十去三五・難爲差役・亦難爲州縣矣・況小人嗜欲無厭・知利不知害・止馴生黎・尙不能無越法生事・往往爲地方患・衆所共憂・今若無故再奪州縣土地人民・與之增益其勢・此無異添虎以翼・恐難保其久無犯法或生邪心・熟黎緣於國版民數邊防命脉・决不可再入土人之手・大抵此輩之於地方・焉能爲有・焉能爲無・徒爲遠邇奸民開一逋逃窟穴・去背州縣・此不可以不防微杜漸・祖宗舊制定例・皆有深謀遠圖・爲萬世計・但可遵守・未可輕易立法更變也・況今所更變欲行之法・乃是已革大奸大惡殘弊乎・

嘗觀海南自入中國以來・歷代撫馭珠崖有得有失・姑舉

始終二代失著言之・漢之失郡・由於任用非人當守邊之寄・元之失政・由於運用土酋分州縣之權・昔也奸臣效尤・於元尚恨革之不早・今之邊事・有似於昔・豈可復效其尤・臣自恨衰老・報效無由・切念海南自漢至今・珠崖事體・以遠方之故・多有缺畧・難盡口傳・敢昧萬萬死罪 ・歷考前代國史・珠崖治亂典故・併今臣愚昧所見・謹編爲珠崖錄一冊・詳述敷奏・庶盡海南曲折事情・除另表上進外・伏乞采納・將臣請編珠崖錄・乞付史館・以憑查考・所奏前事・乞敕該部行廣東該布政司・轉行瓊州府查勘・切實痛革前項奸邪之謀・禁止後人相襲之弊・一遵祖宗舊制・永爲萬世定規・臣年幾八十・老病目昏・不能自行 ・謹具本專令姪孫王丙齎聞・

名實辨

成化初・西蜀馮公孜守延平・毘陵盛公顒守邵武・咸得二郡歡心・於時巡撫大臣・以故事奏請於公換郡・頓失二郡民心・夫二公之郡政績・各無加損者・君子曰・古人凡行事之善・書諸史籍・後世莫不趨其名而行之・然而不知其所以行之也・何也・蓋古人之應世也・譬猶夏葛冬裘 ・饑食渴飲・此非有所役於其名也・安其實而已矣・古人行事・安其實而名存・今人好事・趨其名而實喪・是故井田三代致治之良法也・王莽趨名行之則爲亂・天下之具泉府・周官立法之美意也・王安石趨名行之則爲禍・熙豐之術・好名之弊・豈止一事乎・嘗考漢史・薛宣爲馮翊時・部內頻陽縣・北當上郡西河・爲數郡輳・其令平陵薛恭本縣孝者・功次稍遷未嘗治民職不辨・而粟邑縣小・僻在山中・民謹樸・令鉅鹿尹賞久郡用事・吏舉茂材遷在粟宣・以令奏賞與恭換縣・二人視事數月・而兩縣皆治・史筆書之・以爲美談・而後世慕焉・後之爲此者・地必頻陽粟邑・人必薛恭尹賞・爲之不爲・不爲過也・一或反是焉・雖則爲之・猶不爲耳・是故延平爲郡・北當西浙諸路・居入閩衝・庶務煩劇・頻陽之似也・邵武爲郡・僻在萬山中・事簡民淳・粟邑之似也・馮盛二公・皆由名進士出守治郡・皆所優爲・此則非孝子久吏・不能相爲者之似耳・不可易而易之・此其所以無加損也歟・

愚嘗觀古人立事之善・其初一而已矣・後世趨其名而行之者・始離而爲三・有名實俱存者焉・有有名無實者焉・又有名實俱無者焉・是故事勢出於所當然・不如此 ・則事不成・民不可得而治・先無行之之必不得已・而行其所無事・故事成而民治・此古人遺意・名實俱存者也・事勢未必然・而其形迹適與古相似・行與不行・而於事與民無所損益・然而以爲形迹類古也・古人行之而得濟事之名・吾何爲而不求此名・古人行之而得治民之名・吾何爲而不求此名・先有行之之心・得已而不已・則事不加損・民不加治・此皆古人之粗迹・有名無實者也・若夫不在名・不在實・事體出於愛憎之私情・特假古人更賢育民之美名・而以濟吾平日逢迎不足之細故・此最下・不足言 ・名實俱無者也・世之紛紛爲此者・名歟・實歟・吾未暇悉也・姑舉近代之最明白者二人以例其餘・而馮盛之事可知矣・

宋南渡・嘉定間黃勉齋直卿守安慶・徐僑守和州・古舒

跨據大江中・當西北上流之衝・而爲荆襄兩川江淮之輳・抗京咽喉・莫要於此・歷陽州雖亦內郡・然比古舒爲稍偏・直卿以有道之學・而觀昔綸之才・雖則遭値南渡厄運・而不得施・然其端緒已微畧見於治郡・當此金師之壓汝寧也・三楚之南莫不震恐・再破黃州也・而淮東西皆震・郡安之時・從容運籌・而安慶隱然一敵國・卒使强虜按兵不敢東西・而一方之堵・言者不曰爲一郡生靈謝・則曰生我黃父・故時論有以直卿治才・濟經諸葛者・此豈無證之空言・古舒固其所也・於時歷陽之績安在哉・夫何乃有不相說者・譖諸制使・爲請諸朝・而以直卿徐僑易郡・命下之日・上下駭愕・直卿累上詞請・而朝廷卒莫之强・噫直卿之所以不爲此者・非小歷陽也・要知爲之雖則於事無所損益・而亦事理有不當然者・徐僑雖亦同出師門・同爲大賢之所陶鑄・但其歷陽政績・初無可考・要之疏通之士・而與直卿異趣者歟・古之鐘磬不諧於里耳・置諸常所逸樂之處・而且且聽焉・新樂聲之可以悅人者・乃置之散地・而或時奏之・此豈常人之情所能久安也哉・蓋必有移易變置之所・不待智者而後知也・直卿嘗言此非朝廷本意・乃一二友誤制使・殊不知彼當時之不相悅者・非惟一二友・雖制使之心・亦必思爲直卿之所也・久矣・吾來邵武知馮盛二守之事甚詳・請舉其性行之一端言之・盛好今而不好古・宋丞相李忠定公綱郡人也・比有欲上請爲忠定立祠者以白公・而公不可言者竟言之・得請・而公大不悅・甚至於不相能・馮好古而不好今・李定公有祠・黃簡肅公中之子孫・則歸其數百年入寺之田・使賢者之澤不斬・其性行大畧如此・若語其政績・則皆表表爲八閩稱首・然其所以遭時之好惡・變動移易・使不得始終安其治者・大率與古人相類・吾不得而言之也・

今之守令凡有移易郡縣者・往往以得事簡之郡縣者爲不稱・一或得之・則皆鬱鬱不樂就・雖或就之・甚至於赧顏喪志・無異貶謫・而當道之爲其上者・又皆往往棄目任耳・而遂亦以此少之・是亦不即直卿所遭之時之事觀之耳・夫苟觀焉，則上之待士必不以此而失人・士之自待亦不因此而失已・要知今日之所以移易我者・名歟實歟・是非得失・人之賢否・殆將有任其責者・吾何與焉・吾何與焉・馮守秩滿將行・其意若有不豫焉者・余作名實辨以解之・

論古史孔子列傳

或問司馬遷史記作孔子世家・而蘇子由古史以爲列傳・庸有說乎・曰二書皆經朱子所品錄・余不敢輕有是非也・然而人心不能無憾於古史者・昔司馬遷作史記・易春秋編年・而列孔子世家也・其凡例・開天下者爲本紀・有國統者爲世家・賢者爲列傳・馬遷豈不知孔子未嘗有國・當其變易凡例之時・其微意必有所屬・蓋孔子大聖人也・自生民以來未有・堯舜禹湯文武周公相傳之道統・在孔子既不可以與列國猥瑣之徒同在列傳・而於凡例又無所著・不著之世家而何哉・又況宋以殷後爲周三恪・宋之子孫最賢・莫如孔子・祖孫奕世賢聖・自桀偃四十年之死・宋已無國・而湯祀絕矣・後聖有作・興滅繼絕・國統所在・舍聖賢其奚歸・未幾孝成綏和改元・距遷作史記時未出百年・而漢卒以孔子之孫吉承殷祀・進爵爲公・繼周三恪・宋統中絕而復續・此乃遷之微意

也．是亦天也．非人也．先儒昔曾有爲先聖本紀者．而世莫之非．子由爲孔子列傳．而朱子不知非者．豈不以孔子如天然慶雲．文之何增其高．尺霧障之何損其大．天自天耳．而觀天者．自不能無喜慍於其間．此人情之常也．愚今日之所論是也．古史述馬遷之舊．凡例遵遷．無所變易．而獨易孔子世家．擠之列傳．以與老聃三騶忌衍奭之徒混而爲一．此於孔子乎何與．而古史者自爲古史．而自不顧觀天者之喜慍而已．此先生之意也．

或曰子由嘗詆司馬遷淺近而不學．粗畧而輕信．而朱子謂亦司馬遷之病．古史序言．古帝王其爲善．不爲不善之喻．而朱子又深取其言．且謂近世之言史者．惟此書爲近理．似亦許孔子列傳爲是也．柰何曰此特因呂伯恭父子學宗史遷．而惡子由．詆遷之過子由之言．誠過矣．而伯恭惡之之深．則未免見其非．而不見其是也．故先生有爲而言．此殆亦不以人廢言之意．至其論蘇氏之學．則曰蘇氏之學．大抵不知義禮本原之正．而橫邪曲直．惟其意之所欲．其父子兄弟平日之言如此者．不可勝舉．是亦未嘗廢天下之公言也．不然．先生他日胡爲於魯論集註之首．冠以史氏世家．期與六經並行．而爲千載不刊之典．此可見其去取矣．列傳何有焉．

大抵觀人得失．必本於父兄師友．余觀子由之失．而知其有自來矣．蓋由其兄子瞻平日不喜史記，故子由作古史務矯馬遷之作．自以爲是而無所忌憚．自以爲是於家庭．而不能盡合於天下之公言者．蘇氏之學也．此非朱子所謂．其父子兄弟平日之言如此者．不可勝舉者歟．雖然古史亦豈易得哉．雖曰失在任意．然能上考詩書．下稽春秋．孔子之言．其有正於史氏之失處亦多．未可以一疵而掩百善也．故記述明據．則當有古史而立例．亦難易司馬遷。

海南潮候前論并引

按方輿勝覽云．江浙欽廉之潮．自有定候．瓊海之潮．半月東流．半月西流．潮之大小長短．是不係月之盛衰．舊瓊誌云．瓊海東南諸港．潮候皆從乎月．朔望前後潮大．上下弦前後潮小．二至前後潮大．二分前後潮小．夏至潮大於晝．冬至潮大於夜．而東西流．惟西北一邊．當海南海北兩岸相夾處爲然也．境內州縣同．

嘗觀先代之論潮候．見稱於今者四家．盧歙州臨安志二說姑置之．（按盧謂日灼激海水爲潮．志謂海潮盈縮由地升降）惟余襄公謂．水往從月之說．沈存中以爲然．而朱子取焉．（襄公謂陽燧．取火於日．陰鑑取水於月．從其類也．故月之所臨．則水往從之．月臨卯酉．則水漲於東西．月臨子午．則潮平於南北．朔望前後．月行差疾．故潮勢大．月弦之際．月行差遲．故潮之去來．亦合沓不盡．又自謂嘗候潮於東南二海．見月臨卯．東海潮平．而南海未長．月臨午．南海潮平．而東海已消．皆不同臨．）至若謂夫天一生水．水自北方坎位而來．而引證於河圖周易．（河圖以一六居北而後天八卦之方位．亦以坎爲北方之卦）．此則泥於襄公東南二海．潮候不同時之說．則爲未盡也．何則．夫地乃天生之大氣舉之．氣至．則一齊俱至．其來豈有方所．易曰．山澤通氣．禮曰．地秉陰竅於山川．曰通曰竅．

王佐

則是氣之來・其迸出也・必有通塞不齊之處・此或因此地勢使然・是故襄公候潮・東海指海門也・(浙江入海處有海門・潮陽亦有海門・當時爲千戶所・)南海指武山也・(在廣州)二海相去幾何・而潮候早晚頓差三時・則海南絕島之中・潮候之不同・無足怪者・襄公之說固善矣・然而海南潮候實則不同・故瓊俗無所依準・但準授時歷・長短星日期爲定候・而二星實與潮候暗契冥合・未嘗差爽毫米者，但不知二星之說其所從來・大率天地間一氣・遇地勢而錯亂不齊者・正猶風行天地之間・同一大塊噫氣・然遇衆竅・則圜注曲直・隨竅旋轉・以東以西・以南以北・以上下大小遲速・各出而爲氣・激者・嗃者・比者・吸者・叫譹宎咬于喁者・各出而爲聲・謂之不同可也・謂之同亦可也・使極於四海之潮候・雖則萬有不同・要之不出水與月一氣之相應・遇地勢而錯亂不齊者・天地間陰陽之氣・豈容有彼此哉・不然一氣方將出地・則雞鳴無南北之殊・氣之齊升・耳所聞者・望月與日相對・月受日光・而明有不全之處・先儒以爲山河之影・地之散氣・目所見者・况水之於土也・氣遇其所勝而能齊一乎・論潮候者・合余史二說併是詳之・庶乎不戾先儒見也・

海南潮候後論

謹按長短星之說・載籍無所考・本出於後世方士家・陰陽拘忌之書・而授時歷・取之世俗禁忌・以爲參錯不齊之星・偶與海南潮候相湊合・殊未究其所以然者・姑臆推著論於前・而此復即所見粗迹言之・以待知者・二星每月內推移無定日・而潮水消長從之・自合朔歷・上弦前後爲長星潮・自望歷下弦前後爲短星潮・逼星前後・則潮長大至極・漸過遠則潮漸減小・至盡而將盡・老潮亦常與方來穉潮相接・逐月輪轉・如環無端・若春夏二季・則星未至前三日・新穉潮初生・逐日長大・至星日而極・過後二三日則漸退減・雖日有消長・而水痕遞減一分・減極以至後・星將近・則潮水不消不長・此即襄公所謂潮之來去・合沓不盡者・此是新穉潮初來與舊老潮相逼而然・及乎前星・老潮退盡・而後星新潮復來・消長同前・秋冬二季又與春夏不同・星過後三日・新潮方生・又逐日長大・以至大極而止・以後消長亦同前・但春夏潮・長在長短星前・秋冬潮・長在長短星後・二星所臨前後・即爲潮大之期・不拘朔望與上下弦也・長則西流・消則東流・日有消長・又不拘於半月也・與夫二至二分及春夏秋冬晝夜大小之說・俱無左驗・八九兩月內・各有兩長短星・謂之雙星・此兩月潮水獨大・九月猶甚・又不甚退・似乎每日有兩潮・此二星之說適合海南潮候・而與先儒之說不同者・至若東西流之說・海水只有消長・本無東西流・蓋因地形西北高・而東南下・瓊雷南北兩岸相夾處・見水長上・則以西流・消下則以爲東流耳・午月潮最大・與戌月同・此六陰之始終然歟・又有不屬二星潮信者・若子月初旬・或時不測而長・謂之偷潮・自瓊以西潮候如此・文昌東南對面・海無涯際・潮候未詳・或曰文昌潮與錦囊潮候同・今方輿勝覽據瓊俗說・而無所發明・瓊舊誌襲余襄公說・而殊無意見・皆不能曲盡瓊海潮候之詳・故敘所見如此云・

附歷書長短星日期

正月七日長星・二十一日短星・二月四日長星・十九

日短星・三月一日長星・十六日短星・四月九日長星・二十五日短星・五月十五日長星・二十五日短星・六月十日長星・二十日短星・七月八日長星・二十一日短星・八月二日五日長星・十八日十九日短星・九月三日四日長星・十六日十七日短星・十月一日長星・十四日短星・十一月十二日長星・二十二日短星・十二月九日長星・二十五日短星・

樂菜軒記（國子師吉水蕭先生士高命作）

任君能矩・貌奇而古・氣潔而清・嗜味甚澹泊・嘗名其所居之軒曰樂菜・其所以名之之意・秘而不發・予曰・夫人外境會心則樂・君子視夫天高地下・山川峙流・日月星辰・走飛草木・是皆吾心湛若之境・焉往非樂其樂・何必於菜乎・使於萬象森羅之中・而指其一曰・吾之樂專在是・是癖也・非樂也・況菜之爲物・其品至微・其味至澹・有非人情之所樂者・而樂之者何也・噫知任君必有眞樂・而樂於獨者・以奪其情也・何則・古今人氣品不同・而於物類之中・有得其氣類之近似者・或一相遭値・則自發其天機・是故淵明品逸・則好菊・和靖品清・則好梅・濂溪品高・則好蓮・是豈君子之癖哉・所謂天機自動・天籟自鳴・有不自知其所以然而然者・今任君稟氣清潔・超出物表・讀書窮理・以味聖賢道德之腴・而回視一切世味・淡泊如也・以菜味之淡泊者也・而其所樂・宜在是・是菜之遇任君・亦猶菊梅蓮之遇三君子者・亦其氣類之相遭値・而自發其天機・雖曰俯仰之間・無所不樂・而是樂其眞境也・況先儒有言・人能咬得菜根・則百事可做・任君方由鄉學升國學・榮進有日・他日以樂菜之心・嘗世味八珍九鼎・千駟萬鍾・豈能淫其志・而奪其好哉・名軒之意雖不發・亦庶乎其不外是矣・文王之蒲菹姑置之・若乃屈平之於芰・曾晳之於羊棗・類此焉者・世多有之・是皆嗜味之末・而於事無所損益・樂菜之旨・恐不如是也・任君祖仲和贈監察御史・父敬敏名進士・監察御史族甚盛・今樂菜軒・在泰和縣西之庄邸云・

重建載酒堂記

儋城東郊・有載酒堂・曁元延祐所遷建東坡祠・今名載酒者・以先生昔所自命也・其堂在城東南・仍舊名・不忘初也・初建誰・郡守張中也・載酒誰・郡人黎子雲也・歲久堂廢・元延祐四年夏・部使者始就城東桄榔林・爲先生昔所偃息地・構東坡祠・卽今治祠之制堂三・兩廡爲房・以處郡人子弟・而師教之・命儒者六十家奉祀事・江左范太史德機作東坡祠記・泰定三年・州倅重修・仍復載酒舊名・又入田若干畝・至今又兩廡俱毀・堂日就頹朽・而所以供奉祀事者・徒有名存・聖朝成化九年夏・海南衛指揮同知張玘・武職中知書者・來督備儋州・始與州所官知州羅傑・千戶張鑰謀・捐俸聚材・重新其堂廡・如延祐制・其所以供奉祀事者・亦期次第舉行・堂成來徵文以紀歲月・念先生以議新法忤權奸・貶逐無寧歲・不極荒裔不止・所居至無室廬・仰人以濟・似乎不能一日終其身矣・寧謂後此又數百年・乃有遺像儼然端坐堂宇間・享有祠祀・與世道相上下・此豈人爲所能也哉・蓋必有不依形而立・不恃力而行・不待生而存・不隨死而亡・

參天地．關盛衰．浩然而獨存者．昔先生作韓昌黎廟碑固嘗言之．而今驗之矣．是故堂不廢者．此理存也．不廢之者．存此理也．存是人心之不亡也．存此理是人心之所不能亡也．皆天也．非人也．傳曰．人定勝天．天定亦能勝人．至是而知天之定也久矣．

愚嘗即斯堂以觀世道之變．而知有宋一代興亡之由．何也．元祐至紹興君子小人之消長．有二大節目．自先生來此．則知元祐變為紹聖矣．靖康之禍．紹興小人釀成之也．再變而為紹興．尚有可為之機．未幾李．胡．趙三逐客過此．則國勢不可為矣．吾因先生有祠．用以慨夫三人者．又因三人者以追咎於紹聖諸人．而終南渡焉．則世道之變．盡於此矣．由是觀之．斯堂一區．濶不盈畝．而可以該夫半部宋史也．張公廣陵人．羅守南昌人．張千侯山陰人．皆讀書識體稱賢．故能相協就事云．

平黎記

弘治十四年夏．儋州七方峒黎符南蛇倡亂．環海州縣峒黎皆應之．攻儋州臨高昌化縣．陷感恩縣．拒抗官軍．恣行劫掠．撼動海外三千里地．巡撫大臣上其事．天子震怒．特命鎮守兩廣征蠻將軍太子太保伏羌伯毛為大將．帥師討賊．欽差總鎮兩廣太監王公監其軍．副將以下．連帥五偏裨將軍以下以十百．而兩廣官校暨漢達軍狼士兵以十萬．十五年冬王師駐瓊．謀於有衆．咸曰賊之渠魁擁衆十方．衆號十萬．地險兵銳．勢難卒滅．而三州外應強黨以倍．每分軍勢．稍延數日．則師老萬山之下．今賊首內自相仇．關防內變．必不敢遠出兵．當先受從事外應者．剪其羽翼．以孤其勢．然後併力進取．侯皆不可．獨奮然曰．王師天威也．震霆不及掩耳．宜先擣巢．擒其渠魁．以號令四方．則後百峒羣醜．氣奪膽落．惟師所向成擒耳．即日戒嚴啓行．晝夜兼程．是月癸亥．王師壓儋．距賊巢三舍而近．乃誓師曰．明日甲子出兵．越十日不獲賊首符南蛇頭來獻者．副將以下不用命．國有常法．偏裨校卒軍令具在．衆咸凛凛奉命．是日分布將軍以進．取路以新埸海田頭寨賊之北門中堅所在．參將馬澄將中軍．以兩廣漢達軍狼士兵一萬．攻中堅蓬墟抱吉賊之右臂援黨所聚．都指揮錢璋將右軍．軍之部分如中軍．以攻於右落基落密賊之左臂援黨所由．都指揮馬義將左軍．軍之部分如中軍．以攻於左西南賊路衝要．則昌化古鎮州府之熟地利指揮．周遠軍之部分視中軍之半．至若安海．西通交址．防賊走路．則以總督備倭都指揮張鐸．領雷瓊軍民兵習水戰者．以舟師防待焉．臨高澄邁瓊山定安四縣外應之賊．則付之知府．石壁同知鄧槩分地責其成功．而藩臬胡方主管則總攝內外綱領．嚴飭諸路進兵將校．及督併四縣分地牧守．遠近有嚴．糧餉四集．文武既各任責．而大將則主旗鼓．出號令．監軍臨之．節制凛凛．越三日丙寅．中軍克新埸海．破田頭寨．賊失所據險．諸路軍一時幷進．賊之援黨皆未及期．南蛇獨擁精銳出敵昌化軍．指揮周遠當與死戰．短兵相接．手斬賊將先鋒一人．賊氣奪小却．長兵爭前．勁弓齊發．南蛇中箭敗走．赴水死．別將隔水得其頭．即日來獻．是日中軍進據七方．擒賊妻孥．焚其廬．沼其宮．搜戮其親族．黨與無噍類．號令四出．不移日威振海外三州．外應賊黨．以次剷平・州西之賊・西至昌化感恩崖州皆以次平・州東之賊・東至臨高澄邁瓊山定安萬州皆以次平・卒如侯之所料・不再越月・而班師奏凱・海南地方大定・父老垂白扶杖相賀於閭里・商賈相賀於道路・農夫相賀於南畝・士夫相賀於庠序・咸曰自謂吾人稍延數月不死・殆將盡爲犬豕輩所魚肉矣・孰知今日之更生・而復見大平也・

粵稽載籍・海南自入職方以來・至今千六百年・重辱王師征討・僅此兩見・ 昔漢武元鼎五年・ 始以王師創定海南者・前伏將軍邳離路侯也・兩漢六朝以至於今・再以王師繼定海南者・今征蠻將軍伏羌毛侯也・後伏波新息馬侯・特以隔海立縣招撫功未嘗一卒渡海・至今兩伏波猶均廟食海南・況伏羌也・又況伏羌以師保公孤之尊・而出入將帥之事・猶非邳離之比・吾知後之視今・亦猶今之視昔・將復優焉可知也・書此以待他日・秉史筆者・庶將採其實焉・

湛鉞平黎記

湛鉞廉州衞・借職指揮廣東都指揮僉事・性英俊・有文武才畧・好用奇策・忘其勢位・每與下官有謀者共事・弘治十四年夏六月・瓊府儋州七方峒黎賊符南蛇・謀殺峒首符那月・占奪地方・搆黨反亂・刻箭傳約・三州十縣黎賊・各皆領箭・有同時反者・有觀望成敗以爲向背者・因攻圍儋州・陷感恩昌化臨高三縣・人民死者十七八・閭閻灰燹・赤地數十里・澄邁定安其害半之・瓊州西界一千餘里・道路不通・海南幾危・是年秋九月・鉞領兵討賊到瓊・不信宿・戒行就道・至澄邁西峯驛・適臨高縣走報・賊首南蛇令縣賊黨符那攬那樹約會・本縣賊黨王琳王細保等・分領賊兵合萬餘・刻期來攻本縣・那攬等兵數千已至城下・攻西北門垂陷・約王琳等攻東南門・兵數千亦垂到・指揮張翊領孤軍・與知縣林彥修・誓以死守・危在朝夕・邊山人民大半陷沒・邊海者無路逃生・扶老携幼・待投水死・維時漢達官軍不滿三千・後軍未至・衆皆有懼色・而鉞勇氣百倍・遽傳令止軍・命士卒舉火作二日糧・密詢賊營所在・親率共事者領兵由間道晝夜兼程・馳奪臨高賊巢・而還遶出儋賊之後・地名拳籃・搗賊老營・盡殺守營者百餘級・賊方攻城・遙聞鬥聲・咸歡呼相賀・以爲黨與之來相應也・攻城益急・已而聞官軍舉礮聲・大驚・知老營已破・官軍扼其歸路・ 遽掣衆退敵・鉞曰・賊方在死地・ 且彼衆我寡・未可迎敵・觀彼大衆一退・勢必不復能止・宜缺圍卸出其半・而中邀殺之・取威滅賊・在此一舉・戒軍士如令已・乃躬率精銳・衝賊陣爲二・賊前後不復相顧・漢達官軍從而摧之・又復斬首七百餘級・城內軍復出乘其後・賊衆大潰・散走相失・ 軍民兵擒獲不盡者・亡匿草野中・ 鄉民荷鋤奮挺・擊殺無算・生擒賊首符那樹・而那攬者先時乘憑死尸奉頭竄去・由是軍聲大振・前項赴約賊徒・中道聞風・棄兵遁走・領箭羣賊已反者・舉皆奪氣・退縮觀望成敗者・皆願出聽招撫・而攻州賊首符南蛇・亦遂解圍歸守窟穴・鉞以二千精兵・破强賊萬衆餘・救臨高一縣垂陷之城・而全萬家垂死之命・威風四達・三州十縣莫不引領望治・卒以晝夜兼程・途陷宿食・復冒雨苦戰・致疾而死・海南軍民遠近相弔・如喪親戚・前賊聞知又復處處紛起・後事難言矣・嘗觀古今志書所紀名宦・是皆有功德・於是方生民觀風者・採錄人言・以

示後世者也・事或出於傳聞・尙且不遺・況今耳聞目擊之事・今日知而不言・則千載而下・遐荒僻壤・誰復知之哉・

在昔唐段太尉秀實・笏擊賊泚之面而死・而柳宗元於凡所經歷之地・恒求太尉逸事以上太史・甄識執死不汚祿山・而元微之在貶所猶上韓愈書・欲其存諸史氏・夫死者之事・雖則不同・而見而感之者・不沒人善之心・則千萬載同此心也・且宗元微之於死者非親非故・而又無所交厚者也・猶拳拳焉善之・或沒而欲存諸史・以垂不朽・況鉞之功德及於吾海南之民・深厚且博・而於吾臨高一縣生民又所謂生死而肉骨者・人心方孚・身遽死・而不食其報・敢忍其善之沒世不稱・而泯泯然同衆人乎・故特書此以寓瓊人報稱之心・而表邊臣忠義之節・庶幾他日觀風者・得以採錄其一二云・

酒箴

有賢一人・其名曰酒・家在郫岡・緗樞甕牖・其於人也・既無飯氏之養生・又無藥氏之苦口・不能以益相助・專一以損相誘・一與之交・終身纏紐・謹可使狂・坐可使走・安可使朽・寡言者遇之而多・無過者逢之而有・勤者因之廢事・勇者乘之喪首・敗人平生之德・彰人平日之醜・引人自明入昏・眠人自卯至酉・是故惡甘惡旨・夏德以興・爲丘爲池・商祀不守・吏部侍郎晉畢卓・甕底就縛・兵厨校尉阮步兵・座中受糾・觀彼歷代之君臣・由此尤物之戒否・興亡以分・聖狂斯剖・原情定罪・孰任其咎・劉伶莫頌其德・李白休誇其斗・自處身於昏昏・胡教人之苟苟・之二子者・所謂設釣人之香餌・而開陷人之大竇者也・而今而後・有錢莫沽・有邀莫就・劉也不可以與歸・李也不可以尙友・惟大禹以爲師・庶幾不死於斯人之手・

邢宥　字克寬・文昌人・正統戊辰進士・授御史・出巡福建・治獄有聲・天順中爲台州知府・改知蘇州・爲治嚴而不苛・加浙江左參政・尋以右僉都御史巡撫南畿・開丹陽河・築奔牛閘・省兌運冗費・民以爲便・奏黜屬吏不職者七十餘人・居數載・再上章始得致仕・宥性廉介・好讀書・於詩文不苟作・作必有意趣・字遒美有法・歸後囊橐蕭然如書生時・所著有湄邱集・

瓊州府學射圃記

皇明統一・首建儒學・而附之以射圃・以教諸生之射・蓋以射者學子之事・禮行於學・可以觀德而選士・利用於武・可以威敵而禦强・古之聖王務焉・瓊州府學射圃・出學宮門西行不百步・有舊址焉・地不滿射者之力・屋不蔽風雨・階物不度・侯幅不給・諸生病之・成化辛卯歲之春・廣東按察司副使・劍江涂公伯輔・奉璽書來按于瓊・一日觀射圃之陋曰・是弊俗吏之所爲也・思潤而新之・不欲勞民・乃自爲措置・材選其良・甓選其堅・工選其能・拓于其址之北・幷諸餘地而增之・總得廣十五步・袤百步有奇・盡北置射亭五間・左右附墻・各置小屋三間・碱紫墀・經直道・恢之以槷・坦若展茵・法制備具・誠可耦進退・比禮樂而施弧矢矣・　工始於公至之年夏六月庚申・以是年冬十一月己亥告成・總其事而董其工者・郡守莆田吳侯琛監諸義官海忠輩也・爲之左右・而整飭其器物者・都閫雷陽王公燧也・公又自損益・夫射・鄉射之禮・注爲射儀一通・俾諸生習而射之・

瓊士大夫觀者聽者·莫不欣然頌公能宣德意·以翼文化·慮久而忘之也·欲立石刻射儀·以貽後人·屬郡傅練容走書徵予言記之·

羅顯詔 字九成·順德人·簡默多智畧·正統十四年·黃蕭養作亂·明年侍郎揭稽·以節鉞鎮廣·顯詔率父老詣軍門上書·言地遠民悍·樹長畫定遠計·莫若置縣·稽善其策·聞於朝·景泰三年遂析南海四鄉·稍劃新會北徼益之·置順德縣·治大良·自是民無兵擾者八十年·顯詔之力也·顯詔別號東澗·人因稱東澗義士·縣大夫過式其閭·或比之龐公云·

上侍郎揭稽請置縣書

忠聞失大小之權者·不可與言智·昧遠近之利者·不可與言謀·故善智者·圖見于大·善謀者·定計於遠·見大故能察微而知著·計遠故能因亂以成功·伏見邇者黃賊之變·起自亡命·擅帝號·改城邑·潰走王師·禍可謂烈矣·當此時·黃賊嘄呼·而數境之民風靡應援·譬諸禽獸·一個負失·百羣俱奔·非其習有懻悍之積性·有樂死惡生之逆也·然而負不義之名·以犯誅戮者何也·今夫素之質白·染之涅則黑·失其體也·金之性沉·托之于舟則浮·勢有所支也·民之從亂·猶素之染涅也·得所恃則治·猶金之托舟也·然近年諸司·諱言實禍·治慕空名·撫字無恩·防禦不肅·故逞欲迂求者·兆爭攘之端也·姑息長寇者·豊亂之道也·任情骫法者·賈苛刻之怨也·是以上無固結之仁·下懷離潰之志·外無城郭之備·內怵逼脅之勢·漢人有言·穿窬不禁·乃致强盜·强盜不斷·乃爲攻盜·蓋成于漸也·此忠所謂著微之機·治亂之候者也·然欲樹長畫而伐禍本·則莫若置縣·昔周王建洛邑·本殷頑而思治·齊桓城楚邱·緣衞難以爲功·故政惠而不費·民勞而不怨·何則·以其圖見于大·而能定計于遠也·今大良其地遠於南海·然西有排榜之峙·東有迎暉之環·前擁華蓋·後鎮拱北·山原如翼·河流若帶·此澤國之形勢也·因其地而置縣·域以封疆·防以城池·治以官師·聯以戶口·齊以科敎·如此雖復有黃賊之變·無能爲矣·其樹長畫伐禍本之道·計無易此·乃議者或曰·兵荒之費無所出·殘傷之民不可投·是習瑣瑣之細·非可與論于大道也·夫扁鵲治病·以刀刺骨·雖有小痛，而長利在身·君子振亂·用民爲役·雖負時怨·而久福在國·故甚病之體·以忍痛爲利·暫勞之民·以永逸爲福·故曰前事後之鑒·惜小者大之費·惟執事圖之·

廣東文徵

改編本卷七

番禺吳道鎔原稿

明二

邱濬 字仲深・瓊山人・景泰甲戌進士・改庶吉士・授編修・成化元年兩廣用兵・濬奏記大學士李賢指陳形勢・賢善之・聞於上・命錄示巡撫韓雍・總兵官趙輔・其後破賊雖不用其說・而濬以此名重公卿間・秩滿進侍講・與修英宗實錄・進侍講學士・續通鑑綱目成・擢學士・遷國子祭酒・尋進吏部左侍郎・掌祭酒事・濬以眞德秀大學衍義・於治國平天下條目未具・博采羣書以補之・孝宗嗣位表上其書。命有司刋行・特進禮部尚書・掌詹事府事・充憲宗實錄副總裁・書成加太子太保・尋命兼文淵閣大學士・參與機務・尚書入內閣自濬始・時年七十一矣・濬以衍義補所載・皆可見之行事。請擇要奏聞・下內閣議行・又條列時弊二十二事・帝皆納之・六年以目疾免朝參・卒年七十六・贈太傅・諡文莊・所著有大學衍義補・瓊臺會編・世史正綱・家禮儀節・朱子學的等書・子敦有學行・最知名・

勑天下朝覲官員

朕惟祖宗受天命爲民牧・而以天下生民付於朕・朕承祖宗命・一人不能獨治・而以天下生民付爾司府州縣之官・俾代朕分治・茲當三年朝覲之期・爾兩京畿十三藩服・若布政司・若按察司・若府州縣・若運鹽牧馬諸司・各述所職・來朝京師・其中固有恪勤官守・克稱任用者矣・然疲老不勝任・貪殘爲民害者・亦往往有之・已令所司・愼加簡斥・而廷臣尤交章奏劾・必欲悉寘爾等於理・朕念人才難得・豈宜求全責備・特用寬宥・俾各歸舊任・以圖後功・爾等宜省愆思過・盡心效力・緒續往政之善・釐正前事之失・而又推求當務之急・而次第行之・惜民之力・而不輕勞・惜民之財・而無浪費・惜民之命・而不輒肆殘虐・心心爲乎國・念念在乎民・事事關乎心・務使人人各得其所・則爾等受朝廷之命爲無負・而朕於祖宗付托之命・亦不忝矣・顧不韙歟・雖爾等職任有大小・地方有廣狹・政務有繁簡・然皆能服膺朕言・以爲官箴・而行之毋斁・則名位不患其不崇・家計不患其不立・苟食焉而怠其事・又從而盜若貨器・戕其人民・不有人禍・必有天殃・尚相儆戒之哉・故諭・

勑兵部侍郎兼僉都御史張海

近得甘肅守臣奏・哈密城池・爲土魯番阿黑麻占據・虜去忠順王陝巴・殺死都督阿木郎・及繳到番文・言涉不遜・顯有欲起邊釁之意・事下兵部會多官議・已發遣其來朝使臣回還・就令彼齎勑責諭阿黑麻・使其改過・及勑甘肅鎮守巡撫等官・嚴督沿邊將卒隄備外・朕以邊方事重・百聞不如一見・難以遙度・仍令多官公舉文武大臣一員・親臨其地・會彼處守臣・酌量事勢・講求安內制外方畧來上・以爲經久之計・僉以爾二人名聞・今特勑爾等・委以一方安危之寄爾等須念朝廷此舉・非但尋常按行故事而已・蓋以本朝建都

於燕．邊境惟甘肅爲最遠．亦惟甘肅爲最重．祖宗於此屯兵建閫．非但制馭境外之生夷．而尤在撫綏境內之熟羌．承平日久．邊備不無廢弛．內之依附者．非我族類．其心叵測．外之朝貢者．恩澤既厚．怨讟易生．阿黑麻於迤西諸番中．最爲奸黠．乃敢公行番文．肆爲僭妄．若今次降勑諭之．萬一違命．邊釁將從此始．故特擇爾二人於百寮之中．付以酌量講求之任．爾其體朕憂深思遠之意．徐觀事勢．密爲經畧．在內者．安定之．分背之．使不萌外向．在昔者．消弭之．震疊之．使不敢內侵．如此斯爲經久之計矣．且甘肅地方．自蘭州渡河而西．其中僅通一路．於番簇土達兩界之間．西至肅州嘉峪關．一千五百餘里．其間番夷與軍民雜處．種類非一．往來住坐．或耕或商．老子長孫．處處有之．久成家業．盡難驅遣．又自哈密失守之後．隨罕愼內附者．處之苦峪．既而復返．今又來奔．中間未必皆出自哈密．或有別種．豈無異心．奄克孛剌．不知其向背如何．使居其地．一旦有事．足以拒守否乎．其行都司在外六衞二所．並嘉峪關外．近邊之地．更有堪以屯聚耕牧之處．可以開創營寨．擢用頭目．分統其衆．如苦峪者否．又苦峪近地．其間有無前古廢城遺壘．可以興復建置．使如苦峪事例．散處夷衆者否．一一仔細詳加詢訪．踏勘是實．熟思審處．必有利而無患．的然可行．以爲安內方畧來上．以俟朝廷再加審處．伺便乘機而行之．以爲制外之本．然必安徐愼密．勿使幾微彰露．恐事未必成．或生他變．

若夫制外之策．爾等至彼．不可虛張聲勢．惟宜按常而行．凡甘肅一應邊務．如軍馬．甲兵．城堡．關隘．溝塹．

整臺．斥堠．屯田．糧餉等項．及管軍戍守頭目人等．宜照常例．同彼處守臣．從長計議．酌量停當．便宜施行．事有合更改者．更改．人有合調用者．調用．事體重大．有該奏請者．奏請．然亦不可偏執太甚．務圖經久無弊。此外尤須密切用心．詢問沿邊一帶．退閑宿將．經戰老卒．與凡出境和番．越關私販．番漢之人．及雖本胡種．生長內地．無復外心．而爲衆所孚信者．多方招集．因事討論．所以制禦懾服．萬全無弊之策．潛遣間諜．招係降附．審實其强弱分合之勢．緝訪其向背虛實之情．疆界與某番相近．糧馬物資從何處供給．道路從何方經行．番簇之中．所與同謀者．何姓名．相爲仇隙者．何種類．所用者何人．所恃者何國．我中國人．有無與之交通．向繳番文．是眞是僞．果欲依言而行．或是虛聲哄喝．既得其實．畫圖具由來上．朝廷必有以處之者．爾以文典司政．本以武胄屢專邊閫．朕於常例外．特加簡命．託以講求邊方經久之計．所謂經久之計者．必須經常久遠．此舉之外．不復再舉也．大抵制外非難．安內爲難．而爲經久之計尤難．朕姑以己意料之．爾等宜因朕言．推類以盡其餘．委曲以通其變．不必於行．亦不必於不行．惟其可而已．勿聽人言．謂彼囘囘．唯事商賈．不習征戰．而輕忽之．蜂蠆有毒．古人善喻．自古禍患．何嘗不起於細微．寧過慮而不用．毋後時而生悔．古人有言．大丈夫不遇盤根錯節．無以別利器．又云幾事不密．則害成．爾其勉之愼之．樹功立名．正在此行．苟徒應故事．按壘一行．疏陳數事．便以爲事竣請歸．異日不幸而有意外之變．咎將誰歸哉．爾其勉之．以副委任．必綽有端緒．然後奏聞．待報回

京・

勑東廠總督行事太監

朕前勑爾總督官校・體訪行事・然一人耳目有限・而官校不能人人皆體爾心・其中多有故違原奉勑書內事理・親耳目於劉翻之人・張威勢以營私家之計・報復私仇・巧索財物・往往捏陷平人・使其無罪而就死地・亡身破家・含寃抱恨於九泉之下・用是感傷天地和氣・虧損朝廷至仁・誰之咎歟・今特勑爾・嚴加戒諭所督官校・一應小節細故・及曖昧疑似難明之事・不許搜索・必須大有關係・依爾所原奉勑內事理・得其眞實的確・然後舉發・即將其人當日送官・有見獲之贓・幷送該追者・具數送官追理・在未出官之前・不許執於私家幷窩舖寺廟中・用夾棍腦箍等刑・非法拷打・逼勒招認追索・仍不許用言恐嚇・劫制不使翻異・及將所得之贓分收入己・中間有聲寃調問會審者・亦不許暗使同黨之人・在外浮言游說・以疑惑人心・使不敢乎反・若其人果有寃抑・緝事者非因私憾別情・故致其罪・情可矜疑・奏聞輕減釋放・其原緝官校經該官吏一切不問・若是既經會問・其人聲寃不已・訪察得出・果有人在中劫持・其原問官吏・坐以故入人罪律・從重論處・原緝官校依爾原奉勑內事理不赦・嗚呼・人命關天・明有國法・幽有天譴・可不畏哉・爾乃朝廷親信腹心之臣・當爲國家惜人命・弭災殃・尙體朕心・毋忽毋怠・

勑法司官

朕惟刑獄一事・人命所關・上以傷天和・而招災致沴・下以失人心・而起釁肇亂・皆由乎此・比者災異疊見・殆無虛月・意者刑罰多有不中・而緝事捕盜官・嚴加戒諭所督官校・不許信任小人・搜求人家曖昧陰私・疑似形跡・興起重獄・寘人于死地・遇有寃抑・爾法司調問會審時・若其人情實有可矜・疑緝者無有私憾別情・其緝事官校經該官吏一切不問・爾等法司官宜體朕心・留心獄事・今後各衙門見監罪囚・可以死・可以無死・及體訪緝捕連逮事情・似乎有・又似乎無・調問會審之際・對衆引證折辨・是曰是・非曰非・有謂有・無謂無・毋拘於成案・慮原官犯故入人罪之條・無罹夫後患・恐緝事者有他日中傷之禍・忍言害理・曲法狥情・異時若有朋奸・陰相掤摭・陷害爾者・明白指名具實以聞・朕必不輕貸・嗚呼人命關天・死者不可復生・明則有官刑・幽則有天譴・可不畏哉・爾等讀書明理・爲朕典司刑獄・當爲國家惜人命・弭災傷・以壽國脈・尙愼之・念毋怠・

勑各邊鎭巡等官嚴禁斫伐樹木

朕惟我朝建都於燕・切近邊塞・內而太行西來・重岡連阜・逶迤而北・越山海而東・極于遼陽開原之境・外自舊大寧界・越宣府大同渾蔚而西・極于延綏寧夏之域・山嶺崎嶇・蹊隧狹隘・林木茂密・以限虜騎馳突・今國家一統華夷・承平百有餘年・固本乎天眷之隆・兵威之盛・而地險之助・亦

不能無焉．近年以來．風俗侈靡．大興土木之工．有等射利之徒．往往在于邊關產有木植去處．興販材料．筏浮車運．歲無虛日．利之所在．人必趨焉．由是戍卒邊民．爭先趨利．招羣合衆．持斧礪刃．越過當防之關口．冒伐應止之材木．惟圖己利．罔恤國計．而一時官吏將領．亦乘之而邀厚利．有所抽分．因之而結權貴．以資進用．役使軍民．勞苦萬狀．費用工力無有已時．農時因之而妨．操練以之而廢．貽富室破產之患．起京師木妖之謠．亭障因之而難守．邊城由此而無備．逃叛者得以外逸．抄掠者得以內侵．木皆坐盡．山以通行．遂致林木日稀．道徑日闢．設邊方常如今日無事．固無所用．不幸一旦而有風塵之警．將何以扼其來．而拒其入乎．設今不爲限制．切恐日甚一日．雖有知者莫能善其後矣．

曩日朝廷屢給旨意榜文．張掛諭衆．犯者謫戍烟障邊方．其爲厲禁不爲不嚴．奈何視爲泛常．徒樹牆壁．果誰之過歟．爲總督者．奉勅以禦虜．乃忍爲虜除道乎．廵撫者．受命以安民．乃忍延寇爲害乎．守戍者．以守備爲職．何忍開門而揖盜．牧民者．以保障爲任．何忍撤備以召戎．與夫按屬廵邊之官．有除奸革弊之權．過而視之．若不干己．古人有云．食焉而怠其事者．必有天殃．爾等受朝廷委任．既不能禁約．又縱人採伐．甚者邇時好效勤勞．以有所希覬．求爾身家安榮．希彼勢要拔擢．忘我國家邊備．戕我生靈性命．於爾心安乎．國法雖可逭．其如天誅何．朕今不追咎其既往．惟禁制其將來．除在前採取已搬運出山．裝載在筏者外．自今以後．一應邊關．由內及外．自東迤西．凡係緊關要害去處．一木不許擅伐．一石不許擅移．非奏請朝廷．明有上司文憑．緊急營繕．必不容已．而他山不可致者．不許持斧入山．浮筏於河．若其地非甚要害．而一時切要之用不可緩．移文量爲採取．足用即止．其餘小木旁條．枯柴槁質．有之不足爲備．無之未必爲缺者．不在禁例．

勅至爾等鎮廵等官．宜依勅內事理．行移所屬分守．守備．守禦．等官．幷府州縣掌印官員．各要嚴加禁約．凡臨邊一帶．營堡關口所在．必資林木以爲蔽塞遮攔．天壽山列聖陵寢所在．其後山場樹木．所關係尤爲重大．一應官旗．軍民．客商人等．俱不許砍伐販賣．違者取問如律．俱照榜例．押發烟瘴衞所充軍．其分守．守備．守禦．幷府州縣官．並不許私役軍民採伐．起蓋官私非祀典祠廟．額外寺觀．餽送勢要之人．或起夫力車筏．爲人裝載．事發軍職降二級．發回原衞所終身帶俸差操．不許管軍管事．文職俱降邊遠敘用．鎮守幷副參等官．聽彼處廵撫廵按．幷在京科道指實劾奏．治以重罪．廵撫廵按知而不舉．一體究治．仍於應禁林山口．簰筏經過河道．緊要去處．差委能幹官員．領軍守把．近山關口．營鎮及沿途廵司盤詰．除內外官司．奉有明文．條理營造筏運．幷小大植柴炭．查驗明白．照舊通放外．其餘私自販賣大木．經過即便拏送．合于上司．依律究問．筏木盡數入官．敢有容情縱放者．事發俱問受財枉法贓罪．

嗚呼．地之爲險．以其有山．山之爲險．以其有木．古者王公設險以守其國．無其險尚百計以營爲之．況其有險．而自去之可乎．爾等宜服膺朕言．朝夕在念．其尚相與同心戳力・思患預防・以為邊方遠慮・庶無負乎朕委任之意・欽哉・故諭爾等禁砍樹木・多栽榆柳等樹・自是邊防緊關事宜・國初猶有此勅而禁伐・今蕩然矣・

進大學衍義補表

伏以持世立教・在六經而撮其要・於大學明德新民・有八目・而收其功於治平・舉德義・而措之於事為・酌古道・而施之於今政・衍先儒之餘意・補聖治之極功・惟知罄獻芹之誠・罔暇顧續貂之誚・原夫一經十傳・乃聖人全體大用之書・分為三綱八條・實學者脩己治人之要・章句既有以大明聖蘊・衍義又所以上格君心・書雖成於前朝・道則行於今代・惟太祖之建極・嘗大書於殿壁之間・暨列聖之紹基・屢聽講于經筵之上・既已致夫雍熙太和之治・一皆本乎躬行心得之餘・善推所為者・固無俟乎盡言・欲全其功者・亦須補其闕畧・竊觀衍義之四要・尚遺治平之二條・雖曰舉而措之為無難・不若成而全之為盡善・況有其體・則有其用・既成乎己・當成乎人・理固無一之可遺・功豈有一之可闕・善法不能以徒舉・本末則貴乎兼該・每當繙閱之時・自起編劘之念・顧一人之聞見有限・而天下之事體無窮・居一室・而料度乎四方・據己私・而折衷乎衆務・亦固知其不可・猶强為其所難・是蓋一念區區報國之忠・抑亦平生孜孜為學之志・是以頓忘下賤・僭傚前脩・豈不知妄擬非倫・竊亦欲薄陳所見・

念惟天下之大・其本在於一身・人心之微・其用散於萬事・一物有一物之用・一方有一方之宜・所以化之者・固本於身・所以處之者・各有其道・事皆有理・必事事皆得其宜・人各有心・須人人不拂所欲・使欲處之適當・其可必先講之務盡其詳・考古以證今・隨時而應用・積小以成其大・補偏以足其全・巨細精粗・而曲折周詳・前後左右・而均齊方正・于以衍治國平天下之義・用以收格致誠正修齊之功・舉本末而有始有終・合內外而無餘無欠・期必底於聖神功化之極・庶以見乎大學體用之全・體例悉準於前書・楷範用垂於後學・稽聖經・訂賢傳・剟取無遺・紀善行・述嘉言・蒐求罔棄・附以管中之所見・覬于目下之可行・俯竭涓塵之微・仰裨海嶽之大・玆蓋伏遇皇帝陛下・睿智有臨・剛明不惑・學古訓而獲大道・愼儉德以懷永圖・蚤毓德於青宮・服膺大訓・潛心力於黃卷・玩味聖經・開導盡忠益之言・體驗極擴充之力・每躬行而實踐・恒日就以月將・仁孝之德孚於宮闈・元良之聲播於函夏・

一旦承天而踐阼・萬邦仰德以歸心・大志夙成・適符漢宣登極之歲・小毖求助・啓成周訪落之心・首深究於大猷・亟恢宏於至治・凡新政之大有建置・皆舊學之素所講明・擴充格致誠正之功・用臻修齊治平之效・太平之治・端可計日而待也・臣濬下愚陋質・荒陬孤生・用世無寸長・頗留心於扶世・讀書有一得・輒妄意以著書・固非虞卿之窮愁・亦匪眞氏之去位・猥以官居三品・慙厚祿以何裨・年近七旬・惜餘齡之無幾・一生仕宦・不出國門・六轉官階・皆司文墨・莫試莅政臨民之技・徒懷愛君憂國之心・竭平生之精力・始克成編・恐無用之陳言・終將覆瓿・幸際朝廷更化・中外肅清・總攬乾綱・一新政務・儻得徹九重之聽取・以備乙夜之講

求・於十百之中・用其二三之策・不必無補於當世・亦或有取於後人・民牧於是乎一新・世道茲焉乎復古・好所好・惡所惡・一人永子育乎兆民・賢其賢・親其親・四海咸尊戴於萬世・臣干冒天威・無任激切屏營之至・

進大學衍義補奏疏

臣竊見宋儒眞德秀所撰大學衍義四十三卷・於大學八條目中・有格物致知之要・誠意正心之要・修身之要・齊家之要・而於治國平天下之要闕焉・臣不揆愚陋・竊倣德秀凡例・採輯五經諸史百氏之言・補其闕畧・以爲治國平天下之要・立爲十二目・曰正朝廷・曰正百官・曰固邦本・曰制國用・曰明理樂・曰秩祭祀・曰崇敎化・曰備規制・曰愼刑憲・曰嚴武備・曰馭夷狄・曰成功化・又於各目之中・分爲條件凡一百十有九・共爲書一百六十卷・補前書一卷・目錄三卷・總一百六十四卷・名之曰大學衍義補・所以補德秀前書之闕也・前書主于理・而不出乎身家之外・故其所衍之義大而簡・臣之此書主于事・而有以包乎天地之大・故所衍之義細而詳・其詳其簡・各惟其宜・若合二書言之・前書其體・此書其用也・今已繕寫完備・謹撰表文一通・附寫卷首以進・伏念臣濬遠方下士・叨冒朝廷厚祿・六轉官階・以至今官・一家溫飽二十餘年・今年近七旬・常恐一旦委命九泉・有負國恩・無以爲報・幸天假之以年・以衰朽之餘・任師儒之職・無政務之擾・得以暇日纂成此編・第以性質昏庸・學識迂僻・加以老耄・精力衰憊・所見不能無偏・所纂不能無誤・然區區一念忠君愛國之誠・蓋有出於言語文字之外者・況臣所纂輯者・非臣之私意杜譔・無一而非古先聖賢經書史傳之前言往事也・參以本朝之制・附以一得之愚・雖曰掇拾古人之緒餘・亦或有以裨助聖政之萬一・伏望皇上寬其妄作之誅・察其願忠之意・以淸閑之燕・時賜省覽・遇用人則檢正百官之類・遇理財則檢制國用之類・與凡臣庶有所建請・朝廷有所區處・各隨其事・而檢其本類・則一類之中・條件之衆・必有古人之事・合於今時之宜者矣・於是審而擇之・酌古準今・因時制宜・以應天下之變・以成天下之務・而其大要・則尤在審察其幾微之先焉・易曰惟幾也・故能成天下之務・此臣妄意著書之本指也・臣之精力盡於此書・皇上親政之始・而繕寫適成・蓋有幸然也・冒昧進獻・不敢自謂其皆可用・儻採於千百之中・用其一二・見於施行・以成治效・使臣平生竭力盡瘁報國之忠・得以少效其萬分之一・則臣學爲有用・而歿爲不朽矣・臣不勝懇切願效之至・

請申明舊制愼罰恤刑疏

邱濬疏・臣按唐虞三代以來・倶用肉刑・至漢文帝始廢肉刑用笞・其原蓋權輿虞刑之鞭朴也・除死罪外・自墨劓以下・率以笞代之・然未爲笞令・所箠之具無常物・所箠之處無定在・景帝定箠令・箠之制始用竹・受箠之處專在臀・魏晉南北朝・其君臣仁暴不同・其俗尙厚・箠不一其所用・刑各有不同・隋文帝始定爲今之五刑・凡前代考訊之具・若夫挾棒・束杖・車輻・鞵底・之類・盡除不用・唐宋因之・制有刑具・各有等第・

本朝於大明律卷首・作爲横圖・以紀獄具・笞大頭・徑

二分七厘・小頭・徑一分七厘・訊杖大頭・徑四分五厘・小頭・三分五厘・以上皆以荆爲之・長俱三尺五寸・枷以乾木爲之・長五尺五寸・頭濶一尺五寸・死罪重二十五斤・徒流杖罪以下有差・手杻長一尺六寸・厚一寸・鐵索長一丈・鐐重二斤・凡爲笞杖・皆削去節目・用官降・較勘如式然後用之・不許筋膠諸物裝釘・應决者用小頭臀受・其大小厚薄視唐畧等・比宋則尤爲輕焉・

祖宗好生之心・雖爲惡之罪人・惟恐或有所傷・而爲之薄刑也・如此・是以仁恩厚德・浹於民心・百年於茲・近年以來・乃有等酷虐之吏・恣爲刑具・如夾棍・腦箍・烙鐵之類・名數不一・非獨有以違祖宗之法・實有以傷天地之和・伏乞聖明・申明舊制・凡內外有因襲承用者・悉令棄毀・然禁之必自內始・敢有仍前故用・即以所制者加之・庶使太祖皇帝愼罰之意・恤刑之仁・所以著於律文者・萬世之下・恒如一日・所恢皇仁於九有・綿國祚於萬年者・端在於斯・

擬擇大學衍義補要義上獻疏

臣聞禮經有云・事君必資其言・拜獻其身・以成其信・是故君有責於其臣・臣有死於其言・蓋謂自古大臣進用之始・必有先資之言・拜命即以言爲資・因言而以身爲獻・致其所獻之身・以爲君用・踐其所資之言・以效其信・言有不行・君必責以踐其言・言有不從・臣必死以成其信・故曰君有責於其臣・臣有死於其言・此古昔明君賢相・所以交相孚契・於初進之始・委任責成・於旣用之日・卒能踐其言・以成治功於久遠之後也・粤稽諸古・若伊尹畎畝幡然之數語・傅說受命對揚之三篇・管仲與齊桓問答之書・樂毅對燕命下之語・韓信登壇東向之對・諸葛草廬三顧之策・姚崇入相十可之請・是皆資言於先・而成其信於後者也・之七八人者・所遇之君・或創業以垂統・或繼體以守成・或成伯於一國・或偏安於一隅・君臣相契・皆能成治效于一時・臣之愚惷・雖不敢上比古人・然生當明盛之時・以遇大有爲之主・不以臣之迂疎衰朽・用之於久病垂老之餘・置之於論思密勿之地・有君如此・何忍負之・雖一息尙存・此志豈容少懈・徒以學術荒疏・年力衰憊・雖欲委身以爲獻・奈無嘉言以爲資・如或拜獻其身・不能成信・有所責焉・無以爲應・徒死無益也・是以上三封章・以老病爲辭・未蒙俞允・不得已而受命・顧所謂資言獻身者・志不苟先定・而泛泛焉冒昧以嘗試之・豈能有所成哉・

伏念臣先於皇上嗣登寶位之初・而以所著大學衍義補一書上進・凡古今治國平天下要道・莫不備載・而於國家今日急時之先務・尤縷縷焉・臣自幼殫力竭神以爲此書・及其編成・適際皇上訪落之始・不先不後・而又蒙聖恩獎諭・命有司梓行・不可謂無大幸也・臣不敢他有所陳・請即臣前所進大學衍義補一書・以爲先資之言・而直以臣一身自頂至踵以爲九重之獻・蓋臣所進之書・非臣創爲之製・乃補宋儒眞德秀所衍大學未盡之義也・鑿鑿乎皆古人已行之實事・而在今日似亦有可行者・非若鄭康成之訓經義・泛濫無益也・非若王安石之假經言・紛更變亂也・其中所載雖皆前代之事・而於今日急先切要之務・尤加意焉・方臣進書時・掌冑監無有政務・不得見之行事・猶可諉者・今則幸爲明主不棄・進之內閣森嚴之

地・預聞機務・此正臣書遭逢施用之日也・如此・而有所不行・則天下後世將有辭以議臣・謂臣徒藉是書以爲榮進之階・非眞誠有效用之實也・豈不遺終身之羞愧哉・

矧臣年踰七十・鍾鳴漏盡・所餘無幾時・日暮途遠・所行不能到・汲汲焉及是時以圖之・猶恐遲矣・否則將有後時之悔・臣平生所見・不外此書・請擇書中所載切要之務・今日可行者・芟去繁文・摘出要語・參會補綴・以爲奏章・酌量其先後次序・陸續上獻・乞經省覽・如有可行・特賜御札批下・會同內閣一二儒臣斟酌處置・擬爲聖旨・傳出該部施行・或有窒礙難行・或姑留以俟後時・或發下再加研審・亦望聖慈明示其所以然之故・臣迂儒不通世務・不免泥古偏見・然決不敢護短求勝・果於必行・掠取一己虛名・以誤國家大事・臣冒干天聽・不勝戰慄恐懼之至・

入閣辭任第三奏疏

本月二十四日・欽奉手敕・命臣於內閣辦事・二十五日・臣具本陳情辭免・未蒙俞允・二十七日・又具本辭・欽奉聖旨・朝廷以卿學行老成・特加任用・所辭不允欽此欽遵・臣按禮經讓之三也・象日月之三日而成魄也・古人辭讓以三爲節・初辭爲禮辭・再辭爲固辭・三辭爲終辭・辭而至於三・必其情眞意切・而有不容已者矣・臣嘗觀宋神宗朝・歐陽脩乞致仕章凡五・司馬光辭樞密副使凡六・上皆從其請・臣雖不敢上比古人・然脩與光所事者神宗・是時專任王安石創行新法・二人者與時不合・故欲辭退・臣幸遇皇上・不世出之主・恭默思道・求賢圖治・非神宗之所能彷彿・而又羣臣和於朝・一時共事者・皆同寅協恭・無有異同・臣何故乃敢故違詔旨・而欲求去哉・且臣歷官三十餘年・久循常調・皇上嗣登寶位之初・未經兩月・即超陞爲禮部尙書・掌詹事府・臣進所纂大學衍義補・仰塵睿覽・厚加賜賚・又有考據精詳・論述該博・有補政治之褒命・下書坊刊行天下・

既而纂修憲宗皇帝實錄・命臣充副總裁・書未進呈・臣以年至七十・乞恩休致・又蒙聖恩令臣朔望朝參・以終史事・史成之後・欽陞太子太保・三次上章・乞歸田里・疊蒙聖旨勉留・而有年深學行老成・玆特留用之論・玆者特降內閣辦事敕臣・再上章辭免・俱蒙詔旨溫諭・未賜俞允・仰惟皇上臨御四年之間・所以惓惓於臣者如此・臣非木石・豈不知感殺身以報・亦所甘心・良以禁秘論思密勿之地・天下治亂安危所係・非優老養痾之所也・臣學本空疏・實無定見・方年少氣銳之時・亦欲奮發有爲・今則閱世久・而歷事多・始知天下之事・思之非不爛熟・但恐做時不似說時・人心不似我心・機務之來・茍非熟思而審處之・一言失當・或以貽四海之憂・一事誤處・或以爲無窮之害・然事務頭緒多端・章奏字畫細渺・有非老人心志摧頹・目力昏耗者・之所能幹也・若不反己自揣・而冒昧以嘗試之・則是爲身家富貴之謀耳・國家事大・身家是小・豈敢以草木微渺之軀・當國家重大之任・

臣委實衰老日甚一日・食少事煩・自知不久於人世・若使逐日午時趨朝・晡時方退・自量筋力必不能支・設使眞有益於明時・粉身碎骨・亦所不辭・臣實自知決無所補・恐有負皇上之所委任・誤國家之大事・妨天下之賢才・臣於嚴命以死爲

期・不敢祗受・臣竊原皇上所以用臣之意・九重清閑之燕・或嘗留神於臣所進大學衍義補之書也・臣平生精力盡在是書・苟有所見・皆不外此・萬一或爲聖明所取・每因一事・輒檢其類・采於十百之中・用其一二之見・則雖不用臣身・而用臣言・有勝於臣身見用・而賜以高爵厚祿萬萬也・苟徒富貴其身・而捨棄其言・則是臣徒竊國家之名器・冒朝廷之恩典・以爲身家計・有臣如此・亦何用之・伏望聖慈・將臣前後所陳情詞省覽・憫臣中心血誠・收回成命・聽臣以禮致仕・歸老邱園・歌詠太平・以爲聖世之全・臣屢犯天威・罪當萬死・不務恐懼待罪之至・

請昧爽視朝奏疏

仰惟皇上自卽位以來・一應朝儀・悉遵先朝故事・每日臨御有常時・臣下趨見有常候・七年于茲・有如一日・凡內外臣庶・得於見聞者・莫不贊歎・以爲皇上孜孜圖治・有憂勤惕勵之心・有警戒相成之助・太平之治・計日可待・爰自今春以來・出朝聞有晏時・然亦尋復如舊・近三月間・往往于卯末方出臨朝・鐘鼓之聲・一聞於外・莫不驚訝・以爲皇上勤政・漸不及前・誠恐由是而傳之遠方・播之夷狄・其爲聖政之累誠非細故・臣謹按宋儒朱熹・解詩之雞鳴篇有曰・古之賢妃御於君・所至於將旦之時・必告君曰・雞既明矣・會朝之臣・既已盈矣・欲令君早起・而視朝也・蓋其夙興之時・心常恐晚・故聞其似者・而以爲眞・非其心嘗敬思不留於逸欲・何以能此・

又嘗伏觀太宗皇帝・諭六部尚書・及近臣曰・朕每旦四鼓遂興・衣冠靜坐・是時神淸氣爽・則思四方之事・緩急之宜・必得其當・然後出付有司行之・朝退未嘗輒入宮中・閱取四方奏牘・一一省覽・其有邊報及水旱等事・卽付所司施行・誠慮天下之大・庶務之殷・豈可須臾怠惰・一怠惰・則百度弛・臣等謹錄如前・而又竊有見焉・夫自唐虞三代・歷漢唐宋・至於今日・率以昧爽爲視朝之期・昧爽者・欲明未明之時也・是時夜氣既定・旦氣方淸・物欲未雜於前・心地虛明於內・於是臨臣下・決機務・則是非易見・聽斷不惑・昔人所謂一日之計在於寅・誠非虛語也・伏願皇上諷詠先賢解詩之言・佩服聖祖諭臣之誥・每日常朝・率以昧爽爲期・則政務不至廢弛・臣下知所遵守・解民庶驚訝之心・息遠近傳播之議・其於聖德所補非小・而太平之治・亦於是乎基焉・

乞嚴禁自宮人犯奏疏

先該禮部題稱・弘治五年三月二十三日・有私自淨身人康某等・約有一千餘人・各持木棍磚石・自長安左門・直至本部後門・擁塞街道・將尚書耿裕等四面邀截趕打・已蒙聖旨著錦衣衛將爲首的拏送本衛・好生打發・現今錦衣衛且已將某等・在官供認明白・請旨發落・臣等竊惟自古帝皇爲治・必防微杜漸・恐生禍階・今淨身人・敢於宮闕之前・聚衆至千・各持木石・追打執政大臣・茲豈小變哉・考之史冊自古所未有也・惟北魏時羽林軍士・以征西將軍張彝子仲瑀・建言抑武人・害彝父子・魏朝姑息・不窮治其罪・其臣高歡素有異志・因此知其紀綱不振・歸而起兵・天下因之大亂・設使魏之君臣稍有知識・痛懲其人・則紀綱立矣・奸雄自然帖服・

豈至倡一時之亂．貽萬世之笑哉．

且今千人之中．舉皆畿甸之產．又聞不止此也．此外尚有數十百人．村落之間．無處無有．若今將用此一起人．則彼同類之已淨身者．接跡而來趨．未淨身者．聞風而倣傚．入都之中．其民幾何．非徒不得其一身之用．幷與其子孫．皆不得其用矣．是豈太宗皇帝．起山西無田之民．發天下無事之吏．填實京畿．以壯固根本之意哉．今一人入內府．一家免差役．而又推及其親鄰．自此以後．京民免役者日多．應役者日少．若不痛爲禁止．日積日多．賦役積壓．平民何以克堪．且自漢罷肉刑之後．朝廷官府．不用宮刑．而閭里街市之間．乃擅自行用．自戕其身體．自絕其種類．而在天日之下照臨所及之地．夫豈美事哉．夫人生有血肉之軀．有骨肉之親．孰不欲保其身． 孰不欲延其類． 此輩生太平之時．無夭閼之患．而甘爲此者役．但見今內諸司侍從之臣．爲朝廷所任意欲倣傚．彼殊不思．受異數者固多．而淹常調者亦不少．

況其人遭家不造．不幸爲人所詿誤．緣事所係累．受朝廷罔極之恩．死中得生．以有今日．是以鞠躬盡瘁．一心王室．以報再生之恩．且皆以童稚之年．進入掖庭．不與外人交接．心純而志篤．間有一二年稍長者．一或出於隱宮．或不得已顚撲傷損所至．非有所覬望而然也．非若此輩處心積慮．要叨富貴．然國家錢糧有限．職任有數．豈能一一皆如所願．一旦所願不遂．安知其不悔前失．而肆無忌憚哉．夫五刑之中．宮刑最重．大辟雖曰身首異處．然止於一身一時．而宮刑則上閼先傳．下絕後繼．非止一人一世而已也．伏覩皇明

祖訓有曰．以後子孫做皇帝時．止守律與大誥．並不許用黥刺剕劓閹割之刑． 臣下敢有奏用此刑者． 文武羣臣即時劾奏．將犯人淩遲． 全家處死．聖祖之訓． 雖以天子受天之命．人臣稟君之命．亦不許用此不仁之刑．而彼小人處閭里之中．爲國臣民者．以刀鋸而戕朝廷之生靈．爲人子孫者．用非法而戕父母之遺體．果何心哉．

伏望皇上．體天地好生之德．憐小民蚩蠢之愚．遵太祖非法用刑之戒．廣太宗填實京畿之政．不追咎其既往．惟限制其將來．嚴爲禁制．自今有自宮其子弟．罪其父母．及其戶首．全家戍邊．鄰保知情．重加罰贖．其用刀下手之人．許諸人首告．得實者給賞以死．罪人梟首示衆．被害之人．果年十五以下無知識者．量留備用．十五以上分送藩府．如有不服使令．私自逃回者．罪坐引誘窩藏之人．經過地方官司．仍行各處巡檢司嚴加盤詰．有捉獲者．考滿得與軍囚一例陞用．臣叨以凡庸．爲朝廷所任用．係國家大計．不敢緘默．爲此不恤後患．謹具題知．伏乞聖恩保護．使臣等不受張彝之禍．不勝大幸．

乞免撰玉樞北斗二經序文奏

本月十四日內臣傳旨．令臣等撰玉樞北斗等經序文．臣等未解其義．不敢下筆． 切觀二經所載． 其中有家有北斗經．及卽誦此經之語．是時經未成編．而預言及經．經安在哉．自古聖賢經典．無此例也．玉樞經首述普化天尊．在玉清天與諸天帝君會言．是時誰見．而下來傳述之耶．北斗經云．北辰垂象．而衆星拱之．夫天無星處爲辰．豈老子而不

識北斗不是北辰耶．其中又多有云道言者．人便會言說．道是義理之名．如何會言說．此等皆不成文理．決非天尊老君所作．無疑必是巫覡小人假此以惑世．誘民爲衣食之計耳．一向行於市井閭閻．未曾上達．以故因循襲用未革．聖明在上．闡明正道．如此邪妄．在所禁絕．使天下後世．曉然知大中至正之所在．

若又御製序文．冠其編首．行之天下後世．其爲聖治之累大矣．伏覩太宗皇帝實錄．永樂二年有道士獻道經者．太宗曰朕所用治天下者五經耳．道經何用．斥去之．既而諭侍臣曰．上好正道．則下不爲邪．人主好尚稍不謹．懷僥倖之心者．恣縱妄誕以從所好．苟墮其計．將來流無窮之害．聖主明斷．載在信史．將以爲天下萬世法．況今日皇上踐皇祖之位．而承其宗祀者哉．竊料當時所進之書．必是老子莊列之類．又不然則亦大洞度人等經比也．其言雖不合聖賢大道．其于百言中．豈無一二言可取．太宗猶且斥之不用．若此二經．類皆卑下之見．鄙賤之辭．不過幸人疾厄．啓其錢財．教人醮祭．因而求索．此正古人所謂左道惑衆之事．幸而上聞聖朝以寬大爲治．不卽誅燬幸矣．豈可以宸章天語．而表章之哉．臣等職忝輔導．苟有所見．不敢不言．干冒天威．不勝恐懼之至

長城議

臣按長城之築．起臨洮至遼東．延袤萬餘里．其爲計也亦勞矣．然此豈獨始皇築也．昭王時已於隴西北地上郡．築長城以拒胡矣．亦非盡秦築也．趙自代並陰山下至高闕爲塞．燕自遼陽至襄平亦皆築長城．是則秦之前．固有築者．豈但秦也．秦之後．若魏．若北齊．若隋．亦皆築焉．蓋天以山川險隘限夷狄．有所不足．增而補之．亦不爲過．然內政不修．而區區於外侮之禦．乃至竭天下之財．而興無窮已之功也．是則不知所務矣．雖然長城之築．雖曰勞民．然亦有爲民之意存焉．設使漢之繼秦．因其已成之勢．加以修葺．魏之繼漢．晉之繼魏．世世皆然．則天下後世．亦將有以賴之限隔華夷．使腥膻桀驁之虜．不得以爲吾民害矣．奈何後之人懲秦人起閭左之失．慮蒙恬絕地脈之禍．而廢其已成之功．豈不惜哉．後世守邊者．於邊塞之地．無山川險阻．而能因險隘之闕順形勢之便．築爲邊牆．以抗虜人之馳突．亦不可無也．但不可速成而廣擾爾．若就其守禦之人．而限以三十年之久．徐徐而爲之．其成雖遲．猶勝於不爲也．

不嗜殺人論

臣嘗讀宋儒蘇轍論三代以下不嗜殺．而一天下者．有漢高祖．光武．唐太宗．宋太祖．四君．而於我太祖高皇帝有感焉．於是乎稽首拜手．三復嘆息而言曰．於乎．此高皇帝所以爲高皇帝．高識遠慮．卓冠百王者也．蓋高祖承秦人積威之後．光武承王莽刼制之餘．太宗承隋人刻薄之末．太祖承五代分裂之季．苟不濟之以寬．則是以火濟火也．況彼四代之民．其塗炭也極矣．所以致衰亂者．其罪在於君．而民不與焉．豈若胡元之世．以夷狄之人．爲中國之主．天地於是乎易置．華夷於是乎混淆．自有天地以來．所未有也．三綱五常之道．詩書禮樂之教．一切墜地．吁亦極矣．彼其醜類．固無足責．

而我中國之人·或帝王之苗裔·或聖賢之子孫·一旦舍我衣冠·從其氈毳·習其無倫之俗·染其腥膻之化·感其嫗乳之恩·日新月盛·淪膚入髓·知有胡人而已·不復知吾中國帝王正統之大·綱常倫理之懿·子承其父·孫襲其祖·習知其故·以爲當然·蓋已將百年矣·

幸而天厭夷德·命我高皇帝出而正之·乃驅其主·返於畋域·其運雖革·其俗已成·苟不痛絕其根源·而以吾中國聖人之道·詩書禮樂之化·一以洗濯之·咸與維新焉·安能復吾二帝三王之舊·抑也何以爲後世從夷者之戒哉·於乎·此吾高皇帝所以爲高皇帝·而高識遠慮·卓冠百王者也·或曰·是固然矣·其視成周之於殷民·無乃少忠厚仁恕之化乎·臣曰·此尤足以見元之遺民·不可不誅也·夫武王奪殷人於虎口之中·出諸塗炭·而寘之衽席也·宜乎殷人歡欣鼓舞·拭目洗耳·以觀新化·而殷人乃不忍以周人一時之澤·而忘成湯百世之仁·雖治之以三后之賢·歷之以三十六年之久·化誘之至·申諭之切·而猶不輕於從周也·而元之民·中國之民也·自其乃祖乃父·優游老死於宋人德澤之中·非一日矣·其於胡人族類既異·習尙亦殊·言語不同·嗜欲不同·且元之初起·非有周家積累之仁·而宋之主·又無商紂暴虐之政·而其所以衰弱而亡者·正以夷狄侵陵之不已耳·

而宋之遺民·不聞有不從之言·而元之所以治之者·不聞有仁恕之澤·乃一旦翻然易我中國衣冠之俗·爲彼夷狄鳥獸之行·獨不思曰·吾儕先王之遺民·中原之華胄也·而彼以夷狄爲我之主·而臣妾吾人·是以禽獸而統人類也·豈不大悖矣乎·愚不肖者·固無足責·而所謂賢知者·方且爲其心腹股肱之臣·凡所以爲夷狄之計者·惟恐其不固·而爲中國之害者·惟恐其不深·抑不思吾非彼之族類也·吾祖吾父·非彼之臣子也·吾何若自戕吾之類如此哉·諺曰·兔死狐悲·物傷其類·夫狐與兔獸也·尙悲其類之不幸·矧人爲萬物靈·有知識·食五穀·且又平日自諉爲賢人君子者·何苦助非類以戕吾類乎·

譬之虎豹入村落·攫人而食之·同居者不能攫之·則亦已矣·却又導而入之·若是者·尙可以人待之乎·仕元之人·大抵類是也·雖其人或老以死·僥倖得以逭天之誅·聖人復起·又釋其後·而不問焉·將何以爲天下後世從夷者之戒也·嗚呼·此予所以謂我高皇帝·高識遠慮·卓冠百王者此也·臣愚不自量·竊原高皇帝之心·以爲萬世秉史筆者之法·凡中國之人·從夷者·凡其謀謨之善·功業之著·非有關於世教·及有益中國之人·而專以爲主禍國中者·一切削而勿書·使後世之人·稍有智識者·不幸而遇夷狄之變·皆高蹈遠引·不爲之臣·或有爲之驅脇者·亦皆閉目緘口·不爲之用·則彼安能獨以其醜類·而得志於吾中國哉·雖其禍或慘於一時·而彼不能成久遠之謀·以爲吾中國無窮之害·其禍不旋踵而息也·夫然·則中國庶幾乎少夷狄之禍哉·

許文正公論

道統之傳尙矣·前乎孔子者·皆行道者也·後乎孔子者·皆明道者也·是則行道者·至孔子而止·明道者由孔子而起·孔子也者·前聖之統會·後聖之標準也·前聖而不合乎孔子·不足以任斯道之統·後聖而不法乎孔子·不足以承

斯道之緒．故曰先孔子而聖者．非孔子無以明．後孔子而聖者．非孔子無以法．豈不信然．夫孔子之道．具載六經．易也．書也．詩也．禮樂也．皆前聖已行者也．道合乎孔子．故孔子述之．以垂萬世．惟春秋一經，則孔子之筆也．今易書詩禮樂．貫六而一之者也．欲學孔子而承其統者．舍此而不法．烏乎法乎．春秋大義．在尊王賤伯．內夏外夷而已．然王伯不並世．一世而一易焉．道雖未純．而中國之爲中國．人類之爲人類．猶自若也．若夫夷夏之分．與天地相爲始終．不可一日亡焉者也．一日亡焉．則中國夷狄矣．人類禽獸矣．尤不可以不嚴．由孔子而上．爲周公．爲武文．爲湯禹．爲舜堯．其所行者．未有不謹乎此者也．由孔子而下．有子思．有孟子．有周程．有張邵．有朱張．其所明者．亦未有不謹乎此者也．

惜乎朱子之後．此道無傳焉．噫．客有詰予者曰．有元魯齋文正許一代名儒也，於六經朱子百家無不通貫．惜其於春秋之學．未講焉．夫春秋一書．聖人傳心之法也．不得其書．則不得其心．不得其心．焉能傳其道乎．客曰．何以言之．予曰．子不讀春秋乎．聖人於夷夏之辨特嚴焉．楚始見經．則以州舉．吳始與會．則殊而外之．二國皆自稱王．則止書曰，子所以正天地之大分．嚴夷夏之大防也．其與堯之分北三苗．舜之處蠻夷猾夏．禹之征三苗．周公之懲荊舒．膺戎狄之心．同一心焉．夫楚熊繹之後．先王之所封也．吳恭伯之後．周之同姓也．楚在荊州之域．吳介揚越之墟．人中國之人也．地中國之地也．君臣上下．固中國之分也．父子兄弟．固中國之倫也．衣冠飲食．文物用度．固中國之俗也．聖人猶且抑之遏之．惟恐其猾夏亂華焉．況彼腥羶醜類．侏儺其語言．氈毳其衣服．禽獸其行．虎狼其心．無君臣上下之分．無父子弟兄之倫．且又遯居荒服之外．朔漠不毛之地．其所以爲中國害．豈但猾夏亂華而已哉．

使聖人於此所以抑之遏之．又不知其何如也，其書法豈但如是乎哉．許子生當有元之初．爲姚樞竇默所薦，官至祭酒．繼二中書．可謂遭遇其時矣．嗚呼．聖人作春秋．於吳越之國．尙誅其心於數百年之前．不惟誅其人．凡與之盟會者．必深責焉．矧躬於其身．毀冠裂冕．委質盡瘁．稽首鞠躬．屏氣肅容．以臣事夫禽獸狗彘於當時者乎．使聖人筆之於書．又不知何如其誅之也．由是觀之．許子尙爲學聖人之道者乎．客曰．子之言辯矣．當宋南遷．女眞據有中原．韃靼奄而有之．三綱淪．而九法斁矣．賴許子以河洛正傳．起而輔之．中國不純變於夷狄．人類不盡入於禽獸．未必非許子力也．使當時無許子焉．其不至於蕩滅泯沒．不止矣．然則許子豈可輕訾乎哉．予曰．爲一世計．則許子固不爲無功矣．爲萬世計．則許子豈得無罪哉．然一世與萬世孰爲輕重．不待較而彰彰矣．以一世之功．贖萬世之罪．萬與一相去遠矣．其能相掩乎，且許子之輔元．不知其果能格胡人之陋習否耶．

嘗卽元史考之．妻無偏正．皆稱后．子無嫡庶．皆稱太子．父死而子烝其妾．兄喪而弟妻其嫂．其倫理蕩然矣．八思巴以夷狄之黠．大朝會坐於正殿之上．與其君后同受羣臣朝賀．又造爲字書．以亂吾中國自結繩以後之文焉．其教法蓋蔑然矣．庶人之衣．得以飾龍鳳．官之正員．必以胡類．國有大議・逐出漢臣・使不得與聞其政事・大抵類是・可謂無章矣・是三者・治天下之大法也・許子不能變其習俗矣・不能變其習俗・况望行其道・以有爲乎哉・中國所以不純變於夷狄，人類所以不盡入於禽獸・是葢天理在人心者不容泯・先王之澤猶存耳・豈盡許子功耶・

客曰・若子之言・凡傳道統者・必道行於時始可耳・而周程張朱皆不足以當之矣・曰此周程張朱所以爲周程張朱・而許子所以不能及也・四子者・當大宋明盛之時・進禮・退義・苟有不合・不肯少枉・况肯比肩醜類・而事夷狄之主乎・許子殆揚雄之流・欲詘身以信道耳・道寓於身・身詘矣・道可信乎・客曰・當是之時・宋室既亡矣・許子生於河內・葢在元人之域中也・不仕則已・如必仕焉・舍元何適哉・孔子作春秋・主於尊周室・而孟子惓惓以王道・說魏齊之君・曾無一言及於周・司馬氏李泰伯亦嘗非之・而朱子不以二子之言爲然・且爲之辯析焉，許子之意・得無合於孟子・而子之所見・亦二子比乎・曰是不然・戰國之時・周過其曆・賢聖之君不能・民之憔悴於虐政・未有甚於此時者矣・攻城以戰・殺人盈城・攻地以戰・殺人盈野・所貴乎王天下者・以其能安天下之民・而治天下之亂云爾・今乃惴惴焉・不能自保・徒健空名於諸侯之上・是豈上天所以作之君之意哉・葢三者・天下之共主・不能主乎民・則弗主矣・孟子之心・切於救民・葢有不得已焉耳・

先儒有曰・夫子作春秋以尊周・文王事殷之心也・孟子說魏齊以王道・武王伐紂之心也・噫・知武王善繼文王・則知孟子善學孔子矣・七篇之書・孰非二百四十二年之行事者乎・然孟子所說者・魏齊也・而足跡未嘗適秦楚焉・其意葢可見矣・此予所以斷之爲揚雄之流・其所見猶未過賈誼胡銓也・况望孟子乎・賈誼之言曰・中國首也・夷狄足也・漢事匈奴・足反居乎上・嗚呼・中國事夷狄・則爲足加於首・以夷狄爲中國主・豈非足反爲首乎・足加於首・識治體者・尙爲之太息・矧足反爲首・而欲傳道統者・不能救解・而又助之可乎・胡銓之言曰・三尺童子・最無知也・指犬豕而使之拜・則怫然怒・今醜虜則犬豕也・嗚呼，童孺之愚・尙知犬豕非可拜之物・若爲大儒，行先王之法行・道先王之法言・而曾童孺之不若耶・且宋高宗爲親故・屈抑於虜・君子猶不與之・矧以斯道自任者乎・其不爲君子所與也决矣・抑嘗考許子入仕之時・宋室猶存也・夫宋所以不振者・直以國勢微弱・幼主昏庸・權臣誤國爾・非有桀紂之惡也・非若戰國之甚也・當時生民所苦者・正坐夷狄侵陵不已爾・許子儻以生民爲念・盍勸世祖以通和睦隣・以息肩南北之民・宋人拘留使夷・尙當爲之反覆開喻・明其爲權臣之罪・勸之以成湯待葛之道・庶幾其有及人之功・得以少掩其輔夷之罪・而許子乃不及此何哉・

使許子知不及此・不知也・知而不言・不仁也・言不從・不去不勇也・知仁勇三者・天下之達德也・人所同得也・三者闕一不足以爲道矣・然則爲許子計奈何・亦惟隱居敎授，明其道・以淑諸其徒・使天下由是曉然知春秋之大義・庶幾天理之在人心者・不至泯滅無餘可也・則夫朱子之後・承其緒者・舍許子其誰哉・况以許子天分高明・性德純厚・又有躬行實踐之力・將見其與周程張朱並傳於天地之間・而從祀孔子之宮牆・千萬載而無愧矣・區區管窺蠡測如小子者・尙敢置其喙哉・客曰・今許子從祀孔子廟・庶幾二百年矣・名公鉅儒・生其後者・曾無一人一言非之・子獨何據而云然・予曰・此蓋元人自祀其臣・而門人自尊其師・亦如宋人以舒王配享夫子爾・故我朝沿之未革焉・夫衆言淆亂・必折諸聖・子蓋折諸孔子之春秋者也・彼是則此非・二者必居一於此矣・然則豈無稽之言哉・客曰・仕元之人多矣・獨以責許子可乎・蓋他人隨世就功名者也・許子則學道者也・以一世之功名・而論許子・則固衆人中之山斗江漢也・若以萬世之道概焉・恐不能以無過耳・雖然・許子之自處者・亦未必自謂至此・一時爲其門人者尊稱之過其實・後人因之・又往往不之考焉・此予所以不能已於言也・

木說送沙文遠

蓋嘗觀夫近郊之木矣・出於上者・僅數尺・苟可以搦・或可以把・極大而至於可以拱・則固已掄於人・列於肆・登於匠氏之門・隨其材質而成就之・無所遺・有弗中焉・則揉曲以爲直・束小以成大・非甚朽腐破折不之棄・其種之良・質之堅與否・不暇計也・若夫深山大谷之中・材之生非不魁然大也・脩長且直也・矧其種良質堅・文密緻而臭馨香・全用之・可棟可梁・析而用之可車可舟・凡宮室器具之用・若大若小・用之無不宜焉者・然而僵立萬山之中・地險巇而水湍駛・雖有可用之材・卒莫自致・萬一致之・非積以歲月・不可得也・及其至也・又往往有後時之嘆・士之生遠方・出而仕也・何以異此・

吾友沙文遠・使其生畿甸之間・吳楚淮汴之域・出其所有之一二・以用於時・固已登膴仕・而著美稱也久矣・然而奔走名利之途・年踰強仕・而此志竟弗克遂・是豈其才力學問之罪哉・地也・世之論人之出處者・咸曰時・時固然矣・然彼之所以乘其時・而我之所以違其時・而不偶者・得非以其地哉・方其時之需才・才之見售於時・時之所急用・人之所爭趨・而我方漠然於窮荒寂寞之濱・罔聞知也・及其知而至・然時已後矣・遠方之士・其艱於進取也・往往如是・雖然在我者雖有艱進之嘆・而亦免夫倖進之譏・吾之材・誠中宮室器具之用矣・用之則必有實效・不用亦足以全吾之天・其視彼之苟且以備用・假合以爲資・亦旣有間矣乎・文遠將卒業南雍・予惜其有才而滯於用・作木說以解之・於乎・豈獨文遠也哉・

考隸送張正夫

字有五體・曰篆・曰八分・曰隸・曰行・曰草・古所謂八分・卽今之隸・古之隸・卽今之所謂楷・世俗相沿・往往反稱之・其來久矣・字學之興・自蒼頡始・三代以前・率用古文・至周宣王始有大篆・秦始爲小篆・秦旣用篆・奏事繁多・篆字難成・始令隸人佐書・謂之隸書・漢初王次仲又爲八分・其法在隸篆間・自秦以后宋以前・凡典籍所載・文章所紀・皆爲楷・爲隸未嘗易也・至宋歐陽子集古錄・凡漢刻皆目爲隸・世人見漢隸稍異於鍾王・遂謂八分爲隸・相沿至今・世之通儒・多不暇考・間或言之・亦爲所嗤・因考秦漢以來先儒之言于左・以證明之・按漢崔瑗草書・體曰爰・

暨末葉典籍彌繁．惟作佐隸舊字．是刪草書之法．蓋尤簡畧．成公綏隸體曰蟲．篆旣繁．草書近僞．適之中庸．莫尙于隸．庾肩吾曰．隸今之正書也．張懷瓘曰．隸書者．程邈所造．字皆眞正．亦曰眞書．文告與典籍．字有五體．古文．大小篆．八分．隸書．而不及楷．任分言五體有篆．八分．眞．行．草．而不及隸．郭忠恕亦云．小篆散而八分生．八分破．而隸書出．隸書悖．而行書作．行書狂．而草書聖．其言八分與隸．先後雖異．然亦只言隸．而遺楷焉．由是以觀．則隸爲楷．而八分爲隸明矣．張子好古者也．過予論字．偶及於茲．因作考隸一篇以贈．

世史正綱序

世史正綱曷爲而作也．著世變也．紀事始也．其事則記乎大者．其義則明夫統之正而已．董子曰．正其誼．不謀其利．明其道．不計其功．非道非義．功利雖大．弗取也．或曰．自孔子作春秋之後．大事有呂氏之記．綱目有朱子之筆．奚用此爲哉．曰呂氏之記．記其大．而或兼夫細．朱子之筆．筆其正．而或專其統也．愚惟錄其大而已．細小不屑及也．取其正而已．統否不暇計也．然則有所見乎．曰有．聖賢之書．婉而正．學者之書．顯而直．婉而正．所以待後世之賢人君子也．顯而直．所以曉當世之學生小子也．何則．人之生也．禀賦不齊．賢者知者恒少．而愚者不肖者恒多．聖賢之書．用意深．而立例嚴．非賢人君子不能知也．是以知之者恒鮮．愚爲此書．直述其事．顯明其義．使凡有目者所共覩．有耳者所共聞．麤知文義者．不待講明．思索皆可與知也．苟或因是．而馴致夫賢人君子之地．則夫聖賢婉而正之書．亦可由此而得之矣．愚所以作書之意．有在於是．非敢立異以犯不韙之罪也．然則其宏綱大旨．果何在哉．

曰在嚴中外之分．在立君臣之義．在原父子之心．夫中外之分．其界限在疆域．中中．外外．正也．中不中．外不外．則人類淆．世不可以不正也．君臣之義其體統在朝廷．君君臣臣正也．君不君．臣不臣．則人紀隳．國不可以不正也．父子之心．其傳序在世及．父父．子子．正也．父不父．子不子．則人道乖．家不可以不正也．本家以立國．正國以持世．而一歸于人心道義之正．則人極以立．天地以位．人類不亂於禽獸．禽獸不敢以侵人．上天所以立君之意．聖人所以立敎之心．或其在此乎．請言其詳．天位乎上者也．地位乎下者也．天地之所以生生者物也．物之動者有三焉．人也．君臣也．禽獸也．天生人．而於人之中．命一人以爲君．君以爲人類主．闡敎以立人極．修政以安人生．然必其生安．然後其極可立也．彼其所以爲生人害．而使之不得安者誰與．人類中之禽獸也．爲生人主．必正人類．必驅猛獸．使吾一世之民．各遂其生．而不罹其害焉．於是乎吾政行．而敎施．而世底乎雍熙泰和矣．是則君人者之責也．

雖然君之所以爲此者．非君之自爲也．承天之意也．能承天之意．則能受天之命矣．受天之命者．必奉天焉．奉天者．必大報天焉．君秉誠以事天．天垂象以示君．必致夫精禋感格之誠．必謹夫象緯災祥之故．如是則天人合一．天不在天．而在君矣．天之心則仁愛人君．君之心則仁愛生民．

民之生也性・天之理以爲其心・形天之氣以爲其身・心有不明・君必明之・俾天之理・不爲物所蔽・身有不安・君必安之・俾天之氣・不爲物所戕・故凡其號令之頒・政事之施・敎條之布・禮樂制度之具・刑賞征討之舉・無非以爲民而已・爲乎民・所以承乎天・承乎天・所以安其位也・然君於此・豈能以其獨力爲之哉・亦由夫小大內外之臣・以爲之腹心股肱・耳目牙爪焉耳・君總於上・臣分於下・彼此相資・遠近相維・階級相承・氣脈相通・各盡職釐・務畢同心以奉上・君必死其社稷・臣必死其職事・本乎是以持世・由一世而十世・十世而百世・百世而千萬世・中必統乎外・外決不可干中國之統・君必統乎臣・臣決不可萌非分之望・男必統乎女・女決不可當陽剛之位・

臣非有舜禹之聖・決不可以言禪・君非有桀紂之暴・決不可以言伐・君雖不及太甲・臣非有伊尹之志・決不可以言放・非爲天吏・決不可興問罪之師・非奉天討・決不可清君側之惡・事雖至於無可奈何・非濟天經・決不可用權宜之策・天冠天屨之分・必嚴水木本源之心・必篤如是・則大義立矣・雖然天下之本在國・國之本在家・家必正・而後國定・其本亂・而末治者否矣・是故父有天下・必授之於子・子居大位・必受之於父・父非眞堯舜・子非眞朱均・必不可以與舜禹・子非眞武王・父非眞西伯・必不可以舍伯邑考・隱攝相位不可也・宣傳繆位不可也・父之所予・必子心之所安・子之所承・必父心之所願・非的見夫大義之決・不可以行權・非眞有夫必歸之誠・不可以言假授受・取與必原其心・原其本心之初・於序必順・於理必正・於心必安・以此正名・以此定位・既定其位・必端其本・本之所以端者身也・身不可以不脩・身之所以脩者心也・心不可以不正，知其身心之所以必當脩而正者學也・

學不可以不講・講學以正心・正心以脩身・脩身以端其本・則夫婦於焉以有別・昆弟于焉以有序・諸父于焉以有善・諸舅於焉以有義・族人戚屬莫不於焉以有禮・將見身正而令行・家和而福生・行乎上・而效于下・篤其近・而舉諸遠矣・是則大而一世之所以綱維之者國也・中而一國・所以根本之者家也・家則內和而外順・國則上令而下從・極夫一世之大・則華夏安乎中・殊甸衛乎邊・各止其所・而不相侵陵・則人所以爲人者・相生相養・各盡其情・各全其命・一順於道義之正・不狥於功利之私・是則所謂雍熙泰和之世也・人既得其所以爲人・物亦得其所以爲物・天由是而得以爲天・地由是而得以爲地・則人君中天地而立・爲人物之主者・其責盡矣・上天立君之意・於是乎其無負・而聖賢所以著書立言・諄諄乎垂世立敎者・亦於是乎不徒託之空言矣・區區一得之愚・偶有所見・而妄爲此書・始嬴秦庚辰之歲滅六國・訖于齊・世道之始變也・終皇明戊申之春・彗出掃於昴・天道之終定也・首尾一千六百二十有一年・書成・用僭書卷端・以示夫當世之學生小子・而後世之賢人君子・容或有以取之否乎・不敢必也・於是乎書以俟・

崇正辯序

昔者・聖人之於華夷之辯・蓋甚謹焉・書言蠻夷猾夏・詩稱戎狄是膺・春秋內夏外夷・其爲斯世防也至矣・然其

所謂夷者．皆處中國近境．時或侵軼．以害吾民之生．未至入吾域中．爲斯人心術之害也．至戰國時．邪說始盛．然所爲說者．其人固中國之人也．其說雖未合於正．而猶不至悖逆天常．滅絕人理．如佛氏之甚焉．如揚氏爲我．墨氏兼愛．其初豈眞無父無君哉．孟子斥之．蓋極其流弊言之耳．然人道生生之本．固自如也．佛氏迺棄其天性之親．而自謂出家．則眞無父矣．蔑其無所逃之君．而自謂出世．則眞無君矣．無父無君．非臣非子．其人何等人耶．甚至反陰陽之常．絕生育之理．忘其身之所從來．而閼其氣之所由續．噫穹然隤然之間．而無蠢然者．禪續以生生．則人類絕也久矣．天地尚得爲天地哉．萬無是理也．雖然．彼猶道其所道．於其所生印度國中．去中國萬餘里．勢不能以相及也．

奈何後世主中國者．無故自決其內外之防．引絕域裔夷．入我華夏．使吾人從其俗．習其法．祀其鬼．誦其書．或者又從而推演張大之．以亂吾中國聖人之教．上貶天帝．中誤世主．下愚生人．世無古今．地無華夷．人無智愚．莫不恬而安之．認爲當然．利而慕之．覬其必得．畏而信之．莫敢輕議．宮室日廣．徒倡日衆．論說日巧．滋蔓至於今日．殆將與天地相爲始終而無窮．其爲中國民心之害．豈止如詩書所稱．春秋所書．孟子所闢者而已哉．自有佛氏千有餘年．其間豪傑之士．明言以痛斥之者．若傅太史．韓吏部．程夫子．朱文公．其論可謂明白而深切矣．然皆舉其大綱．撮其大紀．細微旁曲之處．容有未盡焉者．彼又或得以隱遁掩飾也．惟有宋致堂．胡明沖先生．崇正辯一書．凡爲卷三．爲條二百九十有九．蓋因僧仁贊之所論．按其事而判之．隨所言而近之．根究條析．瑣細不遺．一本諸理之所有．以證其事之必無．理直而氣壯．詞嚴而意周．彼夫誕幻不經之邪見．茫昧無稽之虛言．一切破蕩無餘矣．

非獨儒者瞭然於心目之間．使其爲徒者讀之．彼亦人耳．天理之在人心者．固未嘗泯．雖其沉溺深固．口或肆然以辯．而其心亦將帖然以服矣．予蚤歲於馬氏文獻通考中．得其序文讀之．忻快者累日．恨未得見其全書．後仕京師．遍於四方藏書家訪之．近始得寫本於金陵吳廷潤僉憲處．適友人段可久知南陽府．迺以授之．可久欣然正其訛誤．用刻諸梓．嗟乎．夷狄之爲中國害也久矣．彼肆其爪牙之毒．以侵我邊境．爲吾人生聚之害．時暫然也．固已不可堪矣．矧譯胡言以譸張行鬼．教以刼制．設幻術以誘惑．鼓妖說以黨助．日新月盛．以賊害吾人之心術．於百千萬年而無窮．偃然自大．以傲我君父．居然自任．以敗我綱常．羣然自恣．以糜我貨財．致吾中國自天地開闢以來．百王之法．萬世之道．爲所汩亂焉．是蓋夷狄邪說．合而爲一．纏綿膠固．而終無可解之期．學孔孟者．所宜究心也．是用表章之．使天下後世之人．知其爲私爲邪．爲非爲妄．是亦攘夷狄．闢邪說．以正人心．而爲世道之防之一助云．

玉溪師傳錄序

昔者聖人．於易．於書．於禮樂．於春秋．贊之刪之．定之脩之．皆出自其手筆．既已成書矣．門弟子又即其所見者．所聞者．所傳聞者．輯之以爲論語．則雜出衆人之手．

不止一人一日也．後世讀其書．誦其詩者．不徒見其述作者爲然．而又於此得以驗夫聖人之平生．出處．言論．行事．與所述作者．無不符合．眞信聖人非徒有是言也．而言無不可焉．寥寥千載．此學不傳．朱夫子承周程之傳．以上接孔孟千載之緒．其所著述．於易有本義．於詩有集傳．於四書有集註章句．於資治通鑑有綱目．亦皆出自其手筆．而爲成書矣．其門弟子．又編次其平日與門人問答之語．以爲語類．宛然孔氏家法也．然所以類而錄之者．有池本．有饒本．有續錄．雜出於衆手．其多至八十七家．其視孔門所論譔者．蓋十數倍焉．

今去朱子時．餘三百年於茲．所謂八十七家者．皆列其氏名於卷首．若廖德明氏．輔廣氏．李閎祖氏．葉賀孫氏．凡九十有二人．其九十二家之子孫．在今世果誰何哉．大率朱門之士．閩產爲多．而在建郡者．則以玉溪童蜚卿氏爲巨擘．其錄在饒本．繫以庚戌所聞．次爲十五．旣已編在語類大全．梓行於世．蜚卿諱伯羽．世居建郡玉溪之上．朱子嘗過其家．題其所居之室曰敬義．人因稱爲敬義先生．所著書有孝經衍義．又嘗錄其師說．以爲晦菴語錄．二書藏于家塾中．更兵火不存．其九世孫訓．徧加詢訪．始得語錄於鄉人家．然殘缺已過半矣．後以刻本語類大全．相參校訂．補其缺畧．始克成編．因易其名曰玉溪師傳錄．茲以從子鄉貢進士欽．會試來京．師命欽求予言．以叙其始末．將刻諸梓．以傳於世．庶幾後之人．知其家世文獻．流傳之所自云．

曲江集序

古今說者．咸曰唐相張文獻公．嶺南第一流人物也．嗟乎．公之人物豈但超出嶺南而已哉．蓋自三代以至於唐．人才之生．盛在江北．開元天寶以前．南士未有以科第顯者．而公首以道侔伊呂科進．未有以詞翰顯者．而公首掌制誥內供奉．未有以相業顯者．而公首相玄宗．公薨後四十餘年．浙士始有陸敬輿．閩士始有歐陽行周．又二百四十餘年．江西之士．始有歐陽永叔．王介甫諸人起於易代之後．由是以觀．公非但出嶺南．蓋江以南第一流人物也．公之風度先知．見重於玄宗．氣節功業．著在信史．播揚於天下後世．唐三百年賢相．前稱房杜．後稱姚宋．胡明仲謂姚非宋比．可與宋齊名者公也．由是以觀．公又非但超出江南．迺有唐一代．第一流人物也．然公聲名燁燁在人口耳．非直以其相業在當時．且甚有文名．

史稱其七歲知屬文．張說謂其爲後出詞人之冠．又與徐堅評其文．如輕縑素練．實濟時用．柳宗元亦謂其能以比興兼著述．予生公六百餘年之後．慕公之爲人．童稺時嘗得韶郡所刻金鑑錄讀之．灼知其僞．有志求公全集刻梓以行世．邇來京師遊大學．入官翰林．每遇藏書家．輒訪求之．竟不可得．蓋餘二十年矣．歲己丑始得公曲江集於館閣羣書中．手自抄錄．僅成帙．聞先妣太宜人喪．因携南歸．期免喪後．自備梓刻之．道韶．適友人五羊涂君暐倅郡偶語及之．太守昆陵蘇君韡．同知莆田方君新．謂公此集乃韶之文獻．請留刻郡齋．嗟乎．公之相業世孰不知．其文則不盡知也．

矧是集藏館閣中・舉世無繇而見・苟非爲鄉後進者表而出之・天下後世・安知其終不泯泯也哉・是以不揆愚陋・僭書其首・

家禮儀節序

禮之在天下・不可一日無也・中國所以異於殊方・人類所以異於禽獸・以其有禮也・禮其可一日無乎・成周以禮持世・上自王朝・以至於士庶人之家・莫不有其禮・秦火之厄・所餘無幾・漢魏以來・王朝郡國之禮・雖或有所施行・而民庶之家・則蕩然無餘矣・士夫之好禮者・在唐有孟詵・在宋有韓琦・諸人雖或有所著述・然皆畧而未備・駁而未純・文公先生因温公書儀・參以程張二家之說・而爲家禮一書・實萬世人家通行之典也・議者乃謂此書初成・爲人竊去・雖文公亦未盡行・噫文公之身・動容周旋・無非禮者・方其存時・固無俟乎此書・今其旣沒之後・有志欲行古禮者・舍此將何據哉・禮之在人家・如菽粟布帛然・不可斯須無之・讀書以爲儒・而不知行禮・猶農而無耒耜・工而無繩尺也・尙得爲農工哉・夫儒教所以不振者・異端亂之也・異端所以能肆行者・以儒者失禮之柄也・世之學儒者・徒知讀書・而不能執禮・而吾禮之柄・遂爲異教所竊弄・而不自覺・自吾失吾禮之柄・而彼因得以乘間・陰竊吾喪祭之土苴・以爲追薦禱禳之事・而世之士大夫名能文章・通經術者・亦且甘心隨其步趨・遵其約束・而不以爲非・無怪乎舉世之人靡然從之・安以爲常也・

世儒方呶呶然作爲文章・以攻擊異端爲事・噫吾家之

禮・爲彼所竊去・而不知所以反求・顧欲以口舌爭之哉・失其本矣・竊以爲家禮一書・誠闢邪說・正人心之本也・使天下之人・人誦此書・家行此禮・愼終有道・追遠有儀・則彼自息矣・儒道豈有不振也哉・然世之好議人者・已慒然於儀文節度之間・而忌人有爲・聞有行禮者・則曰彼行某事・未合於禮・彼行於禮・有戾於古・甚者又曰・彼行之不盡・何若我不行之之爲愈也・殊不思人之行禮・如其讀書然・讀書者未必皆能於聖賢之域也・然錯認金根爲金銀者・較之併與金銀不識者・果孰能哉・濬生長遐方・自少有志於禮學・意謂海內文獻所在・其於是禮・必能家行而人習之也・及出而北仕於中朝・然後知世之行是禮者・蓋亦鮮焉・詢其所以不行之故・咸曰・禮文深奥・而其事未易以行也・是以不揆愚陋・竊取文公家禮本註・約爲儀節・而易以淺近之言・使人易曉而可行・將以均諸窮鄉淺學之士・若夫通都鉅邑・明經學古之士・自當考文公全書・又由是而上進於古儀禮云・

武溪集序

嶺南人物・首稱唐張文獻公・宋余襄公・二公皆韶人也・韶郡二水夾城流・自瀧來者・曰武溪・湞水自庾嶺下・與武水合・是爲曲江・張公旣以曲江名其集・余公之集名以武溪・蓋有意以匹之歟・余家嶺表極南之徼・自少有志慕二公之高風・每恨其文不傳・於張公文僅見其羽扇感遇等篇・余公文僅得其潮説及諸書判・蓋莫能覩其全也・求之天下幾三十年・今始與曲江集並得於館閣羣書中・昔孔子言・夏殷之禮・杞宋不足徵・徒以文獻不足之故・解者曰・文典籍

也・獻賢人也・二公之集之存・豈非嶺南文獻之足徵者乎・

予嘗怪柳子厚謂・嶺南山川之氣・獨鍾於物・不鍾於人・曾南豐氏亦謂・越之道路・易於閩蜀・而人才不逮・豈其然乎・夫人才莫大於相業・南士入相・在唐僅三數人・張公之後・有姜公輔・劉瞻・皆嶺南人也・當此之時・南方之士・以功業顯・蓋未有或之先者也・進士科興江以南・固有與者・然多在中葉以後・且終唐之世・未有得掄魁者・張公在開元時・已以道侔伊呂科進・而大中間・開建之莫宣卿・亦已魁天下選矣・然則二子之言・果可信乎・史冊所載・嶺南人才・固若落落然・間有一二・率皆秉忠貞勵名節・求其所謂巧宦佞倖者・蓋絕書也・世之人因二子之言・往往輕吾越產・予故因序余公此集而發之・

丁守彝先生哀詩序

鄉進士丁廉・手一帙甚巨・踵門告予曰・此朝野諸公・哀先父菊莊先生之詩也・願爲序之・先生名恒・字守彝・予聞其人久矣・守彝以詩聞一方・其詩冲淡渾雅・頗有唐人風致・蓋工於詩者也・生而工於詩・沒而人以詩哀之・不亦宜乎・蓋詩本性情而作・情有七・而哀其一焉・三百篇中・如二子・同舟・黃鳥諸篇・皆悼死者而哀之之辭也・漢魏以來之詩・如七哀之作・雖不明指其人・而哀傷之意・隱然見矣・有唐作者尤多・至老杜之八哀・則歷述其人之行實・而終之以悲悼之情・千百載後・諷而誦之者・莫不竦敬愛慕・如其人之猶生・悲思疾痛・如其人之始死・不必歷考史傳・而斯人之生平・大概歷歷然在目中矣・昔人謂杜詩爲詩史・予竊以爲近世哀輓之作・皆死者之實錄也・

夫達官貴人・功大名顯・其卒也鼎彝有銘・謚有議・史有傳・固不必藉此以流聲實於後來・若夫山林寂寞之濱・高人隱士・名不載於仕版・迹不至乎都市・雖有探頤之學・而昧昧無聞者多矣・自非當代之能言・取其行之高蹈・悲其生之不遇・形諸聲詩・傳諸將來・夫何以能壽其名於天地間哉・此哀輓之詩之所以作・而孝子慈孫・所以惓惓於斯也・矧守彝博學能文・而於唐人詩・尤其所長・其詩名・固已著聞於一方矣・今由諸公之作・殆得以廣其名於四方・永其傳於後世耶・後有知言者・采輯有明一代之詩・因諸公之言・而知有守彝・使其詩得在所選焉・未必不如唐音中之邵謁也・是爲序・

大學衍義補序

臣惟大學一書・儒者全體大用之學也・原於一人之心・該夫萬事之理・而關係乎億兆人民之生・其本在乎身也・其則在乎家也・其功用極於天下之大也・聖人立之以爲教・人君本之以爲治・士子業之以爲學・而用以輔君・是蓋六經之總要・萬世之典・二帝三王以來・傳心經世之大法也・孔子承帝王之傳・以開百世儒教之宗・其所以立教垂世之道・爲文二百有五言・凡夫上下古今・百千萬年・所以爲學・爲教・爲治之道・皆不外乎是・曾子親受其教・既總述其言・又分釋其義・以爲大學一篇・漢儒雜之禮記中・至宋河南程顥兄弟・始表章之・新安朱熹爲之章句・或開建安眞德秀・又剟取經傳子史之言・以填實之・各因其言以推廣其義・名曰

大學衍義・獻之時君・以端出治之本・以立爲治之則・將以垂之後世・以爲君天下者之律令格式也・

然其所衍者・止於格物・致知・誠意・正心・修身・齊家・蓋卽人君所切近者而言・欲其舉此而措之於治國平天下耳・臣竊以謂儒者之學・有體有用・體雖本乎一理・用則散於萬事・要必析之・極其精而不亂・然後合之・盡其大而無餘・是以大學之教・既舉其綱領之大・復列其條目之詳・而其條目之中・又各有條理節目者焉・其序不可亂・其功不可闕・闕其一功・則少其一事・欠其一節・而不足以成其用之大・而體之爲體・亦有所不全矣・然用之所以爲大者・非合衆小・又豈能以成之哉・是知大也者・小之積也・譬則網焉・網固不止乎一目・然一目或解・則網有不張・譬則室焉・室固不止乎一椽・或虧則室有不具・此臣所以不揆愚陋・竊於眞氏所衍之義・而於齊家之下・又補以治國平天下之要也・

其爲目凡十有二・曰正朝廷・其目六・曰正百官・其目十有一・曰固邦本・其目十有一・曰制國用・其目十有一・曰明禮樂・其目六・曰秩祭祀・其目七・曰敦教化・其目十有一・曰備規制・其目十有六・曰愼刑憲・其目十有四・曰嚴武備・其目十有六・曰馭夷狄・其目九・曰成功化・其目一・先其本而後末・由乎內以及外・而終歸於聖神功化之極・所以兼本末・合內外・以成夫全體大用之極功也・眞氏全書本之身家・以達之天下・臣爲此編・則又將以致夫治平之效・以收夫格致誠正修齊之功・因其所餘・以推廣之・補其畧・以成其全・故題其書曰・大學衍義補云・非敢並駕先賢・以犯不韙之罪也・臣嘗讀眞氏之序・有曰・爲人君者・不可以不知大學・爲人臣者・不可以不知大學・而繼之以爲人君而不知大學・無以清出治之原・爲人臣而不知大學・無以盡正君之法・是蓋就其本體而言爾・

若卽其功用而究竟之・君臣所當知者・則固有在也・粤自古昔聖賢爲學之道・帝王爲治之序・皆必先知而後行・知之必明其義・行之必舉其要・是以欲行其要者・必先知其義・苟不知其義之所在・安能得其要而行之哉・臣之此編・始而學之・則爲格物致知之方・終而行之・則爲治國平天下之要・宮闕高深・不出殿廷・而得以知夫邑里邊鄙之情狀・草澤幽遐・不履城闉・而得以知夫朝廷官府之政務・非獨舉其要・資出治者以御世撫民之具・亦所以明其義・廣正君者以輔世澤民之術・譬之醫書・其前黃帝之素問・越人之難經・後編則張仲景金匱之論・孫思邈千金之方・一方可以療一症・隨其方以治其病・惟所用之何如也・

前書主於理・而此則主乎事・眞氏所述者・雖皆前言往事・而實專主於啓發當代之君・亦猶孔孟告魯衞齊梁之君・而因以垂後世之訓・臣之此編・校之前書・文雖不類・意則貫通・第文兼雅俗・事雜儒吏・其意蓋主於衆人易曉・而今日可行・所引之事・多重複・所修之辭・不能雅馴・弗暇計也・臣遠方下士・叨官禁近・當先皇帝在御之日・首開經筵・卽綴班行之末・親覩儒臣・以眞氏之書進講・陛下毓德青宮・又見宮臣之執經者・日以是書進焉・臣於是時・蓋已有志於是・既而出教大學・暇日因採六經諸史百氏之言・彙輯十年・僅成此書・用以補眞氏之闕也・繕寫適完・而陛下嗣

登大寶．蓋若有待焉者．臣學不足以適用．文不足以達意．偶因所見．而妄有所陳．區區一得之愚．固無足取．而惓惓一念之忠．讜爲聖明所不棄焉．未必無少補於初政之萬一．

臣濬謹序．

送山東張布政序

山東以布政使缺員．走驛馬以聞．時皇上御正朝．顧謂天官卿．若曰．惟天惟祖宗．全畀以天下．海宇萬里．實賴藩輔重臣．乘流宣化．以分朕治．以紓朕憂．匪得其人．厥職或曠．而一方人物．或失寧居．矧茲山東鉅藩．密邇京畿．屬郡惟六．廣輪數千里．在古爲齊魯之疆．生齒物產之盛．視昔有加．是尤不可授非其人．爾其擇於廷臣．孰能任茲承宣之寄者．輒以舉聞．朕將授之以方伯之任．往撫朕師．乃惟曰．某其人．皇上曰俞．公授命卽行．惟予於公素有同道之契．於其行也．不容以默．

竊惟上之所以委任．而責望之於公者至矣．公其念哉．夫古之大臣．後世所尊仰者．莫如周公太公．而二公實百世人臣之楷範也．惟今山東．兼有齊魯之地．而二公之故封在焉．周公之治魯．親親而尚賢．太公治齊．尊尊而尚功．臨二公之故國．必合二公之所爲治者兼施之．師其心．而不泥其迹．酌其中．而無蹈其偏．庶乎强教說安．兩盡其道．而得弛張之善矣．是卽皇上委任之意．天官推舉之公．而士大夫屬望之私．亦於是乎在矣．公其念哉．毋忽．

送宮保涪陵劉公序

太子少保禮部尙書掌太常寺事．涪陵劉公陵雲．年未至．以足不良於行．乞致其事．上弗許．旣而章再三上．上以其情詞懇切．特俞其請．且勅有司月給糧米．歲給輿隸．以示優禮大臣之意．嗟乎．聖天子之於大臣恩禮．一何厚哉．然此非特以爲公．蓋以公職所掌者．國家之禮樂．佐天子以郊天享廟者．踰十年．每遇大禮．致辭于殿陛之上．周旋於壇壝之間．咫尺天顏．以導引贊助聖躬以祼．獻所以對越上帝靈．承列聖在天之靈．以致其顧歆於以受祿於天．而錫綏和豐穰之慶於天下．非但供一事．蒞一職者．可比也．公寅清勤恪．服勞有年．爲先皇帝所眷注．今上嗣登寶位．方賴公之用．而顧容其以私去．噫．豈得已哉．

蓋古者仁君之於其臣下也．方其壯而强也．用之必盡其才．而不遺餘力．苟或疾而耄焉．則亦便其私．而不强其所不能．致事而歸．猶必使之得所安養．以終其天年．其仁義之兼盡也如此．後世則有不然者矣．歐陽子嘗言．由兩漢以來．雖仕至三公．每上印綬．卽自駕其車轅．一辭高爵．遂列編氓．而韓文公亦云．中世士大夫以官爲家．罷則無所於歸．由是觀之．則前代之仕者．平生竭力．以盡心所事．一且老而休焉．蓋有不得其所者矣．孰若公生盛時．起家諸生．而薦歷華要．疊荷恩封．及其祖考若妣．官登八座．位極人臣．茲其歸也．而又特給之日食．資以人力．昔人所謂雖有還政之名．而仍享終身之祿者．公實有之．

公世以農畯爲業．有田園之樂．有林泉之勝．倉囷足禾稼・亭沼饒花木・有可以養生之具・有可以適趣之景・昔人謂・閉門歸隱・則俯仰山林之下者・公亦實有之・矧今年方五十有九・距古人引年之期・猶將十稔・茲以疾而預告・非以老而謝事・近時公卿大臣・有以老疾家居者・朝廷有事・往往起之・俱有成效・公偶以疾去・非廢不可起也・國計之重・甚於身謀・民瘼之瘳・急於己疾・公之歸也・其尚顓精神・近醫藥・以毋忘乎聖天子之所軫念・九重之使朝臨・而萬里之轅晡駕可也・予犬馬之齒・較公爲長・歸裝久束・第以國史事重・未敢言私・然旦暮間爾・公之再來・予已去矣・予與公同年登第・今三十有六春秋矣・在班行中・特相親厚・公行・其太常僚屬・感公厚德・相率求予文以贈行・於是乎書・兼以致予意云・

贈王郎中往遼東序

遼左舊隸山東藩司・凡邊備多寡之數・出納之政・咸其部使者主之・近用言者・擇用廷臣・委以邊計・上命大司徒簡其屬・俾專其任・僉議以屬山西淸吏司主事・王君表倫大司徒・以名聞・詔陞爲山東司郎中・奉璽書以往・其同寅某等・徵予文爲賀・且以贈其行・表倫故少保兼吏部尚書・謹身殿大學士・千之先生子也・先生一代名臣・表倫得於家庭之訓・有素以二百五篇詩・擢第爲名進士・官戶曹・雅有勤愼之稱・一旦拔出倫類・而專任一方邊備之政・其將無忝哉・予昔箋屬太史氏・於先生有舊・方幸其有子・有以慰其心於冥漠・則於諸公求贈言也・烏能已於言乎・惟茲遼左之地・與諸邊不同・諸邊僅臨一方・而其所備之寇・亦惟其方之夷・往往地力不足以自給・多假內力・及鄰境輸運以足之・

今之遼・實兼古渤海之地・三面臨夷・種類非一・其東則高句驪・北則韃靼・西北則兀良哈・東北則女眞奴兒干諸部・且地有山海之利・土肥饒而宜穀粟・地之所出者・自足以給其地之用・朝廷出內帑行市糴令・召商賈行中鹽法・用其地之粟・供其地之兵・內部無轉輸之勞・而邊境有積儲之富・其良法善計・度越前代矣・奈何委之於疎外之臣・一切行因循苟且之政・朝議旣已懲前失・而痛其弊矣・今首以命召君・眞足以當委任之重哉・其尙盡乃心力・講求其弊源之所自・逆閉其途・旁窒其穴・而疏通其流・立一定法・以爲久遠經常之計・使後之繼君者・據茲以守・沿茲以行・永永而無弊・從之則利・違之則害・如此・則爲不負所舉矣・自茲以往・階是以躋顯位・立盛名・成大功・以光纘前人者・安知此非其張本與・

送林黃門使滿剌加國序

皇明之化・與天同遠・地所限者・舟以通之・凡在覆載之中・有血氣者・無不臣屬・非若前代・但羈縻之・僅通貢賦而已・其四夷之酋長・皆受封爵于朝・有所更代・輒遣使請天子特遣近臣特節封之・視內地藩屬焉・於乎・皇化一何盛且遠哉・且三代盛時・其疆域西不盡流沙・南不盡衡山・東不盡東海・北不盡恒山・地盡卽止・漢始通西域・開西南夷・皆由陸以通・隋唐以來・航海之使始至・然皆自君長其國・未有受天子命者・有之肇自今日・然多因其故而封

之·惟滿剌加之有國·實我文皇帝·始爲之開疆啓土者也·其地在中國西南大海之外·舊屬於暹羅斛國·永樂初命中貴駕巨艦·自福唐之長樂五虎門航大海·西南行·抵林邑·又自林邑正南行·八晝夜抵其地·由是而達西洋古里大國·分航徧往支阿舟·榜葛剌·忽魯謨斯等處·逮其回也·咸至於是聚齊焉·歲己丑·遣使封其酋爲王·建以爲國·自是凡易世·必請封於天朝·世以爲常·乃成化辛丑·其國王卒子當嗣位·遣使臣備方物來請封·上命禮科給事中林榮仲任此行·乘長風·泛洪濤·經萬餘里外·眞所謂汗漫之游·天下之大觀者·咸賦詩壯之·謂予鄉先達不可以無言·昔司馬子長上會稽·探禹穴·闚九疑·歷吳楚之墟·齊魯之都·以觀其所謂名山大川者·歸而大肆厥辭·

然所游不出九州之中·而猶大有所得如此·矧仲仁茲行越中國之外境·所歷者·皆天下之絕蹤詭觀哉·予聞滿剌加之地·諸番之會也·凡海外諸夷·歲各齎其所有於茲焉貿易·種類怪詭·物產珍異·其尤異者·距其境西南舟行約十餘日·有餘糶國者·即所謂溜山也·海水傾注·其名爲溜·水勢漸下·力不能勝·一芥舟行·誤入其中·即沉下而無所底止·神仙家所謂蓬萊弱水·殆近是與·又去古里西南·舟行歷三閱月·有默伽國者·即所謂天方也·域中人物·大異於常·俗尚和美·民物繁富·而無貧苦者·物產珍美·色色有之·罔有欠缺·且地無雨雪霜雹·惟夜霪濃露·以滋物生·浮屠氏所謂極樂世界·似指是與·仲仁至彼諸番會集之地·詔封禮畢·宣布聖天子德威·徐觀其會通而詢察之·重譯其言·徧訪其俗·將必有瑰奇之見·詭異之聞·所以開廣其心胸·增益其知識者矣·嗚呼·天下事何所不有·惟不見耳·歸而尙歷歷以告我·

贈潮州張推官序

崇川張仲鼎·以鄉貢進士卒業大學者·久之·需選天官·拜命爲潮州府推官·命下·潮之士走謁予·需贈言·予謂之曰·以儒生而司郡刑·四邑之民命·庶其有瘳乎·蓋刑官民命所係·一不得其人·則一郡之民·有橫罹非命者矣·一人非其命·則感傷天地之和·而召旱暵之災·災仍則歲歉·歉則民不聊其生·是則郡之治教·雖總於守·所以輔其治·弼其教·召和氣·致豐年·則本於司刑之官也·烏可非其人哉·昔東海寃一孝婦·而致旱者三年·一婦人之非命·何與於天·而天乃以一婦人之故·致一郡之災·是則爲一人·而禍及千萬人也·天豈屑屑爲是哉·

蓋天人感通之理·不以小大衆寡而殊·天無往而不在·人無一而非天·千萬人此天也·一人亦此天也·傷其一人之天·而天之在乎千萬人者·亦從而傷焉·可不愼哉·由是觀之·司刑之官·誠不可以不愼擇·以其非獨有係於人·而實有係乎天也·彼夫以案牘爲師·而從事柱後惠文冠者·詳於人·而畧於天·烏足以語此哉·天人之理·備於易·易於刑獄之事·屢致意焉·於噬嗑曰·明罰勅法·於賁曰·無敢折獄·於豐曰·折獄致刑·於旅曰·不敢留獄·易者性命之書·而於刑獄之事·丁寧諄切如此·聖人之意斷·可識矣·君以經書爲學·以儒科發身·其諸異乎世之爲俗吏者·故其於行也·推夫天之理以告之·

送梁宏道教諭序

嶺南人才・在古莫盛於始興・唐相張文獻公・史雖稱其爲韶之曲江人・然其所生之地・今實隸雄之始興焉・予嘗循湞江而上・下登黃岡之野・翹首東北望・山林岡埠・煒煒然猶有英偉之氣・蓋翩翩九鶴・從天下降之所也・今去公七百餘年矣・山川風氣・不改故常・而人才之生・一何寥寥哉・豈扶輿淸淑之氣・獨豐於古・而嗇於今耶・抑或五嶺以南・地薄而氣浮・公盡其全而得之・後無復餘邪・予求其故・而不可得・古岡梁宏道先生・以鄩郡文學・升掌始興教事・將之任・鄉之交游・來求贈言・予聞先生通經學古・志趣不凡・蓋亦嶺南人士中之錚錚然・今掌教於斯・而吾嶺南亙古今第一等人物所生之地・適在其化雨沾濡之中・得以覽觀其山川・占候其風氣・詢問其父老・考究其圖籍・必將有以得其彷彿者矣・

如得之・幸因風以告我・雖然予請以意言之・方唐盛時・公之風度德業・非獨嶺南人士所間有・唐三百年來・中州人士・亦不多見焉・然當是時・越俗猶未甚變・曼胡之纓・尚仍其故・章甫來適・無所用之・蓋終唐之世・惟公一人而已・他未之前聞焉・今之世則不然・衣冠禮樂・蓋彬彬然與中州等矣・求其一人德業風度如公者・雖不可得・然其間服章縫學周孔者・在在而有・豈所謂扶輿淸淑之氣・在古專鍾於一人・今則分而散於衆歟・惟專故大・惟散故小・理或然也・夫求其大者於今・固不可必得・然於其衆小之中・掄而擇之・翕而受之・開而廣之・引而長拓而遠之・安知其終

不至於大耶・此開發啓迪之功・所以不能無賴於師儒之任也・先生念之哉・

賜進士題名記

太歲上章閹茂・是爲大明弘治三年・是年開始進士・皇上奉天承運・賢俊登庸之第一榜也・故事既賜進士第・必石太學・以示久遠・禮部臣以題名記請皇上以命臣・濬於是時叨居讀卷之列・而文武羣臣・合辭上賀之際・實與焉・伏惟賀辭有曰・天開文運・賢俊登庸・夫謂之運者・氣化流轉之名・有天運焉・有世運焉・有文運焉・天運則無往不復・世運則歷數相乘・若夫所謂文運者・綜天經地緯之機・顯神功化理之妙・凡在宇宙間・開闢以來・三才之道・五倫之敎・六經之旨・萬事萬物之紀・咸具於玆・匪圖書字畫・言辭藻繪而已也・蓋必天運循環・否極而泰・聖人應運而生・握持斯世・身任乎斯文・在玆之責・正倫理・明經術・以丕弘治道・儲民俊而教育之・掄士秀而登庸之・資其彌綸參贊・用人文以化成天下・而文運於是乎興・雖人之爲・而天實啓之也・

粵自帝堯以歲甲辰・開華夏正統・以闡文教・歷甲辰者・六十又三十六年・至宋祥興已卯・華夏之統・始厄於夷・而文運遂以否塞・我太祖高皇帝・生應昌運・以歲戊申開國建基・以後中國境土・載闡人文・既用興王良佐・建大業・垂大統・以開一代文明之運・然猶思所以爲聖子神孫・可繼之道・卽以次三年庚戌・詔天下設科・以起懷才抱德之士・明年親策之於廷・歲乙丑・遂定爲今制・至是六千十二

子再周天・前後三十有七科矣・肆我皇上・亦以歲戊申繼統・適符聖子創業之年・而次三年開科策士・亦龍集庚戌也・乃今三月望・皇上御奉天殿・親出制策・試禮部所貢士・次其甲第・賜錢福等三人進士及第・楊旦等九十人進士出身・祝祥等二百五人同進士出身・彬彬濟濟・鵠立於丹陛之下・以聽鴻臚句傳・揭黃榜於魏觀・一日聲名・遍乎天下・

文武羣臣・公庭合辭・以賢俊之名歸之・爲九重賀・於乎・名歸則責隨之・賢俊之名・何可當也・必爲一世人豪・如虞廷之黎獻・周室之克俊・詩所詠之譽髦・傳所稱之天民・史所書之國士名臣・然後足以當之・不然碌碌庸庸・冒賢俊之名・而欲覬其登庸・以享有爵祿可乎・矧斯時也・正當皇明千載特起之運・聖神繼照・世運亨嘉・斯文之運・至是益恢以大・三光五嶽之氣復完・人文昭宣・噫・茲何等氣運邪・斯士也・皆世所謂長才秀民・傑然於衆人之中・乘此氣運之盛・得以所學・爲聖天子之所親擢・將進而官・使之以弘一代文明之治・明良相逢・上下交・而其志同・噫・茲何等遭際耶・當此氣運・有此遭際・乃甘於暴棄・而無所建明猷爲非夫也・豈不負明時・而玷大科哉・

藏書石室記

予生七歲而孤・家有藏書數百卷・多爲人取去・其存者蓋無幾・稍長知所好・取而閱之・率爲斷爛不全・隨所有而讀焉・往往編殘字缺・顧無從得他本以考補・時或於市肆借觀焉・然市書類多俚俗駁雜之說・所得亦無幾・乃偏於內外姻親交舊之家・訪求質問私人所蓄・不問其爲何書・輒假以歸・顧力不能抄錄・隨即奉還之・然必謹護愛惜・冀可再求也・及聞有多藏之家・必豫以計納交之・卑辭下氣・惟恐不當其意・有遠涉至數百里・轉浼至十數人・積久至三五年・而後得者・甚至爲人所厭薄・厲聲色以相拒絕・亦甘受之・不敢怨懟・期於必得而後已・人或笑其癡且迂・不恤也・

不幸稟此凡下之資・而生乎遐僻之邦・家世雖業儒・然幼所怙・家貧力弱・不能負笈擔簦・以北學於中國・中心惕然・思欲以儒自奮・以求□□□□□求諸心・似知所愛慕者・甚欲質正賢達之士・然引領四顧・若無其人・不得已・而求之於書・書又不可得・而求之之難・有如此者・乃喟然發嘆・自盟于心曰・某也幸・他日苟有一日之得・必多購書籍以庋藏于學宮・俾吾鄉後生小子・苟有志於學問者・於此取質焉・無若予求書之難・庶幾後有興起者乎・歲己未補郡庠弟子員・甲子領鄉書・戊辰上春官・卒業大學・甲戌第進士・即入翰林・自此日積月累・所得日多・歲庚寅丁先妣憂・歸□□・服闋・謁先聖於學宮・怵然動其宿盟・以地方卑濕・竹帛不可久藏・出生平積聚・鳩下鑿石以爲室・凡梁柱楹瓦之類・皆石爲之・不用寸木・廣若干尺・長若干尺・經始某年某月・落成於癸巳□□□爲錢共若干・督其工者鄉友吳雲也・

中爲木櫃若干・內庋以書・僅成・予即北上・竊恐後人不知予得書之難・而易視之・或者又取之以去也・乃自書其事・而爲之記曰・書之功用大矣・由一理之微・而可以包六合之大・由一日之近・而可以盡千古之久・由一處之狹・而可以進四海之廣・由一事之約・而可以兼萬物之衆・其爲書

乎・嗚呼・聖人沒也久矣・而道德萬世如見・古人往也多矣・而事業終古常新・合千萬世之心術・聚千萬世之治迹・傳千萬世之語言・□□□□□□□於書乎是賴・士也生乎千年之□□□□□□□道其乎一物之形・而悉乎萬物之理・處乎一室之間・而周乎萬里之勢・非書何以致之哉・

人生天地間・不爲儒則已・有志於儒以從事乎聖賢之道・未有舍書而能成者也・古語有之・通天地人曰儒・一物不知・儒者所恥・一書之不讀・則一書之事缺焉・書之在天下・自五經而下・若傳・若史・若諸子・若百家・上而天・下而地・中而人・與物固無一事之不具・亦無一理之不該・學者誠即是而求焉・則可貫三才・而兼備乎五常矣・物之理・儒之道・其在是矣・

雖然書不貴多・而貴精・學必由約・而後可以致於博・精而約之・以盡其多與博・則氣質由是而變化・心志由是而開擴・知識由是而崇廣・析其□□於不亂・合其□而極於無餘・會其全・而備於有用・聖賢之道・夫豈外乎是哉・區區積書之心・誠有在乎是・所以期待吾鄉之後賢君子者・甚遠且大・其必有副予望者乎・使誠有之・恨予耄矣・不及見也・雖然冥漠之中・無知則已・萬一有知・亦將暢然快・囅然笑也・謹書此以俟・若其規條名目・則悉其於碑陰・

瓊山縣學記

孔子生於魯・魯之南境則楚・北境則齊・當孔子時・楚竟淪於蠻夷・齊必一變・而後可至魯・魯聖人之鄉也・亦必一變・而後可至於道焉・然當孔子世・魯之治化・竟未聞其

能於變・而底於時雍之域・況今去聖人之時・餘二千年之久・距聖人之居・幾一萬里之遙者乎・瓊在禹貢荒服外・漢武元鼎中・始入中國・其去聖人之居甚遠・服聖人之教最後・其於聖人之道・蓋聞風而興起・非有所觀感而過化者也・然今日衣冠禮樂之盛・固無以異於中州・其視齊魯・或有過者・豈孔子乘桴浮海之嘆・豫有以定於千載之前・萬里之外哉・瓊山縣・居郡郭下・郡有瓊山・譬則人身之有首面・邑有學校・譬則首面之有眉目也・玆邑實爲諸邑之首・其學校亦視諸邑爲冠・有學肇於宋・始遷今地・則在洪武九年・自是以來・雖屢加修繕・而僅取苟完・無經久計・

成化乙酉・廣東按察副使・會稽唐君質夫・行部至瓊・乃始發官貲・畀知府清漳蔡君叔清・修復明倫堂・暨崇禮正二齋・功未就緒・歲辛卯・憲副豐城涂君伯輔・奉璽書專鎮海南・留心學校・乃市旁近地・以廣學基・兼助其費・以畢前功・又剏會饌堂・及號房・三十間・知縣事五羊梁昕・預力其間・訓導高梁周書・專董其事・既訖工・以記見屬・予邑人也・知瓊之教事爲詳・說者謂瓊士未知學・蓋自宋姜君弼從學蘇公子瞻始・殊不然・公作伏波廟記・謂自漢末至五代・中原避亂之人・多家於此・今衣冠禮樂・蓋班班然矣・觀此言・則其未渡海以前・已有衣冠禮樂之盛・至公始益變爾・洪武中・姚江趙謙考古來典教事・一時士類翕然從之・文風用是丕變・至今瓊人家・尙文公禮・而人讀孔子書・一洗千古介鱗之陋・出而北仕於中州・中州士大夫・不敢鄙屈之者・未必無所自也・謂非學校敎學之功可乎・

今世學校所以爲敎者・非六經孔孟之言・在所擯斥・三

尺童子・人人知性之本善・而有荀董揚韓之所不及知者・豈今世童子固聖於前世鉅儒乎・教素行也・教行則道明・推諸四海而準・瓊處大海極南之陬・去齊魯幾萬里・而道之彰彰著明如此・是知聖人浮海之歎・不行於稅駕之時・而於奠楹之後・蓋百世可知也・昔之學者・不遠千里・裹糧負笈・以從師於遠・今聖人之道・與王者之化・並駕而偕行・隨在而有經有常・說不假於辨難・學有常師・不假於外求・居有常所・不假於游從・食有常廩・不假於經營・今之爲學者・固易於古人數倍矣・於此・而不知所以自勉焉・甚至於自暴自棄・豈非聖世之棄材・名教之罪人也哉・予忝生是邦・於邑士爲鄉先達・故因記學之成・廣二憲副公作興之盛意・而規之以言・非獨儆於今・且以示來者於無窮云・

南海黃氏祠堂記

古人廟以祀其先・因爵而定數・上下咸有定制・粵自封建之典不行・用人於能不以世・公卿以下・有爵而無土・是故父爲士・而子或爲大夫・父爲大夫・而子或爲士・廟數不可爲定制・且又仕止不常・遷徙無定・而廟祀不能有常所・漢魏以來・知經好禮之士・如晉荀氏、賀氏・唐杜氏、孟氏、宋韓氏、宋氏・或言於公朝・或創於私家・然議之而不果行・行之未久・而遽變・或爲之於獨・而不能同之於衆・或僅卒其身・而不能貽於後・此無他・泥於古・便於私・而不可同通行故也・至宋司馬氏始以意創爲影堂・文公先生・易影以祠・以伊川程氏所創之主・定爲祠堂之制・著於家禮通禮之首・蓋通上下以爲制也・自時厥後・士大夫家・往往倣其制而行之者・率閩浙江廣之人・所謂中州人士・蓋鮮也・

嶺南僻在一隅・而尙禮之家不下於他方・南海亭岡黃氏・世有顯宦・其先世在宋爲奉朝大夫者・自淩江南徙以來・今若干世矣・其六世以前惟單傳・六世以後・支庶始繁衍・自是又若干世・至處士洪僧者・爲黃氏世嫡・乃謀於衆曰・吾儕承先世貽謀・以有今日・爲子孫者・人競殖產以自私・顧使祖宗無棲神之所・於心安乎・盍相與建祠堂・衆曰然・於是擇地於所居之東・如家禮制・建屋一堂三室以爲祠堂・堂之前有亭・翼以庖厨齋沐之所・外爲三門・繚以周垣・樹以松柏・專俾僮僕一人・司啓閉焉・規制如家禮而少異也・置祭田・具祭器・晨必謁・出入必告・而正至朔望必參・歲時伏臘・及有新物必薦・有事必以告・四仲之日及忌辰・必有事於正寢・一一按家禮以行・蓋自天順己卯經始・明年庚辰成・而釁祀之・至是歲己丑又運一周矣・

處士子玕・暨其從子讙・以鄉貢進士辭校官・卒業大學・援例寧覲將南還・介友人封部大夫馮君宗轍・來徵予記・按禮・大夫士有田則祭・無田則薦・是有土者乃得廟祀也・古者有田則有爵・今有爵者未必有田・而有田者・往往多在於編民・今世拔士於民・苟服章縫・習詩禮・是亦古之士也・矧又時有掇科躋仕・雖比古之大夫・亦未爲過・既名爲士大夫・而又有世業之田・則立祠以妥先靈・置田以給祭需・私家之事・孰有先於此者・然世人果於殖產・而不果於行禮・急於貽謀・而緩於報本・有能特然興舉古禮以報先德・以訓後昆・若黃處士者・豈非家之孝子・族之宗英者

乎．是宜書之．俾玕持歸鐫於石．以示其後人．使知其所自．其尙繼繼繩繩．守而有之．以弗廢墮哉．

南海縣儒學記

王者之化．與聖人之教．幷駕而偕行．皇朝郡縣所至之處．學校隨之．無間於遐邇．南海在中國極南之徼．孔子歿後二百十又六年．始入中國．適在儒道厄絕之世．歷漢晋而隋唐．至宋慶歷以後．學校之制始備．南海古郡也．隋開皇世．始以名縣．縣學舊附於郡學西廡之下．元初始徙於今所．薄於民居．甚隘且陋．景泰初．姑蘇韓公來貳廣憲．始謀大之．首徙旁近居民四家．以地益學．規畫甫定．公擢任還朝．功弗克究．又若干年．公自都臺出督兩廣邊務．武事既修．即慨然欲畢前志．乃出官帑白金若干．援藩臬二府．俾左布政使張公瑄．按察使寧公良等．經營之．而以提學胡公榮．專任其事．

曾未踰時．凡學校規制所當建置者．昔所未有．及有未備．備而或廢壞者．一旦咸截然方正．窿然高大．完然周緻．煥然明麗．甚稱都憲公作興之盛意．藩臬諸公間遣南海文學陳元．賫書浮梁來徵予記．惟聖人之道．推而放之四海而準．儒道不立．王化不行．南海在秦世已入中國．方是時．詩書之敎廢．而仁義之澤竭．世惟刑名功利是用．華夏且不有於儒道．而況四遠之外哉．漢興始崇文教．重經術．以至於今．中間雖或有所廢弛．然未有舍學校而能作人才．正風俗．以求一代之治者也．我高皇帝．開基之三年．即詔天下立府州縣學．頒示規制．敎士必本孔氏六經．解經必用濂洛諸儒之說．踰百年於茲．學制大備．文教日興．故雖窮荒絕域．前代所不能臣服之地．莫不皆有學校．

南海在前代固若遐外．然在今日．則內地也．其風俗視華夏不殊．而且日趨於古．人文日新月盛．又非但文學一事．能先北方之士而已也．士生於斯．固毅然以華夏自居．而中州之人．亦孰敢藐然以遐外視之哉．所以然者．固繇聖王教化．積久漸漬所致．亦總督大臣．及藩臬諸公．作興造就之功也．後之遊學於斯者．覩其規制之備．荷其教育之深．可不知其所自．而益思所以自勵哉．於是乎記．

開鑿大庾嶺碑陰記

嶺南自秦時入中國．歷兩漢．三國．南北朝．至於唐．八百八十八年．丞相張文獻公．始鍾山岳全氣．而生於曲江之湄．時唐高宗咸亨四年癸酉也．公生七歲．即知屬文．十三以書干廣州刺史王方慶．是時已爲張燕公所知．年三十五．登進士第．授秘書郎．蓋公長於武后時．不欲仕女主．即至中宗復辟之三年．始出也．中宗即位之初．又策道侔伊呂科．爲左拾遺內供奉．開元四年．承詔開大庾嶺路．唐書地理志謂．開路在十七年非也．當以公序文是年爲是．燕公於開元十三年．薦公可備顧問．明年燕公卒．玄宗思其言．召公爲秘書少監．集賢院學士．知院事．會賜渤海詔書命．無足爲者．召公爲之．被詔．輒成工部侍郎．知制誥．尋遷中書侍郎．是歲又拜同中書門下平章政事．又進中書令．與李林甫裴耀卿並相．林甫無學術．見公文雅．爲玄宗所知．內忌之．竟爲所傾．而罷公．

在相位甫三年耳・俄以周子諒事・出爲刺州長史・卒年六十有八・公之氣節文章・治功相業者・在信史百世共知・自公生後・五嶺以南・山川煒煒有光氣・士生是邦・北仕於中州・不爲海內士大夫所鄙夷者・以有公也・凡生嶺海之間・與夫宦游於斯土者・經公所生之鄉・行公所闢之路・而不知所以起敬起慕・其非人哉・予生嶺海極南之徼・在公既薨之後・六百又八十年・甫知讀書・卽得韶郡所刻千秋金鑑・錄讀之・已灼知其爲能・既而卽史攷之・史臣僅著其名・而不載其言・意其遺文不具也・求之偏方下邑・無所謂曲江集者・年二十七・始道此上京師・游大學・編求之兩京藏書家・亦無有也・三十四登進士第・選讀書中秘・見曲江集列名館閣羣書目中・

然木天之中・卷帙充棟・檢尋良艱・計求諸掌故・凡積十有六寒暑・至成化己丑・始得之・乃併與余襄公武溪集・手自錄出・是歲丁內艱南還・道韶・適鄉友涂君應旻倅是郡・因話及之・留刻於郡齋・公之遺文・至是始傳於人間・竊覩集中・有公所作開大庾路序・而蘇詵爲之銘・意公此文・當時必有碑刻・歲久傾圮磨滅・今陳迹如故・而遺刻不存・豈非大缺典歟・每遇士夫之官廣南・勢力可爲者・輒爲浼其伐石鐫文・以復當時之舊・諾之而食言者多矣・今上卽位之三年・嶺北袁君慶祥・由秋官屬擢廣東按察司僉事・奉勑提督雄韶等府兵備・臨行別予・予復申前言・君曰諾哉・又明年以書抵予・謂近得碑石於英磨礲・以就將求善書者・錄予文及蘇公之銘・刻諸其陽・屬予一言識其陰・

於乎・天地大勢・起自西北・而趨於東南・大庾嶺分衡岳之一支・東出横亙江廣之間・自此之南・以極於海島・奇材珍貨出焉・戰國以前・未始通中國也・秦時始謫徙中原民戍五嶺・漢武帝・始遣將分路下南粵・樓船將軍揚撲出豫章・下湞水・疑卽此途也・然序又謂嶺東路廢・人苦峻峭行徑・寅緣數里重林之表・千丈層崖之下・意者大庾迤東・舊別有一途・公既登朝・始建議相山谷之宜・革坂險之故・以開茲路也歟・茲路既開・然後五嶺以南之人才出矣・財貨通矣・中朝之聲敎・日遠矣・遐陬之風俗・日變矣・公之功・於是爲大・後之人・循其途・而履其迹・息肩於古松之陰・寓目于新亭之下・讀公之遺文・想公之風・豈徒若昔人望峴山而思羊叔哉・萬世之後・亦有過洛水而歌大禹・如昔人者也・雖然公之功固大而著矣・然使千載之下・往來之人・臨公遺跡・而知開鑿之功・眞出於公無疑・傳誦感戴於無窮・蓋亦有賴於斯碑之重建焉・

僉事君之功・亦不可以不紀也・君字德徵・贛之雩都人・其家去此百里而遠・蓋在嶺之北也・君在大學時・常建言國計・大有補於時用・是名聞遠近・今特憲節於嶺南・聲譽籍籍以起・其進益未可量也・予雖家嶺之南・然去此幾二千里・年踰公薨之歲・始見知於當宁・而日薄西山・無能爲矣・所以追前人之芳躅・而振發其聲華者・不無望於嶺南北後來之俊彥・而於僉憲君益惓惓焉・予也幼有志尙友古人・而於鄉秩尤所注意・今年七十有二矣・將歸首邱・素願乃酧・豈非平生一快事哉・不勝忻幸・勉爲書之・畀以刻焉・

都察院左僉都御史恭惠楊公神道碑

邱濬

正統己巳・車駕北狩・外寇乘機犯我畿甸・時廣東左參議楊公・坐事居京邸・朝廷用言者・起公守白羊口・是歲廣東都司囚越獄・有司不能捕・遂至嘯聚・守土者閉門自守・召邊將禦之・至則爲所敗・報至京師・廣人士寓京者・聯名上章乞公朝命・授公都察院左僉都御史・乘傳往・至則廣城被困者數月矣・城中軍民喁喁然・朝不謀夕・見公至・始有更生之望・先是民之居鄉落者・避亂趨城・至則閉門不納・及歸・盡爲賊所戕・脅從者日益衆・公下令有司・用木爲牌・給民從其出入・又榜示於外・遣官招撫之・于是歸附者日以千萬計・賊勢日孤・公偵知其有嚮順意・遣使往諭之・賊首黄蕭養曰・吾輩得楊大人一言・死不恨矣・尅其來見・賊果至・公毅然欲往・藩臬以下皆沮其行・曰・賊意叵測奈何・公曰・吾以誠待之・毋慮也・公出見賊・羅拜泣下・公諭以禍福・且示以更生之路・賊衆以大魚獻。公受之不疑・遂讙譟而去・期以再會・未幾・董都督統大軍至・賊遂中變・歲庚午三月五日・有大星墮於城外對岸之河南・十二日質明・都指揮姚麟前來白事・公出與之語・姚既出・公忽病作・扶入臥榻・卽呼其子玭曰・我死矣・不能終始王事・知我者其天乎・語訖瞑目而逝・

城中居民聞公卒。信疑相半・既得實・爭走哭館下・雖老嫗稚子・亦至失聲・滿城縞素・具牌位哭奠者相屬・陷在賊中者・聞之亦曰楊公死・吾屬中無生理矣・訃聞・天子悼惜・遣官諭祭如禮・公卒後僅閱月・大平卽平賊・凡賊所經之處・盡屠之・民受刑者・輒仰天號曰・使楊大人在・吾人豈受此禍哉・既而耆老黎善聚等・赴京乞立公祠・從之・事下・爲忌者所沮・忌者既去・有司始立公祠于廣州府城隍廟之旁・水旱疾疫・必禱焉・民有事訟於官・不得其平者・輒具詞焚于祠下・廣人至今過其門者・輒舉手加敬・古所謂・生爲豪傑・死爲神明者・公非其人耶・

公諱誠・字信民・紹興之新昌人也・少遊鄉泮・領永樂庚子浙江鄉薦・宣德庚戌・由上舍選工科給事中・丁內艱・起復・改刑科・正統癸亥・吏部尙書・王文瑞公薦佐廣藩・陛辭受詔・許以言事・公既抵任・時按察使郭智・奉敕整飾兵務事・多自專・公首疏其不法事・郭遂去任・而黄翰來代之・黄所爲益甚・公復上疏發其奸・詞連僉事韋廣・廣亦誣詆公・俱逮下獄・公就逮啓行時・廣人爭携金帛・就舟相贐・公一無所受・而黄舟・則爭以瓦石擲之・既至・法司鞫得實・黄坐除名・凡奏公他事・皆涉虛・惟鹿鳴宴簪花一事・行勘・尋白・廣之軍民・狀公德政・相率赴三司保留・乞備其事上聞・亦有跋涉萬里・直詣闕廷者・前後以數千計・及公在白羊・既受命邊城・官軍不忍其去・亦赴官保留之・公之所至・得人心如此・公宅心仁厚・見人有患難・不啻在己・汲汲然爲之惟恐後・疾惡太甚・見人有不平事・輒扼腕爭辯・用是見疾於人・方在學校時・見儕類有過舉者・輒切切不置・及有當爲事・衆方推避・公卽奮先爲之・人多以矯激目之・久之・見其事事皆然・亦皆帖服・

葬母時・倩夫舁塚石・每夫公代其舁數百步・人遍乃止・或曰・何自苦如此・公曰・葬吾母而專役他人・於心安

乎・居家時・聞鄉鄰兄弟有不睦・或構訟者・輒至其家勸之・不從・明日復至・人雖拒絕之・不厭也・必從而後已・邑有朝妃渡・每歲爲暴漲所阻・公率衆・督工堰石爲步・至今行者過之・必曰・楊給事中力也・官禁近時嘗一奉敕・整點江西軍伍・所至求民瘼・除宿弊・事竣回條・上所詢民情五事・皆當時急務・及佐廣藩・善政在人者尤多・方是時・承平日久・禁網疏濶・嶺海之間・民物殷富・仕者類以黷貨殃民爲常事・上下交征・恬不爲耻・公至一以廉潔爲心・而凡事行之以寬・公退之暇・即出公署門・徐步衢街間・詢問父老以民間利病・反覆疑曲・必得其情而後已・嘗有民以公事至長藩者・欲繫諸獄・公曰彼無罪・姑遣之去・至期自來可也・長曰・彼無保認者・公曰僕保之・民感公恩信・縱之去・至期皆自來・公爲政所以感人心者・大抵此類也・嗚呼・今世之爲政者・豈復有如公者哉・

公卒後二十年・是爲成化己丑・朝議凡大臣有功德在人者・皆加諡贈・賜公諡曰恭惠・又七年・公之鄉人王溢者・仕爲昌邑教諭・始介其鄉人・禮部侍郎俞公欽・僉都御史丁公川・屬予紀其行事・將鑱于石・溢少嘗受業於公・念公平生志節・不下古人持以・居官清白・身後無贏餘・至今墓石未立・恐遂泯於世也・以予出嶺南・知公事爲詳・特以見屬・謹按狀新昌楊出漢太尉之後世・居其邑之彩煙山・曾祖某・祖某・皆不仕・父文吉・以公貴・贈給事中・母丁氏・封孺人・公生洪武庚午某月某日。享年六十有一。歸葬于本縣上王山之原・配石氏・封孺人・子男四・玖・瑄・玧・璦・玖以公蔭・錄爲國子生・仕桃源縣丞・女一・適張棐・予也於公嘗有一面之雅・而於鄉邦之受惠也・亦未嘗不與焉・矧以紀事爲職業・無溢之請・恆欲書公之績・以傳於世・況重以溢之請乎・既紀其實・復系以銘・

楊公烈烈・特立揭揭・惡彼沓沓・不茹不吐・何懾何懼・靡追靡拒・介而能通・拘而有容・隨而不逢・生爲正人・仕爲直臣・死爲明神・愛而畏之・思而企之・廟而祀之・德則有矣・名則久矣・死則不朽矣・

後幽懷賦有序

昔唐李習之・作幽懷賦・宋歐陽子讀之・嘆曰・使當時君子・皆易其嘆老嗟卑之心・爲翺所憂之心・則唐之天下・豈有亂與亡哉・朱子楚辭後語・亦取之以繼騷經之後・予讀之・切有感焉・作後幽懷賦・

嗟予生于遐僻兮・夙有志于匡時・理無一而弗究兮・事終日而輒思・幸致身于承明兮・冀少見于施爲・紛時製之各異兮・羌所見之多違・歲冉冉其將老兮・顧所懷之弗遂・徒兀兀以勤劬兮・竟莫成乎一事・撫中懷而自惜兮・竊祿食而深愧・恐終待而無時兮・思從此而遠逝・念明時之難遇兮・心欲去而弗忍也・戰兩端于胸中兮・病悄悄如將隕也・慨昔賢之賦所懷兮・鄙衆人之嘆老嗟卑・予則以爲舍位與時兮・雖有道兮・其焉施・悼往者之不可復兮・而來者之尤不可期・愛因往以推來兮・灼此理之無疑・藐一身何足惜兮・顧賦畀之甚大・人皆放乎一已之私兮・孰究夫天下之利害・伊昔裔夷之僭夏兮・易天地以倒置・宣尼春秋之謹始兮・變乃驗于千八百歲・我神祖之挺生兮・載啓天而奠地・泄上帝之

幽憤兮・伸華人之鬱氣・大功垂于萬世兮・百王邈其難配・付聖子神孫于萬年兮・圖久安而長治・懸爵祿以待賢兮・明經術以造士・何紛紛而靡靡兮・杳不知其所自・忽事機而不爲之審兮・撫其時而棄之・置其身于安逸兮・忘其生之所依・曰大厦不假于一木兮・然厦非木又曷以成也・人人皆謂然兮・又將責誰以支撑也・噫・今人非不古如兮・習俗使之則然・駕大輅以衆馬兮・禁其用古法以周旋・驥伏櫪以老死兮・尚按圖以招延・嚮敎之以何物兮・今惟取其貌言・誶曰・已矣乎・世固莫吾信兮・余將喋喋其誰語・世雖斯今兮・余惟視之以古・抱直道以終身兮・矢不負兮尼父・

南溟奇甸賦 有序

伏讀太祖高皇帝・御製文集・其勞南海衞指揮勑・有曰・南溟之浩瀚・中有奇甸數千里・地居炎方・多熱少寒・是時瓊郡入職方僅再期・其地在炎天漲海之外・荒僻鄙陋・而我聖祖即視之以畿甸・而褒之以奇之一言・豈無意哉。謹按・文集若干卷・其中勞天下軍衞詔勑・何啻百數・大率叙其邊徼險遠・將領勤勞・征戍艱苦而已・未始有褒美其疆域若此者・噫・聖人之心・與天通・物之美惡・必豫有以知其後之所必然・于千百載之前・則夫吾郡之在今日・民物繁庶・風俗淳美・賢才彙興・無以異乎神州赤縣之間・且復俊邁奇詭・逈異常儔・有由然哉・濬世家于海南・北學于中國・偶有所見・謹拜手稽首・而爲之賦曰・

爰有奇甸・在南溟中・邈輿圖之垂盡・綿地脈以潛通・山別起而爲崑崙・水畢歸以爲溟渤・氣以直達而專・勢以不分而足・萬山綿延・茲其獨也・百川瀰茫・茲其容也・豈非員嶠瀛洲之別區・神洲赤縣之在異域者邪・有一奇士・全鍾其氣・北學于中國・頡頏乎天下之士・於是叫閶闔・呈琅玕・翱翔乎玉堂・徘徊乎道山・肆言六合之外・馳騁百氏之間・自詫所生之奇勝・敢爲高論・恣爲大言・翰林主人聞之・駭而訝焉曰吁・子來前・子生寰區之外・漲海之邊・學何所受・道何所傳・何所從而此・何所見而云然・試爲我一一言之・吾將即子之所云云者・以紀載于簡編・士曰唯唯・乃作而言曰・自夫天一生水・融而爲川・地十生土・結而爲山・川者天地之血脈・山者天地之肌骨・血脈流行于肌骨之中・浹于中而外出・出乎外・而環其中・是爲一大堪輿也・

其元氣之渾淪・容日月之出沒・然而大堪輿之外・突起于浩漾之中・而爲小堪輿者・又不知其凡幾窟穴也・是故其大而顯者・爲帝王之宇・其小而幽者・爲神仙之丘・帝王之宇・是爲神州赤縣・神仙之丘・是爲員嶠瀛洲・一則非骨蛻羽化・莫能到・而非常理・一則雖聲明文物之所萃・而非眞游・惟走所居之地・介乎仙凡之間・類乎島夷・而不夷・有此仙境・而匪仙・以衣冠禮樂之俗・居閬風元圃之墺・勢盡而氣脈不斷・域小而結局斯全・九州一大宇・茲爲其奧・四海一通川・茲爲其竅・上至北極・僅十九度・于天爲近・遠至神京・幾一萬里・于地爲大・茫茫巨浸兮・與天爲界・漠漠平川兮・壯地之介・豈非天造地設・藏此奇勝・于遐絕之

域・用以見天聽之孔・畀表王化之無外耶・

其爲甸也・可謂奇矣・然奇而不怪焉・翰林主人曰・子之言辯矣・豈其然歟・載考諸古・茲地禹貢之所不載・職方之所不書・郡縣始漢武之世・分野僅星紀之餘・在漢七世・固嘗棄之・蓋不以之爲有無也・且甸者・王畿之名・非所以爲遐外之域・奇者・殊常之稱・不可以加寂寞之墟・子之言・何所據而云乎・士曰・茲豈走之言哉・于是乎・惕然興・悚然懼・舉手額・北望向天・百拜稽首・而颺言曰・此我太祖聖神文武・統天大孝高皇帝・金口之所宣也・大哉・皇言乎・自吾茲地・而得茲言・地益增而高・物若加而妍・山林草木・濯濯然・如在昆吾御宿之近・封疆畛域・整整然・如與侯服邦畿以相連・嗟夫地以人勝・從昔則然・蘭渚以羲之而著・天台以孫綽而傳・夫以殘山剩水之勝・一經騷人墨客之所賞詠・尚揚芳于四外・流美于當年・

矧茲奇甸・環海以爲疆者・餘二千里・縱步以行兮・地雖甚遐・仰首而觀兮・天則伊邇・一經大聖人之所品題・山勢駸駸而內向・波光躍躍而立起。物則且然・人可知已・然則走所言者・豈無所以耶・主人乃仰然而思・俯然而嘆曰・良有以也・願聞其所以・士曰・走也・少而游庠序・壯而走四方・雖生于是甸之中・而甸之所以爲奇也・容有所不能詳・蓋嘗歷考夫禹益之所紀・緬想夫章亥之所步・古往今來之宙・上下四方之宇・天左舒・而起牽牛・地右闢・而起昴畢・天有四維・地有四極・東至于泰遠・西踰于邠國・南訖于濮鉛・北底于祝粟・管子言・名山三千・墨氏云・名川三百・三百之川・總歸滙于東南・三千之山・皆發源于西北・是則海者川之所委・嶺者山之所積・是甸也・居嶺海之盡處・又越其涯而獨出・別開絕島千里之疆・總收中原百道之脈者也・

原夫天下之山・皆自夫崑崙而來・越戎而夏・出險即夷・分爲兩戒・析爲三支・其中一支・自中條・經淮越江・而極于衡霍・遂散亂而紛披・至北而地勢將盡・乃益險巇・巉巖壘嵬・嵂崒摧峩・熟知一脈・透出于瀛海之外・其地可畫・而井無以異・于秦晉之近圻・觀夫天下之川・皆至于溟渤而止・滔滔汩汩・雖日趨于東・然皆折于南西而後已・大起而爲國都・小起而爲州坻・其尾閭・收萬水而瀦衆流・遂浩漾而無涯涘・自此而水勢益下・弱莫能起・漻濶沆瀁・渺沔濯洊・孰知一島・孤峙于瀛海之中・其地可葦而航・無以異于湖江之流水・海可渡兮・不踰百里・山可登兮・不踰尋丈・舟之行也・朝斯往・而夕斯返・人之遊也・足可屐・而手可杖・意其磈磈磈磈・乃爾坦然夷曠・意其汗汗沺沺・乃爾幽悠悠平漫・蕞爾小方外之封疆・宛然大域中之氣象・

陽明勝・而氣之運也・無息機・土性殊・而物之生也・多奇相・草經冬而不零・花非春而亦放・境臨乎極邊・而匪塞・海洩其菀氣・而無瘴・地四平以受敵・無固可負・歲三穫而常穰・有積可仰・通衢絕乞丐之夫・幽谷多耇老之丈・古無戰埸・軾語信乎有徵・地爲頗善・符言斷乎非妄・民生存古朴之風・物產有瑰奇之狀。其植物・則郁乎其文采・馥乎其芬馨・陸擿水挂・異類殊名・其動物・則彪炳而有文・馴和而善鳴・陸產川游・詭象奇形・凡夫天下之所常有者・茲無不有・而又有其所素無者・于茲生焉・歲有八蠶之繭・田有數種之禾．山富薯芋．水廣鱻羸．所生之品非一．可食之物孔多．兼華夷之所產．備南北之所有．木乃生水．樹可出酎．麵包于椰．豆夾于柳．竹或肖人之面．菓或像人之手．蟹出波兮凝石．鰌橫港兮堆阜．

小鳳集而色五．並鸒遊而數偶．脩蝦而龍鬚．文魚而鸚嘴．鱗登陸兮．或變火鳩．樹垂根兮．乃攢金狗．鷤緣樹杪而飛．馬乘果下而走．魚之皮可以容刀．蚌之殼用以盛酒．波底之沙．行如郭索．海澨之貝．大如玉斗．花黎靡刻而文．烏樠不涅而黝．椰一物．而十用其宜．椰三合． 而四德可取．木之精液．爇之可通神明．鳥之氄毛．製之可飾容首．有自然之器具．有粲然之文繡．天下皆有于莬．茲獨無之，豈天欲居民之蕃息于此．常夜戶不閉．而無觸藩之虞乎．江南皆無蝍蛆．茲獨有之．豈天欲寓公之久居于此．使照壁見喜．而無北風之思乎．

噫．斯地也．近隔雷廉．僅一水耳．而物之生也乃爾不同．遠去齊晉殆萬里兮．而氣之通也．胡爲無異．若是者．雖云生物之偶然．安知造物者之無深意也．然則茲甸之所以爲甸．而奇之所以奇者．庸有在于是．主人曰然．此物之奇爾．如人何無．乃奇之爲奇．獨鍾于物．而遺于人邪．士曰不然．天地盛大流行之氣．始于北．而行于南．始也．黃帝北都涿鹿中．而堯舜漸南．而都于河東．其後成周之盛．乃自豐鎬．又南而宅于洛中．蓋自北而漸南．非獨天地之氣爲然．而帝王之治．亦循是以爲始終．蓋水生天一．而坎位于北．而艮之爲山．又介乎東北之間．自北而東．折歸于南．其氣之所以融結．而流行者．非止乎一水一山．山之餘而爲嶺．水之委而爲海．而是甸．居乎嶺海之外．

收其散而一之．透其餘而出之．所以通其鬱 ．而結其解．其域最遠．其勢最下．其脈最細．是以開闢以來．天地盛大流行之氣．獨後其至．至遲而發也．遲固其理也．亦其勢焉．是以三代以前．茲地在荒服之外．而爲駱越之域．至于有漢之五葉．始偕七郡而入于中國．曼胡之纓．未易也．椎結卉服之風．未革也．持章甫而適之．尙懵而未之識也．魏晉以後．中原多故． 衣冠之族． 或宦或商．或遷或戍．紛紛日來．聚廬託處．熏染過化．歲異而月或不同．世變風移．久假而客反爲主．劘獷悍以仁柔．易介鱗而布縷．今則禮義之俗日新矣． 絃誦之聲相聞矣．衣冠禮樂． 彬彬然盛矣．北仕于中國．而與四方髦士．相後先矣．策名天府．列迹縉紳．其表表者．蓋已冠冕佩玉．立于天子殿陛之間．行道以濟時．而堯舜其君民矣．

孰云所謂奇者．顯在物．而不在人哉 ． 主人乃離席而立．拱手而言曰．神矣哉．聖神之見乎．其所謂奇者．蓋至是乎驗矣． 士曰不然． 何地不生才．而才生不擇地．人才之生．何地無之．奇哉奇哉． 豈止是哉． 當我聖祖肇基之初．輿圖際天地．兵衞極邊鄙．絲綸之音．雲漢之章．無日而不下．無處而不至．然而奇甸之言．乃獨以專美乎．茲地非甸．而謂之甸． 未奇而豫期以奇．豈無意哉． 蓋帝王之言．代乎上帝．聖人之心．通乎天地．故能握乾符．而妙奪神功．闡坤珍．而斡旋厚勢．遠移而近書．軌合以皆同．質變以文．聲敎暨而靡異．咫尺之間．振舉乎萬里． 斯須之頃．流通乎百世．化庸腐以爲神奇．變雜駁以爲精粹．遐兮如邇・未焉如既・凡其所期兮・罔或不遂・引而弗替兮・終萬古如常常・如是是・則斯地之所以爲甸・而甸之所以爲奇・雖造設于天地・然所以表而章之・昭示于萬世者・實本乎奉天啓運・宰制山河之聖帝・翰林主人聆茲言也・覵然以咍・憮然以喟・曰・秘矣哉・天之藏比地也・遠矣哉・聖人之期此地也・自夫天開地闢・以至今日・不知凡幾運幾世矣・自夫開疆闢土・以建此區・不知凡幾王幾帝矣・然而多視之以窮荒・或遂至於遐棄・孰謂其今日有是哉・不假詞臣之代言・不出輔臣之建議・一旦無上・事發淵衷・運睿思・形之于言・以爲絲綸之製・夫豈無所爲哉・皇之言・天之意也・士言及此・亦奇士哉・于是三復士言・而繼之以歌曰・明明我聖祖兮・載闢地而開天・上帝眷顧兮・付以其覆之全・仁周八表兮・顧獨惓惓于窮海之一堧・奇哉斯甸兮・何幸得聖人品題之言・千秋萬祀兮・長炳炳琅琅乎天地之間・

別知己賦有序

尚書戶部主事袁君秉中・出知梧州府事・命下・同朝卿大夫士・咸以君爲不當去・駭愕嘆惜者累日・甚至齎咨涕洟・如失左右手・然予之于君・情好深至・尤非泛泛然者比・故于君之去也・其戀戀之情・視諸公有加焉・朋友五倫之一・孔子答魯君問政于四者之倫・直舉其目・獨于朋友以交言之・交之爲言・道相合之謂也・道不相合・則情不相孚・故其來也・適然・其去也・漠然・其去其來・皆不足以動我之欣戚也・吁・其來也忻忻・其去也戚戚・非平日道合而情孚者・其能然乎・予與君・皆出自嶺南・均以禮學起家・同試南宮・遊太學・而又聯官朝著・非但道合情孚也・其出處・大畧又相似焉・今君一旦舍予以去・南北相望・天各一方・出入無朋・會聚不常・歲月幾何・老將至矣・在他人尚齎咨涕洟之不已・況知己之深至者乎・不揆陋非・竊效昌黎韓子之意・作別知己賦・寫予情以送君・政事之餘・試一誦焉・庶幾千里如將面也・君其念之哉・君其念之哉・賦曰・

余生五嶺之南兮・嗟側陋而寡仇・驅余車以北征兮・行取友于中州・匪其人之弗交兮・惟直諒多聞之是求・夥總總其衆多兮・咸言立而德修・亦有良朋兮・如弟如昆・薄金石之匪固兮・謂蘭芷之弗芬・多連牀以共語兮・朝並予馬以周旋・足縮縮以相躡兮・袂翩翩以相聯・所與者非海內之名賢兮・則天下之善士・情亦或吾之同兮・道亦不吾之異・惟夫君之知己兮・乃千百之一二・皇天賦之以昭質兮・蹇好脩而練要・扈蕙茝與菌桂兮・芳菲菲其遠到・青天白日粲其光兮・孰不仰其清明・麒麟鳳凰之昭于世兮・人皆知其爲禎瑞・

信一世之偉才兮・匪直海內之英・嗟予亦越之產兮・追逸足以超騰・心不約而自契兮・德相麗以有成・期追逐于前脩兮・洗山川之穢腥・恥齪齪隨人後兮・相後先以同升・亦既聯袂于金門兮・曰終遂此情悰也・夫何一麾而出守兮・羌別予以去也・攝提貞于孟陬兮・載雙旌以揚揚・指斗牛之故墟兮・驅五馬以周行・蒼梧邈其何所兮・歷雲山之蒼茫・眇京國之日遠兮・喜咫尺乎故鄉・悲予心之戀戀兮・亮君心之亦然・忳鬱悒之無解兮・悵臨歧以永嘆・幸歲月之未晏兮・尚矢言以慎旃・慕淵路之贈處兮・罄中情以申言・誶曰・始與

終兮．志不可渝兮．內與外兮．道本不殊兮．惟忠與孝兮．臣子之楷模．白首相期兮．毋中道而舍諸．

石鐘山賦 有序

石鍾山．在湖口縣．東坡居士遊山記．千古無改評矣．曩予嘗遊其地．誦其詞．而又竊有所見焉．夏官郎中王君尚．忠縣人也．近出示其圖求賦．盱江河．秋官廷秀既爲君賦之矣．大率本坡意而廣之．意盡而語工．予無容其喙．乃卽所見．爲後石鍾賦云．

巍乎高哉．茲山之天造地設也．扼彭蠡之口．拉岷江之脇．鼓大聲而震動．橫地軸以鎮壓．豈非東南之巨障．湖江之奇絕處乎．爾其氣勢巃嵸．岡巒磼碟．衍駊騀之幾里．崇崛礧之萬疊．危臨深而欲墮．直倚空而如截．下瞰馮夷之府．上峙瞿曇之宮．洞空明兮穴竅．翁蒼翠兮杉松．予嘗艤舟其下．履險陟崇．爰窮幽而探微．盡詭狀兮奇蹤．望天塹之渺茫．極岳祠之穹窿．適晴空之過雨．晃晨曦之昭融．雲澄澄其歸岫．波沄沄其成漣．萬籟闃息．一碧連空．于斯之時．但見石之爲石．千態萬狀．怪外而空中．而竟莫得聞噌吰之無射．窾坎鏜鞳之歌鍾也．

予乃悠然以思．悚然以興．揆厥山之所元兮．始于酈註之解桑經．繼以少室山人之博兮．終以東坡老仙之精．曰古人之名山兮．多惟其形．夫何獨茲一拳兮．乃不以形而以聲．矧石之在水兮．不能自鳴．必風濤之搏激兮．然後滂濞而訇砰．風或有時而息．波亦有時而平．名山者．顧舍其天然常有之巍巍．而下取夫適然作輟之硜硜．吾恐君子之正物名以明民不如是之浮緩不情也．于是呼兒挹酒．注之斗觥．釃江流．酹巨靈．起而問諸．以訂茲山之所以名．

懷鄉賦

每因送人處．憶得別家時．此唐人詩也．嗚呼．爲此詩者．其能深體人情者哉．某去家．今十有六年矣．鄉土之思．無日而不展轉于懷．徒以國家之制．貤封之典．必限以歷官之歲月．以故情事尚未申也．去年冬．友人劉君尚德．應進士舉．來京師．久別而晤．不勝空谷足音之喜．今歲試禮闈．不合而去．某于尚德．鄉曲交游中．最厚者也．因其別而動乎情．方寸惻然．有不能自已者．因述中心所懷者．以爲賦．一以寫吾鄉土之思．一以慰吾母兄之望．一以志吾朋友之別云．

懷吾鄉兮何所．渺雲山兮萬里．界鯨波之浩漫兮．途有梗之未通．曰吾心之切切兮．無日而不南征．晝神想以遐騖兮．宵夢寐而靡寧．母氏垂白之待養兮．伯兮獨立以煢煢．雖顯揚之足慕兮．恒喜懼以交幷．桑梓蔚其深茂兮．昔可把而今拱．耆舊日以凋謝兮．哀纍纍其多壠。朝吾登乎金門兮．夕偃蹇乎玉堂．置身非不高兮．信美非吾之鄉．入結羣仙之綬兮．出聯七貴之鑣．游從非不多兮．匪髻齔之交．退默默以獨處兮．念平生之往事．宛山川與閭巷兮．默其可指以示．恨無縮地之術兮．孰插予以雙翅．馳寸心于萬里兮．幾將歸兮猶未．惟人情同于懷土兮．豈以窮達而異．彼志得而情遷兮．乃獨非人之類．年洋洋其日往兮．百歲幾何．較富貴之與名節兮．所得孰多．苟情義之不申兮．焉用其他．

幸吾子之茲來兮・若聞足音于空谷也・申申告吾以鄉曲之故兮・語再三而不以爲瀆也・或爲之忻忻兮・或爲之戚戚・或可愕而可駭兮・或可矜而可惜・或漸而爲之忸怩兮・或傷而爲之怵惕・崛然而興兮・俄然而哀・奄然其去兮・儻然其來・歷寒暑十有六變兮・恍如一瞬・天人倚伏有必然之理兮・孰云邈而難信・每促膝以劇談兮・輒嘆息而不休・情悁悁而不自已兮・涕或浪浪以橫流・方資其朝夕以箴規兮・胡數奇而弗售・彼惟索驥以其圖兮・曾莫知神駿之求・君子出處惟其時兮・樂天知命夫奚尤・又將別予以去兮・仍海上之仙丘・闉天人之妙理兮・傳嗣子以箕裘・翩翩然以遐征兮・嗟欲挽而莫留・矢吾辭以志別兮・因以寫吾之心・行何以處我兮・毋金玉乎爾音・自薊北而越南兮・閱半載之光陰・既沿復遡・止且行兮・杳不知山高而海深・抵瓊臺而見鄉人兮・道予心之永懷也・慰吾親倚閭之思兮・曰不久請告而歸來也・

德馨堂銘

凡物有形・斯有氣・臭有氣・臭則馨香隨之・三代以前・求馨香於蕭𦞦膟膋・春秋戰國以來・求馨香於椒蘭蕙茝・漢魏以後・至于今日・則求諸沉檀腦麝・隨世所尚・而用之各有不同・孰知斯德之馨・亙古今而無間・不假氣臭・而自然發聞也哉・知此理者・其周公乎・成王述其言曰・黍稷非馨・明德惟馨・蓋以見精華之上達・果在人・而不專於物也・後此千餘年・唐人劉禹錫・作陋室銘・有斯是陋室・惟吾德馨之句・蓋祖周人之意也・又數百年・安成書岡耘者・張公如旭新居落成・或人賀之以詩・有眼前多少幽人宅・寧似其中有德馨之句・則又述唐人之意也・公去世已久・而其子若孫・席其德善餘慶・傳芬播芳・書香至今不絕・膏馥之沾溉・蓋未艾也・予友國子司業振烈・公之孫也・偕其伯兄振光・摘詩言・以顏其祖居之堂・曰德馨・示不忘本也・振烈間以語予・俾爲銘・乃銘之曰・

有物至馨・非氣非味・無假乎爇・奚事於佩・有韞於中・必聞於外・有積於前・必延於世・室以不陋・人以無媿・苾芬之播・無遠不至・膏馥之沾・罔有攸旣・伊誰則然・書岡張氏・祖以啓之・孫子是繼・繼繼承承・尚引毋替・

貪泉對

景泰辛未・予歸自金台・舟次羊城之石門・舟人曰・嘻・此貪泉也・愼勿汲之・予聞之・舍舟觀焉・嘆曰・古人云・飲此水者・一歃則懷千金・又云・飲之者・見金寶之多・思以兩手攫而懷之・信有之乎・予試飲焉・以驗其如何・旣而自念曰・濟水可以墜痰・菊泉可以延壽・遼之侵澗・能使人多髮・晉之礬石泉・可以愈疸・泉以貪名・理或然也・設入肺腑・而易吾愫焉・豈非終身之累乎・遂中輟而不飲・歸而臥諸船窗之下・恍惚之間・若有聞者・曰・僕石門之神也・受汚辱之名・數千百年於茲矣・未有爲表白者・幸子之來・爲我一洗之・而子之所見・無異庸衆人・予將何望焉・請而言之・若謂泉之果能貪人也・吏於茲土之多・孰若居民乎・民之飲茲水者・日以百計・歲以萬計・自有此泉以來・民飲茲者・豈可數計哉・吏之吏茲土者・不及民百之一・而又不皆由茲道以行・而道此者・或數日一人・或閱月一人・

或數月一人．總其歲之久．不過數十人而已．然其過也．或憩焉．或不憩焉．其憩也．或飲焉．或不飲焉．然所貪者．恒見於吏．而民不與焉．豈不識不知者．其心能常．而讀書明理．其心易變耶．豈常飲者．習而不覺．而暫飲者．即動其心耶．不然．則泉之貪．人亦有所擇耶．皆不通之論也．僕聞．古之貪者．有藏金以鴟之夜算牙籌者．胡椒五百斛者．黃金至五橐駝者．豈皆宦嶺南而飲此泉耶．不然何貪也．嗚呼．滔滔者．天下皆是也．不誣之以貪．而獨我誣．不亦冤哉．彼其以廉以清名者．一又何幸．與今夫官吏之所宅者．會府也．郡邑也．城市鎮坊也．而吾辟在郊關之外．且一舍許．特過道焉耳．過者．孰若居者之多且久乎．大凡官署必有井也．日日以汲焉．飯水淅也．酒水釀也．湯水熱也．手水盥也．面水頮也．口水漱也．髮水沐也．無一日無焉者也．彼之用久且數也．如是顧不能使之貪．一歃吾者．即欲手攫珠璣．心懷千金．何神且速哉．豈彼冥頑不靈．而吾獨靈歟．噫．有其實者．無其名．而名乃加於非其實者何居．必欲名實相符．必有歸矣．吾聞之羊城之中．越台之下．有九孔泉焉．色清而味洌．最宜於茶．汲者日以千數．請以是名加焉．庶乎稱其情也．竊聞吾子以文翰稱．毋惜一開口之勞．以辯我千載之誣．豈不有補於名教也乎．予唯唯而覺．起而錄之．嗟乎．貪者．人心陷溺然也．果何須於泉哉．不此之咎．而彼咎焉．宜其忿忿不服也．有人於此．穿窬而盜也．爲吏所獲．將寘於法．對方自解曰．非某敢爲盜也．吾之井泉使焉．則爲廷尉者．將信之乎．其不信也決矣．由是觀之．則泉不能貪人也審矣．大抵嶺南之地．多南金．珠璣．玳瑁．犀象．海貝．異香．奇物．皆他方所無者．見者鮮不爲之動心焉．且又去中國特遠．吏之臧否．鮮或上聞．而其民素柔懷．甘受害而不辭．故吏得以恣其溪壑之欲．貪風恣行．上下交利．漸染成俗．一或矻中流之砥柱．則怨讟叢之矣。是以士之素負名節．守廉恥者．未入其境．固嘗非其人．一踄梅關．泛湞溪．則其心與昔所非者．合爲一矣．人見其然．因以是目之．是豈水之罪哉．嗟夫．使人皆吳隱之也．雖日飲石門之水．不害其爲廉．使人非吳隱之也．雖不飲石門之水．不害其爲貪．貪與廉在乎人心．不在於水也．雖然．是泉也．不幸爲貪人所飲．亦猶冉溪因柳子而愚也．雖名之以貪．亦宜．

邱敦 字一成．瓊山人．濬長子．以廕爲太學生．試京闈不第．屏去舉業．精研百家．其學以積思爲主．終日凝然．有所得．發而爲文．皆夐遠絕俗．酷嗜素問．著醫史．時中官李廣輩．將復成化故事．敦作發塚論．以示蔣冕．卒年三十一．冕哭之痛．爲序其書行世。

發塚論

乙曰．宦官可去乎．甲曰．宦官禎祥也．禎祥何可去耶．乙曰．汙穢君德．濁亂朝綱．殘賊忠良．渙散民心．喪失天下．此爲禎祥．孰爲夭孽．甲曰．自古創業垂統之君．爲子孫防範維持之慮．至周至悉矣．繼承之者．苟非大無道．則國勢未易搖也．雖歷數有歸．而人衆勝天．無資以作．於是熒惑降精．下爲宦豎．依阻城社．人亦不能勝．而天下亂矣．然後瞻烏爰止．景命維新焉．譬之猛獸．物莫能攖．反爲毛間蟲所困．然後斃於物也．是故漢之興也．趙高蠱秦．

魏之造也．常侍蠹漢．梁之篡也．北司蛆唐．是秦之趙高．漢之常侍．唐之北司．乃漢魏梁之禎祥也．天降禎祥．爲興國瑞．又可去乎．

乙曰．國家將興．固有禎祥．然齊宮之刺。投河之辱．千百輩盡誅之慘．人生亦不幸．而爲禎祥哉．甲曰．夫宦官拔迹糞壤之中．致身宵漢之上．可以將．可以相．可以聖．可以賢．可以仙．可以佛．蓋無往而不可．禍患其變也．禎祥其常也．君子語常．不語變．乙曰．請得聞之．甲曰．內握禁兵．外監方鎮．成功賞．則先．敗績罰．弗及．非可以將歟．圖謀帷幄．寄之國命．濁亂天下．不受其責．非可以相歟．佞子貢諛．擬倫伊霍．陞座講易．係籍聖賢．非可以聖．可以賢歟．附之者．白日飛昇．忤之者．生入地獄．非可以仙．可以佛歟．時又或能廢置人主．呵叱天子．則遂可以爲上帝矣．雖衰兇鞠頑．終底滅亡．然又足以快天下心．攄天人憤．爲興王之資．垂後世之戒．亦不徒禍矣．庸何傷．

與蔣冕書

下走爲此論．乃癡人說夢事也．夢者固癡矣．安知聞人說夢者．亦不癡其人哉．夫天下之事．心有所蔽．則以惡爲美．以非爲是．以害爲利者多矣．古人不云乎．簸糠眯目．則天地四方易位．自是其是者．蔽于所見．但見其是．而不見其非．人一切有言舉不能入．自非爲之說者．逆探其所料．指摘其所信．推極其所期．竭兩端而盡之．凡彼所以爲之地者．一一皆預爲之言．若彼之自言爲者．又曷足以感悟其心也邪．予爲此論．意蓋出此．雖然天下事可言者多矣．何獨論此哉．殷鑒不遠．在夏后之世事．莫急焉故也．

陳　政　字宣之．番禺人．大震五世孫．正統六年．與邱濬同赴省試．濬見所作．驚曰．解元屬之子矣．不終場而去．榜發．果然．景泰甲戌成進士．選翰林院庶吉士．轉湖廣道監察御史．提督北直隸學校．升山東按察司副使，督學如故．改雲南按察司副使．任滿之京．至湖湘遘疾．致仕歸．二年卒．著有東井集．阮志著錄注未見．

獻英宗修文頌

聖皇受天明命．九有爲家．龍飛八載．歲登時和．玉帛駢臻乎內外．聲教漸敷乎幽遐．于是咨諏羣下．思就大勳．謂萬方既息于武事．治道攸係于斯文．乃命司空．俾管羣雍．工役樂趨．如水思東．鳩工萃材．如山斯崇．塗墍黝堊．以垣以墉．棟楹榱桷．以斲以礱．有翼門堂．有峨殿廡．學舍釁宮．庖廚廩庫．靡不整飭．靡不修舉．是乃道化之是崇．夫豈土木之是務哉．宜夫徹百度而一新．不彌時而成功．厥功告成．有愉聖容．于是禮官戒儀．星官諏日．虎賁先後．公孤襄翼．翠華其颺．鸞鑣有鶬．馭鳳輦．驂龍驤．屈九重之至尊．垂天顏于咫尺．于焉以臨．有皇斯赫．衣冠煥以精采．文風穆其洋溢．

太牢有儀．禮文孔彰．籩俎房敦．尊罍將將．賁庸鞉磬．簫管喤喤．先聖先師．來格來享．禮行曰既．爰登斯堂．我皇穆穆．載雍載莊．尊師儒于几席．詢治道之大綱．易原造化．書遡虞唐．詩興善以創惡．春秋仰伯而尊王．禮謹節文．委曲周詳．蓋經以載道．道以出治．故必研諸心．

會諸理・求其端・稽其事・使隱微由是而著・幽賾由之而彰・億萬人斯・于樂洋洋・猗歟休哉・千載之光・是皆聖樂之振奮・而本乎帝德之孚揚也・且夫人生一身・萬化之機・肅講學行禮于一時・極天下四海而歸仰・

五教本帝舜而命契敷・斯道在箕子而陳武王・訪用是位高而名尊・德溥而化廣・華屋以之牽俾・人民以之寢朗・古今君明臣良・聖作物覩・體帝舜之敷教・躬武王之訪道・豈不大興于斯文哉・抑亦有光于聖祖也・由是觀之・存心乎道者・治必興・有志乎治者・功必成・故必宅心乎勤謹・運德乎剛明・書曰・不易耳目・百度惟貞・易曰・剛遇中正・天下大行・是以麒麟感和氣而游・鳳凰應朝陽而鳴・登庸乎廟堂・充滿乎朝廷・以亮天工・以宣禮樂・以和民情・覃休光于海隅・被至德于羣生・諸福是來・百祿是膺・皇圖鞏固・四海永清・是用作頌・被諸歌聲・形容聖德・垂千萬齡・

自訟文

民之初生・曰自天君者・傳國有宋・應于大火・遂以火德王・通於天下・粤若元默涒灘之歲・招搖指于析水・時天君凝神予虛靈之宮・游思乎三池之澳・既而正中位・闢九門・宣玉音・降絲綸・蓋將以咨詢于庶職・慶讓乎百官也・乃命蒙橄・職司觀察・別枉直於疑似・辨眞僞於毫髮・明命赫然・其敢或違・眩私瞀色・法有攸規・乃命穰炵・職司典樂・遵放鄭之舊章・宗在齊之正樂・誘知化物・類乃非經・敢怠聽德・厥有常刑・申命卿塿・納言是職・戒朶頤之貪饕・絕讒邪之罔極・務鼎鼐之調和・庶斯言之靡食・申命伯鈃・屛息在公・歆至德之馨香・斷臭惡之靡容・惟鮑魚之時遠・爰芝蘭之必從・分命叔椒・爲執金吾・衞彼凶邪・以固中都・操持公正・輕舉靡圖・

分命子蹎・爲大行人・奔趨王事・縮縮循循・惟容斯重・罔惰其身・六命既敷・百官凜慄・懲既往之過愆・省平居之得失・僉謀既合衆允・若一爾乃推卿・塿而進言於天君曰・常聞體元居正・君之極也・循理奉公・臣之翼也・故風行而草偃・表端形直・未有上克純・而下不職者也・今君衆欲交拏・百慮紛紜・羣疑畢集・諸妄游因・或荒予田・則馳慕乎鴻鵠之將至・或湎于酒・則汨澆乎水濫之天眞・羣下效尤・厥咎爲均・故兗之不修・則無異於是・天君懼然若失・勃然改容・爰省前爲・以圖厥終・爾乃保眞毓和・端其虛冲・秉詩之塞淵・戒易之憧憧・一眞自如・萬事由中・于是正位凝命如初・火德復興・百官從令・

黃　瑜　字廷美・香山人・景泰丙子舉人・成化中官長樂縣知縣・以剛直・棄官歸羊城・手植二槐・搆亭吟嘯其間・自稱雙槐老人・今城北有雙槐洞・其故址也・所著雙槐歲鈔十卷・刻伍氏嶺南遺書中・文集十卷・阮志注未見・其後人補輯刊行・爲雙槐集四卷・

應詔六事疏

臣以一介草茅賤士・方蒙太學教養・豈敢遽有出位之思哉。然兩奉德音・寧容默默・臣謹條列時政・以攄愚忠於萬一・臣聞藥不瞑眩・則疾必不治・言不切直・則過必不聞・是故好肥甘者・適以傷生・喜邪佞者・反以階亂・今陛下復位以來・臨政願治・亦已期月矣・然而禎祥猶未盡臻也・災異猶未盡消也・政猶未盡當・事猶未盡直・閭閻困苦怨咨之聲・猶未盡無也・豈非陛下存心省躬之功・猶有所未至・而小人混于君子・賞猶僭・刑猶濫・官邪猶有所未綏・國法猶有所未行・是以天心猶有所未孚歟・蓋天人一理也・陛下父事天・而爲之子・父子一體也・子之幹蠱未效・而體有未寧・則父心自然戚戚・其所以仁愛之者・將無所不用其極矣・

否則去歲之夏・修省已行・而秋冬天變・又胡爲而至哉・臣見星文示變・首犯營室・營室者・定星也・詩曰・定之方中・作于楚宮・蓋夏正十月・定星昏中・此時方可興工・從以營建・詩人所詠者・衛文公一諸侯耳・當狄入衛後・初復其國・徙居楚邱・猶能仰觀天象・以役民力・今狄人遠遯・正覘我動靜之時也・而彗星起自危宿・遂犯營室・芒角長逾一丈・豈非昊天上帝・豫戒以營建之當愼歟・臣竊謂一切不急工役・皆宜停止・不然則彗乃除舊布新之象變・豈虛生哉・

且去歲風雷大作・須臾雨雹大如雞子・隕地經時不化・而夏秋之交・不逾旬日・災及承天・遠近震驚・至今嗟歎・占者奏言・雹者陰脇陽也・盛陽雨水如湯之熱・陰氣脇之・則轉而爲雹・厥兆爲兵・爲饑・爲民怨・不平之事・咎在君相・若用賢任能・寬恤刑獄・則咎可弭矣・此有隱之言也・夫天火發於雷電・兩見災變・譴孰大焉・而諱匿其占何哉・詩曰燁燁震電・不寧不令・五行志言・君不思道・則天火爲災・臣撓政權・則迅雷雨電・觀春秋所書・震伯夷之廟・西宮災・大雨雹・皆在桓文專霸之世・則政權自諸侯出矣・伏望陛下・蚤夜以思・果能盡行純王之道歟・抑猶有專霸者・厠于其間歟・威福之柄・果能自攬歟・抑亦有撓政者・竊弄而下移歟・

乾剛獨運・則陰邪潛退矣・今年春二月・詔修南海子行殿・大小紅橋七十餘所・曾不及旬・而白虹貫日・暈背無光・未幾又修沙河行殿・是日午後・日生暈・背無光・色赤如赭・此則彗犯營室之應也・天象告人・如形影相見・聲響相聞・亦明矣哉・今月三日・日將晡時・有流星青白如杯・起自天中・隕于東方・又不及旬・而日復生暈・其色赤黃・其夜月亦生暈・其色蒼白・俱圜如虹・良久散後・闇然如蝕之旣・失其精華・京城萬目所覩・蓋蒙政之象也・詩曰・此日而微・彼方而微・今此下民・亦孔之哀・此以薄蝕言耳・今日月雖非薄蝕・而微闇失常・其大怪也・其應於人事歟・

臣竊惟聖修未固・殷鑒易忘・景泰以來・秕政不可縷數・其大者・則李惜兒妖妓也・毀奉先傍殿以建宮・章文賤工也・擢主禮部尚書而見幸・政以賄成・官因寵進・綱紀紛淪・不可救正・陛下叡謀神聖・悉行釐革・萬方歡忻・渴望太平・然太監王振・不忠者也・而徇其黨與・賜之祭葬・駙馬井源・死于忠者也・而沒其田宅・給與貴臣・況于小民資產・爲勢力所奪・可勝慨哉・詩曰・佌佌彼有屋・蔌蔌方有穀・民今之無祿・天夭是椓・哿矣富人・哀此惸獨・此又下民孔哀之驗也・夫天心仁愛・陛下可謂篤矣・而景泰往政・乃復蹈之・亦獨何歟・臣愚不識異諱・凡所條列六事・皆循天象・以徵表之・詩曰・取譬不遠・昊天不忒・回遹其德・俾

民大棘・

蓋治天下有本・身之謂也・其身不正・雖令不從・治天下有則・家之謂也・其家不可教・而能教人者無之・固聖賢之明訓也・身修家齊・以爲民先・則舉而措之國與天下・無難矣・狂瞽之言・伏乞陛下留神詳察・

一曰正身・則天下治・臣惟天下之亂・皆起于逸・天下之治・皆由于思・心不思・而身好逸・此小人之所以投機導慾・朝野之所以禍孽相尋也・今彗星出見・光芒逾歲而不消・日暈無光・背珥無時・而不有天戒・亦明矣・陛下修身之際・其亦思之否歟・抑亦方事逸豫・而不暇思歟・箕子陳洪範曰・敬用五事・貌言視聽・皆主于思・思曰睿・睿作聖・則皇極建・皇極建・則天下之民・舉被其澤・而五福隨之・思不睿・則貌不恭・言不從・視不明・聽不聰・皇極不建・而身不正・奸佞彙進・蠱惑以逞・天下之民・舉罹六極・而水旱・貧窮・瘟疫・喪札・隨之矣・周公戒成王曰・君子所其以無逸・釋者曰・所猶處所也・以無逸・爲所動靜食息・無不在是焉・作輟則非所謂所矣・苟因勤政・厭其久煩・乃欲暫逸・豈非作輟而無定所歟・若往海子呼鷹逐獸・則心思日蕩・臣民傚之・將皆役其耳目・恣其貌言・百度不貞・萬事弗理・天下危亂・可坐而致也・

臣愚伏願陛下・端居法宮・勿事遊幸・每遇政暇日・讀經史・有疑思問・必召儒臣使之講解義理・有所未通・必睿以通徹而後已・天地將自心出・萬物皆由心備・其視馳騁田獵・令人發狂者・果孰爲樂歟・如此心日正・身日修・而所以正朝廷・正百官・正萬民・遠近莫不一於正者・皆在是矣・不然・則投機之會・出于不思・而逸之時・秕政漸復・將如景泰之世・則天下不治・民皆輕死・苟有亂賊・甚於近日王斌馬璘之徒者・則敵人不在邊疆・而在門庭矣・可不謹哉・惟聖心垂鑒焉・

二曰正家則天下定・臣惟人倫造端・必先夫婦・治道行否・皆自宮幃・未有優倡擾雜・而可以言政者也・景泰時・妖妓入內・留幸荒淫・而文武諸臣・羣趨其門・甚或結契連姻・無復廉恥・而教坊遂至月進脂粉錢・上塵內宮・以及侍御・禮部爲之題奏・自此風從肆行・公侯錦衣之家・多收妓妾・而宿娼之律・不復欽遵矣・臣聞陛下革去禮部題奏・而教坊按月進錢・公然如故・已放樂工樂婦四百餘人・還籍從良・而俳優戲劇・猶供奉宮中讌飲・此曾在外則挾威凌物・甚至執縛職役人員・恐嚇財貨・會試舉場士子・有被其害者矣・陰之脇陽・莫醜于此・臣愚伏願陛下・明禁教坊・不得侍讌・而革去其所謂脂粉・不許月進・仍詔禮部・令勳戚近臣・優・夫率婦以貞・婦隨夫以潔・而凡娶妓爲妻妾・縱僧入閨毋狎娼者・必誅無赦・則男女以正・婚配以禮・而淫風從息・人倫明矣・否則惜兒之孽・安保其不復萌哉・惟聖心垂鑒焉・

三曰正禮則天下化・臣惟治平莫要于孝弟慈・達德不越乎知仁勇・萬世不易之至道也・欽覩聖烈慈壽皇太后・昭受尊號・推恩及于臣民・而又釋放建文君子孫・安置鳳陽・送氓庶人子孫・仍回舊府・各使得所・至于貤封優・免肆眚之類・悉從其厚・治平之要道盡之矣・近侍藩封・或有非禮之請・必先辨明・而後拒之・水旱賑濟・凶札瘞埋諸惠政・必

覈實普行于郡國．洞燭敵人．詐進玉璽．則始終峻却．不爲所欺．達德之行．昭乎天下矣．禮制四達不悖．獨有宗室之禮．猶未正焉．則建廟立宗是也．

親王首受藩封．則是宗法別子爲祖矣．其後繼別爲宗．則建大宗之廟．世世長子承祀．爲百世不遷之宗．自是支庶分封爲郡王．次爲鎮國將軍．又次爲輔國將軍．又次爲奉國將軍．各立廟．爲四小宗．五世則遷．而其支庶親王．與之無服爲中尉者．則統於百世不遷之宗．立學以教之．其或冠婚喪祭．少有不足．皆由親王收養周恤．不待陳請．而四小宗各以親房量給助之．凡廟制．一從家禮．而擢用銓除．必遵太祖高皇帝祖訓．務使富而好禮．貧而不匱．則陛下親親之仁．常浹洽而弗替矣．書曰克明峻德．以親九族．而大小宗廟．乃典禮之大者．非陛下聖明莫能舉行也．儒臣集禮．不著爲令．行於宗室．以致大臣不立家廟．營求奪情．疏其所當親．薄其所當厚．羣黎百姓．曷由而化．臣願陛下特賜璽書．俾各藩僉議．如果合禮．然後著令．而凡營求奪情．起復不自建廟立宗者．雖在高位．一切罪之．則恩自禮推．而絜矩之道大行矣．惟聖心垂鑒焉．

四曰正樂則天下和．臣惟世道方亂．則禮慝．而樂淫．天下大定．則禮先．而樂後．故教太學之士．而善心必審於此．易曰．雷出地奮．豫先王以作樂崇德．殷薦之上帝．以配祖考．釋者謂．大合樂九變．以祀天神．饗人鬼．祭地祇．周官所言．琴瑟詠歌．下管鼗鼓．即咸池承雲九韶．有虞氏之樂．傳自黃帝者．其間分樂而序之．乃六變八變之節耳．故樂記曰．和故百物不失節．故祀天祭地．合奏於堂上下．而簫韶九成．則祖考賓客．皆可得而禮矣．古者以此爲郊廟朝廷之所常用．故舜命夔典樂．教冑子曰．詩言志．歌永言．聲依永．律和聲．律以正五音．五音正．而律退藏．猶規矩以正方員．方員正．而規矩不用．非謂吹律管．以與樂器相和也．蓋製器之時．因律呂長短．以定八音之清濁高下．其尺寸分毫之度．已在金石絲竹之中矣．況且周尺尚存．仍候氣而氣已應．累黍已符者．今造車之家．非此尺則車不能同軌．更以家禮所刻尺式．參以律呂新書．而後用之．

製器既成．展聲聽審．冬至以召陽．夏至以召陰．則八音克諧．神人以和．從可知矣．然歌舞必用童者．以其赤子之心．發爲元聲．協於元氣也．今之郊廟歌詩．則用神樂．觀羽士．凡大燕饗．曲調承應．則用教坊司樂工．而所奏又不能優游平中．大樂豈能與天地同和哉．世儒於周官大司樂歌奏之說．皆有見於分．無見於合．而候氣累黍．復拘泥而不通．臣愚伏願陛下．敕禮部及大常寺官．招集名儒．講明大合樂之法．且用周尺製成樂器．務使清濁高下．以和人聲．頒於大學．以及天下學校．皆選諸生童者．歌而舞之．以復冑子之典．一切金元以來．俗部之樂．通行禁絕．則淫哇屏放．而韶樂復聞於今．庶幾可以應彗星除舊布新之象．將見天下人民．形和聲和．而天地之和應矣．惟聖心垂鑒焉．

五曰正賦稅則天下富．臣惟天下有危機．禍福因之而生於百姓是也．百姓富足．則機靜而有福．四海困窮．則機動而有禍．此洪範所以審五福六極之萌．而務建極．斂福錫民之極樂歟．方今江南水旱之災．甚於河間諸郡．揆其所由．

則蘇松常湖稅賦・倍於他邦・甚至每畝三升起科・再加一石・名爲九斗十三升者・一遇災傷・盡皆饑餓・盜賊縱橫・浮殍盈路・倘巨寇乘時而起・阻絕漕運・何以禦之・

臣嘗與吳越士夫私議・皆謂欲正稅賦・事實非難・惟在裒多益寡・平均天下而已・自淮安至天津・兩河瀕水之岸・俱有荒埔・若有司雇募開荒墾者・俱令隨地廣狹・量留牽路・悉行開墾・而必多爲溝洫・往來行旅・如古阡陌・待成田後・每升科一頃・則減江南之額・扣除如數・至於百千餘頃・而彼此乘除・遞相裒益・則天下平均可期矣・至於水利・則禹貢曰・三江既入・震澤底定・論者謂・環湖之田多水患・沿海之田多旱災・應於三江之外・凡浦漊滙瀆・皆以時挑濬・小川流注疏通・而大澤涵渟不蕩・亦如所謂既入底定・則水不淤洩爲患・而旱災因可救也・

江北至於近畿・亦倣其法行之・障其流・通其塞・則溝洫無壞・而歲熟・力役惟時・有無相濟・雖中原青徐之民・可永保其無竄徙流移之患・而不爲亂矣・至於近日均徭造冊・以稅賦多寡爲差・官爲定其徭役・是亦通變宜民之道也・其有奏稱不便者・無乃有司不公之故歟・古者以彗星芒角動搖・而恒星亦多流隕・蓋庶民惟星・是乃兵戈將動之象也・臣愚伏願陛下・令戶工二部・遣賢員・自裏河相地至於江北・行臣所言・墾田待熟升科・扣減江南之稅・而均徭造冊不公・許赴巡按御史糾彈・行令更替・凡遇水旱踏實・則必舉行周官荒政停徵・弛役之禁・勿爲虛文・本固邦寧・而危機永息矣・惟聖心垂鑒焉・

六曰正軍伍則天下安・臣惟保固封守・在乎選將帥・敵愾綏寧・在乎充軍實・軍實之不充・由將帥之非材也・按軍政舊際・凡官舍旗軍軍餘曾歷戰功・陞授職役者・其子孫世襲・若不曾立功・就與職役後無戰功者・不准襲・指揮千百戶・後又征進有功陞職者・准襲・不曾征進者・不准・觀此則凡准世襲・必其有戰功者也・今之不有戰功而陞官者・因循世襲・非復祖宗之令矣・矧有身故絕嗣・而無嫡派子孫・旁枝族人・至於無服・亦皆冒襲・夤緣僥倖・不由黃選・亦有流官及罪犯被革・俱不准襲・而亦准襲者・皆由官吏受賄・不復查究來歷・

是以下賤闒茸之徒・冒濫日繁・而奏帶傳乞之官・猥致篋倅・倘得官則肆其刻剝・占役賣閑・軍伍苦之・逃絕者多矣・清軍御史・雖歲差一人・固無益也・臣竊謂宜敕着各巡撫・都御史・總兵官・會同三司官員・將合內外軍士・逐一清查原額・及見在之數・併老弱逃絕者・列具手冊・而軍器馬匹・亦如之・凡沙汰填補・及合給錢両・俱各奏聞・許合便宜裁處・軍職武舉・則試其騎射・條舉武經・七書・百將傳・各十事・令其直述・大凡中選者・留任支俸・不中者・襲未五世・許支半俸差操・其襲已五世・且住俸再試・待試又不中・即行革去職襲・傳曰・君子之澤・五世而斬・故雖親藩五宗・止於五世・

中尉不得繼襲封爵・而況於軍官乎・如此・則將帥各有材能・而軍士免於剝削・倘逃伍絕戶數多・則沿京沿邊無賴之徒・投軍報效者・動以萬計・兵部以冊造報姓名，冗費京儲・建議欲盡革之・此豈策之得已乎・宜詔兵部都察院・會同五府坐營官清查・覈確姓名・悉補京邊外省缺伍・不足則招募民兵．別爲編籍．與軍士一同差操．若有戰功．亦一同陞賞．亦古時寓兵於農之意．如此則天下之伉健敢勇者．皆得收用．動支軍餉以給之．遇有工役．不許借撥．務令軍伍充完．養威畜銳．將見使之赴敵必勇．使之築保必力．所以應弭震雷之威．其在茲哉．

臣愚伏願陛下．鑒前土木之變．常以選將材．充軍實爲務．行臣之說．則軍政修舉．而天下安矣．惟聖心垂鑒焉．以上六事．其正身正家．取自上裁．其餘則任賢以圖．望於清燕之暇．觀心察理．日令詞臣進講宋儒眞德秀大學衍義．格物致知之要．至有事涉治平．則召府部大臣．各帥其屬入見便殿．敷臣所陳．使商確舉行．有出於臣淺見薄識之上者．更加顯擢．故曰純心要矣．用賢急矣．臣以一介微賤．冒進狂言．涓塵無補於天地之大．隱僻莫逃於日月之明．與其一旦沒齒．與草木同朽．孰若陳見披衷．少得伸其匡濟之願而後死乎．是雖殉身伏節．卽如大學生陳東輩蒙難就誅．亦所不悔也．伏惟陛下留神詳察．

雙槐歲鈔自序

儒者之學．通古今．達事變．窮理盡性．以至於命而已矣．予質性疎魯．雖頗嗜學．然於道．望洋殊未有得．乃日事操觚．每遇所見所聞．暨所傳聞．大而縹緗之所紀．小而芻蕘之所談．輒自抄錄．歲自景泰丙子．以迄於今．四十年於茲．而編成焉．凡聖神功德必書．崇大本也．人文典禮必書．急大務也．天地祥眚必書．期大化也．經史異同必書．決大疑也．懿行美政必書．昭大節也．異端奇術必書．正大經也．言今必稽諸古．言天必徵諸人．言變必揆諸常．言事必歸諸理．此予著述之志也．

自顧學識謭陋．釋焉而不精．詞藻㥄弱．語焉而不詳．蒐括疎漏．猶登山望遠．而近不知毛舉細瑣．猶入室觀近．而遠不察．徒爲飾韇覆瓿之贅物焉爾．何足以塵藝圃．而辱牙籤哉．昔者成式雜俎志怪．過於齊諧．宗儀輟耕紀事．奢於白帖．然而君子弗之耶．何則．多聞不能以闕疑．多識不足以畜德故也．今予此書．得諸朝野．輿言必證以陳編．確論採諸郡乘．文集必質以廣座端人．如其新且異也．可疑者闕之．可厭者削之．雖屈於性命之理．若不足爲畜德之助．而語及古今事變．或於道．庶幾弗畔云．雙槐亭名．在廣郡會城．予解組後．棲息處也．時宏治乙卯仲春也．

黃畿 字宗大．香山人．瑜子．少補諸生．絕意科舉．隱粵山之椒研．辨九流，通三才五行之蘊．著三五元書二十五卷．旣讀邵子皇極經世．歎曰．自箕子以來．合術於道．其堯夫乎．因著皇極經世書傳八卷．晚年潛心大易．中庸，述易說若干篇．嘗著書羅浮山中．屈大均謂．粵人書之精奧者，以畿爲最．正德癸酉．與子佐計偕如京師．歿於儀眞．學者稱粵洲先生．所著書多佚．今存者三五元書貫道論一篇．皇極管窺十三篇．詩文若干首．後人彙輯爲粵洲集四卷。

三五元書貫通論

天地以無爲祖．人物以有爲母．三才以動爲戶．五行以因爲府．馮翼未形之謂無．氣質始靈之謂有．屈伸往來之謂動．生尅迭用之謂因．無則有．有則動．動則因．因則終始．終始以至無窮．人莫知所從．故能爲死爲生．時息時行．雖入於涫涫紛紛．而未始離其根．嗚呼．大哉道也．斯其神乎．聖人握宇宙之柄．懸萬化之鏡．故能前民用．知吉凶．以窮理盡性．至於命．夫易爲八．八其八而爲六十四．皇極惟九．九其九而爲八十一．太元動極．潛虛經世．其數皆不外是乎出．然其究．三五而已矣．是故五曜緯天．虛其中經．以四方之宿．五嶽緯地．虛其中經．以四海之流．五事緯人．虛其中經．以四德之端．

維北曰水．元冥司規．正位乎坎．在天爲雲雨．在地爲川澤．在人爲聽．在蟲爲介．其祥眚黑維．東曰木．蒼精司矩．正位乎震．次乎巽．在天爲風雷．在地爲林藪．在人爲貌．在蟲爲鱗．其祥眚青維．南曰火．朱明司衡．正位乎離．在天爲震電．在地爲岡陵．在人爲視．在蟲爲羽．其祥眚赤維．西曰金．白藏司權．正位乎兌．次乎乾．在天爲霜雹．在地爲金石．在人爲言．在蟲爲毛．其祥眚白維．中曰土．黃靈司繩．位正乎坤．次乎艮．在天爲霜霧．在地爲墳衍．在人爲思．在蟲爲蠃．其祥眚黃．是故三爲五宗．五爲三輔．五禮肇乎三統．而民性中矣．五音協乎三禮．而民情和矣．五倫行乎三德．而民彝正矣．

虛其一．倍其四．中外相維．則八卦九章．皆五行也．生數五．成數五．天地相承．則圖河書洛．皆三才也．參伍而衍繹之．禮樂於明．鬼神於幽．政道於大．術數於小．苟違三偕五而能成．吾未之前見也．是故人知易範．爲數學之宗．而不知唐虞之世．七政．五典．六府．三事．無乎而非此也．蓋全則爲聖爲賢．駁則爲讖緯．爲釋老．惟人神明之耳．至揆所原．則數雖有十百千萬．以及萬萬不可窮．然皆出乎三．成乎五．本乎一．故曰三十輻．共一轂．又曰心爲太極．此之謂也．

皇極經世書傳序

自序曰．夫有畫無言．庖羲之易也．彖後斯有言矣．予欲無言．象帝之先．故曰四時行焉．百物生焉．天地變化．道之顯也．鳳鳥不至．河不出圖．天地否塞．道之晦也．立象盡意．而律呂聲音．豈能外哉．自畫前觀之．太極分二．先得一．爲一以統四時．後得一．爲二以奠四維．加倍則十二相乘．終於六十．皇極之用．天地之心也．兩倍爲四．元會運世．以彌綸焉．天下之物管是矣．故夫仰則觀象於天．日月星辰也．俯則觀法於地．水火土石也．近取諸身．性情形體也．遠取諸物．走飛草木也．幽明之故．死生之說．鬼神之情狀．其一動一靜之間乎．是窮理之事也．

三皇象春．五帝象夏．三王象秋．五伯象冬．與天地相似．而道濟天下矣．贊易以祖三皇．序書以宗五帝．刪詩以子三王．脩春秋以孫五伯．旁行不流．而樂天安土矣．是盡性之事也．生長收藏以盡物．一元猶一日也．化敎勸率以盡民．古今猶旦暮也．權變事業．其神用矣乎．故範圍天地之化．而不過．曲成萬物．而不遺．通乎晝夜之道．而知故．神無方．而易無體．是至命之事也．昊天四府．而陰陽以升降焉．聖人四府．而禮樂以汙隆焉．歷居陽治陰．而象數以禮行焉．律居陰治陽．而聲音以樂和焉．故河圖出．而天數五．地數五．象數也．鳳鳥至．而雄鳴六．雌鳴六．律呂也．倍而四之．皆以爲用焉．夫道之用．圓侶乎方矣．皇辟之用．義兼乎黃矣．歷以藏閏．乾坤坎離所以不用也．律以顯閏・日星水土所以必用也・邵子之學・其仲尼之學乎・仲尼之道・其庖犧之道乎・邵伯温子也・不能是之於父・張岷王豫徒也・不能盡之於師・而牛無邪・張行成・祝泌・廖應淮・朱隱老・五家・臆鑿紛如・不有九六之鍵・曷啓乾坤之門乎・畿也不揣固陋・爲管窺十有三篇以訂之・而日加註釋・以爲之傳・凡八卷云・宏治甲子三月丙寅南粤黃畿書於淸虛洞・

謝廷舉　番禺人・景泰丙子舉人・官湖廣興國同知・

明故文林郎知長樂縣事雙槐黃公行狀

公諱瑜・字廷美・其先筠州人・系出度支員外郎漢卿之後・五傳至郡馬迪功郎重載・嘗獻瑞麥賦・子朝奉雍・孫西臺侍御史憲昭・曾孫宣慰副使從簡・皆顯於宋元間・及侍御・以忠言謫南海・生宣慰・勤王有功・生子敎號疊水・弟敏領洪武癸酉鄉薦・敎生温德・温德生源遠・府君泗公之父也・世傳仕業・自疊水以來・始潛而弗耀・滙休鍾慶・寔發於公之身・惟公賦質重厚・禀性寬仁・充養之深・金純而玉粹・蓄受之廣・山納而海函・爲學絕絺繪阿曲之習・而惟聖賢是希焉・爲文去擷掇雕鏤之華・而惟本原是務焉・孝友周達於家邦・而覩其德者心融・寬猛竝施於政治・而聞其風者誠服・

至接物應事・和而不流・犯而不校・恂恂如也・公在胎敎時・母太孺人伍氏・夢赤馬入室・覺而娩焉・故小字之曰馬兒・幼有矩矱・頭角嶄然・不隨羣兒戲・弱丱遊里塾・適童生屬對曰・黃楮題朱字・方指授采色門類・各俯思未就・公應聲代之曰・青梅點白藍・語甚卓犖・近似調羹・師奇其聰悟・源遠因遣就學・授以孝經論語諸書・過目成誦・每謂所親曰・光裕我家者・必此兒也・旣冠授書經・窮晝夜・手口不懈・源遠恐其成疾・輒禁止之・公得侍講林環講義・乃竊誦默識・大得其旨・適提調甄收俊髦・遂入邑庠爲弟子員・英標特異・文思雄偉不羣・流輩未之知也・獨同邑李君智・見而推許焉・因納交莫逆・後遂妻以女弟・

時番禺東井陳宣之先生・以五經授敎・遂相與館於廣城・卒業其門・而學益進・講習之暇・則修堂祠・營居室・凡櫝主之制・祭祀之儀・冠昏喪葬・必倣文公家禮行之・源遠義方之敎素嚴・公事之惟謹・應門總務・咸得其歡心・每朔望・晨起謁家廟・公必豫備盥粥以俟・晚有疾・旦夕侍側・不離左右・甚或夜分乃寐・藥餌必親熬・飲食必親嘗而後進・如是者・歷寒暑十有四・未嘗怠也・初太孺人厭世時・年纔十二・卽知哀慕・繼母李氏鞠養之・旣長・敬奉如親母・及遭源遠之喪・踊泣幾絕・水漿不入口者累日・殯斂送終之節・凡當時搢紳之所不能行者・務盡其曲折・冒莽以求兆原・日行數百里・兩足漬血不自知也・

時兄瑄・弟珩・各以疾不能襄事・營辦之費・皆自己出・未嘗吝焉・兄弟欲分有其業・公不能止・盡以付之・一無所取・歸自墓所・斂篋露祭器銀杯三枚・皆盡取去・且詬且攘・亦不與校・已而瑄蕩析・至無以爲家・公出已貲・贖還所居第・賙給之終身。珩早夭・撫育其二子・克底成立・爲之立家室・給田莊・其孝弟慈睦・出於天性・蓋加人一等也・親旣沒・後益自振勵・學日有名・景泰丙子科・遂登鄉貢進士第．燕鹿鳴日．慘然泣下．衆驚問之．公抆淚曰．余永感久矣．父母能教我．而不及見我成名．此所以悲也．語次益歔欷不自勝．同列咸爲之感歎．士林由是賢其爲人．

計偕北上．試禮部．登乙榜不就．遂遊太學．會天變求言．上疏言六事．忤權貴興濟伯楊公善．欲絀之．輿不協．乃得免．居京師八載．當時名公如王太宰翶．薛侍郎遠．李學士賢．邱學士濬．皆器重之．李欲延入館閣．不肯．作七誘以明志．然數奇．竟不第甲科．歷政司徒．日久以材幹聞．御史缺員．銓曹署公名．有揚州僉姓．夤緣戚畹者．排公得之．或使進賄．公笑曰．功名高下．自有分定．關節求進．吾不爲也．既而兩廣兵興．旨意不限士之貫籍．惟其賢能．則授以牧民之任．公遂得惠州府長樂知縣。

邑治僻在一隅．居民狡獷．前令往往不能行所志．公至乃闢田里．以阜其俗．興禮義以化其心．上承下御．動中肯綮．政令每依寬厚．而畧以猛濟之．故聲色不施．而翕然欣服．初豪戶不供糧稅．上官每加譙責．莫可誰何．公習聞其弊．知其必出於里胥强橫之故．至是果皆秉肩輿．衣羅綺．導以鉦旆來見．公褫之於庭．示以禮制．由是闔境服公．無違式者．又有曾某者．將履任時．拏舟來迓．趨事甚勤．渠意公必假以顏色．尋以微糧不完．與衆同罰．遠近益服公之無私．逋租匿役．無有敢隱焉者矣．

凡避盜流離他境者．聞公治聲．還以數千計．戶口既滋．遂增置二里．而邑益庶．丁糧既盛．復增蓋二倉．而邑益富．至於宿蠹藏奸．亦披抉殆盡．雖古之善爲政者．無以加也．始涖學時．見其卑濕．逼近城池．且狹隘不足爲樂育之地．慨然嘆曰．吾事也．遂具實遣人聞於上．并申合屬巡撫巡按布按二司．皆允之．乃捐己俸三十石爲之倡．聞者咸欣躍出貲以助．買城東軍營民居地．撤其舊而遷建焉．甫四閱月．而經營告成．至於壇壝橋梁驛傳鋪店．皆與修無遺．政暇則至學．與師生講論經史．考試講業．亹亹不倦．時富室多爲義官．如顏莊輩．惟寒門乃肯充庠生．公思有以感動之．因老人陳姓者．其子入學．躬送至其家．莊輩以不見臨爲恥．於是競以子弟遊泮爲榮．而絃誦之聲洽矣．

科目久乏人．自公興振庠序．曾瓊林廣相繼領鄉薦．而亦公素所鑑別者也．公視民如子．匹夫匹婦．有不得其所．恒哀矜焉．聽訟時．公門大闢．民不持牒．徑行赴訴．詢之多得其情．鞭撲間．聞呼少孤者．必流涕釋之．有寡婦爲豪民奪其園池．公廉得實．即斷還其業．民以債負．爲上杭商所毆者．以俸金代還之．胥吏或旅寓獲疾．則使人爲之調護．尤憐獄囚．每朔望．必解桎梏．櫛沐飲食之．莫不感泣．籲天祝公之壽．偶以事．久寓於外．歸未抵城．獄囚聞之．歡聲如雷．府經歷黎獻．見而駭異．以爲公之愛民．無所不至．罪人如此．他可知矣．

府太守吳公繹思．尤加禮重焉．侍御龔公晟號嚴峻．待興甯諸令如奴僕．獨雅敬公．始聞能名．即加褒獎．尋薦諸朝．訪察間．且樂從公之言．有寃獄淹禁者二十餘年．欲置之重典．因公之言釋之．其他重犯多斃箠下．每救護之．全活甚衆．興甯有嫡庶競爭田產．積久不能决．吳太守委公往勘．公爲開陳因心之懿．於是揮涕自責．讓爲閒田．雖異境之民．而亦化公之德如此．政平訟理．遠至邇安．邑民淪浹骨髓．至今夢寐猶不能忘．避公嫌名．至於舍黃魚而不食．愛戴可謂深矣．初邑多淫邪．每秋冬之交．覡儺載道．云驅瘴疫．公禁止之．其風遂革．

又多盜賊．公以德化之．牛羊盈野．而人無敢竊者．秉性剛介．苞苴無敢至門．惟勇於爲義．嘗有貢．途遊太學．貧不能往．盡以月俸贈之．又厚賻莆庠吳瑤之父喪．橐無留財．家人雖有吝色． 不之顧也．人有饋送土物． 雖至微不受．惟禽鳥則受而縱之．民化其仁．家無儲．罝網者．恒相謂曰．黃父母．恩德猶及羽毛．而况於百姓乎．成化壬辰．豪民黃新． 恃富殺人．上司以其無屍． 欲出之．公默禱於神．忽有大蚱蜢．折左股．入硯池而斃．公呼新謂曰．汝析其左足．埋黑水塘中．人告我矣．新遂驚駭輸服．遂得尸．人呼天誅强暴．有此應也．未幾蕭僉事蒼．錄囚至惠州．受新銀三百両．欲以爲疑獄．公堅不肯．爭曰．供證明白．尸既獲矣．又何疑焉．蒼不得已．假作行提官吏對證．乃再勘結．里排隣曲．俱各證新．情眞罪當．始書决單．新遂棄市．

公卽乞歸．龔御晟以己登薦剡．留之不得．於時行李蕭然．錢不滿貫．行方半道．忽甲而持戈者．數百奄至．公嘆曰．行囊甚空．盜胡爲來．至則涕洟羅拜．各出所有爲贐．公堅卻之．因護送至山谿間而去．蓋向所化盜盧公林也．盧爲長樂劇盜首． 剽掠鄉墟．邑人最苦之． 義官李允設計擒至．自以爲不賞之功．公諭以理道．盧感激．願爲良善．遂縱焉．允怏怏． 嘗欲盜再發以見尤． 然竟無告被竊者．嗚呼．去後之思．梗化之徒猶然．德澤及人．一何深哉．

其後邑人欲建公生祠．繼公爲令者．安成李君顒．使庠生魏鳳等來求繪容．公謙讓不居也．優游田里餘二十年．恒對人言．以不及致身廊廟爲歉．建一亭．對植雙槐．因以自號．且曰吾修善．以取必於天．後裔能再植其一．則吾之願永畢矣．遷居廣城之省前．隣之人咸薰其德而良善．于宏治丁巳三月二十二日卒於正寢．距公之生宣德丙午正月初六日．享年七十有三．所著有雙槐集．及歲鈔書傳．通行於世．配李氏．同邑大欖人．卽江州判官智之妹．有淑德．克贊公．子男二人．曰畿．曰廣．畿娶陳氏．宣之先生季女也．長孫金章．出就外傅．次金艭猶在襁褓．廣娶阮氏．胄出指揮使之女．女子二人．名士蔡縉何彬其婿也．公屬纊之先．預知游期．晨起猶灑掃庭內．哦萬里銘旌詩．其夜問僕黃亞．三日三更乎．已而報曰三更矣．遂端坐翛然而逝．其樂天知命如此．公德學兼備． 名動朝署．而膏澤不洽於天下． 論者惜之．其流光貽慶．於子若孫．當永永無窮矣．故摭拾大概．以竢國史實錄云．宏治丁巳春三月己巳．與國同知同年．鄉生番禺謝廷舉撰．

祁順 字致和・東莞人・天順庚辰進士・授兵部主事・累官江左參政・左遷大理府知府・尋擢江西左布政使・卒於官・嘗使朝鮮・謝絕供給・韓人爲築卻金亭記之・守石阡尤多善政・著有巽川集・明史作二十卷・四庫提要作十六卷・附錄二卷存・阮志又載石阡志十卷・未見・寶安雜詠一卷・皇華集二卷・並存・

廷對策 天順庚辰科

臣對・臣聞欲盡爲治之要者・固當循其序・欲求爲治之序者・尤當探其本・蓋禮樂刑政・治之序也・先明諸心・治之本也・大哉心乎・其禮刑政所由推乎・至哉禮樂刑政乎・其治天下・所當務者乎・本諸心以制禮・則禮得其序・本諸心以作樂・則樂得其和・至於明刑修政・亦皆舉此而措之耳・唐虞三代之治・所以極其盛者・以其能盡乎此也・漢唐宋之治・所以不古若者・以其未盡乎此也・我朝列聖相承・治隆化洽・庸非此道之克盡乎・欽惟皇帝陛下・稟聰明睿知之資・備剛健中正之德・才足以闡乎鴻猷・道足以躋乎皇極・曩者嗣位十有餘年・心運乎方寸之間・化達於遐荒之外・玆焉復登寶位・允愜天人・揭日月於重明・闢乾坤於再造・萬幾獨斷・庶績咸熙・

然猶體道謙冲・求善如渴・乃進臣等於廷・策以禮樂刑政之次序・詢以禮樂刑政之本原・臣有以知陛下之心・卽帝堯詢於芻蕘・大舜好問好察之心也・臣雖愚陋・敢不精白一心・以奉揚聖天子之休命・臣惟帝王之治天下・莫不有其術・亦莫不有其要・論其術・固非一端・舉其要・則在於禮樂刑政・四者而已・傳謂禮樂刑政・四達而不悖・則王道備・信哉言也・聖人因天地自然之序・而制禮・於是有三千三百之條・因天地自然之和・而作樂・於是有五音十二律之節・蓋禮所以節民之心・而樂所以和民之聲也・禮樂作矣・而民之倦怠者・則政以正之・使紀綱法度之昭明・政行矣・而民之恣肆者・則刑以懲之・俾典制居禁之有則・

蓋政所以率民之怠・而刑所以防民之奸也・然四者總而言之・固不可偏廢・分而言之・則又有其序焉・由禮樂而施刑政・則政善而刑中・外禮樂而刑政・則刑乖而政謬・此禮樂當先・而刑政當後也・禮樂所以淑人・過乎禮樂・是過於養人・刑政所以治人・過乎刑政・是過於害人・此禮樂當急・而刑政當緩也・誠能循其序而施之・舉其道而達之・則王道備・而治效臻矣・稽之於古・唐虞之時・伯夷典禮・直哉惟淸・后夔典樂・神人以和・五禮三禮之修明・大章大韶之繼作・此堯舜本諸心・而作禮樂也・由是施之于刑政・則庶績咸熙・九功惟敘・而政善矣・明於五刑・惟明克允・而刑淸矣・當時黎民於變・而萬邦協和・四方風動・而從欲以治・非其效之所必臻歟・

夏商周之時・忠質文異・尙子丑寅・迭建六禮五禮之有掌・大夏大武之有制・此禹湯文武原諸心・而作禮樂也・由是推之于刑政・則典則大・貽風愆之戒・司馬之掌・而政舉矣・獄成之告・湯刑之作・司寇之掌・而刑明矣・當時文命誕敷・而兆民允殖・四海永淸・而垂拱以治・非其效之所必至歟・自是而後・稱善治者・必以漢唐宋爲言・漢之七制・雖曰賢君・然爲治不明諸心者衆矣・故論其禮樂・雖有綿蕞草具之儀・昭容德容之舞・不過禮樂之文耳・夫禮樂旣不足

道．則所謂綜核名實．三章九章者．何足以爲刑政乎．是以漢之治．雖有黎民醇厚．幾致刑措之風．終不可與唐虞三代而並論也．唐之三宗．雖曰賢主．然爲治不本諸心者多矣．故言其禮樂．雖有貞觀開元之禮．二部九宮之奏．不過禮樂之末耳．

　夫禮樂既不足尙．則所謂府兵之法．舊格新格者．何足謂之刑政乎．是以唐之治．雖有斗米三錢．外戶不閉之盛．終不可與唐虞三代．而齊驅也．迨夫有宋之興。四聖繼作．禮有三禮之圖．有開寶通禮．而禮書義纂．無非禮之所寓．樂有和峴所定．有李照所定．而名數鐘律．莫非樂之所存．然皆不本諸心而治之也．故其刑政雖有七條三等之制．刑統編敕之書．亦皆苟焉而已也．其治效．不能比隆于唐虞三代．亦豈無故哉．三代而上．以是心而致治．則禮樂舉．而刑政由以修．此其所以極于盛也．三代而下．外是心而求治．則禮樂乖．而刑政失其道．此其所以不若古也．

　有能追其盛．而振其衰者．惟我朝乎．　洪惟太祖高皇帝．創業垂統．太宗文皇帝．繼體守文．而禮樂刑政．既倡明于先．仁宗昭皇帝．纘承至治．宣宗章皇帝．丕闡洪猷．而禮樂刑政．復洋溢于後．是以治敎休明．民物康阜．殆百年于茲．肆惟皇上纘列聖之鴻圖．守列聖之心法．孜孜圖治．夙夜不遑．制作成功．有加于昔．節民以禮．和民以樂．而禮樂之敎並興．道民以政．齊民以刑．而政刑之典兼著．人心以之而化．治效以之而彰．然聖心猶以爲未極于盛．必欲躋于唐虞三代而後已焉．臣又有以知陛下之心．卽堯舜兢兢業業．成湯檢身若不及．文王望道如未見之心也．夫以天下之大．兆民之衆．一夫不歸于正．不害爲禮樂之化未孚．一民不協于中．不害爲刑政之效未洽．然欲極其效之盛者．亦惟其本原而已．

　本者何．心是也　．以心而施之禮樂．由禮樂而達之刑政．由刑政而達之天下．非行之以序．而達之不悖者乎．孔子曰．人而不仁．如禮何．人而不仁．如樂何．是人心爲禮樂之本也．又曰．禮樂不興．則刑罰不中．是刑罰爲禮樂之推也．得其本．而循其序．又何治效之不可至哉．臣願陛下效唐虞三代之君．以是心而制禮．則禮敎旁達．莫非天理自然之節．卽禮運所謂．與天地同節也．臣願陛下效唐虞三代之君．以是心而作樂．則樂音敷暢．莫非天理自然之和．卽樂運所謂大樂與天地同和也．推此心之和．序而立政．則一號一令．皆得其當．而所謂虐政者無有焉．是陛下之政．無異于唐虞三代之政．而與書之所謂德爲善政．詩之所謂敷政優優者．同一揆矣．推此心之和．序而明刑．則一刑一罰．皆當于理．而所謂酷刑者無與焉．是陛下之刑．無異于唐虞三代之刑．而與易之所謂明愼用刑．書之所謂刑期無刑者．同一致矣．

　禮序樂和．則爲政之本立．政善刑中．則爲治之用行．將見衆生總聚者莫不順帝之則．而爲禮樂之是遵．含齒戴髮者．莫不歸帝之極．而惟政刑之是式．道德一．而風俗同．天地位．而萬物育．是今日禮樂之化．卽唐虞三代禮樂之化．而視漢唐宋于下風矣．又何未極于盛之足憂乎．今日刑政之效．卽唐虞三代刑政之效．而下漢唐宋于數等矣．又何未極于盛之足慮乎．其效驗之大．所必致者如此．然究其

由・則皆人君一心之所發耳・吁・心之體至微・而不可測・心之用至大・而無以加・

故善爲治者・未有不本于禮樂刑政・善用禮樂刑政者・未有不本於一心者也・雖然君心固爲禮樂刑政之本・而用賢・又爲禮樂刑政之助・使典禮者・皆如伯夷周公・則禮教奚有不舉・使典樂者・皆如后夔師曠・則樂教奚有不興・修政得如舜之五人・武之十人・則政足以養民矣・明刑得如舜之皋陶・周之蘇公・則刑足以弼教矣・故曰・爲政在人・又曰賢才輔・則天下治・此之謂也・臣學不足以通經史・才不足以躋世用・然膺賓興而來・幸得立玉階方寸地・孰不欲陳一得之愚・以爲海嶽涓埃之助乎・陛下不棄芻蕘之見・于臣所言者・試採而用之・倘萬一而有效焉・亦臣區區犬馬之忠也・天下幸甚・生民幸甚・臣謹對・

與朝鮮國王書

欽差正使・戶部郎中祁順・端肅奉書朝鮮國王・僕不敏・辱承聖天子明命・以抵於斯・自入境迄今・餘一月矣・始也・聞王之德譽・而傾慕焉・中也・覩王之矩範・而起敬焉・終也・感王之禮意・而眷戀焉・王之天資英邁・學力純至・行己接人・悉有儀度・其於尊事朝廷・以及行人之禮・蓋無不至者・至於僕所以自處・則恐王未克盡知也・聞之左右・皆謂僕之斯行・凡餽問贐禮・一一力辭・於盛意似有所不愜・然君子之交際・豈專在乎物哉・贈行有贐・王之禮也・不貪爲寶・僕之心也・主賓各盡其道・而無愧焉・斯足矣・不恭之愆・固所難避・賴高明亮察之・因參贊徐居正送別將還・專此奉達・居正有文學・乃王所信任者・而遣以相陪・周旋日久・則王所以厚斯文之意・豈淺淺哉・臨楮未罄所懷・惟希珍愛・

又與朝鮮國王書

奉別以來・瞻戀弗置・沿途蒙遣官問候・欵待有加・僕從而下・無不霑惠・茲抵鴨江・而參判李克墩・承旨柳睠・已先至此・所以迎勞宴餞・有恪無懈者・皆王之盛心也・不意行間承旨・復以來命出貂裘見遺・則似乎不甚見知者・豈謂前日區區之弗受餽贐・爲虛僞耶・不然・何寓館之辭已畢・而千里之贈復來也・昔晏嬰一狐裘三十年・君子不以爲陋・僕至愚・未嘗不賢哲是效・茲焉衣一敝裘・猶未及三十年之久・其肯舍舊貪新・以易吾心耶・況物有盡・而情無窮・則所以感王之深者・又在情・不在物也・用是再辭・行忙草草・不宣・

西門豹論

西門豹爲鄴令・鄴三老廷掾・歲斂百姓錢・爲河伯娶婦・巫行視小家女好者・聘取裝飾之・令浮河中以沒・俗言不爲娶婦・水卽沒溺人民・豹至・期往會・令投巫嫗三老河中・使白事・至於弟子・則凡三投之・自是吏民大驚・不敢復言爲河伯娶婦・史稱其事如此・予謂豹之所爲・以暴易暴・非化民善政也・夫不教而殺・謂之虐・民俗之化・由王

所以倡之・使豹於其時・集官屬豪長父老而告之曰・大河之神・是爲河伯・過水患・福生靈・乃其職也・今爲之娶婦・以死于河・傷人害政・豈神本心乎・宜罷斯舉・以安百姓・設令河伯爲禍・某獨當之・於是爲文以告河伯・撤絳幃・釋新婦・召三老廷掾巫嫗于庭・數其罪而責焉・擇其倡謀者而誅焉・吾意斯人悔過・無違令者矣・何至投巫嫗弟子于河・至三至四而後已哉・夷考豹之治鄴・民不敢欺・大率威嚴之過・舉此一端・而其殘忍失序・類可知矣・聖賢之道・固不如此・史起有言・漳水在旁・豹不知用・是不智也・知而不興・是不仁也・嗚呼・豹之不仁不智・豈惟是哉・

藝文論

夫文也者・天地之經・民物之矩・而載道之輿也・昔皇帝之書・掌在外史・先王憲令・布于象魏・羣民之俊者・設庠序・俾日講習焉・學成乃登之顯庸之・篤信力踐・以德則懋・敦彝敬敷・以教則成・考衷發慮・以義則度・議事憲猷・以政則行・達意立誠・以辭則脩・德以裕身・教以章化・義以揆道・政以肇治・辭以闡理・故能則天明・襲地宜・振人紀・經緯其國家・以順及民物・周之寖昌郅隆・用此道也・故詩稱山甫曰・古訓是式・周書曰・不由古訓・于何其訓・猶懼弗率・於是乎有面墻之惕・有殖落之訓・有非聖之誅・有造言之糾・有生今反古之戒・故天下大同・罔有違戾・

及其靡也・家自爲學・國自爲政・聲教殊・而道術裂・仲尼憂之・述詩書六藝・以式萬世・述而不作・信而好古・蓋閔閔焉懼作聰明・而蔑棄先王之彝訓也・宋周程朱三氏・學于古訓有獲・未嘗越茲・以畸立於世・煥此人文・視日月加焜燿焉・士之服茲訓也・亦惟崇師其教・資其理義・脩其辭典・以茂正斯德・則于國家有攸賴焉爾・故朴茂醇粹・文之質也・昭明睿發・文之英也・爾雅典常・文之體也・勅政明刑・文之用也・師其成心・悖戾古昔・文之賊也・支離瑰瑣・文之弊也・古之文也・以明道・今之文也・以蔽道・

北征藁序

詩之道大矣・古今異世・而詩無間也・中外異域・而詩無別也・蓋道之著者爲文・文之成音者爲詩・人有不同・而同此心・心有不同・而同此道・道同・則形之言者・無往而不同矣・苟不於此求之・而屑屑焉古今中外之較・豈知言哉・此余於朝鮮徐剛中之詩・所以有取焉耳・朝鮮以文獻雄東方・詩派相傳・夙有攸自・逮際皇明・氣化丕隆・聲教淪浹・能言之士・尤彬彬乎視昔有加・剛中博古通經・擢魏科・躋顯仕・文學優贍・國人咸推重之・

天順庚辰・奉其主命・入覲于朝・往還幾八千里・上觀乎都城之宏壯・宮闕之崇麗・車書文物之會同・禮樂典章之明備・下則覩乎山川之高深・道途之修迥・民風土俗之熙皞・鳥獸草木之咸若・凡其接於目・觸於心者・悉於詩發焉・長篇短章・渢渢乎其美盛也・淵淵乎其有本也・浩浩乎其不可窮也・推其所至・與中國之能聲詩者・殊不相遠・等而上之・雖古人亦豈難及哉・是固所謂心同道同・而形之言

者．無不同也．

昔陳良北學於中國．北方學者．未能或之先．是以孟氏稱爲豪傑．而其名至于今不泯．然則剛中其東韓之豪傑歟．余承天子命來朝鮮．適剛中爲遠迎使．旣又陪于館中．送于鴨江之上．相與凡四浹旬．山川風物．倡酬殆遍．用是益信其能也．剛中以余有斯文之雅．出其北征藁請言序之．余忝使職．正思采東人之詠．以觀所志．而獻之于上．則於斯集豈能忘情耶．庸爲序其篇端．俾人知詩道之所同．然抑有以見聖朝文明之化所及者遠．而所感者深也．剛中名居正．仕其國今爲議政府左參贊云．

東溪詩序

東溪詩一帙．搢紳君子．爲余從兄以信先生作也．先生居寶安城外東北二里許．有溪水環于村郭．通于大川．以達于海．其沚湜湜．其流不息．挼藍鋪練．與天一色．朝而潮．晚而汐．日出而波紅．煙收而空碧．飛潛動植．各適其適．溪之風致．不可得而具述也．先生結屋溪東．因以東溪爲號．居於斯．會宗族賓客於斯．橋梁以通往來．舟楫以供出入．四時之景．萬物之情．充理趣而助笑談．先生雖業農圃．手一編未嘗釋．暇卽臨溪坐石．誦聲琅琅然．爲詩操筆立就．不費思索．時起而曳歌張志和塞山詞．及杜荀鶴蓬底獨斟之句．或自爲詞以歌曰．溪水兮悠悠．濯我纓兮．溪之流．或理吾釣兮．或棹吾舟．忘吾機兮．狎鷺鷗．身之外兮．又何求．

又曰．朝日出兮融融．居仁宅兮挹光風．萬彙發育兮．至仁流通．吾心默會兮．斯道無窮．憫世俗之頽弊兮．吾欲障百川而之東．葢綽綽然有自得之意．於是年且六十．安貧樂道．一切聲利．視之若無聞焉．余嘗從先生溪上擊鮮酌酒．酒酣出諸君子所作東溪詩．因與讀之．余因請曰．諸作類能言東溪之趣．抑先生自得之樂．有詩所不能盡者也．先生笑曰．吾之樂．吾自得之．吾亦不能言耳．余曰．噫妙哉．東溪之樂也．已不能言．況他人乎．況知其一．不知其二．知其淺．不得其深者乎．遂書爲東溪詩序．

寶安詩錄前後集序

詩有源流．有支派．周三百篇其源也．自漢魏而唐而宋．以至于今．作者無慮數千家．而詩或盛或衰．屢出屢變．則源遠派分．其來久矣．吾寶安詩人．爲嶺南稱首．葢嶺南詩派也．唐以前志逸莫稽．自宋及元諸家相繼．皆不失乎源流之正．迨入國朝．氣化丕隆．人才益衆．其出而用世者．咸能鋪張太平．詠歌帝則．而閭居巷處之士．謳吟風化．陶遣性情者．在在見之．百十年來．聲施洋溢．復有結鳳臺．南園二社．以大肆其鳴者．於是嶺南之派．益大而遠．噫盛哉．鄉先達琴軒陳公．嘗取邑詩人．自宋元至國初之作．編爲一帙．名曰寶安詩錄．欲梓行之．未果．

公歿已三十年．後輩吟詠．皆弗及見．而公爲邑名賢．遺稿亦未登錄．其將有所待耶．順不敏．竊慕前輩所爲．思有以表見之．乃取琴軒舊編．稍加增損．爲前集．自琴軒及今．有數十人．次第編入爲後集．外郡士夫．有爲寶安作者．亦因公之舊．增而附焉．嗚乎．人物不同．制作亦異．故詩有大家者・有名家者・有一題一咏之善・有譬之江湖・河海・溪澗・川澤・巨細非一而同・謂之水也・卽其派以溯其源・由宋唐魏漢以求三百編之旨・夫豈終遠哉・顧予見聞淺狹・釆拾未詳・因是而正之續之・尙有望于後之君子・

按黃通志作寶安詩後錄・據序蓋分前後集・

方伯吳公墓表

貴州左布政使吳公・宏治戊申致政歸番陽・與同時休致者・方伯周公子建・太守邱公時雍輩四五人・相與結爲詩酒之會・人以洛中耆英擬之・越五年癸丑・吳公終於正寢・享年七十有五・其子珏既奉襄事・乃以監察御史彭程所述行狀・徵予表其墓・夫士君子抱有爲之才・得時行道・以建勳業・使惠澤及於人・名聲昭於時・生則人愛之・沒則人思之・斯可以爲不朽矣・若公殆其人乎・吳氏系出漢長沙王芮之後・先世有諱寬者・宦游戈陽・卜居地之十二山・至宋翰林修撰諱浩者・先掌敎樂正因占籍焉・

公之高祖善三・曾祖國賓・祖世才・皆有隱德・父允升舉永樂辛丑進士・擢富陽令・歷知和州・廉聲惠政播之輿論・公承家敎之懿・刻苦嗜學・景泰甲戌登進士・釋褐・知閩之清流・無何以外艱歸・服闋・補廣之東莞・東莞邑大政繁・且經寇盜剽掠之餘・更數十年無賢令・强暴梗化・姦蠹滋蔓・百事廢墜・公盡心力爲之・興利而除害・扶弱而抑强・崇學校・勸農桑・均賦役・平獄訟・事無巨細・籌畫靡遺・六載間・政通人和・上下稱戴。巡撫都憲崑山葉公・屢次旌獎・成化丙戌・陞守惠州・時廣右賊寇肆爲猖獗・朝命都憲姑蘇韓公・總督兩廣軍務以勦平之・

公夙見知於韓・遂承檄將兵・據險邀寇・威望大增・民賴以安・韓公舉更賢育民之典・特請于上・移公守廣州・劇繁治劇・別劌器於盤錯者久之・擣平大藤峽之舉・公有力焉・丁內艱・服闋・補廣西梧州道・滿九載・陞貴州布政司參政・越三年陞左布政使・梧居二廣咽喉之衝・內外鎭巡開府其地・凡上下供億・餽餉燕勞之需・悉公匣畫・民不知勞・而事克有濟・貴州諸夷所居・習俗各異・公不遠其地・不鄙夷其民・撫摩瘡痍・修舉廢墜・惠威竝著・一方帖然・繕修棧道・闢關索嶺・而甃之・行者稱便・

計年勞・方當柄用・而公上疏陳懇・乃得休致・人猶望公復起・豈意遽長逝乎・母王氏・有賢行・配樊氏亦卒・贈恭人・今與公合葬・繼室施氏・封恭人・丈夫子一卽珏・援例拜饒州守禦千戶所正千戶・女五・劉瓚黎・葉昭珪・董祚・胡楷・邱汝忠・其壻也・孫男二曰遠・曰達・孫女二・公賦性明敏・操行嚴謹・閨門雍肅・人無間言・居官一循法度・吏不敢欺・由邑而郡・由郡而藩・所建事功・不可枚舉・豈非一代之才傑・自足以致于不朽者歟・予生東莞・知公爲令之政績爲詳・自公後・未有能繼之者・其推之廣梧貴省・皆此道也・是用摘其大者表于墓石・以昭百世・其他細行・則畧而不書・

羅中丞傳

公諱亨信・字用實・廣之東莞人也・少穎敏・異凡兒・由邑庠弟子員・以詩經中永樂元年鄉試・明年登進士第・釋褐・爲工科給事中・轉吏科・尋陞右給事中・奏對封駁・克舉其職・無可以事・累謫交阯・久之用太子洗馬張瑛薦・拜山西道監察御史・巡歷所至・能興利除蠹・旌賢黜貪・卓有風裁・三年考績・受敕褒崇・父祖昌如其官・母及其配・皆膺孺人之命・時京師鈔法不行・公能疏壅滯・朝廷任之・既而丁繼母何夫人憂・給驛奔喪・起服仍司鈔法・秩滿特陞都察院右僉都御史・督操陝西平涼諸衛軍務・備邊擒敵・屢獻成功・歲戊午加俸一級・頒給誥命・進階中憲大夫・且加贈父母及其配・

先是聞父憂・朝命奪情視事・邊陲稍靖・懇求終喪・仍許馳驛歸葬・服闋・抵京・命巡撫大同宣府・所至實儲蓄・修武備・上下安焉・轉右副都御史・進階通議大夫・誥命再頒・榮於三代・尋升左副都御史・正統十四年己巳・時北兵入寇・首犯大同・沿邊營堡州邑潰散不守・公居宣府防禦・究心將帥而下・或疑懼・無固志・公語之曰・吾受國厚恩・惟以死報・他所不知・衆聞之乃定・宣城完居・緊公是賴・明年以老疾辭歸・又八年終・壽八十有一・公自入仕五十餘年・前後奏章無慮數十・所言汰冗官・省虛費・積邊儲・禁私役・修城堡・卹邊軍・類皆見用。

其鎮西陲也・方會兵剿寇・而它將有退縮異謀・幾悞大事・公劾奏斬其一人以狥・卒成大功・其在雲中也・或議選人丁・以充守備・或欲斂屯種・以徵子粒・公皆疏其不便・乃止・宣府距懷來二百餘里・空濶無援・公奏徙他城之僻遠者置其間・互相聯絡・時以爲難行・迨其地有警・始信前言爲便・行之恐後・公之遠慮類如此・朝廷寵公・先後一致・陛辭有宴・路費有資・獎勞有白金・表裏之賜・率以爲常・致政陛辭・賜宴賜衣・仍給路費・比其終也・葬祭有恩・可謂生榮死哀者矣・自公歸老・邊人思之弗忘・迄今二十餘年・而威德在人・猶赫赫如目前事・吾在京師・聞之戴侍御縉・嘗在雲中得之父老云・

論曰・嶺南山川清淑・篤生名賢・其出而用世者・或功業・或文章・或節操・皆足重當時・封後代・表表乎天地間・唐有張公九齡・宋有余公靖・崔公與之・其人也・國朝文治聿興・・賢臣輩出。吾寶安則有禮部侍郎陳公・副都御史羅公・以文學政事聞於天下・後學咸景仰之・唐宋三君子之後・二公實有光于嶺南者矣・羅公歷官可稱述・而有功邊備尤多・其事皆登國史・可傳也・

郊祀瑞應頌

天眷皇明・開億萬載太平之業・自太祖高皇帝垂統以來・聖聖相承・懋昭丕績・我皇上嗣膺寶曆・益光前休・妙運一心・亭毒庶類・敬天勤民・兢惕靡寧・于是中外攸同・嘉徵駢集・凡有舉動・天必應之・乃成化六年春正月・大祀天地于南郊・先期集百司・告以戒誓・遂御齋宮・端袂惟謹・戊子駕適天壇・風恬日熙・物象舒暢・至夜半瑶空無雲・星斗明徹・皇上袞冕執珪・對越于天・公卿百執事・罔

敢弗飾．庶物豐潔．精誠感孚．上下人神．踴躍懽慶．是夕有甘露降于壇中．松柏枝柯．凝泫一色．湛湛瀼瀼．瑩白甘美．衆觀而異之．咸謂天心昭報．神速如此．

臣聞先王修禮以達義．體信以達順．故天不愛其道．而甘露降焉．孝經援神契曰．德極于天．斗極明．日月光．甘露降．鶡冠子曰．聖人之德．上及太清．下及太寧．中及萬靈．則甘露降．而晉書亦以甘露爲仁澤．瑞應圖又以爲．王者施德惠之應．欽惟皇上．稟至聖之德．宏祖宗之烈．作配天地．主統百靈．禮樂修明．中和推極．榮光休氣．薰漬有年．普天之下．率土之濱．莫不陶于仁厚之澤．然而聖心精厲無間．始終事神治人．久而彌篤．是以上帝降鑒．玄化休贊．甘露之降．不于他日．而于郊祀之時．不在他所．而在圜丘之內．非聖德動天．何以臻此．經曰．皇天無親．克敬惟親．又曰．禮行于郊．而百神受職焉．以今觀之．信不誣矣．臣備職朝行．躬逢嘉瑞．鋪敭之什．不宜以疎微休徵謹拜手稽首．以爲頌曰．

於穆聖皇．輯和萬邦．登三邁五．超軼漢唐．人洽幽明．德格天地．曷將其衷．有嚴祀事．維歲庚寅．維時孟春．禋于南郊．大祀禮文．龍駕甫臨．乾坤增耀．兵衛分羅．臣工奔趨．我皇將事．登陟有儀．凡預祼將．惟敬是持．雅樂鳴空．燎光飛電．牢醴具陳．玉帛交薦．芳馨騰達．夜景昭融．百神在天．有感必通．日君月妃．嶽祇川后．煥赫婐妮．如屆左右．神之格只．獻嘏毓祥．

甘露夜零．天乳垂光．密綴紛霏．溥松泫柏．銀珠玉液．瑩然一色．甘流潤滴．積素凝脂．濃麗鮮華．不隨日晞．臣輿聚觀．且嘗且挹．天酒如飴．神漿如蜜．適期而至．匪後匪先．布瑞天壇．夫豈偶然．其端伊何．郊祀之應．何以召之．皇心之敬．金莖玉掌．寶甕丹丘．以彼方茲．胥壞不侔．大禮告成．中外忻豫．皇天申命．永錫帝祚．申命無疆．配命弗忘．聖壽萬年．地久天長．申命無已．受命不替．聖子神孫．永奠四海．四海治平．禎祥疊生．德化如天．咸仰大明．

張善昭　字彥充．順德人．天順壬午舉人．試吏部高等．授兵部司務．擢按察司僉事．坐謫臨江通判．致仕．善昭慷慨．喜言事．在兵部條陳選政．臺官惡其越俎．擢按僉．以治屯田事被揭．謫判臨江．有練子寧親黨八十餘人．連坐謫戍．善昭上言．太宗嘗言．子寧若在．朕當用之．仁宗亦稱方孝孺等忠臣．夫既忠之矣．何以外親末屬．百年不宥．乞除其藉．疏雖不行．中外壯之．

乞釋忠義戍伍疏

江西臨江府通判．臣張善昭．奏爲寬恩典．以釋忠義戍伍事．臣伏覩詔書內一欵．凡天下軍民利病．許諸人直言無隱．欽此欽遵．臣仰惟太祖高皇帝．以大聖人．爲天下生民主．獎忠錄孝．旌直勸能．故一時人才之生者．莫不鼓舞皇休．培植正氣．以圖報稱．有練子寧者．當太宗即位之初時．與黃子澄．鄒公瑾．魏公冕．方孝孺．周是修．曾鳳韶．顏瓌諸人．仗節以死．時子寧輩凡親戚交遊之人．悉全家抄發邊戍．子孫逃爲異類．田產爲人所有．爲子寧者．一時忠奮之發．上干雷霆之怒．雖古之義士不讓也．

然太宗之明．掀揭宇宙．子寧之忠．貫徹日月．天地神人所共知・後太宗謂羣臣曰・人君立賢無方・練子寧若在・朕亦當用之・迨永樂二十二年・十一月十三日・奉聖旨・練小女兒・練七仔・那一時・有發在浣衣局習匠的・有發在各衛見丁充軍・每戶止留壯丁一箇在衛充軍・其餘在衛充軍的・都放回寧家當差・聽補軍伍・用地房屋・都給還他・仁宗昭皇帝卽位之初・節奉詔書・齊泰・黃子澄・鄒公瑾・魏公冕・會鳳韶・方孝孺等・俱忠臣・子孫親戚抄沒充軍者・悉皆放回原籍寧家・以激揚風化・

諸臣之役・俱得釋免・獨練子寧親屬・魏安生等・俱係永樂年間・爲練子寧事充軍・夫旣以練子寧爲忠臣・何親戚子孫・尙以爲子寧爲姦惡・連累充軍者・久屈未伸・臣嘗慨古今之際・忠義之難得・忘義殉祿者・固不少・守義效死者・亦不多・子寧不顧一家之利害・惟明萬世之是非忠義・千百載而一見也・此國家之重務未舉・民心之抑鬱當恤・臣待罪江西臨江府通判・因査審軍冊・知練子寧親屬・魏安生等・八十四名・充軍緣由・臣官守斯土・奚容緘默・遂昧死以陳・

伏望皇上體天地好生之德・發九泉臣子忠憤之氣・乞敕該部通行査究・練子寧果與齊泰諸人事同一體・憐其親戚子孫・久罹戎伍・悉皆疏放回家・爲民當差・逃移者・許令復業・用產悉爲追還・此卽大舜賞延於世・文王罪人不孥之心・激厲風俗・獎勸忠義・莫大於此・臣之言亦傳聞父老・始末未明・伏望聖恩・憐憫臣之愚・而寬宥焉・臣不勝待罪之至・具本親齎・謹以聞・伏候敕音・

林光

字緝熙・東莞人・舉成化乙酉鄉試・甲辰會試中乙榜・授平湖教諭・部使者以卓異・薦升兗州府教授・尋升襄王府長史・進中順大夫・致仕・卒年八十一・光師事陳獻章・築室欖山・往來問學者二十年・任平湖教諭時・嘗上敦風化養廉恥疏・言甚懇切・又嘗以朱子大全・多自悔之言・因取其警切要會・錄爲一書・曰晦翁學驗・獻章弟子百餘人・首推光・次則湛若水云・所著晦翁學驗・阮志注未見・南川集十卷存・

論士風疏

奏爲敦風化・養廉恥事・臣聞宋儒周惇頤有曰・師道立・則善人多・善人多・則朝廷正・而天下治・我朝自太祖高皇帝初定天下・在京則詔立國學・在外府州縣・亦各有學・建官爲師・以敎天下之秀民・凡今所與共治天下人材・皆自其中收取・比諸他途爲最盛也・正統年間・英宗皇帝敕禮部同翰林儒臣・修定太祖高皇帝以來・立下憲綱憲體一欵曰・學校禮讓相先之地・凡監察御史・按察司官・所至下學・先詣大成殿拜謁・禮畢退詣明倫堂・生員講說經史・

監察御史・按察司官・中坐・本處提調七品以上・正佐官・序坐於左・教授學正教諭訓導序坐於右・餘皆立聽・布政司官下學・亦同・問答之際・教官生員・不許行跪禮・又定出巡相見禮儀・曰府州縣儒學・教官生員・初見行拜禮・御史按察司官出位中立還拜・教官生員相見之後・不許每日俟候作揖・有妨肄業・臣伏思祖宗以來・留意學校・擇凡民之俊秀者入學・其尤可教者・日食有祿・每食有膳・旣蠲其身之傜役・又恐其上下相接過禮・壞其習而妨其業・故於憲綱明定其儀・益所以扶植士風・預養廉恥也・誠以廉恥者・士人之大節・士風者・王化之首務也・

近年以來・士風不振・廉恥節衰・驕諂相仍・日甚一日・臣官雖卑微・亦有祿食・不得其職・義不當默・只以上下交際一事・昧死言之・臣目覩本處・及風聞各處・凡上司出巡・報帖一至・其趨接過禮・不獨有司・爲教官生員者・動輒廢事失業・或三日或五日・或十里或二十里趨迎・如水行者・舟中未見顏色・不顧泥滓・輙跪岸旁・登舟之時・又跪路旁・入見之時・庭趨就跪・俯首喪氣・甚至免冠叩頭・稱呼老爺・然後免責・至其有司・或有事出入・或事畢而去・亦皆俟候・遶跪路旁・或敢不然・則毛舉細故・搜摘別失・輕則笞撻・重則拿問・莫敢誰何・

至於視學之時・或奉承稍不如意・講說經史・駁疑未終・動加笞辱・違祖宗之法而不顧・敗天下士習而不恤・何益於國・何益於民・而驅人承奉至此也・夫人之至尊敬者・莫過於君上・京師・百司官僚之所萃也・如當有事南郊之時・聖駕一出一入・亦只令從衛之臣・警蹕清道・未嘗詔有司臣僚・遶跪路旁・人之至親愛者・莫過於父母・居家・而父母有事・一出一入・亦不令其子遶跪路旁・今爲官長・而驅所屬人士・諂辱至此・士苟有廉恥・稍知自愛者・以爲何如也・臣非不知・隳禮諂隨・則祿位可保・守禮供職・則見怒者衆・

然臣思之・祖宗之法・不可以或違・天下士風・不可以賤污・此臣所以夙夜懷思・而言不容己也・其間亦有賢明上司・惡下之承奉如此・而循習成風・卒未能革・夫朝廷號稱賢才・而教養以待者・皆此輩也・今日之尊官・即前日之生員・今日之生員・又將爲他日之尊官・而其師生之間・待之賤如奴隸・其辱有甚於墦間之乞者・爲下者亦安習而不以爲恥・羞惡之心・人孰無哉・顧以利祿之誘・刑威之懼・日摧月沮・遂至頑然不顧・士風至此・亦可憂也・

是以今之教職・副榜舉人・多不願受・朝廷因其不願・遂限以年歲・而彼寧懷欺罔・減報歲數・以避其職・非獨斯時減報・其在學亦然・是相率而爲僞也・夫建學立師・致使人賤惡・遷避而不爲・如此而望師道立・善人多・不亦難乎・師道不立・猶虛費廩祿・羣衆而養之・則所得者恐或非才・無益於國也・臣聞之・有所不取之謂廉・有所不爲之謂恥・今若志饕利祿・畏威患失・無所不爲・將以尸位而師人・如此而望廉恥興・士風振・臣愚亦知其難也・宋儒胡瑗・常爲學官教授蘇湖・成就人材・至今稱仰・使當時上之人・待之賤亦若此・瑗雖欲自效・其將能乎・

夫爲人臣・賴國寵・居尊官・非以淩下・必其德之大・將以化下也・化下之道・風行草偃・亦惟待之何如耳・待之衆人・而報以衆人・待以國士・而報以國士・上之所感・下從而化・中才之人・固係於爲上者之造就・人孰不願爲君子哉・是故古之賢士・或遭時不偶・務自韜晦・有舉世不知・而不悔者・有人君或知待之・泛如厮養・而不屑就者・有禮貌未衰・而言不用・超然引去・寗餓死而不顧者・其自立如此・士風安得而不振・今之士習既卑・又日從而挫抑之・士風安得而不衰・且天下之官・皆統尊於吏部・臣聽選之時・常隨衆至堂上・念背脚色・亦不許行跪禮・

今在外上驕下諂・致使士風頹敗而不顧・宋儒程顥所謂・校之不循・師儒之不尊・無以風勸養勵之使然・亦謂此也・

臣仰思陛下．天從聖明．尙立拾遺補缺之臣．時有言者．猶荷優容採擇．今爲人臣．驕縱違法．而卑官寒士．括囊遠害．無一人肯言．臣愚不識顧忌．以此爲天下士習所關．謹疏其事．如蒙准奏．乞敕該部．參酌祖宗以來．待士之意．明降上下．接遇禮節．俾知定守．其敎官或有罪責．證佐明白．輕則斥令致仕．重則斥退爲民．又重則國有常典．以旣立之爲師．而笞撻之辱不加焉．其間又有不才如臣者．量能度分自知．不足爲人師法．亦許令自引退．如此則天下之事．有爲貧而不免祿仕者．或道不得行．寧辭尊富．而居卑貧者．皆願就其職．不數年間．庶幾師道立．而敎化行．士風少變．天下後世亦將以我朝爲師法．斯道幸甚．不勝戰慄祈天之至．成化二十年二月初一日奏

上陳白沙先生書

端默踰月．從此得些光景．服膺夫子．朝聞夕死之說．以爲聖言激切若此．必不欺天下．誤來世．所謂聞者．斷不在耳目之間．陳迹之上．讀盡天下書．說盡天下理．無自得入頭處．總是聞也．一日忽深契于自然宗旨．更竊以書質正曰．光資質愚魯．凡百非自己心得．輒不敢輕信．元來四方上下．往來古今．直是這箇充塞用治．無些小欠缺．無毫髮間斷．無人我大小遠近．如一團水相似．都滚作一塊．又各各飽滿．無不相干涉者．前輩所謂堯舜事業．亦是一點浮雲過目．往時耳雖聞．而心實未信．今始知其果不我欺．

深山清夜一話秉之．渠謂如此方推得去．光妄謂此處著不得一個推字．實見得則所謂充塞天地之間．所謂天地位．萬物育．所謂建諸天地而不悖．質諸鬼神而無疑．百世以俟聖人而不惑．所謂至誠而不動者．未之有也．所謂洋洋乎．如在其上．如在其左右．與乎高宗夢說之事．朝聞道夕死之說．方各各有落着處．曾點三三兩兩眞個好則劇．看來自家多少快活．何必勞勞攘攘．都不是這個本色．千古惟有孟子勿忘勿助之說．最是不犯手段也．

奉陳石齋先生書

痛惟貞節夫人．奄隔泉壤．一十年前．辱在門墻．夫人之賢．恩意波及．追念不忘．日者冒禮奠於墓下．少致哀忱．留連祠舘．旬日之間．耳盈心醉．救過不暇．千萬之懷．未布一二．臨別承以謗者之辭見叩．人之有言．何所不至．今幸事有證據．不辯而明矣．雖然亦有由矣．始者光之有志於斯學也．承先人之餘庇．無飢寒之所廹．甘心苦志以求之．晝焉而忘食．夜焉而忘寐．忘身忘世．懼其妨奪也．埋光剗彩．惟恐入山之不深．

天下之事．視之總若浮埃．無復可以上人懷抱者．如是十年．雖不敢自謂有所見．然太極渾淪之本體．豁然動於中者．無停機矣．由是隨動隨靜．雖欲離之．而不可得．然後反而驗諸六經．有不知其然．而不得不然．不求其合．而不得不合．浩乎沛然．若江河之有源．湖海之有歸．濬之而益深．引之而益長．大可以包六合．細入於毫芒．謬見如此．私心自許．將以爲死可以無憾矣．不幸中年爲貧所困．乃嘆曰．吾學而親老無養．吾學而妻子飢寒．非夫也．乘田委吏．不足以病孔子．吾何人哉．

於是遂求祿仕卑官．俛仰不覺九年．人之非笑．亦不暇恤．夫以隱爲高．則其視仕者可知矣．豈惟人哉．允矣乎．師門之所不與也．諷哂之意．往往見於吟咏之間．而頑鈍之資．未能超然脫化於塵俗之外．由是乘不與之心．而忌者之言日入矣．向非先生猶有不忘故舊之情．光之跡．其不見掃於門下乎．是知勿疑勿貳．自古契合之難．豈獨君與臣哉．近者師門故舊．頗覺寥寥．一涉宦途．即爲棄物．門客子弟．倡和一辭，牢不可破．揆諸聖道．恐未深然．幸廣明照．

報桂陽巡撫朱英書

都憲誠菴先生執事．光記憶童子時．進講諸生中．立談間．伏蒙賞以一語．今踰二十年．而明公之名位．益尊顯矣．光猶碌碌庸人．昨一接德威．不覺愧生而顏變也．明公不斥其無取．反垂顏以獎責之．振叩而發揚之．饋品物而勞問之．降書辭而批示之．諄諄盈紙．豈以光輩沈埋退惰．故欲相發以觀其愚．將警之俾速仕耶．不敢默默．嘗進其說矣．而未詳也．每欲作一書．盡布其所以．因思在咸之初微者．所感甚淺．在恒之初浚．恒致凶．

是以含情凝思．舒紙停筆．而不敢輕率者屢矣．然又思言及之矣．安可以不言．光敢忘其陋．而言之明公．幸忘其勢而聽之．天下可喜而忘寐者．莫若大臣之好善．可憂而終身者．亦爲己學之無成．夫士幼而習之於小學．必求所以事上．長而進之于大學．必求所以治下．近不足以潤身．遠不足以澤物．此皆異端違世無用之學．君子弗學焉．嘗觀古者耒耜之夫．築畚之子．其平居皆無異於恒人．至叩之以當世之務．其施爲之序．久速之期．成敗之算．皆瞭然于胸中．若身經而目擊者．及其成算而稽之．不論目前．雖遠在千萬里之外．久在數千年之後．無不驗者．

其道成德尊者．志動而氣應．形舉而影隨．至其同樂于人．兼善乎世．所以裕當時．而風後世者．固不可一二數也．自堯舜三代以來．嘗因其人．求其心．考其迹矣．未有不本於學而能者也．其善學者．不汲汲於施爲成敗利鈍之際．而汲汲于吾心權衡尺度之間．其幽獨細微．其事業勳勞也．其飮食起居也．其進退去就也．寧學成而不用者有矣．未有不成而苟用也．由是知士不患于不用．而患于無以致其用．不患于無時．患于有時而無器．且古之成材．每見其易．今之成材．每疑其難．

不論他人．以光自爲．屈指自初見明公抵今．學之二十餘年矣．不幸抱不美之質．處窮空之家．徒知不敢自棄．而自晝然．于斯學也．進亦難矣．方其求之．亦非不甘心埋首也．每覺進焉．若有以沮之．成焉若有以敗之．雖曰違心拂志之事．自古有者之不免其相沮．安知其不相進．其相敗安知其不相成．然以難明易蔽之心無定．易搖之見隨興隨汩．則所得亦不足償所失．是以久而無成也．持此謬悠無成之學．而欲僥倖於多福之地．如之何其可能也．夫未能操刀而使割．雖子產不能不疑於尹何．而子皮終不能不爲子產首肯也．斯之未信．孔子亦豈强於門人哉．

且光舊嘗業舉子之習．爲利祿之計．顧求而不得耳．自識學來．頗知歲月之難得．雖坐空乏．勢若無以存活．而區區小志・終不敢變・實以學之無成・非有高尚遠引之志以求異也・明公好善樂與・向承面諭・藹然仁恩・不啻父兄之於子弟・光草茅何取・敢自爲疏外・不盡其說・以取罪於大君子乎・謹此上聞・兼致謝悃・伏望垂照・光恐懼再拜・

進學解

博士・南川先生・官於太學・行且三年矣・一日諸生晨興・肅然立館下・請曰・教之不明・言之不立也・言之無文・道之不傳也・是道必因教而明・因言而傳・未有道不明・而能立言・未有言不文・而能傳道・言文而道傳教行・風化海流矣・昔唐韓子爲博士・進學有解・其學宏而博・其文辯而奇・策精勤・警嬉隋・讚當時之亨泰・啓英俊之附麗・採錄之途廣・妍醜莫遁乎有司・諄諄乎因人以明己・而謙抑宛轉・亦不覺嘆老而嗟卑・然於進學卽未嘗指示其要・畫一其規・茫茫墜緒・將尋繹其嚆施・

先生抱道當席・默然自宰・諸生若之何而可窺先聖之藩籬乎・先生曰・噫子來前・吾語汝・古者憲老不在言辭・後世多言・其醇乃醨・言又不切・始類俳戲・將欲明道・益支離矣・聞之善教者・若王良之御・扁鵲之醫・故駟馬之不馴・御者之過也・使王良執策・則驊騤駑駘・駒駼駃騠・無不調習行止・疾徐咸中度矣・病之不治・醫之不明也・使扁鵲察脈・知病之所由生・或損陽而調陰・或損陰而調陽・則邪氣不留・病去而身安矣・博士太學諸弟子師也・吾之所愧者・御也執轡不如良・醫也切脈不如鵲・吾庸敢默乎・

韓子之任當時・其齒方啓・固有笑於列者矣・今之時・

又非韓子之時矣・蠢然刓方・泯然波流・尙不能免忌者之口・息嫉者之怒・又安敢自任師道大明・進學之解答諸生之期乎・且諸生曷不觀諸飲食・因其渴而飲之・因其飢而餧之・則味甘而適口矣・及其饜飫・雖熊蹯芻豢・恐其持去之不早矣・是以善教者・先啓其疑・無多岐其途・乘其虛・而授之因・其明而通之時・其開而納之・觸其機而動之・洒之若及時之雨・則不覺其沛然矣・今欲呶呶强其所不受語・其所未至・其能深徹乎・其不玩而忽乎・憤然後啓・悱然後發・孔子固不隱也・

况古之教胄子・理其性情於直温・寬栗・剛虐・簡傲・過不及之間・聲諸詩・和諸樂・鼓舞動盪・神而化之・日就其中和之德・是以教者不勞・進者罔覺・戰國而下・學衰道廢・持勢合變・振翼奮鱗・出洿塗・騰雲漢者・固不少矣・然汩沒生死・不出乎利欲之窩・其於中具之天・不可須臾離者・悠悠若大寐之間・酣長夜樂・咋喈而怪韶濩・尙足誚乎・此道之所以不明也・雖然曾子倚山而吟・山鳥下翔・鶴鳴在陰・其子斯和・風之不動者・誠之未至也・又安能合其睽哉・易曰・成性存存・道義之門・諸生喜而揖曰・聞命矣・

晦翁學驗序

儒者之學・至於朱子・可謂考之極其博・而析之極其精矣・傳註之外・嘗讀語類・或一事而門人記之・各有不同・又有云・自浮沉了二十年・只是說今始知要・養余以二十年・生人能有幾個・疑記者之誤也・及來嚴州見官書・笥有文公大全・宏治十二年己未之夏・因避暑聖殿戟門之南・納松風・

蔭翠柏・日取一二冊而讀之・凡封事及朋遊書問・門弟子答應之間・皆先生之手筆・而自悔之言・猶屢屢見之・乃知先生之學・其所以悔者・乃其所以進晚年體驗・蓋有人不及知・而獨覺者矣・

余讀而思之・於警切要會處・輒硃記之・尋常見於筆札間・或時事進退之機・身世艱危之際・所以驗諸心・驗諸事・可以粗識先生之大槩・亦皆硃記・直欲復而易見・至於秋而卒業焉・蓋非獨欲詳教旨・亦欲識先生平生所經歷之事也・今年夏・乃取硃記者手錄之・庶便暮年之檢覽・以自策其昏憒・而於先生平生之辛苦受用處・亦可以因此而窺見一二・因以晦翁學驗名焉・嗟夫孔子者・萬世斯道之標的也・門人傳之久・或不能無失・後之學者・沒溺於文字濫觴之餘・拘於成說・入耳出口・外慕徙業・未嘗造其堂隮・其敝不知其然・而習以爲當然者皆是也・因是錄・聊書以自警・兼以警乎二三子者・宏治十三年庚申八月二日・

藩府長史徐用起輓詩序

藩王相徐先生・諱震・字用起・號養未・撫之金谿岸坪人・乃嘉興郡守懷柏先生兄也・嘗教授晉府大谷懷僖王・改教授楚府・通城王進左長史・相江夏王・而復相藩王・一旦引年歸道嘉興・歲丁未五月癸亥・卒於嘉興府署・既三月・將啓殯南歸・懷柏先生至書於平湖・命光曰・輓詩非古也・薤露蒿里以來・後世因襲之・用代執紼之歌・然亦鄙矣・況作爲詩辭・自相稱述哉・吾兄棄世於茲・不勝悲慟・不能不求名公傑作・以寫其情・所謂鄙俗者・正所以自蹈之也・然非子序之不可・

光聞命而愧・復於先生曰・禮・知生則弔・知死則傷・知生而不知死・則弔而不傷・知死而不知生・則傷而不弔・順吾情而已・强心而不情者・皆無味者也・老莊之徒・欲齊得喪・忘哀樂於其當然者・幷其源而窒之・豈理也哉・夫中之所有・不能不形於外・若火之不能不炎上・水之不能不潤下・草木之不能不華實・禽鳥之不能不飛鳴・蓋充滿勃鬱於中・而泄發迸露於外・莫知其然而然者・乃其當然也・

先生兄弟官南北・相去之遠・違離之久・忽而相聚相歡・彼此髮種種向白・塵務細碎・撓聒沓至・方撥置空隙・而旦夕執觴共話者・殆將以日爲年・乃忽然生死幽明之隔・欲接一話而不可得・奪其難全之樂・而成其倉卒之哀・則先生悲慟之情・可知矣・禮・隣有喪・春不相・里有殯・巷不歌・先生哀痛廹切之情・泄發而不容已・然則士夫哀先生之哀・寄諸音律可也・否則懼沒人之善・俾壽諸言・而不磨滅可也・感之而不應堙其源・而窒之者也・其與强心而不情者・奚辨・

唐府由訓齋記

南陽・當中州之南・二廣・楚・蜀・雲・貴・入京陸路之所必由・唐之藩封・舊於南陽・朝貴士夫・往來府下・例應預通名銜・朝謁自今元默殿下・嗣爵謙恭和易・恒畧崇高之勢・禮而接之・皆醉酒飽德而去・光雖在鄰藩・然赴襄之日・由漕河浙江入漢抵襄・無緣一覲清光・然聞王之賢・恪守藩封・世篤忠貞・無聲色狗馬之好・當淸閒燕處・有經史傳

記．以廣其識．有詩章翰墨．以游其心．有躍魚歌鳥．以豁其懷．有名花異卉．以新其意．亦是樂矣．王之意未也．慮其於舊章成憲或忘．於是爲堂一於齋之北．爲齋四於堂之南．四齋之扁曰忠．曰敬．曰謙．曰勤．名忠者．以由訓繫之．四齋之首也．命光記之．且申其義曰．由訓者．由我祖宗舊章成法也．夫爲人臣．以克盡其分．不陷於過爲忠．然天之生物．各有其則．人之揆事．各有權度．聖賢之言．祖宗之訓．規矩法度之所在也．不師古訓．不由舊章．率意任情而爲之．雖疲憊其心．勞貫其形．要其成．非過則不及．且或出於有我之私．願忠而非忠者多矣．是故離婁公輸子之爲巨室．持丈尺．執繩墨．指揮衆工．及其成也．高下廣狹．制度稱心而不爽．

師曠之於樂．按六律．諧五音．樂無不和．養由基之於射．正彀率以向的．發無不中．王良之御．範我馳驅．歷峻坂．下夷途．無不如意．扁鵲治病．觀色察聲．切脈候氣．而起死回生．十常八九．之數子．人見其精於藝．精於術．而不知其默運於規矩法度之中也．我聖祖平定天下．深惟履歷之艱．故遠其保守之慮．於是歷鑒古之聖帝明王．已試之迹．而揆度其宜於今者．用其意．準其法．而不用其辭．定立明訓．各有條章．而嚴其從違．以爲天子神孫．萬世之規矩法度．

若孔子之取夏時．殷輅．周冕．韶舞．而法具于春秋也．今之讀春秋．誅亂討賊．人見其嚴．而不知其當時然也．聖祖因其時奉天而立訓．後王訓其時．承天而不違．如夏葛冬裘．飢食渴飲．有不知其然．而不得不然．所謂不先

天以開人．必因時而立政．上有道揆．下有法守也．今殿下之賢．于玆成訓．熟後講求．不作聰明．動必由之．則規矩法度閑於中．身修家齊而國治．其安富尊榮．與國咸休．世世無斁矣．夫如是而後謂之忠．正德二年歲次丁卯．九月晦日記．

黎暹　字景升．順德人．穎博能文．成化乙酉舉人．卒業冑監．爲祭酒邱濬所稱．授金華府同知．當道有述作．必出其手．罷歸搆羅江書院．吟嘯其中．哀誄銘表之文．人多求之．有求誌生壙者．以腴田百畝爲壽．誌成竟返其券．垂老自誌其墓．其曠達如此．有草庭稿．

玉溪詩集序

凡寄形天地間．在得所適而已．得所適．則不知天壤之爲大．古今之爲變．富貴之爲盈．貧賤之爲虧．威武之爲畏也．今番禺衞君．乃儒家者流．所居背山環水．因谿成趣．度地于谿之南．結廬以爲藏修游息之所．環帶左右．引接淸流．汪洋澄澈．渣滓不停．恍若玻璃一片．四時流通．古今無間．眞勝槪也．衞君遂自號曰玉谿．擺脫世故．絕意聲利．日與賓友燕樂酣觴．奕棋看花．啜茗談論古今之窮達何如．得喪何如．君點頭而已．俛而不答．其心熙熙然也．

牀頭有古詩．或書．或古今名勝集錄．若干卷．爐薰一瓣．臥而起焉．於戲．亦可謂得所適也矣．君所擴玉谿之景．所構玉谿之軒．不知歐陽永叔之醉翁耶．司馬温公之獨樂耶．李愿之盤谷．康節之安樂耶．殊途同歸．先後一致．玉溪翁之樂也．故夫傍花隨柳．天趣自如．水色山光．卷爲己有．

窮通得喪・兩兩都忘・對酒當歌・砉然長嘯・滄浪歌罷・放浪形骸・尋幽乘興・適意消遙・又安知玉溪軒外・無山鳴谷應者耶・若夫頌禱之以南山臥龍・比擬之以渭濱遺老・則有諸君子述作次之於後矣・玉溪乃友人朱世重萱堂之伯兄也・持玉溪卷來徵余文・遂援筆書此・以爲羣玉引・

修政弭災疏

蕭　龍　字宜中・潮陽人・成化丙戌進士・官南京戶科給事中・雷震奉天門・上弭災疏・劾參贊大臣不職・爲所中傷・落職戍邊・尚書馬文升爲辯誣・復原職・休致家居・自號湖山逸叟・著有湖山類稿・阮志藝文畧著錄・注未見・潮州耆舊集・選其文一卷・

顧爲陳言修政弭災事・切見近日以來・星文變異・地震京師・東南多水・兼以邊鄙之擾・下飭人事・上貽聖憂・臣等失職致災・罪不可逭・乃上言五事以自劾・因欲辭職・欽依恁每還勉於修職・不準辭・此可見陛下堯舜用心・禹湯罪己・應天以實・而不以文・任人以言・而不以默也・臣跪讀聖諭・愈加憂怖・竊以爲聖政萬幾・非一疏所能盡言・用是再竭狂瞽之思・恭陳一得之愚 ・以少裨陛下修政弭災之萬一・伏望寬霽天威・俯納芻蕘・不勝幸甚・

計開

一親大臣以謀庶政・臣聞天之立君・所以統治・君之任臣・所以輔治・故高宗中興有商・而實資於傅說・成王大治有周・而實資於周召・誠以一人之聰明有限・衆人之智識無窮・故人君必精選賢臣・置諸左右・既得其人 ・必任之勿貳・信之勿疑・朝夕親之・虛己聽之・則都俞密勿・而政事不至於闕遺・謨明弼諧・而舉動不至於愆忒矣・我祖宗建立內閣・選大臣之賢者居之・非徒欲充其位・而具其官也・正所以資啓沃・而備顧問也・故凡中外臣民之章奏・朝廷大政大禮之設施・往往詢之謀之・然後裁決・故事無過舉・而無人異議・

列聖相承・恪遵成憲・罔不日親大臣・商搉庶政・至我英宗睿皇帝・繼承大統・尤切切於是・正統年間・每日御便殿・召大學士楊榮等・親與商搉政務・故當時政得其平・災變不生・禍亂不作・而天下大治・是卽商之高宗・周之成王也・臣切見今日內閣大臣・每日自朝參之外・尋常不得一覩天顏・中外奏章・或有不與知者・雖陛下智周萬物・明照四方・無用資於人 ・而足任於己 ・然萬幾之繁・聰明或有所遺・酬酢之多・精神或有所蔽・欲其事事合宜・物物中理・恐未可得也・昔禹戒舜曰・后克艱厥后・臣克艱厥臣・政乃乂・黎民敏德・舜曰俞允・若茲嘉言罔攸伏・野無遺賢・萬邦咸甯・

稽於衆・舍己從人・不虐無告・不廢窮困・唯帝時克虞廷・君臣更相戒飭如此・故君德不可加・而治郊不可及・天下仰之・萬世師之・臣愚欲乞陛下・遠法虞夏商周之爲君・近述英宗睿皇帝之親大臣・每日自朝至於日中昃 ・兩御便殿・進內閣大臣・至於左右・降霽威嚴・以盡延訪之意・獎借辭色・俾得吐露衷誠・於凡中外章奏之處分・以及大政大禮之設施・悉與商搉可否・然後裁決・則綸綍之頒・皆有以愜人心・而當公論・朝廷有清明之政 ・而邊陲懷畏服之心矣・

一・復諫官以來直言・臣聞君天下者・以誠心納諫爲先務・有言責者・以誠心進諫爲盡職・蓋納諫而有不誠・則順旨者喜・逆旨者怒・怒則必罰・是爲喪臣之直也・進諫而有不誠・則無犯者言・有犯者懼・懼則必諱是・爲傷君之明也・君喪臣之直・臣傷君之明・如是而欲上下交・而德業成・得乎・古之聖帝明王・有見乎此・故有敷奏以言之法・官師相規之誠・瞽爲詩・樂工誦咸・大夫規誨・士傳言・皆所以深采羣言・以裨助時政・未嘗以臣言過直・而至遠斥者也・恭惟陛下卽位之初・首降明詔云・近侍風憲・職當言路・今後凡朝廷政治得失・天下軍民利病・須直言無隱・言或不切・亦不加罪・此可見陛下誠心納諫・不以順旨而喜・不以逆旨而怒・陛下之心・卽古帝王之心也・故凡有知識者・孰不竭愚畢慮・以貢芻蕘之萬一哉・然詔旣渙汗於上・則臣宜遵守於下・維時南京給事中王徽等・職居近侍・故敢披瀝肝膽・上以仰答詔旨・陛下・乃以言事過情・遠斥邊方・至今未蒙起復・似與詔旨前後相背・臣愚無知・願陛下始終此心・

臣嘗閱徽等所奏・皆國家大計・人所難言・論其言・雖爲過情・迹其心・無非爲國・若終遠竄不復・恐於公論未安・及查翰林院修撰羅倫・編修章懋等・俱因言事外補・今皆荷蒙聖恩・一則還其舊官・一則改調京職・徽等與彼・事體相同・獨未沾此厚恩・伏望聖度如天・包含偏覆・視徽等與倫等同一仁・起取回京・復還舊職・則有以來天下臣民之直言・而彰陛下納諫之盛德・臣與徽等素不相知・亦非朋比・但以因言而去・義有未安・輒陳狂愚・上瀆天聽・惟聖明察之・

一・愛爵賞以重名器・臣聞爵賞者・天下之公器・而人君之大柄也・所以鼓舞人心者在是・所以策勵駑鈍者在是・故當與不與・則爲屯膏吝賞・而人心必至於解體・不當與而與・則是濫恩橫賜・而人心必至於輕玩・是以孔子惜繁纓・不妄以假人・蓋以名器至重故也・我祖宗制度・武職非有斬將搴旗之功者・不得陞一級・非有摧鋒破陣之勞者・不得進一階・至於一時特恩所陞・子孫亦不得世襲・豈非以名器所當重・而爵賞不可輕乎・臣查得景泰年間・有因納粟而授以指揮千百戶等官者・至今各人子孫・俱各世襲管事・雖日月支俸一石・而官爵自如也・

夫納粟補官・亦一時權宜之政耳・授以官爵・以榮終身・固足以示優恩之典・再加世襲管事・則未免有冗濫之失・夫納粟者・且與世襲・彼有摧將搴旗之功者・則將何德以及之・納粟者・尙許管事・彼有推鋒破陣之勞者・又將何恩以及之・是不免失輕重之宜・而使壯士懷扼腕之嘆也・況師旅之征・殆無虛歲・爵賞之命・宜待有功・今若使納粟之人・一曁世襲管事・非惟使人心視爵賞爲泛常・亦非朝廷愼重名器之體也・然已往者・不可改・將來者・所當愼・伏望陛下・斷自宸衷・將納粟補官者・自今爲始・已襲者・終於本身・未襲者・再不許襲・則名器重・而大柄全・官無冗濫之失・人無輕玩之心矣・

一・增憲臣以飭兵政・臣聞爲治莫先於足兵・練兵惟在於得人・蓋詩有王旅嘽嘽・如江如漢之章・是古之爲治者・未嘗不以足兵爲先也・易有長子帥師・弟子輿尸之戒・是古

之練兵者．又未嘗不以得人爲要也．求古既無不然．於今豈宜不謹．臣切見天下都司．衛所．管操．都指揮．指揮．千百戶．等官．俱係襲蔭．庸人不諳兵機重務．上下交通賄賂．彼此遞相剝削．軍之富者．則令辦納月錢．貧者則佔在家役．使成年不操兵器．終月不入校場．訓練無方．控御無法．金鼓車旗之制．邈乎不知．進退坐作之節．冥然不識．軍器壞而不造．士卒苦而不恤．

巡按分巡官員．雖是職當點閱．但各因地方多事．往往不能專一整飭．故奸弊日甚滋生．兵政日加廢弛．而或一旦地方盜賊生發．上司捍禦．臨時召遣．則將不知乎兵．兵不知乎將．是猶驅麋鹿而逐猛虎．幾何而不至於喪師失律也耶．然地方盜賊始發．不能早爲撲滅．及至猖獗．輒便請閱出師．倉卒無謀．芻糧爲之空虛．轉輸饋送．軍民爲之疲敝．是由平日不得其人以總理其事也．況各處連年水旱．饑饉洊臻．盜賊竊發．杜漸防微．實所當謹．謹之於未然．則無虞於後日．如蒙準言．乞敕該部查照．先令事理各處增設憲臣一員．專一整飭兵政．則機務有所統．功緒有所稽．將得其人而忠勇効勞．兵有其備而外侮不患矣．

梁　儲　字叔厚．號厚齋．更號鬱州．順德人．成化戊戌會試第一．選庶吉士．授編修．侍孝宗東宮講讀．孝宗立．進侍講．改洗馬．侍武宗於東宮．拜吏部右侍郎．正德初．改左侍郎．晉尚書．以忤劉瑾．摘所修會典小疵．謫壞祖宗制書．雜以新例．坐降右侍郎．尋復尚書．調南吏部．瑾誅．以吏部尚書入參機務．帝崩．與定國公徐光祚等．迎世子安陸邸．既即位．儲爲言官彈劾．三疏求去．罷歸．卒年七十七．謚文康．所著有鬱州稿．今存．

案文康未入閣前．扼於劉瑾．既入閣後．値楊廷和遭喪去．已爲首輔．遭帝失德．思與廷和同心輔政．故於其服闋．力薦起之．遜居己上．其後秦王請牧地．武宗命閣臣草制．廷和與蔣冕皆引疾．文康卒以譎詞草制．潛回帝意．至定策迎鑾．廷和實與冕合謀．激文康．使行．及還朝．忌者陰嗾其黨論之．遂以去位．然宸濠假護衛事．當制者實楊廷和．霍文敏黃文裕皆鑿鑿言之．而文康當日第曰．吾去已矣．未嘗疏辨也．

牧馬地制

昔太祖皇帝著令曰．此土不畀藩封．非吝也．念此土廣且饒．藩封得之．多畜士馬．富饒而驕．奸人誘爲不軌．不利宗社．今王請祈懇篤．朕念親親．其畀地於王．王得地宜益謹．毋收聚奸人．毋多畜士馬．毋聽狂人勸爲不軌．震及邊方．危我社稷．是時雖念保全親親．不可得已．王愼之．毋忽．

請重大祀疏

臣梁儲等謹題爲大祀事．照得本年正月十三日．皇上大祀天地於南郊．初十日．百官聽受誓戒．十二日聖駕晨出．至壇．視其省牲．乃御齋宮．百官叩頭．至晚分獻．幷執事等項官生人等·各於西天門外·候開進入·是晚子時·上恭詣大祀殿行禮·禮畢·還齋宮·百官先回·於承天門候駕·隨至奉天殿慶成稱賀·此祖宗舊制·朝廷至重至大之禮·蓋人君至尊無對·所當敬畏者·惟天地·此而不用其誠·何所復用其誠·仰惟皇上嗣極以來·祇畏天顯·率由舊章·故未嘗有所違越·一念之誠·自能上通於天·羣臣將順之不暇·夫復何言·但比歲駕出鑾回·或至暮夜·切恐俎豆陳設·不能蠲潔·禮樂儀容·不能整備·無以稱聖明敬天之意·且扈從供事·數十萬人·若至暮夜·則警蹕不嚴·兵衛不肅·百官失趨蹌之容·班行無等級之分·甲馬或交馳于輦道·羣衆或喧呼于御街·非所以壯臣民之觀瞻·而啓四夷之尊戴也·況塵埃昏暗之中·慮有不測·禁門出入之際·尤難關防·雖聖德格天·百神呵護·萬無他虞·而臣子之私憂過計·不能不拳拳于此也·伏願皇上·深思大祀之重·愼惜至聖之體·駕出鑾回·悉遵故事·俱在清晨·使禮官得以周旋·百僚得展誠敬·則天地歆鑒·臣民懽悅·和氣致祥·實宗社萬萬年無疆之休也·臣等備員輔導·不忍緘默·謹具題知·伏惟聖明留意·

請迴鑾疏第一

臣梁儲等謹奏·爲恭請迴鑾·以慰人心·仍乞特賜罷黜·以光聖政事·臣等數日以前·聞之道路·皆云聖駕·將復有出郊之行·當時殊未之信·昨日及今日·進閣辦事·俱未見文書發下·臣等始信所聞不妄·竊見我皇祖憲宗純皇帝·皇考孝宗敬皇帝·當時雖建有皇儲·人心安靖·然猶思患預防·不肯輕出遊獵·今元子未生·九重大內·無人居守·一日萬幾·誰與裁決·中外臣民之心·實皆驚惶無地·寢食不安·況鞍馬之上·勞苦百端·雖天保聖躬·必無他患·然意外之虞·亦有不可不深加防慮者·臣等既忝職輔導·安敢緘默不言·伏望聖明鑒其愚悃·即日迴鑾·永爲羣生造福·仍將臣等削奪官職·罷歸田里·以爲輔導無狀者之戒·別選賢才·代居重任·庶得盡忠啓沃·以裨聖德·以光聖政·則天下幸甚·而臣等亦幸甚矣·臣等不勝忠懇激切·祈恩俟命之至·

宗社大計併議迴鑾疏第六

臣梁儲等謹題·爲宗社大計事·伏自聖駕廵邊至今·已三十餘日·臣等三人·義應輪流一人·常詣行在左右·朝夕奉問起居·因得少伸啓沃·爲因居庸關把守人員·奉有旨意·不容官員人等往來·是以臣等不能如願·至于邊境重務·亦一切不得與聞·臣等輔導無狀·致令皇上待之疏薄·如此罪己·不容於自逭矣·二三日來·始傳聞駕在順聖城內駐蹕·又聞達賊擁衆·去陽和邊外不遠·且分營深入搶掠·即今京城內外·人心搖搖·臣等下情·尤不勝憂懼之至·切料北虜·詭計難測·且覘知聖駕在外日久·潛結醜類·陸續而來·其罪甚多·却乃藏形匿影·外示寡弱·使我易而無備·是誠不可忽畧·尤宜周防遠慮者也·乞勅隨駕官軍·持重堅守·切不可輕出接戰·及貪功逐利·以至墮彼計中·仍勅各該遊擊將官·分布要害去處·隨宜分合·相機戰守·彼雖出境遠去·亦宜哨探的確·方可整衆星夜迴鑾·如此·則

計出萬全・保無他患・天下臣民・皆知稱頌・睿謀神算・實有出于尋常萬萬者矣・此乃宗社安危之機・天下治亂之本・伏惟聖明深加之意・

請廻鑾疏第八

臣梁儲等謹題・爲速請迴鑾看牲・以成大禮事・今日早・該司禮監太監蕭敬等・於左順門傳奉聖旨・今特差太監張永・魏彬・張忠・趙林・齎帖傳與司禮監太監蕭敬等知道・卽今尙有邊報未寧・目下不得便行・所有閏十二月初一日起・照舊差官・輪流看牲・不誤大祀天地・爾各衙門大小官員・各要安心辦事・該衙門知道欽此・臣等竊維・人君之道・莫大於敬天・敬天之禮・莫大於郊祀・是以我祖宗列聖・百五十餘年以來・每遇郊祀・必於前一月・躬往看牲・歲之首月・卜日行禮・所以天心克享・而天下久安・仰惟皇上・爲天之子・受祖宗列聖之天下・果然上體祖宗列聖之心以事天・則天之眷我皇上・亦將無異于祖宗列聖之時矣・今駐蹕關外・久未迴鑾・顧謂邊報未寧・便欲差官先行輪看・臣等愚昧・心竊未安・況邊報縱有未寧・自有各該鎭廵等官・分任其責・皇上但當專其委任・明信賞罰・則邊境自爾無虞・豈可以是爲詞・遂欲變此百五十餘年盛典・萬一天下臣民・及各處宗藩有疑於此・而具奏問故・則將何說以應之・此事係國家安危利害不少・伏望皇上・俯從臣等所言・立降新命・卽日廻鑾・躬往南郊看牲・以成大禮・則人心安・而天意悅・宗社萬年無疆之慶・端在是矣・臣等不勝懇切俟命之至・

議郊祀疏

臣梁儲・臣蔣冕謹題・今月初十日・該司禮監太監魏彬等・傳諭聖意・以明年正月郊祀天地・日期旣近・欲暫於南京行禮・命臣等詳議可否・臣等聞命之餘・不勝驚懼・反覆思維・決以爲不可・謹以愚見條列于後・伏望聖明采納・停止前議・早賜迴鑾・以成大禮・使天下後世・無得而議・宗社生靈・不勝慶幸・一我太祖高皇帝・每遇郊祀大禮・前期已行愼重・臨事尤加敬謹・聖言諄諄・備載祖訓諸書・列聖相承・守而弗失・況我太宗文皇帝臨御之日・雖因國有大事・不得已・親征廵狩・及至郊期將近・隨卽先事迴鑾・未嘗廢禮・在於今日・尤當遵守・一我孝宗敬皇帝・嘗因聖體違和・未能出朝・不得已暫改郊祀日期・然中心兢業・甚不自安・每語近侍羣臣・以此爲歉・及至聖體康復・躬成大禮・然後聖情悅豫・在於今日尤所當法・一臣等考得南京・郊壇配位・洪武時止有德祖一位・自遷都以後・京師郊壇・止以太祖太宗幷配・今若欲於南京舊壇行禮・旣不可除去德祖配位・又不可擅設太宗配位・此事體至重至大・臣等尤不敢妄議・一郊禮以敬爲主・其犧牲制帛等項・皆須預養素辦・樂器舞生儀節等項・皆須預謹素習・不然不敢行禮・今若倉卒措置取具・一時鹵莽茍簡・徒爲褻瀆・其爲不敬・孰大於此・臣等豈敢阿諛茍從・以速天譴・一皇天眷祐我國家・篤生我皇上・以爲天下民物之主・今皇上父天母地・繼體祖宗・正宜法祖敬天・子育黎庶・以盡報本之道・若郊祀一事。或有不謹・則報本不誠・天心不享・天下臣民何以蒙

福・故臣等不敢不攄誠盡言・冀回天聽・顧前所諫事宜・一時愚昧・不能盡意・罪該萬死・伏惟皇上有察・

議郊祀再疏

臣梁儲・臣蔣冕謹題・連日該司禮監太監魏彬等・傳諭聖意・謂欲暫於南京郊祀・舊壇增減配位・以便行禮・臣等聞命・兢惕莫知所爲・竊惟自古帝王郊祀天地・而以祖宗配・以盡報本反始之道・皆天地之常經・古今之通義・未有輒以己意擅爲增減者也・我朝郊祀之禮・初都於南京・而奉德祖以爲配・繼都於北京・而奉太祖太宗以并配・皆百世不遷之祀・舊壇配位・則有德祖太祖・京壇配位・則有太宗・德祖配位既不可遷而北・太宗配位又不可奉移而南・不知今日倉卒欲行郊祀・於我二祖一宗・果將何以奉配天地・臣等反覆思之・决然知其不可・况二祖一宗奉配之初・既博考于聖經・又詳集乎廷議・既詔諭于宗藩・又詔諭于天下・不知今日欲有此舉・亦能如祖宗之時・從容廷議詔告否乎・此臣等所以始終決然不可也・伏乞皇上俯從臣等先後所言・停止前議・早賜迴鑾・恪遵舊制・完成大禮・宗社生靈・不勝慶幸・

議郊祀三疏

臣梁儲・臣蔣冕謹題・臣等竊考我朝・郊祀配享之禮・在洪武年・則遵奉德祖以配天地・在永樂年・則並尊德祖太祖同配天地・蓋德祖配位居上・太祖居次・此南京壇位之制也・至洪熙宣德以來・並尊太祖太宗以配天地・蓋太祖配位

居上・太宗居次・此京師壇位之制也・今皇上偶因討賊之故・欲於南京舊壇倉卒行禮・且又有增減配位之諭・豈非欲奉遷德祖配位於他所・而增設太宗之配位於太祖之配位之次也耶・若然・則失禮甚矣・蓋德祖配位・乃太祖當時躬自奉安者・太祖配位・乃太宗當時躬自奉安者・子孫萬年所同瞻仰・今若擅遷德祖配位・而奉太祖居其處・又奉增太宗配位・居太祖之處・則太祖太宗在天之靈・豈能自安乎・祖宗之靈・既不自安・則皇上之心・亦豈能自安乎・况人臣變更舊制・朝廷自有明法・臣等二人安敢輒便輕議・自貽誅戮・伏望聖明・斷在不疑・勿徇浮議・以紊舊章・蚤速班師回京・以行大禮・則天地祖宗・無不歆饗・萬方臣庶・同被慶成之澤・臣等下情・不勝懇切願望之至・

議邊務疏

臣梁儲等謹題爲邊務事・近因陝西地方・節報敵寇聲息・特命太監張忠・監督軍務・帶領參將宋賓湛臣部下官軍三千員名・從北路去・都督張洪掛印充總兵官・帶領京營官軍五百員名・遼東官軍三千員名・從南路去・都御史陳天祥・提督軍務・各調度陝西將官殺賊・臣等仰見皇上深憫念關陝軍民・重罹荼毒・故欲大彰天討・以靖地方・古帝王安夏攘夷・伐罪救民之心・不是過也・竊惟陝西自去冬北敵入套・今年由夏徂秋・不次入境剽掠・各該總制鎮巡等官・不能設策防禦・致今八月以來・擁衆深入腹裏平涼鳳翔地方・又侵犯延綏米脂綏德等處・大肆擄掠・我軍曾無剌獲之功・上厪聖慮・遠勞王師・固非得已・但敵人故智入套・則西犯

關陝・過河則東窺宣大・今在套已及一年・入掠不止一次・飽其所欲・滿載而歸・腹裏地方・孳畜已空・無可復掠・此後水涼草枯・似難再入・冬深冰堅・必將踏冰過河・爲大同宣府偏頭關等處之患・及照陝西守臣・初未嘗請兵・該部原擬設主將一員・帶領京營官軍五百員名・限十日內起程・星馳前去・調度征剿・本欲救陝西目前之急・已蒙聖明俞允・深合事宜・今張洪受命月餘・機會已過・若復統領重兵・紆回數千里・以至陝西・冬令已深・河氷已合・腹裏恐無可尋之賊・徒勞士馬・徒費芻糧・何益於事・至於赤卜刺餘寇・逼近洮岷・則又逃難殘卒・守臣自足當之・且陝西邊徼之賊・四肢之疾也・宣大門廷之寇・腹心之疾也・況近日孕顏夷人・屢犯我邊・與小王子結親・其奸黠未可窺測・臣等私憂過慮・不在陝西・而在宣大・竊謂宣府及遼東官軍・立宜養威蓄銳・以防意外之虞・以剿門庭之寇・今乃遠調西陲・爲後時之舉・邀難成之功・恐非至計・倘或宣府以南・敵猝有警・士馬單弱・又將征調何地之兵以應之乎・伏望聖明乾斷・合令張忠張洪・俱從宣府大同前去・一面差人馳往延綏探訪・如果達人尚在陝西地方搶掠・ 鎮廵官飛報・ 速即前進・督同各鎮將官・會兵征剿・若潛伏套內・勢將過河・前項軍馬・且在宣大駐劄・休息聽調・待其過河・各官應否改命提督宣大山西・或敵衆北遁歸剿・相應班師・俱聽兵部議奏定奪・惟復照依兵部原擬・先令張洪帶領京營官軍五百・從山西石州地方過河 ・ 張忠亦先帶領奏討團營官軍五百員名・與陳天祥俱往赴延綏・相機行事・其遼東幷宋贇等部下官軍・俱暫在宣府操候・本處有警・可以調用・若陝西忽有緊急聲息・方纔催調前去・庶免徒勞人馬・亦不虛費供給・況陝西延寧二鎮・兵馬俱素稱勇銳・而大同遊奇等兵・又見在彼處・得人調度・足可成功・何至遠勞遼東之兵・以示弱於夷狄乎・臣等又思・得宣大二鎮・及山西偏頭關等處節・被敵人寇擾・地方凋殘・士馬疲敝・而宣府軍・咸屢挫・失事最多・比之他鎮・猶爲狼狽・切近京師・與密雲古北口一帶・唇齒相連・尤宜保護・伏願皇上・申敕三鎮守臣・及時修飭墻塹・操練軍馬・禁剝削之弊・以養兵力・時糧賞之頒・以作士氣・一應防邊禦敵事宜・預爲區處・賊來有以待之・使地方不至重貽患害・以貽九重北顧之憂・臣等備員輔導・知而不言・是爲欺君・畧陳所見如此・伏惟聖明裁擇・

送毛廷用司斷中都序

鳳陽根本重地・國家建中都焉・設指揮之衞・七千戶之所三十六・皆於留守司焉統之・留務既繁 ・ 其獄訟之不易齊・可知矣・而留守司・例不自聽斷 ・ 則又惟斷事司焉專之・夫以留司斷事之爲重也如是・苟畀之匪其人 ・ 又奚可也・宏治辛亥八月・所司以斷事衆・告銓曹・得廣東副斷事毛廷用・而遷用之・以君九年績最切當矣・而士大夫之識君者・又以君經歷龍驤・典署上林・旣薦有能名・至于副斷廣東・則職務之餘・併能旁及他務・可謂能也已 ・ 今不加顯擢・而但畀茲任・或者未慊然于中乎・然予一再見君・君旣無喜辭・亦無懟色・方惓惓求一語爲勸戒・其所存者・又何如也・因爲之歌・以詒之曰・

翳中都其何所兮・在長淮之間矣・胡鬱葱其朝暮兮・護

萬載之山矣・杳吾望之弗及兮・羡子牽之間闕矣・尙祥刑之有暇兮・寄吾什之餘删矣・再歌曰・惟古聖之敷教兮・曰明刑以弼之・何後代之淫逞兮・併原意而失之・易明愼而弗究兮・書欽恤而拂之・所貴人之厚德兮・思解紘而易之・庶豐沛之遺黎兮・向嗷嗷而今一之・歌竟酒闌・余懷未已・又告之曰・司刑者・下民之命也・昔于公治獄有陰德・子孫果克稱其門閭・聞君有二丈夫子・方采芹泮水・君行矣・尙加勉之矣・

送林給事使暹羅序

皇明天覆萬國・旣正方域・以安黎元・至於四夷君長之當嗣位・而來請命者・亦爲之遣近臣往封之・非以勤遠畧也・置其君・所以安其民・古所謂王者無外之義也・於成化十八年七月甲子・暹羅國王臣某・遣陪臣表貢方物・言臣某老倦于政・將傳位于臣世子某・惟陛下命之・上可其奏・於是有司舉禮典・以正副使請・上命刑科給事中・臣霄充正使以行・臣霄承命兢惕・尙圖所以宣德意・而安遠人者・臣與之言・子能如是・可以爲子賀矣・昔班彪有言・夷狄有變詐・交接應對得其情・則却敵折衝・後人常以此爲待夷狄之要・然愚以爲・待北狄與南夷異・北狄狼子野心・南夷緜力輕心・北狄容可以智數御之・南夷直可以禮而信懷之耳・彼其星散居海中者・數十百國・去京師不可以里計・王人駕萬斛舟・張如雲之帆・一日夜趠千餘里・然且累月始至其境・彼或比年一世・而貢于中國・此豈吾任智數以致之哉・又况暹羅世修職貢・傾心中國・自祖父以來・無二心者・是固宜推心以待之・而爲使臣者・亦惟俯從國俗・簡其禮數・雖曰等威當辦・亦惟當嚴於自治・無以修飾邊幅爲也・則其君悅服・而其民亦受多福之庇矣・子温柔敦厚・疏通知遠・於此固將舉而措之耳・而又奚俟愚言之贅乎・抑聞之・飛走之族・有所謂鳳與鱗者遊其國・則其國熟五穀・而蕃六畜・人不逢其害災・今子以威鳳之儀・服麒麟之服・御天詔自天而下・以辱臨遠國・人將爭先覩之以爲快・是卽所謂鳳鱗者矣・其國人又得無有焚香籲天・欲使星之早至者乎・吾固預知子之能宣德意・而安遠人也・而又何慮乎・臣霄旣起拜祝辭・而在廷諸臣又多作詩以送之・編而成帙・總若干首・翰林國史編修梁儲爲序・

送陳文用任潮州推官序

陳文用拜潮州推官之明日・進見于天官冢宰尹公・尹公語之曰・大郡明刑之任・非豪傑士不可・今天子好生之德・洽于民心・正有司以人事君之日・而亦豪傑自盡之日也・其不知所愼可乎・於是文用將國辭閩中・同年以不肖與文用相得爲深・而潮州之地・於南海東・或能知其風土・誼不容默・而爲之言曰・潮州自韓吏部爲刺史之後・易治之俗・至於今是賴・宋有陳堯佐通判・洪天錫司理・亦有德於民者・文用行矣・將仰止韓吏部・繼二君而益大之乎・文用之爲人・予知之矣・通今博古・旁及諸書・平易一心・吾輩推重・不肖與之遊一載・未見其暴慢之容・不易得之才也・聞其尊府君・抑齋先生・平生爲志・不欲多人・其諸父如侍讀先生・憲副先生・皆遷自柱史・有名稱・今三老之典型猶

存．而伯兄憲使公．薦揚中外．又行且大用矣．文用之所得者．其家庭之所養者深乎．以文用而潮之刑不足明矣．且文用之所學者．非吾夫子之春秋乎．六經之有春秋．猶法律之有斷案．是固吾夫子之刑書也．春秋之時．美惡隱矣．其君臣．父子．夫婦．長幼．朋友．之間．皆失其叙．爲俗者既惟知事小慧．而忘大道．爲國者．又惟知背公義．而市私恩．則其於政刑之事．所謂欽哉惟恤之意．利用聽斷之明者．其不見於世也可知矣．發摘爲明．與姑息爲愛之惑．後世其不免乎．夫子假魯史而修之．其屬辭比事．微而顯．隱而彰．其事存乎正一王之法．其心存乎垂萬世之律．其微辭奧義．雖或時爲三子者所隱．而學者寡．能以平心正意讀之．而設以今日之身處之．則其大義之數十者．炳然在目．而是非邪正．得失之鑑在我矣．文用以此學取魁天下．其講之熟矣．舉而合之於當今之律令．引而伸之於凡物之大情．其於明刑也．何有哉．竭其力．以稱吾君相之心．以副吾諸友相望之意．君家之所傳．固如是乎．

大觀橋記

吾廣州城濠之水．出入舊有二道．在東南隅者．由永安橋而北入．中折而西入．至歸德橋而止．在西南隅者．由太平橋而北入．中折而東．亦至歸德橋而止．及潮汐既退．則二水中分而四出．若相背馳然者．今巡按廣東監察御史．南昌涂公相之始出京也．則常聞其語於廣之士夫矣．荅曰．某未至僊城．是未可以懸度．既而使車甫至．則有監臨鄉試．策試武舉．巡按當行之務焉．蓋未遑也．既而登鎮海南望．慨然嘆曰．此嶺南一方攸遠之利也．三司諸公．皆曰然．既明日．則分守參議汪君思．分巡僉事祝君品．往視地焉．歸以地圖呈公．公曰夫歸德之水．中分兩出者．以太平之水直流汛急．今移建太平橋于城西廂十四鋪之東滸．而用其疏鑿之土．填實舊橋南北之水道．則環城之水自然合流東注．而併歸於一道矣．于是從此橋之西．而益鑿之．中間或因其窪下．以爲深．或順其地勢．以爲曲．深皆丈二尺．廣皆七丈．直過十八鋪柳橋館．迤西之南滸．而水由橋中入以出焉．長可四百餘丈．其疏鑿之處．或有與民居相礙者．則別以官地官帑償之．他日東滸之橋．宜仍曰太平．存舊額也．南滸之橋．宜扁曰大觀．移新制也．大觀之坤隅．又宜鎮以觀海樓．於以觀風問俗．望氛祲而察災祥．無不可者．二君皆曰然．又明日．則通判劉君璀．李君公信．推官孫君益．往視事焉．歸而以財用所需爲請．公曰．府庫不可妄費．民勞不可煩役．近歲官鬻淫祠之值．有問刑罰贓之餘．皆貯庫以自用．其支此以顧役乎．三君應曰諾．未幾知府范君祿至．又從而綜理之．於是良工受直而克勤．耆民分曹而勸勞．費用節．故財雖少而不匱．用財當．故事半而功倍．比公至南巡．則役已告完矣．廣人士洒拏舟而縱觀之．見水之環城東注者．有顧我欲留之意．見水之出入西濠者．有縈迴旋繞之勢．其外又得珠江鉅利而左鎮之．昔之僻地．今卽通津．居賈行商．往來絡繹．脫遇風濤驟作．則千艘萬舫．皆可以御艫而入避．茲固昔無．而今有者也．於是范君洎同知朱君鼐輩偕來．以記文爲屬．予謹追維往事．而弁志之曰．斯河也．昔巡撫都御史桂陽朱公英始委官議作之．議者以爲帑金非萬両計・倉糧非萬兩計・丁夫非數千名計・日月非假之以週歲・則土木金石之工・未易就・朱公憮然嘆曰・吾方節用以愛人・可遽勞民傷財乎・嗚呼・朱公謙讓未遑於四紀之前・志在安民也・公今審度於一心・協謀於諸司・擇二三賢守・佐而委任之・曾不踰三月・而一方悠遠之利・肇於此・又未始傷財勞民也・豈非所謂殊途同歸者乎・公奏設三水縣別置鄉賢祠・似此之類・不一而足・其有功於廣人甚大・予老矣・儻更一二年不死・當爲廣人嗣書之・

鄭稽 字考夫・瓊山人・成化癸卯舉人・任洛容知縣・與兄稽早失怙恃・孤苦相依・及長・不忍分爨・凡出入之需・皆兄主之・財帛不入私室・稽歿・奉嫂益恭・鄉人取田眞之事・名其居曰荊茂・賦詩頌之・

修塘記

豐盈里・距東南五里許・有祥塘一所・宋元間・里人王伯威陳武敵開渠引水・延袤十餘里・溉田六十餘項・其間塘陂用石板修砌・水口寬僅五尺・啓閘而蓄洩之・塍堤數十丈・唯築土堤以防・遇潦崩缺・春耕則塘長諭衆塞流湧灌・其利甚溥・顧土堤易崩・衆且病之・適予休致家居・乃與鄉人陳政謀・度堤修砌・以石易土・措計禾田豐約・爲出資以給工食之費凡若干・肇工于正德庚午秋・畢工於翌歲春・僉謂余宜記・故述始末以告來者云・

張詡 字廷實・番禺人・師事白沙・白沙稱其學・以自然爲宗・以忘己爲大・以無欲爲至・成化甲辰登進士第・授戶部主事・丁艱歸・屢薦不起・正德中召爲南京通政司參議・一謁孝陵即歸・所著厓山志十八卷・白沙遺言纂要十卷・南海雜詠十卷・阮志並注存・惟東所文集・明史作十卷・阮志作十三卷・互異・然據四庫提要・文十卷・詩三卷・知明史但據文集著錄・阮志則並詩附入而已・

謝彭方伯書

詡謹東向・再拜獻書於方伯先生執事者・昌黎韓子有言・下之人負其能・不肯諂其上・上之人負其位・不肯顧其下・故高材多戚戚之窮・盛位無赫赫之光・是二人者之所爲・皆過也・生嘗非之・以爲下有仁賢・而在上之人不之顧・則責有歸矣・而在下之人・安分守道・是其所職・胡爲諂其上哉・是以自叨舉於有司以來・在公之庭・無生之足跡久矣・夫豈好爲自尊大哉・不過安吾分・守吾道而已・孟子曰・古之賢王・好善而忘勢・古之賢士・何獨不然・樂其道・而忘人之勢・然又有說焉・孔子曰・事其大夫之賢者・苟有德之君子・雖位尊勢重・所當奔走而事者・又不當以諂爲嫌・而過於矯亢也・執事文章節行・動人耳目・生爲兒時・已聞而知之矣・去歲在禮部・聞執事來藩鄙邦・竊爲鄙邦赤子慶幸・下車未幾・即抗章舉賢才・止貢物・其餘善政蠹弊得以專者・以次罷行・幾無遺憾・規模宏遠・氣象一新・風行波流・不數月境內大治・而又謙虛下士・畧無自大自足之心・求之古人・指不多屈・若執事・非孔子所謂大夫之賢者乎・誠生所願事・而不可得者也・執事事業在朝廷・聲名滿天下・汗青筆之・鐘鼎勒之・天下兒童走卒・亦能道

之・所謂赫赫之光・無遠不照・奚庸生鼓喙括舌・而爲獻諂之舉也・直以景仰之私・本於性情・稱述之言・出於天下・公也非諂也・况曩者辱取拙著・特蒙襃獎・且推而置之古之人之列・何敢當・何敢當・然又竊喜以爲後生小子・寸長片善・猶見收錄如此・使他日秉鈞當軸・爲卿爲相・則世寧復有棄才・而野寧復有遺賢者乎・生之竊喜・益爲天下喜也・第生於此・則有無窮之慨焉・生生年五十又五矣 ・窮年矻矻・恒思自振・倚乾坤而覩世寰・思欲拔扶桑之樹・挽滄溟之水・舉八荒四極・一掃而洗之・以遂其志・不得・則大呼小叫・聞者莫不以爲怪也・有一奇偉卓犖之士・如飢如渴・思見其人・與之執手浩論・然非其人則又默然・呼之而不應・叩之而不答・仰而觀天・而不少顧也・是以於執事・雖未嘗數見・而傾心懷仰・至形於夢寐・第生舊歲不幸遭喪・顏色慘沮・衣冠不吉・不能一進左右・接德容而聆至論也・此生所以有無窮之慨也・是以踰越禮分・冒哀一言・得非范文正所謂・不以一人之戚・而忘天下之憂之意乎・嗟乎・使千載以前・有如執事其人・尙且忻慕感慨・恨不得與之同時・何況今日親涖生長之邦・而賤姓名又辱見知於左右乎・宜乎生於此・有亡窮之慨也・若使生伺侯於門庭・下色於閽卒・而又長揖而進・長揖而退・纍然素服・趦趄不前・不惟人笑之・而亦自笑之矣・昔有鼓瑟王門・三年不得入者・又有獻玉三往而三見刖者・向非執事辱以一言之顧 ・則生寧守戚戚之窮・決不能效昔人・徒自獻以取辱也・執事倘不以位自貢・歸以一言敎之・幸甚・外謹獻舊所爲文若干篇・詩若干篇・仰答雅意・更乞採覽・干冒尊嚴・不勝惶恐・

崖山新志序

厓山・在廣之新會邑南八十里・與奇石山對峙如門・故又名曰厓門山・環以大海・潮汐升降・呑吐由之・在昔樵蘇登眺者絕少・至恣蛇虺麋鹿所宮者・蓋不知其幾千百年矣・自宋祥興・幼帝浮海・始創行宮・其上而揚太后與夫文天祥諸臣・鏖戰死節之始末皆在焉・概夫六飛赴海・大風覆舟之後・貞烈忠憤之氣・鬱而弗伸者・又二百餘年於此矣・至我國朝始表章焉・成化丙申・邑人白沙陳公甫先生・與僉事鬱林陶君自强・議上請創大忠祠・以祀文天祥・陸秀夫・張世傑三公・又十有六年・爲宏治辛亥・同今兵部尙書・華容劉公時雍・時爲右布政使 ・泛舟厓門・議創慈元廟・以祀楊太后・又九年爲庚申・與僉事晉陵徐君朝文・議請入祀・典制曰可・特賜廟額爲全節・祭品視古先聖帝王 ・而祀之之期・則先大忠一日也・於是乎兩厓巨浸之間・英魂義魄・貞烈忠憤之氣・勃然與雲厓爭高・鯨波爭濬・海月山日爭耀於無窮・而香火四時弗絕・有司歲仲春率一至・牲牢酒醴・俎豆玉帛・雜然前陳・往來部使・暨騷人墨客・往往有登臨弔酹・播諸長篇短章・不一而足者矣・徐君一日・顧謂詡曰・厓山宜志・而未有志之者・蓋闕典也・先生盍留志焉・詡謝不敏・而君意益固・伏枕之餘・因與門徒博采羣載・凡事關厓山者・次第編輯・首沿革・次形勝・次里域・次景致・次帝紀・次詔勑・次事蹟・次列傳・次祠宇・次祀典 ・次碑文・次題詠・次紀異・次雜著・次題名・悉筆之・所以寓褒也・其胡元張宏範白佐之徒・列傳及刻石紀功之作 ・悉削

之・所以寓貶也・編輯既成・名曰厓山新志 ・ 凡十有八卷云・

嗟乎・世之治亂・國之興亡・雖曰有數・然未嘗不由於人事之修廢・有以召之也・姑以有宋一代論之・使當時君臣有古帝王之學・以修其身・則出治有本・決不至於議論多・而成功少矣・有古帝王政教・以新天下・則治具畢張・決不至於聲容盛・而武備衰矣・何播遷之有 ・ 子不幸而至於南渡・苟斷斷乎以興復爲務・而勸講和者必誅・忠藎如李如岳必任之而勿貳・奸佞如秦如賈・必去之而勿疑・則中原決可復・而大讐決可雪矣・何敗亡之有乎・詩云 ・ 迨天之未陰雨・徹彼桑土・綢繆牖戶・今此下民・或敢侮予・則宋之失於南渡之先者・既可嘅矣・孟子曰・七年之病・三年之艾・苟爲不蓄・終身不得・則宋之失於南渡之後者・尤可痛也・嗚呼・此志之所以作也・夫豈但爲爲人臣妾者忠節之勸而已哉・夫豈但爲爲人臣妾者忠節之勸而已哉・

見素集序

文章以救時爲貴・中古來・文若韓退之之佛骨表・歐陽永叔之朋黨論・胡澹庵之乞斬秦檜疏・詩若杜少陵之八哀・石守道之慶歷聖德之作之類・排異端・崇正道・斥奸諛・百世之下・讀之猶使人毛髮森竦・恨不生竝時・而願爲之執鞭也・下此則鬬富誇巧・雖極其工緻・第取悅人耳目・而於綱常世道・無所關係焉・果爾・亦奚貴於文章・而必以是傳世爲哉・始予計偕至京師於士友家・獲覩莆田見素先生林公・爲秩官員外郎時・抗憲宗皇帝疏草・三復流涕 ・ 見其劾匪人・糾權倖・凜然鐵越之嚴・而血誠骨鯁・溢乎言表・殆揭日星・而聳山嶽也・公雖坐是遠謫・而一時國是士氣・賴之議者・謂與澹庵一疏相伯仲・文章若是 ・ 豈非所謂救時者耶・未幾還公留都・薦歷外臺長・一旦拂衣去・朝抗章・夕就道・未始待報也・越數載・先帝以言者・起公爲僉都御史・持風裁於大江之左右・貪墨吏多望風解印綬去 ・ 雖當路左璫・素號桀黠者・亦爲之斂跡潛避・公出而救時・其事功之偉・又在在如是・蓋不啻是諸文章而已也・使公在朝廷・則必有以寢淮南之謀・在邊陲・則必有以寒西人之膽・而在山林則又必有以一絲而重漢九鼎者矣・蓋公精神心術之所寓・有未易以尋常窺測者・故發而爲文爲詩・或贈送・或酬答・或寄託・雖體製異科・風格殊指・要之其歸・與曩疏救時之意異者・幾希矣・然則公之文章・雖欲靳不傳於世・弗可得已・而公方退・然以爲此特醫甌上意思耳・夫豈以是爲自是者哉・間手編成集凡五十餘卷・而以其別號見素者名焉・不遠數千里緘書遺予曰・子其爲我序之・得書時薄暮矣・亟篝燈快讀・次日即提筆・于以見仰公之至 ・ 方以託名是集爲幸・遽忘其譾陋且讓云・

章恭毅公文集序

天眷皇明・錫以骨鯁忠貞之臣・俾之用以贊治化・匡社稷・扶綱常・隆世道於當時・而遺芳餘烈・足以起頑立懦於千百世之下・若南京禮部左侍郎・贈尙書・謚恭毅・公蓋其人也・公在景泰初・爲儀制郎中・即抗疏論太平致治十六事・次論鈔法・次論幸寺・次論恤民・次論時政 ・ 次論朝

貢・次論科舉・最後論修德・方在一司・秩五品・非秉鈞軸・當言論也・五歲中疏入者八九・皆國家大計・言人所不能言者也・其修德中・言朝上皇復儲位事・關王體國是尤大・言人所不言者也・疏一上・舉世韙之・而公坐是得禍矣・首尾困縲絏七年・考訊無完膚・繼受大杖一百・瀕死者亦屢矣・我英宗皇帝復辟之初・首釋公・是夜索公疏讀之・猝不可得・隨聞之內侍口誦・以手擊節嘆曰・好臣子・明日擢公禮部右侍郎・蓋簡在帝心久矣・方公下獄也・天大風・黃沙四塞・人心阢隉・釋囚之日也・連日陰霾・至是開豁・京城男婦聚觀如堵・有泣下者・擢官之日也・中外臣僚・下至衞士・以及行路之人・莫不舉首相賀・一時骨鯁之名・忠貞之烈・掀天揭地・雷震于四方矣・

由是觀之・公危言讜論一發・雖不盡用・而於治化社稷・增重多矣・至於殊榮大辱之加・綱常世道又因之而振肅焉・千百世之下・聞其風者・頑可起・而懦可立・豈誣也哉・謂非天錫不可也・惜乎公以公輔之器・而沉于下僚・後雖任以卿佐・尋改南都・未衰乞骸去矣・其素所蘊蓄・容有未究其用者・故往往於文章焉發之・平生所爲詩文甚富・雖一時應酬之作・亦皆本於性道節義・該乎人倫物理・不爲無益之空談・故雖不屑屑求中於文士詩人之榘度・而精誠貫金石・光焰奪星斗・非有本能如是邪・竊嘗妄評公之詩・如關雲長直取顏良頭於百萬軍中・而陣伍有不必設焉者矣・文如郭子儀單騎見藥葛羅於涇陽・甲冑或在所免焉者矣・豈尋常將帥敢爲哉・蓋詩如其文・而文如其人如此・公薨之二十二年・家嗣方伯元應始編次成集・凡二十有七卷・詩文共若干首・刻梓以傳・屬詡序其端・噫・詡何人・敢以不腆之辭・辱公之文哉・顧仰慕公在山斗之地・非一日矣・重以方伯孝思之意・不可孤也・敢論述其關係於天人之大者・以見公所以取重於世者有在也・是亦論世之意也・

贈緝熙林先生教諭平湖序

士必包括宇宙之學・卷舒風雲之志・超逸古今之見・然後可以蟬蛻汚穢之中・而浮游埃壒之表・神明與居・造物與遊・處俗而不累于俗・爲法而不制于法・蓋在我者有其主也・無窮達・無古今・無生死・而況其他者耶・苟無所主・則牽制于俗・執滯于法・曰人不與我也・又曰法不我符也・是則累于名與法矣・以是名・而拘中人・則可・以是名・而拘有道者・不可也・以是法・而限中人則可・以是法・而限有道者不可也・今之論出處者・我知之矣・惟喜其同・而忌其異・故仕者自以爲通・而不仕者自以爲高・余則以爲・苟吾有主・則處是也・出亦是也・不復可以是非論矣・苟無所主・則處非也・出亦非也・是非于是乎生焉・非之生・由于是之相形也・苟無非・則所謂是者何所有耶・余郡東莞林緝熙先生・蚤歲英發・立志不羣・在庠序間・已崢嶸露頭角・成化乙酉・領鄉書・舉進士不第・慨然有明道先生之志・適余郡白沙石齋陳先生・倡道東南・先生遂棄其所學而學焉・獨居扶胥・結屋欖山・遲遲不五六年之間・所以講求性命・俯仰天人・低昂古今・如駕鯨鯢放滄波・偉乎其大觀哉・浩乎其自得哉・庸何凡流得以窺其趣也・先生抱負既大・心志愈卑・而聲名隱然以起・若今右都御史桂陽朱公・尤見器異・

力勸之仕・移文有司・催逼上春官・先生遂行已・而會試中乙榜・得平湖敎諭而行・論者稱屈・以爲位不稱其德・事不稱其才・而先生欣然喜・得迎養老母・從事文帙・得以求其志也・余嘗感夫人生所得于天・至貴而至重者・心焉而已・所謂主也・耳目鼻口四肢百骸・聚則成形・散則成風・乃不久之贅物・所謂客也・士君子往往爲其所累・窮極其欲・祇以供客 ・而不識自家主人・悲哉・是以非是之論生焉・客爲之也・窮達之感生焉・客爲之也・古今之間・生死之變生焉・客爲之也・達者固不復累于是矣・先生盖得此學者・焉往而不自得哉・余考圖經・平湖乃東浙秀區・山明水媚・沃壤千里・士人重文學・而好遊樂・吾知車馬到日・衿珮如林・樽俎沿江・而迓几杖・如再覩胡先生安定之再來也・太學生鄧貢甫・鍾元溥輩來・徵文以贈・予既爲先生贈・又以之爲平湖士人賀・

宋陸丞相祠記

宋陸丞相祠・在潮郡韓山之上・郡守葉侯元玉・創以祀宋丞相陸公秀夫者也・公負幼主沉於厓海・而廟食于厓山宜矣・曷爲祀之潮耶・考之一統志及潮志・皆云公墓在郡南海嶼上・而續綱目載・公與陳宜中議不合・宜中使言者劾・謫于潮・則潮爲公體魄所藏之地・而過化之邦也・今天下凡名宦流寓之賢・例得祀于其土・況公一代忠貞・論者謂其尊中國・排左袵・立天地之常經・明春秋之大義・其有功於世道也甚大・則其人品事功 ・已超然在潮之名宦流寓諸賢之表矣・此而弗祀・祀而弗專・非缺典與 ・先是詡修厓山新志也・攷公事蹟・知公墓在潮・墓碑猶存・而近年始失之也・爲之嘆恨不自勝・因走書侯・爲物色之・既而侯復詡書・訪公墓在澳山北青徑口・第碑失・漫不可尋・儻卒不可尋也・就其地封而表之・更於韓山韓文公祠左・構一祠・以專祀之焉・詡得書・又爲之喜不自勝・報侯書曰・執事之舉・甚盛舉也・今年春二月晦・侯走書幣告詡曰・祠成矣・請記之・夫公之忠貞・明白正大・昭如日星・崇祀而表章之・使世之委質而爲人臣者・知死生患難如許・而不忍少負・況當治平無事之時・享大爵・蒙厚祿・無死生患難之迫・而忍欺其君乎・推類而盡之・凡爲人子弟者・不忍負其父兄・爲人妻妾者・不忍負其夫主・而爲門徒與友者 ・不忍負其師與所交者・敎立乎此・風行乎彼・三綱正・九法修・風俗厚・世道隆矣・ 其視徒敝精神於刀筆筐篋者・ 其功效大小・相去何如也・夫豈但慰忠魂於地下・報功德於當時而已哉・韓山去郡城一里許・山之椒有三峯・列若三台・秀拔翔舞如飛鳳・長江走其下・蒼松古檜・蔚然掩映江波・景象明媚・千態萬狀・蓋潮形勝之絕也・侯因卜祠地・一日肩輿徑登焉・徘徊顧瞻之頃・遂得其勝於山之左峯之麓・若有神相之者・構祠凡三間・前廟後寢・高低深廣・規制靡不稱・堦之下鑿池一區・植蓮其中・周遭繚以崇垣・當戶則棹楔巍然 ・以限內外・是祠也・背山面水・縈紆環繞・引領間・與韓祠聯輝並麗・宛若在霄漢之上・於戲・以寥寥二百餘年之遺烈・而顯于一旦・殆天所以報忠貞・特假手於侯邪 ・是不可以無記矣・若夫公之忠貞始末・載在信史・及厓山新志者・已暴暴可得而畧也・侯以宏才・治大郡・舉目無全牛 ・而英風偉

格・隱然可任世道之責・故能大有爲如是　・祠經營於歲甲子・踰年而始成・蓋事事未始苟故也・

全節廟碑

全節廟・在新會縣厓山之上・宏治辛亥・今兵部尙書・華容劉公大夏・爲廣東右布政使時建・以祀宋楊太后者也・于時廟額祀典未之請也・庚申僉事武進徐公紘・適分廵是邦也・乃疏・上特賜今額・而祀典如祀歷代帝王・于時新廟碑未之樹也・甲子左參政・慈谿王公綸・適分守是邦也・乃屬筆於詡・謹按后度宗之淑妃也・當胡兵之入寇也　・直擣臨安・一時帝后王臣・盡爲俘虜・獨后負其子益王昰・與廣王昺・航海奔閩・於是羣臣奉昰卽帝位・冊后爲太后・帝崩・復立昺・奔崖山・依二三大臣陸秀夫輩・臥薪嘗膽・爲宗社恢復圖・既而胡兵進逼崖山・破之・秀夫知事不可爲也・負帝昺赴海死之・而宋祚遂移矣・后聞之・撫膺大慟曰・我間關至此者・正爲趙氏一塊肉耳・今無望矣・亦赴海死焉・惟宋三百年・后妃之賢・前稱高曹・後稱向孟　・亦可以爲難矣・然皆處常・而能正者耳・至於流離患難　・卓然能炳大義・一君亡・復立一君・君亡而以身殉之　・其死也爲社稷死・爲國家死・爲綱常死・爲謹內外・辨華夷死・所謂死有重於泰山者也・其有功於世敎也大矣　・豈非處變而不失正者・大不易乎・是雖丈夫子・讀書說道理者　・事君則欺其君・相國則賣其國・專城則棄其城・賊至則或開門迎降・甘心臣犬羊而服左衽・平時君以高爵厚祿待之謂何・一旦視棄其君父・如棄弁髦者・盖亦多矣・顧后藹然以坤柔之姿・目或不知書・而道理或不能出諸口・及乎臨大變・毅然視死如歸何哉・盍亦求其故乎・蓋體道在率性而已矣・性無不具者也・故以婦人女子之質之美者・往往所行・不期與適合而自合・如后之流是已・性昏於蔽者也・故丈夫子・而不能率性者・類爲物欲所蔽・故無事・則雍容委蛇・談何容易・至於小小得喪・利害臨之於前・而不喪志失守者或寡矣・況生死之際乎・欺君賣國之流是已・彼爲禍水・爲牝晨者・又何怪乎・然則我皇明全節之褒・元祀之饗・以爲后待者宜也・非過也・然自后赴海後二百餘年・而得劉公始建廟・又九年而得徐公始請祀典・又四年而得王公始徵文勒之金石・歲閱七世・事更三賢・然後全節之廟貌俎豆・后之流風遺烈・殆與崖山俱高・海水俱長矣・詡近輯崖山新志・載后事亦既詳矣・復懼夫世之昧者・或不知率性以爲道也・僭爲之辭・　以爲王公復俾刻之・　系以詩曰・朗朗性天・古謂明德・明德克明・不懼不惑・有龍失所・嗟曰之昃・星月從之・崩于海國・謀豈不臧・不命已革・視死如蛻・就義如食・以扶天常・以輔人極・以尊中國・以攘夷狄・堂堂丈夫・破釜失色・孰能死生・從客擁翟・高曹向孟・光昭史冊・於赫后烈・允遇前蘐・二百餘禩・貞風淪落・有嚴廟貌・臣大夏作・有隆祀典・臣紘建白・帝曰兪哉・宜室宜秩・歲饗太牢・廟褒全節・　臣綸揚化・　用播金石・臣詡操觚・敬述帝則・　先烈煌煌・聖教赫赫・五嶺以南・　雷厲風廓・碑于廟門・垂示千億・

彭烈女墓銘

彭烈女者・爲詡邑人也・生有懿德・人莫之知・獨以色誇人口・甫笄聘入劉氏・儲爲養子婦・厥翁悅其色也・挑之怒・遂計逐其夫・復挑之・益怒・乃令人陰諷之曰・若夫亡矣・若何望・若可就翁・翁當置若側室・爲翁側室・孰與爲養子婦乎・且彼與若未合巹也・名夫婦也・而實則爾我耳・若奚爲戀戀至於斯乎・烈女奮袂大詈曰・是何言與・吾聞名正則分定矣・分定則夫婦矣・且彼亡・以我故也・我不忍以我故使彼亡・而又負彼・因仰天大慟曰・嗚呼天乎・我何以生爲乎・是夕自刎・血流戶外・明日烈女父母白寃番邑令高君・高君罪其翁・禮葬烈女於北郭外大道左・榜之石有彭烈女墓云・歲久荆棘叢生・石題剝落・樵蘇牛羊・日躪蹂其上・過者傷焉・宏治庚申・郡推朱君伯驥・祀鬼北壇・經墓下・下拜詢由・始一修其墓・而未有一言表其烈者・嗚呼・士之見利思義者・或寡矣・況守死善道乎・況以坤柔之姿・而能挺丈夫之烈若是乎・觀其不以未合巹而昧夫婦之分・君子謂其近乎知・不賤養子婦・而苟貴於爲主翁側室・君子謂其近乎仁・守節不變・視死輕於鴻毛・君子謂其近乎勇・謂之烈女宜矣・使世之委質爲人臣者・咸烈女其心焉・則炎劉之國號・可不以新易魏矣・趙汴之廟主・可不遷杭泛海矣・然則烈女之行・雖曰守坤之常也・而其一寸丹衷・揭之可以愧千百世爲人臣・而不知君父之大義・其關繫誠重矣・是不可以不表也・銘曰・天德一賈・王侯之貴・我視如鬼・或烈或忠・至賤之中・世欽如龍・我銘在野・日照月射・俾愼取舍・

胡濂　定安人・成化丙午舉人・

定安學田記

建學養賢・爲治之要道也・我太祖高皇帝・稽古爲治・天下甫定・首下建學之詔・命碩儒爲之師・處之有其地・而敎之有其人矣・猶慮其外有所累・而志不一也・鑒宋元學田之弊・革而併之有司・賜撥學糧・以供師生俸廪・隨學員數・而爲之等差・後以糧渺・不足以供學倉・廢歲儲乏・而師生俸廪則豐辦・于有司養賢之道・廣博周悉・無復加矣・夫作養之恩・惟均士之感奮修立・以圖稱者・宜無彼此之殊・而定安之賢才・往往後於中州何哉・葢瓊居海島・三州九縣環其外・而定安據其中・爲溟南之中土・天地淸淑之氣・飄泊渙散于外・蜿蟺鬱積于中・中之地氣・完固深厚・厚則發也必遲・遲則洪大而悠・以今驗昔・省闈始被荒于洪武・而進士之選・至宏治又與焉・譬之播種焉・雨露人事之旣濟・而至於成熟・猶有先後焉者・地氣之不同耳・然亦同歸於熟而已・矧今子弟羞事詞藻・務窮理盡性之學・敦孝弟忠信之行・庶幾修己治人之緒也・他日陟華躋要・以爲邦家之光者・將彬彬矣・豈又脫駕于中州哉・霑霑旣久・禮義成俗・至如邑人陳文濟者・亦知嚮往・以己田一庄・薦之學宮・助書生書札之費・前尹郭君鼎掌敎・沈君文昊請於當道・嘉其善・而僉納焉・沈以勞資遷任・繼之者陸君淵・薛君尙學・恐其善久而沒也・偕有士莫如環輩・屈予記其事・以勒諸石・愚謂師生優養・皆有廪餼之給・朝廷德意・固已周至・似無資於是田矣・然文濟一念・好賢樂善之誠・交以道接・以禮

受之・亦義也・世之庸夫・以其資產・捨之梵宮佛刹・以求福田利益者・視此爲何如哉・文濟之行・雖未詳考・卽此而觀・是亦向義之徒也・法宜書若田之界至坵段・則勒之碑陰・俾後人知所考證云・

蘇　葵　字伯誠・順德人・成化丁未進士・授編修・累官至福建左布政・其提學江西四川・皆得士心・在江西嘗以忤中官董讓・被誣劾・法司臨治・諸生數百擁葵出・事始白・後關中李夢陽視江西學・請祀之白鹿洞・其祭文云・公昔省方・威武不屈・茲洞之興・公實有力・推許甚至・著有吹劍集・

按吹劍集十卷・阮通志注未見・後其邑人龍太常元僖・重刊行・

送林善信掌教陽朔序

士之入官・所職之事有二・曰政與教・宰相振紀綱・立法度・一道德・以同風俗・兼二者而出之・自是而下・則判不相攝・若六卿則總政於內・而教則大司成領之・藩臬郡邑分政於外・而教則郡邑有學・學有師儒領之・所謂政者・有祭祀・朝覲・燕享・甲兵・錢穀・訟獄之煩・然而有才者・類能任之・不必其道德之備也・教雖不於是勞・然非窮理盡性・身思度・而聲思律・道德實有諸身者・安能淑諸人人・以成其風俗之美哉・是又非獨有才者之所能及也・肆內而列曹・匹休古之賢公卿者迭見・至外而守令・與龔黃卓魯爭後先者・亦不乏人・若求其能立師道・如韓昌黎・胡文定・則罕聞也・豈非難在此・而不在彼耶・增城林君善信・其先裔出閩之莆陽・莆蓋古文獻之地・入廣凡幾世・世以儒爲業・善信之大父某甫・尤能以學行見稱於鄉里・建務學樓於縣治之西・以尚書教授生徒・而世父某甫・實紹其芳・至善信乃登弘治己酉鄉荐・癸丑試禮闈・家庭之學・其來遠矣・千里之足・超逸之材・舍若人・其誰歸・奈何求士者・眩於牝牡驪黃之跡・竟中乙榜・拜今職・得非命耶・抑造化者・以君志在道德・能端矩矱・正模範・屹然特起・與胡韓二公鼎峙・故以是職付之・而駿其聲於無窮耶・是又未可知也・陽朔在桂林之南百里許・科第蟬聯・俊秀穎敏之士・將以次候於門墻・導之以詩書・養之以禮讓・率之以仁義・因是而益倡其風・益厚其俗不難矣・今聖天子恩重君輩・六年不病三獻・任氏之鈞・不舉尋常・得政之日何愧於晚耶・茲洎九年・許以再試・善信於此時・績成而後來・連城之璧・當以任鄉之親舊・往餞之・吳君時彥屬予爲文・予不佞・姑書此以贈・

送邑友羅宗傑尹永福序

百職莫難於令・何爲難・與民親也・官之涖下均也・而曰父母・必歸諸令・是則令之於民・誠猶父母之於子也・鞠之育之・撫摩而愛護之・猶不免於疢疾焉則憂・幸其免於疾矣・教焉不入則怒・一家之子・能幾人焉・如是則相遞・爲父母者・終歲悅豫無幾日・况令之於民也・爲綿亙萬室屯聚・均欲節其力・豐其衣食・興其禮義・息其忿爭・必盡如吾志・而後可以免於憂與怒・不幸而有水旱癘疫・又不幸而有頑嚚梗化・平居而哀其窮・臨刑而矜其罪・將惠而卹之・則掣肘於上・不得如父母之於子・愛焉與聚・惡焉勿施之・

自專求其術・而莫之可・幾何而不戚然於心耶・外此又有朝覲・祭祀・飲射・送迎之禮・皆責於一人・是誠其難也・在中州土無瘴毒・民庶且富・五品易敦・百務輕舉・人也咸可以有爲・若遐荒之邑・諸不在中州之樂且美・必得瑰磊奇偉之才・慷慨通識之士蒞之・乃庶幾其能理・吾友羅君宗傑・其人也・由鄉薦士・拜永福令・永福隸於西廣之下・居五嶺之南・正所謂遐荒者・宗傑得此・捧檄慨然有綏懷振作之志・畧不以爲難・蓋其平昔之所學・以先憂後樂爲事・猶湛盧在匣・欲得犀兕而試其鋒芒・將啓行・鄉之士大夫餞之郊・謂予與宗傑有金蘭之義・屬予爲辭・予無能・所聞者・古人之糟粕耳・昔子太叔問政於鄭子產・子產曰・政如農功・日夜思之・思其始・而成其終・朝夕而行之・行無越思・如農之有畔・其過鮮矣・宗傑優於才者・敏捷而果決・至於憲之周・而謀之審・諒亦有取於斯・予因借附於簡末・

東劉十景序爲景熙侍御

予嘗按職方氏之圖・知方輿之景多也・茲圖止於十者何・蓋繪其所居之景・非泛然山川之景也・居何在・在處之城東十里許・有地曰好溪者是也・溪何以多景・蓋陰陽磅礴・風氣萃止・峙者・平者・曠者・流者・與夫林木陂池・風泉雲碓之屬・及凡木石峥嶸・人力之所成者・無一而非助溪之偉勝也・居之者誰・曰東劉氏也・劉氏何以曰東・其先世自關中京兆・徙居括山郡治之東門・誌因以列氏・逮元末・達魯花赤・購故宋湯峻公第址・改爲今治・劉氏雖散處・而東門之稱不易・今好溪又在治之震方・故氏族得終擅夫東也・繪茲圖者誰・東劉之裔・江右清戎侍御公景熙也・

公由甲科・歷任中外・茲觀風江右・發燕山・泛潞河・越長江・道太湖・東望天台雁蕩・南出吳山錢塘・直指鵝湖・抵于豫章・觀宮亭左蠡之澒洞・匡廬五老之崒嵂・登帝子之閣・臨高士之亭・挹西山南蒲・棟雲簾雨・胸中之景・不知幾千萬狀也・而必拳拳於所居之景者何・公豈誇山林之玩・使先哲不得以此而少富貴之士者哉・蓋將致夫水木本源之思也・公之先大父・卜居於此・啓基垂休・以燕後昆・東劉氏之居於此・又三世矣・凡好溪之山川・含靈括異・蘊奇蓄秀者・悉於劉氏發焉・故厥後允昌衣冠宦達・此先世貽謀・功德之不可忘者・公既歲時不得伸其焄蒿悽愴之情・于祠階壟草之下・特寓茲景・展卷如在・而吾孝思之念・不容蹔輟・然則公之志・止于如是而已耶・曰未也・公謂周甫侯申伯・其先世能修職・以格于方嶽・降神以生二子・申甫者亦懋乃績・揚乃休・以翼一代之治・史書之詩咏之・而無負于嶽公・將以是自期待・使他日括蒼山川之靈・無少忸怩于嶽神之傍・此則公之志也・若以張皇夫一邱一壑之勝・例王維輞川・宋廸瀟湘八景之圖觀者・則非所以知公也・景之目列于左・

送藩幕楊侯某尹蕭山序

江右藩幕楊侯某・登癸丑進士・其志高邁・其氣鯁諒・初擢拜翰林檢討・既而陸沉・于時屯晦于下位者數年・然玉潛于石・珠沉于淵・光潤之氣自不可掩・故至是擢爲浙之蕭山・今蕭山劇邑也・其寮寀諸君・榮其拜・爲圖以贈之・

請余以文．余謂縣令之設．自秦漢郡邑天下以來．千數百年．土地人民政事本無二也．而古今人用心．則有二焉．古之爲令者．有與天子共致太平之責．其自任以此．上之人望之亦以此．故其入境．廉以持己．明以察奸．和以納民．敏以從事．率履以正風俗．精意以享鬼神．四封之內．凡有一利一弊．旦夕勉維圖之．視其可專者專之．其不可者則請于刺史．聞于朝廷．必欲其效之立見．惟恐無以贊于致治．負其君．負其學．於位秩之進不進不自卹．而卒亦陟于顯要也．今之爲令者．則不然．彼貪墨鄙夫．不必道矣．其稱爲賢能者．就中卓然以古人爲標的者．雖間有之．亦終不多見．餘不過修飾於門庭．逞速于徵科．嚴峻於刑獄．曲謹於逢迎．旁羅以致阿大夫之譽．惟恐榮進一日之或后．於世之治不治．若無預焉．上之人．亦不以此望之．惟其譽至．則從而遷之．侯學古尚友．其志固在彼．而不在此也．然尚有說焉．漢唐之世．迭都關中洛陽．時西北財賦．亦足以充國用．逮宋有金人之變．高祖南渡．國用一切．資于東南．而民之財力始竭．我朝培植之．保養之．愛惜之．惟恐其有傷．今百三十餘年矣．然時之地力方饑於東南．而國家之用亦不可缺．如穀粟．如絲縷．如布帛．如泉貨器用．不免取給焉．道路之間．舟運車載．相繼於水陸者．皆東南之賦也．牛山之木．旦旦伐之．亦且濯濯．吾恐民之財力．將入於困矣．民困則爲治難．當其難者．事倍而功半．是無怪於今日循良之罕也．侯閩之產也．其伯兄有日琅者．曾督學山東．政教有聲．侯之學．講明於家庭有素矣．所謂卓然以古人爲標的者．予實有厚望焉．且侯在江右．嘗承當道之檄．小試其術於南昌安福諸邑．所署雖有淺深．皆有政惠在民．茲專百雉之寄於蕭山．視前之假借旬月者．不同矣．若竭其心力．罄其才能．持之以歲月．不以易難自觖．吾見東南循良首稱．未有不在侯也．侯之志．務有爲．而才實足以副之．當其行．而不勸之以道．徒簧鼓時狀．爲要名進取之策以感侯．則佞也．疑亦非侯之所樂聞也．

補註李太白詩集序

釋書非難．釋詩爲難．蓋書之所載者道．道者理而已矣．理者古今之所同．沿理以探道．理明則道明．此其所以爲不難也．若詩則發於人之性情．或因時觸物．或物物厲言．或暢懷寫景．有美有刺．有憂有景．窮通得失．幽鬱羈孤．死生離別．凡有所感於心．則發而成章．作者奮於千百載之上．而釋者以意逆於千百載之下．豈能悉契其旨．此其所以爲難也．晦翁朱先生．嘗釋三百篇．多正毛詩之誤．夫三百篇．亦載道者也．漢儒猶不能爲協一之見如此．矧於後世．馳情任性．而道不之寓者．非理之所可據．不過順其文辭．因其時勢．揆其意趣．捕風捉影以求之．豈不尤難合哉．故凡釋詩者．釋其用字用事之原則．博雅君子類能之．求發其旨歸者．則罕見也．雖然亦難矣．如唐李太白聖於詩．蘇頲謂其可比漢相如．賀知章謂其爲謫仙人．釋其詩者．非學力庶幾焉．曷能不昧於援引出處邪．

先儒謂學詩．須先學李杜．如士人治經．本既立．乃可次第看蘇黃諸家．自有此論．後之有志於詩者．孰不願出其陶冶之下．然若其隱頤幽遠．譬之修眞者．雖知餐霞煮石之妙・而咀嚼不得其味・江右寧都冰崖蕭公・爲學兼該宏洽・嘗酷愛太白詩・蓋其人品意趣・或有類焉・遂集自其大鵬諸賦以下・諸家音釋所未備者・悉發明之・或指其微意所在・不徒著其言與事之原而已・惜其舊板已壞・學者不可多見而冰崖公之惠・得普於人人也・至於公之八世孫蕭君某・由進士拜守于瀘・嘗佩服其先師大司空董公之言・且欲成其先世諸賢之志・遂捐俸重繡於梓以傳・於乎・李謫仙吐辭於數百載之前・至冰崖公而後明・冰崖公絕筆於數世之上・至其孫瀘守而後顯・是不特事之成敗有數・雖詩文之顯晦・亦有數存乎其間也・蕭守以予謬典文事・請予以序・予謹序冰崖公之考釋・并守之重鏤用心顛末云耳・若謂序謫仙之集・則多見其不知量・得無啓鯨背波心之絕倒耳・

絲綸世寶記

西蜀巡撫中丞劉公・楚之豪也・塊磊奇邁・剛大光明・初由甲科・試百里政・成績彰著・尋拜侍御・立朝謇諤・巡兩淮六詔・所至激揚著聲・及副憲於浙・長憲於廣・議讞簡孚・赫赫烈烈・適貴之土寇造釁・餘孽未殄・遂擢爲都憲・往撫治之・天子與璽書・許便宜從事・公至貴・而貴之難平・及蜀之松茂邊夷陸梁・臣以聞・天子憂之・而節鉞難其人・宰相以公荐・又命徙治・璽書之臨・視貴加重・公至蜀・而蜀之難又平・公以捷報天子・特降勅褒獎・公既稽首對揚・復通錄別楮・裝演成卷・以貽子孫・俾永永尊崇無替・題曰絲綸世寶・命某識其後・猗歟偉哉・夫聖天子・兩以重地委公・公果不負上命・雖古之明良・莫之過也・嘗聞之・宋曹彬伐江南・克城不戮・後世子孫昌盛・人以爲陰德之報・某於公兩藩之事・亦竊預有卜焉・公之在貴・出師之名・雖曰剿獲漏殄逆賊・然首惡就擒者・止於五六人・黨與授首者・不過數十人耳・奔潰者・不窮追・未嘗以殺爲逞・至如荊蜀與貴接境・荊苗流劫屯寨・蜀夷互相讐殺・守土者・兩以爲憂・恐復有如普安之禍・公熟計其不足慮・惟各移檄藩臬・或責以親臨近郊・或示以集兵壓境・申諭禍福・彼皆先後退散・不戮一人・而境土復寧・

及其入蜀・一如在貴日・智慮益精・謀畧益審・探番夷逆順之情・察軍旅强弱之勢・考糧芻盈虛之數・窮山川險易之形・剗刮數十年宿弊・將士之氣一旦勃然・然後親臨二邊・招來夷之酋長・宣布威德・開陳利害・各遣象胥語之・彼皆股慄聽命・遂有自斮其元兇之首來獻者・有捧甲納馬來降者・將卒無烽鏑之虞・黔首無轉輸之困・烽燧不揚・駟介就佚・聖天子西顧之憂紓矣・璽書所謂兵不血刃・地方獲寧者・信不誣也・公復增游兵・繕關堡・實倉廩・鑿險隘・以爲久安長治之計・自有邊以來・未有如今日之靖・夫公有大勳於朝・有陰德於下・且忠誠懋懋無斁・榮階陟履・誠難爲量・所奉絲綸・允不止此・昔郭子儀・自表其奉詔勅・一千餘道・爲子孫萬世之寶・今朝廷之制・命下有節・若子儀之數・某固不敢訣・然後世可與子儀并稱者・諒當在於公也・矧公之子孫・承公之遺澤・斷斷乎如曹氏之後・必有益隆・其尤者・亦奚啻竇公之所貽而已哉・

黃封君傳

黃氏封君初祖・生於夏后氏之世・不見用・至周成王時・始相祀有功・封於青州齊東之境・凡有事郊社・宗廟・燕享・賓客・耆老・以至大射・鄉飲之類・皆與贊相之列・歷數十世・職任如故・春秋戰國時・禮樂不興・其子孫遂或仕或否・迨漢高祖滅秦誅項・其裔遂有仕者・高祖使主高陽稅務・歷階光祿・漢武帝時・有仕爲主爵都尉者・武帝觴西王母於瑤池・其亦在側・晉元帝時・則有仕爲步兵尉者・阮嗣宗尤悅慕之・唐玄宗時・有拜大官使者・嘗私獻於貴妃・貴妃薦之・被寵封爲醉鄉侯・使與李太白友・

自後支流散漫・人不問而知其爲醉鄉之子孫也・又歷數十世至君・專志混沌氏之術・不但王公貴人與之往來・雖田夫野老・有就之者・亦必盡歘洽・有薦於朝者・極言其温醇芳美之德・且有感通鬼神・和悅上下之妙・遂得命封爲醴陵伯・食祿不篡・人但呼之爲黃封君而已・君每徜徉於市肆間・無處不到・一日謁予・自陳其先世之顯・且言陶淵明・劉伯倫・張旭・石曼卿諸賢・當困乏之時・其先世累施賑貸之惠・納其券・終不徵也・故諸賢樂與其先世游・茲願托交於予・予愛其修混沌之術者・因許之・

君能顚倒豪傑・語予曰・窈窈冥冥・至道之精・昏昏默默・至道之極・子欲聞道・吾將有以振子・予聞之喜・故每於岑寂憂鬱之際・賞心樂事之時・必召與之俱・君果能有慰藉・啓豁予之意氣・予亦惟赤心置之腹中・如是者三十餘年・交久而狎・仍侯予之間・謔予曰・古人不茹柔・不吐剛・吾見子於物・時或茹之・或吐之・所茹者・殆温柔敦厚者耶・所吐者・殆剛燥凜冽者耶・若與人不相似然・予叱之曰・君甕牖之子・徒事古人之糟粕・而醞藉不深・何足以知我・君遽以予爲譏之太甚・怏怏若將讐焉・既而果肆其毒以鴆予・予乃昏然無所記者・言則失序・行則顚躓・臥則疲憊・幸而建溪葉道人者・亦予之忘形交也・始爲治療・

見瘳翌日・予召君・君愧不來・固召之乃至・予讓之曰・君其羊叔子之罪人歟・何爲鴆我・君俯而不答・予麾之出・君慨曰・生平誼分・一旦斥絕・不已甚乎・予感其言・復進之與盟曰・以時相覿・以禮相接・毋蹈流連・毋致狹疾・君唯唯・遂束書加於牲穀之上・相歃受盟而退・

雅州遷修儒學記

雅州當六詔之衝・爲地千餘里・山川清麗・其氣未嘗不發洩而萃于人・然而科第常乏・是果州無人材哉・教養失其所云耳・宏治壬戌・王守大中・自閩捧檄來治・三日如例謁文廟・卽慨其地之陋・謂其向背失宜・風氣散漫・且規模狹隘・棟宇苟簡・遂欲遷而新之・逾年相其地・得龍門口鯉魚地之區・南北若干丈・面陽背陰・水環山抱・左右拱翼・氣象森然・謀諸人神・無不協合・時計其費不貲・非輕率可動・又逾年・政通人和・年豐而物阜・守曰茲其可矣・乃具請於予・予允之・又請于巡撫林公・巡撫亦允之・

于是捐俸資・廣區畫・勸辦于州之義士・材費既完・乃墓乃搆・地非官有者乎・價與民貿易・四隅齊截・衆役肇興・斲者・鑿者・陶者・圬者・各極精緻・官不費帑・民無

怒怨言・不數月而文廟成・書庫・樂庫・兩廡列于左右・廟之前爲戟門・戟門之前・穴地爲泮池・泮池之前・創石爲欞星門・廟之右爲明倫堂・堂之兩廡・爲三齋・爲號房・靡不輪奐飭然・師生朝夕絃誦・講解游息・各有其所・以至牲廚儲廩・無一不備・學校自建州以來・未有如此之盛・比落成・守率師生僚屬・釋奠於庭・講道於堂・州之民・老少觀者・忻躍交慶・期文化浹于宮墻・而波及于閭巷也・

守以予專董學政・嘗允其請・命生員某某來請記於予・予謂土木之役・春秋之所不與・爲其無益・病民而傷財故也・不傷財・不病民・而於事爲有益・如王守是舉者・豈不爲君子之所取歟・觀魯侯作泮・詩人張大其事・以爲淮夷攸服者是矣・嗚呼・舉百餘年之所未舉・振百餘年之所未振・守固有之矣・不知多士之游於是者・亦能副守之期待否・必視其基址・視其棟梁・視其榱桷・引伸觸類・隨事反求・敦仁固義・以立其本・稽古達材・以周其具・如有用我・舉而措之・由是文行薦於鄉・薦於春官・而魁於天子之廷・勳庸紀於太常之籍・斯爲無負也・否則數楹之外・皆虛器耳・儒其衣冠・登降於堂階者・能無汗顏耶・多士其勉之・

是役經始於某年月日・畢工於某年月日・凡爲役若干時・督役則生員陳滄州・博士陳尙達・與有力焉・

陶魯 字自强・其先鬱林人・父成・死倭難・以廕授新會丞・破賊保城有功・遷知縣・晉廣州同知・從韓雍征大藤峽有功・擢僉事・韓雍去・罷總督不設・師臣觀望相推諉・盜益滋蔓・成化五年・魯奏請重臣開府梧州・遂爲定制・魯治兵久・賊銜之刺骨・刼其鬱林故居・焚誥命・發先塋・詔徙籍番禺。（明史但言徙籍廣東此據陳恭尹撰陶璜行狀）其後累官至湖廣按察使右布政使・治兵兩廣如故・魯言身居兩廣・而官以湖廣名・事體非便・乃改湖廣左布政使・兼廣東按察副使・領嶺西道事・人稱爲三廣公云・

請建總制開府兩廣疏

廣東按察司僉事・臣陶魯謹奏・特設總制衙門・以一兵權・以安百粵事・臣蒙聖恩・洊歷憲臬・久事廣東・又原籍廣西・於粵事特詳・切照兩廣地方・原相掎角・不啻唇齒・雖東西稍遠・利病恒關・兵力糧芻・有無與濟・手足頭目・捍衛宜周・緣統馭弗一・以致彼我相持・雖各有廵撫都御史一員・第名分頡頏・不能相下・凡遇期發・多所異同・賊人旁觀・因而得計・正統年間・蠻賊猖獗・攻城刼藏・擄掠虔劉・民不堪命・幸朝廷軫念・簡帥誓師・仍勑臺臣其役・臣竊獲効犬馬之勞・軍威少振・此則總督有人爲之也・

頃自左副都御史・韓雍丁憂去後・賊復乘間竊發・如今年二月・廣西寇聞臣都布按三司・呈請總兵官議剿・則謂釁啓西省・非我當先・其廣西總兵官則曰・切在東人・於我無預・互相秦越・踰月未行・緩日怠期・賊勢轉亟・臣即竭蹶窮追・然鞭不及馬腹・罪浮功薄・如何可言・此則總督無人爲之也・又如方今九月將過・兩廣防秋禦寇之師・遷延不發・彼牽此制・東背西馳・賊視眈眈・跛不忘起・倘窺我不戒・

轍且復尋・臣思兩廣惟梧州衝隘・可扼百粵之吭・若於此建立總制衙門・則臂指可使・最爲喫緊・今將缺人總督情由以聞・乞命該部查照馬昂・葉盛・吳徵・韓雍等事例・特勅大臣一員・提督兩廣・兼理巡撫・庶兵權有統・百粵無虞矣・

請建三大忠祠奏疏

廣東等處提刑按察司・帶管分巡嶺西道僉事・臣陶魯謹奏・爲崇祀忠烈等事・臣聞人臣殉國・雖死猶生・世主慜忠・無微不闡・矧天經地義・勁節並植於三仁・烈氣英風・美事未湮于再世・謹按文信國公天祥・張樞密使世傑・陸丞相秀夫・生丁宋季・運際胡塵・歷數將終・擯九死而不改・帝昺已潰・踰萬里而猶戴・蹈危觸險・踰嶺渡海・迨于勢窮・世傑乃瓣香仰天・颶至舟覆・秀夫沈其妻子・攝衣負帝・天祥力折孛羅・奮罵不屈・就囚燕市・南面再拜而死之・三臣者・或慷慨而前・或從容而後・事殊心一・時異死同・蓋痛夷夏之防・標君臣之極・明春秋之義・愧事元者之懷二心也・

臣先任新會・繼巡嶺西道・遵崖門・正其死戰元將張宏範之所・瞻望徘徊・不忍遽去・至磨崖大書滅宋於此・爲之短氣・爲之撫心・爲之豎髮盱目・幸太祖高皇帝・龍飛一掃胡塵・以還諸夏・忠臣義士・拭目快覩・而彼三臣・能不含笑九泉乎・臣思三臣不玷腥膻・不屈左衽・國亡與亡・厄於短運・惟是正氣具在・垂休之日長耳・然不奉褒獎・則信弗尊・不新廟貌・則祀弗時・不闡幽懿・則人心弗勸・勵世維風・莫重於此・懇乞勅下該部計議・特賜建立祠宇・加以廟額・有司歲時致祭・庶忠義之靈有依・世道幸甚・濱海幸甚・

敢勇祠記

國家承平日久・正統間帥臣失守・廣右諸猺・始爲邊患・延及廣左・高廉以東・戍守迄無寧歲・至天順間・民窘甚・寖起爲盜・維時守令・或棄或罷・武夫制勝無術・賊由是充斥・所在騷然矣・予自景泰甲戌・來丞新會・至是滿九載將去・民相率以保障乞留於上・尋被命尹茲邑・當是時・旁邑屢破・有唇亡齒寒之憂・予乃進諸父兄・告之曰・賊氣呑吾城矣・不備必至・若諸父兄欲留我・必盡發若子弟・從我擊賊・不然城壘雖堅・未足守也・

諸父兄許諾退・即選子弟之才者・甲冑之堅者・馬之壯者・不日而集・先是人心恟恟・惟賊鋒之爲畏・至是始有固志・邑西北・當賊騎之衝・相地爲寨・寨各有長・其險於外者・爲長堵・置堠火・設邏卒・以伺賊將至・一寨有急・諸寨畢應・凡此所以捍吾外也・環郭爲輔城溝・其旁施鐵蒺藜・曉夜戒嚴・烽火燭天・桴鼓如雷・所以防吾內也・子弟以拔擊相高・遇賊輒殊死戰・屢破之・三數年間・危者以安・怯者以勇・鄰有被賊者・恃此以爲應援・是豈予之所能哉・實由聖天子威德・與諸父兄之教子弟之力也・

予累遷今秩・子弟以功顯者・冠帶受祿有差・其猶可念者・奮不顧身・冒險阻・觸白刃・棄其妻子死者實衆・成化辛卯・予巡視至邑・俯仰今昔・問諸父兄存歿・諸父兄咸願作祠以祀之・爲請於欽差都憲韓公・買地城西・造屋三十

間・正北爲堂・旁列兩廡・命曰敢勇祠・祀於此者通六十五人・報死事也・割廢寺田若干爲祭需・復一人爲祠籍專掌之・嗚呼死者有知・其無憾乎・因書其始末於此・

張褧

南海人・明成化間爲藩掾事・左布政使陳選・以詿誤黜・尋選以抗直忤宦官韋眷・被逮・問官李行媚眷・啗褧同陷選・不可・同逮入都・至南昌選病・行利其死・不爲醫療・褧憤・上疏訟選冤事・得白・其疏附見明史陳選傳・

爲陳選訟冤疏

臣聞周公元聖・而四國之謗・乃致上疑於其君・曾參大賢・而三至之言・不免搖惑於其母・是豈成王之不明・曾母之不親哉・凡衆口能鑠金・而毀能銷骨也・陛下臨區宇・明並日月・恩同父母・詎圖怙冒之中・尙罹屈抑・覆盆之下・復有沉冤・竊見廣東布政司陳選・素崇正學・夙抱孤忠・孑處羣邪之間・獨立衆僭之地・太監韋眷・通番敗露・知縣高瑤・按法持之・陳選移文嘉奬・以激貪懦・固監司之體也・奈何宋雯・徐同愛・怯勢保姦・首鼠兩覷・以致韋眷橫行胸臆・穢鰔清節・熒惑聖明・勘官李行承眷頤指・鍛鍊成獄・竟無左驗・臣本小吏・以詿誤觸法・爲選罷黜・實臣自取・非選有加於臣也・

眷乃妄意臣必滅選・以厚賄啗臣・令挾同陷選・臣雖胥徒・亦知廉恥・安敢欺昧心術・顚倒是非・眷既知臣不可利誘・乃嗾行等逮臣於理・彌日拷掠・身無完膚・臣甘死籲天・終無異口・行等乃依傍眷語・文致其詞・劾選勘災不實・擅便發倉・曲獻屬下・意圖報謝・是毀共姜爲夏姬・詬夷齊爲盜跖也・本年嶺外地震水溢・漂民廬舍・屬郡交牒報災・老弱張口待哺・而撫按藩臬若罔聞知・選獨抱隱憂・食不下咽・謂展轉行勘・則民命垂絕・其何能待・所以便宜議賑・志在救民・非有他也・

選素剛正・不堪屈辱・爲勘官淩侮・憤懣成疾・旬日而殂・李行幸其就死・不爲醫療・又潛遣養子密以選死報眷・以快其忿・小人佞毒・交結權倖・一至於斯・司寇之屬・要在詰奸刑暴・安取此輩爲也・夫選砥節奉公・橫罹讒構・君門萬里・孰諒其冤・臣以罪人・擯斥田野・秉耒自給・百無所圖・敢冒死披陳・甘心鼎鑊者・誠痛志廉之士・銜屈抑之冤・長讒佞之奸・爲聖明之累也・

廣東文徵

改編本卷八

番禺吳道鎔原稿

明三

倫文敘 字伯疇·南海人·明宏治己酉·以儒士應鄉試中式·己未會試殿試皆第一·授翰林修撰·武宗即位·擢右春坊右諭德兼翰林院侍講·壬申主應天府試·事竣·卒於京師·年四十七·文敘天性純厚·器量恢宏·人皆以公輔期之·而以早歿·三子以亮·以訓·以誂·皆成進士·以諒鄉試第一·以訓會試第一·以誂廷試第一·父子四元·世傳爲盛事·著有迂岡集·明史志作十卷·阮志同·

擬宋錄魏徵狄仁傑子孫謝表

伏以桂馥蘭馨·繼述愧箕裘之業·龍章鳳誥·褒封驚綸綍之榮·恩光徹於九原·感激同於二姓·是固明王之盛典·不以遠而或遺·遂使先臣之微忠·至於久而益著·粤稽彝典·必錄功臣·表宅以樹風聲·世祿以優給養·山盟海誓·簪纓爰及於裔苗·鐵劵金章·位號必殊乎編戶·蓋屋上之烏·恩以類推·而身後之棠·物因人重·欒郤降爲皁隸·晉世興叔向之悲·房杜大壞門墻·唐政勤李績之歎·彼皆遇非其主·所以玷及其宗·

伏念臣祖徵·臣祖仁傑·三代遺落之直臣·百世殊絕之人物·適晉陽創業· 功出於射鈎· 値嗣聖中衰·心存於過巷·正言讜論·剛方陋飛鳥之依人·義膽忠肝·正直感牝雞之結舌·身爲一鑑·遠追謇諤之風·黨植五龍·夾取虞淵之日·良臣自信·國老見稱·功固盛於當時·慶罔餘於後世·鶴歸華表·乘箕已越于百年·燕去堂前·肯構更虧於累世·冠裳凋謝·布衣慚蘭玉之家·宮室荒蕪·舊國感黍離之詠·家之不競·國乎何尤·凌烟且汩於風波·誰憐世胄·白馬重盟於金石·孰問青箱·

豈期異代之功臣· 再沐聖朝之寵命· 茲蓋伏遇皇帝陛下達質天成·睿謀神授·志在堯舜英君之列·恥居漢唐凡帝之間·物色求賢·當宁遺持旌之使·勵精圖治·臨淵興結網之思·虎變龍飛·景運益隆於授受·風行雷動·先聲早播於華夷·父老扶杖而願生·隱士脫囊而思用·參苓滿篋·奚虧溲渟之微材·桃李成林·何取枯凋之餘蔓·

然而陽春大造·施恩於不報之人·天地宏恩·動心於無情之地·人雖已逝·不忍遽忽其餘支·功有可酬·不必曾勞於當代·百年駿骨·忽增價於千金·一介儒生·遽濫竽於庶職·光生蓬蓽·敢云拭玉樹之風塵·恩出昭陽·自慶同寒鴉之日影·顧凡庸之品·終難附驥以續貂·而感激之餘·尙當策駑而磨鈍·仁義之道·守爲許國之資·忠孝之誠·誓作傳家之範·內求不忝於祖考· 上求無負於朝廷· 伏願德以日新·政由人舉·聖壽應南山之祝·君子萬年·皇圖協東洛之符·本支百代·臣等無任瞻天仰聖·激切屛營之至·

殿試策 弘治己未科

臣對・臣聞若天下者・有致治之大法・有出治之大本・禮樂者・致治之大法也・天德者・出治之大本也・大本具・而後大法可立・大法行・而後大本以彰・本末相資・內外一道・不可以差殊觀也・然大法行於天下・非智術所能爲・大本存乎一心・非掩襲所能得・必其性諸天者・渾然完具・初無一毫之虧欠・則其施諸治者・粲然明備・可以四達而不悖矣・苟法有未備・固無所恃以爲治・而本之不純・抑又何以立大法哉・傳曰・有天德・便可語王道・其以是歟・

欽惟皇帝陛下・稟神聖之資・際盈成之運・存心養性・以培植天下之根本者・無一日之不謹・化民成俗・以恢弘天下之治道者・無一事之不周矣・但善之可爲・古人自以爲不足・世雖極治・聖人猶以爲未然・是以側席求賢・臨軒策士・詢臣等以禮樂之治・上稽唐虞三代之盛美・下逮漢唐宋之得失・暨祖宗創業垂統之善・今日保邦致治之規・誠有天下之遠圖・安天下之至慮也・顧臣學術膚淺・何足以語此・然有問而對者・臣之職・有懷必吐者・臣之願・敢不罄一日之敷言・以答千載之奇遇哉・

臣惟天地之道至大也・陰陽之理至妙也・而造化蘊育・固未嘗不著見乎兩間・觀其物各付物・而不可以强同・則天地所示者・一自然之序而爲禮也・絪緼化醇・而不容以獨異・則天地所示者・乃自然之和而爲樂也・惟古之聖帝明王・與天地合德・與陰陽同運・履中正而大本以立・樂和平而大本以端・於是以一身之中和・爲天下之中和・以一

人之禮樂・爲天下之禮樂・辨方正位・體國經野・設官分職・以立天下之紀綱・一制度・異好尙・明等威・正稱號・以至定天下之名分・用天時・因地利・揭天常・立人紀・以廣天下之政化・以至親疏小大爲之體・朝會交際爲之期・宮室器用爲之飾・吉凶哀樂爲之節・以備天下之典・則使天下之事・莫不各得其序・而人樂以持循・夫是之謂禮・天下之物莫不各適其和・而人興於鼓舞・夫是之謂樂・禮樂備・而天下之治畢矣・故孔子答顏淵爲邦之問・不過以夏時・殷輅・周冕・韶舞爲言・尹焞因謂之四代禮樂・則凡古今致治之法・皆不出於禮樂二者・而禮樂之外・安復有所謂治法者哉・降及後世・求治無本・如摭其文・以用於郊廟朝廷之間・不推其意・以及於閭閻里巷之下・宋儒歐陽修謂三代而上・治出於一・而禮樂爲虛名・大儒朱熹因謂萬世不易之至論・良有以也・

臣請得而論之・堯舜禹湯文武之聖・精一執中・皆極夫淵微之妙・建中建極・皆純乎義理之天・惟其爲德之純・故政事之所修明・明化之所旁達・雖未嘗明言禮樂於天下・而其變通之宜・衣裳之垂・璣衡之察・玉帛之修・與夫欽昊天・而授人時・畫井田・而備封建・昭典禮・而嚴命討・祀神祇・而奠山川者・率皆禮樂之用也・雖未嘗顯禮樂於四方・而其文命之敷・人紀之修・咸和之用・由舊之政・與夫關石和鈞・其於王府正朔服色・易於革命・九一世祿・行於治岐・五教三事・重於武成者・率皆禮樂之行也・

蓋不出乎經世宰物之典・而得鼓動作興之機・不外乎民生日用之常・而寓漸摩誘掖之道・所治莫非敎・所敎莫非

治・政治禮樂・初無二途・是以二千年間・經制大備・政教大同・禮樂之化・自國家以布濩乎天下・自朝廷以流及於萬國・咸有以淪人肌膚・浹人骨髓・致人人有君子之行・比屋有可封之俗者・合唐虞夏商周・而同一徹焉・所謂治出於一・而禮樂達於天下者・以其治之有本故也・

若漢唐宋之君・具寛大之德者・不如堯舜之至仁・抱英雄之畧者・類非湯武之大勇・惟其德之不純・故雖制禮作樂之命・後先相聞・蕞儀審音之奏・影響不絕・然徐考其所務以爲治者・則九章之法・十五之稅・南北之軍・以爲開基之偉制・習射殿前・更定律令・減省吏員・以爲貞觀之政要・收藩鎭之權・嚴兵樣之選・定覆奏之獄・亦視爲立國之規・朝夕從事・以爲治民之政・至其制作所成・謀議所定・則雜就之儀・掌於太常・大風之歌・奏於原廟・事文具・則著貞觀之儀・耀武功・則崇七德之舞・劉温叟所定・猶雜先朝之迹・和峴所奏・未諧聲氣之元・別其名目・以爲禮樂之教・是皆求治於抑勒操切之餘・而不知其陷於俗吏之非・立教於聲容器數之末・而不知其流於文史之僞・所治非所教・所教非所治・政治禮樂・岐爲二致・

是以千有餘年・經制荒忽・政刑苛紊・置先王之粗迹・以爲有司之藏・釆古法之遺畧・以備斯須之用・妖聲艷辭・無補于時政之缺失・虛飾美觀・莫拯夫世變之下移・雖其享國・亦彷彿乎帝王之歷年・而其風俗・則不逮帝王之季世者・合漢唐宋而同一睽焉・所謂治出于二・而禮樂爲虛名者・以其治之無本故也・

漢高祖・因羣臣肆拔劍擊柱之失・叔孫通行共起朝儀之請・乃曰可試爲之・又曰度吾所能者爲之・則其所求者固已非三代之典・而其所委者又復無九官之臣・此積德百年之語・所以來兩生之卻・而綿蕞野外之習・姑以徼小就之功・則其君臣之所自許・與其志願之所自足者・從可知矣・是其時雖若可乘也・而無可爲之人・禮樂之所以不能興也・諸葛亮感先主三顧之勤・而爲兩漢中興之佐・立綱陳紀・而不爲近圖・廣德率義・而不爲小惠・庶政欲其精練・萬事理其根本・則其施爲之規・已得禮樂之遺意矣・使天祚漢・假之以年・將見開誠布公之治・雖未敢必其匹休前古・而光明俊偉之業・將有以決其度越後世矣・王通謂其禮樂有興・程顥謂其庶幾禮樂・豈無見乎・是其人雖若可爲也・而無可乘之時・禮樂之所以不復興也・

我國家自太祖高皇帝・以聖人之德・御聖人之位・用夏變夷・爲民立極・酌古準今・以建一王之法・因時創制・以定萬世之規・暨于列聖・率遵成業・以爲永圖・肆我皇上・益隆繼述・以期光大華夷一統・百有餘年・固非蜀漢之偏安・重明繼照・世德作求・下陋漢高之不學・是宜禮樂之道・掀天揭地・超出乎百代之表・禮樂之化・風行海流・大被乎九圍之內・

然鳧鷖既醉之什・尚未歌于審音之瞽・而鳴條破塊之變・容或紀于上事之臣・堂陛深嚴・而吁咈之風未著・教化流行・而禁網之密未舒・萑苻之擾・間見于潢池・紈綺之習・下成于閭巷・治效之隆・未盡復古・誠有如聖諭所云也・將謂世道有升降之異耶・向使漢唐宋之君・有堯舜湯武之德・而其臣有皋夔伊周之賢・則王道著七制之書・未必爲後世之僭

經・而唐史贊文王之辭・亦遂爲不刊之實錄也・

今以君明臣良之時・當重熙累洽之盛・所以時平世道者・特在陛下決取舍之機・而所以維持世道者・亦在大臣竭贊成之力耳・復古之治・臣切望焉・若謂合一之實有未至耶・則我祖宗爲治之道・卽禮樂之道・陛下保治之法・卽禮樂之法・固無所謂出于二矣・但其道至大・非一人之所優爲・其法至廣・非一日之所能盡・樸畧於風氣未開之時・不能不藻飾于人文漸著之世・草創于文武更始之初・不能不大備于成康繼體之後・今求夫爲治之實・其亦有不能盡合于一者乎・

伏願陛下・上體天心・懋隆峻德・涵養情性・致極中和・以端出治之本・詳審樞機・修明體要・以成致治之法・使天下之政・皆出乎天理之公・而後世人欲之私・有所不用・天下之務・皆由乎道義之正・而後世法禁之術・有所不行・殆見著于閨門・興于朝廷・被于鄉遂比隣・達于諸侯四海・自祭祀軍旅・至于飲食起居・未始一日不在禮樂之中・亦無一人不被禮樂之化・所謂至禮不讓・而天下治・至樂無聲・而天下和・近可以匹休于祖宗・遠可以比隆于前古・而漢唐宋之治・不足言矣・

雖然出治之本・固在于德・而修德之本・則豈外于學哉・尤願陛下・於退朝之暇・清燕之餘・注意于聖經賢傳之蘊・留神於古訓時務之宜・端本澄源・以肅此心之敬・防微慎獨・以閑外至之邪・御經筵・不徒事講說之勤・必求夫明善誠身之實・開言路・不徒侈獻納之廣・必盡夫省躬克己之誠・治亂興衰之源・在所周知・民情物態之變・亦垂聽覽・則聖學聿新・治效隨著・禮樂之用・達于天下而無間矣・尙何合一之實有未至・而復古之治有不成哉・

由是觀之・帝王所以建致治之績・于數千載之上者・此道也・祖宗所以隆致治之業・于百年之間者・此道也・然則陛下之所以光前振後・而綿億萬載隆長之緒・亦豈出于此道之外哉・臣學不足以稽古・而竊嘗懷復古之思・智不足以知今・而未敢忘當世之務・故酌治道之中・爲探本之論・以上塵聖覽・惟陛下采擇而施行之・匪惟愚臣之幸・誠宗社無疆之休也・干冒宸嚴・不勝恐懼戰慄之至・臣謹對・

送李參將序

天下之事・不可以聰明才智槩之者・兵是也・中原用兵・戰陣相搏・奇正相角・猶可言也・嶺海之南・溪山窅深・徑道峻狹・或一夫可以當關・或萬衆伏山箐中・如無人・非習其地利者・莫之能爲・伏能使之出・逸能使之勞・鈍能使之勇・張皇之能使聚・斂藏之能使放・散知其所避・聚知其所趨・然後可以言兵矣・吾廣東以廣西爲上游・以吾繭絲・奉彼保障・兵民之力・皆竭於西・根盤節錯・智勇俱困・豈非不習之過歟・大都憲張公・振揚威武・因能舉任・於是都帥李侯某・奉勅充右參將・分守右江柳慶諸都・蓋侯往年檄領前鋒・開府江之隘・與議西方事宜・其勇威信謀・必有孚於上下者・

且侯之未涖軍政于廣也・嘗以寗遠指揮・備禦柳州而進馬平・旣而分閫郴桂・擢爲都帥・遷閫永道・積有顯功・馬平爲柳屬邑・而郴桂永道・皆在湖南・爲柳慶犬牙之地・侯

於右江地利·豈一日之習哉·傳曰·天時不如地利·地利不如人和·逋寇稔惡·此亦天亡之時矣·其地利·則在侯矣·人之和也未也·我不敢知·以彼所及·濟其所不及·亦可以決成功乎哉·苟右江之未寧·非惟兩江之憂·吾兩廣實共憂之·憂之深者·言之切·願勿以贈言爲迂也·

重修櫺星門記

紫微大帝之居·其衞東西藩·天子之居·其衞九門·孔子德配重元·道式百王·故文廟之衞·戟門內屏·櫺星外列·聖朝尊師右文之典·亦惟是稱而已·夫豈容心於厥間哉·順德儒學·故有夫子廟·軒直宏麗·他邑莫京·惟櫺星一門·猶仍削木之舊·正德己巳春·監察御史棗陽袁公良輔·按部至邑·展謁廟下·顧門之楹欒楯枋·陊剝已甚·迺令邑令泰和曾君憲·偏易以石·期永克久·不四閱月·工役告成·官不損費·而民無徵剝之擾·固盛舉也·

夫以夫子道德之隆·掀揭宇宙·其神靈攸宅·固罔所待以爲榮·重審矣·然萬代君臣·服行詩書禮樂之教·沾被仁義道德之澤·儼然億兆四夷之上·而方隅有截者·疇之功效·與凡對越駿奔·罔用不恪·而況奕奕欄楯·庸以崇飾宮牆·而聳像設之尊者·顧可後乎·斯則袁公之意·而曾君敏於體承所致也·公於憲務振舉靡遺·而尤惓惓乎是·可謂知政之所先·而敦夫教化之本矣乎·

然重元居高·詎獨維衞乎帝而已·垂象變·見吉凶·以爲下士昭鑒者·粲然其麗·天子九門之設·雖爲宗廟社稷計·然雉門象魏·實萬民觀省之則·周之諸侯·亦或有之·夫子之宮初無是也·然因物設教·假形氣而著精微·亦科條之所必與·故凡遊歌斯庠之士·覩新規之峻徹·而能惕然自反·求吾造道八德之門以居之·又悉夫木材易朽·而莫堅匪石·於是持守澄凝之力益篤·將見倫類統紀·每貫於繩礪斧藻之餘·宗廟之美·百官之富·舉得而觀焉·是又不亦象魏之比乎·

嶺服僻天一方·自任延錫光敷·播華風·而夫子之化已洽·迨周濂溪·張南軒·過化連廣·而夫子之道愈炳焯洋溢·比歲白沙陳先生公甫·又丕振厥緒·以端學軌·則所以爲未進地者·益切至矣·順邑於白沙爲隣壤·酌馨昤韻·似當有繼·況人才之興·猶有所謂超然自得者與·茲以曾君之請·既爲紀其凡·而意有未盡者·因幷著之·

陳文輔 字以道·番禺人·宏治庚戌進士·官大理寺正·剛方明決·讞獄不右·中官劉瑾惡之·罷歸·瑾誅·起知台州府·不赴·年未五十·士論高之·著有坡山集·

都憲汪公遺愛祠記

成化三十三年·占城古來來奔·邊釁遂開·而番舶相繼擾攘·正德改元·忽有惡夷佛郎機者·假以修貢·突據虎門·設立營塞·造火礮爲攻具·勢甚猖獗·至掠取嬰孩·屠以充食·民甚苦之·公赫然震怒·命將出師·親犯矢石·因縱火焚其舶·遂大克捷·民賴以全·初公在任時·廣之海隅·民無遠近·被德而荷功者·皆議立生祠以報·公聞不許·既公陞任去·民思益切·乃謀立生祠以志不忘·余不敏·不足敷揚公之偉績·姑記其行師救民之一節云·

劉存業　字可大・東莞人・宏治庚戌・以一甲第二名進士授編修・孝宗小祥・恭祀山陵・歸而疾作・卒年四十七・所著簡庵稿・東莞縣志並佚・

廷對策　弘治庚戌科

臣對・臣聞上天生民・全付斯道于一人・人君代天・全體斯道于一身・夫道之大・原出于天・具于人・而所以主張綱維之者・則在乎君也・苟煥然各付于品彙之衆・而不渾然全責之一人之身・則散亂而無紀・汗漫而無歸・天地之大・化育何自而成・人物之衆・生理何自而遂・此非上天所以立君之意也・人君膺代天之任・當斯道之責・而不能彌綸造化・統理人物・天下之大・有不一遂其生・而若其性・則亦何以稱上天所付之重哉・

然以一人之身・任莫大之責・將事事而爲之・物物而理之・其爲力愈勤・其爲心愈勞・而其去道愈遠矣・此唐虞三代聖帝明王・所以必加體道之功・以全其本然之天・以極其功用之大・若木之本大・而末自茂・水之源深・而流自長・所操者約・而所該者博・所守者近・而所及者遠・不出乎一身之間・而成功與天地民物相終始焉，所謂易簡而天下之理得・天下之理得・而成位乎其中者・後世若漢唐宋之君・非無法度之立・政令之行・而莫知所以反求諸身・其于斯道之責何如哉・

洪惟皇帝陛下・稟睿知之資・撫休明之運・奉天以敬・恪勤父事之心・養物以慈・摩育子來之俗・慶流有衍・德合無疆・普天率土・莫不謳歌忻躍・復覩鳳儀獸舞之治于今日也・茲者萬幾之暇・特進臣等于廷・降賜清問・首詢人君繼承天地・宗主民物之道・中考唐虞三代・以及漢・唐・宋治否之由・末復究其行之之序・顧臣愚譾・曷足以上揆淵衷・然以一介草茅・得與于大夫之列・獻言于黼扆之下・敢不吐露肝膽・以陳一得之愚哉・

臣竊惟大哉乾元・萬物資始・父之道也・至哉坤元・萬物資生・母之道也・人之有生・混然中處・天地之塞・吾其體・天地之帥・吾其性・性也者・道之全體也・然則有生之類・孰非天地之子・抑孰不具斯道于身乎・然天地之于其子・但能使予之以道・而不能使之皆由之也・于是而立之大君焉・大君者・其衆子中之宗子歟・既曰天地之宗子・則豈徒貴之以九重之位・富之以四海之祿而已哉・蓋必厚之以清明之資・重之以純粹之質・使之出乎其類・拔乎其萃・以爲天地民物之主・而斯道之責・全寄于一人之身矣・

是故典曰天敘而惇之者君・禮曰天秩而庸之者君・賞曰天命・刑曰天討・而與奪之者君・民生未遂・賴之以養也・民生未復・賴之以教也・天地之所以範圍・萬物之所以曲成・悉于此乎寄・宗子之責・不亦大乎・爲宗子者・繼承父母・君主天下・則視天下之民・皆吾同胞一氣・而凡疲癃殘疾・惸獨鰥寡・皆吾兄弟之顚連無告者也・痒痾疾痛・何者不切於吾身乎・故必思養之有道・以遂其生・教之有方・以復其性・使天下爲一家・中國爲一人・然後使道之責無不盡・而宗子之稱・可以無負也・不然則求爲天地惟肖之子・且不可得・況曰天地之宗子・以主張綱維乎斯道也哉・

臣嘗質諸經・訂諸史・而考諸往古矣・大哉帝堯・存心

於天下。加志于窮民。君哉帝舜。有憯怛之愛。有忠利之教。其養民也。命稷播百穀。而蒸民乃粒。其教民也。命契敷五教。而五品克遜。宗子之責。可謂盡矣。故當時萬邦協和。四方風動。百世之下。稱至治者必歸焉。至于三代養民之政。夏后氏五十而貢。殷人七十而助。周人百畝而徹。治雖或異。其取之什一則不異。教民之政。夏之學曰東序西序。殷之學曰左學右學。周之學曰東膠虞庠。名雖不同。而其所以明人倫則同。宗子之責。亦可謂盡矣。故有夏之東漸西被。有商之式九圍成。周之四海永淸。良有以也。

自時厥後。漢有蠲租之詔。有代田之制。唐有口分世業。有租庸調法。宋有經界之令。有均田之議。其見于制度政令之間者。亦不可謂無意于養民也。漢有登用文學之典。有宗戚受學之美。唐有弘文館。太學之類。以處王屬貴冑。有廣文館。書學之類。以處臣民俊秀。宋有太學。宗學。武學。以分其流。有外舍。內舍。上舍。以進其等。其見于制度政令之間者。亦不可謂無意于教民也。然其治效之著。雖至于海內富庶。路不拾遺。戶口繁庶。求如古之出作入息。耕田鑿井。而但知順帝之則。則未也。雖至于黎民醇厚。縱囚來歸。道學可稱。求如古之人皆君子。比屋可封。而不知帝力之何有。則未也。是其于宗子之責。猶不能無歉焉。

夫自唐虞而下。至于漢唐宋諸君。均一乾父坤母。而爲天之子也。其制度之立。政令之行。均一代天而理物也。然其治效之不同如此何哉。是非世道升降爾殊也。存乎其君。體道之功何如耳。且夫道也者。原于天命之性。具于人心之微。而散見于日用事爲之際。要其極至。可以位天地。可以育萬物。可以參天地。可以贊化育。是吾儒之所謂道。而非異端虛無寂滅之謂也。

蓋嘗求諸吾心。而驗之矣。思慮未發。一眞自存。道之體也。虛靈知覺。感而遂通。道之用也。惟其主于中者。常肅然不亂。烱然而不昏則靜。而道之體無不全。動而道之用無不行矣。若夫不能不囿于氣。而又不能不動于欲。則將爲氣所昏。爲欲所蔽。而道之體用。亦隨之而昏且亂焉。是雖一身一家。且將無如之何。烏有所謂位育參贊之功哉。古之人君。惟唐堯虞舜生而知之。安而行之。故能全體是道而無愧。觀其執中精一之傳。概可見矣。若夫夏禹商湯周武。其聰明之質。固已不能如堯舜之至。惟能學而知之。利而行之。故亦有以復其德性聰明之本然。而體是道之全。以造乎堯舜之域。觀禹之安止。湯之建中。武之建極。亦可見矣。孔子所謂。及其成功一也。

漢唐宋以下。非無願治之主。而莫克有志于斯。是以隨時遷就。而終不得以與夫帝王之盛。其或恥爲庸主。而思用力于此道。又不免蔽于老子浮屠之說。靜則以虛無寂滅爲樂。而不知有所謂實理之原。動則以應緣無礙爲達。而不知有所謂善惡之幾。若漢之文帝。唐之太宗。宋之仁宗。亦可謂一代之賢君也。而皆不免乎此。賢者如此。他可知矣。是以日用之間。內外乖離。究其爲用。區區制度政令之末。亦何益于治哉。

陛下聰明而仁恕。剛毅而中正。口代天言。心代天工。身代天事。于帝王致治之道。上天付托之重。固已身體而力行之矣。制策惓惓。思盡宗子之責。比隆古之聖帝明王。而又欲得其行之之序。臣恭仰聖德。巍巍蕩蕩。不可以有加矣。夫復何言。竊意聖人之心無窮。道已至矣。而猶以爲未至。此臣所以望于陛下者。亦有加而無已也。所謂行之之序無他。亦培養其本原而已矣。

夫道之體。本原全具人。惟靜而不知所以養之。則大本有所不立。而無以爲酬酢萬變之主動。而不知所以察之。則達道有所不行。而無以應事接物之用。臣伏願陛下。自不覩不聞之前。而致其戒愼恐懼者。愈嚴愈敬。以至無一毫之偏倚。而守之常不失焉。尤於隱微幽獨之際。而謹其善惡之幾者。愈精愈密。以至無一毫之差繆。而行之每不違焉。夫至靜之中。無所偏倚。則有以致其中。而大本以立。應物之處。無少乖戾。則有以致其和而達道。以行有中。以爲之本。則存于心者無妄思。有和以爲之用。則施之事者無妄動。以之養民也。莫非精神心術之寓。以之敎民也。莫非躬行實踐之餘。推之于中國。則中國爲一人。推之于天下。則天下爲一家。無一夫不遂其飽食暖衣之願。無一人不入于漸仁摩義之區。由是陰陽動靜。各止其所。而天地于此乎位。充塞無間。驩欣交通。而萬物于此乎育。是則天位乎上。地位乎下。聖人成位乎中。而可以與天地並立爲三矣。

易曰。后以財成天地之道。輔相天地之宜以左右民。書曰。惟其克相上帝。禮曰。天子者。與天地參。此之謂也。此萬化之本原。一心之妙用。聖神之能事。學問之極功。臣前所謂。所操者約。而所該者博。所守者近。而所及者遠。上天立君之意。畢於此。人君繼天之事。盡於此矣。陛下宜留意焉。臣又聞之。易曰。天行健。君子以自强不息。陛下日御經筵。講求至理。紬繹六經之文。探索先儒之蘊。于戒懼愼獨之說。固已習聞之矣。然進銳退速。亦人情之常。而古先聖王之所深戒者也。設若敬畏未幾。而慢忽繼之。檢束未幾。而侈泰隨之。勤惰之靡常。暴寒之不一。則豈所謂自强不息之誠。而何以極體道之功哉。

伊尹告太甲曰。嗣王祇厥身念哉。周公告成王曰。嚴恭寅畏。天命自度。召公之誥曰。嗚呼。奈何弗敬。伊周召公。皆古之聖賢。而所以啓廸其君者。蓋無時無處。而不用力于戒愼者。如出一口。此臣之所以懇爲終篇獻也。伏願陛下。法剛健之德。致一息之誠於一日二日。而此心之戒愼。不以一日二日而殊。微言細行。而此心之戒愼。不以微言細行而異。若堯之兢兢。若舜之業業。若禹之克勤。若湯之日新。若武之肅將。若元氣之運行。而四時之流通。則始終此心。始終此治矣。伏惟陛下。留神採納。則天下幸甚。干瀆天威。不勝戰慄。臣謹對。

湛若水

字元明．增城人．宏治壬子舉於鄉．從陳獻章遊．乙丑成進士．選庶吉士．授編修．時王守仁在吏部講學．若水與相應和．尋丁母憂．廬墓三年．召補原官．遷南祭酒．晉禮部侍郎．累遷南京吏禮兵三部尚書．以老致仕．卒年九十五．謚文簡．所著有修復古易經傳訓測十卷．儀禮補逸經傳測一卷．二禮經傳測六十八卷．春秋正傳三十七卷．古大學測．中庸測．各一卷．又難語一卷．古樂經傳三卷．聖學格物通一百卷．白沙子古詩教解二卷．心性書遵道錄八卷．揚子折衷六卷．甘泉新論一卷．大科訓規一卷．樵語．雍語各一卷．二業合一編一卷．獻納編二卷．甘泉文集．阮志並注存．詩釐正二十卷．三禮訂疑五卷．古四書訓測十九卷．補樂經二百七十四卷．古文小學六卷．問辨錄六卷．非老子畧．精選古體詩．增城縣志皆未見．

按若水服闋．不赴官．築西樵講舍．來學者．先令習禮．然後聽講．及再入朝．上天德王道．及裨聖學諸疏．爲祭酒．作心性圖說以教士．爲禮部侍郎．仿大學衍義補．作格物通上於朝．生平所至．必建書院以祀獻章．初與守仁同講學．後各立宗旨．守仁以致良知爲宗．若水以隨處體認天理爲宗．守仁謂若水之學．爲求之於外．若水亦謂守仁格物之說不可信．一時學者遂分王湛之學．然兩家門人．或始從湛遊．而畢業於王．或始從王遊．而畢業於湛．大約出入兩家之間．而別爲一義．或調停兩家．而互救其失．皆不盡守師說．

進古文小學疏

禮部左侍郎臣湛若水謹奏．爲進古文小學．以效愚忠事．臣聞小學者．大學之本．而作聖之基也．故易曰．蒙以蒙正聖功也．是故古之君子重之．而聖王務焉．夫大學者．大人之學也。卽經之所謂格物致知。誠意正心。修身齊家。治國平天下是也。皆大人之事也．小學者．小子之學也．卽朱子序文所謂．灑掃應對進退之節．事親敬長．隆師親友之道．禮樂射御書數之文是也．皆小子之職．小子可以服行而習之者也．若今所傳朱子小學之書．立教．明倫．敬身．三篇．與前序所言不同．或雜以後世文．涉乎大人之事．如明倫篇．君臣．夫婦．類非小子之職．亦非小子可以服行．而習之者．

乃仰我聖祖文皇帝．欽定五經四書性理五倫諸書．而朱子小學不與焉．意者必有卓見於此乎．臣不自揣．於山居時．常依朱子序文本意．采其散見於禮記者．輯爲古小學一書．首之以蒙養．次而灑掃．而應對。而進退。而事親敬長。而隆師親友。而禮樂射御書數．凡七篇。皆古文也．因爲之集訓。此書既成．私竊自語．昔野人食芹而美．猶思上獻．況夫人臣之事君．如子之事父．臣子苟有所見聞．而不以達于君父者．豈理哉．

茲者恭聞前星兆祥．皇儲將誕．而臣舊輯前書．有蒙養。有胎教之道。有接子見子之禮。有輔養太子之法。其餘應對進退．事親敬長．隆師親友．禮樂射御書數諸篇。則通乎天子元子．衆子之事．皆得以教習于王宮之小學者．乃喟曰．此千載一時也。況臣叨貳禮官．義不可以不上聞。

儻蒙聖明垂覽．采納而行之。謹於胎教之始、以篤生夫形容端正過人之才。接之於初生之日．懸弧矢射上下四方．以啓其宇宙之志．三月見于南郊。以示其敬天之誠。稍長則輔導於聖功養正之際．率以此書條件．教而習之。而又道之教誨。傳之德義。保其身體．凡預養之者。無所不至焉。則所謂少成若天性。性成諸天。由是基帝王之盛德。而生帝王之大業、永丕丕之基於億萬年。端在乎此．書曰．若生子．罔不在厥初生．自胎哲命．禮曰．一人元良．萬國以貞。信乎哲命在初。太子正。而天下正矣。臣不勝祈祝恐懼之至。

乞歸田疏

奏爲陳情乞恩致仕。以全晚節事。臣嘗聞之。進賢能退不肖者。明主之大道。進以禮。退以義者。人臣之大節。大臣與新進之士。同禮而異義。同禮也。故其進必以正。異義也。故其退必以時。竊惟臣之義。前有不忍遽退。而猶遲遲以退者三。今有所宜必退。而不可以不退者三。何謂前有不忍遽退。而遲遲以退者乎。前此親友或有謂臣者曰。用舍行藏。孔孟家法。今子雖居大位。食厚祿。然當可爲之時。而不遂一有所爲焉。則子何不早自退去乎。臣應之曰。烏得爲此背君之言。且今之時。與孔孟之時不同。孔孟之時。在列國猶且皇皇汲汲。畏天悲人。其去父母。猶曰遲遲吾行。今天下一統。億兆一君。去則背君無義。是猶去父母。而將入於夷狄矣。

況我聖明登極以來。一以人言而起臣。尋復翰林院編修。經筵講官。再陞臣爲本院侍讀。三陞臣爲南京國子監祭酒。四陞臣爲南京吏部右侍郎。五轉臣爲禮部右侍郎。六陞臣爲本部左侍郎。七陞臣爲南京禮部尚書。八陞臣爲今職。九不准臣引年致仕。十則臣考滿。例七十不引復矣。猶蒙聖恩准臣復職。十一不准臣以人言乞休。其可謂舍臣而不用臣乎　此臣所以前有不忍遽退。而猶遲遲者一也。前此或有謂臣者曰。子在孝廟武廟兩朝。曾十有九年。家食若將終身焉矣。今何爲濡滯不去。是貪生慕祿也。是干澤也。

臣應之曰。彼一時。此一時也。此千載一時也。臣自少

讀書史。見有英明特出之君。則恨不生於其時。而與輔成其治。今幸伏遇聖明。乾剛獨斷。雷厲風行。興禮作樂。釐正千古之謬。超越百代之王。誠大有爲之君。不世出之聖也。孔子曰。如有用我者。期月而已可也。三年有成。宋儒程頤言於哲宗曰。若問如何措置三年有成。臣即陳三年有成之事。若問如何措置期月而已可。臣即陳期月之事。斯理也。臣嘗憾宋朝不能一問而采行焉。今幸天縱聖明。足以優爲之。而一時賢相足以輔成之。臣猶幸望其淸光。而助其下風。此臣所以前有不忍遽退。而猶遲遲者二也。

臣又聞之。古有爲知己死者。誠見天下知己之難。故不靳一死也。況於君父至尊至親者乎。臣嘗進聖學格物通一百卷矣。則蒙聖旨。覽所編集。足見用心。書留覽。欽此。又嘗進天德王道疏矣。則蒙聖旨。覽奏。足見純正有本之學。朕知了。欽此。又嘗進古小學測九卷。其間首言輔養太子之道。則蒙聖旨。覽所進小學。具見忠愛。書留覽。禮部知道。欽此。又中外恭傳。聖德不棄遺乎舊臣。顧問。屢下及乎疏遠。是臣之孤立無所因援。亦與受照於日月之明。而仰荷乎天地之德。尤宜感恩而思報。異於尋常萬萬者也。

諸葛亮曰。鞠躬盡瘁死而後已。誠有感於知遇也。臣雖已老。不堪鞭策。然其未死之心亦若此而已矣。此臣所以前有不忍遽退。而猶遲遲者三也。何謂今有所宜必退。而不可以不退者乎。夫人情之好惡。在於異同。人事之禍福。原於好惡。昔人有言。道學二字。宋朝之人。假以擊去善類者也。顧臣何人。敢冒此名。聖明何朝。可起此事。蓋緣臣自少言語拙訥。則有似乎寡默。不善戲謔。則有類於矜莊。遂蒙妄

加以道學之名・而放達之士・或疾之如讐・臣非不知觸時弄諱・則凶則窮・追逐時好・則吉則通也・蓋臣之稟性・大有不能然者・及臣爲祭酒・不肯隨時・但以收班敍歷・循秩陞官・則爲推祖宗監規而發明之・名曰聖謨・行以教人・學周公仲尼之道・如聖祖垂訓諸生云者・

臣不肯隨俗學・將仁義禮智等名言・止以供作文字・則日從古聖賢名言・皆教人隨處體認天理功夫也・則欲監生講明・而見於體行・不過日用常道而已矣・臣悲爲俗學者・教人以舉業・非祖宗以道德成賢之意・而談聖學者・又專教人德業・而棄祖宗以舉業與賢之法・臣則兼教之以德業舉業・合一進修・其書名曰二業合一訓・卽古先王德行道義之遺意焉・使所養卽所用・凡若此者・類非窈冥難知之說也・及臣陞任南京右侍郎・則舊日生徒・猶來就問・臣性又不能拒人・則有類於自立門戶・而進學之名・好爲人師之名・遂不可辭・唐韓愈所謂衆且妄推之者・如此臣之本意・實非敢冒此名也・

臣陞南京禮部尚書・至則署於門曰・絕口不言底事・開門深謝諸生・蓋避此忌諱也・緣臣之性質・既不能和光同塵・臣之德薄・又不能卓自韜晦・以招尤謗・古言三人成虎・三報投杼・臣竊懼焉・此臣今所以宜必退・而不可以不退者一也・語曰・陳力就列・不能者止・臣蒙聖明知遇・黽勉十有六年・殊無分寸之勞・可裨聖治・捫心反己・尸位素餐・死有餘愧・此臣今所以宜必退・而不可以不退者二也・

古之壯而仕・老而休・禮也・今臣年七十有二矣・蒲柳無復茂之質・老馬非識路之材・又素有痰疾・往往復發・發而且劇・劇則欲絕・而復乎今狐狸之微・尙知首邱・古之高人・必思歸山枕石而死・臣非敢以高人自比・然亦每以狐死自念・興言及此・自棄明時・不勝嗚咽・此臣今所以宜必退・而不可以不退者三也・伏乞聖明以天地生成之德・普日月照臨之明・洞見羣隱・軫念孤蹤・以臣所陳前三者・察臣平昔惓惓不忍自棄之情・以臣所陳後三者・察臣今所以宜必退區區不得自已之情・特敕吏部・令臣致仕・放歸田里・歌頌皇休・臣實不勝感慨之至・不勝恐懼之至・

謹天戒急親賢疏

臣觀於正德之間・天下瀕危者屢矣・當斯之時・科道因老臣棄・不親賢之至矣・以今視昔・可不爲寒心哉・臣非言事之官・故不敢以及事・臣職在以經術勸聖學・故不敢不恭職・然而聖學修・而萬事舉矣・臣嘗讀易・至屯否二卦・不能不感慨焉・夫屯者・陰陽始交而難生・君臣欲有爲而未遂・此則陛下登極・下詔時然也・否則陰陽隔而不通・內外離而不孚・陛下聰明獨照・自視今日於此卦何如哉・夫屯而不濟・必至於否・否而不濟・則事勢之將來・有不可言者・一二年間・天變地震・山川崩湧・人饑相食・報無虛月・莫非徵召・

夫聖人不以屯否之時・而緩親賢之訓・明醫不以深痼之疾・而廢元氣之劑・故屯之彖曰・天造草昧・宜建侯而不寧・其象曰・雲雷屯・君子以經綸・否之彖曰・否之匪人不利・君子貞・大往小來・則是天地不交・而萬物不通也・上下不交・而天下無邦也・言不可不親賢也・今之元氣之

劑・急親賢是也・以爲不急之務・非知言者也・夫一舉而五事皆得者・急親賢之謂矣・所謂五事者・成君德一也・定臣志二也・審用人三也。正風俗四也・消變致祥五也・故五事舉・而王道備矣・

我祖宗列聖知其然・故有君臣同遊之訓・文華殿直入之規詩曰・不愆不忘・率由舊章・ 在陛下今日尤爲當務之急也・夫帝王之治・莫大乎君臣一德・親賢而風動之・古之治天下者・蓋非家喻而戶曉之難也・其爲道至約・而其爲效至博也・惟恐人君不行・行則不可以不崇朝而風天下矣・陛下誠能修舉盛典・以大臣之賢・爲之統領・求在館・在朝・在野之賢・明先王之學者・俾侍直於文華殿之側・陛下每日朝罷・即御文華・向晦乃入・俾羣賢日相講磨聖學・其學以德性爲本・而達於事業・其功在於學問・思辨篤行・以開發聰明・而成德行・其要在於體認天理・格物以致知至・意誠・心正・身修・而可致家國天下之治平・人無異學・學無異本・而陛下不時延問・口傳神受・左右侍從・罔不聞知・上下內外・同爲一心・非爲德性賴此陶成・積此薰蒸・亦可感格・君以此以成其聖・則君德一矣・臣於此以成其賢・則臣德一矣・養之歲月・察其性情・審其材能・孰可以居論道之任・孰可以居集事之職・才德不易用・而匪才德者・毋幸進用・人之道・於此焉得矣・學有定方・人有定向・歆動情性・鼓舞化機・畿甸之近・四方之遠・傾耳而聽・跂足而望・聞風慕義・日遷於善而不知・爲之者如春風一鼓・百物皆生・風俗於此焉厚矣・

天子和德於上・臣庶和協於下・和氣絪縕・天地之祥應矣・故一舉五得・而王道可幾矣・何今日天變之屢見・而不可消・何今日人心之搖動・而不可收哉・否則君臣離隔・上下不交・君孤立於上・臣遺遠於下・君德日衰・臣志日弛・用非其人・風俗薄惡・雖欲長治久安・以享大業・胡可得乎・惟陛下亟圖行之・消變致治・在此一舉也・同舟共濟・有安無危・上自陛下宮闈・以至戚畹・內外臣庶・天下幸甚・

進君臣同遊雅詩疏

臣嘗讀易・至泰卦・未嘗不三復而爲之嘆息也・彖曰・泰小往大來・吉亨・則是天地交・而萬物通也・上下交・而其志同也・夫天氣下降・地氣上升・則天地交而爲泰・是以萬物遂焉・君德下接・故臣德上達・則上下交・而爲泰・是以德業成焉・是故欲知上下之交與不交・而道之否與泰者無他・在親疏之間而已耳・今夫人之相孚也・家人之情異於隣・隣人之情異於鄉・何則・親疏遠近・異同之勢使之然也・故人君之學・係乎習近之養矣・古之帝王・前有丞・後有疑・左有輔・右有弼・左右前後・無非正人・使親近以善養之也・

帝舜曰・臣哉隣哉・隣哉臣哉・隣也者近也・ 蓋言臣當親近也・又曰・臣作朕股肱耳目・言臣當相成爲一體・非但隣焉而已也・是故有都俞吁咈相可否焉・商王高宗得傅說於板築之間・而置諸左右・命之曰・朝夕納誨・以輔台德・輔也者・言如車輔之相依・ 以相成也・ 是故有鹽梅麴糵相交修焉・堯舜殷宗・君臣同遊之道・有如此者・可以爲萬世君臣之法矣・荀卿曰・學莫便乎近其人・孟子謂戴不勝曰・子謂薛居州善士也・使之居於王所・在於王所者・長幼卑尊

皆薛居州也．王誰與爲不善．賈生曰．胡越之子．生而同聲．及其長也．累數譯而不能相通．何則．其習使然也．故習與善人居之．不能不善．猶生長於齊．不能不齊語也．

是故人君之學．係乎習近之養矣．君子養之以善則智．小人養之以惡則愚．故人主一日之間．接賢士大夫之時多．則可以涵養德性．薰陶氣質．習與智長．化與心成．故曰少成若天性．習慣成自然．習養之用大矣哉．我聖祖之心．卽堯舜殷宗之心也．知帝王之道．必近人以學．而後盛德大業成焉．故有君臣同遊之訓．以垂範于無窮．欲聖子神孫．世守之而勿替．仰惟我皇上．聖本生知．德由天縱．不愆不忘．率由舊章．下諭修復祖宗君臣同遊之典．隨在召見大臣．又開西苑新仁壽宮．建無逸殿．豳風亭．祭告落成．賜文武三品以上大臣坐宴．又命輔臣坐講．逮于講官．皆與坐宴焉．

君臣同遊之典．一旦復祖宗之舊．直推斯世於唐虞三代之上．則夫召問之際．所以講求弼直交修之道．必有取法乎古矣．大學曰．物有本末．事有終始．知所先後．則近道矣．孟子曰．堯舜之智而不徧物．急先務也．夫本始者．末終之一貫也．先務者．庶物之大端也．所宜先焉者也．皇上問辨而講求者．必超出乎百代．遠追乎堯舜．皆天下之大智．先王之大學．而非近世帝王之所謂學矣．臣幸遇明時．叨蒙餘澤．快覩盛事．忻忭不能自已．情發乎詞．作雅詩二章．將以彰聖德．宏大業．傳盛事於無窮．伏乞俯賜電覽．而留神焉．

勸收歛精神疏

竊惟皇上．幼起名藩．纘承大統．聖德盛大．超越百王．孜孜圖治．十年于茲矣．而皇儲未建．國本未立．臣不勝惓惓犬馬之心．日夜念此至切也．天下臣民之心．念此至切也．聖母之心．念此至切也．祖宗列聖．在天之靈．念此至切也．皇上體聖母之心．慰祖宗列聖之靈．思祖宗故事．祈聖嗣于神明．以答天下臣民之望．皇上之心．亦念此至切也．輸其誠敬．致竭精禋．丹心上享．而又命臣等．暨百執事．同致虔誠．格于神天．休徵丕應．其速也如響．兆祥之幾．可立至矣．臣聞天地之化．栽者培之．故雨露之施．惟氣至而萌芽者得焉．夫內外交修．則神人協應．理之必然者也．

皇上求諸神者旣至．又當修于在己者．以爲相交協應之本焉．所謂修乎在己者．收歛精神是也．夫二氣儲精．而神生焉．夫精神者．天歛之以生物．地歛之以成物．聖人歛之．以生盛德．而成大業．帝得之以爲帝．王得之以爲王．人物得之以爲生育昌盛．易曰．夫乾其靜也．專其動也．直是以大生焉．夫坤其靜也．翕其動也．闢是以廣生焉．解之者曰．不專一．則不能直遂．不翕聚．則不能發散．故專一翕聚．以爲發生遂成之本．天地之道然也．

五行二氣．藏於冬也．故春得之以爲生．夏得之以爲長．秋得之以爲成．故閉藏者．所以爲生長收成之本．四時之運然也．夫天地四時且然．而況於聖人乎．而況於萬物乎．是則天地四時之所以爲天地四時．帝王之所以爲帝王．

聖人之所以爲聖人．萬物之所以爲生遂．在收斂精神而已耳．夫精神者．斂之則全．用之則散．故目多視五色．則精神散於五色．耳多聽五聲．則精神散於五聲．心多役於百爲．則精神散於百爲．是以古之聖帝明王．愼之以保惜其精神焉．而不敢散．

故帝舜曰．臣作朕股肱耳目．予欲左右有民．汝翼予欲宣力四方．汝爲予欲觀古人之象．日月星辰．山龍華蟲作繪．宗彝．藻．火．粉米．黼黻．絺繡．以五采彰施於五色作服．汝明予欲聞六律．五聲．八音．在治．忽以出納五言汝聽．是帝舜之制作圖治也．但示以欲爲之志．而以耳目股肱之用．託之於臣．而使翼爲明聽焉．大舜不自勞役．以散其精神．保養而愛惜之．以爲出治之本化育之原．是亦體天地四時．專一翕聚．閉藏之道．萬物發育之理也．

仰惟皇上．德配帝王．道合天地．而制禮作樂．孜孜不倦．以新一代之治．垂百王之法．甚盛心也．臣愚竊慮聖心淵微．精神恐有過用．而皇嗣未立．臣愚誠不勝犬馬心．故不避斧鉞．陳其收斂精神之說．誠願聖明凝心定慮．端莊靜一．凡於籩豆之類付之有司．不役精於耳目．不勞神於思爲．翕聚完養．深根固蒂．以爲生育之本焉．夫既求諸神．而又內修諸己．則神人協應．而兆祥斯至．前星斯耀．亦可以立本敦化．以延億萬年無疆之休．而後聖母之心可遂．祖宗列聖之靈可慰．天下臣民之願足矣．臣不勝願望懇切之至．

進聖學疏

禮部右侍郎．臣湛若水謹奏．爲發明聖訓．以一聖學之功事．臣前於十月內所陳．王道天德本於愼獨者．非他也．卽聖訓所謂敬一是也．臣聞帝王之學．一貫而已矣．一貫非他．心事合一之謂也．故一則無事矣．一則易簡．而天下之理盡矣．堯之授舜．舜之授禹曰．惟精惟一．允執厥中．精則一矣．一則中矣．自天子以至於庶人．同此一條貫而已耳．孔子告曾子．子貢．一則曰．吾道一以貫之．二則曰．予一以貫之．及其告樊遲曰．居處恭．執事敬．與人忠．是亦一貫也．由是觀之．論語二十篇之中．無非一貫之義．無非心事合一之學也．

仰惟皇上．天縱生知．默契道體．繼天立極．作民君師．御製敬一箴．垂示遠邇．所以惠敎天下後世者至矣．臣自在南京以至於今．常口誦心維．而佩服焉．凡至士大夫之家．有懸於堂壁者．過則必趨．坐則避席．未嘗敢背焉．誠信之如蓍龜．敬之如神明．尊之如上帝之臨也．蓋斯理也．實有以深契乎．堯舜以來．相傳精一執中之指．一篇之中．反覆詳盡．帝王之大道．復明於天下．皎然如日月之麗天．如江河之行地．有目者所共知．百世以俟聖人．而不惑也

至於序文首云．敬者存其心而不忽之謂也．一者純乎理而不雜之謂也．此二言者．極爲明切．又默契乎孟子必有事焉而勿正．心勿忘．勿助長之指也．雖然．聖諭之懿．夫人莫不知之．至於敬一二字．之相爲功用．夫人未必皆知也．臣請得以愚見少發明．夫所謂純而不雜．卽天理也．孟

子所謂・必有事者焉・卽此也・存心不忽・卽敬・以體認夫天理也・卽孟子勿忘勿助之謂也・夫忘則不及・助則過焉・皆非所謂存心不忽也・宋儒程子曰・勿忘勿助之間・乃正當處也・謝顯道亦曰・既勿忘・又勿助・恁時節天理見矣・

然則二子之言・眞足以發孟氏之指・而孟氏之言・眞足以擴千古聖人言敬未發之蘊・而我皇上實深脗合焉・夫一者・天理也・敬者・勿忘勿助・以體認乎天理・令有諸己焉者也・是故敬一箴有曰・匪一弗純・匪敬弗聚・則敬一之相爲功用・已章章乎明矣・故日用之間・隨時隨處・隨動隨靜・存其心・於勿忘勿助之間・而天理日見焉・有諸己之謂信・充實之謂美・充實而有光輝之謂大・大而化之之謂聖・聖而不可知之之謂神・所存者神・所過者化・上下與天地同流・而帝王之盛德大業・盡於此矣・

何以言之・夫聖人之德業・皆原於性情・常人之性情・莫切於喜怒・請試以喜怒明之・孔子曰・不遷怒・不貳過・箕子曰・無有作好・遵王之道・無有作惡・遵王之路・夫喜怒好惡・純乎天・故其存神之妙・與天地合・斯之謂盛德・是故心存而喜・則喜純乎理・而天下之心同喜・心存而怒・則怒純乎理・而天下之心同怒・故古之聖帝明王・一好足以勸天下之善・一惡足以懲天下之惡・是故不賞而民勸・不怒而民威・故其過化之神・與天地準・斯之謂大業・引而伸之・觸類而長之・夫然後前聖一貫之指・心事合一之學・而我皇上敬一之功用・可盡也・

臣雖陋儒・不足以仰測聖蘊・徒以一得之見・少發明之誠・如以管窺天・而忘其愚陋也・不敢隱・謹以上塵天聽・雖然、禹、益、臯陶、周、召、伊、傅、之爲臣所以望其君・其君之所以望其臣者・未嘗以賢聖相自足也・故禹告舜曰・后克艱厥后・臣克艱厥臣・傅說告高宗曰・知之非艱・行之惟艱・王忱不艱夫忱者・知而信之之深也・有諸己之謂也・美大聖神・駸駸乎不可遏矣・伏願皇上以聖訓所見・信道體之無窮・學緝熙之不已・而究乎盛德大業之蘊・致唐虞三代太平之治・天下幸甚・萬世幸甚・

進頌賦陳天德王道疏

禮部右侍郎・臣湛若水謹奏・爲進頌文・廣敬天以隆至治事・臣前得觀永和錄中・載聖製西宛視穀祇先蠶壇位賦・臣於伏讀之餘・宛然如聞虞廷勑天之歌・有周無逸之訓・不勝欣躍・有感於心・不能已而言・謹爲文一篇・名曰聖主躬肇農桑頌・又前擬作西苑賦二篇・不自知其冒妄之罪也・臣仰觀聖製之懿・具備衆美・然皆本於敬天之一念・故結句亦歸之於敬天焉・大哉皇言・一哉皇心・可謂至矣・

臣所以謂衆美皆本於敬天者何也・萬善同出一原也・天也者道之大原也・蓋無往而非天也・所以謂無往而非天者・天無所不覆也・天無所不貫也・記曰・人者天地之心・宋儒程顥曰・天人一也・更不分別・天地之氣乃吾氣也・是故喘息呼吸・皆天也・性情形體皆天也・好惡用舍皆天也・食息起居皆天也・民天之民也・賢天之秀也・工天之工也・故孟子曰・盡其心者・知其性也・知其性・則知天矣・存其心・養其性・所以事天也・詩曰・昊天曰明・及爾出王・昊天曰旦・及爾游衍・書曰・天聰明・自我民聰明・天明畏・自我

民明威・又曰・天叙有典・勑我五典五惇哉・天秩有禮・自我五禮有庸哉・又曰・天命有德・五服五章哉・天討有罪・五刑五用哉・

由是觀之・自心性存養・而出王游衍・而視聽好惡・而典禮命討・何往而非事天之實乎・仰惟皇上・稽古制作・分郊祀以專其事・精禮樂以致其饗・親製文以通其誠・敬天可謂至矣・皇上之心・必且至誠無息・故日御經筵・召問大臣・誠祀祖考・敬事兩宮・肇興內教・親勸農桑・君臣同遊・凡若此者・皆天德王道之事・然皆本於敬天一念之端發之也・孟子曰・凡有四端於我者・知皆擴而充之矣・若火之始然・泉之始達・苟能充之・足以保四海・

程顥曰・有天德便可以語王道・惟在皇上擴充以至其極・與天爲一・則天德純存・而王道大行・治化益盛・中庸曰・詩曰・維天之命・於穆不已・蓋曰天之所以爲天也・於乎・不顯文王之德之純・蓋曰文王之所以爲文也・純亦不已・是文王與天爲一也・臣於頌賦中・因躬勸農桑之事・推之於政治之善・而皆本自敬天之誠・伏惟皇上・俯覽而留神焉・天下幸甚・謹將前項頌賦・繕寫裝潢・隨本親齎・謹具奏聞・

陳天德王道第二疏

禮部右侍郎・臣湛若水謹奏・爲申明天德王道之要・以裨聖治事・臣聞天下之事・必有其本・得其本・則天下之事可從而理矣・臣前於本年八月十二日・進聖主躬肇農桑頌・其中已具天德王道之端・然而未竟其說・臣請再爲陛下申言

之・孟子曰・責難於君謂之恭・陳善閉邪謂之敬・又曰・我非堯舜之道・不敢以陳於王前・故齊人莫於我敬王也・語曰・雖不能爾至・心尙慕之・臣之志・亦若此而已耳・蓋天德王道・乃堯舜之道也・臣幸夙昔聞之於師友・得之於遺經・四十年於此・

玆幸恭遇陛下亶堯舜之資・有堯舜之志・安得不披瀝肝膽・具以所學・陳於陛下之前・然有時焉・不敢以易言也・懼誠意之未至・而未有言前之信也・故自臣至京・所以積誠意・而冀於感孚者・二年有餘矣・乃今於陛下典禮告成・虛心求學之時・此臣所以因前旣啓之端・而復竟其說也・謹按有宋大儒明道先生程顥曰・有天德・便可語王道・其要只在謹獨・此言眞可謂萬世帝王之法也・孔子曰・人道敏政・地道敏樹・臣請以樹喻焉・今夫樹之爲物也・有生意・然後有本根・有本根・然後有幹・有枝葉・有花實・故有生意・是有其根矣・而無幹枝花實者・未之有也・無生意・是無根矣・而有幹枝花實者亦未之有也・

是故王道者・幹枝花實之類也・天德也者・本根之類也・愼獨也者・本根生意之類也・是故古之明王・必先務本・而盛德大業・於此而生焉・故曰・徒善不足以爲政・徒法不能以自行・又曰・聖人旣竭心思焉・繼之以不忍人之政・而仁覆天下矣・昔者魯哀公問政於孔子・孔子將告之以政・而必推本於學焉・何也・蓋學與政一道也・夫九經卽政也・孔子將告哀公以九經・而必先之以達道・又先之以達德・又先之以修身・而知天・而曰所以行之者一也何耶・蓋九經者・王道之大端也・達道達德修身以知天而行之一者・

所以謹獨而立天德也．

然則天德爲王道之本．而謹獨又爲天德之本．斷可知矣．孟子曰．人皆有不忍人之心．先王有不忍人之心．斯有不忍人之政矣．夫心也者．天德也．生意根本之類也．政也者．王道也．幹枝花實之類也．至其下文又曰．所以謂人皆有不忍人之心者．今人乍見孺子將入於井．皆有怵惕惻隱之心．非所以內交於孺子之父母也．非所以要譽於鄉黨朋友也．非惡其聲而然也．由是觀之．無惻隱之心非人也．無羞惡之心非人也．無辭讓之心非人也．無是非之心非人也．惻隱之心．仁之端也．羞惡之心．義之端也．辭讓之心．禮之端也．是非之心．智之端也．又曰凡有四端於我者．知皆擴而充之矣．若火之始然．泉之始達．苟能充之足以保四海．

夫仁義禮智天德也．擴之至於足以保四海焉．王道備矣．是故由惻隱之心而充之．則凡省刑薄斂．惠鮮懷保．而天下之仁政行矣．由羞惡之心而充之．則凡納諫悔過．去讒遠佞．而天下之義政行矣．由辭讓之心而充之．則凡謙光受善．敬老尊賢．而天下之禮政行矣．由是非之心而充之．則凡內以領惡而全好．外以爵德而討罪．而天下大智之政行矣．然則天下大政之出於心．而大道以發．而天德帝王之術．在養心以崇德．以爲萬事萬化之本．斷可知矣．由是言之．則乍見怵惕惻隱之心．無所爲之心也．乃眞心也．純正之心也．其納交要譽．惡其聲之心．有所爲之心也．乃僞心也．雜霸之心也．故王霸之道．又於此焉判矣．是故帝王之學．在審其初．而定志焉爾．

恭惟陛下繼統以來．以堯舜禹湯文武之道．爲必可法．以堯舜禹湯文武之治．爲必可興．毅然以復古爲己任．制禮作樂．興廢舉墜．王道之事已漸舉行．何待最愚之言哉．然臣嘗聞之．道無終窮．學無止足．程明道先生有言曰．太山高矣．太山之上已不屬太山．堯舜事業．也只是太虛中一點浮雲過目．蓋言道體無窮．而學不可止足也．仰惟陛下聰明睿智．洞見淵源．進道不息之心．無有窮已．賢矣而必至聖．聖矣而必至王．王矣而必至帝．帝矣而必至皇．何有止極．此臣所以於聖治方升未已之時．尤願陛下進於學．以爲之本．所謂學者．即謹獨是也．非止於記誦講說之間．而學問思辨篤行．所以進乎此者也．所謂獨者．己所獨知之理也．即天理也．即天德也．察見此理．立則見其參於前．在輿則見其倚於衡．戒慎恐懼．而敬以存養之．令有諸己．終日乾乾．深宮必於是．大庭必於是．靜居必於是．臨政必於是．隨處體認天理．而力行之．無頃刻而或離焉．日積月累．則將月異而歲不同．心純乎天道．詣乎天則．天德日盛．所謂立之斯立．道之斯行．綏之斯來．動之斯和．天下莫不丕應徯志．凡古先帝王之政治．無一而不悉舉．而王道大備矣．臣無任懇切願望之至．

約言

或有問於水曰．子之於易．必取經自爲經．而不以孔子傳分附之者何也．曰所以全經也．當孔子作傳之時．本自爲十篇也．當羲文周公作經之時．未有傳也．分傳附經．漢儒支離附會之陋也．吁弊也久矣．然則子之必主解傳．而不解經者何也．夫十傳已解經矣．而又先竊取以爲之解說．則又何取於十傳乎．是猶床上之床．屋下之屋也．蓋後人因漢儒分傳附經之訛．而未知古易一經十傳之大體也．然則各卦之爻也．德也．才也．可以不釋乎．曰此三道者．多見於孔子之傳矣．其或有未及者．則於本傳之下．而附測焉．斯已矣．

夫易之全經．何爲者也．學易之要．於此乎始焉者也．夫學易之要有三．一曰學卦畫．二曰學彖辭．三曰學爻辭．夫是三者．三聖之奧也．伏羲之卦畫．以象教者也．文王之彖辭．周公之爻辭．以言教者也．夫易之道．莫深於象．而言次之．學易之道．亦莫切於象．而言次之．易曰．書不盡言．言不盡意．言外之意．惟於象焉盡之矣．是故君子之學易也．觀其卦畫焉．而其生生之象．陰陽剛柔．同異善惡之情．斯得之矣．觀彖辭焉．思過半矣．以概乎六十四卦．休咎吉凶之故．斯得之矣．觀其爻辭焉．以究極乎三百八十四爻．休咎吉凶之蘊．斯得之矣．

當其觀伏羲卦畫之時．如未嘗見文王之彖辭也．必求伏羲之易．於卦畫之中焉而見之．若不假乎彖也．當其文王彖辭之時．如未嘗見周公之爻辭也．必求文王之易．於彖辭之中焉而見之．若不假乎爻也．當其觀周公卦爻之時．如未嘗見孔子之十傳也．必求周公之易．於爻辭之中焉而見之．若不假乎傳也．夫然後卦畫與辭．各致其極．交相明也．夫然後知夫子假我數年五十以學易．可以無大過．而韋編之三絕．所以深究乎此而已矣．夫然後讀孔子之十傳．而知其宏指奧義．不過發揮乎此而已矣．然後知三聖人之蘊．如是而已矣．夫與未學伏羲卦畫自然之象．而先讀文王周公彖爻之言．未究文王周公彖爻之言．而先附益以孔子十傳之文．舍本而求其末者．不亦異乎．

用兵之法教戒爲先論

論曰．民可素教．而不可教使之爲戰．教使之爲戰．是利於戰．而法驅之．法驅之．故人不敢不戰．爲將而使人不敢不戰．亦危矣．若夫主於愛民．而素教之．是其義欲使之知方．人而知方．則知親愛之道．於其所親愛者．而敵見加焉．故人自樂與之戰而莫禦．爲將而使人樂戰而莫禦．斯無敵矣．此義利王霸之辨．而吳子用兵教戒之說．吾不能無議也．難者曰．且吳子兵法之先於教戒．亦已明矣．而子乃疵之曰霸．無乃已過乎．曰夫吳子者．且不得爲霸也．强焉爾矣．詐焉爾矣．

昔者管子之以其君霸也．作內政．遂鄉十五皆戰士也．教之孝弟忠信．尊君親上之義．夫教之是也．其所以教之者非也．蓋彼猶爲戰也．第假此焉爾矣．此所以爲霸也．而況於不出此者乎．今夫爲吳子之言者．以爲兵取勝而已矣．誠使如起之法．一人教十焉．十人教百焉．百人教千焉．千人教萬焉．萬人教三軍焉．是三軍之士．萬統於千也．千統于百也．百統於十也．十統於一人也．一人也者．將之謂也．夫三軍之士統於將．將士相聯．而莫之解也．其教之也．鼓而進之．金而退之．圓而方之．方而圓之．坐而起之．起而坐之．行而止之．止而行之．左而右之．右而左之．前而後之．後而前之．分而合之．合而分之．結而解之．解而結之・人習其變・士盡其能・而不可已也・故能以近待遠・以逸待勞・以飽待饑・如根而榦・榦而枝・而不可拔也・縮伸分合・如身之於臂・臂之於指・而不可亂也・其分定也・比韓信之兵・待之所以多多益善也・何霸强之疵・

且聖人者・蓋亦有之矣・孔子以不教民戰・是謂棄之・又曰・善人教民・七年亦可以卽戎・其亦何以異於是・曰是不然・以不教民戰・是教之在先也・非教以戰也・教民而後可卽戎也・非教以卽戎也・此義利之所以辨也・孟軻氏曰・壯者以暇日・修其孝弟忠信・入以事父兄・出以事長上・可使制挺・以撻秦楚之堅甲利兵・此孟子教民之意也・

曰然則武王不愆于六步七步而止・齊四伐五伐六伐而止・齊甘誓亦曰・不攻于左右・不恭命・汝則孥戮・非教戒乎・曰武王教之於素矣・至是臨事而懼・乃申嚴之也・且爲吳子之說者・皆以爲其法足恃矣・然而恃强者・凡遇强於我者・則廢矣・恃詐者・凡遇詐於我者・則廢矣・是故權詐之兵・不足以當節制・節制之兵・不足以當仁義・夫惟仁義之兵・斯無敵於天下矣・

然則仁義之兵・不教戒矣乎・曰教戒於素・所以爲仁義也・昔者黃帝立兵乘之法以寓軍・周官之制・內而鄉遂都鄙・外而方伯連帥・兵井立・而兵農一・天子歲三田・以供賓祭・所以教孝弟也・因而節之・以教人也・親執路鼓以臨之・教之坐作進退之節・而寓禮讓疾徐之儀・上下有等・然而衆知尊君親上之義矣・老少有倫・然而衆知孝親敬長之義矣・閭井有親・然而衆知睦隣恤衆之義矣・不用命有刑・然而衆知生死榮辱之義矣・相保相愛・刑罰慶賞相及・彼其敬戒之者・有素定也・

夫上以孝弟忠信教其下・而下不以孝弟忠信自有者・非人也・以孝弟忠信自爲・一旦有事・而不相死者・非人也・故其民也・居則爲比閭族黨之人・出則爲伍兩軍師之制・其卿大夫也・居則爲六卿之長・出則爲六師之帥・此仁義之兵・所以不勞而無敵於天下也・諸葛武侯亦云・教之以其義・誨之以忠信・戒之以典刑・威之以賞罰・故人知勸・蓋有以識此矣・今以素教之民・與夫教戰之民・其心之所樂・而强從者・爲何如哉・彼倒戈離心之旅・與同德無敵之師・其所樂所强・固亦有間矣・此又義利安危之辨也・

治權論

或問治天下孰爲大・曰權爲大・權曷爲大・曰權也者道也・孔子曰・可與立・未可與權・權者聖人之大用也・惟聖人爲能執天下之衡・而權之以重輕乎・天下之事以合乎道也・曷謂權・曰猶之稱錘也・以從衡也・以稱物平施・以應天下之變者也・曰權孰爲大・曰禮樂征伐爲大・孔子曰・天下有道・禮樂征伐自天子出・

曰然則今聖天子・一制一作・釐正百王・是謂禮樂自天子出矣・誠有道之世也・曰是則然矣・非聖天子聰明睿智・古之神聖者・其孰能與於此・曰然則征伐之權・何以謂自天子出矣・則應之者曰・天子有征無戰・故曰天子討而不伐・討者出令・以聲其罪於天下而已・不伐之・而與之交戰也・征者正也・討而正之而已也・如中國諸侯・頑民有暴亂・則天子討而正之則已・使其鄰國連師・與其司寇自誅伐之則已

也・而我中朝聖人・坐治之而已也・

如外國有篡逆・則天子討而正之則已・使其國人與其臣民・自合攻之・誅之・則已也・而我中國聖人・坐定之而已也・或曰・然則亦有伐乎・曰然・誠有之・非是之謂也・如北虜犯我北邊・則北邊守臣北伐之・西羌犯我西邊・則西邊守臣西伐之・而禦之・而使之遠遁則已矣・不好大喜功・而遠逐其利也・

或曰・若朝鮮安南・則禮義之國也・彼則來有朝貢・我則往有封詔・如之何而勿正也・則應之者曰・然・屬者安南國王・與其後裔・爲其臣陳暠・及莫登庸父子・後先篡害・據而奪之國・拒其餘裔於南海之濱・絕其貢道・黎氏遣其臣出萬死・航海而來告變矣・聖天子聞之・赫然斯怒矣・發大號令・大臣將往征之矣・其時內外之臣・有或言不宜伐者・問之則曰・古者明王不治夷狄・羈縻之而已・以不治治之而已・則應之者曰・非是之謂也・古者天子不伐夷狄・征討之而已・以不伐伐之而已・曰曷謂以不伐伐之・征討之而已・則應之者曰・征也者正也・討也者討也・問也・討問其罪・於其國使人人得而誅之・是謂以夷狄攻夷狄・而以不伐伐之也・以不伐伐之者・是謂不伐之伐也・

軍法曰・不戰而屈人之兵・是不戰之戰也・以我討詞直也・故討詞爲工・伐次之・戰又次之・討者坐定之道也・且夫上天之生聖人也・將代天以理萬國也・故稱之曰天之子・謂當代天・以理天下萬國之不理者・如子之幹父之蠱然也・代天以理華夷萬國・而平其暴亂・奉天之道者也・如之何弗討弗正・或曰・是則然矣・曷謂不治夷狄・以不治治之者・則應之者曰・謂其土俗不同・不可以中國之禮樂政教治之・因其俗以治之・以不治羈縻之而已・如是也・今二國既通朝貢封詔之禮矣・安南既聞之叛亂矣・猶聽其篡奪・而不之治也・可乎・若夫有所不治之治者・非是之謂也・謂非禮義之國也・所不以告者也・所不可知者也・如北虜西羌之類是也・焉得而知之乎・焉得而治之乎・

或曰・我聖祖戒後世・勿伐安南矣・是又不宜伐也・則應之者曰・非是之謂也・夫戒不伐安南者・聖祖嘉其國王陳日煃・率先倡義歸順也・抑謂無罪而伐之・或利土地而郡縣之・將隨征・隨下・隨叛・無益徒損者也・非謂討罪弔民・以安其子孫黎庶者・反不可也・且今莫登庸父子・敢行篡逆・據我天朝世封之國・不討正之・則大權廢弛矣・或曰黎氏其先・亦篡其主陳氏・而有其國・先朝恤人民之糜爛・而因以封之・今莫氏篡黎氏一間耳・以逆篡逆・可不必伐也・則應之者曰・黎氏篡陳氏・已經先朝一時權宜恩宥之矣・累封之矣・累封之・則名義正矣・乃今因其被篡・而曰不治之・又追咎之・何以異於既入其笠・又從而招之者乎・恐非所以敎華夷也・是使四夷化之・篡篡無已也・其可乎・

或曰其國崎嶇・有山嵐之翳・有富良江之險・有懸兵深入之虞・有饋餉不繼之慮・如之何可征之矣・則應之者曰・先朝曾三征而三下之矣・而郡縣之矣・且今非必伐之之謂也・但討之之謂已也・正之之謂已也・使彼不得以自安・不能以一日自立於華夷而已也・使其國人・人人得而誅之而已也・我兵不深入焉・夫何虞以逸待勞・夫何崎嶇・我履平易・夫何險・我不費斗糧・夫何饋餉之慮・

或曰．漢棄珠厓．後人高之．何必討也．則應之者曰．棄之可也．等之如北虜西羌可也．今安南禮義之國也．朝貢封詔之通也．而可棄之．而可如是乎．且安南黎氏．貢道已久見阻絕於莫氏．航海而來告變矣．聖天子已赫然斯怒矣．而顧可如是乎．且設使朝鮮之人．或效其尤焉．而來告來聞焉．固亦可以如是處之乎．可以爲常乎．臣有以知聖天子．高天下之見．獨觀乎萬化之原．未必如是也．聖天子．恭行天地之道者也．必不如是也．易曰．立天之道．曰陰與陽．立地之道．曰柔與剛．立人之道．曰仁與義．仁義者．天子之所以行大權．以奉承乎父天母地之道者也．

故前者聖天子．初聞莫氏之簒逆．赫然斯怒．命往伐之者義也．繼而念彼叛逆者．莫氏一人也．若往伐而先爲之魚肉者．一國億萬之人民也．且討而不伐者．古天子之禮也．是以遲遲焉．今也．因頒尊天之詔于天下．且命大臣文臣捧詔于朝鮮以及安南．以往諭其國．豈不曰．彼猶同在上天覆幬之內者也．曷忍棄之．使知皇天上帝之爲尊．而不可犯也．猶冀其什一百一千一萬一有悔改焉．或有不終自外於天地．而反正焉．以毋傷我人民也．仁也．

否則將爲萬全之策．所謂以言語．代斧鉞者以行焉．亦什一百一千一萬一而無遺筭．不費我中國斗糧．不折我中國一兵．不疲我中國一卒．而可以一舉而永定焉．以大惠一國之人民於無窮者焉．是又聖天子神武不殺．仁之至．義之盡者也．必將勑諭捧詔大臣文臣往諭之．若曰．爾莫氏父子．簒放我天朝封裔．犯我紀綱．脅我人民．據我土地．盜我府庫．竊我名器．我聖天子赫然斯怒．出命討爾之罪．命諸侯臣會兵伐爾．以征爾簒爾逆．以告于皇天上帝．而恭命焉．正天下之大義也．然猶緩兵以需爾．庶幾爾有悔禍乎．而我得以保恤我一國之人民乎．

或曰．爾莫氏庶幾有卑辭以歸順矣．其意若曰．黎氏衰微．而讓國于我莫氏．國人共推戴于我莫氏．我莫氏不敢受．乃舉其人民土地以歸天朝．天朝其斷然．嗚呼詞似順矣．其信乎．其詭乎．黎氏何以有航海之告簒乎．何以黎氏無讓表乎．若有之．知果黎氏爲之乎．抑莫氏詭爲之乎．永樂宣德間之詐．屢可知也．今我聖天子至明至誠．不逆爾詐．不億爾不信．命我大臣文臣．捧詔以諭黎氏之國．聞黎氏被爾莫氏逐之於海外矣．今爾莫氏誠自悔罪．宜銜璧輿櫬．面縛繫頸而來．必自預求爾舊主之嫡裔與餘裔．奉之以來．俯伏受詔．復其舊位．返我封國．正我紀綱．安我人民．歸我土地．完我府庫．明我名器．如是者爾乃眞悔禍矣．信非詐矣．我聖天子必恤我人民．取爾悔悟．必將命我大臣受爾璧．解爾面縛．去爾頸組．焚輿櫬．待爾父子以不死．置爾于海濱一區百里之地．使食之世世．以禦魑魅．爾身．爾子．爾孫．得生已多矣．況有無窮之食乎．

於是乃又諭之曰．彼黎氏亦不能守信地．有不保國社稷之罪．削降爲土府州．存與地數百里奉其先祀．而其陪臣之有功抗賊者．及有忠義不從叛者．數十人．各酌其重輕大小．而分之以土地．小不過百里．大不過二三百里．使世世守之．世世富貴．以君長于茲土．天子不有爾寸土．不利爾匹民．不賦爾稅畝焉．如古之要荒之小邑者然．如今之田州諸土官．永順諸宣慰者然．若州有大不率者．天子必命連諸州之衆·以討平之·立其賢者則已·以安爾人民·俾不相簒奪不已·毒痛爾生民·以違我中國之化也·此又聖天子·體天地好生之至仁者也·

若莫氏猶不能然·而徒虛飾卑辭·是詐也·僞也·非信也·非眞悔禍也·蓋將飾爾詐僞·以欺我矣· 墮我于計中矣·冀因而受封于爾·如黎氏初簒之故智然矣· 以欺我人民·矯我上帝·蔑視我國體·陰弛我大權·往者爾既貢滔天之罪矣·今又愈益倍焉·爾之罪·遂大不逭矣·爾其思之·一出于天·二入于淵·出入之間·不能以髮爾·其思之·夫然後命之諸侯臣·戒我烽警·耀我武備·威臨于其邊焉則已·勿伐焉·以待其變焉則已·或曰·請聞分地之義何謂也·則應之者曰·乃不聞賈誼治安之策乎·衆建諸侯以分其力·今亦衆建君長以分其力·力小則易制·永永不能生大變焉·此萬世惠民之利也·夫何疑·

或曰·莫氏若不悔禍·如前之云·則如之何 · 我聖天子·必將如初命·命將出師·而伐之乎·抑已乎·則將應之者曰·若懸兵深入·以犯不測之險·疲我將士·敝我甲兵·費我芻糧·是謂窮兵黷武也·是謂逐外以耗內也·漢武西南夷之征可鑑也·我聖天子·神武不殺·必不如是也·所謂征伐自天子出者·非謂天子自伐之也·天子之兵 · 有征無戰也·討而不伐也·莫氏若欲詭辭以攘其國 · 若不悔如前之爲·則二臣必將完璧以歸報于聖天子·聖天子必將數莫氏十惡·如嘉靖十六年·文武大臣會請·欽奉成命者·如永樂年間·數陳叔明二十惡·而榜暴之者·以聲罪于其國之臣民·而勿伐焉·且告之曰·黎氏爾世主也·莫氏爾世讎也·我天朝聖天子爾之大君也·爾之大父母也·上天命之·凡內外君長·有罪必討而正之無赦·天之道也·爾宜體上天·不外爾蠻夷之心·體我聖天子·不忍棄爾人民之心·不忍糜爛爾赤子之心·不忍使爾人民赤子爲魚肉·而我爲刀俎之心·前年命將·將命出師·以討爾莫氏之罪矣·將由雲南之蒙自·廣東之欽州·廣西之憑祥·及閩廣之海舶·四路竝入·滅爾無難矣·

復軫念之書云·火炎崑岡·玉石俱焚·夫叛逆作禍者·一莫氏也·大兵四路而入·必有腹背受戮·先當其禍者·乃一國億萬之人民也·人民天之人民也·天子之赤子也·故徐徐然·緩兵以需焉·今莫氏又爲卑辭以誘我·使我墮其計·而授之封·以定其簒焉·其大詐大不悛如此·蓋自昔慣習之矣·於是天人共憤矣·明神共誅矣·彼不顧其子孫將無遺類矣·春秋之法·臣弑其君·凡在官者殺無赦·子弑其父·凡在官者·殺無赦·弑逆之賊·人人得而誅之·不必天吏也·

今詔爾通國之陪臣·若爾夷民·各以上天之心爲心·各以聖天子之心爲心·有能設計以擒莫氏者·有先脅從·後悔過·以全身家·能設計以擒莫氏者·有黎氏之舊臣·擁黎氏之餘裔·糾占城之氓衆·各設計以夾攻·而擒滅之者·我聖天子·必錄爾功·分爾土·凡一國之地·裂數十府州·以各畀于爾·以褒爾功·爾子孫世世來襲·亨于無窮焉·爾等既獲全爾身·保爾家·又蔭爾子孫·去禍就福·亨于無窮焉·爾何憚而不爲乎·夫如是·則一國之人·皆謀莫氏者也·皆莫氏敵也·皆欲滅莫氏而分其地者也·莫氏孑然孤立·將安施其詐乎·不數月之間·莫氏父子之頭·可懸於長安矣·

雖以此待之三年五年十年可也．我無因逆封之之理．彼無一朝自安之勢．我有討辭．而彼無憑恃．其機在我．而不在彼．彼忙而我不忙．我無患．而彼有患．我長逸．而彼長勞．如是者．則我國體日昌．黎氏之氣亦日張．而其兵力日集．國人皆曰．天子曾討之莫氏矣．吾何以從之．如是者．則莫氏之氣日衰．黨與日將反戈焉．是猶我授之戈也．特假乎于彼人民也．如是者．持之以歲月之久．通國將自生變也．是我坐制其定也．是故君子惟大．居正而已矣．毋逐小利而已矣．天下之變．貞夫一而已矣．

前所謂不費斗糧．不折寸兵．不疲一人．而可成萬全之功者．此也．此討而不伐之大效也．此天地之大道也．此天子之大權也．此以夷狄攻夷狄．而中國坐制其斃．以收成功者也．此之謂至德要道也．此紀綱所以永振．國勢所以永昌．四夷聞之．所以無怠無荒．來王之道也．或曰．有徵乎．應之者曰．有之．雖以我聖祖之勇智神武．封安南王陳日煃及日熞．以後叔明簒逆．下詔數之．諭以春秋誅亂賊之大義．而卻其豐貢焉．歷日煓日焜二世之擅立．而不請封．終不加兵．繼而天果假手于黎季犛以滅之．此聖祖討罪不伐．而夷狄伐夷狄之大驗也．然其時猶未懸賞以地耳．猶未下諭臣民合攻陰擒之令耳．且感應於默默之中如此．況今明示以春秋．人人得誅亂賊之法．有不翕然響應．去禍就福者乎．抑季犛猶爲非善耳．特天假之手．不可誣也．縱使一時罪人未即就擒．彼已負天討之罪名於天下．國人皆不與焉．彼將無以自立．中國之大．權亦在我．而不自失矣．若我聽其詭辭．而因以授之封．是自我與定其簒．是中國之大權．自假與人．彼將得以自齒於諸夷之間．是猶借冠以兵．而齎盜以糧矣．我聖天子仁義並用．必不如是舛也．

是故一陰一陽．殺生弛張．天之道也．一柔一剛．舒翕昭章．地之道也．一仁一義．恩威偕行．聖人之道也．陰陽剛柔合德．仁義中正變化．三才之道也．或曰．斯討詞也．將焉達諸其國之臣民乎．則應之者曰．聖天子正正之詞．堂堂之道．由廣西之憑祥．廣東之欽州．雲南之蒙自．諸路而達之其國之有司．其國之有司以達于逆莫氏．必將傳達于黎氏．暨其遺臣民矣．未有盡達者則如之何．曰乃不聞魯仲連聊城之事乎．我之有司．必將謄黃萬數．繫矢而射之其境．其境人得之．必欣欣然以相告焉．皆將以莫氏爲奇貨矣．莫氏回顧左右之僞臣與國人．皆其敵矣．由是一國皆離心解體矣．

或曰．莫氏既有卑辭．因而授之順．且無患．不亦可乎．則應之者曰．吁．是患之大者也．是不可之大者也．且莫氏詭辭也．詐計也．詭辭詐計．以欺我也．欲欺我皇天上帝也．欲欺我堂堂天朝．欲以欺詐攘而有之也．使我一墮其計焉．是我則助惡也．我則中國而夷狄也．我則大權因以日弛．如火銷膏．不自覺其日損也．四夷八蠻．漸以效尤．而不知其如風之微．漸不可長也．唐藩鎭之事可鑑也．

或曰．昔安南黎利之簒陳氏也．宣德之間．亦曾宥之矣．因封之矣．今循行國家故事．何爲不可．則將應之者曰．我聖天子．恭行天討．事天明．事地察．以追踪二帝三王之道也．若祖宗一時權變故事．寧肯以爲常法乎．如天命天討何．我聖天子釐正百王之謬多矣．宜不其然．夫仁至義

湛若水

盡・聖人所以體天地之道也・其孰能之哉・我聖皇・蓋古之聰明睿智・神武不殺者・

心性圖說

性者・天地萬物一體者也・渾然宇宙・其氣同也・心也者・體天地萬物而不遺者也・性也者・心之生理也・心性非二也・譬以穀然・其生意而未發・未發・故渾然而不可見・及其見也・惻隱羞惡・辭讓是非萌焉・　仁義禮智自此焉始分矣・　故謂之四端・端也者始也・良心發見之始也・是故始之敬者・戒獨愼獨以養其中也・中立而和發焉・　萬事萬化・自此焉達而位育・不外是矣・故位育非有加也・全而歸之者耳・終之敬者・即始之敬・而息不焉者也・曰何以小圈・曰心無所不貫也・何以大圈・曰心無所不包也・包與貫・實非二也・故心也者・包乎天地萬物之外・而貫乎天地萬物之中者也・中外非二也・天地無內外・心亦無內外・極言之耳矣・故謂內爲本心・而外天地萬物以爲心者・小之爲心也・甚矣・

古樂經傳或問

或問曰・子之補著古樂經・何以謂之經也・曰經也者・徑也・所由以入道之徑也・或曰常也・天下古今之常典也・曰然則子之以律呂爲樂經何歟・曰律呂者・所由以入樂之徑也・而天下古今之常也・孟子曰・離婁之明・公輸子之巧・不以規矩・不能成方圓・　師曠之聰・不以六律・　不能正五音・堯舜之道・不以仁政・不能平治天下・是故規矩非方圓也・所由以至方圓之徑也・六律非五音也・所由以至五音之徑也・猶仁政非天下平也・所由以至天下平之徑也・此古今天下之常典也・

曰然則子之補樂經之意・可得聞歟・曰自樂經之亡・樂道絕矣・將以存什一於千百・以繼樂道之絕如縷也・故曰・聖人能竭目力焉・繼之以規矩準繩・以爲方圓平直・不可勝用也・既竭耳力焉・繼之以六律以正五音・不可勝用也・既竭心思焉・繼之以不忍人之政・而仁覆天下矣・是故規矩準繩之作・以繼此目之明也・六律之作・以繼此耳之聰也・仁政之作・以繼此心之仁也・故不必視聽心思・遍於天下・而聰明精神・　達於天下者之具也・規矩準繩六律・　仁政之謂也・

是故律呂之作・將以繼心思之和・以遍於天下・而天下泰和・與吾心之和一也・是故能感應矣・如喘息呼吸之氣・通乎天之上之下・非有二氣也・知此則知作樂之道矣・予故以律呂補樂經者・假律呂以繼心志聲音之和・猶假節文以制禮・繼心之敬爲禮經・假卦畫以作易・繼心之時爲易經・假典謨訓誥以作書・繼心之中爲書經・假美刺諷詠以作詩・繼心之性情爲詩經・假魯史作春秋・繼心之是非爲春秋經・今律呂以正聲音・以繼心之和・爲樂經・非此之類也乎・夫何疑・曰必以律呂也何・曰禮以節文・樂以度數・律呂者・度數之謂也・非度數無以成樂・猶非節文・無以成禮也・故節文者・禮之經也・如度數者・樂之經也・聖人復起・不能易矣・

曰禮經主節文・樂經主度數・則吾既得聞命矣・補經云

合天地人而徵之者何歟・曰候氣於天・而非天也・粟實於地・而非地也・管吹於人・而非人也・天地人一也・知天地人之一・則知聲氣之一矣・知聲氣之一・則知樂之本矣・知樂之本・則知神人之所以和・知神人之所以和・則知天神之所以降・地祇之所以起・人鬼之所以格矣・其用也大矣哉・曰吾黨三山邵生公儲之有作也・乃非候氣之說而不信・且云重室緹縵之內・大不過丈餘・而置十二管焉・候氣何以別十二律歟・曰邵生之惑・亦王浚川之說啓之・同於不知而作者也・浚川之言曰・天地之氣流行・無微不入・卽不可禦矣・豈拘拘於九寸之間耶・此蓋浚川不知天地之氣・以漸而然・以空而先鍾・且浚川豈以天地之氣爲驟然而至耶・

蓋不知天氣迭運・主於一・設使置十二律於盈尺之內・則其氣候各以一應・豈云十二律齊應乎・惑之甚矣・舍候氣則律呂不定・樂之本亡矣・樂之本亡・則樂之道幾乎息矣・是故乾坤毀・則無以見易矣・律呂毀・則無以見和矣・和不可見・則樂之道或幾乎息矣・曰邵生之作・區區乎圖與器者何也・曰籩豆之事・則有司存・此有司者之事也・故聖經不著焉・曰近年有李兩山・著律呂元聲者何如・其不同於蔡氏新書何也・其亦有取乎・曰其無足取也・彼以極小爲聲氣之元・應冬至子之半之微・非若今黃鐘之洪也・謂黃鐘牛鳴也・對曰・非是之謂也・牛鳴非洪也・此在清濁・而不在大小・吾非雜傳・陳仲儒之說已發明之矣・在清濁而不在大小也・黃鐘牛鳴・牛鳴其最濁而緩也・管長則聲濁而緩也・

曰何以子必取仲儒之說也・曰同吾之說也・仲儒曰・調聲之體・宮商而濁・徵羽宜清・濁者渾厚而舒遲・故應冬至一陽之初生・清者輕揚而疾急・故應諸律以漸而盛・予故曰・在清濁・不在大小也・作元聲者昧此・反以黃鐘爲極大・不得應冬至一陽之始・非也・或有問於鍾叔暉景星曰・樂經之散亡也久矣・昔程明道欲爲之・而未就・今泉翁述古樂經傳・必定律呂以爲之經・又述先正格言以爲之傳者何也・鍾子曰・樂者樂也・樂由心生也・古先王之治天下也・政善民樂・天下之心和・故作樂以宣暢其和心・然律呂者・作樂之矩度也・作樂必先正其律呂・以和其五聲・審一以定和・比物以飾節・節奏以成文・所以合和・是故律呂正然後音和・音和然後聲平・聲平然後達於天地・通乎萬物・格神祇・馴鳥獸者・無非律呂爲之本也・

何居中曰・孟子曰・師曠之聰・不以六律不能正五音・雖有聖人復起・而作樂不易斯言矣・又曰・程子曰・先王作樂・必先律以考其聲・是則律也者・樂之經也・若彼考室・此其基也・曰傳者何也・曰傳也者傳也・所以傳經之義也・所以發揮經義・旁通情也・故以義理言之曰・如候氣實粟之說・所以語其造律之本也・長短分積之說・所以明其制律之法也・參天兩地之說・所以數其黃鐘之實也・渾厚舒遲之說・所以表其黃鐘之聲之非大也・氣之元也・皆所以發明其經也・君子由傳以考其經・由經以體其妙・則雖千百世之上・聖人之德可得而見也・

何也・天下之心一也・天下之理一也・天下之氣一也・聖人妙至一之理・制作之善・備聲容之盛・洋洋乎千載一日也・曰何居・曰一而已矣・故曰聞其樂・而知其德・知此一

也．又曰樂也者．動於內者也．禮也者．動於外者也．是可以分內外之言歟．曰非也．內外一致也．體用一原也．故曰合內外之道也．曰律呂新書．蔡氏已爲之矣．而翁復有是述焉何也．曰新書攷據古今諸家之說．而未有至當歸一．精義無貳之典．故先生采諸家之精義．而酌之以補樂經之缺也．曰近有爲樂書者．以夫子告太師之語．分堂上堂下之樂何也．曰蓋不知而作者也．支離之甚也．然則堂上之樂．有翕如．而無純如．堂下之樂．有皦如．純如．而無翕如也可乎．先生爲此懼．補述古樂經．恐先王之道．日益泯滅無傳也．其亦良工心苦．不得已而然矣．

先生聞之喟然曰．嘻．鐘子其繼吾志哉．或有問於蕭師孔時中曰．禮以道中．樂以道和．中和者．禮樂之本也．玉帛俎豆．與聲音節奏．特其文焉耳．今泉翁古樂經之擬補．但以十二律爲經．而於其本則未之及焉．何居中曰．自古聖人作樂．必因律以求中聲．律法不得．則中聲無由而見．先生之以十二律爲經者．正孟子所謂師曠之聰．不以六律不能正五音之意也．後有作者．不能易之矣．若論其本之和．則在聖人之心．發之自可宣八風之氣．平天下之情耳．又何疑焉．

或又曰．候氣之說．載在漢律志．在蔡氏律呂新書．論候氣以定黃鐘．其說始備．但近世儒者．多議以爲鄒衍京房穿鑿之說．非聖人之法．而三山邵公儲亦云然焉．何居中曰．予亦嘗疑之．而質之先生矣．曰．公儲之惑．王浚川啓之也．公儲拘拘於末節．而遺作樂之本焉．何謂本．律呂是也．何以定律．候氣是也．實粟是也．人無所不至．而氣與粟不容僞．粟亦氣也．今不信候氣於何稽攷．於何定律．於何作樂乎．由是言觀之．則候氣之說．斷不可廢矣．或問曰．季札淮南周程張朱之言．先生采之爲傳可矣．樂記之言．五經之一也．而先生亦以之爲傳何與．曰經也者．言乎其矩度者也．傳也者．言乎其義理者也．樂經之散亡久矣．樂記之言．蓋孔門諸子以後．秦漢之間之儒所記．以發揮古樂之義．流傳於世者也．亦多精妙之言耳．然每每以禮樂對言之．非專傳樂也．此先生之所以列之而爲傳也．先生舊有二禮經傳之定．今又有古樂經傳之擬．其所以紹述先聖以傳於後世之心至矣．幸有聖君賢相者在上．欲制禮以約天下之中．作樂以達天下之和．舍是無所取衷矣．然則是書也．其萬世致治之筌蹄者乎．

或問曰．歷代定樂記爲經．而學宮試士矣．丙子以樂記爲樂傳何也．曰古謂傳爲記．如儀禮中多有記．字亦其傳也．曰何居．曰其文每以禮樂對言之．非純樂傳也．然而對言之．知禮樂之一道矣．必孔孟之後．秦漢之間．儒者得流傳格言爲之也．曰．其亦有可取者歟．曰多格言也．曰請聞焉．曰．如凡音之起．由人心生也等語．皆格言也．曰．有可疑者歟．曰有．其曰樂由中出．禮自外作．分禮樂而爲內外．非聖人之指也．凡言禮樂云者．必禮爲先．樂爲後．禮樂皆出於心．何分內外．又以樂爲先．禮爲後．無乃少有舛錯顚倒之謬乎．

夫禮者心之序也．樂者心之和也．心不序順．又安能和．周子曰．萬物各得其理．而後和．故禮先．而樂後．不易之論也．又心不序．則不中．不中則氣不生．律呂何從而正．故曰．積德百年．而後興也．曰．記云．作樂以應天．制禮以配地何如．曰天地一也．序則天地皆序．和則天地皆和．故曰致禮之道．而天地塞焉．豈有天和而地不序．地序而天不和者哉．此皆漢儒不知道者．附會之說也．

樂記中．雖以禮樂並說．而實多二之者矣．曰子贛見師乙而問．如賜者宜何歌．師乙爲一一陳之也．何如．曰夫樂歌者．所以涵養其性情．薰陶其氣質．變化其偏滯者也．無所不宜歌也．故曰．詩可以興．今云各有所宜歌．則是有所偏蔽矣而可乎．此非聖人中正之指也．曰師乙謂．明乎商之音者．臨事而屢斷．明乎齊之音者．見利而能讓何如．曰此非聖人之指也．其謂臨事而屢斷．勇也．見利而讓．義也．是商音有勇而無義． 齊音有義而無勇． 而不知君子學以成德．義勇兼全． 有勇而無義者．不可謂之勇． 有義而無勇者．不可謂之義．德氣陶成．豈分義勇乎．故義勇皆得謂之有德．

曰由子之補樂經．斯可以作禮樂乎．曰可也．必積德百年而後興也必矣．曰何以必百年積德．而後興也．曰夫制管候氣者．中氣也．百年而中氣生焉．然後可候氣正聲．而作樂也．曰先正謂．孔明不死．禮樂其有興何也．然歟．曰孔明學須靜．才須學．非定靜無以致遠．是以靜爲學．固度越漢儒矣．但不知求聖人動靜合一之學何如．又與劉先主．自謂魚水之歡．不知於咸有一德之學．君臣曾深究否耳．至於取劉璋．於殺一不辜而不爲．何如．及不能止先主之伐吳．而況其他．不知有和德可作禮樂否耳．

曰霍文敏公．不信積德百年後興之說．謂禮樂不可斯須去身．無時無之．何待百年．何如．曰．有一身之禮樂．有天下之禮樂．一身之禮樂．可以一人爲之．文敏之說是也．天下之禮樂．須天下之人齊爲之．非百年何以浹洽．何以卒生中和之氣乎．如參天大樹．豈一朝一夕所能生也．必氣至久而後可也．或問曰．古之論樂也．孰爲正．曰其孟子乎．其濂溪周子乎．孟子以六律正五音．其至矣．至於樂之實．樂斯二者．樂則生矣．生則惡可已．則不知手之舞之．足之蹈之．夫舞蹈者．樂之事．所以盡神也．原於樂生．而惡可已焉．山中生者也．故曰樂觀其深矣．周子萬物各得其理然後和．故禮先而樂後．本末情文兼備矣．

曰季札請觀周樂． 何以知歷代列國之得失也．曰聞其聲．而知之也．非聞其辭．而知之也．聞辭而知者． 衆人也．其天資之至高．顏子之疋儔乎．向使得聖人而師之．其不下亞聖矣．問程子樂隨風氣．至韶極備．堯之洪水方割．四凶方去．知未至然歟．曰樂隨風氣． 則有之． 謂其大分也．若一一而較之．則洪水四凶． 堯舜皆然． 而舜閨門之內．父母頑嚚．弟傲殺己．安得爲至和．而四方風動．繼於變時雍之後則大分．天下已和矣．和者樂之本也．問程子．謂律者自然之數然歟．抑人爲之也．曰人爲則非自然矣．造律雖假於人爲．自然實原於天作．吹聲候氣．聲氣者．天之所爲也．人烏得而與焉．

曰張子舉蠶吐絲．而商絃絕．果有之乎．曰可畏也．已木盛．則金衰．氣之自然也．問朱子曰．音律只是氣．人亦只是氣故相關．何如．曰然也．不但人氣相關．天地人鬼之氣．亦相關．不相關．何以能感應神速如是耶．問文公．言律有大陰陽・小陰陽之說何如・曰大陰陽・自黃鐘至中呂・自蕤賓至應鐘・乃其大陰陽之截然者也・小陰陽者・黃鐘與大呂・太簇與夾鐘・一陰間一陽・又小陰陽之流通者也・截然之中・有流通焉・分殊而理一也・問眞西山禮屬陰・樂屬陽之說何如・曰禮中有樂・樂中有禮・猶陰中有陽・陽中有陰・道之神也・不可分也・其惑於記樂由陽來・禮由陰作之說・而不知陰陽・禮樂一而已矣・又何分乎・

或問曰・律呂本源何如・曰莫切於理黃鐘・黃鐘正・則餘律可推而定矣・蔡氏之說何如・曰蔡氏原天地之數之始終也・黃鐘爲陽聲之始・陽氣之動也・皆本乎天地而言之也・其截管吹之・而聲和・候之而氣應・本乎人爲而言之也・聖人成天之能也・一律定・十一律由是而損益焉・得其要矣・朱子謂其有前人所未發者是也・

問八十四聲・十二律・分屬十二月・而陽律陰律變宮變徵各得其所者何・曰此天地自然之聲之數也・非人之所能爲也・問候氣之法・爲室三重・戶閉塗釁・又布緹縵者何也・曰必使氣不泄也・曰其謂以木爲案・每律一案・與文公以諸管埋於地中・俟氣而驗之・案上地中・何所適從・曰理地爲是・欲使接地・而氣可升也・氣從地起也・葭灰乘氣而飛也・曰邵公儲何以不信候氣・曰不信候氣・是不信天地也・難以哉・

問班固前志謂・黃鐘之宮・皆可以生之・是爲律本矣・又謂至治之世・天地之氣・合以生風・天地之風氣正・而十二律定者何謂也・曰以言至治之世之有中氣・故天地合・風氣正・而律可定也・若非至治之世・則無中氣・何從而候乎・氣不足候・律何從而正乎・甚矣作樂之難也・曰劉昭後志謂・截管爲律・吹以攷聲・列以候氣・道之本也・曰何謂道本・道本者・樂本也・故不放聲・不候氣・樂本廢矣・何足與論樂也・曰五代以尺而生律也何如・曰非也・尺者人爲者也・氣者本於天者也・粟者出於地者也・吹者・出於人者也・自然之聲也・

孟嘉謂絲不如竹・竹不如肉・曰漸近自然・何謂也・曰自然者・樂之本也・問程氏謂・古松律管當實千二百黍・今芋頭山黍・不相應・則將數等驗之・大小方應其數・然後爲正・而胡安定定樂取芋頭山黍・用三等篩子篩之・何如・曰皆未足言也・後世中氣不存・黍皆不中就取其中者・未必中也・或問何謂元聲・曰劉昭之言是也・元聲者・聲之元也・伏羲紀陽氣之始・以爲律法建日・冬至之聲・以黃鐘爲宮・太簇爲商・姑洗爲角・林鐘爲徵・南呂爲羽・應鐘爲變宮・蕤賓爲變徵・此聲氣之元・五音之正也・蓋聲氣之初・即爲元聲・應冬至子之半・自茲而上・未之或知也・

曰近年李兩山起元聲之論・以三寸九分爲黃鐘之管・以極清爲極濁・以極濁爲極清・乃引劉恕通鑑外紀・長孫無忌隋志爲據・而不清濁反易冬夏・四時乖戾・而聲氣之道・遂大亂矣・不亦異乎・何也・蓋律之長者・重濁而舒遲・短者輕清而剽疾・凡律以清濁・而不以大小長短爲差也・今夫人物之初生也・其聲渾濁・其既長也・其聲清越・黃鐘・聲之初生之管也・兩山反以管之極短・聲之極清者爲黃鐘・是但知數之長短・聲之大小爲差・而失其清濁之源委也・何不觀聲之重濁者・渾然氣象・自可見矣・

曰五聲六律十二管．還相爲宮何如．曰此禮運之言也．漢儒鄭氏言之詳．不必贅爲之說矣．其云．下生者三分去一．上生者三分益一．所謂三分損益．隔八相生是也．曰淮南子．十二律而爲六十音．因而六之．三百六十音．以當一歲之數．而云律曆之數．天之道者．何也．天者自然也．是故知律曆自然之數矣．曰後齊參軍曹芳之望氣也．爲輪扇也．而能皆與管灰相應也何如．曰其氣同也．曰牛弘謂灰飛半出爲和氣．全出爲猛氣．不能出爲衰氣也何如．曰過則猛．不及則衰．和氣之發中焉而已矣．

或問曰蔡氏舉律長．則聲濁而氣先．至極長．則不成聲．而氣不應．律短則聲清．而氣後至．極短則不成聲．而氣不應之說何如．曰是也．長短者清濁之門也．律長律短．則氣有先後．極長極短．則氣有不應．不長不短．依律而應．天之道也．是故制律求成聲而止耳．或問曰．王浚川答范以載．論李兩山律呂元聲謂．古人制爲五音．非徒然無本者．宮本喉．商本舌牙．角本舌．徵本舌齒．羽本唇．故凡人呼而出聲．不論歌唱言說．必自宮而徵．而商．而羽．而角．角者．氣平之聲．音之終者也．故宮音始而濁．羽音極而清．終而收於角．清濁平焉．此聲氣自然之妙．非人力强而能爲者．

今曰黃鐘宮．爲清越之音．不知其音出喉乎．出唇乎．意者閩人無喉中之音．故遂以唇舌不正之音．而杜譔以定之也．不然．當何所依據而變之．惟其以宮爲清．則黃鐘之管九寸．重濁而不合．故有黃鐘三寸九分之說．其言何如．曰浚川之說．足以破兩山之謬矣．浚川亦先儒鍾氏過．本平上去入之音之意也．曰浚川加十二子聲之説何如．曰彼以清之分數少．濁者常有餘．清者常不足．故濟之云爾．亦不知十二律之長短．自有清濁也．無庸加四清聲也．

又以編鐘編磬一架二十四枚言之者．言以作樂之時用之也．非造律之本也．律呂之法．止以十二律．旋相爲宮商徵羽．及變宮變徵也．變宮變徵亦濟清濁之聲也．邵公儲五聲形象何如．曰可得聞歟．曰古人謂聲出於脾．合口而通之．則謂宮．出於脾．張口而吐之．則謂商．出於肝．張齒湧脗則謂角．出於心．合齒張脗則謂徵．出於腎．開齒聚脗則謂羽．又謂發聲音．始原於喉之分者宮也．原於齒齶之相接者商也．原於舌齶之中分者角也．原於舌齒之相接者徵也．原於唇脗之相接者羽也．又曰如幷倂二字．唇聲清也．靈歷二字舌聲清也．陰珍二字舌聲濁也．加佉二字牙聲濁也．綱各二字喉聲濁也．何如．曰是也．此亦本於鐘氏浚川之說也．其引管子曰．宮如牛之鳴窖．商如羊之離羣．角如雞之鳴木．徵如豕之負駭．羽如馬之鳴野何如．曰其幾之矣．其近古之流傳者乎．牛鳴窖其濁而深沉者也．又曰此亦古人聲爲律之意也．

或問曰．夫周禮人皆以爲經．大司樂人皆以爲經．而子以爲傳何居．曰周禮言用樂．而不言制樂．制樂者律呂之度數也．故度數者樂之經也．用樂者樂之傳也．或曰．以爲傳則吾既得聞命矣．以爲別傳者何居．曰以其多謬妄．多訛僞．故止可爲別傳．不可以爲正傳也．其謬戾者何也．曰語有之．衆言淆亂折諸聖．聖也者經也．書經言蕭韶九成．而神人以和．周禮則言六變八變．致天地神祇．是謬於經也．又言

喪則廞樂器者屢矣而不倫・是以知其訛僞也・

曰子之逃樂經也・十二律之末亦重矣・奚擇焉曰 ・十二律之末同者・樂之律異制・樂之用同歸・夫奚重・其餘可疑者多矣・吾已註於各條之下矣・吾嘗謂周禮者・周公治天下之書・多後儒雜之・故曰非純書・取而刪之可也・今我聖祖之制・已裁定之・同其法・不同其名 ・惟人存政斯舉耳矣・何必同・或曰如邵公儲之流・作樂書者・皆有圖數十・以著綴兆・旄籥・鐘鼓・干羽之形・而子不及焉何居・曰此樂之末節也・此有司之事也・孔子曰・籩豆之事・則有司存・夫禮樂之道・正其本而已・有司之職・付之有司・衆言發揮旁通情也・故不能無取焉・作或問・

春秋正傳序

甘泉子曰・春秋聖人之刑書也・刑與禮一 ・出禮則入刑・禮也者・理也・天理也・天理也者・天之道也 得天之道 然後知春秋・春秋者・聖人之心・天之道也・而可以易言乎哉・然則聖人之心・則固不可見乎・夫子曰・吾志在春秋・聖人之心存乎義・聖心之義存乎事・春秋之事存乎傳・夫經識其大者也・夫傳識其小者也・夫經竊取乎得失之義・則孔子之事也・夫傳明載乎得失之迹・則左氏之事也・夫春秋者・魯史之文・而列國之報也・乃謂聖人拘拘焉某字褒・某字貶・非聖人之心也・然則所謂筆則筆・削則削者非歟・曰筆・以言乎其所書也・削以言乎其所去也・昔夫子沒而微言湮・其道在子思・孟子親受業於子思之門人・得天之道・而契聖人之心者・莫如孟子・故後之知春秋者 ・亦莫如孟子・孟子曰・其事則齊桓晋文・其文則史・

孔子曰・其義則邱竊取之矣・夫其文則史・經之謂也・其事則齊桓晋文・傳之謂也・合文與事・而義存乎其中矣・竊取之謂也・義取於聖人之心・事詳乎魯史之文・然而後世之言春秋者・謂字字而筆之・字字而削之・若然・烏在其爲魯史之文哉・若是聖人之心亦淺矣 ・曰然則所謂孔子作春秋・而亂臣賊子懼・曰知我者・其惟春秋乎・罪我者其惟春秋乎・夫子於春秋果不作乎・曰非是之謂也・夫所謂作者・筆而書之之謂也・其謂知我罪我者・以言乎天下後世之善惡者・讀春秋之所善所惡・若美我刺我然也・故曰孔子成春秋・而亂臣賊子懼・懼也者・知我罪我之謂也・

若如後儒之說・則孟子自與其文則之言 ・前後相矛盾矣・不亦異乎・或曰經爲斷案然歟・曰亦非也・竊取之意・存乎經傳以傳實・經而斷案見矣・譬之今之理獄者・其事其斷・一一存乎案矣・聖人之經・特如其案之標題・云某年某月某人某事云爾・其或間有本文見是非者・如案標題云・某是非勝負云爾・然亦希矣・而其是非之詳・自見於案也・故觀經以知聖人之取義・觀傳以知聖人所取義之指・夫然後聖人之心可得也・

紫陽朱子曰・直書其事・而善惡自見・此其幾矣・惜也魯史之文・世遠而久湮・左氏之傳・事實而未純・其餘皆多臆說耳・自三氏百家・以及胡氏之傳 ・多相沿襲于義例之蔽・而不知義例非聖人立也・公穀穿鑿之厲階也・是故治春秋者・不必泥之於經・而考之於事・不必鑿之於文・而求之於心・大其心以觀之・事得而後聖人之心 ・春秋之義可得

矣·予生千載之下·痛斯經之無傳·諸儒又從而紛紛各以已見臆說而汩之·聖人竊取之心之義·遂隱而不可見·

故象山陸氏曰·後世之論春秋者·多如法令·非聖人之指也·又曰·諸儒說春秋之謬·尤甚於諸經·蓋有以見此矣·水也·從事於斯有年矣·求春秋之指·聖人之心·若有神明通之·粗有契焉·而未敢自信·歎其傳之不全·獨遺憾於千載之下·取諸家之說而釐正焉·去其穿鑿·而反諸渾淪·芟其繁蕪·以不汩其本根·不坭天經之舊文·而一証諸傳之實事·聖人竊取之心·似若洞然復明·如披雲霧而覩青天也·幸與天下後世學者共商之·名曰春秋正傳·夫正傳云者·正諸傳之謬·而歸之正也·

補樂經序

序曰·補樂經何爲者也·復聖遠言湮·樂經之缺·而擬補之也·樂記其傳也·經亡而傳存·猶幸告朔之餼羊也·然而論其義理·而遺其度數·則樂之本廢矣·夫禮樂一道也·二禮之缺·吾已正之經傳矣·樂經之缺·自吾四十而致意焉·夫理由心生者也·樂由禮生者也·禮主序·樂主和·序以致中·和以致和·序生於心·和暢於外則樂·樂則生矣·生則惡可已也·惡可已·則不知手之舞之·足之蹈之·手舞足蹈·樂所以盡神也·以格神人·以感上下·以位天地·以育萬物·夫育物感格·治之至也·古之極也·故古之明王之治天下·必興禮樂·三代而上·以至黃帝堯舜之治·皆由此道也·漢唐而下·治不如古·非其人物之異也·以禮樂之道廢焉耳·夫禮之起·在節文矣·節文者·禮之經也·樂之起·在度數矣·度數者·樂之經也·節文化·升降揖讓之謂也·度數者·律呂聲音之謂也·予年耄耋矣·幸天數之未盡·撫素志而未酬·乃在西樵隱居·無事間取諸家律呂之說·而竊損益更張以文之·擬爲古樂經一篇·而以樂記之見於載籍者·列於後·以爲之傳焉·以定其度數·傳以發其義理·而樂其可知矣·有聖君賢相·欲興禮樂者·必於是乎有取焉·雖然此其大畧也·若夫潤澤之·則在君與相矣·或曰·黃通續經·至今爲誚·而吾子又有是作焉·不亦取譏於天下後世矣乎·曰述之也·非作之也·擬之也·非續之也·夫何誚·後聖有作者·斯知之矣·

二禮經傳測序

史若水曰·夫禮二而已矣·曰曲禮·曰儀禮·故夫小大舉矣·先其小·後其大·禮之序也·始乎敬·禮之本也·子思子曰·優優大哉·禮儀三百·威儀三千·夫威儀者·其曲禮乎·禮儀者·其儀禮乎·故曰·禮二而已矣·子曰·經禮三百·曲禮三千·其致一也·是故禮一而已·夫禮也者·體也·體也者·道也·與道爲體者也·形而下者謂之文·形而上者·謂之道·粗放乎度數之末·精入乎性命之微·其體一也·故善求道者·求諸禮焉·思過半矣·夫曲禮所以備威儀之細·儀禮所以具禮儀之大·二禮無餘蘊矣·

余於讀禮之后·因觀二禮而竊有感焉·進少儀·參曲禮·爲上經·而儀禮爲下經·定冠義等十六篇·爲儀禮正傳·其王制等二十三篇雜論·不可以分·繫而有以相表裏發明者·爲二禮雜傳通傳·蓋不傳之傳也·又別小戴郊特牲等

五篇・與夫大戴公符等四篇・爲儀禮逸經・庶致存羊之意耳・起丁丑迄乙酉・凡九年・編次既成・乃爲之測・藏之家塾・以遺子孫及與一二同志者共訂之・名曰二禮經傳測・若夫竊取之意・見乎議・

釐正詩經誦論

詩何爲而釐正也・甘泉子曰・釐正夫淫詩・與釐正夫小序之淆雜者也・曰其釐正夫淫詩何也・曰非釐刺淫詩也・夫子去淫奔詩也・淫奔之詞不可存於經也・此必夫子已刪者・後儒復取而雜入焉者也・夫子曰・吾自衞反魯・而樂正・曰詩三百・一言以蔽之・曰思無邪・無邪者正也・故雅頌之詞・與此不正者・刺淫奔者・皆正也・故曰去鄭聲・鄭聲淫・淫奔之聲・不使留於聰明・然後可畜其德也・若夫淫奔之詩・所謂導欲增悲者・何德之畜・夫古之詩・皆樂章也・奏之鄉黨焉・奏之閨門焉・奏之邦國焉・

周子曰・樂詞善・則歌者慕・淫奔之詞果善乎・可慕乎・果可奏之鄉黨閨門邦國乎・是化人以淫也・其大不可也・此夫子之所以去之・獨存三百篇爾也・一曰詩三百・二曰誦詩三百・逮其孫安國亦曰三百・今乃三百一十篇・其一十篇者・殆非夫子所刪去淫詩・好事之儒・復取而混之爲三百一十者乎・其云懲創逸志刺淫則可・淫奔之詞則不可・是化人逸志以淫也・曰吾子之去之有據乎・曰有之・詩書不可盡信者多矣・書有僞・泰誓有汲冢周書・或今文有・而古文無・或古文有・而今文無・武成猶待乎考定・孟氏止取其二三・詩有逸詩・有有其聲無詞者・斷可知矣・其釐正小序何也・曰小序者・如今人作詩者・必先有序于前・爲某人某事爾也・詩之大序・孔門弟子子夏以夫子之意爲之・其曰國史・明乎得失之迹・國史謂小序也・其時近・故其記事也切・與後之生乎千百年之後・而臆說乎千百年之前者・不亦異乎・故論詩者・必以小序爲正・然其中有數字・後儒雜入者・然亦寡矣・釐而正之・使序純乎古・則序正・序正則詩正矣・

然而必曰誦詩者何・曰不聞孔曾思孟之指乎・不聞程氏之指乎・孔子曰・誦詩三百・未聞讀詩也・孟子曰・誦其詩・未聞讀詩也・詩曰綿蠻黃鳥・止於丘隅・曰於止知其所止・可以人而不如鳥乎耳矣・詩曰・天生蒸民・有物有則・民之秉彝・好是懿德・則曰爲此詩者・知其道乎・故有物必有則・民之秉彝也・故好是懿德耳矣・此孔子之誦詩也・詩曰桃之夭夭・其葉蓁蓁・之子于歸・宜其家人・則曰宜其家人・而后可以教國人・詩曰・樂只君子・民之父母・則曰民之所好好之・民之所惡惡之・此之謂民父母云爾・此曾子之誦詩也・詩曰・鳶飛戾天・魚躍于淵・則止曰言其上下察也・詩云・維天之命・於穆不已・則曰天之所以爲天也・於乎不顯文王之德之純・則曰文王之所以爲文也・此子思之誦詩也・詩云既醉以酒・既飽以德・則曰言飽乎仁義也・詩曰・經始靈臺・經之營之・庶民攻之・不日成之・則曰・文王以民力爲臺爲沼・而民歡樂之・詩曰刑于寡妻・至于兄弟・以御於家邦・則曰言舉斯心加諸彼而已・此孟子之誦詩也・

程明道於詩不用訓說・惟加一二吟哦上下以養其性情・

故於瞻彼日月・悠悠我思・則曰思之切矣・於道之云遠・曷云能來・則曰歸乎正也・此明道之誦詩也・吾取以爲法焉・誦也者・吟哦咨嗟之謂也・吟哦之不足・則咨嗟之・咨嗟之不足・則長言之・樂發於中・形於言・樂則生矣・生則惡可已也・惡可已・則不知手舞之・足之蹈之・手舞足蹈者・樂之事也・此詩之敎・所以爲樂之章・而德之所以成也・

愚聞之詩曰・有疏微言塞・今之讀詩者・滯其心於訓詁之間・玩物喪志・果可以成德乎・果可以達於爲政使之四方・而能專對乎・果可以興・可以觀・可以羣・可以怨・邇之以事父・遠之以事君乎・諸皆誦詩畜德・德之成・而詩之大用也・愚生千載之下・悵斯文之不明・於每章之下・作誦語數字・以備學詩者吟哦咨嗟而得之・以成盛德・而達諸大用也・其朱子之訓詁・則旁註於逐句逐字之中・可以釋訓足矣・蓋以省學者誦習之勞・玩物之病也・而凡諸子賦比興之指・及其傳說・則存之于後・不敢易焉・何居・朱子詩傳於諸書爲尤善也・故不敢易焉・若夫所删十篇之什・則以淫奔之詩・旣去不能什也・或曰・然則子之取各篇題小序・置於每篇之首・何居・曰倣文公以國風周南之說于篇端・使誦詩者・一開卷閱篇・卽知作詩之義也・

嘉忠詩序

甘泉子曰・大聖有所不朽于身者・爵祿名位不與焉・是故立德不朽・立功不朽・立言不朽・斯言者有一。不足以傳於天下後世矣・而稱贊不與焉・然而求之代無幾人・吾同舉進士者三百人・其至于顯位者若干人・而不朽者・吾知有二人焉・其一主事閩人馬君思聰・其一瑞州知府・湖廣宋君以方・皆死于甯賊之亂者・宋義卿之死也・先是二十年・洎鄱陽湖夢吏持檄曰・帝命汝靖州作城隍・及守瑞州・瑞州古靖州也・治瑞甚理・執逋逃・詢不軌・修城守・聚兵糧・以備甯賊之反・拒其椒木鹽米之派・過其山石之採・平反其誣人之獄・毋使害吾赤子・坐是忤濠・濠左道執付南昌獄・父老遮曰・公其以死行乎・義卿慷慨曰・封疆之臣・死封疆・吾雖死汝郡安矣・至則明日濠反・破獄・械赴反舟・賊兵協之從反・義卿應曰・吾有死耳・杻之益固・至鄱陽湖・望康郎山曰・吾得死所矣・遂奮罵賊・投水而死・身葬於魚腹・于是城隍之夢徵矣・時年四十四・可哀也・

或曰若宋公者・固立功者與立德者也・曰夫忠德之大者也・功德之著者也・不貳其心・賫志沉淵・以報天子・非忠乎・甯殺其身・以壯敵王之氣・遏方張之寇・正人心・衞宗社・非功乎・故死而無功・君子不謂全忠焉・是故死以成功・功以正忠・則其爲德大矣・有司覆上其事・天子曰・宋以方忠節可嘉・贈光祿寺卿・錄廕其子崇學入監讀書・賜祠額以旌之矣・其靖州守邱君又請于當道立祠於鶴山之旁・旌之矣・然其所謂不朽者不與焉・其次子崇簡・遊于南雍・間從予遊・新泉集有諸名公文人之贊頌爲嘉忠卷・請序其端・

甘泉子曰・子又求言於人乎・然其所謂不朽者不與焉・今子之先君子・旣已成其忠・是之謂不朽・則將與日月爭光・今夫日月之爲光也・果待人贊之乎・不能贊之乎・抑庸贊之乎・故無庸贊・不能贊・不待贊・而所不朽者・常與日

月竝明矣・雖然比皆出於人心之所同然者・其咨嗟稱頌・蓋自有不能已者乎・此嘉忠之什所由作也・簡也志聖人之學・以立其德・固將繼其不朽・以光于前人者哉・

白沙先生集序

甘泉子曰・夫先生聖人之徒也・先生詩文・其中古之制作乎・其詩歌如風雅頌・其文詞如謨訓誥・或聞之愕然曰・何哉・若是其大也・不亦少誇矣乎・今觀其詩歌之體裁・猶夫今之詩也・何取乎風雅頌・觀其文詞之矱度・猶夫今之文也・何取乎謨訓誥・曰非是之謂也・孟軻有言・今之樂・猶古之樂也・何謂乎・聖賢之言・發乎人心之同・然固與古訓異體而同道・夫惟求於牝牡驪黃之外者・而後得馬之眞相・忘於言語形似之外者・而後得聖賢之蘊・是故以其中和之性情・發而爲中和之咏歎・優柔而敦厚焉・是亦風雅頌而已矣・以其自得之精意・以發其未發之蘊・載道而典則焉・是亦謨訓誥而已矣・

曰然則何以異乎・曰言詞古今之不同・猶之東西南北之方言・聲氣之異耳矣・而因以爲人情有異可乎・今以詞之古今・而疑聖賢之異者・則亦猶求人性於東西南北之音之類也・求馬於牝牡驪黃之類也・曰然則果若是同乎・曰以詩觀之・風殊於頌・頌殊於雅矣・遂謂詩果不同可乎・則又何疑乎後世之詩之文也哉・故求先生之詩文者・當求先生之道於言外之意・以合於古訓・而不當求先生於言詞之間・則惑也・夫然後知先生之詩文・不可以後之詩人文士之詩文觀之矣・

節定燕射禮儀序

甘泉湛子曰・射禮廢・而天下無男子矣・射男子之所有事也・男子有生・而懸桑弧蓬矢六・以射上下四方・明有事也・故男子生・而已志於六合矣・六合內事・即性分內事也・射也者・所以射爲德也・射爲德也者・所以成其賢也・惟我聖祖洪武二十三年・命國子監闢射圃・給諸生弓矢・載在會典・至哉聖祖成賢之心乎・故射禮不講・而天下無成賢矣・燕禮缺・徑情而行・天下之射禮壞矣・故燕也者・將以致夫射者也・射也者・所以相射於禮樂・成其德者也・禮樂皆得・謂之成德・成德則賢矣・

燕有迎賓獻賓以所衆賓・所以致射賓也・燕有迎遵獻遵・所以致射遵也・燕有獻大・所以致遵耦也・燕有獻酬交酢・所以合賓主二射之歡也・射也者・離道也・爭道也・不合則離・離則爭矣・非所以成德而致賢也・是故有燕酬以合其歡・有揖讓以致其敬・有樂賓以宣其和・有司正以節其流・有拾取矢以崇其讓・有鼓樂以盡其神・有釋獲以紀其賢・有升飲以明其不則・有徹俎坐燕以弛其張・漸近自然・卒歸之中正・賓出不顧矣・主猶拜送・以引無窮之敬焉・

故始以燕・終以燕・而躬行乎其間・夫然後禮樂兼備矣・禮樂兼備・而人雖欲爲不賢・不可得矣・雖有庶頑讒說並生之念・油然而興矣・故燕射其深矣・甘泉子曰・吾觀於儀禮・然後知矍圃之射・揚觶戒勿入者之爲僞・非聖人並生之心也・今之行射者・賓主接則曰射・遵至則曰射・無始燕終燕以合之・是武道也・是教爭之端也・非所以相射於禮樂而

成德也・惡乎賢・

聖學格物通序

夫聖學格物通・何爲者也・明聖學也・明聖學・何以謂之格物通也・程子曰・格者至也・物者理也・至其理乃格物也・致知在所養知・莫過於寡欲 夫以涵養寡欲言格物・則格物有致知之實・非但見聞之狃矣・然則何以致其理也・知止知也・定靜安慮行也・知行必進・格物之功盡於此矣・夫通有四倫焉・有總括之義焉・有疏解之義焉・有貫穿之義焉・有感悟之義焉・聖人之道・莫備於大學・大學曰・欲明明德於天下者・先治其國云云・夫自天下逆推・本於格物・是格物乃其本始用功之要也・又自格物順循效於天下・是格物乃其本始致效之原也・

經曰・物有本末・事有終始・格物者・其本始之謂乎・彭龜年曰・其節雖繁・而道甚要・格至而已・張南軒曰・自誠正以至平治・固無非格至事也・伏覩我太祖高皇帝・諭侍臣曰・大學一書・其要在修身・而大學古本・以修身釋格致・曰此謂知本・此謂知之至也・經文兩推天下國家身心意知・皆歸其要於格物・則聖祖蓋深契古者大學之要矣乎・由是言之・聖人之學・通在於格物矣・故曰有總括之義焉・凡意之事・則誠意之類舉之矣・凡心之事・則正心之類舉之矣・凡身之事・則修身之類舉之矣・凡家之事・則齊家之類舉之矣・凡國之事・則治國之類舉之矣・凡天下之事・則平天下之類舉之矣・

輯事以從其類・取義以暢其情・故曰有疏解之義焉・列誠意・所以欲其於意焉格之也・列正心・所以欲其於心焉格之也・列修身・所以欲其於身焉格之也・列齊家・所以欲其於家焉格之也・列治國・所以欲其於國焉格之也・列平天下・所以欲其於天下焉格之也・意心身之於國家天下之事・非二也・一以貫之也・故大學於誠意・曰好惡・曰愼獨・於正心・曰忿懥・曰憂患・曰恐懼・曰好樂・於修齊・曰辟・曰好惡・於齊治・曰孝弟慈・曰心誠求・曰恕・於治平・曰絜矩・曰辟・曰好惡・曰忠信・曰仁義・皆以其心言之也・而通之於各條・因事以明其理・因理而會諸心・通一無二・故曰有貫穿之義焉，

是故君子之學・讀誠意之事・則感其意之理・讀正心之事・則感其心之理・讀修身之事・則感其身之理・讀齊家之事・則感其家之理・讀治國之事・則感其國之理・讀平天下之事・則感其天下之理・理也者・吾之良知也・學之者・所以學其良知也・知也存之又存・存存而不息・由一念・以達諸萬事・皆行也・故曰有感悟之義焉・

是故讀斯通者・意心身家國天下之理・皆備於我矣・故君得之以成其仁・臣得之以成其敬・學士得之以成其德・家國天下之民得之・以會極而歸極・是故聖人之學・無餘蘊矣・或曰・諸通無格致者何也・曰誠意・正心・修身・齊家・治國・平天下之事・無非格致之地也・夫又何贅焉・或又曰・夫格致而不及天地萬物者何也・曰意・心・身・家・國・天下一貫・聖門切問近思之學也・然而天地萬物同體無外矣・雖位育配天可也・何高遠之求・或疑曰・眞德秀之衍義・邱濬之補具矣・而乃又有格物通者何居・臣應之曰・

湛若水

孔門一本無二之指・臣幸得之於正經・證之於諸儒・仰稽於我皇祖之訓者・上下十餘年・而思欲效其愚見者久矣・

乃今伏聞聖明四年七月初四日・詔令文臣撮經書史鑑・有關帝王德政之要者・直解進覽・臣實欣慶聖學日升・務求典要・竊念臣亦舊忝詞臣講官也・心在皇室・忠切勸學・故不揣疎愚・遠自伏羲二帝三王・與夫諸儒之格言・近至我祖宗列聖之謨烈・章采而節釋之・不詭於衍義與補・而容或少有發明而一助焉・庶或上裨聖明德修業・合一之要領・且明經文・直以格物爲諸條之統會樞紐也・有隨事體認之實・合孔門求仁一貫之指・ 夫聖人之學・體用一原・ 本末遠近兼致・知行並進者也・此臣格物通之所以作也・

表章忠義錄序

嘉靖辛卯之冬・甘泉子登眺於金臺・悵易水而欷歔・客有送表章錄者・閱之不能以半・則爲置書擊節而歎曰・予念之久矣・是編也・ 胡爲而來哉・倫內翰曰・ 是芝田彭子之遺・惟先生文言之請・以弁諸其首者也・幸有不腆之幣・价者展幣焉・甘泉子曰止・胡爲乎幣哉・予念之久矣・昔者予於劉子長安之居・不能以一鷄飛・嘗講於斯事也屢矣・劉子進賢之功・ 雖不有紀焉・胡可得而泯諸・ 昔宸濠之禍之起也・如厲階之橫空・洪水之洶洶・而滔於天子・斯之時・懷二心・而隴斷望者・比比也・

然而宸濠卒起一旦・徒以新附之衆・而烏合之徒・內無豪傑之士・外無蟻蚍之援・ 惟有姜氏之兵以爲應・ 僞檄之傳・道經進賢而中阻・ 劉子者斬其僞使・燬其僞檄・閉妻子・杜門戶・以死誓戰・示不利・則將焚妻子自殺以報國・宸濠竟以不得援・而孤兵以敗・

當是時・劉子之功・如斬橫空之階・崇萬仞之坊・以止滔天之水・其功與新建同・而報則異焉・識者憾之・譬之逸鹿・新建踦之・不有劉子角之・新建逐之・不有劉子維之・事固未可知也・而不得與新建同報者・此有志之士・所以不能不感憤歎息・而有遺憾也・遺憾之不已・故咨嗟之・咨嗟之不足・故咏歎之・ 咏歎之不足・故紀述之・ 而情見乎辭焉・此書之所以作也・劉子今爲都憲・鎮宣府・然則萬仞之坊・又在於北門矣・

平寇錄序

都憲陽明王公涖贛・越明年丁丑・命部轄咸造於庭曰・惟茲橫水桶岡並寇・稱竊名號・毒痡三省・惟予守仁・恭承天威夾攻之命・實責在予・予敢弗虔・惟茲橫水桶岡・實惟羽翼・勢在腹背・先翦橫水・乃可卽戎・遂會諸撫按備守・咸謂曰然・乃命都指揮許清・贛州知府邢珣・寧都知縣王天與曰・爾其各以兵千餘・分道入會於橫水・命守備指揮郟文・汀州知府唐淳・南安知府李斆・贛州指揮余思・南康縣丞舒富・曰爾其各以兵千餘・分道入會於左溪・命吉安知府伍文定・程鄉知縣張戩曰・爾其各以兵千餘・分道入遏奔衝・十月十三日・予其親率推官危壽・指揮謝超・兵如諸道之數・直擣橫水・爲諸軍先・乃緣崖而上・舉炮火如迅雷焱至・賊愕潰・遂奪其險・入破橫水諸巢二十有三・王公曰・爾其少息・以養厥銳・因得餘賊遁穴・又以湖廣夾攻之・期且逼・

督捕益嚴益力．守備副使楊君．分守參議黃君．且餉且擊．各益急攻．連破旱坑諸巢二十有三．橫水左溪平．王公誓於衆曰．惟爾多士．爾無驕．惟茲桶岡天險．蓄積可守．但茲夾攻坐困而罷．爾愼之哉．乃諭之降．乘其狐疑．珣．文．定．淳．戩．兵冒雨登鎖匙龍．賊遁．據絕壁以拒．珣兵渡水前擊．戩兵衝其右．定兵自戩右繞出賊旁．諸兵乘之．賊奔十八磊．淳兵迎擊．敗之．

翼日．諸兵復合擊．大敗之．遂破桶岡十八磊諸巢十有五．王公曰．爾其各以部兵亟合湖兵悉追．爾毋有逸賊．國則有常刑．於是諸兵益奮．速破新地諸巢一十有一．猶出其餘力急趨雞湖諸路之險．殲魚王之奔．以應湖兵之衝突．賊乃盡平．斬俘魁從謝志山．藍天鳳等凡五千．初王公始致令於衆曰．軍無諱．勿或不用予命．爾其毋竊人盜人．其有竊人盜人．諱不用命．其執以來．其寘於殺．於是得竊者杖殺之．軍之不用命而諱者斬之．交通於賊者斬之．軍乃肅．

人曰可以用矣．公曰未也．乃親教習．衣食其饑寒．士皆樂死．公曰．可以用矣．至是遂以成功．或曰．陽明子於兵也．其學而然與． 甘泉子曰．非然也． 古之學者．本乎一．今之學者出乎二．文武之道一而已矣．故有苗之師．本乎精一．升陑之師．本乎一德．夫陽明子之兵．亦若是矣．否則爲貪功．爲黷武．爲殺降．爲用智．豈仁義之兵哉．既凱還．王君天與曰．不可不傳也．遂來請序．甘泉子曰．雖然不可不傳也．而陽明子勿欲也．陽明子精一之學也．雖然予將俾天下之誚夫腐儒者． 有知聖學之無二． 而文武一道也．烏能勿言．

送巡按兩廣白厓王公還朝序

白厓王子．以夙學蜚聲．致身柱史．獨持風采．奉命兩廣．閉顧天關．甘泉子九十耄期．若昧平生．然白厓子曰．我乃公之門下也．甘泉子愕然曰．耄忘之．奚自．曰自南野氏時．有北都之行． 用託觀光之館．甘泉子曰． 然則奚取焉．將取其能矣乎．我方空空．病無能焉．白厓蓋以能問於不能矣．將取其多矣乎．而我方孑孑孤陋．則寡聞焉．白厓蓋以多問於寡矣．由是本之．白厓必有若無實若虛矣乎．又由是而本之．白厓必犯而不校矣乎．夫進善無窮．而物我一體．孔門諸子之學也．白厓子若固有之．何取於予哉．及觀白厓行事．能發奸摘伏．能振文耀武．夫然後知白厓之能．而不自能也．又多識前言往行．多行善教善政．夫然後知白厓之多而不自多也．吾之言爲不誣也．

夫以取善無窮之心．擴不校一體之仁．雖班諸孔門諸子可也．公暇之餘．入連理之洞．遊同樂之園．觀山鳥之戲．聽鹿鳴之音．嗒然賓主爲之兩忘．竟日而歸．物我論量．爲之同於渾然也．三年還朝．於其行也．感道義之愛．樂遊從之雅．辭以送之．白厓子因見呈南野．公以爲何如也．羅浮西樵之念．公今視昔又何如也．其辭曰．紅岡荒荒兮．敬一煌煌．白雲蒼蒼兮．珠江泱泱．潮汐詰屈入城牆．東湖西島深潛藏．綉衣驄馬來相將．繫馬之良兮．衣珮之光．君如去此兮．誰予翱翔．

送殿撰倫伯疇使安南序

王者無外・凡在荒遠・無不臨御・惟其職貢之疏數先後焉耳・故春秋重王人・夷狄而中國・則中國之・聖天子初卽位・臨御四方・詔萬國頒之正朔・而安南昔在臣順・奉職貢尤謹・頗效中華文獻之風・宜在諸國先・於是公卿廷議・遣使當得朝望・而殿元倫先生修撰・實充正使以行・示寵也・吾聞安南國王・凡天使至・則躬率臣僚・馳百里外・立迎道側・天使以守國辭・則退至數十里・又如之・比至郭門・凡三迎焉・分階而陛・位正東西・拜天子詔・宛若咫尺乎天威・甚得畏天保國之道・所謂夷狄而中國者非耶・

昔太史公歷遊名山大川・而其文益奇・故史記繼春秋而作・今先生實太史也・歷齊魯汶泗之邦・呑若江淮・盡禹穴而南之景・皆入吟忱・九疑沅湘・悉映乎襟帶之間・未足爲先生觀也・又越大庾・蹴珠崖・臨溟海・登歌乎銅柱之標・以逍遙乎無垠・所謂遊方之外・滋益奇矣・行禮既畢・觀下國之風・歸將書諸史・以附春秋・進夷狄之義予郡人也・於其行・書此以竢之・同館之士・又爲詩歌繼之・

送都諫王文哲序

皇帝肇天下・曰若稽古典式・尊尊親親・庸庸既用・郊於上下神祇・方海內外藩・我先王親冑王室・罔事牲幣・其何以展親岳瀆以外・大名山川・悉效厥靈・默相皇宇・昔周王所過・亦式于告・況歷數正始・宜稱禋祀・惟元年二月丁丑・皇帝晨御奉天殿・傳制遣使臣・疇咨欽享・直哉惟清・其往祇告・且聽各以地・而都給舍王君文哲・拜靖江王南海神之命・玆惟五嶺之表・實邇桑梓・於是同列言曰・君屬有望雲之思・以待職莫遂・今眞得所願哉・

其友翰林吉水湛若水・聞而歎曰・莫先王使臣本其情・故四牡之詩・載在小雅・曰王事靡盬・不遑將母・又曰・豈不懷歸・是用作歌・將毋來諗及後王・不然遂有北山之怨・今明皇孝理・遣使聽以其地・豈復有不遑之歎・雖微四牡來諗・而事已獨至・一舉而公私兩得矣・夫四牡・君所以章臣之勤也・今臣等不歌以章君之美・而樂朋友之志・其何以邁前休・而示諸遠也・遂作歌一章・用揚其事・同袍諸君和而繼之・詩曰・

於穆皇矣・三神是紀・允享允誠・允釐百祇・既牲于郊・乃徧于祀・天子曰嘻・惟邈邈靖江・實我本支・天子曰嘻・惟南海有神・實曰廣利・蒼梧以北・扶胥于南・我藩我相・我祀麥麥・玆惟嶺表・孰邇其濱・疇咨直淸・罔羞于神・顧玆侍臣・甌廣之人・繽汝吉士・繽維汝賢・繽拜稽首・天子仁孝・繽拜稽首・百神是作・曾是將父・將母來告・匪也來告・錫類之故・依依魏闕・望望飛雲・行邁踟躕・忠孝之身・歷魯渡淮・亂江逾嶺・未遑我公・詎云歸省・陟彼浴日・悠悠我思・雖天子神聖・詎曰無遺・陟彼蒼梧・悠悠我念・雖司直有人・詎曰諫㓟・我拜我嚴于庭之阼・豈他人無嚴・曾是咸父・我拜我慈于闈之下・豈他人無慈・孰是滂母・匪咸而滂・我訓孔臧・每懷靡及・載歌皇皇・咨諏詢度・周謀以匡・義無久私・前席廟廓・

賀憲伯尤廻溪之江右叙

甘泉子退居天關之麓·蓬篙塞門·無車馬之跡·有憲伯廻溪子尤子來自嶺東·過焉排闥而入·甘泉子於時九十矣·龍鍾而出·眊眊瞶瞶·而口吃吃·一會之間·有若平生·神交於傾蓋之前者·迴溪公出·甘泉子謂門弟子曰·是何偉哉·何其偉哉·其儀可象也·其威可畏也·其愷悌可親也·儀可象·其官之表乎·威可畏·其吏之嚴乎·愷悌可親·其民之主乎·小子識之·居無何·爲乙卯之夏·迴溪公遷江右少參·惠州太守皐亭姚君·寓書於甘泉子曰·尤公之遷也·凡惠之官吏士民·感其德而憾其去·遮留之而不可得·先生居羅浮·同爲寓士·其亦有感乎·

夫自尤公之臨是邦也·百僚肅焉·官司師師焉·故其謠曰·苞苴絕兮·刑政徹兮·廵公之去·孰遺我法兮·曰自尤公之臨是邦也·六房惴矣·六政舉矣·故其謠曰·官之清·吏之瘽兮·廵公之去·孰與我規兮·曰自尤公之臨是邦也·四民職矣·俗民易矣·故其謠曰·田疇工肆·廵公理之·商旅來歸·廵公致之·子弟孝友·廵公報之·公其去此·吾將疇依兮·於是人有知者曰·甘泉子·可不謂知人者耶·謂其耄瞶乎·識廻溪公於傾蓋之初·詢事考言·若執左契·然惠陽之官吏士民·咸白於庭·太守寓書於數百里之外·請甘泉子贈言·甘泉子曰·九十伏生·言語支離之年·尚可爲文乎哉·辭不可·乃叙官吏士民之言·爲尤公賀·亦以泄惠人願留不得之意云·

五經館記

甘泉子曰·五經之道·其致一也·曷爲其致一也·五經皆發於心者也·故能以養心·今夫天下之物·凡得天地之元氣以生者·皆能以養元氣·何則·元氣也者·中氣也·天地之與人物一也·凡天地之物之氣·是故皆能以養人之氣·夫飲食之道·欲以養氣也·非徒以渣滓實諸其腹爾也·故五經之道·聖人之心之精也·今舍聖人精一之心·而惟言語之記誦焉·猶之舍天地生物之元氣·而惟其渣滓以實腹·其可以養生乎哉·

或者曰·是則然矣·然必五經具·然後聖人之精可以養心也·曰子以謂百物具·然後可以養生乎·吾聞古有餌一物·而可以養生者矣·而在多乎哉·後世之品物·必務多焉·多則雜·雜則氣漓·氣漓則年不能長矣·是故昔者伏羲出而畫卦·其時易始肇·而且示備也·而何有乎書·然而伏羲之道具矣·堯舜禹湯文武繼作·而後書備矣·而何有乎詩春秋·然而堯舜禹湯文武之道具矣·及孔子作·而後有詩春秋也·而何有乎禮樂·然而孔子之道具矣·禮樂不全之經也·夫數聖人者之道無二也·而謂數聖人必待五經備·而後可以爲聖學乎哉·

蓋天地之百物·物物同此元氣也·聖人之五經·經經皆言此理也·天地無二氣·聖人無二理·是故知天下古今此理之無二·可以與言經矣·知聖人之經之精以養心·可以與治經矣·其於道也·亦思過半矣·從吾游以講聖賢之學者·有東莞任生程·其治舞陽也·民安吏治·乃白方伯于君·創五經

館．以教邑之多士．以承于君之德．余聞而喜之．爲之言治經之道．以爲多士訓．

上元縣程明道先生書院記

湛若水

聖人之道之學．一而已矣．道烏一．仁也．學烏一．敬也．仁以言乎其體也．敬．以言乎其學之功也．由其功以入其道．入則賢．賢則聖．聖則天．天則神．神則化．而聖學之能事畢矣．斯理也．亙古而不變．亘古而不變者．天也．其一明一晦者數也．文武周公沒．聖人不作．而亂臣賊子興．孔子者出．作春秋．誅亂賊．而大道明．孔子曾思沒．聖人不作．而楊朱墨翟興．孟子者出．闢邪說．距楊墨．而大道明．孟氏沒．聖人不作．而佛老之說興．程伯子者出．闢佛老．而大道明．明道曰．吾學雖有所受．而天理二字．却是自定體認出來．蓋其所自得者多矣．

故天理以言其仁也．體認以言其敬也．昔者孔門之教．求仁而已．孟子則曰．仁人心也　明道則曰．仁者渾然與天地萬物爲一體．而仁之道益明．孔門之學．敬而已矣．孟子則曰．必有事焉而勿正．心勿忘．勿助長．明道則曰．無絲毫人力．曰主一之謂敬．無絲毫乃主一也　而敬之學益明然則前聖之蘊．非明道莫盡．後學之的．非明道莫正．自是而後．雖時有明晦．雖人有離合．然而有先生爲之指南．而方迷者可以取法矣．其繼往開來之功．不亦大矣乎．識者謂先生之道如日月之在天．如水之在地．如和氣之被萬物．無往不在．

而上元縣．爲先生簿治過化之地．善政善教之遺．精神心術之所寓．而精靈鍾焉．不可無書院祠宇．以妥先生之靈．而繫後學之思．縣舊有先生祠額．卑隘不稱厥德．乃度地于三山街大功坊之南．前爲門．爲牌樓．次爲儀門．爲祠堂三間．左右爲營室．次爲講堂五間．左右有廡．其後爲閣．閣上崇經．其下爲室．左右有廡．其西爲射圃．圃有亭．又其西爲廓四連．連十間．共爲四十間．以處學子．又其西以南爲連樓．收其僦租．以供書院之費

斯役也．凡出於公用之財．倡於前督學盧君煥．創於今督學御史劉君隅．將成於新督學某．千餘年之缺典．二三君相繼而修．豈不爲曠世一快哉．君子造之．可以知仁矣．是故觀斯宇．則思與天之無不覆乎．履斯居．則思與地之無不載乎．觀斯棟樑楹桷．堂室閣廡．則如萬物之無不備於我乎．入其門如大賓．可以知敬矣．是故升斯堂．其有齋莊中正之心．內直而外隅乎．入斯室其有不愧屋漏之心乎．其主翁惺惺．而凡棟樑楹桷堂室廡閣．兼所照而兼所存乎．夫仁以禮之．敬以存之．仁敬一致．體存不忘乎心．然則居斯地者．可無愧．而有天下之廣居矣．敬記諸石．以告來學之士．

虎邱三賢書院記

君子曰．姑蘇之墟．有三賢焉．其一曰宋參政．文正范公仲淹希文者．蘇產也．其二曰宋太常博士侍講．安定胡公瑗翼之者．泰人．來宦蘇湖者也．其三曰宋侍講．徽猷閣待制．和靖尹公焞彥明者．由洛陽游寓者也．三賢者．異顯而同道．若范公則以功業顯．若胡公則以善教顯．若尹公則以道德顯．三賢者不同顯．而其致一也．何謂功業．曰文正范

公・出將入相・武定文熙・西賊破膽・而朝野傾心・措天下於太山之安・非功業乎・

何謂善教・曰安定胡公・教授蘇湖・推誠樂育・幸興師道・戒嚴條約・變歷代辭賦之習・爲經義治事之規・一時從學・化之醇厚和易・馴馴雅飾・非善教乎・何謂道德・曰和靖尹公・得程氏之正傳・敬以其內・涵養詣極・至於喪家・身死于亂而復甦・臨大節而不奪・非道德乎・何謂至一・曰文正之功業・本於先憂後樂之心・安定之善教・依於道德仁義之本・和靖之道德・發而爲與虜不共戴天之大義・推此志也・如用之・其功業可量耶・

故三賢同道而一致・是故文正近立功矣・安定近立言矣・和靖近立德矣・今大冢宰太子少保白樓吳先生・尊賢樂義・景行前修・以虎邱舊有祠・爲和靖講學著書之地・語前守胡公纘宗・今守李君顯・驗圖志古栢而復之・蓋久沒爲寺西之別院矣・遂葺而新之・而遷其佛相・白樓公曰・范文正公爲蘇第一流人物・而胡安定亦嘗教授此邦・與和靖道德功業政教後先相承列・而是祠之扁三賢書院・夫誰曰不宜・且其地去城數里而近・峯巒秀拔・林木叢森・邦之士人・歲時樂遊・而仰觀祠宇・則知報德報功之義・而興其仰止思齊之心・其有助於化理風俗大矣・乃請予記之・俾勿墜・

予曰・孰興不墜・其永終不墜者・在人心耳・夫報德報功・人心之同然・不能自已者也・故以勞定國・則祀之・法施於民・則祀之・能捍大患・則祀之・所以廣報也・方北虜西夏之勢日熾・其爲社稷慮甚矣・文正以胸中數萬甲兵・奪夏人之魄・城田延州・而北虜不敢南牧馬・所謂以勞定國者非耶・隋唐而來・以及于宋・仕進者・尙聲律浮華之辭・士風汩沒久矣・安定敦本之教興・致使蘇湖之法式・行於太學・遂著爲令・以徧天下・士風爲之一新・所謂法施於民者非耶・

佛氏之害・甚於洪水猛獸之災・亂賊揚墨之禍・而莫盛於宋・雖伊涪州之行・學者皆背其師而入夷狄・人心陷溺深矣・而和靖特立不變・如砥柱之障狂瀾・以附二程・辯異端・闢邪說之後・而承孔孟大禹周公之緒・所謂能捍大患者非耶・故三賢者・並列而禮之・報德報功於無窮・蓋天下人心之同然・豈直蘇人而已哉・敬爲之記・以諗邦之人・以侈吳公興廢扶教之功焉・

親民堂記

親民堂者・廣德州守・夏侯視事之堂也・侯始至・衆造于庭告曰・今堂庶楹傾欹・六戶朽危・風雨莫能自庇・而況能以庇人民哉・敢以工請・侯曰吾始蒞茲土・民未受吾庇・而圖以自庇・非吾所安也・且工之興也・烏乎資・於是鄉宦王君瑤等十人進曰・盍役諸民乎・侯曰・勞民力以自庇・吾不爲也・財之用也・烏乎出・於是舉人・監生・生員・濮漢・濮渭・潘應魁等五十四人進曰・盍財諸官乎・侯曰・傷官財以自庇・吾不爲也・不傷財・不害民・義約而利溥・其庶矣乎・

於是治民施袁遠等三十有八人・跪而進曰・自我侯蒞茲・節財・省役・禁頑止訟・勸農興教・期月而致和・民以寧宇・侯惠我民甚厚・今侯聽政無所・猥視事於進思堂・

其惠息我民甚厚・今民各得所矣・侯獨聽政無所・於我民之心安乎・乃翕然義舉・各捐資以市材料・以給工役・一舉而庶務以集・惟父母其念之・侯曰・若是其庶矣・迺儆衆工・匠氏以斲削・陶氏以埏埴・石氏以琢礱・經畫定其度・稽覈嚴其限・其制恢宏・倍于初焉・中堂高若干尺・縱七楹・橫四楹・扁曰親民・左右六房・高若干尺・各八楹・吏廨總四十八楹・起工於某年某月某日・迄工於某年某月某日・州治煥然一新・

或曰堂曷名乎親民・甘泉子曰・夫親民者・親民也・親於民也・經曰・百姓不親・記曰・右親民・是故天地民物一體者也・一體故親・故能親民・民斯親之矣・一體之感應也・今夫拔一毛而莫不知痛焉・創一膚而莫不知痛焉者何也・一體故也・有形之氣之同・人可知也・無形之氣之同・人不可得而知也・知無形之氣之體之同・斯知痛癢相關矣・斯痛瘝乃身矣・斯視民如傷矣・夏侯茲我於兩京者・其必知之深矣乎・

然則民何以親・曰施六政斯親之矣・故吏政修・而可以親民之秀者矣・戶修政・而可以親民之生矣・禮政修而可以親民之性矣・兵政修・而可以親民以無患矣・刑政修・而可以親民以無刑・民協于中矣・工政修・而可以親民以材用不竭・若于上下草木矣・是故六政行・而萬民安・治之至也・古之極也・敢問親民之心何加焉・曰自侯不傷財之心・而推之也・自侯不害民之心・而推之也・古之人・所以大過人者無他・能舉斯心加諸彼而已矣・諸生某某・遂請書以歸・刻石于堂・俾侯之功德益以光顯・而垂諸不朽焉・

尚書吳東湖公神道碑

吳公諱廷舉・字獻臣・號東湖・其友生今壽府長史梁君宗烈景行甫狀曰・公先世湖廣嘉魚人・洪武間遣戍九江・又調廣西蒼梧所・遂繫籍焉・公梧產也・自幼不與常兒羣・手不識戲弄・口不道惡言・父諱某・母某氏・長伯某無子・命爲嫡嗣・以承宗祧・稍長充邑庠生・雋穎超邁・書再讀不忘・隨意爲文・亦合程度・中鄉試・登成化丁未進士第・來宰順德・公事暇・即見白沙陳先生・往返數載・得聞理學梗概・爲治根本・又學爲詩・亦就規矩・其治邑有道理・民甚便之・

市舶太監・嘗以銀委買葛布充貢・公即用其銀買二匹自送於司曰・承委買布・不識可否・先買二匹爲式・倘以爲可・買之・如不可・即還原價買於雷州・此布出自雷州・非吾邑所有也・太監不悅・葢舊買貢物・縣率令民買辦・而以原價完封還納・故公獨不從・有使者道經順德・索其人事夫馬柴薪以爲常例・公寧挺身與之角・卒不與・以病其民・六載陞四川成都府同知・治繁劇・理盤錯・無不迎刃而解・撫巡布按諸公交重之・丁母憂・服闋改松江府・到任數月・廣東南海清遠二縣羣盜擾亂・兵部尙書馬公文昇・東山劉公大夏・薦公可用・遂命爲兵備僉事・分司清遠・征十三村・池水諸峒平之・又兼屯田鹽法・時逆瑾專權作威・差官查盤諸省庫銀解京・額外索取內進・人事賀禮銀若干・衆以爲當出於鹽法道・公力拒之・列疏于朝・留備兩廣兵興之資・彼雖甚怒・而未有以罪也・

岷府差門正・往江西福建廣東收買藥物・横奪暴取・公又疏劾之・瑾愈怒・令總鎮伺察其過・公又疏劾總鎮・太監潘二十餘事・總鎮亦誣訐之・逮繫詔獄・必置死地・拷掠數日・無所得・乃以枉道還鄉罪之・枷號于吏部門外九日・死而復生・謫戍雁門・逾月遇宥・放還爲民・瑾誅・直其誣・陞雲南副使・未行・江西姚源洞賊發・乃陞右參政・往撫征之・公卽行・一以誠信開諭・往返不以兵自衛・賊因留公於巢・以求撫・且劫公・公不爲動・開諭如初・賊不敢加害・公稍以利賄賊之左右有力者・賴以執賊酋數人・因敗成功・卒以平定・

疏立萬年縣・陞廣東右布政使・疏處番舶進貢交易之法・彼此調停・甚得經遠之猷・定均平・省驛遞・民困以舒・嶺西道猺獞嘯聚・命兼兵備副使・專意經畧・尋陞都察院右副都御史・賑濟湖廣，民不阻飢・處分辰州土官積年爭殺事・理各得其宜・嘉靖改元・下詔更張政令・改用人物・陞公兵部侍郎・公至京・上疏自劾・以及宰輔立朝・五日改南京工部侍郎・轉戶部・尋陞右都御史・巡撫南畿・賑恤凶荒・均補糧運・扶植柔弱・抑遏豪强・一切稱貸債利罷不踰時・所至行臺・內有餘地・令人種植蔬菜・采以自給・每日廩給・止取柴米鹽醋・肉食必以廩米市之・悉除積年無藝之供應・

陞工部尙書・時年六十四矣・卽再疏於朝・飄然而歸・歸二年・以病卒于正寢・囊橐蕭然・巡撫姚公經理其棺槨衣衾・乃得卒斂・嗚呼・行端而才雄・氣剛而志銳・忘身致主・憂國愛民・公無愧矣・創有東湖書院・積古書萬卷・每遇夜・必閱數卷乃就枕・生平所爲奏疏數百篇・案牘幾千篇・書啓序紀千餘篇・詩千篇・皆發其感事憂時之意・罕爲閑浪不經之詞・元配夫人馮氏・繼夫人梁氏・俱受封贈・子一人曰藩・太學生甘泉子曰・梁壺山長史既爲此狀・懇予爲神道碑文・又欲解官走蒼梧・經營其葬事・可謂交道不以存歿易者也・東湖公平生以國事待壺山・壺山之知東湖・與天下士大夫之所共知者・宜有淺深也・今壺山之稱東湖・可以傳信矣・

水也亦嘗受公之知・謹因壺山請狀・而作文刻之墓道・以昭示來世・其辭曰・浩浩東湖・節節蒼梧・哲人降生・申甫爲徒・惟申惟甫・亦文亦武・惟以附衆・惟以禦侮・其才其傑・浩浩節節・探而愈出・百屈不折・遍身是胆・皮囊是智・人當其難・公處則易・初尹順德・强禦是抑・公用乃舒・民以不感・去佐成都・如丁解牛・省府皆傾・盤錯無留・爰司鹽法・臨財若怯・峻拒權貪・惟以賈孽・九關三木・起死既踣・遂戍雁門・生歸乃復・姚源卽戎・挺身賊中・用冠作禦・因敗成功・藩廣賑楚・民獲其所・饑者飽嬉・掠者安堵・初召荆下・遐不少假・抗章忤時・五日司馬・冬官南都・再貳司徒・都憲撫南・强鋤弱扶・司空正卿・不拜而行・人皆曰亢・公視則輕・公曰予已・正邱而斃・仕止死生・誠哉無愧・

稽勳清吏司題名記

稽勳司・舊無題名・有題名・自紙木屛始也・稽勳司・舊無亭碑・有亭碑・自今始也・何始爾・元禮劉子具之・武成王子肇之・蜀郡高子繼之・南海吳子・山東李子贊之・

而亭碑成．碑成而題名．備何．備乎題名爾．將沿名以責實也．何名乎責實爾．將俾後之人觀其名曰．某也善．某也不善．某也以和而成．某也以不和而敗．是以將爲善爲和．思貽後人之名．則必力將爲．不善而乖．思貽後人之羞．則必不爲．咸于題名有賴焉．是故不賞而人知勸．不罰而人知懲者．題名之謂矣．其賴也博矣哉．

曰然則名曰稽勳．稽何勳矣．職長司勳．曰郎中也．員外郎也．主事也．掌邦國官人之勳．給王子．高子．吳子．李子．曰惟諸司．惟吏部．惟最繁．惟吏部．惟稽勳．惟最簡．及稽武勳之稽於兵部．則又簡．及移致事諸務於司功．則又簡．今也幾若無所事稽者．稽何稽矣．甘泉子曰．吾聞體用一原者也．君曰幾若無所事稽者．盍通爾僚．相稽爾業乎．是故有百僚師師之訓焉．曰請聞其再．甘泉子曰．盍反觀爾內．自稽爾德乎．是故有作稽中德之訓焉．

曰請聞其三．甘泉子曰．盍仰觀于上．稽爾道原乎．是故有稽謀自天之訓焉． 君子有此三稽者．是故能立天下之體．而致天下用矣．稽也孰大焉．稽也何稽焉．曰何居．甘泉子曰．卽體而用．具卽用．而體存．是故一本也．他日諸君子．皆將如王武城之遷文選．如劉元禮之選太僕．又如往時諸公之遞遷爲卿．爲佐．爲宮．爲保．以致天下之用．未必不自今之三稽．蘊蓄焉發之也．諸君遂請鑱其語．于萃芳中庭之碑 俾來者得以稽焉．

琴川記

琴川子．生於琴川．長於琴川．得琴川之道 ．遂號琴川．以問記於甘泉子．甘泉子懵乎其未知琴川也．不敢言者五載．琴川子復問焉．曰琴也何居川也．琴川子曰．吾嘗孰故琴川也．橫然而琴．故琴以言其形也．川以言其絃也．曰何居．曰某川謂宮．某川謂商．某川謂角．某川謂徵．某川謂羽．甘泉子曰．善哉若琴川子者．他日可與相天下．而和人民矣．吾不知琴．吾居甘泉之洞．泉叟也．盍嘗有得於泉之音．推是其亦可以契琴川之義乎．

有所泓然如土焉．其宮歟．有所穆然如木焉．其角歟．有所鏗然如金然．其商歟．有所勃然如火焉．其徵歟．有所淅然如水焉．其羽歟．然而爲泉一也．推是道也．非特川之琴爲然．而吾心之琴可知也已．昔者舜作五絃之琴．歌南風之詩．其詩曰．南風之薰兮．可以解吾民之慍兮．南風之時兮．可以阜吾民之財兮．夫琴聲音耳．何與於解慍阜財哉．其聲泉之相應求一也．是故可以知心琴之道矣．琴之用大矣哉．記曰．宮爲君．商爲臣．角爲民．徵爲事．羽爲物．是君臣民物政事之紀也．聲音之道．豈小小哉．

騶忌子曰．夫大絃濁以春温者君也．小絃廉折以淸者相也．攫之深．而醳之愉者．政令也．鈞諧以鳴．大小相益．回邪而不相害者．四時也．夫復而不亂者．所以治昌也．速而徑者．所以存亡也．故曰琴音調．而天下治．夫治國家．而弭人民者．無若乎五音者．甘泉子曰．語云大絃急者．小絃絕．蓋善喻也．是故五絃和平．大小識職．君子法之以自强．不息內以養德．上以輔極．民風其易．物順其則．政事不忒．八方宣和．四時順歷．天下化中．四靈來格．治之至也．琴川子灑然曰．若是其博哉．請識之．用告夫爲理者．

李氏祠堂記

甘泉子曰·以吾觀於祠祀·而知家道之易易也·王道其基矣乎·祠祀之道·天性也·祠嗣也·繼也·故曰祭·繼養也·父母之養不逮矣·故曰祭·繼養也·故人物之祭·天性也·獺則祭魚焉·鷹則祭鳥焉·烏則反哺焉·報本也·吾概夫今之人·反于天之性矣·自若人之購父之祭田也·而養之道衰·自若人之盜親之財·烹鬻于室·而不少饋也·而養之道失·自若人不視祖之修墳祠·而在家不知也·而養之道亡·於國家曷賴哉·是故繼養之道行·則仁孝流通·父父·子子·兄兄·弟弟·夫夫·婦婦·而家道成矣·事父孝·故事天明·事母孝·故事地察·天地明察·神明章矣·通乎神明·先于四海·無所不通·而王道成矣·

曰繼養之義·則既聞命矣·廟之制奈何·曰天子七·諸侯五·大夫三·士二·官師一·三二一皆同龕·古之制也·而四代之服之祭·無以異·有功德則加焉耳·祭之道爲何·曰先事于堂·謂之陽饗·後事于室·謂之陰饗·古之禮也·孜亭括之以閭門·噫歆禮之宜也·古之祭有堂事·室事·明日有儐尸·謂之繹祭·禮煩則亂·事神則難·故高宗肜日·書猶病之曰·用尸古乎·曰古也·尸告旨·告飽·答拜子孫·非天怍也·猶之僞也·不若齋三日·乃見所爲齋者·視於無形·聽於無聲·如在其上·如在其左右·僾乎若有見其容聲·嘅乎若有聞乎其嘆息之聲·之誠也·廣城之祠廟者·有之亦寡矣·而李氏父子右坡義宰·乃能率子弟某某舉之·其賢矣哉·

乃進而問曰·繼養之義·陰陽之饗·則吾既得聞命矣·其奠主之位則何如·曰自西而東·非禮也 · 古之合祀於室者·太祖之主·主奧東向·而羣主以祖尊次之·自西而東禮也·今非合祀尊祖·則亦然·無謂矣·如以義起·則始遷之祖·始分之祖皆不祧·以聯族人·與四廟之主皆面南·以次而南位·其宗子嗣之廟·別子爲始分之祖·則別廟·宗子服盡·而尊者未盡·則別立祧主廟行事·又盡·則瘞諸墓焉·斯其善矣·若夫嫡庶淆亂·神必不歆·非禮也·亦何取於祠廟宇·作李氏祠堂記·

泰州胡安定先生祠堂記

喻人者·以其異域善·孰與以其鄉族善·曰善鄉·鄉爲近·示人者以其言善·孰與以其象善·曰善象·象爲切近·則人習服·切則人易知·人習服·故易從·人易知·故有親者·親則感易· 徒則化·是故猶域使人敬鄉族·使人信·言則入人耳 象則入人心·故先王之法鄉大夫令·而司徒之教·行魏象立·而治法昭·今夫號於人曰·必若而鄉某君子乎·必若而鄉某義士乎·則聞者莫不悅·相語曰·彼固非遠引·乃云吾鄉某也·某也·誠義士君子也·斯不亦以鄉而近習服·而宜從乎·

今夫斲木而象之·折椽而屋之·肅乎若有著乎其風神·僾乎若有見乎其容聲·則過者莫不畏敬·相語曰·彼乃吾鄉之義士也·君子曰·吾等可自棄爲不義歟·爲小人歟·斯不亦以象而切·易知而親乎·南昌王君公弼臣·以進士來守泰州·召士氓咸達于庭曰·吾守茲土·實兼教養·凡爾士庶·盍同于予善·爾弗我徵·盍稽于爾鄉之先哲 · 式追于前文

人・若爾安定胡先生者・爾豈不知而慕之乎哉・與孫明復守道藏修泰山・其義行篤于躬・化于家・孚于而鄉・教授于蘇湖・振歷代詞華之沉迷・復往古敦朴之實行・師教升于國學・聲實達于朝廷・式法播于天下・一時多士・靡然從之・爲之一變・不問可知其爲安定門人・若是者・爾之士庶・其亦有意乎・有・吾則爲爾祠而新之・以爲爾仰止之地・不亦可乎・皆欣欣然應曰諾・

乃白于撫按・卜城東南之隙地・以州之贖金・撤官之間屋・而顧戢之・義助半焉・凡三月而落成・爲堂者三楹・外爲大門・內爲寢室・視堂之數・勿有殺焉・前臨大池・後館諸生・傍亭顏學・亭週之池水・使士講聖賢之學於其間・選胡氏子弟二人・寄學習禮・捐官田五十畝・供其祀事・而復其徭焉・是故東南・法長養也・前地週池・昭澄心也・後學館・示步武也・亭顏學示的也・是故魏然肅焉・示象也・

於是士皆懽悅・過其祠者・皆相語曰・吾等兵防水利農算之學・有若安定治事齋之教乎・五經異論文藝理勝之學・有若安定經義齋之教乎・又語曰・吾等於行義・有如安定馴馴雅飭之化乎・於是王君聞之曰・安定之學・豈但若是已乎・乃遣其門弟林春王棟之京・問甘泉子・甘泉子曰・嘻善如王子之問也・善如王子之問也・安定之學之教人・失其眞傳也・而貳於孔子久矣・豈直今也哉・夫孔門之教・同於求仁・仁人心也・天理也・四科之列・惟顏閔雍求諸人・得其宗・餘則因材成就者耳・而謂有四焉・豈聖人無類之哉・

若安定先生・當聲賦浮華之弊已極・毅然而起・以變化士習爲己任・以開濂洛之傳・必其精神心術之微・有不言而信者・行乎其間・觀其顏學之試・道德仁義之教・有足徵者・至於經義治事之科條・乃其因材成而者耳・以爲先生之道・盡在是矣・豈不惑哉・夫聖人之學・心學也・故經義所以明其心也・治事所以明其心之用・以達諸事者也・體用一原也・而可以貳乎哉・此或先生立教之本意・而人失其傳矣乎・若非人失其傳・則先生之學之教荒矣・予幸得於百世之下・故爲其鄉人士推言之・庶幾不終貳於先生之教焉・王君曰・命之矣・幸爲記諸石・

修復李忠簡海珠祠像記

正德十有二年・三月之望・庠生甘生、劉生、陳生、拜進其言於憲副汪公曰・學相朝紀時・惟小人罔聞知・嘗交於李忠簡公文溪之孫庠生達元・獲講其世・蓋公世系在譜牒・勛業在國史・文藝在本集・罔敢有攸述・仰惟公之懿德大節・發身鼎科・立朝以正・追斥安石・乞正儲貳・去嵩之之奸・引裾抗疏・劾盧董二宦・落職而不悔・曰忠・喪其親・築室終制於墓・若終其身・累詔不起・曰孝・乞歸制・心服清獻之喪・立師傅之道・曰義・幕於汀・奮身諭賊・以其守免・贊閫清獻・繦城・入諭賊壘・出大刃下・却摧鋒之變・而遠之廣郊・曰勇・提舉於閩・捐俸賑飢・活人之命・守贛置常平・罷官酤・嚴保伍・以爲民安・曰惠・屢進屢辭・早能以身退・曰廉・夫斯六行者・君子之所以立身也・忠簡備焉・足爲生人之表・固宜里置血食焉・以彰鄉先生之道・況珠海公之築也・而下帷之地也・其寺田・公所置守也・其祠置洪漕使・從邦人之請公也・乃反忘本・而浮屠焉徒據・甚

非所以繼往而示來也・仰惟明公風化是務・復菊坡祠於南庠・增飾文山祠于五坡・學相朝紀等・誠不揣冒昧言・惟明公共圖之・

公曰鉉職也何辭・乃撤其居而新之・肖其像而妥靈焉・數百載之廢墜・一朝而復・於是陳侍御言扁顏之・毛侍御鳳請典祀之・黃僉憲昭申董之・劉憲副伯秀資助之・王僉憲大用設門役守之・魏太守廷楫先後贊襄之・祠以地主寺以祠・存復舊也・汪公曰・事已・不可無記・記必於湛子・或謂觀吏部霍進士韜亦曰・必於湛子若水・曰義也・吾其可辭・郭太保總戎勛曰・子其無辭焉・吾謹有供麗牲之碑・督市舶牛太監榮至則曰・復舊以明義也・因爲加飾之・嗚呼茲非忠簡公六美之實・先得乎人心之同・然而能起人心於百世之下・不期而同然者乎・

祠成・公像儼然臨之在上・於是奸邪之臣觀之・將愧其忠・薄子觀之・將愧其孝・師友操戈者觀之・將愧其義・懦怯於難者觀之・將愧其勇・殘剝之吏觀之・將愧其惠・貪進而無恥者觀之・將愧其廉・而後之忍心於廢興者觀之・將愧修復之諸君子也・愧之何如・修之而已・然則是祠也・其立敎之本歟・因爲迎送神辭三章・俾歲祀而被之樂歌・鼓之舞之・以盡神曰・悵靈蹇兮多修・服六美兮孰儔・燦雲漢兮以爲章・招箕尾兮與同遊・粲容嫺兮姱永・貞則兮服休・靈不來兮余愁・悵獨立兮中洲。（右一）

靈之來兮駕元武・乘北風兮下土・先朱鳥兮前驅・右蒼龍兮驂白虎・薦溪毛兮元尊・明德馨兮簠簋・呼天吳兮總干・紛江靈兮起舞・（右二）

日窅窅兮西沉・雲冥冥兮霾陰・四無畔兮莫抗・靈胡去兮駸駸・悵獨立兮容與・羌神往兮形存・猗神往兮元武・服兩驂兮入寒門・瞻雲錦兮懷象・將天飛兮莫予・遺言慨莫聞兮予顧・馮夷鼓兮塡塡・（右三）

都閫劉東谷先生祠記

或問於甘泉子曰・子何以祠東谷劉都閫之恪也・曰賢賢也・德德也・大勳賢也・有德於我也・賢賢德德也者・將以存其後也・何以必存其後也・念賢德也・念賢德也者・必思報焉・都閫東谷之產・既於若人矣・猶典其居宅・前距宮街・後距官巷・左距官巷・右距歐都閫者於陳氏・陳氏將據而有之・甘泉子念周全舊德不可忘・而都閫孝謹之風不可泯也・賣宅則泯矣・故力爭於陳氏・陳氏甘泉子之表弟也・寧滅親傷財而不顧・出已貲百五十金而贖之・表弟面斥而亦不顧・事定・與劉氏給帖於司府・誓二家子弟・世世不易・如劉氏老少變易・則湛氏子孫聞於官罪之・又扁而坊之於大門之上・俾不違犯焉・

或曰子之厚東谷不亦過矣乎・使賢賢德德而報之・日亦不足矣・甘泉子曰・吾特報德而已乎・非特吾髫年避家難於其家・周全之德也・乃東谷純孝人也・憤父俊死于賊戰・誓修武以申父之志・學文以慰母之慈・師事白沙先生・究於六韜三畧・五經百史・三敎之原・立身顯揚・一孝也・始仕指揮・使練軍屯糧・盡心効力・後山譚賊流劫黨熾・勢逼廣城・受命督剿・不事多兵・一戰擒之・戰陣必勇・二孝也・武畧漸振・諸司見委・鬱林瀧出水平樂阜黎・每出輒克・累陞

都閫・文武兼資・用光前烈・三孝也・事母伍氏・法古躬行・客至饌出・必歸進之・乃出奉客・四孝也・母或憂疾・夢神告符・割臂和藥・立痊母疾・五孝也・告天減壽・以延母年・果躋八秩・精誠格天・六孝也・哀思不已・乃效丁蘭刻木肖形・暮扶就寢・晨扶就坐・上食更衣・一如事生・七孝也・巡按王公三司臨祭・察實具奏・表其孝行・而慟哀毀・以未終制而卒・遺命其子・衰服斂之・至死猶慕不忘・八孝也・八者皆孝之至也・

甘泉子是以祠而表之・以勵薄俗・匪特報德存後裔而已也・

東谷門人李味泉世京亦游吾門・老而好學・以告於周明幾學心・次第其事・以達甘泉子・遂爲記之・以誠於後之人・俾勿壞云・

陳白沙先生墓誌銘　見廣東通志卷二百二十六

惟明宣德戊申歲・十月二十一日・白沙陳夫子公甫・誕於新會・惟育成於妣旌節林氏・惟生於考琮樂芸之既卒・樂芸生於渭川・渭川生於東源・東源生於判鄉・惟乃高祖・惟夫子有生乃異・始讀孟子・志於天民・二十年・舉於鄉・二十有七年・罷於禮闈・從學於吳聘君・聞伊洛之緒・既博記於羣籍・三載罔攸得・既又習靜於陽春臺・十載罔協于一・乃喟然嘆曰・惟道何間於動靜・勿忘勿助・何容力・惟仁與物同體・惟誠敬斯存・惟定性無內外・惟一無欲・惟元淳公其至矣・

故語東白張子曰・夫學主無・如動・至近而神・藏而後發・形而斯存・知至無於至近・則何動而非神・故藏而後發・明其機矣・形而斯存・道在我矣・夫動已形者也・形斯實矣・其未形者・虛而已矣・虛其本也・致虛所以立本也・語南川林生曰・夫斯理無內外・無終始・無一處不到・無一息不運・會此則天地我立・萬物我出・而宇宙在我矣・得此把柄・更有何事・上下四方・往古來今・渾是一片・自茲以往・更有分殊・終日乾乾・存此而已・甘泉湛生・因梁生景行以見・語之曰・噫久矣・吾之不講此學也・惟至虛受道・然而虛實一體矣・惟休乃得・然而休而非休矣・惟勿忘勿助・學其自然矣・惟無在無不在・斯無忘助矣・

問體認天理曰・其茲可以至聖域矣・問參前倚衡曰・惟子是學矣・問東所張子敏也・不何不之講・曰弗問弗講・吾且順其高談・然幾禪矣・甘泉生曰・夫至無・無欲也・至近・近思也・神者天之理也・宇宙以語道之體也・乾乾以語其功也・勿忘勿助一也・中二也・自然之學已皆原諸周程至矣・惟夫子道本乎自然・故與百姓同其日用・與鬼神同其幽・與天地同其運・與萬物同其流・會而通之・與生生化化之妙・皆吾一體・充塞流行於無窮・有握其機・而行其所無事焉耳矣・惟夫子學本乎中正・中正故自然・自然故有誠・有誠故動物・

惟歲丁亥・遊於太學・祭酒邢公爲之彰厥譽・一峯羅子・定山莊子・爲之左次・遼陽賀子爲之執贄・惟歲壬寅・方伯彭公・督府朱公・爲之薦其才・夫子疏於朝曰・臣母以貧賤早寡・俯仰無聊・殷憂成疾・老而彌劇・使臣遠客異方・臣母之憂日益甚・愈憂愈病・愈病愈憂・憂病相仍・理

難長久・臣又以病軀憂老母・年未暮而氣已衰・心有爲・而力不逮・乞歸養・欽授翰林院檢討・不敢辭・自爾薦書・歲至不行・或勸之著書不答・

夫不辭・以嘗係仕籍也・恭君命也・不行・達可行也・夙志也・不答著述之請・寓諸詩也・夫道知語默動靜・而不失焉耳矣・惟宏治戊午構疾・彌留弗興・越二年庚申・二月十日乃卒・方伯周公孟中葬之圭峯・越二十有一年・惟正德辛巳・允子景雲・謀及門下晋江知縣梁生景行・翰林編修湛若水・庠生鄧生德昌・湯生禹・太學生趙生鳴善・處士梁生景釆曰・惟子家中否・惟予兄弟二人・景暘兄也先折・諸子弗振・惟我顯考之藏・卜罔知吉・至於累子・

若水輩乃與鄧生・湯生具以十一月十二日・改葬於皁帽峯下・聞於憲長江公鋐・以聞於巡按謝公珊・下於府・太守簡公沛爲之助金・總鎮韓公慶聞而先助之・吏部方公獻科益助之・府命縣典史賀恩・義官鄧南鳳・士人馬國馨董葬事・乃褱事餘置祭田・買其前湖・湖曰自然・昭至學也・昔者水也聞諸夫子曰・天下未有不本於自然・而徒以智力・收顯名於當年・精光射於來世者也・夫自然則誠矣・故夫子之生也・人榮之・其死也・人哀之・其誠之所爲乎・銘曰・

混沌既鑿・源遠益分・分乃支離・體用弗原・孔孟而下・若更一門・門各一戶・競出異言・渾渾濂溪・有沿其源・一爲聖學・示我大全・學絕道喪・千載棼棼・天篤夫子・握會之元・泝程而周・再復渾淪・何名渾淪・溥博淵泉・直指本體・挽漓而淳・孰惑寓言・孰惑其禪・惟此天理・二塗判然・師以救世・可謂元勳・念功考德・永護茲墳・毋毀支木・以傷其根・

貞烈謝婦戴氏墓銘

貞烈謝婦戴氏者・祈門謝生惟仁顯之婦也・父冕・休寧人・初以女許聘顯・顯父蘭・家後益貧・冕悔・欲陰謀以女改許富人・且得多貲・而買一女以爲己女・與謝氏・女聞之・知謝父館於戴所・稍出面視謝父所・以誌不得以他女易己也・後數年・冕亦貧・益欲以女改婚他富人・設言需多禮貲・以難謝氏・謝氏不能貲・自停婚耳・女聞之・泣而不食曰・吾聞古女不二醮・吾當不二心・二心不如死・死亦爲謝氏鬼耳・遂閉門自縊・亟救得不死・

冕又紿女以適外祖母家・實嫁之也・女窺見里門非外祖母家・乃欺陷己也・以頭撼轎柱欲死・輿人懼・乃爲返途・然冕改議之意不已・又許大富人汪氏・得聘財若干矣・汪後乃聞女屢自殺・不肯貳許・義之曰・此女兩誓自死不肯從・再議吾・若再議促之死・是吾殺之也・殺貞烈不祥・寧棄聘貲・不可爲不義事・愧此女也・事聞於官・官斷之・不得已遂與謝氏子顯成婚焉・謝氏無甔石之粟・婦曰・吾寧甘貧・吾不忍二吾心・執婦道益恭・菽水爲歡・以孝奉翁姑・和順妯娌・皆化之克孝焉・勗其夫顯以成君子之行・顯好讀書・至夜分・戴績紡供粥・亦至夜分・問則道貞節之事・顯嘗謂梅聖俞言・吾出與朋友遊而樂・入則見吾妻怡怡而忘其憂・故得不以貧寠自累・而致力於學・吾亦有之矣・

顯從甘泉子遊於白下・戴大喜・夫子將有成行矣・歸見問心性圖・即知心體之廣大・而保守之・饑寒自甘・卒無怨

言・雖古孟光於梁鴻・何愧焉・顯隨甘泉子至廣東・登羅浮・窮南海之涯・戴攜二女侍翁姑・益敬以順・翁墜塹傷足・不能支・戴以身扶負之・不以小嫌忘大愛・姑病視湯藥・六月不少懈・憂形於色・姑歿・顯未歸・則脫己衣斂之・顯歸途病甚・至則又以母喪痛哭致毀焉・水漿不入口者三日・戴亦三日不食・顯僅食・戴亦僅食・

顯猶居喪次・臥枕苫塊・戴曰病勢如此・恐不禮・權就別室便湯藥・俟少愈・惟君之志可也・顯不肯・由是哀病相乘・益篤且革・謝父診之曰・事危矣・他醫診之亦曰死證矣・當在今夕・戴慟哭曰・吾身與夫爲存亡者也・吾初不二心以從他人・吾其可後夫子死乎・是亦二心也・且吾聞有代君親之死・而果得不死者・遂拜告於天・以身死代夫・密辭其姒吳氏・吳守之・守怠・會夜大雨雷電・遂自縊而死・姒氏穴閤救之・氣猶奄奄・衆相與扶其夫顯往視寬之・戴但舉手若辭訣然・遂絕・

戴死後・顯病益沉迷・陽陽然若見戴來・曰・吾告天・許以身代夫子矣・夫子病瘳矣・以巾爲抹其體之汗・覺則汗津津・爽然而漸愈・幽明感通之理・有如是哉・甘泉子聞之歎曰・彼所謂女之聖人也・始終死生・不二其心・無所爲而爲・非聖人之心乎・推斯志也・將與日月光・天地合德矣・嗟夫・戴氏婦女耳・使爲男子・以其不二之心・若當大變・爲人臣・其肯後君以死乎・爲人子・其肯後父以死乎・爲人弟・其肯後兄以死乎・爲人朋友・其肯不赴之難・而一朝與之同國乎・若戴氏女者・可以立教於天下後世矣・予哀而賢之・既爲作誄詞・謝生來告銘焉・乃爲志而銘之曰・嗟嗟貞烈・不二其心・不二其夫・不二其所天・何用不聖善以賢・

漢中壘劉子政先生墓表

惟茲漢中壘校尉・追封彭城伯劉子政向之墓・侍御馬子宗孔請表之・甘泉子曰・久矣吾之不託於言也・雖然以子學聖人之道・茲以風乎鄉之人・吾惡得而勿表諸・昔者孔門之教・同於求仁・而七十子之徒・各成諸質・是故一貫之學離・而四科分・四科分・而聖人之道熄・故德行之流爲道德・爲節介・爲悻直・言語之流爲游說・爲縱橫・爲詞章・政事之流爲刑名・爲功利・文學之流爲訓詁・爲記誦・是故後世之學・成於所長・而蔽于所偏矣・

余讀劉子政傳・或疵其爲僞・黃金以迎主好・溺於休咎・跪讀上變・踣而幾進・爲德行之疚・頗異焉・然而究極六藝・洞規陰陽星歷之紀・其博洽有如此者・豈所謂文學之流・與新序・說苑・洪範・五行・封事・敷土・觸物連類・沛若懸河・其文詞有如此者・豈所謂言語之流與・元帝之初・自以末屬力排許史恭顯之奸・屢析而不悔・與望之堪敞同心輔政・別邪正忠讒之分・明用舍治亂之原・成帝之際・危言禍福・極陳法戒・斥王氏威福之盛・圖宗國社稷之安・其濟屯傾否之志・殆亦庶乎・可與從政事矣・

惟茲三者・是亦不足表之以爲勸乎・蓋子政裔出於楚元王・元王之學・出於浮邱伯・浮邱伯出於荀卿・荀卿出於孔氏門人馯臂子弓・其源流之分可知也已・孔子稱藏武仲之知・公綽之不欲・卞莊子之勇・冉求之藝文・以以禮樂・亦

可以爲成人・後之君子・有子政之長・而去其蔽・以變化於大道・如百川支流之會同於海・淵淵其淵矣・吾是故表之・以詔于後世・

林南川先生墓表

周公而上・其道行・孔子而下・其道明・其道行者・其言徵・其道明者・其言絀・是以明者・其體乎・行者・其用乎・白沙夫子・崛起南方・泝濂洛之源・以達於洙泗・慨然任明道之責・當是時・得其門而入者・惟南川先生一人而已矣・先生靜坐清湖・餘二十年・玩心於神明・默契乎天道・其質於師之言曰・元來四方上下・往古來今・直是一個充塞周洽・無人我大小遠近・如一團水相似・各充滿不相干涉・前輩謂堯舜事業・直是一點浮雲過太虛・自今始知其不我欺・斯不亦見道之體乎・然而言則精・而行絀矣・

先生事竹濟府君・如事天・其事游氏太夫人・如事地・故孝行於家・孚於鄉黨・聞於巡撫朱公・爲勸駕焉・中己榜・教諭平湖・遷教授於兗州・再補嚴州・所過士習以化・而師道以尊・破規條之説・而重以身教化・舉業之陋・而合於涵養・去支離之弊・而合於一本・薦進監博學者宗之・進學有解・教胄有辭・士人就矩・縉紳考德・拔爲襄府左長史・正國法・肅官僚・攝奸佞・清宮禁・立體統・一國大治・及其既老・以禮而退・能以正終・方其隱居清湖也・人曰未可以仕乎・曰吾將求吾志也・吾何爲而易諸・及其仕也・人曰未可以止乎・曰古有爲貧而仕者・乘田委吏所不辭・吾何爲而去諸・斯不亦見道之用乎・然而行則絀・而道明矣・甘泉子曰・夫道體用一原・昔者孟子稱伯夷・伊尹・柳下惠・孔子聖之清・於伯夷曰・治則進・亂則退・於伊尹曰・治亦進・亂亦進・於柳下惠曰・不羞汙君・不辭小官・於孔子則曰・可以速則速・可以久則久・可以處則處・可以仕則仕・夫聖人之爲德・亦大矣・而直於進退仕止・久速之間言何耶・明體之用一原・而變化不拘也・故即用可以觀體矣・即體用之全・可以觀人矣・

南川先生之學・其合以是觀乎・若其贊述・存乎文詞・其行實・存乎家乘・余特撮其大者表而出之・庶來裔有觀焉・先生諱光・字緝熙・子二人・長時表醫學正科・次時衷鄉進士・能繼家學・從予遊・請予表於墓石・

宋貞女吳氏墓表

於乎・此鄉俗呼爲老女墳・而督學蔡公・題曰宋貞女吳氏墓也・貞女名妙靜・宋高宗朝・進士國子助教南金道遺之女・南金無後・女許嫁新會李子・及昏所・李子由陸來迎・渡龍江而溺死・貞女誓不適終身・以家資爲石橋五眼・眼用石長二丈二尺於李溺死處・故後亦呼爲老女橋・自寧宗嘉定四年・以及八年乙亥乃成・理宗嘉熙二年戊戌・刻石記於國明寺・後人於橋東西各置男女廟・如牛女相望然・今廢・復以田十三頃捨入光孝寺・以沙富村地一所爲庄・貯所入・取叔南老之次子・理宗朝進士・戶部員外郎邦傑後・其父年八十餘終・鄉人謚曰室隱・儒士張世美兩具聞於官・爲立坊修墓・以裔孫吳允宜來請墓表・

甘泉子曰・貞女大節・已表表矣・奚庸表乎・且不言

節婦・而言貞女何也・曰未成其爲婦也・未成其爲婦也・則
何以謂之貞・貞也者・正也・正而固也・未成夫婦而固・誓
不嫁焉・天非所天・亦不過乎・甘泉子曰・吾近聞羊城南海
庠生・黃鶴鳴之女淑貞・未適歐指揮鏜・鏜死・以死誓於父
母・奔其家守喪不嫁・異之・吾觀古節烈婦未之前聞焉・今
於吳黃兩貞女・則然・見人心之同然矣・夫世固有夫在而反
目・夫朝死而夕爲人婦者矣・吾尚暇究人之過中哉・且心許
爲上・事從次之・父母許之・女心從父母而許之・天地知
之・豈待合巹而後爲夫婦哉・

辭而表之・高碣穹墳・岌岌乎可望而不可親・使爲婦而
失節者過之曰・彼未成婦者猶然・而吾既同室生育者何如・
則必愧死墓下矣・使爲父子悖戾者過之曰・彼其未成婦者猶
然・而吾天屬遺體者何如・則必愧死墓下矣・爲臣不忠者過
之曰・彼未成婦者猶然・而吾策名受祿於君者何如・則必愧
死墓下矣・其兄弟相戕者過之曰・彼未成婦者猶然・而吾同
胞共乳者何如・則必愧死墓下矣・其朋友之交兵者過之曰・
彼其未成婦者猶然・而吾拜贄定交・出示肺腑者何如・則必
愧死墓下矣・一振舉・而萬化從之・今賢督學・因張世美之
舉・慨然表章・大助風化・起人心於已死・是宜大書出之・
以告於世世云・

交南賦

予奉命往封安南國王賙・正德七年二月七日出京・明年
正月十七日始達其國・覩民物風俗黠陋・無足異者・怪
往時相傳過實・託三神參訂・而卒歸之于常・作交南
賦・

皇穹極乎無涯兮・廓空窿而罔象・厚壤淵其莫測兮・
又坱圠而艮爰・上下乎中土兮・中氣聚其日人・中四漸而四
荒兮・極泱漭乎禽獸草木而爲隣・維中氣以風之又漸兮・聖
神肇乎盤古・降皇皇而帝帝兮・哲王以之疆理乎中土・列四
方而五服兮・薄四海又建長而以五森・內夏而外夷兮・晳要
荒以爲度・帝曰南之荒裔兮・疇分野而代工・南翼軫而朱鳥
兮・帝炎帝而神祝融・窅乎皇后君之攸治兮・曰火僊而徵龍・
燭九陰于赤水兮・覿馮夷之幽宮，昔陶唐之咨命兮・羲叔南
宅乎交阯・庸均秩乎南訛兮，亦曁時之與事，季德涼而莫遐
兮・荒忽以之自異・

維彼交自蕞爾兮，北五管而越南裔・際尉佗之七郡兮・
漢九郡而同志・憑都盧于天末兮・望越裳乎海際　・南迤邐
兮・占不勞・西屬屬兮・滇溟之尾・派諸葛之度瀘兮・州炎
劉之經始，李唐承乎厥後兮・恢都護之府治・昔炎氏之方殷
兮・泛海外之樓船・二女孽乎中葉兮・薏苡用惑乎馬援・砣
銅柱之磷磷兮・　厭欃槍乎南天・　彼高氏之定交兮・建石塔
之巋然・胡輩萃乎橋市兮・立富良之江榹　・　彼爾黠曰炎均
兮・冒耳聃之仍雲・維公蘊之肇緒兮・紹八葉以斯君・京用
篡而易位兮・附胡公之遠孫・和叔後其曰黎兮・亦攘之于累
傳・

昔少皞之方衰兮・九黎擾而亂德・北正黎之司地而屬民
兮・羌始受之顓頊・彼三苗以效尤兮・陶唐亦復乎貞則・皇
混一以爲家兮・亙地載而天復・一正朔以同文兮・又同軌而
輻輳・物土方之包匭兮・則九載而三奏・厥易世而來王兮・

叩天王而庭受・析圭玉乎上方兮・球弁旒而七綴・襪凌波以赤舄兮・帶靈犀之與玉珮・乘龍節于雲亭兮 ・將天語于揚對・帝曰疇咨若時・余其以兮・疇專對而學詩・繆曰予之顓蒙兮・之四方其以宜・班麟服其煒煒兮・疇予珮之陸離・帶飛霞之嫋嫋兮・冠切雲之巍巍・

書余紳以忠信兮・申篤敬而行之・悵世途兮曲蕩・又修阻兮崄巇・羌跋疐兮淮泗・廼嘯歌兮江湄・望南極于嶺嶠兮・馮炎飈而長嘆・徘徊蒼梧之墟兮・揖重華而聯翩・西遙睇乎桂湘兮・見二妃之嬋娟・眺崑崙而容與兮・愬舒嘯乎籌邊・歲月經于五管兮・青牛服乎南關・凱風薰而迎余兮・余因以寄與于五紘・扳南巢而盤桓兮・睹鳳鳥之翩躚・始問道兮諒山・孰鳳眼兮七源・晞晴曛于坡壘兮・濯北峨之清湍・朝曦發乎不博兮・度卜隣而僕山・步飛空于風磴兮・遐縹緲乎雲巔・懸巖崖兮淵際・設鳥道兮側旋・或深入兮厚土・又上登兮高天・鬱山林之險隘兮・川屈詰而纏綿・暮虎豹之蜿蜿兮・朝蝮蛇之蜒蜒・

過丕禮而昌河兮・渡市橋而呂瑰・余息徒而班班・炎均遙遙以斯迎兮・渡富良兮淍灣・曰余中華之子族兮・家增城之九重・從游帝之元圃兮・閑逍遙乎閬風・初離郡之豫章兮・嘉厥名曰清源・派炎漢之司農兮・居余都兮甘泉・依雲毋兮高嶺・邇安期兮在隣・處太一之穹廬兮・抱羅浮之飛雲・承帝歌之皇華兮・兼咨諏乎炎德・汎淫游乎外方兮・觀泱漭之無極・

歲攝提之癸酉兮・斗杓忽其東捩・火輪躔乎娀訾兮・魄下弦之次夕・蹇余渡以王舟兮・亦黝黃而丹堊・紛龍舟其後先兮・沓蛟人而裸涉・楫百撓以象刀兮・扶黑檑而办白・夫唯寓藝夫水戰兮・或因用以刺擊・肆迎拜于厥明兮・瀕祥壽之別殿・入修門其大輿兮・見廣文之顏扁・臨炎官之窈窕兮・祝融蹕而東轉・依南風以弭節兮・睇天使之離館・炎均府侯于朝元兮・肅敬天之北面・儼百辟以皇皇兮 ・奔重侯之欵欵・陳黃幄兮月殿・時六龍兮臨下・虹橋度而未雲兮・又鵲橋而參伍・聆天書乎洪音兮・伏羣黎于下土・

時中律之太簇兮・洪鐘寂而不作・置鳴鳳之嶰管兮・擊靈鼉之高鼓・應河鼓之磅硍兮・屢天吳之舞蹈・夜义奮其臂兮・裸堅挺而前杜・開廣宴于勤政兮・崇余東之席端・珍羞蟲蝦兮・太牢別陳・椰席數重兮下地・登土偶兮簇盤・粔**籹**雜俎兮・遠苾芬・嗚呼廣樂兮・蔑棄大呂・跳梁舞蹈兮・弗事干羽・登庸瓦缶兮・捐謝鼎俎・時斗杓之孟陬兮・列青梅之碧彈・纍杯盤之狼藉兮・瓜亦先期以爲獻・奏夷樂于殿上兮・鼓譟雜進而零亂・列雄虺以爲陣兮・又沐猴而加冠・曰而重黎其苗裔兮・實乃祖之司禮也・

曷不返乎初服兮・乃祝髮而脫屣也・敷余闖其度關兮・實孟陬之中適・嗟陽侯之迥絕兮・茁芋苗乎三尺・農告畢而苗離離兮。鷺亦以之藏色・望炎火之千里兮 ・臨回風而就炙・睥僊果以舒懷兮・丹實纍其枝碧・傾都人以雜觀兮・士女不分而塞途・悉鞠躬而加額兮・恒首下而尻高・儒戴冠而伏迎兮・交大指而跣趺・見梟揚之拂拂兮・披髮走而迅徂・肅龍節兮動行・前指南兮先路・駕象輿兮太一・使風伯兮爲之御・搴雲霓以爲梁兮・先朱雀而向道・攬蒼龍而左驂兮・縶右騑乎白虎・騎箕尾之瀏瀏兮・秉燭龍而先後・掣日旌之輝煌兮．填雷鼓之轟轟．閃雲旗之委蛇兮．參星軺之鏘鏘．飄風裊裊兮朝霞．纓舉風袂兮揚揚．

右余參之以蓐收兮．左攜拉乎勾芒．厭旄頭以無光兮．曳鶉尾之閶闔．擊木星以即行兮．披鶴氅而荷戈．兵御枚以無言兮．挾天弧而誰何．伏萬矢于林中兮．一夫呼而衆呀．設丹幄于羣館兮．雲帔具而不移．羅銷金之蕙帳兮．綴五綵之流蘇．坐沉香兮氤氲．列絳帷兮纚纚．或高歌以擊壺兮．滌陶硯于天池．山鬼下兮吹燈．招木客兮題詩．重侯珮玉兮進羞．儼禮神兮益卑．

貴者冠兮跣途．餐席地兮缺居．咨由余于戎方兮．訪有吳之季子．紛披髮而冠纓兮．胡觀樂乎大方．而與之論詩．首懸鞦韆兮縹緲．乘風雲兮步虛．眺有娥之嫺女兮．覯蒙山之都姝．羌雪白而漆黑兮．亦娥眉而曼膚．上衣古而過骭兮。又罔裳而重襦．袖飄飄其迎風兮．足跣跣而泥塗．資珍髭以弗售兮．齒黝黝而牙鼇．仍葛洪之丹砂兮．將博訪乎勾漏．逢鮑靚于南海兮．余亦與之幽遘．觀民居之鳥翼兮．恒居高而簷低．方甍瓦而銳下兮．槩厥形如短圭．爰乘葺而平敷兮．象鱗鱗其魚魚．豈水族相感而則然兮．乃厥類而象諸．

鳥翼堂而里置兮．日中市而墟落．環四面以施榻兮．中市官而均権．國無馬之千乘兮．又何擇乎驥與駘．曰國君之稱富也．又曷數以爲對．兵裸靡甲兮．亦焉用乎犀兕．豈厥家之罔藏兮．恐其德之未改．木寄生之纍纍兮．亦既繁而本萎．藉若人之威福兮．不再世而貼貼．炎均睨余以匪芷兮．又蕙蘭之旖旎．余辭以帝之紉襟兮．有縣圃之芳藹．又重余以椒苓兮．曰余襟之難改．余受閶風之繽紛兮．兼月殿之菌桂．慨有職乎咨詢兮．雖草木鳥獸而莫予讀．

或申申而問俗兮．恐邦人之女詒．招朱鳥兮七宿．分南野而司天．乃靈哲夫天飛兮．盍于予而具陳．鳥恍惚而夕降兮．曰余不習乎世言．交三趾而作篆兮．庶余意之或宣．曰普天兮殊方．迵氣風兮不同．俯南極兮地下．作南斗兮天中．規爕度兮鶉尾．天地罔肅兮涼風．爰又戾兮元枵．澤不腹堅兮溶融．馮碧雞兮右掖．接烏衣兮隣邦．服余華鞋兮乘駕．鵝跨鴻鵠兮鳴天雞．振鷺吾其潔修兮．海鷗嗒乎忘機．疾黃鳥之讒巧兮．鳩痴黠而攘棲．雉胡臻化蜃而呈樓兮．鱔聲霹靂而震怒．鸚鵡慧而訴寒兮．翡翠胡喪質于奇羽．彼紛紛乎斗筲兮．亦焉足以多數．奮九萬于溟溟兮．鵾鵬翼其垂天．紛有鳥而九頭兮．雀蛤胡感而化遷．鵜鴃鳴而草芳兮．天虹藏而不雪．隨陽慒乎冰泮兮．布谷啼于冬月．

曰邈邈乎皇穹之冥元也．昭昭乎博厚．邇而不可原也．揖祝融之冥冥兮．而南紀之專也．紛總總其淵陸兮．盍悉余之昌言也．曰維揚之末裔兮．土赤殊乎塗泥．貢奇南以沉水兮．又南金之纖絺．柚包而莫致兮．丹荔遠而見遺．繫鑄山兮爲金．又煑海兮以爲鹽．波羅特乎彼岸兮．安息以液而自殲．豨具矢而捷射兮．獸帶甲而穿山．麝藉香以爲祟兮．猩猩機疏乎能言．探余驪龍之頷珠兮．又網海根之珊瑚．佩明月乎南海兮．拂若木于明都。

獸爲舜而御戈兮．蓬萊浮海而負鰲．射工巧而俟影兮．巴蛇吞象而吐哺．又九首吞人兮．天吳怒號．犀胡靈兮．而厥角通天．象奚知兮．而委齒自埋乎．有倏忽兮元虬．負黃熊兮出游・眺西皇之青烏兮・見王喬之雙鳧・悦海若兮夜出・水妃偕兮朋遨・胡馮夷兮娶婦・諒佳期兮好逑・何海上之居人兮・頭宵飛而海食・晨則返而完歸兮・又追隨于往夕・

歌曰・二神譎詭誕慌惚兮・懵乎余狐疑助莫決兮・騎彼箕尾揖傳說兮・天路漫漫何修越兮・昔羲氏之宅交兮・化爲神于日馭・曰南訛以平秩兮・就余訂以一語・依朝曦而折衷兮・庶吾之猶豫・曰物之生・顯元趾基・一體齊氣・孰首飛之・斷永不續・孰能彌之・補天有石・誰其治之・鰲足立極・孰睹裁之・象能埋牙・誰親掘之・無爪無角・誰與插之・馮夷娶婦・匪形安協・水僊有宮・胡身業之・鵬翼垂天・誰能運之・扶搖而起・擊水三千・孰其仞之・有鳥九頭・孰啄食之・惟天一本・誰參析之・虺毒一足・誰附益之・天地之常・傳物有極・日月曜靈・風動雷拆・動植潛飛・咸識其職・百家九流・荒唐莫測・爰有典謨・聖人作式・厥民析因・鳥獸孳革・過此則非・吾之所識・于時日車就駕・引輓羲和・朱明離離・扶桑參差・炎均擊鼓・且笑且歌・乃臨橋梁・送余于河・悦乎忽忽・若夢南柯・載歌曰・中氣磅礴・山川繆兮蜿蜒虬隔。離中洲兮・常而不常・怪詭幽兮・不常而常・三光周兮・聖人耀德・文明流兮・海波不揚・庶徵休兮・結余忠兮爲軸・又揆信兮以爲路・乘于敬兮于塡輿・廓自得而容與兮・余因以從容乎周道・觀八極之無窮兮・浮游馳騁乎宇宙而上下・聊反觀而知天兮・超逍遙于閉戶・廼旋氛旄之班班兮・攬霓旗之翕翕・掣搖搖之雲旌兮・叫帝閽乎閶闔・入均天兮紫微・聞廣樂兮九合・

四勿總箴並序

甘泉子曰・古之學者本乎一・今之學者出乎二・予以四箴・存中以應外・制外以養中・惠教后世學者・至矣・使其知合觀並用之功・善矣・如其不然・或有分崩離析之患・而昧精一簡易之學矣・予爲此懼・推程子之意・以達孔顏之指・爲作四勿總箴・庶學者知合內外之道・以不貳乎一貫之教焉・

心含天靈・浩氣之精・與地廣大・與天高明・惟精惟靈・貫通百體・非禮一念・能知太始・事雖惟四・勿之則一・如精中軍・八面却敵・精靈之至・是謂知幾・顏遠不復・百世之師・聖遠言湮・多岐支離・一實四勿・毋貳爾思・

此二圖・乃聖學至切・至要・至簡・至易處・總而言之・不過只是隨處體認天理・雖言與象二圖・各有不同・然實相表裏・實相發明・蓋心性圖・專言道體・而所謂敬・所謂心・則功夫存乎其中矣・四勿總箴・專言工夫・而所謂廣大高明・則道體存乎其中矣・此所謂相表裏・相發明・通一無二之實也・只是一段道體・只是一段工夫・非有兩段三段道體功夫・無內外・無大小・無始終・無包貫之分・一而已矣・然則二圖・何以有圖・有說・有箴歟・曰圖以象見箴・說以形言・學者觀其圖焉・思過半矣・是故上智以圖悟・其次以言悟・若有言而不悟・士斯爲下矣・

湛若水

自然堂銘

夫堂何以名自然也・夫自然者・聖人之中路也・聖人所以順天地萬物之化・而執乎天然自有之中也・夫路一而已矣・學者欲學聖人・不先知聖人之中路・其可至乎・先師白沙先生云・學以自然爲宗・當時聞者或疑焉・若水服膺是訓・垂四十年矣・乃今信之益篤・蓋先生自然之說・本於明道明覺自然之說・無絲毫人力之說・明道無絲毫人力之說・本於孟子勿忘勿助之說・孟子勿忘勿助之說・本於夫子無意必・毋固我之敎・說者乃謂老莊明自然・惑甚矣・史氏恭甫作新泉精舍之前堂既成・名曰自然・若水敬爲序而銘之・俾學者庶有覺焉・

銘曰・有堂恢恢・在彼新泉・自然其銘・哲人維言・或曰老莊・無亦其禪・曰彼二氏・私智煩難・焉睹本體・焉知自然・曰自然者・何以云然・夫自然者・自然而然・吾且不能知其然・吾又何以知其所以然・問之天地・天地不言・而蒼然隤然・問之萬物・萬物熙然怡然・不言而其意已傳・或失則少・或失則多・或過不及・如自然何・抑維宣聖・示學之大・毋意毋必・毋固毋我・川上之嘆・不舍晝夜・天時在上・水土在下・倬彼先覺・大公有廓・自喜自怒・自哀自樂・天機之動・無適無莫・知天所爲・絕無絲毫人力・是謂自然・

其觀於天地也・天自爲高・地自爲卑・乾動坤靜・巽風震雷・澤流山峙・止坎明離・四時寒暑・自適其期・一陰一陽之謂道・道自無爲・是謂自然・其觀於萬物也・化者自化・

生者自生・色者自色・形者自形・自動自植・自飛自潛・鳶自戾天・魚自躍淵・不犯手段・是謂自然・是何以然・莫知其然・其然莫知・人孰與之・孰其主張・孰其綱維・孰商量之・孰安排之・天地人物・神之所爲・曰神所爲・何以思惟・吾何以握其機・勿忘勿助・無爲而爲・有事於斯・若或見之・其神知幾・其行不疑・窮天地而罔後・超萬物而無前・天地萬物・與我渾然・一闔一闢・一語一默・各止其極・莫見其迹・莫知其然・是謂自然・百爾諸賢・哲哉勉旃・

廣孝篇

嘉靖十年・閏六月十三日・吏部言・浙江東陽縣民郭珉・告有應貢生楊成章・係珉同母之兄・其父泰先任台州長亭巡檢・携正室何來任・不育・取珉母丁爲副室・生成章・泰卒・何扶櫬還鄉・成甫四歲・外祖與之子・而奪留其母・母剪銀錢訣別・與何各收其半以貽・成章十歲・何臨終・泣出半錢與成章・成章號泣拜受・比弱冠娶婦・月餘・即執半錢・往錢塘尋母・未知母爲外祖强嫁・珉父竟不能得而還・珉見母日夜焚香・祝天望子・未知其故・弘治十一年七月七日・有東陽典史李紹裔・巡水利來宿珉家・母隔壁聞紹裔與家人作鄉語・知爲道州人・遣珉問成章消息・紹裔備語之故・母因命珉執半錢往尋兄・

會成章亦再來浙尋母・相遇于江西廣潤門螺螄之橋・兩船交搭・各問程途・因漸漸說出前情・成章泣云・我初不知母所在・比有訓導・會稽人趙鑌・知我失母哀情・語以昔嘗敎讀東陽爲珉師・備知珉母離子哀情・此必汝母也・成章由

是往訪・珉驚悟・即各出半錢相合・拜哭相與俱來見母・悲喜交至・自茲成章三往迎母不遂・棄月廩就養以終母年・旣葬廬墓・兩省覈實・文章奬異・載在朝覲憲綱・藏之部司縣府・

今成章以應貢在部・珉亦以公事至京・相隔萬里・不期而會・兄考居上游・徒以年老・隨衆例僅得冠帶・而孝義未白・恐非聖朝以孝治天下・舉人才・勵風俗之至意也・如蒙察其孝廉・量加一職・則當道表揚激勸之道・庶不孤矣・本部看得楊成章・幼齡失母・長知慕戀・求之旣得・始終孝養不衰・郭珉能遵母命・不遠千里往尋其兄・孝弟之行・俱爲可嘉・昔朱壽昌棄官求母・宋神宗詔令就官・天下皆知其孝・宋之史冊・至今有光・今楊成章孝行・旣兩省覈實・載之明覲憲綱・藏之部冊・其義素重於人可知・

旣有司不能舉・今應貢而來・又以年貌拘常例・僅令冠帶榮身・混在衆常人之列・其何以甄別人才・激勵風俗・稱我聖明純孝錫類・準于四海取諸三途之良法美意哉・臣等皆有以人事君之責・孝弟之行・素稱于人・如成章兄弟者・若知而不舉・均有蔽賢之責・請授成章國子學錄・以重師儒・奬珉花紅羊酒・以勵風俗・皇帝制曰可・於是縉紳士夫・以及民庶・皆頌稱聖皇建極・首崇孝弟・愼選師儒・而三途並用・果爲善法・且上下母子兄弟・相感於誠・爲明時之盛事也・

其僚助教伍君・克剛孝謹人也・慕其義以告於甘泉子・請爲文暴其美於天下・以傳於來裔・亦助聖明風化之大端也・甘泉子曰・夫先王之治・風化而已矣・風化之道・感應而已矣・夫以銀錢之判・二三十年而復合・有典史訓導爲之告符・又兄弟之來往・偶遇於遠途・且母固無恙・逮子相見・生則棄廩往侍・死則廬墓全孝・兩省不期而交旌之・今幸遇明時・公道大彰・慈母孝子・友兄恭弟之名・實並顯揚于天下・其感應之機有五焉・是故足爲明時之盛事矣・其能勿傳乎・

楊君聞之・進而請益焉・甘泉子曰・夫堯舜之道・孝弟而已・孝弟之道・在一念之誠・擴而充之而已矣・是故能擴而充之者・大孝也・不能擴充之者小孝也・小孝者孝之疏節也・何謂大孝・夫孝始於立身・中於事親・終於事君・事父孝・故事天明・事母孝・故事地察・天地明察・神明彰矣・孝弟之至・通于神明・光于四海・是之謂大孝・夫天下相勉於大孝・而王化畢矣・於乎・楊子學在識其眞心擴充之而已矣・作廣孝・

鍾曉　字景暘・順德人・宏治壬子舉人・授梧州訓導・累官思恩知府・曉爲御史時・嘗劾宸濠黨參政王奎等・又嘗諫迎生佛・奏停采木・以此負直聲・知歸州時・值湖廣忠路與四川石砫兩土司爭地・積四十餘年不决・奉檄訊治・片言而服・曉師事石城謫宦鄒智・故遇事能自勵風節云。

劾不軌以奠宗社疏

臣竊惟天下之治亂・係於民社・民社之休戚・係於官常・官苟得其人・則宗社蒙其休・而民安諸・不然則宗社蕩搖・民歌鴻雁・圖治者所當愼重也・頃者各處草冠竊發・兵燹連年・饑寒困苦之民・轉死於溝壑者・不知其幾・雖已仰荷聖明・勞來安集・然奸佞未除・瘡痍未起・若使當官者・

僅靡升斗・而肆貪婪・何以敉寧中外乎・臣切照得・巡撫保定都御史張・提督山西都御史陳等・屢經彈劾・猶復蠅營・苟可竊祿・罔恤人言・此固天下之所共知・而不屑齒者也・

參議王恭・僉事李淳・包藏禍心・傾心寧府・日締交通・身爲朝廷憲藩・心爲奸藩羽翼・鬼蜮叵測・終釀禍機・此正謂刈草留根・終當爲國患者也・爲奸而貽禍生民・其害尚淺・爲奸而貽禍宗社・其害實深・欲俟考察之年・方行舉劾・恐嵎虎之勢已成・民社之害彌極・伏望陛下・懷救寧之圖・心不安於坐視・嚴貪佞之斥・義不假於毫芒・特勅吏部・即將各官・通行黜退・庶宗社叢蠹盡剔・大鼎無虞・邊省之民害既除・則烽烟攸淨・陛下所以享承平・而延億萬年之業者・於此未必無少補矣・臣所以不容於不言者也・惟陛下轉環止輦・則宗社赤子生民幸甚・

抑異端節財用培國本疏

爲抑異端・以節財用・培植國本事・臣嘗謂・自古帝王臨御天下・莫不以三綱五常之道而爲治・無有所謂佛教者・三代而下・漢明帝之世・佛法始入中國・然猶未甚熾也・近來番僧流入中國・陛下頗崇信之・至有特差重臣・過番迎佛之舉・臣以非材・奉命前到四川・吊刷都・布・按・三司文卷・其布政司卷內開・稱入番缺用坐派・正德十三年・分每邊粮價銀一兩・腹裏粮一石・各加銀一錢五分貯庫・而過番一事・支去銀九萬兩・雖曰所司設法處置・然皆民之膏脂・非神運鬼輸所致也・竊照四川地方・先經流賊殘破之餘・卽有空運採木之舉・繼有過番迎佛之事・費用不貲・斯民之凋弊極矣・極而展轉於溝壑・不知其幾矣・

夫空運採木・國家正務・過則猶恐傷民・邇者荷蒙陛下・體悉民隱・已將採木停止矣・而過番迎佛・乃無益之事也・陛下顧乃行此無益之事・以費有限之財・殘生民之命・蠹國家之本乎・況漢魏以來・事佛最謹者・梁武帝・宋道君・竟不聞有福利之報・而皆得奇異之禍・此可見佛無有之明驗・而其敎爲惑世誣民之一端矣・雖迎佛太監劉允・爲人安靜・不甚生端擾害・而動費九萬・終竭民膏・且崇佛風行・奸僧益恣・臣聞前年・一起番僧・到沽頭閘頭・毆打管閘李主事・此外夷凌犯中國之漸・士夫切齒・人民共知・而不敢言・言而不得進・臣又近入四川・道經荆州府・又見一起番僧・倚進貢爲由・多擄官民船隻・裝載販賣私茶・棰楚驛遞官員・强索州縣夫馬・似此夷風・漸不可長・

伏乞陛下斷自宸衷・痛抑異敎・追還迎佛之使・嚴行禁約之令・此後番僧除舊例進貢者・驗實名數・許令驛遞及州縣應付外・其餘敢有潛往京邸・復以過番取佛爲言・熒惑聖聰・及倚進貢名目・擾害人民者・乞勅地方・拏解法司・明正其罪・仍遣人衞之出境・庶使異敎漸息・正道日明・而生民得所・國本益固矣・　又乞陛下憫念四川數年興師採木之勞・生民困苦之極・除年例正派錢糧外・其餘一應徵求・暫且停止・以養一方之命脈・以播九重之洪恩・則四川人民・不勝幸甚・天下不勝幸甚・臣待罪言官・一有見聞・豈容緘默・

保聖躬固大本疏

爲請保聖躬・固大本・以慰人心事・臣自去年奉命四川刷卷・陛辭出京之後・渡河入川之初・卽聞聖駕北還・臣欣躍・喜不自勝・仰荷聖明・親誅叛逆・班師凱還・而歸京師・郊祀天地・祭告祖廟・凡事之大者・俱以次舉行・臣民胥慶・海宇騰歡・邇者偶聞陛下還京之初・聖躬違和・臣雖遠處西蜀・日夜憂惶・不勝瞻戀・伏賴皇天眷祐・旋聞卽臻康泰・臣竊惟聖躬之所以違和者・亦以二年之間・久勞於外爾・獨不思所以自保而自愛乎・

古者帝舜曾時巡矣・大禹卽戒之曰・毋若丹朱傲・惟慢遊是好・厥後終舜之典・不聞復有巡狩之舉・而孔子贊舜之德・則曰無爲而治者・其舜也與・夫何爲哉・恭己正南面而已・伏望陛下・思帝舜所以享無爲之樂・而鑑大禹慢遊是好之戒・視朝聽政之餘・定省慈宮之後・卽當優游自樂・怡神養和・而巡幸之舉・騎射之習・乞無復馳諸聖慮也・然天下之所以仰望於陛下者・又莫不曰天子春秋雖鼎盛・而前星尙未耀・天下雖乂安・而大本猶未固・是雖曰優游自樂・以享無爲之治・尙未盡善也・

臣竊惟宗室至親・本同一氣・留居京邸・則祖宗自有成規・遴選倚毗・則宋朝亦有故事・伏乞陛下・上請慈宮以定其志・下采廷議以執其中・擇宗室之賢者・迎置左右・非惟四時廟祀・得以代饋奠之勞・而旁有懿親・亦得以消奸伏之計・待椒房協慶・諸嗣誕生・然後遣歸藩服・是尤天下之所仰望於陛下者・而臣子愛君迫切之至情也・乞惟陛下留意采納焉・臣子不勝幸甚・待罪言官・竊有見聞・豈容緘默・

大節集後序

大節集者・集諸詠周節愍・竇貞烈之詞也・周竇死節・詩人嘉其節・指其實・形之聲詩・以重綱常・而關風化不少也・正德間・周爲按察・巡歷筠陽・忿華林之寇・殺邑屠城・奪髯突入・援師不至・死焉・其子幹痛父之死・執戈獨前・亦罵賊而死・是父死於忠・子死於孝・大節蓋與日月爭光矣・竇則通判姜公之妾・冠至城下・姜出援兵・付都符於竇・竇被執・密藏符・符旣白・給死于花塢井下・其節殆金石不移矣・事聞天子・謚周爲節愍・贈竇爲貞烈・蓋皆一時盛事・昭耀人耳目・至今不忘・前守鄺公・各建祠崇祀・當時士大夫・咸憫其死・作爲詩歌・而遊宦于茲者・亦皆有詠焉・巡臺儲公・行部至筠・謁周祠・尤深注意・令守以祠久傾圮新之・垂節愍像于堂・子幹及與難袁主簿附焉・且白于大中丞・請記以垂不朽・

贈總戎毛公轉鎭漕運序

正德二年丁卯・聖天子思軍國財力之需・帷漕運所係爲重・乃簡命今兩廣總戎毛公・轉鎭兩淮總督漕運・公聞命・卽戒行・出祖東門・兩省軍民・相聚咨嗟・兒童走卒・垂髫戴白・咸惜公去・若赤子之失慈母・至有啣恩感惠・而涕淚漣洏・知其賢者・梧庠士子・德公之深・欲乞留而罔知所自・遂繪錦爲軸・而屬文於曉・竊惟天下事・草大於兵糧二者・兵尤難於守邊・糧尤難於轉運・顧在得人以總之・然後

守禦固・而邊徼甯・漕利通・而國用足・不然匪爲不足以濟事・將有僨天下之事者厠乎其間矣・此先帝既簡命公・總兵柄于兩廣・而今上皇復轉命公漕運于兩淮・蓋皆重其事也・

自公總兵兩廣言之・簡約樸素・撫恤軍士・昕夕注慮・恒以練兵討賊爲心・其剪雲爐・破瀧水・擒府江・平象州・皆公下車・次第用武也・越明年平洞黎・又明年平思恩・又明年平十三村寨・又明年平連賀等山・皆公爲之謀謨也・所向無前・克敵如神・奉命三十六征・而獲功四萬有奇・公之用武・故以致此哉・蓋公之初・承伯爵自誓之詞己・曰蝶血龍沙・尙異周旋於邊境・裹軀馬革・誓將補報於天朝・公之精忠赤膽・形於言詞・而不食於今日矣・故平南頌聲・膾炙人口・七荷綸綍・屢加蟒衣文綺・進秩青宮保傅・卽公所以樹勳於兩廣・如是甯不善漕運於兩淮乎・

蓋漕運之設・其來已久・自唐裴耀卿・始爲陸運・卒泝河而入渭・其後劉晏遵耀卿之路・悉漕江淮之米・以實關西・後世言能經財利・而善漕運者・耀卿與晏爲首・今江淮之米朝庭取足于茲・軍國燕享・外此無以爲需者・漕運關涉・不亦甚重矣乎・公今已靖嶺表兩省・生靈被公之澤深矣・吾知公・移所以用心於嶺表者・用心於淮上・則漕運常通・而國家財用恒足矣・他日稱公於嶺表者・必曰軍中韓范・稱公於兩淮者・必曰淮上裴劉・勳業烜赫於當時・芳聲遠流於後日・顧不偉歟・公自拜爵迄今・出入中外・垂四十年・平生大節精忠・已受知於天朝・將特書于太史矣・殆非曉一言所能盡述也・姑特敬陳其概・言畢・諸生欣然請書以爲贈・

王縝　字文哲・東莞人・宏治癸丑進士・選庶吉士・改兵科給事中・出使安南・卻所餽金・得使臣體・擢工科都給事中・轉山西參政・調雲南・時逆瑾擅權・縝不爲禮・罰米五百石・俸不足・至鬻產以輸・瑾誅・起爲福建右布政使・晉副都御史・巡撫應天・以乾清宮災・疏陳正大本・省內臣・蘇驛遞・廣延納四事・皆切時弊・武宗欲西巡・力爭不報・丁內艱・服闋・以父老・乞終養・詔起撫治鄖陽・是時武宗行幸・供億煩費・悉令罷之・宦官呂震・李文貪虐・一束以法・擢南刑部侍郞・嘉靖改元・疏陳十事・皆見採納・晉南戶部尙書・値畿內大饑・區處得宜・存活甚衆・卒於官・祀鄉賢・著有梧山集二十卷・

東湖吳公奏語序

天地・正而已矣・人生而正・天地之氣也・氣在乎人養之焉耳・養之以義而直・方大安焉・不撓粹焉・不貳・則氣塞于兩間・無往而不直矣・是故孔子立萬世之準・立己立政・必以正爲之地・嗚呼・正論之難也久矣・由秦以來・士失所養・卑則甘鄙以封靡・高亦不過隨時策勳・以求夫名而已・其終始不渝・率歸於正・何啻什一千百・大抵不知義也・不知義・則有所養猶無所養・氣衰志亦隨之矣・能正也乎哉・

若東湖吳公・謂非今之正人邪・公性耿介・與世少合・自入仕餘三十年・奏議通八冊・言論諤諤・塞違昭義・凡志所欲爲・而情不得行・身所經歷・而勢不得行・國所關繫・而法不得行・皆發於言・蓋不得行・不得不言也・非有所爲而爲之也・至其大者・舉世之深避・公獨以身任之・一惟正言是持・雖前有駭機之禍・後有習坎之險・昂首伸眉・無所顧忌・是以歷忤巨姦・顚跌撼頓・至於屢死・不以秋毫動心而少變・氣之剛也如此・余每讀公之言・而服之・歎其不得盡行

於世・使其言得行於朝廷・則逆瑾無專政之禍・得行於江右・則姚源無再亂之慘・得行於吾廣・則民力寬・士風變・鹺政豐阜・海舶恬安・權右斂跡・道路清夷・嶺表永無風濤之虞矣・

言雖不盡行・然關衆佞之口・而奪之氣・振起一時委靡之俗・有益於風敎不少矣・況推賢讓能・克己利物・孤忠苦節・堂堂表表・眞可以化頑梗・通神明・豈非偉哉一代人豪也與・夫古有三言・而除三惡加三利・君子曰義也・夫公之言・殆三之十方・古之遺直・不亦類乎・公蓋嘗從白沙陳先生遊・聞道能悟・問學不廢・其養之也深・守之也篤・不但言論而已・程子謂其有志・須才與識合一・方有濟・公得之矣・以致世皆題公之節氣・而未深究其養之有自也・余知公久・乃序而表之・

爲修省事

臣伏見南京・邇者風雨迅暴・江水湧溢・守臣奏聞・陛下祇懼・勅諭兩京文武羣臣・同加修省・臣有以仰見陛下畏天威・憫民窮・其災轉而爲祥也必矣・臣聞書曰・蒙恒風若蓋風・以鼓萬物・若大風暴發・是謂耄風・其應在心不定・而爲下蒙蔽也・五行以水爲本・水能潤下・其動而卑・則爲順・溢而害物・則爲逆・詩謂不寧不令・百川沸騰是也・其咎皆歸於陰盛也・蓋風者陰類也・雨亦陰也・氷雖根陽・本亦屬陰也・揆之人事・內臣爲陰也・或者左右近幸・有竊弄威權・蒙蔽國政・在所必罪者乎・不可不深省而修治之也・宮闈爲陰也・或有內預朝綱・惑亂聖聽・在所必正者乎・不可不深省而修治之也・

兵革亦陰也・或外夷內侵・中原盜起・民庶倒懸・在所必懲者乎・不可不深省而修治之也・小人亦陰也・或兩京臣僚・仍有姦邪不忠所事・在所必黜者乎・不可不深省而修治之也・然此數者・亦未也・經曰惟天降災祥在德・而其本・實在陛下正心修德耳・昔雉雊於彤・而高宗興殷・大風拔木・而成王興周・今之災異・廼上天所以篤陛下也・陛下爲天之子・正當大奮乾斷・法天剛强・惕然省於心・凛然修於身・務行實德・不爲文具・制內豎・正宮闈・修軍實・以遏狄寇・親君子・而去小人・如此則心之所存・政之所施・皆剛明也・剛明陽也・陽盛而陰自退也・何憂乎災異之不弭・然究其所以・又皆臣下職業不修・不能以道事君・以致有此災異也・伏望陛下將臣罷歸田里・以爲大臣不職之戒・然後舉臣所言者・加致精誠・力行不惑・則可以格天心・致和氣・而隆國家億萬年無疆之休矣・

爲陳言激切事

臣聞・自古人主納諫則聖・拒諫則狂・納諫則興・拒諫則危・納諫則治・拒諫則亂・歷歷明驗・具在方册・然人臣之於君・猶子之於父也・子諫父不納・遂不復諫・是忘父也・臣諫君不納・遂不復諫・是忘君也・臣自幼讀書・素懷忠義・豈敢負陛下・而忘厚恩・徒靦顏以充位爲哉・臣近聞兵部等部・郎中等官・黄鞏・夏良住・張衍瑞・周叔等・廵按陝西御史張文明・翰林院修撰等官舒芬等・各盡所見・陳言諫勸陛下廵狩之事・其言朴直・多有忤觸・致蒙震怒・將

黄鞏等·或爲民降級·或監禁痛責·臣寢食不寧·晝夜憂惕·不意聖明亦有此事·外方傳聞·人心驚駭·以爲黄鞏·張文明·舒芬等雖言有不當·其心不過忠愛陛下耳·且言有正直·乃所以彰陛下之聖明也·正宜褒容·以大開諫諍之路·以永保豐泰之治·豈可加以罪謫·而取譏於後世乎·

伏望陛下·念上天眷命之至·重思祖宗創業之至艱·明目達聰·體舜之好察邇言·檢心責己·法湯之改過不吝·詔布天下·與日俱新·將黄鞏等勑行該部通查錄用·將直隸山東等處伺候人夫馬匹·盡行放回耕種·以示再無巡幸之舉·仍將中外所切齒·罪惡顯著者·拏問究治·以慰祖宗在天之靈·以答天下仰望之心·則臣萬死無所憾矣·今日之事·尤有大而急者·乞勑府部勳戚大臣·及科道等官·公同會議·推選相應宗室·敎養于宮·以俟前星光啓·然後厚遣還國·會查國朝事例·行取親王·以備司香之典·以固根本·以親血屬·宗社不勝幸甚·如臣言欺罔·乞加重治·以謝天下·臣叨大臣之末·願爲陛下一死·不忍宗社之將危也·是以披肝瀝血上言·臣無任犬馬激切之至·

爲內修外攘事

臣惟胡虜之勢·莫驕於今日·而中國之憂·亦莫甚於今日·何也·蓋自祖宗創業以來·天變地震·災異迭出·未有如今日者也·上下壅蔽·情意不通·未有如今日者也·各邊將帥·職業多隳·未有如今日者也·府庫空虛·錢糧不足·未有如今日者也·軍士疲憊·百姓艱難·海內窮困·亦未有如今日者也·以臣觀之·今日之事·非但可爲流涕·可

爲寒心而已·若不乘此機會·痛加整頓·臣恐天下大事·將不可爲·陛下亦不得安枕而臥矣·仰惟陛下之聖明·諸臣之集議廟廊之上·必有定見·但愚臣以兵爲官·以言爲職·日夜憂懼·區區犬馬之誠·有不能自已也·謹撰內外攘十二事·昧死上塵聰聽·伏望陛下加意睿覽·儻有可采·俯賜施行·則亦萬分之一少助也·

一曰定國本·臣惟天下之大本·實在人主之心志·心志不立·則因循苟且·專爲姑息之政·上下蒙蔽·專獻太平之說·往往至於事急而後爲之圖·不亦晚乎·今日之邊情·可謂急矣·伏望陛上·以祖宗付托爲甚重·以邊方事勢爲甚危·勵精立志·斷然以端本澄源爲首務·側身修行·奮然以安民攘夷爲急圖·凡遊賞齋醮無益之事·一切罷止·每日視朝·必勤必早·每遇大事·必召大臣謀度可否·而親自裁決·務其正朝廷·以正百官·然後百度可舉·百弊可除·軍威可振·夷虜可却矣·不然則專事於皮膚之末·往來於紙筆之間·而有可憂者至矣·日後追悔·噬臍何及·伏望聖明留意·

二曰明賞罰·臣聞賞罰之馭衆·猶輗軏之所以行車·轡勒之所以服馬也·賞罰不明·則人心不服·人心不服·則威令不行·今日之弊·賞則常濫·罰則常輕·何以激勸人心·何以磨世利鈍·乞勑吏兵二部計處·凡文武官員·但係傳奉·及乞恩奏討者·盡行革除·若有邊方能立奇功·不分文武官員軍民人等·一體不次陞用·仍乞勑法司·將大同等處失機誤事官員·卽以軍法從事·不待秋後處決·則賞罰明·而人心振矣·伏望聖明留意·

三曰廣儲積·臣聞金城湯池·帶甲百萬·非粟不能守·

訪得大同延綏糧草甚少·兼以地方荒落·赤地千里·人心惶惶·危不自保·雖有招商開中鹽引·而客商亦多不至·事勢至此·可不深憂·今當事急之秋·合爲變通之法·伏望陛下·銳意速圖·乞將去冬取入太倉銀兩·量發數萬·轉送大同等處·糴買糧草馬匹·仍將臣所奏前項冗官俸糧·柴薪銀兩·通運邊方·以濟急用·使人曉然知陛下之所爲·出於尋常萬萬·庶邊儲少充·戰守有備·

四曰寬民力·臣聞民惟邦本·本固邦寧·雖有外侮·亦不足憂·今日之民·困窮甚矣·而京畿之內·又爲尤甚·如蒙乞勅該部·先將順天等八府歲辦課程·及一切供應·逐一清查·自永樂宣德正統以前·每年某物計辦若干·某錢計用若干·自成化以後至于今日·某年加派某物若干·某年加征某錢若干·務要明白開款具奏·以俟聖明裁革·然後通行天下巡撫·巡按·逕自清查具奏減革·庶民困少蘇·國脈益壯·

五曰恤軍士·臣聞古之善用兵者·與士卒同甘苦·傳曰巡而拊之·三軍之士·皆如挾纊·蓋此意也·切照大同等邊軍士·承平日久·貪酷將官·椎膚剝髓·困窮已極·平居既不得聊生·有急則誰肯舍生·如蒙乞通行京營·幷各邊將帥·務要改過自新·撫恤軍士·眞如父兄之於子弟·頭目之於手足·一錢不得科歛·一人不得占用·仍乞將大同、宣府、延綏三處奇兵遊兵·量爲犒勞·以慨其勞·則軍士不以死報國者·未之有也·

六曰嚴號令·臣嘗讀史·見宋晏殊之攻契丹也·集諸將校令之曰·今日乃諸君報國之時·回顧者斬·於是大破契丹·周世宗之戰高平也·斬不用命者七十餘人·是於三軍大振·今日軍旅不振　蓋以將之號令不能素行於國·軍之號令不能素行於將·務爲姑息·上下成風·如蒙乞將各邊將官·有不用命者·卽斬以狥·不必提問·其戴罪罰俸·姑息之法·盡行除革·執此之令·堅而金石·而官軍不勇者·未之有也·

七曰時訓練·臣聞有制之兵·無能之將·不可以敗·無制之兵·有能之將·不可以勝·古者人君無事·則親臨軍旅·敎以坐作進退·有不用命者·則刑戮隨之·其習之嚴如此·故出無不勝·今之練兵·眞如兒戲·今之養兵·多如驕子·一旦驅之以戰·豈有不敗者哉·孔子曰·以不敎民戰·是謂棄之·合行通令京營·並各邊軍士·務要不時操練·其操練之法·務要眞如虜在目前·三令五申·有不聽令者·卽以軍法從事·務使士卒畏我·而不畏敵·然後可用·

八曰重兵權·臣聞古者人君之遣將曰·閫以外·將軍制之·蓋邊方事宜·難以遙度·不得不假之以權也·今日邊方將權頗輕·動輒掣肘·所以誤事·今後遣將·或遣總督軍務之官·乞假以重權·聽其便宜行事·如岳飛之行軍·有取民一麻者必斬·如狄青之誓師·自裨佐以下·方命者必斬·然後軍功可集·

九曰責主將·臣聞古人有言·責在元帥爲主將者·正當首倡大義·身先事卒·庶可成功·今日主將·專在鎭城·一有所失·便諉他人·不知用彼何爲也哉·切照王璽·今雖充軍·原其情罪·實與馬弁無異·乞將王璽仍問失機重罪·庶主將知警·

十曰收人心·臣聞大同威遠之民·去夏旣被擄掠·及冬

又遭槍殺・哭聲震地・人民寒心・軍既不救護・官又不同情・則民之離散・實可深憂・乞將被虜地方・照依去年夏間事例・一體賑濟・務使貧難得沾實惠・

十一曰舉才能・臣聞易之師曰・大人吉・又曰小人勿用・蓋行師莫急於選將任賢・而小人決不可用也・今之選將・亦難其人・但得文臣素有才望者・亦可以濟今時之事・臣訪得致仕尚書秦紘・致仕侍郎許進・俱剛正敢爲・可用之邊方・養病都御史樊瑩・致仕布政使舒清・俱清謹有爲・可用之撫台・如蒙乞勅該部議處以聞・

十二曰勵忠直・臣聞納練從善・帝王之盛德・以言爲諱・中主所不爲・自頃以來・在廷之臣・多以直言擯斥・使忠讜之士・不敢昌言・恐非國家之福・如州判林廷玉・知縣胡獻魯・昂縣丞王雄・皆因言而去者也・若不量加起用・何以勸勵後人・如蒙乞勅該部議處以聞・

乾清宮災奉詔陳言疏

臣欽奉勅旨・爾文武羣臣・受朕委任・義均休戚・其各洗心改過・痛加修省・事關朕躬及時政闕失・軍民利病・直言無隱・欽此欽遵・臣伏讀之餘・仰見陛下以乾清宮災・下詔求言・側身修行・雖堯舜兢業・何以過此・然言之非艱・行之惟艱・今日之災異・可謂非常矣・陛下之勅旨・亦可謂非常矣・然時事之日舛・亦可謂非常矣・臣叨列大臣之末・均有休戚之義・若復循默坐・觀得失・非唯得罪於天下後世・實得罪於陛下・得罪於祖宗列聖・而亦何以用臣爲哉・是以昧死敷陳四事・上塵睿覽・伏望俯賜采納・則臣雖死無所憾矣・

一正大本以安天下・臣竊唯朝廷者・天下之大本・而陛下一心・又朝廷之大本也・然木有本・必有枝葉以庇護・而其本益固・水有本・必有流派以演滙・而其本益遠・未有無枝葉之木・無流派之水・而可以固且遠也・伏惟陛下聰明聖智・洞燭事幾・察劉瑾之逆黨・卽去之而不疑・鑒劉七之倡亂・卽誅之而不宥・天下鼓舞・復覩太平・曾不幾時・漸有復舊・臣恐天下之患・又豈無劉瑾劉七之效尤者乎・此臣所以日夜痛心・必欲委身以報陛下也・伏望陛下以天戒爲必可畏・以祖宗爲必可法・御深宮以端己・親日講以正心・早朝勤政・而遊玩之事・一無所好・節用愛民・而異端之類・盡行斥逐・仍召勳戚輔導・以及部院大臣・講求我本朝留親王之意・參考宋仁宗育宗室之典・以固根本・以蕃枝派・候有前星光啓・仍遵舊章・則宗社幸甚・天下幸甚・

一省內臣以慰民望・臣切見南畿地方・祖宗根本重地・比之各省・實有不同・況經流賊殘害・又値水旱相仍・田地多荒・而逃移漸衆・稅糧多重・而杼柚漸空・且科派益增・供費甚繁・非但可爲流涕・可爲痛哭而已・小民一聞修省・無不以手加額・以爲織造一事・必行停止也・以織造供給下程等項・貽累甚多・今縱不能停止・其南京織造・專任守備・內臣提督・則事無不理矣・若欽差織造・太監等官・仍然先年事例・通行取回可也・如不得已・先將不急者取回・止留一員提督織造・則上不失供應之用・下不失裕民之仁也・其蘇松等處・先年俱係本府額・設織染局・管造供用緞疋・未嘗違誤・後差太監二員提督・而民因財損・已經通行革去・復止差一員織造・近年以來・復差太監二員・前來督

理．其所帶頭目人等．張威假勢．設法科取．實爲民患．其欽差提督太監．仍照先年事例．通行取回可也．如不得已．先行取回一員．止留一員管理蘇松等處織造．則民減一分之用．亦寬一分之意也．且太倉州．係新設州分．濱鄰大海．其太倉細布．又非織造所常取之物也．宏治年間．曾取一次．該臣論列．荷蒙先帝停止．頃者又蒙欽取太倉布二千疋．民愈難堪．伏望聖明留意．勅該部通查太監．量爲裁省．及將太倉州布疋．特賜停止．以紓民困．

一處驛遞以蘇民困．臣看得應天府龍江水馬驛．並龍江遞運所設在京城總會．要路往來．差使浩繁．晝夜不得休息．查得年例．該欽差針工．巾帽二局．內官四員．往南京公幹．各起紅船．站船．馬匹．廩給．關文到於龍江．驛遞卽行牒呈南京兵部會同館應付．原關內雖有水路應付．紅船站船往回逐站倒換．幷無開稱驛遞撥與常坐夫船字樣．及照各官．幷帶匠役家人．自有擺江馬快船．俱在清江廠住泊安歇．正德元年．各局官員等行票到於驛遞．每員於驛內撥取船夫八名．該所取人夫十二名辦納月銀．正德二年．因提督織造崔太監等．取撥站船三隻．紅船六隻．站船每隻人夫十五名．每月解納工食銀一十兩五錢．紅船每隻人夫十名．每月辦納工食銀六兩．俱是煎銷成錠．按月交納．正德四年三月因各夫役貧難無措．具告申府．轉呈巡按等處查例．通將各官占用夫船．奏革取回外．正德五年九月內．該針工局長．隨李進等奏稱．龍江驛遞不行應付夫船．轉行南京刑部．陝西清吏司．查無舊例．仍前裁革．正德七年．又該針工巾帽二局．奏准行府．轉行驛遞．撥夫應付．見今針工局內．官四員．巾帽局內．官二員．共該占取驛人夫六十名．該所人夫一百九十七名．自行下鄉追取各夫工養銀兩．幷提督織造太監吳經行票到驛．取撥站船二隻．人夫二十名．每月納銀一十二兩．遞運所取撥紅船四隻．人夫四十名．每月納銀二十四兩．因是各夫無措．拘喚官吏枷追．借銀解納．又有成造樂器袍服左監臣等官林秀等三員．比例奏取站船三隻．每隻人夫十名．紅船六隻．人夫六十名．亦各追銀．又有南京尙膳監管取鰣魚內官三員．取該驛站船三隻人夫三十名．在廠聽用．通計各官占用驛夫．共一百二十名．占用遞運所夫二百九十七名．見在數少接應不敷．人民困苦．不能聊生．如前任該所大使李臻幷接任大使李俊．俱爲追逼夫船銀兩自縊身死．妻子流離．興言及此．何以能安．況今驛遞官吏．多被鎖打．追逼銀兩．甚至妻子亦遭挫辱．無由控訴．似此所爲．民人甚有不堪．官吏委難度日．怨聲載道．驛遞騷然．若不裁革．必有後憂．乞勅兵部．通將公差南京針工巾帽二局．及織造等．內臣站船紅船．如遇起程．俱照關文應付．其住坐南京之日．不許違例．前去驛遞．撥取船隻人夫．逼勒銀兩．仍通行各處驛遞．但有公差人員逼勒夫價者．盡行禁革．庶窮民少蘇．天意自回．

一廣延納．以開壅蔽．臣聞動人以言者．其感不深．動人以行者．其應必速．而況於動天乎．上天雖高．其聽實卑．詩云．昊天曰明．及爾出王．昊天曰旦．及爾游衍．言天之聰明．無所不及．不可不畏也．然羣情之所在．卽天意之所在．若羣情之所甚好者．陛下先行之．羣情之所甚惡者．陛下先去之．好惡與天下同．而天意不回者．未之有也．近者欽奉聖喻・許羣臣直言・而言者衆矣・不知體羣情而有行之者乎・亦有去之者乎・臣以疏遠皆不得而知也・伏望陛下・大奮乾斷・廣開聖明・應天以實・而不以言・凡羣臣所陳皆合者・乞早賜施行・如決防注水而不留滯・其澤自無不被矣・若因言黜者・乞勅吏部通行查復原職・如麗日收霧・而不能蔽其光・日無不照矣・自此以往・常召羣臣・延訪治道・用別忠邪・庶下情能通・天意自囘・

爲愼用人以安邊方事

臣嘗見宋朝晏殊罷官之後・諫官包拯上疏・其畧曰・帝王之德莫大於知人・知人則百工任職・庶官無曠矣・夫位人主以治天下・固非庸材所堪當・歷選羣卿以補其闕・得其人則輿論壓服・非其人則天職墮壞・治亂之本在玆一舉・可不愼乎・況今百度或闕・生民未泰・若但取左右毀譽・容易以付大柄・恐非國家之福・臣以非才・備位諫職・每讀至此・實懷激切・近者竊見甘凉等處奏稱・達賊擁衆入境等情・兵部題要・會推大臣一員・前去總制甘肅等處軍馬・此正愼擇賢才之時・實治忽之所係也・何也・蓋陜西三邊・强弓勁馬所在・乃重地也・總制之名・無府不制・乃重權也・且擬以尙書而兼監憲之職・又重官也・自祖宗創立天下以來・一百三十餘年・不識曾有此重任否也・

今以如是之重地・加以如是之重官・而又假以如是之重權・可不加愼哉・若用正直老成之人・則可以上尊朝廷・外威夷狄・陛下西顧之憂可寬矣・此臣所謂治也・若用姦邪生事之人・則或貪功開釁・以貽邊方無窮之憂・或權重尾大・後有難制之弊・唐之藩鎭・亦爲明鑑・此臣杞人之憂・所謂忽也・仰惟陛下・聰明睿智・文武聖神・知地方之重・鑒得人之難・所以會推兩請・未卽乾斷・今若再舉・伏望陛下留意・省察於衆所推舉之內・某人正直老成・可以負托重任・某人喜事好功・恐於貽害邊方・上爲宗社・下爲生靈・愼於簡命・必求至當・不惑以先入之言・不牽於毀譽之說・則臣民幸甚・天下幸甚・

臣又聞之・公論揆之人心・以爲甘肅等處・既有鎭巡之官・亦皆推選之人・祖宗制度已定・地方人心已安・若謂今日賊勢重大・道路遙遠・必須得人代彼巡撫・老儒之官・而假之以便宜之權可也・或將總制之官・罷而不用亦可也・但此是國家大事・關繫宗社地方・臣不敢輕議・伏乞聖明裁處・臣本愚戇・以言爲責・若不先事而慮・誠恐或匪其人・日後地方多事・豈不孤陛下委任之意・臣無任激切憂國之至・

爲條陳急切時政事

臣竊照南京今年六月以來・連旬大雨・京城大水・衢巷不通・七月初三日・大風迅雷・將孝陵天地墻等處・拔倒樹木・不下萬株・吹壞人家牆屋・不計其數・漂流水軍戰船・幷官民船隻・亦不下數百・九月十七日戌時地震・搖動軍民房屋・人多驚懼・謂百年以來・未見有此災異之甚者也・夫孝陵太祖神靈之所也・今山木枯者幾半・南京太祖創業之地也・今災異出者異常・祖宗神靈必有不安・天地仁愛必有其應・陛下聖明不可不深思遠慮・而視爲泛常之災變也・

臣嘗反覆思之・不知其故・意者德業之高厚・有未合於天

歟・恩威之寬猛・有未適於四時歟・祖宗法度多廢壞而不振歟・軍民疾病多困苦而不恤歟・君子未盡用・而小人猶在位歟・百官多失職・而賤者猶執政歟・夫必有是數者・而後有以致災也・臣本愚戇・以言爲職・況當今日陛下修省求言・而臣目擊其事・敢不昧死上言・以盡忠於陛下乎・謹具急切時政・條陳於後・伏望聖明・念祖宗付托之重・畏上天重戒之切・俯察臣言・斷自聖意・則臣雖死・亦無所憾矣・

一曰講學正本・臣聞天下之本源・實在朝廷・而朝廷之本源・又在陛下之一心・心正然後身可修・家可齊・國可治・天下可平・不然亦終苟且而已・然欲心之正・必在講學・每遇經筵・不可無事而輕廢・每當日講・不可以厭常而輕免・又於獨居默坐之時・精之一之・克之復之・思所以正其心・而修其身者・果皆合於道而正乎・果皆背於道・而不正乎・不正則當遏止之・果正則當擴充之・ 務使此心常爲一身之主・則心無不正・以之修身・以之齊家・以之治國平天下・無不得其理者矣・臣雖迂・而天下之大本・實不出此・伏望陛下・講聖學以正大本・

二曰輔翼宮儲・臣聞太子國之儲君・事之急務・尤不可不加之意也・自古爲國長慮者・必選正人・日與居處・庶可以熏陶氣質・涵養德性・今太子睿質聰明・正當講學進德之時・而所以師傅之官・左右侍從之臣・尤當終日講論・以明夫天理人欲之分・終日接見・以成其親賢遠佞之性・爲國建億萬年無疆之休可也・臣見近年以來・師傅之官雖賢・不過虛名而已・未有終日熏陶之功・侍從之臣雖多・不過文具而已・未有終日接見之益・惟與近習・日親日密・臣恐祖宗之法・設官之意・未必如是也・伏望陛下專委任以輔太子・則國家慶磐石之安矣・

三曰諮訪廷臣・臣聞人君生長深宮之中・居處禁密之內・所接見者宮嬪・所親狎者宦官・不見軍民之艱難・不知時世之困苦・是以夏商之相傳・漢唐宋之相繼・爲君者莫不以接見羣臣・從容講論爲急・而我祖宗列聖相承・亦未有不接見廷臣・諮問時政者也・蓋偏聽生姦・獨任成亂・不可不爲之防・夫接見廷臣・切劘治道・非惟可以知民情之休戚・知政事之得失・而君子小人之情狀・亦可以洞察而知矣・伏望聖明留意・凡有大政大事・必召宰執大臣謀議可否・ 然後施行・則亦修省之急務也・

四曰振肅紀綱・臣惟朝廷之紀綱・莫大於黜陟・號令莫貴於嚴明・近日以來・邊方失機・總兵官如陳某・王某・皆置之於法・至於蔣某・獨得閑住・巡撫都御史王某・洪某皆落職家居・至於陳某猶得任用・如此刑罰・恐難盡服人心・又如致仕尚書周某・侍郎許某・同知楊某・御史曹某・衆所推舉・有益於世・當任用而不疑者也・今則疑之不用・如黜退布政朱某・副使邵某等・衆所唾罵・無益於世・當斥罷而不疑者也・今則疑之而查勘・夫天下之人・中方者・多善者・進用・則人皆趨而向於善・若不善者不去・則人漸趨而向於不善・今大臣持正者・則斥之罷之・不持正者・則用之留之・武臣用倖・則宥之容之・不用倖者・則降之律之・是使天下之人・爭走於權貴之門・爭趨於貨利之境・非惟壞祖宗之法度・抑且壞朝廷之紀綱・伏望聖明留意・將蔣某・陳某・如律問擬・周某等照例起用・朱某等停止查勘・則亦修省之急務也・

五曰修明軍政・臣自清理南畿屯田一年以來・惟與武職

軍士・盡日相接・備知南京軍士之困窮・逃亡甚衆・而武職之狼狽・度給甚難・究其所以・蓋由上之人・多事以擾之・多方以害之・富者之財・不足以供其剝削之費・貧者之力・不足以供其差役之苦・是以朝廷雖有存恤之仁・而軍伍實無存活之計・若不去其太甚・則軍政何以能修・武職何以能振・天地之變・何以能息・祖宗之靈何以能慰・如蒙乞勅該部・通查南京武職大臣・曾經科道被劾三次者・行取回京・另選賢能以居其位・則亦修省之急務也・

六曰風勵庶官・臣竊見近日以來・內外文武・亦多失職・累被彈劾者・包羞忍恥・素號奔競者・竟得美位・廉恥日喪・士風日衰・若不去其太甚・則人臣之固寵保位者・轉相效尤・實非國家之計・陛下若以爲愛惜人才・且姑留之・臣見人有廉恥者・被劾一次・則當引咎自責・恐去之不速也・至於三劾五劾八九劾而猶不去者・則其人之無恥之甚可知矣・彼既無恥・又知不爲公論所容・但圖歸老肥家之計・宜有分毫忠愛之心・是雖愛惜人力・實所以敗壞人才・是雖存留辦事・實所以敗壞政事・乞勅勒吏部通查兩京文職大臣・曾經科道被劾三次以上者具聞・俱令休致・另選賢能・以修庶政・則亦修省之急務也・

爲蘇民困事

臣節該欽奉詔書內一欵・江西饒州府・燒造磁器・除各年起運外・弘治十八年以後・暫停兩年・以蘇民困・欽此欽遵・臣竊惟今日之勢・正如人之一身・自頂至踵・無一處而不受病矣・善醫者・當視其急而治之焉已耳・今天下之病莫急於民窮・民窮則盜起・盜起則禍亂或由以生・自然之勢・不可不思也・仰惟明詔・思及民困・此誠社稷之福也・爲臣子者・當推廣德意・寬恤民隱・上以成更始之化・下以播維新之風・庶爲得耳・

今照得鎮守江西太監董讓・惟圖固寵・不思民窮・却行奏稱前項磁器・見在燒造者・不及欽定之數・要行嚴督燒造・又稱查得官廠收貯者・恐慮堆積損壞・相應起運等因・節奉欽依・都著起運來京・欽此・命下之日・外議紛然・皆謂皇上卽位之初・有愛民之仁・而董讓沮之・有節用之儉・而董讓壞之・致使居民之剝削不已・工作之催督尤嚴・郡縣之追呼不息・部運之轉輸尤勞　是則爲陛下斂怨者董讓也・爲蒼生坐困者・亦董讓也・董讓之罪・豈可逃哉・況其平日復作威福・累被劾奏・尤天下所共知者也・臣再照各處害民者・非但董讓而已・如鎮守蘇州太監劉郎先・在河南貪財壞法・旣該宗室劾奏・又經差官勘明・此其困民之顯跡・在所必黜者也・

鎮守山東太監朱雲・出巡郡縣・索取銀兩・坐守臨清・剝害客商・此其困民之顯跡・亦所必黜者也・且今年一冬無雪・太白重復晝見・各處盜賊發生・水旱相仍・揆諸天時・驗之人事・實可儆懼・誠非細故・況法度日漸廢壞・詔令日漸停格・姦貪日漸得志・風俗日漸委靡・若不大明陟黜・振肅紀綱・其何以端其始・而快天下之觀聽乎・

伏望陛下以天戒爲重・以民窮爲憂・親君子・遠小人・止無益之戲・隆講讀之功・仍乞申勅百官・堅守詔令・將前項磁器原係欽定燒造者・卽行停止・原係收貯官庫者・仍存在庫・準作正德三年以後之數・其董讓・劉郎先・朱雲通取回

京・量加治懲・以爲困民者之戒・另選老成守法者・以代其者・則政令昭明・人心欣悦・生靈幸甚・宗社幸甚・臣職專諫諍・心切忠誠・所有民病・不知避忌・伏惟陛下留意・臣無任拳拳之至・

爲正德謹始事

臣竊惟・上天之生萬物而成歲・功必始於春元・人君之統四海而成王・道心始於改元・易曰・大哉乾元・萬物資始・又曰・君子以作事謀始天下之事・罔不在初・蓋發端之首・關係甚重・不可不謹也・臣本愚庸・謬列侍從・恭覩陛下改元之初・實惟海內更始之日・臣民欣戴・拭目仰觀・正宜修德以成大化・是用罄竭平昔之愚忠・考證經史之格論・概舉十事・仰達聖聰・一曰務學・二曰敬天・三曰誠身・四曰任賢・五曰節用・六曰仁民・七曰愼令・八曰重微・九曰勤政・十曰納諫・皆隨事畧節・麤成條貫・不敢繁詞・庶便上覽・伏惟陛下留意・無以爲迂濶之陳言・用備朝夕之諷誦・則天下幸甚・宗社幸甚・爲此謹具題本開坐・伏候勅旨・

務學・昔堯舜之聖・必若稽古・孔子之聖・亦學不厭・書曰念終始・典于學・詩曰學有緝熙於光明・皆言人主不可一日而忘學也・自古天下之治亂・實係於人主之學不學耳・蓋不學則理義不明・多聽而易惑・心志不定・因時而常移・是以聖王必以務學爲要・能學必以正心爲急・伏望陛下加意講學・每遇經筵日講・不可暫輟・仍於日講之後・常與儒臣從容論對・講求治體・以廣聞聽・以養聖德・則理明心正・天下不難治矣・君道之大・莫先於此・

敬天・詩曰敬之敬之・天維顯思・命不易哉・無曰高高在上・故堯之放勳・欽若昊天・舜初卽位・首察璣衡・自古以來・能以實敬天者・則享年必永・若驕肆傲怠者・則禍亂必作・信如形影・應若聲響・載在史冊・昭然可鑒・伏望陛下・以天命爲至重・以祖業爲至艱・夙興夜寐・兢兢業業・常如上帝之照臨・則天下蒼生・以至昆蟲草木・無不幸甚矣・君道之大・莫急於此・

誠身・中庸以天下九經之本・在於誠・大學以天下國家之本・在於身・是則欲平天下者・必先修其身・欲修其身者・必先誠其意・古今不易之論也・然人主一心・衆欲攻之・或以聲色・或以犬馬・或以射獵・或以遨遊・或以珍奇・或以佛老・凡是數者・一有所好・則心意必有不誠・而身心有不修矣・是以存養謹獨之功・尤所當急也・夫有諸中・必形於外・其實有不可掩者・伏惟留意省察・

任賢・昔周公作立政・戒成王以任賢才者・有曰繼自今立政・其勿以憸人・其惟吉士・用勱相我國家・蓋自古守成之君・幼冲而賢者・莫過於成王・輔相之臣・告戒能忠者・莫過於周公・夫周公所以致謹於此者・誠以君子小人之進退・乃天下治亂隆替之所關也・然難進而易退者・君子也・剛明而正直者君子也・易進而難退者小人也・柔暗能謟媚者小人也・人君誠能灼知其君子・則必任之專・信之篤・而勿以人言間之・知其小人・則必疏遠之・斥罷之・而勿以人言惜之・則三代之治・不難復矣・伏惟留意省察・

節用・易曰・節以制度・不傷財・不害民・孔子論治國・而有節用愛民之說・蓋上侈靡而細人效之・此饑寒之所

由生・而盜賊之所由作也・究其所以・則皆近倖之臣・以此蠱惑人主・導其欲・而悅其心・因以侵其利耳・人主所用・能幾何哉・是以先王立法・作奇伎淫巧以蕩上心者・罪無赦・誠知後世之弊・以此爲之防也・昔漢文帝衣綈革履・終身不改・宋仁宗在宮絁被漆壺・常恐暴殄・故二君享國長久・百姓乂安・自古明君・未有不以奢侈爲戒者也・

仁民・易曰聖人之大寶曰位・何以守位曰仁・書曰可畏非民・又曰后非民罔使・是則仁者・帝王之本原・而民者國家之根柢・載籍所傳・未之有改也・然征斂無藝・則民之財竭矣・工作浩繁・則民之力窮矣・好興大獄・則民之怨起矣・喜用干戈・則民之命殘矣・四者皆定以失人心・非仁民之道也・是故明君・必省刑罰・薄稅斂・工作之興・必不得已・而後役之以時・干戈之用・必不得已・而後舉之以義・三代之所以長治久安者・率是道而已矣・

愼令・國之紀綱・莫大於命令・君之命令・莫大於賞罰・賞罰明・則命令信・而人無不從命・令信則紀綱振・而人無不服・是故令者・帝王制御天下之大柄・而國家興衰之所繫・不可不愼也・欽惟我朝・內設內閣・以寓三公論道之意・外設部院・以明九卿分職之責・凡國有政務・必先謀之內閣・而後下之部院・參詳可否・然後奏請施行・故事無過舉・令無屢更・若不付之公議停當・而隨意頒行・則姦小得以投隙・賞罰易於倒置・爵祿不足以爲勸・刑罰不足以爲戒・朝更夕改・莫知所從・如唐之斜封・宋之內降・其何以爲國哉・經曰令出惟行・弗爲反・傳曰令重則君尊・君尊則國安・然則人主之於命令可不信哉・

重微・天下之事・莫不起於幾微・天下之情・亦莫不忽於幾微・蓋幾者動之微・而事之漸・最可深畏而戒謹者也・故易於坤之初六・以履霜堅冰爲戒・且曰田辨之不早也・嗚呼其丁寧之意・亦深且切矣・自古人主誰不欲興太平・然而治日常少・亂日常多者何哉・亦以幾微之際・自謂無事而忽之・及其積久而禍亂已成・則莫之能救耳・如秦之盜賊・其始也特起於民怨・而其漸之積也・遂至於大亂・漢之外戚・其始也特起於寵戚・而其漸之積也・遂至於遷鼎・唐之北司・其始也特假以兵權・而其漸之積也・遂至於陵替・宋之北狄・其始也・特假以歲幣・而其漸之積也・遂至於滅亡・幾微之不謹・每至於此・然則人主於萬幾之際・細微之事・可不懼哉・可不戒哉・

勤政・臣聞益戒舜曰・罔遊于逸・罔淫于樂・舜大聖也・益猶以是戒之・況後世乎・故成王初政・周公作無逸以戒之曰・繼自今・無淫于觀・于逸・于遊・于田・無若殷王之迷亂・酗于酒德哉・嗚呼自古國家未有不以勤而興・以逸而廢・以勤而壽・以逸而促・然則逸之一字・豈非人君之大戒哉・是故人君・當知稼穡之艱難・當體小人之勞苦・凡所謂荒寧之樂・皆所不取・如是而國不治・天下不太平者・未之有也・

納諫・臣聞木從繩則正・后從諫則聖・故堯舜聖帝・立誹謗以求言・殷周哲王・以怨詈而敬德・自古人君・無不以納諫而興・拒諫而衰・何以言之・言路國之元氣也・元氣流通・則血脈和平而身安・元氣壅塞・則血脈凝滯而身危・自然之理也・況人主以一人之身・深居九重之內・四海至廣・萬幾至繁・其民情之休戚・政事之得失・人材之邪正・姦權之僭竊・不以言路爲耳目・其何以盡知其情狀哉・然知之非

艱・行之惟艱・誠能身體而力行之・舍己從人・改過不吝・如此而國不治・天下不太平者・未之有也・

右臣所論條件・皆非指陳一事之得失・而於有司亦無施行・伏望於萬幾之暇・特賜睿覽・則於聖德或有補於萬一云耳・

爲復舊規以蘇民困事

臣節該欽奉勑・一應軍民利病・可興可革者・具奏來聞・欽此欽遵・臣仰惟聖明憫念蒼生・興革利病・用底隆平・誠堯舜憂民之心也・臣切惟守成之業無他・惟守其成法而已・成法者祖宗之所定・行之年久・而不可更者是已・一守成法・則事有條・而病自除・一變成法・則事無緒・而病交作・自古以來・否泰之分・皆由於此・頃者逆瑾擅權・變亂成法・荷蒙陛下乾斷・翦除奸惡・頒詔改正・天下臣民・無不欣舞・但中間猶有一二未盡改正者・乃臣下奉行未至・是以小民困弊・錢糧難完・今將查過應復舊規二事・條陳于後・伏望宸聰留意施行・則根本之地・復沾寛恤之恩・臣民幸甚・

一復舊規以定馬價・查得成化弘治至正德元年二年・直隸蘇松並浙江嘉興等府・原定山東等處地方各驛・上馬每疋解銀三十二兩・中馬每疋解銀三十兩・下馬每疋解銀二十八兩六錢六分・一應馬疋倒死・並工食草料舖陳在內・俱於秋糧內・會計徵銀類解・此舊規也・至正德三年以來・逆瑾貪利・發馬各驛變賣・乃改前規・每上馬一疋加作銀四十二兩・中馬一疋加作銀三十八兩・下馬一疋加作銀三十五兩三錢三分・年年照數起解・儻有不足・各處差官坐守以致・小民賠償不過・追徵不完・各役有欠缺之稱・庶民有加徵之苦・且馬無年年倒死之理・而人有年年追銀之病・小民受困莫甚於此・且各驛上等馬疋・直銀不及二十兩・中等馬疋不及十五兩・下等馬疋不及十兩・縱加馬草工食舖陳・以正德元年二年原定舊規之數・儘可餘矣・乞勑兵部查照・正德元年二年原定馬價追徵・仍禁不許差官坐取・擾害地方・則民病少蘇・

一復舊規以定賦稅・查得成化弘治至正德元年二年・直隸蘇松池太並浙江嘉興等府・原定秋糧稅運若干・改兌若干・起運白熟粳糯等米・芝蔴黃黑荳・京庫折銀・各赴內府・及各監各部交納・各有一定數目・府縣明載誌書・國家著爲大典・中間雖遇荒年・通融撥補・或軍情緊急・暫時挪用・事畢仍復照常徵收・此舊規也・自正德三以來・逆瑾窺利・羣小作弊・革去巡撫・聽其訓度・以致各府糧米荳蔴・多有挪移・惟稅運改兌之數・常有漕運都御史管理・至今不易・其餘起運京庫・折銀數目・亦有更移・至今起運兩京內府・及光祿寺・並各衞・倉米荳芝蔴尤多變更・年年不一・且如直隸・府分小者・莫過池州府・而人民貧難亦莫過於池州・先年會派・並無南京供用庫芝蔴・近派南京供用庫芝蔴五百石・每石約用銀二兩五六錢方夠完納・本色每石約用銀四五錢・近乃止派九千七百石・輕者減去・重者加添・以此小民困苦無訴・官司遵守無常・再照稅糧之重・莫過蘇州府・而稅賦之多・亦莫如於蘇州・至於內府錢糧・尤爲難納・蘇州府舊派內官監白熟粳米三千石・近年乃增至五千五百石・而南京各衞倉米・近而易完者・蘇州府舊派五萬八千零四石・近年止派五萬三十四石二斗六升・重者有增・輕者有減・以

此錢糧愈見難完・人民愈見艱苦・其他府分・亦多類此・難以細開・乞勅戶部通將直隸蘇松・並浙江嘉興等府・自成化弘治・及正德元年二年・原派起運內府・及兩京各監・並府部各衛等衙門・糧米・蔴荳・照依稅軍糧米之法・斟酌停當・著爲定例・永不改易・或遇災傷・暫時撥補・不以爲常・則民病少蘇矣・

爲遵成憲黜異端事

臣竊惟朝廷之紀綱・莫善於成憲・京師之風俗・莫不善於異端・臣不敢遠引・謹以近事言之・成化三年十二月初八日・該太監許安・節奉憲宗皇帝聖旨・京城內外・多有官員人等添修寺觀・好生不便・今後不許增修・還著禮部嚴加禁約・欽此・先帝眞知異端之爲害・不許私創寺觀之舊章也・弘治二年四月二十九日・禮部題爲乞恩遵舊制以正教門事・節奉聖旨・近年僧道不守清規・傷敗風化・及私創寺觀・費耗錢糧・朝廷累有禁約・乃吉祥等・如何輒便奏擾・本當究問・且饒這遭欽此・陛下灼見異端之爲害・不許私創寺觀之明詔也・

仰惟陛下至聖至明・至正至大・自卽位以來・未聞修理寺觀・創蓋庵院・亦未嘗輕賜寺額・濫陞僧官・萬方觀戴・咸歌聖德・內外各官・正宜遠遵舊章・近守明詔・庶盡爲臣之職也・今照太監李興・但爲身謀・不顧國體・近於順天府・大興縣東皐村・私創寺宇・以不貲之財・爲無益之事・有壞成憲一也・自知私創・於理不安・奏乞寺額頒降護勅・使天下後世・譏議陛下興此異端・有虧聖德二也・猶恐朝廷不

信・又稱祝延聖壽・護國祐民・臣等竊見內臣創修寺觀・不過自爲身後香火之供・眼前之計・其於聖壽有何干預・況此僧徒游手游食・無父無君・名曰護國・實乃蠹國・名曰祐民・實乃害民・似此欺誑・有負聖恩三也・且無故將帶銜左覺義定錡・乞陞職事・致使姦僧得志・恩典濫施四也・又見寺西之官路・不便於己・路東之官地・實便於寺・揑稱苜蓿段・正礙道路・自置民地・計畝兌換・緣苜蓿之地・祖宗欽定牧馬之所・萬年不易之良規也・今以私便・輒欲兌換・臣恐貴戚之臣・比照此例・但有自置庄所・接連官地・可以適己・俱可兌換・其變亂成法・開啓姦謀・將來之弊・有不可勝言者矣・此其罪之尤者五也・

卽此數事・可見李興不遵祖宗舊章・不守陛下明詔・上虧聖德・下惑小民・所係非細・豈容緘默・臣謬預禮儀・濫居諫職・但恐有負陛下・不知避忌權臣・伏望陛下留意睿照・斷自宸衷・乞將李興懲治・勅禮部將私創寺宇拆毀・寺額護勅俱爲停止・勅戶部將苜蓿官地・不許兌換・仍將僧官定錡削去職銜・拏送法司・以爲姦僧交通內臣・貪財壞事之戒・庶風俗歸正・國法章明・聖德益崇高矣・

黃　衷　字子和．南海人．宏治丙辰進士．授南京戶部主事．累遷至吏部郎中．出知湖州府．稍遷福建轉運使．巡撫胡世寧薦理糧政．遂遷廣西參政督糧．尋晉雲南右布政使．擢右副都御史．巡撫雲南．會營仁壽宮及顯陵．晉工部右侍郎．兼僉都御史．以病足乞休．旋中蜚語．勒冠帶閑住．給事中魏良弼訟其寃．久之奉詔復職．致仕卒．所著有榘洲文集十卷．詩集十卷．奏語十卷．海語一卷．世載一卷．

按榘洲詩文集．奏語．世載、各書．今皆未見．榘洲詩集．書庫書目作十一卷．乃並其弟驟樗亭集一卷計之．其實仍十卷也．海語一卷．嘉應吳蘭修從甘鄉江氏借得鈔本．與張氏學津討原本．互校釐正．以付南海伍氏刋入嶺南遺書中．

奉餞總制避薦書

日者藩司諸君見過．語次屬奉嚴檄．似有勸駕之惠．衷切喜且驚．而深以懼也．夫推賢之道．在古人已爲盛節．落莫何久．而今復見之．喜之云者．謂古道之必復也．自吾鄉言之．必曲江然後可當燕公之引．必菊坡而後可副益公之薦．茲以此道．而施之於衷．揚諸海內．必將大駭．此其所以驚也．然猶靜思默省．深懼而不敢當者．其說有三．請以上塵．惟門下察之．夫衷自弱冠竊名仕籍．微才譾識．如僧削髮．雖多歷年所．而試輒罔效．中夜追惟．悸心赭面．夫以屢試無效之人．而强之使前負乘．覆餗勢所必至．此其不敢當者一也．固劣之性．與物多忤．三十餘年．負怨負謗．有如邱山．逃虛就蔭．猶懼不免．若再溷榮途．而覬人以容．亦自愚之過矣．此其不敢當者二也．引疾之年．五十有五．屏居垂八閱歲．閉門蒔藥．聊以自遣．如蝸牛蠕息一殼之內．復何所營．語曰．血氣既衰．戒之在得．此其不敢當者三也．所貴乎士者．謂其難進而易退也．夫難進則其道必行．易退則其道不溺．仰惟門下．道濟羣蒙．智周萬品．節制未朞．化薄海外．由是推涓滴之餘．成不溺之誼．使天下賢流．知大君子所以曲全衰腐者在此．而不在彼．豈非盛德事哉．干冒尊嚴．無任悚惕．不宣．

懷鼇謁帝詩序

歲八月十日．爲萬壽聖節．天下藩服．暨裔夷之長．川獻獄貢．各以其職來集闕下．雲南三司致慶之臣．戒期預矣．嘉靖甲申．憲使諸君實行．同寅陳省齋氏曰．贈離舊矣．繁重也．際榮也．與其適遠也．皆贈也．朱君輟業貞肅親奉函賀．不謂重乎．淸穆在前．朝著在列．不謂榮乎．越自萬里．去之天都．不謂遠乎．其贈之曰．懷鼇謁帝．義茲備乎．僉曰宜賦什．則既盈卷矣．不鄙謂予宜敘．予惟古者君臣之際．分懸而情孚也．故有致愛之道焉．夫居崇高之極．而凡所以致乎其愛者．非壽莫稱也．華封獻祝．天保興歌．江漢美宣．閟宮頌魯．漢舉明堂之觴．唐置千秋之酺．宋有天申瑞慶之表．迨于聖朝．幾置三大賀．然讚詞非壽莫稱也．亦猶致夫其愛云爾．

雖然壽莫大於隆道．愛莫大於勤德．聖天子春秋鼎盛．懋興昌運．非古弗準．吾人所遭．亦既當其盛矣．稱上壽而效大愛者．予遠且劣．心竊忸焉．抑聞之．昔有誕辰受獻者．衆以玩獻．惟曲江公述古興廢之道．具錄而進．至今韙焉．朱君高第起家．讀秘閣書．選爲才御史．直道忤權．左次久之．召爲考功正郎．明審有聞．一參藩議．再持憲節．廉惠于滇．頌也．今由遠道．而將事於榮且重者．必有隆道勸德之誼．以續曲公故事．以發予心之至忸．如是而懷耋也．理也．天下之福也．

羅浮山志叙

羅浮山志．廣西少伯懷元子之所著也．合水泉灌漑之利．峯巒溪谷巖洞之幽．琳宮梵宇．若橋壇之興廢．爲靈境志．一合羽毛生彙之異．爲動植志．二合羅豫章．蘇長公．留仲至．張恭父之晦履．爲賢跡志．三合葛稚川而下．四十三人．元行之精駁．爲仙釋志．四合歷代遊人變幻形迹之遇．爲紀異志．五合古今詩歌．吟調．序記．若干首．爲文賦志．六合撫幽究邃鐵橋之奇．四百三十二峯之秀．隱約九隔閒耳．始予讀之．未嘗不勤其志．而悲其心也．夫榮盛之情汰．窮素之情瘁．摧挫伊鬱之情激．而務達是．故王公．貴遊．歌鐘鼎．縱耳役目以爲娛．卑約微賤．披褐戴索．呻吟悽楚以爲怨．幽人貞士．謫宦逐客．清泉白石以爲適．導引辟穀以爲高．述言纂事以爲檢．又其下焉．乃沈酣於蕩以爲極．凡此非有崇邱巨壑．皆不足以含神而修．達趣而樂．故山水之勝之傳．恒出賢流之品第．

零陵諸山常山耳．詎能匹九疑而伍衡岳也．卒以子厚之言于今見之．況羅浮之爲山．磅礴三百里．上摩蒼穹．青帶溟海．遙屬乎勾曲．而擅道家洞天福地之號．懷元子固．稱其不在五嶽四鎮下矣．古之耆儒碩彥．踰嶠而南者．或秘迹焉．謝喧杜世．若黜名廢行．冥心而毀慮者．然於茲山草木蟲獸．靈源異境．觸目而動中．藻詞瓌韻．卒不得已乎其言．則茲山之勝之傳．固嘗盛於昔矣．懷元子好古不妄．比以祠

部郎．出參藩政．化通而聞流．初無窮素之瘁．摧挫伊鬱之激．而志茲山．遽寓想於芒鞋竹杖何耶．無亦恬曠之性．出於其天．處榮盛而不汰耶．不然神仙之說何憑哉．予膠於志．而困於才．將無以自見於世．尚茲山之我容也．庶懷元子之情協已．

雲南鄉試錄叙

士以言揚也古矣．夫言不苟飾也．裕之以學．言不苟達也．文之以才．言不苟信也．副之以物．言不苟傳也．統之以行．是故君子之制行也．篤者之言．端以慤．邃者之言．閎以深．縝者之言．覈以詳．通者之言．和以適．浮者之言誕．狡者之言詭．不恪者之言浮．中無主者之言支．以達于政．猶影響然．是故朝廷之制命．宗廟之聲歌．聘問之辭令．官吏之播告．戎旅之諭檄．微而通幽．元顯而昭化理．言之義用大矣哉．洪惟我朝聖祖神宗．稽古成治．養士有學．取士有科．本之於六經．博之於子史．徵之於政務．養之於積歲．而取之於浹旬．言也是錄．而後之鴻賢碩輔．一無遺者．嗚呼盛矣．列聖馭世臻理之道．至大而至要存焉爾．

嘉靖乙酉．厥期旣屆．雲南巡按監察御史某．議擧試事．而貴州之士．亦並叙焉．制也．先是藩臬以具白于巡撫某．旣具．則又白于鎭守某．咸曰典也．維飭貴州巡撫某．鎭守某．巡按御史某．咸精志協德．用相厥成．清戎御史某某事兩藩．振飭益力．茲擧之盛．此其大都焉．仲秋初吉．考試官某．同考試官某．各皆聘至．提學副使某．僉事某．預取之士．亦旣濡穎而待矣．御史某乃申令于內曰．量才稱

事・巨細必察・布政某司之・禁慝戢譁・維典維法・按察某司之・又申令于外曰・內供必節・外防必恪・具官某某司之・間關修阻・士來斯所・貴州藩臬某某司之・胥鉦書柝・徼偵衞翼・都司某司之・至如舉綱張維・井井絡絡・厥御史之所綜也・

是月丙申鎖院・某辰而徹・凡三試之・拔士之尤者・五十又五人・併其文具錄以獻・某次當叙・某曩聞談者言・秦黔之地・率皆異其產・而畧乎其才・竊嘗疑焉・而未有言也・頃道辰沅・歷鎮遠・帶甲控弦之衞・連絡不絕・椎髻革裘之子・蹻犍上下・虎關鳥道・盤迴數千里・毎陟益峻・勢益險・而觀益奇・躋雲躡霧者・踰月而達・則豁然大觀・閉者以融・隱者以燦・炎濁之氣・灑然清寒・視江南都會・形便特勝・因仰而嘆曰・嘻壯哉・使談者之言・而信數千里之盤迴・峻者險者・觀而奇者・閉而融者・隱而燦者・則其所產・豈但燦然而光・沃然而澤・雜然而變之物・爲世之玩而寶之者・專翔價於天下而已哉・不然必有際其盛者矣・

既而賓席珍之儒・歌鹿鳴而來也・三日所呈・肆而閎之・鈎深引類・移刻連卷・蓋已信多士之工於言矣・盡畧而披・繼燭而較・典而莊者・制命之儲也・雅而麗者・聲歌之表也・婉而盡者・辭令之軌也・簡而重者・播告之宗也・嚴而辯者・論檄之選也・譬則良冶之蓄・型範莫同・而爲器均耳・雖然士陳之有司・錄且獻之・學誠裕矣・才誠文矣・物誠副矣・皇上文教・旁被無外・亦足證而信矣・然統之以行天道之深懼焉・尚勉乎哉・修於家・而不壞於天子之庭者・是則士行之良者耳・其尚勉乎哉・無亦燦然之光・沃然之澤・雜然之變之物・卒於玩而已矣・

南中集叙

正德辛巳秋七月・予自廣右・稍遷雲南右轄・親知私我者・率言雲古滇國・是爲西南絕徼・瀕海諸藩赴之・皆萬有餘里・又率以予迂矯早瘁・若迂矯忌遠俗・早瘁忌遠適云者・予惟滇自古不通中國・漢欲伐西南夷・乃先鑿池類昆明・以習水戰・乃遣王褒祀碧雞金馬・竟不能至・夫滇山川之遐以阻・敢煩閔閔然・論孤劣之人・知止恒戒・第聖天子新渙大號・予幸以方伯召殿茲土・又幸未即老・詎敢以瘁辭役・若迂矯者・知不知之間・有詘信焉・吾何懼而避哉・

乃沿瀧流・訪昌黎子問吏處・出郴踰衡・汎湘江趨武陵・登遇仙橋・觀秦人避秦峒・歷辰以入貴竹・凡兩月十有二日・而達滇境・又八日而至昆明之池・碧雞金馬・往往在目・是昔擅奇若險・自今觀之・亦沮洳之會・伏猊蹲駝之邱而已・曩懼乎迂且矯者・民情顧不背・然瘁則愈瘁矣・居二年有奇・進右副都御史・巡撫雲南・初予入境・館于平夷・夢騎士數千・或介或戟・列隊而奔立・而遶予所・整整如衞・心竊怪之・至是乃知鬼神之靈・不可昧以遠也・未幾改鎮湖廣・往返計四閱歲・途之所遇・意之所感・交游之所應酬・得詩百二十有二首・命吏輯之・爲南中集云・

伐檀集叙

伐檀・識始事也・嘉靖丁亥・大內將營仁壽之宮・余由三楚撫臺・擢貳冬卿・以綜楚蜀貴竹之木政・奉制維楠維

杉・維栢維檀・皆在次焉・故曰始事云爾・夫木譬則士也・簡木譬則柄士焉・余嘗陟戎瀘之祖・永保之區・思南石阡之岵・見楠杉焉・戛雲者・蔭數畝者・阿娜扶疎者・越嶽而綿谷・匠石視焉・卷曲棄・震列棄・螘竅而半斃棄・蠅曰正・引曰度・而可採者十四耳・採而覆視焉・擁腫棄・疏理棄・澤外而槁中又棄・中梁棟而可獻者十四耳・栢雖不盡規以繩引・然以礧砢偃亞棄者固多矣・惟檀也理・楠而縝幹・杉而勁姿・栢而加貞・修踰丈・徑踰尺者・列獻籍・夫楠杉鉅材也・震裂螘竅・不免也・栢奇材也・礧砢偃亞不免也・檀美材也・宜無可簡也・故曰譬則士焉耳・才距者・節奇者・器美者・去繩引而能成業也乎哉・詩曰・不素餐兮・士之繩引也・是故伐檀・有君子之道焉・因以名編・

鬱洲遺稿序

鬱洲遺稿凡四卷・故相梁文康公之所著也・厥孫敞孜・鄉進士紹曾・謀梓於世・而問言于予曰・先太師迴翔館閣・優游藻翰者・餘四十年・屬而門牆傳述・遡而酬應四方・鴻篇遠韻・宜其富矣・遐搜邇摭・薦更時歲・僅輯茲稿・誠懼不全・以速大戾・惟卒惠焉・予聞先有美而不傳不仁・孝子慈孫所懼不傳・毋懼不全也・且玉璺而晶融・錦蝕而彩麗・麟遺寸角・識者競珍・鳳委片翎・售者騰價　・物不必完而貴・文顧求全而後傳耶・

昔者才卿韻伯・纂言必根于道・托詠必端其趨・脫遭淪溺・然猶斷簡可師・隻句爲警者・必有視細如巨・卽根跋而知華實者矣・故曰毋懼不全也・嶺左耆碩・振古鳴世・書存冊府・議訓寰區者・皆是也・器舉其大・而藝綜其長者・惟曲江乎・曲江蓋道侔伊呂・業邁姚宗・砥柱之烈・屹立横流之朝・文賦赤熾・特孑孑于作者之壘・異時人物之評・天下第一流云者有以哉・

公後曲江・運且數易・而位望相照耀・文之體裁・詩之風骨・　未盡同製而可同調者多矣　・是故渾雄莊雅者・觀乎序・整竅明贍者・觀乎記・伐大而辭彰・事斂而志伸者・觀乎碑表・外美毋溢・而內稱毋避者・觀乎誌銘・悠揚潔瑩・原牲靈而該六義者・于篇什觀焉・彙之藝文・斯全品矣・迨夫扈從南征・行詞制畫而懷永者・不知凡幾・南郊二疏・明配天之大義・闡祖宗之訏謨・奉鑾輿之遄歸・概其辭氣峻而不激・巽而能堅・廓乎大雅之度・引年罷表・竟爾得謝・而異數有加焉・昔稱晉公全德始終・獨唐史之耿光乎哉・

草木子序

言所由以立・學必擇・而文有經・苟讐夫道焉・斯弊已・道無弊也・弊必自諸子・老聃弊道德・揚子雲弊易・王通弊經・楊墨弊君父・荀卿弊性・韓退之儒者也　・其稱孔墨相用・弊孔子・記曰・君子多識前言往行・以畜其德・凉於德者・肆言愈繁・而讐道愈力・支流蔓說・浸淫糺競　・固趨之・而固離之・蠱發心者應其惡・大抵然也・龍泉葉先生世傑・營道於古・而役志也・徵仕爲巴陵簿・不以毀觚涉世・棄歸其鄉・著書數萬言・觀天之文・與地之法・鬼神屈伸之故・禮樂明備之體・陰陽順逆之度・天人交與之徵・卉木蟲魚之候・器象沿革之制・農圃術技之末・幽幻元怪之迹・窮

簷委巷謠歌之語・冥搜賾擴・區物而辯材・綜百家之棼類・列九域之風習・水堰而木括之・畢屬夫燦然之道・蓋君子黜浮斂鷲・勤理以知服擇之審・ 而經是程・宜不猥以詞勝・噫德其可占矣・昔長統憤・而昌言作・王符隱・而論次成・抑先生自序・顧有慕於虞卿之爲者・無謂云乎哉・舊篇二十有二・今約爲八・凡四卷・先生別號草木子・編因名焉・裔孫溥以南司諫・出牧福州・既卓樹其風聲・將昭厥先美・憲于有永・乃付梓工・而委予序其端・吾聞之・王者欲知閭巷風俗瑣細之言・於是乎有稗官之紀・王充撰論衡・蔡邕私爲談助・富禁之鬻而國盛・異人先生之惠流矣・

海語序

夫列徼之外・東方曰夷・南方曰蠻・雕題左袵・鳥言而獸行・諸夏利害無與也・然俟德以賓・審勢而服・於諸夏之盛衰・實始終焉・是故兩階格苗・重譯獻雉・虞周之德之盛可知也・楚稱霸・而百粵效貢・秦兼併・而蠻夷咸服・勢固有然者歟・自後而後・內屬之境暫開・而攻鈔之寇踵至・來王之使未返・而乖貳之釁已彰・是雖禽獸之常形・而綏馭之道・或亦疏矣・予嘗考自洪武永樂之際・海上朝貢之國・四十有一・麒麟再至・名珍異貝・充牣帑藏・于茲百七十年・惟東之朝鮮・日本・南之琉球・庭實之質 ・不絕於道・安南・暹羅・滿剌加・占城・君訃至・君立・至隣國交惡・至惟弔・若冊皆有常使・比平其亂・或表臣蒞焉・自餘兼併分裂・遞興遞廢・名號非舊・亡可改錄・

予因以慨夫政教不加・荒亂日多・裔夷之遭之不幸也・當時文儒纂述・其稱古里之風・道不拾遺・天方之數・可裨曆度・所謂禮失而求諸野者非耶・他如南州異物志・鷄林類事・寰宇記・島夷諸番二志・土風國俗・亦間見耳・予自屛居簡出・山翁海客・時復過從・有談海國之事者・則記之・積漸成帙・頗彙次焉・夫有君臣・則有刑政・有男女・則有婚媾・有父子兄弟・則有聚有處・農工商賈・捍蓄禦侮・各隨其方・客談多二國之事・然類有異於前志者・豈亦沿革習氣・與時推移耶・

記風俗・夫天地萬物・陸之所產・水必產焉・故物莫繁於海・亦莫鉅於海・島夷內黠外癡・而鍾於物・則良可貴・奇可玩者多矣・無亦造化之偏氣乎・舊志未必詳也・

記物產・夫羅經指南船海・ 而尸其務者・ 爲舉舟之司命・毫末懸利害焉・海賦未經道也・柳子厚招海賈・似寓情于憫時憤俗・而輕生競利者觀之・亦足戒矣・然予則謂海之險・何若方寸間耶・蓋海無私于覆溺・而人心或甚焉爾・

記畏途・夫常必有怪・ 先王制器・ 以知神姦・魑魅魍魎・毋或逢旃・是故蠻夷陰類也・海陰方也・鬼物或憑焉・海童天吳・諒非誕謾・

記物怪・夫言以談海立者也・題曰海語云・

雙槐歲鈔序

夫著道・莫最夫纂述・厥用維五・而疵亦稱是焉・蓋叙古者・用乎擇者也・贊今者・用夫確者也・品才者・用夫公者也・考業者・用夫會者也・諦文者・用夫理者也・是故義具於擇・惡濫以蔽美也・鑒永於確・惡誣以廢鑒也・賢重於公・惡闇以妨賢也・功卽於會・惡紊以隱功也・作貫於理・

惡謬以類作也．斯纂述之恒局云．予觀長樂令黃公雙槐歲鈔．未嘗不心注其思．而瀰概其遇矣．

夫是之爲書．言乎其古也．見羅羣籍．維典乃憲．譬則武庫洞開．神物焜燿．粹其擇矣．言乎其今也．明良之際．開物成務．擁日月而昭雲漢．昭其確矣．言乎其才也．釆瑩棄暇．而肯靡德掩．廓其公矣．言乎其業也．因事以代表．而審勢以裁變．標其會矣．言乎其文也．禨詞謠讖．摺摭靡漏．而卒規之於雅節．綜其理矣．居諸中秘．鑒戒其備乎．推諸州里．道化其興乎．施諸四方．文儒學士．不有矜快於先覩者乎．昔應劭沿風俗．而通義成．世南工行書．而書抄富．温公志獻納．而稽古詳．東萊纂演撰．而事記顯．馳藝苑者．籍餘沃焉．玩是書之華．固足以比隆於諸子．要之精蘊．宜未可以紀載窺也．

雖然．予故有深慨焉．公惟篤古之行．超萃其才．內弼亮．而外宣風．蓋優舉焉．乃疏格於三事．驥淹於百里．四十年匡濟之懷．付之鉛槧以老．所謂德澤不加於時．欲垂空言以昭後者．無亦異代而同遭歟．抑慶澤之源．猶瓜瓞也．於語有之．不於其身．必於其子孫．粵洲封君．相世弗耀．而風操特重．宮端先生．蔚然懸瀰源之望於天下．雙槐名亭．殆有俟耶．王氏徵之矣．書十卷．凡二百二十篇．

贈東塘毛公還朝序

夫謂乎社稷之神者．審幾達權．庇民而保治者也．是故物惟其時．幾斯可審矣．誼不諱專．權斯可達矣．柔遠能邇．民斯可庇矣．虞變於微．治斯可保矣．予觀安南之役．若東塘毛公．可不謂以社稷爲悅者耶．初黎氏衰微．勢殆奔鹿．陪臣登庸．攘其位．處其身．以及其子．方瀛常貢不入者餘十年．黎氏之裔．不知死所者數輩．同列播竄者．譯訴屢至．天子震怒．詔下雜議．加兵修內．騰悅若訟．老成長慮則曰．其遺元臣．馳及封域．惟威惟懷．付之機宜．必尊國體．而息民勞．尙其可哉．

上嘉納．而難乎其使．諗諸郎署．僉曰．其毛大夫乎．是嘗按八閩．三梁．大梁而有成者也．諗諸臺諫．臺諫僉曰．必毛大夫乎．是嘗兩佐棘下．再領節鎮．經畧西陲．而有成者也．諗諸九卿五府．僉曰．大夫器閎以邃．賁文而經武．伐愈茂．而謙愈光．靖茲夷醜．無以踰者．詔以成甯仇侯．綰肘將印．即公晉之宮保．以副其望．位之本兵．以一其權．秉之總憲．以貞其度．錫之蟒衣寶刀．以飾其寵．而少司馬蔡公．實均體焉．凡江湖雲貴．閩廣之兵之餉．悉在調撥．凡七省之藩臬連帥．若封疆之吏．偏裨之將．悉在節制．若才若竄．惟賞惟罰．

庚子夏四月．偕涖左廣閱卒．蒐乘．募舶．料餉．踰月而集．航海之師．超距之士．飈迅霧合．縱間走檄．辭嚴而義正．方瀛震懾．九月初旦．禡牙于邕州．交人大恐．登庸迺繫頸以組．率彼耆耇．欵關而請戮．歸我侵地版圖．臣庶咸聽於中國．復請以諸子．挾羣酋赴闕待罪．公曰．其可毋煩師．釋其組．諭而遣之．致諸子于京師．振旅而旋．於是乎有飲至禮也．黃衷氏曰．史稱郭子儀功蓋天下．而主不疑．位極人臣．而衆不忌．德重固也．公仁被裔夷．功著社稷．德莫加焉．天子勞之．鈞軸之重．不可辭矣．

詩曰・惠此中國・以綏四方・

送王柏山人爲少司寇序

雲南東北馳闕下・里萬有餘・土官所治・夷玀所聚・什蓋八九・漢僰之種・控弦之衞・什蓋五六・衣冠之族・文物之觀・纔三四耳・地重而遠・國朝置世鎮・又選有文武威望可倚重大臣・代殿之・嘉靖改元・今中丞栢山王公實拊循焉・至則禁珍侈・約宴接・植廢振敝・繩奸而庇正・禮動義閑・無細弗毖・戢土官之縱倨・偈夷玀之攻掠・平漢僰之差賦・飽控弦之廩餼・表衣冠之風義・敦文物之聲教・大者上聞・餘惟所置罷而已・居二年・是稱大治・天子以公久勞於外・召爲刑部侍郎・聞命之日・士民嘻嘻塡郭溢郛・曰・盍留諸・曰制胡敢奪・曰盍贈諸・曰分胡敢踰・然則盍頌諸・衷乃括其意・而爲之敍・夫憲臺之長・秋卿之亞・皆法職之雄也・廉靖孤貞之操・强明敏惠之才・皆持法之選也・是故廉莫大於已貪・靖莫急於弭亂・孤莫順於居理・貞莫著於正物・而又强而不復・明而不苛・敏而不忽・惠而不濫・具是八物・以立乎本朝・翹然大臣之表也・獨持法乎哉・故周司紀禁・漢稱執法・唐主質正・而謂能於其職者・非淸直公忠・世未之或聞也・

公以名進士起家・再爲縣令・一就郡牧・六居藩臬・歇歷垂四十年・南司是進・外總百僚・精練之職・大施於滇・止貪戢亂・可不謂廉靖矣乎・動以禮・閑以義・可不謂孤貞矣乎・廢者植・敝者振・可不謂强明者乎・奸有繩・正有庇・可不謂敏惠矣乎・八美茲具・貳於秋曹・以參執邦典・雖民自無寃之世・可幾爾已・況憲部視諸曹特重・朝夕禁掖・相世贊務・豈惟其才・抑有道焉・公著書累數萬言・匪聖弗與・可謂眞能以道自信者矣・以道自信・是又大臣之表也・國均之重・將烏得而避哉・

贈江憲副海防靖寇序

廣若閩浙・皆瀕海一都會也・所以綏禦諸夷・詰禁羣慝・在聖朝有峻防焉・故臬恒置副・以璽書領其事・貴權也・亦貴專也・嘉靖庚寅・江公斗峯・由浙大僉・超拜茲命・貴望也・時海防庶務寖弛以刓・公酌水土之宜・講戰守之具・繕艚募卒・計供億以懸賞示罰・業甫集・適海寇黃秀山輩・嘯聚南頭・有黨數百・船百艘・海隅衞邑・皆嬰城自固・無論村落・未浹旬而驅脇以千計・島嶼逋逃・若漳之海滄月港・亡命響應・會城且恐・公籌督府・督府謂水戰之兵・制勝貴速矣・

乃發壯勇・操樓船・蔽江而東・備江汊・杜私餉・淸野以待・彼進無所掠・退復不能以持久・偵候其情・聚散罔據・公曰・賊攜矣・可以取矣・於是擐甲厲衆・趍焉遇于赤灣勝之・遇于瀝洲老萬勝之・遇于固戍鰲灣又勝之・釋脅者二・于附爲兵者・四百而畸・秀山窘以其黨・將竄交趾・縱蹋而盡擒之・藁街之首相屬也・辛卯夏・順德江盜結聚・勢頡秀山・攻掠肆出・鄉堡不能禦・訴于縣官・縣官不能禦・督府目公曰・孰踰充國者哉・公度賦慼必亡入海・遂預戒艚舟・列布要害・以遏海遁・精閱驍健輕軻襲擊・俘斬甚衆・餘黨解去・列邑倚以奠・

余惟甚哉．海寇之難禦也．吾以萬全之衆．爭利鈍於不測之淵．我之所虞者．皆彼之所狎者也．非有用衆之才．奪心之策．而猥以取勝．亦幸耳．昔楊公聲震岳鄂．惟武穆乃克有功．宋江横行河朔．氣無海洲．微張叔夜．成敗未可知也．在虜豈昔銳而今愚耶．二帥望足驅之耳．公閎博凝邃．濟美尊甫大參先生．國事益明以練．余記公始爲御史按臨安．有殺一家而莫知盜所者．公廉實而執之驗．佐瞭一郡．稱神明化．僉憲山東．更賢兩浙．俱著功江洋．薦才者方浙是謀．而廣幸寇借功．復昭灼乃爾．名下果無虛哉．異時閩囚殺長吏．浙軍踵叛．均蹈海以逸．向責海防者．皆公焉．臺端可無煩爾矣．故曰爲政在人．嘻．人亦豈易得耶．

贈少司馬林公省吾還莆序

初．兩廣總制省吾林公之殲大隆之寇也．岡州吏民將祝潞公寇劍附思焉．藩臬諸賢．若合郡之大夫士．類爲文辭．以揚雋烈．衷負疴自廢．掃跡城府．然猶以輿情强起．一候臺下．公降禮優接．延語于便坐．衷曰六月之詩．以奏膚功．公以之矣．五章之萬邦爲憲．無亦聖明注眷於元儒者乎．公莞爾而歌考槃．已乃歎曰．進者退之倚也．盈者虛之始也．得者失之機也．存者亡之表也．是故君子守其貞．則萬物不能奸．樂其樂．則造化不能窮．子獨不我是恤．顧規規云爾耶．

衷曰．公將隱乎．是何言之逸也．公曰．北堂望入．而吾亦頭顱可知．是安能以淆灑之衎衎．付道路之悠悠哉．矧夫絡金之牛．掉尾泥塗之龜．物固有不容以相易者矣．今年春始疏乞休．上優答慰留．再疏踵之．速疏又踵之．僉音未及蒼梧之郛．而公已輕裝登舟矣．吾廣方伯祜憲副濂．暨諸寅寀．以贈篇謬屬．夫入而運樞宰物．出而擁旄建節．固亨途之至榮．然風林月壑．抱膝長嘯．亦士君子所以各行其志也．

易曰．遯之時義大矣哉．是知辟穀揮金．掛冠結社．要非徒自逸豫者．廉貪立懦．輓世機而植人．紀功可小小也．公仕版餘三十年．或升或落．咸樹聲績．嘉靖改元．上勵精新政．首旌藩臬卓異之臣數人．而公在列．不五年．而有今茲之擢．自公委蛇之義．揆之獨居之樂．有不勝其獨思之深者矣．昔董子請老．而大議必咨．鄭公罷政．而每關利害．孔明隱居．厥恢霸圖．温國退洛．乃宏相業．是故雷不潛．則神不威．龍不淵．則化不神．君子藏器．其殆是夫．

贈林次崕擢南大理丞序

始予友天下士．於泉得蔡虛齋介夫．田南山景瞻．虛齋蓋深於理．而南山長於治．予偕被麗澤焉．逮今西林跧伏次崕先生．方大僉廣臬．羅雀之門．辱節臨承餘緒者屢矣．理虛齋之機．綜治南山之權．量其微潔．予所謂願學未能者爾．于是愈益信泉之多賢也．先生比有棘路貴丞之擢．郡博陳予一貫輩．謂予義當有言．嘻先生實予惠．顧予何足以少佐下風哉．然不能以不文避．則願有復耳．

夫易睽而難會者時也．易晦而難用者道也．易達而難保者名也．先生由進士．爲南廷尉評．强直左官．出判泗州．大臣有惜其道者引之．有惜其政與學者又引之．未幾而臬司以晉鹽筴劇務則屬焉．屯田大計則屬焉．然猶以爲未足以盡先生之能也．未幾而論士育才之命．又更以屬焉．茲行也．庶幾班公登仙之譽者．先生之時會矣．

今上紀元．六疏時事．並見嘉納．泗饑文告．而力拯之．舉泗之民無餒色．屯鹽有疏．荒政有疏．學政有編．羣經則存疑有錄．達于上．可以播于諸司．庶士守之．先生之道用矣．先生嘗運禮之柄．均德之化．以舉法之職矣．夫法具仁義．視大之有陰陽也．有閉藏．而後有長育．義氣肅．而後仁澤深．是故法必用．而後無所乎用者也．天下無寃民．若民自以不寃．亦猶吏效之淺深云爾矣．刑無刑．而民協于中．丕式四十餘年．而天下不犯．徒法然乎哉．復虞周之盛．使令名與聖烈相無窮．匪吾人奚望耶．先生廊廟在前矣．予幸交道誼末．其贈與處．烏得以諛詞黷．

贈大司徒錢桐谿任留都序

嘉靖丙申冬．進奏吏馳自闕下．則令少司馬兼中丞桐谿公．晉南大司徒之命至矣．夫斂之於一方．而大治於天下．正人其升．則吾道之赤幟以竪．而君子將行焉．其可無深賀矣乎．於是藩臬長貳連帥．以贈言爲役．衷病以辱．毋有言也固矣．重以公之分．諸大夫之勤義．毋容於他諉．而榮路之遭．復致感焉．夫有憂深思遠之抱．宣猷經務之才．文雅醖藉之韻．足以亨物屯．而定國是．自信之人．亦信之．然或齟齬濩落．不一再試以老．斯古志士．所以深慨夫千載之上也．

公惟清標水鑑．比自通節．卽以廉正方大聞．蒞民整整然．其檢也．居臺諤諤然．其概也．副臬閑閑然．其度也．轄藩則其網恢恢然．之塡畿輔．則其坊屹屹然．入貳本兵．則其議侃侃然．不撓以隨也．殿我百粵．及期而民恫釋．旣春融而秋肅之．蓋邇而隱淪之舊．絃誦之髦．遠而雜結狼狑之俗．衆而帶甲控絃之旅．瑣而牛童馬走之賤．獷而嵩呰殄遺之醜．靡不趨風而革面．氣機潛運．績效乃爾．矧夫龍舒桑梓．比蔭留都．山環而水滙．祖宗之鴻烈．名將相之風聲．萃而爲競爽獵奇之氣．尤夐別於他洲．

纓組遊歌之士．仰之謂天府上卿．所履邦國．生齒之圖籍．江湖吳越之委輸．四十八衞之屯營．三十六倉之儲峙．十有三署之才．若淑若慝．得品藻而最殿焉．公之榮路寵蓋章矣．夫損益萬機．遂專武庫之譽．衰多節冗．實陰濟乎計錄之偏．一時職業．國亦利其利矣．尙論虞廷五教．以迨夫周室緇衣之賦．或餘憾焉耳．國朝兩都相望．賢流出入．實均勞焉．鉅卿碩輔．往往登進於留都．則留都固廟堂地也．以公之抱．之才．之韻．昌道德之業．上踵虞周良弼之美．海內信之審矣．公容得而不自信也哉．

大理府諸葛武侯祠記

滇俗崇佞佛法．視中州尤盛．祿於其土者．恒戾政是患．思起而驅之．然惑者不敢．靡者不能．自我國朝百三十餘年．見素公副憲雲臯．然後鶴慶之大佛寺毀．茲又三十餘年．元參劉君．按部大理．而三塔寺毀．昌黎有言．人其人．火其書．廬其居．政於是乎漸矣．凡沒梵宮一．法堂一．院二十有四．僧舍以十數．括所贍田爲畝八百三十有六．

計其歲入穀麥爲石一千三百有九・有司以請元參曰・業既革之・夫豈無興之・盖後峙蒼山・前瀦洱水・全部之勝・玆地焉萃・昔諸葛武侯・率衆南征・史志屯兵蒼山之麓・即其地耳・

夫侯三代遺才・出師二表・表裏伊訓・方其斬雍闓・擒孟獲而不殺・卒之拓地南中・爲夷漢所服・滇人獲被聲教者・實惟侯功・夫功固禮之所祀者・吾聞侯行師而隕・庀庶巷祭・遺愛所繫・南中雖家尸而戶祝之可也・宜即其宮以爲侯祠・妥神耀靈・俾鄉人竚瞻・以毋忘過化之澤・既二十四院之材・撤而新之・中爲講堂三・東西齋舍・如講堂之數・號舍二十・合而名之曰龍峯精舍・擇民之秀慧者・聚而教之・以佐庠序之缺・又即常租析其贏・爲文廟時祭・因以汰宮司科率之目・又析其贏・爲祠需・若諸生繼晷之資取給焉・公罔損貫・私罔損力・玆吾之所謂興也・

撫臺黄巖王公・廵察漢陽傅公・咸韙而勸之・可謂相與有成者矣・衷曰・元參之政・於是乎可書矣・一舉而六利興焉耳・盖佛自入中國以來・法不恒毀・倏忽靡擯・不遺餘力・則妄者可驅矣・妄者可驅・則惑者可辨矣・惑者可辨・則靡者可振矣・祠以遺烈・則功者可勸矣・聚以廣業・則才者可甄矣・公私罔損・則規者可法矣・一舉而六利興焉・是故元參之政・於是乎可書矣・元參名鶴年・渝人・

三忠祠記

季宋厓門之變・信國文公天祥・丞相陸公秀夫・太傅張公世傑・後先仗節以死・後世祠於厓門・志死所也・屬乃更于岡州侍御・孝豐吳君麟・按部謁祠下・作而嘆曰・在法祀賢・所以明報・昭訓也・我聖朝表祀三君子者・豈一鄉一邑謂哉・岡州越附海壖・不足以妥炳靈・萃瞻向而憲來者・筮以會府城南之址・從謀於藩臬諸大夫・從乃畀郡貳沈子尙絅節推莊子壬春任煩焉・祠成・榜曰三忠・屬衷以記・夫忠者中也・爲臣實忠者也・然有異際焉・貢賢獻猷・範物而順化・是之謂宏濟・忠在社稷矣・正色黜私・出憂君・入憂民・是之謂一思・忠在職位矣・主憂則辱・主辱則死・是之謂殉國・忠在天地矣・嗚呼・爲人臣而忠在天地焉・夫豈得已乎哉・夫豈得已乎哉・

余讀宋史・至厓門之役・掩涕焉・宋謂以仁厚立國・禮義養士・當夫國步薦艱・夷狄之亂三・至元而極・播越之禍三・至厓門而慘・食士之報且衆・至三君子而大以盡・予嘗欽其風・而悲其志矣・夫自行都航海・如泉如廣・水砦孤軍・倉皇駐蹕・無可據之地・守臣制帥・死者執者・叛以降者・飈迅蓬斷・無可圖之將・收亡集散・裂裳以幟・茹乾而飲滷・無可用之兵・亡君立君・遺孤稚弱・無可爲之勢・月變星隕・亡幾厄兆・復無可有爲之時・三君子者・豈非燭微者哉・且猶間關南溢・四歷年所・瞿瞿然・皇皇然・致望夫義勝功濟・庶幾一旅一成之舊・卒之魂濤滄海・血碧柴市而後已・

孔子所謂臨大節而不可奪者非歟・嗚呼・可自諒者心也・可自制者命也・其不敢諒以制者天也・是故鄙泰相乘・世祚幾易・而綱常元氣・獨磅礴於宇宙無窮之內者・三君子之天定矣・堂構孔華・鐘簴燁燁・城南之祠・既固且安・庸

知天下尸祝・不有如武侯武穆者邪・庸知三君子之神・不爲星辰河嶽・以效靈於世邪・信國有言・歿不俎豆於其間者・非夫也・又庸知不有蹈厲而興者耶・夫然後知侍御君・爲道計深・爲世計遠也・詩曰・高山仰止・景行行止・侍御以之・

勅建金籙大醮之碑

嘉靖丙戌・我聖天子繼天御宇・于茲五年・大禮告成・世廟翼翼・二儀太清・海嶽寧謐・三光五緯・上循其度・曰臣曰民・下若其軌・猗歟盛矣・聖心猶不自滿・假兢兢惕惕・以祖宗委祉錫禧・盛自今日・必暢好生之至德・衍垂裕之繁休・謂非神明之力・曷可憑者・乃考先代之故事・憲祖宗之舊章・以嶽太和山北・極眞武之神・道大功廣・效靈自古・維我皇朝尤謹崇事・於是範金象儀・製器備物・命內官監太監臣李瓚・虔命以往・命湖廣鎭巡三司等官・度材制役・費罔煩民・具景命之青詞・表聖心之秘祝・

命正一嗣教大眞人・臣張彥・翊左至靈・臣吳尙禮・率羽衣之士・四百六十衆・涓辰日之吉・卽淨樂之宮・敷寶笈之大科・演元祖之要法・設金籙大醮・爲壇二・爲日以三以七・爲分位三千九百總焉・時則鎭守湖廣地方・御馬太監・臣潘眞・總兵官清平伯・臣吳傑・巡撫湖廣・右副都御史・臣黃衷・撫治鄖陽右副都御史・臣蔣曙・暨湖廣藩臬・閫帥諸臣等・罔不齊心潔慮・協相厥成・先是告肆供張・天高氣肅・瑞霞呈彩・五色絢爛・被冒陵谷・合郡士庶・縱觀欣忭・咸曰・天子萬壽・三宮茂祉・前星早耀・此其祥矣・

臣維昔者聖王・雖化被無外・而立德有敬・雖富盡四海・而居福有本・是故辨方秩祀・類上帝而徧百神・昭其敬也・巍巍帝堯・祝戲多男・赫赫宗周・頌歌百世・重其本也・今我聖天子・孝隆兩宮・而不以爲德・仁被幽遐・而不以爲功・猶敬恭明神・爲民祈福・洋洋在上・有感必應・殆將發天地之儲精・合山川之正氣・鍾爲元良・應其而出・尙繼繼繩繩・以綿我皇祚於億萬斯年者・其端在斯乎・其端在斯乎・在列者咸謂臣衷宜記・敢頌以詩・

詩曰・於維太嶽・盤均踞房・吐靈納異・萬神之藏・羣峯矗矗・以翼天門・孰奠厥位・高乾厚坤・於維上帝・妙斡道機・闢陽闔陰・昭假匪私・千巖萬谷・有宮有庭・雲旂來止・丹戶朱楹・於穆聖皇・神明厥德・普照爲春・遐燭爲日・大道斯同・乃究元懿・曰維神宗・眷茲福地・轉歎而禳・化沴而禧・雨雨暘暘・曾不謬施・霈澤維川・縟儀腆祀・厥施金繒・匪制常與・孰視精誠・駿奔有位・孰視鑒歆・承華世世・百靈既職・九有既育・作此頌詩・以永貞玉・

唐氏節婦傳

嗚呼・婦節變而後成焉・隆古之初・家人道立・尊卑旣倫・剛柔相應・內外不相黷・生相親而相卹也・至關睢卷耳・而婦德盛・無庸乎節可也・方其變也・綺疏柔曼・文轂而鼎食・矢死靡他・夫人者能之・及榮瘁異時・一死一生・視舊如屣・盡志順變・聖人著其敎焉・易正恒德・禮稱未亡人・詩賢共姜・春秋書紀叔姬・蓋言變亦言順也・夫宋之大漸臺之水・憫曹之志・禮宗之譽・還尸之訣・間關忍死・以爲趙一息・不辟不貳・異度而同軌・固立言者之所賢耳・孔子

以臨大節而不可奪・嘆其爲君子・予懼禮義去世・而君子澤衰・作唐氏節婦傳・

傳曰・歙處士唐禮妻者・同邑仇氏女也・字誠幼・以柔慧爲閨閣所推・初禮生七年・父永吉死于戍・恃母張以立・以父故弗仕・仇佐以奉張・隆有孝譽・景泰壬午　・禮疾暴作・遽呼仇曰・吾所不瞑者・諸子孺也・或者天其同予・亦爲汝是賴・仇泣曰・必副此・期君於泉下耳・時子傑方齓・瓚五歲・遺娠三月而祿生・於是厝禮於居東・姑老捐愛子・氣悒悒不食・仇抱嬰兒訴以哭・張悟曰・吾固知有是・門祚衰・誰能忍者・婦孝吾復何憾・

先是諸伯割產自業・邊戍仰給者歲至・需用乏絕・有諷以產鬻者・仇計曰・與其去此而贍吾・存孤幾何・父母哀其志・貸之・辭・推食・又辭・簪珥絲枲雜資之・比傑瓚祿・遞以就學・至有室・贄聘豐約・必質于禮・故禮之遺業・嘗取贏焉・壽八十有六而卒・子祿妻王氏・亦同邑大姓女・年二十而歸祿・未字・祿商於汴死焉・王誓志同穴　・母以其少・將奪之・恚曰・婦深二軒・天之經・地之義也・姑有身教・敢貳者乎・居潔五十餘年・如祿未喪・祿兄瓚尋亦客死荆州・妻張氏並以節行・爲宗黨稱・正德辛未　・有司以王節・上詔表其門・按徽州之唐・本出李氏德宗之裔・自承貶爲徽守・因家於歙・即以國姓・

諸孫元・倡考亭之學・教授其鄉・仲實・以耆儒召對高廟・儀舉賢良・知興國去民・祠之・東南言行學者・首三先生・節之源遠矣・其後佐貳甯波郡相・爲御史弼儉按察事・仇氏子傑封君・封君子澤・舉進士・爲閩憲使　・濂復舉進士・爲御史・節婦之烈方興云・贊曰・昔人恒言・慷慨赴死易・從容就義難・夫事窮義激・倏忽引決　・世固有烈丈夫矣・至若窈窕芳齡・失意永訣・一生萬死・動與道俱・畀其精誠・貫金裂石・卒能立人孤・而裕其家與後　・至天子旌之・爲萬世勸・故曰・就義難矣・語曰・上達節・次守節・三婦以之也・

淨慧寺千佛寶塔頌幷序

嘉靖七年己丑・予以兵侍・得請家食・屛居城西書堂・里第東北淨慧寺・逶迤衢道・踰六百號・闢戶而眺・千佛寶塔・矗矗天表・若卓筆然・客有談其時現光怪者・初亦付之妄聽・乃歲丙申・臥痾齋閣・所侍二僮・夜起覘藥爐下・咄咄作駭異聲・棘呼問之云・適見赤光滿庭・燁燁如晝・比出四望・光自塔來・星彩頻掩・浮動頃之・漸白而散・北升中天矣・默念客談・其殆然與・己亥復現・亦如之・昔聞阿育王塔・所藏釋迦如來舍利・東坡嘗得其二・大如薏苡・色若金桃・以畀眞相院・僧法泰爲十有三成之塔・什襲奉祀・

迨宦南都・登大報恩寺塔・肆墁精甓・潔於瓊玉・間一規竅・徑可踰寸・是爲舍利之井・僧云・歲有嘉慶・靈光上騰・徧燭塵界・二僮具見・豈有舍利呈現者乎・無亦塔勢峻峙・以爲異氣所萃・夜由虛靜・而屈葱煥發・未可知也・按梁大同三年・塔始建於寶雞・主簿林修勝社・代遷四百八十之寺・鞠爲草莽・嶺南古刹・僅有存者六榕　・即淨慧之遺也・塔更浩刧・梁摧棟撓・磚瓦散落・丹堊漫滅・而龍象眞空・□□座法淦・倡議營葺・而限於募・其徒德隱・選授副

都綱住持本寺．乃力任其成．於是大設施會．檀那畢集．修虔而赴者．咸捐錙貝．隨緣而施者．無論銖鈞．匠召通工．材錄堅美．涓吉撤舊．而表懺告新．九層欄楯．非幻而輝煌．四大梵天．翬軒而虛朗．浮圖冠頂．晃竺國之金光．鈴鐸循簷．徹閶闔之妙響．千佛莊嚴．衆生瞻禮．蓋不必塗香澤鋈．流瓊嵌壁，而淨土宏規，居然靈敞矣．經始以戊申八月庚申．落成於庚戌五月．德隱功行．爰視茲塔．

頌曰．我聞古塔．靈山之巔．一塔千佛．維千大千．舉千萬億．恒河沙然．無萬無億．佛心乃傳．寶塔有品．法戒孔專．示世諸難．乃智乃權．虞周度後．曷證因前．孰悟圓覺．孰奏眞傳．天門最上．世界無邊．慧燈融照．繁星耀纏．魏作九成．基地及泉．丈八金軀．欻凌炎烟．湘宮兩剎．雄埒巍聯．主德云大．臣直宜宣．爰有開士．五義三禪．菩提無樹．詎慕靑蓮．功堅參仞．星歲再旋．巨靈承足．羣能比肩．奠我南土．不震不騫．勒之頌辭．於萬斯年．嘉靖二十九年庚戌秋七月．

趙善鳴　字元默．順德人．宏治辛酉舉人．南京戶部員外郎．陞雲南曲靖府．少誦白沙詩．心輒馳慕．乙未拜門下．工書入神品．爲世珍寶．稱丹山先生．有朱鳥洞集．阮志著錄未見。

修復崖山祠廟議

崖山乃故宋行朝之地．當楊太后及張陸二公死節時．一時六宮百職．同死國事者．十萬餘人．七日屍浮塞海．是爲君死社稷．臣死君．天地之大義也．乃忠義泯泯二百餘年．逮成化宏治間．始有陳公獻章．劉公大夏．陶公魯．徐公紘．張公詡．相與咨度．先後請建殿宇祀典．賴憲宗皇帝．孝宗皇帝．欽賜兪允．立廟與祭．嘉靖十年．廵撫林准該學師生羅士實等議．加增秋祭．仍令依期於厓山致祭．不許畏避涉海．詎人情狃於安逸．利於省便．自嘉靖九年．改在邑後圭峯僧寺．爲行宮行祠．遂每歲於此致祭．致崖山廟宇傾頹．忠魂無依．甚非所以崇奬忠烈．奉行聖旨之意也．

本年七月．善鳴與客泛舟厓門．目擊廢墜．追念先師白沙．及羣公經始之難．慨然有修復之意．適有邑士容逵．願助工役．遂與相度．次第經理．事體重大．未敢擅便．理合具議．伏乞計處．轉達撫按衙門．批示施行．一大忠祠．原立於全節廟之前．背座太后而享食．三公忠正，心必不安．全節廟宇卑淺．未愜人心．況已頹壞不可修復．擬於廟左闢地一區．另建大忠祠．將原祠改作全節廟．前殿則高廣深遠可觀．而太后三公君臣男女．各有門垣廟寢．兩爲得之．

又厓山駐蹕時．建軍屋千餘間．行宮三十所．中曰慈元殿．楊太后居之．今全節廟是也．議前廟揭匾曰全節．廟後寢揭匾曰故宋慈元殿．兩爲得之．一全節廟神牌題曰．宋國母楊氏之神．行宮木主．則題故宋太后楊氏之神．而徐紘奏准移牒文中．又稱宋度宗太后楊氏．議者謂皆未穩．蓋楊氏乃度宗妃．如徐紘牒文稱度宗太后則非名分也．按楊淑妃生益王昰．航海至潮州．卽皇帝位於福州．改元景炎．始冊尊母淑妃爲皇太后．而前此眞宗德妃楊氏．亦封爲太后．若依今之稱宋國母楊氏・既不知爲何帝之母・若依行宮所稱・故宋太后楊氏・又不知爲何帝之太后・況二太后皆姓楊・事故混淆・切照帝昰・乃度宗長子・楊太后所生・卽位三年崩・廟號端宗・年號景炎・合稱曰故宋景炎太后楊氏之神・如此則以年號見帝・以帝見楊氏太后爲端宗之母也・

一全節廟・正寢以祀景炎楊太后・當太后死難時・同死宮嬪及臣下妻女・皆不知姓名・其知姓名者・陸秀夫夫人・李佳母陳氏耳・蓋宋亡時・陸秀夫驅妻女先赴海死・先是有臣李佳從二王由閩入廣・其母陳氏與訣曰・若勿以母故・而懷二心也・遂移廣赴海死・今擬從祀兩廡・東廡揭一牌・題曰・故宋同死國事宮嬪等神位・西廡揭一牌・題曰・故宋同死國事忠烈婦陸夫人之神・此舊已有之矣・今增一牌・題故宋同死國難烈婦陳氏之神・又一牌・題故宋同死國事諸臣婦女等神位・如此乃盡也・

一厓山爲宋行朝・祥興登極於此・文相乞覲於此・諸輔奉詔於此・陸秀夫講大學於此・今擬創一亭於故址・匾曰故宋行朝遺址・一大忠祠以祀三忠・今東西兩廡・從祀其不知姓名牌・題曰同死王事於廣諸臣之位 ・但按宋忠義死節之士・其知姓名者・惟義士伍隆起・故揭一牌題宋義士贈州判伍隆起之神・若學士劉鼎孫・侍郎茅湘・吏部趙樵・樞密高桂・太卿杜滸・指揮蘇劉義・防禦劉師勇・以及曾淵子・陳仲微・鐘震桂・諸死難之臣・列傳載在宋史 ・乃獨不設神位・況遠方相從・勤王以死・又爲無主孤厲・深爲可憫・議一一標題官爵神位・配享三公・庶慰英魂於海宇・揭忠義於將來・其不知名者・依舊但加故宋二字・於同死王事於廣諸臣之位之上・

古崧臺書院記

嚴　逢　高明人・宏治辛酉舉人・湖廣龍陽訓導・

郡城東・臨江一里許・有石屹立如臺・其頂平彝可居・正統間・守是邦者・建崧臺書院・以祀鄉賢・且爲士人講讀之地・歲久日就傾頹・鄉賢遷於學宮・而墻壁鞠爲茂草・於茲蓋數十年矣・正德辛未秋・祁門程乾時昭・來守茲土・政通人和・百廢具舉・越壬申春・詢知其廢缺狀・卽往訪之・徘徊瞻顧・慨院宇之蕪穢・喜餼羊之猶存・乃集工市材・命義官陸軒治之・凡所經理・皆釐以成法・樓仍其舊・而規制則新・樓之上・扁曰第一景・樓之下・扁曰文會堂・樓前左右・各創齋房數楹・以爲儒生肄業藏修之所 ・齋之外爲大門・題其榜曰崧臺書院・垣壁之堅・甃砌之密・工勤力聚・官能體心・無一不如式者・於是規制崇觀・圖書復潤・堂宇軒豁・牕牖玲瓏・進修有地・絃誦賴興・登斯堂也・蓋有親賢友善・忠君愛親・景行先哲・私淑其身者・

若其飛甍接空・高棟凌雲・山光水色・極目無礙・登斯樓也・蓋有臨而思廣・蔽而思明・消去人欲 ・豁我靈扃者矣・然則侯之修此・奚獨丹黝之奪目・制度之奇勝・徒爲一時觀視之美而已哉・厥功告成・侯與僚寀諸公・親造眺覽・載言載笑・且昃乃返・既而擇一人之謹慤者守之 ・給以公鏹・俾常洒掃致潔・以備臨涖時・與諸生講明彝倫之理・以爲國家異日得賢之助・其用心之密・期望之深・振奮作興之

功・可謂至矣・成人有德・小子有造・詎不權輿於斯乎・

適孟秋・璽書擢侯爲湖廣憲副・屆行・鄉之耆老子弟・恐其久而人不知所自也・欲刻諸石・以告來裔 ・求予文而記之・嗟夫・天理之在人心・未嘗一日而不存・況侯興起斯文之功・出於數十年凋弊之餘・是尤天理人心・之不容泯滅者・雖不刻於石・其能不傳乎・然心欲垂之久遠・而實不容已者・又郡人秉彝好德之公心也・遂爲之記・正德七年・歲次壬申・仲秋月朔日・

唐冑

字平侯・瓊山人・宏治壬戌進士・授戶部主事・以憂歸・嘉靖初・起故官・進員外郎・遷廣西提學僉事・雲南金騰副使・累遷廣西左布政使・擢右副都御史・巡撫南贛・移山東・遷南京戶部左侍郎・改北部・時安南久不貢・帝將致討・詔遣錦衣官問狀中外・嚴兵待命・冑請停遣勘官・罷一切征調・而帝意甚決・侍郎潘珍・總督潘旦・巡撫徐光・相繼諫・皆不納・後遣毛伯溫往・卒撫降之・帝欲祀獻皇帝・以配上帝・冑力言不可・下詔獄拷掠・削藉歸・尋卒・明史稱其有執持・爲嶺南人士之冠・隆慶初・贈右都御史・ 冑爲文有理致・篤嗜白玉蟾文・爲之精選・名海瓊摘稿・所著瓊台志・江閩湖嶺都臺志・皆未見・西洲存稿今存・

諫止討安南疏

伏惟陛下・以安南久不貢・將致討・詔遣錦衣官・問狀中外・嚴兵待發・臣以爲今日之事・若欲其修貢而已・兵不必用・官亦無容遣・若欲討之・則有不可者七 ・請一一陳之・古帝王・不以中國之治・治蠻夷・故安南不征・著在祖訓一也・太宗既滅黎季犛・求陳氏後不得・始郡縣之・後兵連不解・仁廟每以爲恨・章皇帝承先志・棄而不守・今日當率循二也・外夷紛爭・中國之福・安南自五代至元・更曲・劉・紹・吳・丁・黎・李・陳・八姓・迭興迭廢・而嶺南外警遂稀・今紛爭正不當問・奈何殃赤子以威小醜・割心腹以補四肢・無益有害三也・

若謂中國近境・宜乘亂取之・臣考馬援南征 ・深歷浪泊・士卒死亡幾半・所立銅柱・爲漢極界・乃近在今思明府耳・先朝雖嘗平之・然屢服屢叛・中國士馬物故者・以數十萬計・竭二十餘年之財力・僅得數十郡縣之虛名而已・況又有征之不克・如宋太宗・神宗・元憲宗・世祖朝故事乎・此可爲殷鑒四也・外邦入貢・乃彼之利・一則奉正朔・以威其鄰・一則通貿易・以足其國・故今雖兵亂尙緊・簒奉表箋・具方物・欵關求入・守臣以姓名不符却之・是彼欲貢不得・非抗不貢也・以此責之・詞不順五也・

興師則需餉・今四川有採木之役・貴州有凱口之師・而兩廣積儲數十萬・率耗於田州岑猛之役・又大工頻興・所在儲軍・悉輸將作・興師數十萬・何以給之・六也・然臣所憂・又不止此・唐之衰也・自明皇南詔之役始・宋之衰也・自神宗伐遼之役始・今北寇日强・據我河套・邊卒屢叛・毀我藩籬・北顧方殷・更啓南征之議・脫有不測・誰任其咎・七也・錦衣武人・闇於大體・倘稍枉是非之實・致彼不服・反足損威・卽令按問得情・伐之不可・不伐不可・進退無據・何以爲謀・且今嚴兵待發之詔初下・而征求騷擾之害已形・是憂不在外夷・而在郭域中矣・請停遣勘官・罷一切征調・天下幸甚・

矜言官以答天眷疏

唐胄

竊惟天道遠・人道邇・然遠者常此感彼應・其機甚速・而邇者顧迹疎心疑・其勢甚懸・何者・則誠與不誠之所由致也・近因天時亢旱・上廑聖慮・警懼修省・躬事祈禱・卽雷雨大作・連日不止・中外懽忻・夫蒼蒼亦遠矣・其感召若一體之呼吸・若家庭父子之然諾・何其神也・則陛下之誠・有以格之也・若陛下仁慈莫斷・勤政儉德・腹心有忠良之寄・左右無比昵之私・上與天心孚契・是以一念之動・天固信之・流通旁洽・而無間隔偏蔽之患・

今之言官・陛下近臣也・呼召奔走於輦轂之下・非若天人相去之遠矣・然愚忠雖蓄・而納約無由・一言輒以取罪・夫聖明在上・與天同德・豈使一夫未獲自盡意者・諸臣之誠有未至故耶・不然何其直而弗見信也・陛下能以一誠・格天道之遠・而諸臣不能以誠意孚聖明之主・可愧甚矣・其甘桎梏・伏斧鉞亦可悔也・

但天道無喜怒也・亢旱之後・卽從以甘雨・風雷之後・卽繼以晴霽・摧擊之・涵育之・無非敎也・前後言官・狂直觸冒威嚴・皆所謂誠・不足以動主上者也・伏乞聖聰・俯賜寬宥・更望法天道・以承天眷・喜無私喜也・諛佞投好・必防其漸・怒無私怒也・忠言逆耳・必取其心・唐臣李絳曰・人臣死生・係人主喜怒・敢發諫口者有幾人・主孜孜求諫・猶懼不至・況罪之乎・ 斯言可以悟矣・臣蒙陛下擢臣爲近臣・甫十餘日・亦知誠不足以上孚・然因陛下之得天而喜・故亦效率舞之懽・而妄爲之言也・

崇聖德以延國祚疏

臣趨任出京・經歷南北直隸・及山東・江浙・湖廣・雲貴等十處地方・見所在士夫・遊談軍民・父老歡呼・皆願須臾無死・得見太平熙皞之盛・臣未嘗私自慶幸・年雖衰邁・而猶得躬逢聖明之世也・今又以萬里慶賀到京・親覩清光五內・不勝暢激・固知海嶽高深・涓埃無以爲報・但螻蟻微有血誠・若不昧死爲皇上獻之・則臣實生心不安・死目不閉也・臣惟天生萬物・而不能使自生遂・故生聖人以代治之・此上天立君之意也・然君有創業之君・有守成之君・創業之君・在膺天命・倡人心・以救一時之禍亂・守之君・在收人心・永天命・以延無疆之國祚・

然天命人心・初非二物・故曰天視自我民視・天聽自我民聽・而天命人心之得・必本於德・其德無他・在乎合天而已・蓋人君既受上天之託・則無舉而非天・心代天意・口代天言・手代天工・身代天事・使有一息之違・則其所代者・豈能奉天也哉・天之道・精奧莫測・其要在大而常・中庸所稱・曰高明・曰博厚・卽所謂大也・曰悠久・卽所謂常也・古之君天下・而德合天者・無過堯舜・故書稱堯之德曰・常德廣運・乃聖乃神・乃武乃文・聖神文武皆別廣運之妙著・其所謂廣・卽高明博厚之大・其所謂運・卽悠久之常・是堯之德卽天也・

稱舜之德・曰重華・協於帝・於華言重・於帝言協・是舜之德・卽堯之廣運・合乎堯・有所以合乎天也・故當時黎民於變時雍・四方風動・而無負上天之託・今皇上以亶聰明

上聖之資・聲色貨利諸外物之好・一無聞於外・而經筵日講・無間歲時・凡敬天勤民・重材恤獄諸大政・莫不備舉・與天下所欲之利・所惡之弊・無不興而除之・天下皆以爲不世出之主・眞大有爲之君・莫不以堯舜頌之矣・臣復何言・臣第念・君同一創業也・然膺天命之重・而功特大者・其流澤必有非常之遠・同一守成也・承世澤之大・而人心純收者・其貴德必尤非常之備・自堯舜之後・享國最長久者・無如前夏・商・周・後漢・唐・宋・六代而已・以其創業言之・自禹之平水土・及湯以下之征伐・其濟難之功・非不偉也・然皆難起中國・功濟中國於一時・而中國之禮樂衣冠固在也・豈若胡元之變・而天下已無中國矣・

我聖祖出而除之・有功於天地・有功於生民・有功於自古帝王・臣嘗怪當時學士・宋濂之序聖政記・但言聖祖以布衣受天命・與漢高同殊・不知漢高之除秦亂・秦蓋伯益之後・繼周之命以爲國・豈元可得而比・蓋徒以興師之義言・而不知其功之大不侔也・其凡聖政所記者・固皆超出前代・然其中最者有三・蓋禮莫嚴於事天・其記但列嚴祀事・殊不知自漢唐宋之郊舉無常典・且多邪禱濫恩・至我聖祖始定爲歲祀・儀文精當・孝聖備義・得帝王以子事親之道・以法萬世・道莫始於閨闈・其記但叙嚴宮閫・殊不知我朝家法之嚴・不但無褒姒呂武之禍・雖宏高曹向孟之賢・亦不能無陰居陽位之愧・禍莫深於夷狄・其記但稱肅革政殊・不知我朝軍政之善・非但內無有窮徐夷及段藩鎮之禍・且自漢以來之屈奉夷狄歲幣和親之不恥・今則一以威德制之・儼然天冠地履之義始明・濂蓋徒以當時政體言之・而不知後效之大如此也・則自古之創業・孰有盛於我朝者哉・臣所謂膺命之隆・肇功之大・而流澤必有非常之遠者此也・

自其守成言之・前夏商周之主・賢如啓・少康・太甲・大戊・武丁・成康・及宣者固多・不賢如太康・孔甲・雍己・武乙・幽・厲亦不少・後漢唐宋・則宋人當其主仁宗時・稱天下自東遷以來・上下一千七百餘年・天下一統者・五百餘年・其間時時禍亂不可悉數・而誇其代・自平河東以來・八十餘年・內外無事・三代以來・治平之世・未有盛之者・蓋漢僅再傳・即有左衽之危・唐僅三傳・隨有改周之禍・然伊宋自熙寧元豐以後・即亦有新法之擾・孰若我朝自聖祖以來・神器八授・皆以聖繼聖・世澤日湛以深・皇靈益丕以振・近雖先朝不幸・有逆瑾彬寧之奸・劉七鐇濠之變・海內空虛・生靈憔悴・損我國家之元氣不少・然亦僅一十六年・天即挺生我皇上・以預待之・非但掃除正德間之近弊・雖自國初之積久而弛者・無不大爲振舉・使一百六十餘年之國脈・如人方壯・如時當春・則自古之守成・亦孰有甚於我朝者哉・

臣所謂世澤承天・人心純收・而貴德尤非常之備者此也・蓋世運之數・屢窮屢變・自太古開運以皇者・歷數皆以萬計・迨後漸變・尙有過歷而幾千年者・至元以夷狄而主王中國・地覆天翻・民彝滅絕・則窮者盪・夫窮之極・則其變必大・以復於淳古萬億之運・故天必秩供神聖以應之・如此則近古以來・帝王歷數之大幾運・莫盛於我朝・我朝中興之景運・又莫隆於皇上矣・然則今日之豫備非常・以大收人心者・寧不有在於天德之純合也哉・臣請再言天道之大・高明

之無所不覆．博厚之無所不載．以四時而生萬物．初無形色言語之可窺．發而爲雨露之潤．霜雪之肅．雖夏有靡草．冬有窖茹．而萬古莫逃於生殺．照而爲日月．擊而爲雷霆．雖覆盆有遺．奸惡不盡．而萬古莫過於明威．蓋道之大．在於絪緼化醇之妙．而不在於聲色一一之所及也．

故治善於法天者．規模欲宏遠．法制雖詳．而所以綱維之者．皆經緯天地之大．氣象欲渾厚．揚遏雖嚴．而所以感動之者．多出於恩威悅懼之外．體勢欲優游．舉注雖切．而所以涵育之者．初無聲勢驅拘之逼．法四時之生物．旣節而不過．又欲順而不悖．故當草昧之時．非但漢唐宋．頻年威武．以統於一．雖以湯武之聖．而亦未免兼弱攻昧．風從嚴儆．殺伐用張．派彝無赦． 蓋當衰亂之末．人心縱肆．陷溺已久．一人尺地．皆非臣有．非大殄殲以倡率之．則無以新天下之耳目．而一其心志．故創業之君．雖寬仁剛毅之德無不備．而其用必以剛毅爲主．猶時之秋冬．物序衰窮．非霜雪之所殺．無以斂蓄生生之意於無已也．

至於繼體之後．治久俗偸．非藉陽剛之威．固無以奮盪之．然祖宗規模法度已定．人心愛戴已久．恩澤之淪膚浹髓已深．少有振作．而天下蓋已鼓動．所以欲隱忍．而從容以待之者．蓋恐有傷於重熙累洽之和．是守成之主．寬仁剛毅之德．亦無不備．而其用． 則以寬仁爲主． 猶時之春夏．當陽明之盛．生意溢於亭毒．而不可間也．觀前三代守成之君雖多．而其著者． 莫如商之高宗． 周之成康．書記高宗則曰．言乃雍嘉．靖殷邦大小． 無時或怨． 是高宗之身之政之民．無不一於和也． 成康事莫大於授受． 其言亦曰．率循天下．燮和天下．是成康之治．亦主於和而已．後三代守成之賢君亦多．而人只以漢文帝．宋仁宗．爲首稱者．今以宣帝之功．光祖宗之業垂後裔．亦不易得之主．視文帝之制度禮樂未遑．蓋不多讓．但文帝則躬修元默．專務洪德．化民露臺．惜百金之費．而不輕靡天下之財．三振匈奴．不窮兵出塞．以輕用天下之力．凡杖賜不朝之臣．金錢愧受賂之心．而不輕索天下之淸．當是時．可爲而能不爲．四百年之漢．用之不窮． 皆其留之遺．宣帝之勵精．而不歉於寬大．則非但不釁啓元哀． 雖昔之未遑者． 必俱舉之矣．以仁宗之吏治．若媮惰小人未盡除．視神宗之奮然將大有爲．似未多過． 然仁宗則恭儉仁恕． 刑以不殺爲威．財以不蓄爲富．兵以不用爲功． 人才以不作聰明爲賢． 以恩禮待士夫．以至誠待夷狄． 而社稷之靈． 長發以賚之．使神宗之奮發．而不病於狹小．則非但不禍釀靖康．而反有淸於弛惰之治矣．此數君者． 德雖未能與天爲一． 蓋亦知順天之時矣．

今我皇上臨御八年以來． 寬慈惠愛之仁． 所以涵覆天下．而厚其澤者愈深．英明剛毅之義．所以振頓天下．而興其滯者已．至舉世之甄陶鼓舞．將絪緼化淳之機．是蓋不假大其聲色．而俟其薰蒸透徹之時．眞堯舜之廣．合天地高明博厚之大矣．然則今日之所切望．寧不有在運於其廣．而悠久於其大也哉．故凡聲色貨利諸物之不好．天下莫不知皇上之聖．安於天縱矣．臣願持此不已．以造其極． 蓋凡諸外物之不好者．道心也．然或有時而間之者．人心也．如唐太宗初年．淸淨寡欲．化被方外．後凡駿馬珍怪田獵鷹犬馳騁之

好・莫不改作・一聞魏徵漸不克終之戒・卽欣然許改・且有有違此言・當何顏與公相見之語・後世雖服其賢・然終不若持純之爲美・

宋儒眞德秀稱人主之持心・當臨朝而接縉紳也易・及深宮暮夜・而接貂璫嬪御也難・故其言曰・惟親近君子・可以維持此心・程頤亦謂・人君接賢士大夫之時多・親寺人宦官之時少・則氣質自化・德氣自成・臣願皇上臨朝經幄之餘・雖左右侍御僕從・亦皆精選謹厚之人・待之嚴而有恩・務不時召入大臣・又精擇中外第一等學行素著臣僚耆逸數人・常直便殿・不必加以官職・凡朝廷政治得失・四方民黎利病・古今經史旨蘊・日與訪論・或至夜分・蓋上下相得於文字筆劄之間者淺・而相感於精神意氣之外者深・此自古賢君及我祖宗・已行之盛節・雖以堯舜之聖・內外岳牧之官數十人・無時不都俞吁咈於其前・以皇上卓冠之聖・寧可緩此・

臣每仰思・未嘗不贊嘆我聖祖身心之論・謂心爲一身之主・心與身如兩敵然・時時自相爭戰・所以常自檢點・及伏讀我皇上・心與視聽言動五箴之註釋・窮極理要・深造聖眞・既超往古之見・則其所以養之者・可自已其功乎・皇上之於上帝當祭・則極其精禋感格・當變・則極其戒懼修省・天下莫不知皇上之篤於敬天矣・臣願持此不已・以造其極・

蓋天人相與之際・最爲影響・其於賢聖之君・仁愛尤篤・故漢莫賢於文帝・而其時災異獨多・文帝亦能愼天之戒・故海內富庶・雖有其異・而無其應・

今皇上敬天獨至・而四方災異不已・且蝗澇頻普・而江南北尤甚・已切於害・人無釁焉・妖不妄作・昨雖嘗戒諭中外・同修省矣・然其要・尤在於皇上之一身・蓋皇上父天母地・其氣候相感尤大・觀今日瑞雲之靈應・捷於禱・而益於謝・萬姓歡心・昭然可見・宜體大舜警予之念・點檢聖心・凡於天少有所未合・或心知合天之事而未行・或已行・而有未足・人所不知・而皇上獨知者・皆不憚於行止・如聖製箴序所謂・獨處之時・思我之咎何如・改之不吝・思我之德何如・勉而不懈・蓋天以天下民物之大・付於皇上之一身・少有不合・豈能恝然・皇上爲天之子・天之仁愛・念念不忘・而獨可晏然以安枕乎・皇上於民審官・則切於撫字・痛災則切於蠲祈・天下皆知皇上之篤於民矣・臣願持此不已・以造其極・

蓋天之立君・本以爲民・民心向背・天命之去留所係・甚爲可畏・皇上保民之政・不可枚舉・如近日官革冗差・以省給爵・禁濫希以省祿・與夫軍匠馬房馬快船隻府藏收納諸弊・無不清理・尤爲痛快人心・內外忠謹之臣・莫不歡欣盛舉・但積年慣便之奸・幸其久媮・欲乘間齟齬・而望仍復如頃之夤緣僭蔭者・恐不無人・臣願皇上・於已清者・固守之・而不使再啓覬覦之門・其清之未盡者・再命中外知大體之臣條舉之・雖欲有方而不驟・亦不可有遺而不盡・蓋民黎之有害・猶衣被之有蟣虱・一除不盡・終爲搔癢不安・伊尹相商湯・恥其君不爲堯舜・而欲無一夫不獲其所・況皇上萬乘之尊乎・

皇上於臣僚之黜・每有人才難得之諭・天下莫不知皇上之篤於重材矣・臣願持此不已・以推其極・蓋天下才難於全・以皇上之明聖・視之當無可其意者・但天下之政務夥

多・隨才器使・皆足爲用・故古人謂・使功不如使過・如其用新進之輕事・警敗而後成・不若犯有過之老練・已試而少敗者之爲便・與其既棄之・而復不忍終棄之之爲恩・不如當棄之・而姑莫棄之之爲厚・况吏久其職・而後民安其業・更遷太速・則進取競・而苟且生・甚非官守之利・故堯知鯀之方命・圮族矣・非惟不卽罪之・且因四岳之薦・而猶用之・至於位之高者・有簾堂之義・於其留去之際・尤望加意・蓋彼之孱庸何足惜・重皇上之名位也・况卒之皋夔滿於哲惠之朝・彼自不能安其位・縱當遲去之先・亦何遽憂於驩兜也哉・如頃輔臣有涉汙墨者・聖恩非但置之不究・且又給驛以還・孰不驚服天地之寬容得體也・

皇上之於刑獄・既欽明於朝堂・復戒愼於天下・天下莫不知皇上之篤於恤刑矣・臣願持此不已・以推其極・蓋皇上之仁・所恤者非但大辟之重・宜無微而不在所恤之中・天下既知聖意之所在・ 如獄詳於有司而未成者・撫按必不敢輕允・獄成於撫按・而矜請者・審錄必不敢輕讞・但罪廢出於詔獄者・有司多不敢以爲言・夫人臣之欺枉者・罪固不容於誅・若或心欲忠・而所見淺異・官欲職・而所察眩迷・如頃歲以來・言官善於建白者・ 皇上無不容納・ 中或有不知國體・而輕言者・以致罪觸天威・非但天下之有識者共非之・恐其僚之中・諒亦多有不足其說者・彼蓋以其職在於言爾・臣近覩御批瀆犯之奏・亦有念繫言官且饒之旨・因感宋臣蘇軾告其主曰祖宗委任臺諫・未嘗罪一言者・縱有薄責・旋卽超遷・許以風聞・而無官長・言及乘輿・則天子改容・事關廊廟・則宰相待罪・臺諫固未必皆賢・所言亦未必皆是・然須養其銳氣・而借之重權者・將以折奸臣之萌也・尤願皇上追念及此・

又臣伏讀明倫大典・見以爭禮罪者・雖成議・大臣亦有爲請曲宥之者・情辭最爲欵切・又大獄及諸犯廢退中・有可用者・近日諸臣亦次舉爲皇上言之・然皆未見盡於施行・天下皆知皇上之仁孝・久必有處・臣第念此輩抱罪已久・懲艾已深・當聖明之世・而使老迫於年・不終其用・死迫於瘴・不生其還・萬一九重他日有矜及此・而其人消磨漸盡・獨不傷聖念乎・望體虞舜災眚肆赦之意・急爲區別錄宥・使天下皆知聖世之無棄人・如天之無棄物也・

皇上於本當重治之犯・每爲從寬之貸・天下莫不知皇上明無不照而不用其明矣・ 臣願持此不已・ 以推其極・蓋物理難於全求・人情思於曲造・故古聖王之不盡人情也・絕耳目之寄於羣小・愈叢脞之戒於臣鄰・絮纊塞耳・示不外聽以爲聰・冕旒蔽目・示不外見以爲明・非故寬縱・以長天下之奸也・蓋隨吾知而盡警以吾法・未必盡如吾先致人人自危・以傷吾清穆之化・故今法不盡於吾知・則化必不俟於吾法・及於恩者・在一人之敢犯・感於恩之所不及者・將無人而不恥於犯矣・ 法網稀疎・風流篤厚・協氣薰蒸・積爲太和・天下之羣生樂育皇受者・會歸極於平平蕩蕩之道而已哉・皇上於天下之利・無不興・弊無不革・而又久任撫牧之臣・天下皆知皇上急於圖治・而又不急於求治矣・臣願持此不已・以推其極・蓋治之大 ・不可以近易致・ 故論王者之治・必曰必世而後仁・ 必曰久於其道・ 而天下化成・以驩虞爲覇術之小・ 宋儒呂祖謙所謂吾道雖有歲月之遲・ 而終成千百

年之安．申韓雖有歲月之速．而終貽千百年之害．

今皇上以非常之聖．所以經綸者．當爲萬世無疆之謀．是宜圖治之心．不以頃刻而忘成治之効．不以歲月而計．則殺不怨．利不庸遷．善而不知所爲．堯舜熙皞之治．豈不復見於今日也哉．凡此又皆以學爲本．蓋惟學可以有此心．故雖堯舜之聖．不能不學．然帝王之學．與儒生章句異．皇上經筵日講．無間歲時．天下莫不知皇上篤於學矣．臣願持此不已．以推其極．蓋宋大儒朱熹．推書惟精惟一．允執厥中之說．有曰堯舜．天下之大聖也．以天下相傳．天下之大事也．以天下之大聖．行天下之事．而授受之際．丁寧告戒．不過如此．則天下之理．豈有以加於此哉．是帝王必此之務．乃謂之學．若但如儒生以之資口耳．益詞翰之末．則雖勞歲月．忘寢食．亦何益於治．

然其本又在於敬．故熹又謂．敬者聖學成始成終之要．蓋精一．卽大學之格物致知．允執．卽大學之誠意正心．故始焉．則心不歛而淪於昏．無以爲格致之本．終焉非敬．則此心或雜而失於固．無以收誠正之功．臣伏覩皇上敬一一箴．廣大純密．精徵淵奧．眞契堯舜心法之妙於千古之後．出於尋常繼體之賢君萬萬矣．由此而體持不已．中執自固．則非但寬仁剛毅之德．所以奉天者．節時不過．透徹溢薰蒸之和．順時不悖．結固藹重熙之盛．如臣前所願望者．自無一而不造其極．恐至誠功用．妙於無倚．雖皇上亦不能自已於於穆之純矣．豈臣輩之愚．可得而探測其萬一哉．將見廣運聖神文武．與堯舜一．高明博厚悠久．與天地一．承聖祖萬世無疆之流澤．純列聖萬世無疆之人心．啓聖子神孫萬世無疆之祥兆．答上天中興非常之景運．慰天下臣民非常之仰望．而永延億萬斯年之天命國祚於無窮矣．

臣以荒遠邊服之職．衰邁甘退之軀．迂疎草茅之見．感荷恩渥．幸逢非常之盛．故敢罄陳狂瞽．昧死以獻．臣冒瀆天聽．下情無任戰越恐懼待罪之至．

奏出內象疏

戶部河南清吏司署．員外郎事主事．臣唐胄謹奏．爲罷無益．以昭聖德事．臣自舊冬奉部劄．委監收象房草麥．外象該四十餘隻．歲約費銀萬餘兩．臣已竊爲歲計寒心．但象用於衛門駕輦．制出祖宗．不敢輕議外．有內象五隻．督以內臣十餘員．軍百餘名．供養於皇城內犀象房．凡一切駕輦衛門不用．遞年各處解納草麥．比之外房．怨苦陪倍．通計一年飼象供軍銀．亦不下數千兩．臣惟古昔帝王之治天下．必以禽荒爲戒．所以防養君心．以崇其德．故後代一有却名馬之獻．省食獸之肉者．節費雖少．史冊必書．所以昭德．而示勸也．

臣前歲家居．聞父老爭傳陛下登極之初．卽放後苑鳥獸．仍禁各處自後採取進獻．莫不舞蹈歡呼．若象之尤害費．而無甚可玩者．豈有獨留之理．第一時未暇推究至此爾．今左右有識者．豈不知聖心寡欲．何事於此．但以非藉此數象．無以存內臣管事之門．故或設有事久難革之說．殊不知隨時興滯補弊．乃人君繼志之大孝．況我太祖皇帝．聞增飼虎之奏．則曰養虎欲以何用．而費肉以飼．卽命虎送光祿．他禽獸悉縱之．太宗皇帝因索白象食穀．卽召內臣責曰・計象一日所飼穀・當農夫數口之家一日之食・朕爲君・職在養民・爾輩不令朕知・而爲此事・是欲朕失天下心・而復敢爾・必誅不宥・此皆神聖開基之成法・萬世當守・安有事弊於後者・可泥於久・而不革哉・

伏望陛下・將此象發養於外・以均衛門駕輦之勞・則非惟省無用之費・慰陪倍之民・且於法祖節用之懿・聖德始終寡欲之美・光耀萬世・視却千里馬・放鷹犬於一時者・萬萬矣・

靖江王府宗室支補疏

臣欽蒙聖恩・到任是値靖江王府宗室・支放夏季祿米之期・除照本等放支外・間有家人投執印信領狀・索要補支者・臣始不知其故・後查究及據長史司回報・知係始封將軍中尉祿米・戶部勘合・照會到司・再查受封出閣日期・如授封在前・出閣在後・則以出閣日爲始・若出閣在前・授封在後・則以授封日爲始・其授封日期・務以明文到彼實授之日爲始・不許先期冒支・而此補支者・皆是先期之祿・如封內奉國中尉・約效禮部・以嘉靖十年二月二十五日具請得封・本司奉到以本年十一月十九日・行長史司給與手本・實封其祿・當以本日爲始・而約效必欲索補支自禮部題封之日・是犯先期之冒者也・

臣按廣西一省・稅糧實徵・總計只四十二萬九千有零・不及腹裏一大縣之數・且地多殘破・歲徵每不及半・通省官吏・師生・旗軍・目兵・打手・匠作・俱此取給・而靖江一府・歲支如戶部昨者所計・已該一十三萬六千五百有零・倉庫已難於應・豈堪分外復加・以此況彼・補支之數・不可小計・自臣到任數月以來・授封勘合・三行到司・其間將軍則奉國規良一員・中尉則鎭國約得等五員・奉國經楷等二十五員・歲增本等祿米・又七千六百石矣・而此分外索取補支・計亦不下五千二百有零・以數月之間・冒且數千・數年之間冒必數萬・以靖江一府且數萬・使凡天下王府・皆有此弊・則當冒至幾十萬幾百萬矣・

夫以天下有額之糧・時以水旱災傷・歲徵有減而無增・宗支之盛・歲祿日增而無減・而廣西又獨苦以盜賊・疆理日蹙・祿外又有房價・喪禮・祭禮・縣鄉・君賓・等費・民已不堪・其歲祿之歉者・昔既權請助之軍餉・今軍餉又不能繼借貸・支持似將無計・不知日後終何以處其勢・實爲可憂・臣惟我國家之法・隨時損益・不爲不盡善・如王府祿米・惟親王照支・本色不動・蓋祿雖多・然止於一・則而有限・以隆宗親之恩・其餘非但本折秉支・且計始終出閣授封・俱從其後・而又必以明文到日爲始・蓋以人衆而祿無限・非此撙節・則後將何繼・但有司失於奉行・以致積有今弊・莫不以爲己所當得・間有知者・然承襲已久・亦戀不能割・少有不遂・輒生憤戾・

臣願乞勑戶部・再查補支之條・有無別典・該載可行・如只是題准勘合當遵・則此弊行之已久・勢難追究・但約効等三十一人・不可不自今改正・仍行天下王府・凡有此弊・盡行痛革・則非惟法令嚴明・有司易於奉守・而宗室亦且安於分得・而無覬覦之望・足國裕民之休・將永永於無疆矣・

請止差蘇杭提督織造疏

臣聞・上天之爲民也・必因時而生大非常之君・大君之乘時也・必奉天以成大非常之治・　蓋時承隆盛・凡主之善於守文者・皆可爲之・若當傾覆殄悴之極・非得大有爲之君則不可・故天於是時・不得不爲民以生是君・而君之乘是時者・亦焉得不奉天以濟斯世也哉・大哉上帝・以胡元入主中國・世亂已極・特生我太祖高皇帝・起淮甸以救之・以大統甫成・而阨於革除年之傾覆垂盡・預生我太宗文皇帝・起燕邸以承之・及今以列聖百餘年之治　・　而復大敗於正德之羣奸・又篤生我陛下・起興邸以再造之・是三者・皆所謂因時以生大非常之君也・　故我太祖・太宗・承天之命・　艱難締造・以成帝王萬世之功・以啓乾坤萬世之業・事天如父・少有變異・卽服素以自警・天愛如子・一萌意向・卽垂象以兆先・以致五十七年重熙之治・今陛下受上天大非常之託者・與祖宗同・而天心未見克協・豈所以敬天者・未能如祖宗之誠哉・

宋儒胡安國有言曰・克謹天戒・雖有其變・而無其應・不克畏天・災害之來也必矣・夫所謂變・卽天地風雷・日月星辰・雨雹山川・草木禽獸之異是也・夫所謂應・卽水旱・凶荒・盜賊・疾疫・亂亡之禍是也・蓋天之仁愛人君也・因其脩己行政之失・則出變以警之・及其不能悛也・又應災以怒之・故古之賢君・如商之中宗・警桑穀生朝之變・卽修德以格・而反享七十五年之治・高宗警雊雉升鼎之變・卽愼事以答・而亦成五十九年之治・陛下卽位之初・乾斡坤旋・脫斯民於水火・天下方仰復見唐虞三代雍熙之治・夫何近日以來・畿輔四方・無處不告變・且非常變・　則天之示警也至矣・卽今南畿江浙湖河・無地不告災・亦非常災・則其示怒也至矣・使陛下有畏天之誠・安得至此・

臣不暇泛舉・姑以目前提督織造一事言之・臣往歲經過江北地方・聞軍民談及造織官船之苦・已不忍聞・　近檢部牘・見有前差官及文移內稱・有假楊賜黃棍之威・肆欲醃御史之橫・暴殄平民・而道路騷然・逼官死竄・而州縣連逮・附帶至於千船・私貨挾餘巨萬・百孽千殃・不可悉數・竊意被當營差之時・羣臣曾以爲言・先帝亦謂其一內臣・數奏帶十餘船而已・臨行且有不許分外生事騷擾之戒・豈意外橫至此・迨今過止地方・經殘夢影・慌忽猶驚・談毒聞謗・神色亦變・及荷明詔除革・莫不鼓舞歡呼・以爲天日復見・

不意陛下・近准內織染局之奏・復欲差官蘇杭督造・遠近傳聞驚愕・以故羣臣莫不竭力交諫・有謂例不出於祖宗・未可依行・端始造於成化・亦非美事・極言淮揚死傷之災・不可輕賤・推論蘇杭貨財之本・不可損削・減徵尚欲惠沾・大令豈可及汗・皆極言其不當差也・有謂營差必非安靜之人・償貸必至殘噬之毒・過郵空其雞豚・供所竭於水陸・參隨爪牙之威・工料朘剝之苦・皆極言其不可差也・有謂原局置於內府多年・供應不見有違・今造給以官銀所在・官司自足幹辦・又言其不必差也・至於惜大體・朝廷有足信之臣・借優容・以安輔臣之位・懼激變以致意外之虞・累牘連章・至明至切・而陛下一無所聽何哉・豈以兩宮之進用爲急歟・則自古賢妃・皆以儉德爲美・我太祖嘗謂侍臣曰・今富有四

海·何欲不得·然檢制其心·惟恐驕盈·宮壼之間·皇后亦能儉以率下·躬服浣濯之衣·皆非故爲矯飾·實恐暴殄天物·剝傷民財·大哉言乎·實萬世之鑑矣·

故漢肅宗母明德馬太后惟服大練·左右皆着布帛·自謂爲天下母·欲以身率天下後世·至今稱之·人子之孝·以成親之名爲大·陛下若徒執此以爲奉·恐聖母之心·亦不安矣·若以龍袍諸用有缺歟·則大禹之聖·以惡衣服見稱·今於我太祖之素服警變·更又何時而可事此·抑聖心亦已覺此差之可止·但觸於諸言之過激·而恥屈歟·是又大不然矣·自古君德·莫不以屈己納諫爲先·故稱古聖王之德·必曰舍己從人·必曰改過不吝·後世英主·至有於補進既裂之牘·而終從其言者·況此事既爭·朝堂勢必聞後·陛下將使後世·以己終從諫爲美乎·以終於樂莫予違爲美乎·今外人皆謂聖心寡欲·何事於此·但無奈於宮掖左右之請託爾·誠若此·則又大可懼者·蓋此輩親昵·易於誘引·成湯於桑林·必以女謁讒夫爲責·先帝十六年·權奸海內之禍·其機實始於此·故古稱君德之養·居寢必有暬御之箴·侍御僕從·罔非正人·凡出入起居·周衞左右之侍·宜選老成厚重小心之人·若此營誘·卽爲讒佞·宜亟去之·以免近鑒之悔·

況詔書革弊多端·而此條尤爲痛切·若先破格復之·則凡條內所稱·如燒造·分守·守備·及管庄·管店·採緘之類·寧保其不再干乎·却之則彼有辭·如從之·則上天託陛下以中興之治者·未見其能體·而於正德羣姦之弊·反一一將奉之而不失矣·則前所謂聖心惻然·與責其實惠之及民者·未免皆托之空言·豈得爲奉天之誠哉·天既警且怒矣·豈不大可畏哉·

伏望陛下·體上天因時篤生之心·念祖宗艱難創造之業·憫四海困悴已極之民·畏天心仁愛之怒·稱此讒佞吳嘉聰某某二人·差劾未領·明告在廷·收回成命·以安人心·以回天意，且望事事一復祖宗之舊·凡近有過舉·曾爲言官論列·而未納者·皆警省悔悟·易視朝廷之餘·日玩經史·便殿之間·時接儒臣·經筵日講·虛心聽問·言路諫章·屈己容納·以成大非常之治·則徵祥自降·壽考無疆·而保有祖宗之鴻業於萬萬世矣·臣分雖疎賤·義同委身·血誠所激·觸犯天威·恭候夷滅·下情無任戰越恐懼之至·

論復珠崖地

或問王桐鄉論珠崖·自漢元之棄·至梁大同·凡五百八十年而後內屬·然乎·曰非也·珠崖棄後·僅八十六年·卽復郡縣·所據以無疑者·史也·然所以啓桐鄉之疑者·亦史也·按史後漢郡國志·珠崖縣·隸合浦·晉地理志·吳赤烏五年·復置珠崖郡·晉平吳後·置珠崖入合浦·宋紀元嘉八年·復立珠崖郡·使珠崖果未內屬·史氏何爲而有是書·故曰所據以無疑者史也·後漢張純傳·永平十年·儋耳降附·奮來朝上壽·明紀十七年·儋耳同哀牢·焦僥貢獻·吳志陸遜傳·權欲取珠崖·曰珠崖絕險·今江東見衆·自足圖事·但當畜力而後動·又族子凱傳·除儋耳太守討珠崖·斬獲有功·宋書孝武大明中南伐·幷通珠崖·竝無功·使珠崖果已郡縣·史又何而有是書·故曰所以啓桐鄉之疑者·亦史也·

然則珠崖一地·而何致殊書若是乎·曰地顓顓獨居大海之中·其初環海以爲郡縣·多中土之流寓·與近州縣染化之人·卽初元之議·或可守者·故乘建武交部之定·而卽內屬·間有深洞之獠·時亦羈縻·編戶者·乃有此地卽有此人·史所謂如禽獸魚鱉·暴惡自以阻絕·犯某殺吏·當時之議·或可擊者·至於尙未免於擊伐·安能保歷代之無順逆·何可槩因之以疑州縣也·或曰珠崖本南炎萬里之荒裔·漢元鼎時始開郡·何游寓之速多乎·曰嗜慾所趣·魍魎爲徒·黃支去徐聞幾萬里·舟行以歲餘計·民俗畧與珠崖類·漢人尙金繒·遠往交易·數年乃還·況珠崖與徐聞對岸·舟僅日夕可至·地多諸異產·而人有不樂向乎·且觀秦置桂林·南海·象郡·以謫徙民與越雜處·又史志越處近海·多犀象·毒冒·珠璣·銀銅·果布之湊·中國往商賈者·多取富焉·則秦業有至者矣·又稱凡交址所統·雖置郡縣·而人如禽獸·後頗徙中國罪人·使雜居其間·乃稍知言語·漸見禮化·則漢郡後·又有至者矣·郡志載·建武二年·青州人王氏·與二子祈·律·家臨高之南村·則東漢有父子至者矣·吳志薛綜疏·自臣昔客始至之·時珠崖除州縣·嫁娶皆須八月·則三國有士類游至者矣·見於書者·代且無間如此·況書所不載者·可勝紀乎·此孫豹合牽之善人·詔謂慕義欲內屬者·雖棄罷之·而其心能一日忘漢哉·

然則郡縣何不治於其地·而於徐聞·史不志之於郡國·而外之於南蠻傳乎·曰圖經莫詳於其地·瓊舊志未嘗言郡邑之治於雷·雷之志·凡公署古跡·亦未嘗載治於其地者·祝穆生數千里地·著爲方輿勝覽·不知何據·而有此說·意者以徐聞嘗爲珠崖地歟·抑以縣名珠官疑之歟·夫徐聞令·故屬珠崖·宋書已有明載·若晉平吳·省珠崖屬合浦·而地里志統縣·終於珠官·似有可疑·但宋書又明紀·吳孫權更名合浦太守爲珠官·至亮復舊·未嘗言立縣·晉廢·亦未言以更珠崖治徐聞也·且合浦統於交州·漢初已然·後書隸珠崖縣於合浦·是已志於郡國矣·又合五城而并紀戶口之數·假借其地以治邑·亦借其民以充戶口乎·

至傳孫幸事於南蠻者·漢去古未遠·河淮以南·俱謂之蠻·故郡縣之外·有跳梁者·例於蠻書之·如南郡之潳巫·廬江之黃穰是也·若因叙幸於其傳·而遽疑爲外之於夷·則南郡廬江之在當時·亦未郡縣乎·此皆不通之論也·桐鄉又罪陳壽義烏討珠崖之說·以啓晉史之傳信·鄙壽偏方薄行·言不足信·夫壽在當時·稱爲良史·數其事以責其人·固所難免·若因以蓋其人·而遂盡廢其書·則三國數十年之事·天下後世將俱無所賴乎·且東漢珠崖之縣·先紀於范書·聞風慕義·貢獻之說·俗沿於土志·亦皆壽啓之歟·曰子之言辯矣·安知穆之博學·不無所據而云然也·曰書之可信者·經外莫要於史·今穆之說皆史之所無·則雖有據·亦未敢以爲然也·且後先乎穆者·不有東坡深庵氏乎·其說伏波廟曰·若非新息苦戰之功·則九郡幾爲左衽·蓋有得於晉史定交部始調立城郭·置井邑之說·其賦奇甸曰·魏晉以後·衣冠之族·紛紛日來·蓋有得於吳志·

在臣昔客始之說·以穆生雖遠·而博學有據·則躬遊其地·生其地·如東坡深庵者·學亦非不博乎·何俱不聞有此說也·雖桐鄉亦曰·所謂善人·乃遠近商賈·有積業·及土

著受井樽者・在漢已幾三萬之戶・其所謂狸・乃史稱有此地・卽有此人者・則亦非不知郡縣之不可狸也・第惑於史・而有以起其疑・再於穆而長其疑・三於統志而愈大其疑・卒之珠崖之錄進・勢不得不堅其疑矣・曰今則聞此而後知桐鄉之論盡非矣・夫桐鄉稱珠崖之始棄・本捐之之議・珠之復郡・由馮洗之功・夫捐之所謂人與禽獸無異・蓋指獠譙國傳稱・儋耳歸附者千餘洞亦狸獠也・是則珠崖之棄・凡五百八十年而後復・斯言施於郡縣固不可・若施之於洞物・則無不可矣・公之言蓋少失於混而無別矣・豈可盡非也哉・

愚窩說

主人癖愚・自號曰愚人・號其居曰愚窩・愚德不懿・而人每以之名其溪・名其谷・不深避而諱焉者・何哉・荊南道北・土偶天紀・中道勿克趨・克勤禮定命・巧視則愚・棄辯絕力・强視則愚・役者紛如・帖者閧如・而誰肯首於斯乎・主人方坐愚窩・啓愚窗・執左券以視天下・天靈澹若・沕穆淳赤・物至幾開・籟鳴風逼・凉吹襟洒・淸輝目縱・宵寢・晝無覺・憂無夢・蓋將脫塵塗以自蟣・故以世薄者自處也・於乎・絡地自繩・聳壁黏枯・四方陷井・疾走安之・安得大塊一斯窩・而中有皆若人耶・噫・吾將拱俟窩外・冀得見・而後朝食矣・

贈雲南黃少參允吉進表序

余少慕司馬子長之遊・恨其時初事南服・尙未足以盡其大觀也・頃自廣右・遷憲于滇・初爲之愀然・數日客有詰余曰・子忘疇昔之歎子長乎・因感之・遂泝舟蒼梧・入皇川・望九疑・以臨沅湘・凡風門・關索・盤江之險・無不苦歷・候吏有覘知余意者・因曰・昔人之難蜀道者・斷乎其未途此・及入曲靖・得迎於少參黃月坡先生・領其風度・恬無荒炎之念・後續見其僚黃梅巖・呂九川・劉壺山・黃時齋・朱南岡諸公・無不一如先生者・余始脫然自解・以前後兵備督學二命・凡其境之爽爨・夢禿・蒲泥・舞都・寮濃・牢昌・尋獅・無不徧歷・故凡物之儷於中土・與中土所無者・如食之粳糯・金線・竹釘・江公・大頭・細鱗・康郎・蝦鼉・蛆乳・鹽茶・椰蒟・樅糖・柿柑・蔗葛・榴梨・松桃・棠李・觀之犀象・蠶馬・金銀・銅鐵・錫鉛・青碌・琥瑪・珊瑱・玉石・牙鍮・氈氀・牡丹・梅桂・桃蓮・蟾棠・鵑茶・無不得旨而翫之・

及漢武像鑿之昆明・王褒使祀之碧鷄金馬・牟尋所出之點蒼・漢兵所渡之瀾滄・禹貢之洱海・又得時遊舒抱・然或來險滯僻之念興・非得鴻碩之依慰難矣・君臬英併之盛・固不待言・然藩之郡公・又皆海內一時人望・故余雖未遍遊・然卽其人・而其定之名山大川・宛已在目・自舊夏去九川・而大華・九嵕・河渭失矣・繼去梅巖・而衡岳・洞庭・雲夢失矣・去南岡・而天姥・壺公・滄溟失矣・今暫得侍之諸公於首山・則嵩高・首陽・汴濟・固在也・於時齋且至・則劍閣・岷峨・江潼・固在也・茲月坡又欲我去・夫天開聖誕・雖深山窮谷・莫不瞻舞歡呼・安阻於藩屏重臣之推賀・第念先生・尤余入滇而先所瞻依者・將何以爲情乎・雖然昔人之遊・欲取助於山川・而山川之於余之所得於羣公・蓋挹其所

鍾之靈秀·於山川之外也·吾其於先生而思莊重之風儀焉·邃古之襟致·淸確光明之議論擧措焉·又思昨執錦衣數萬·濫廩之奏·而力回天焉·則匡廬之高·彭蠡之涵混揚瀾·鞾孤之叫號泓濱·常在吾目·則先生雖去吾·而實未嘗去吾之心矣·

若夫壯赴之途·必瞻會稽震澤·上姑蘇·望五湖·泝淮循邳·眺齊魯之嶧泰·以入幽冀·皆子長舊遊之地·神氣未散·或夢交而問曰·子新爲滇中之遊樂乎·其以余所述者告之·以補其不足·若遇於梅巖九川南岡·則曰諸公雖出滇·然有留於巖巖汪汪者·尙具在於西洲唐氏子之胸次間也·使知余之有念·且亦欲出滇·而徧歷子長宇內之迹·卽山川而印證其所得也·王公必大仁者之贈·而又爲言以處·余因以吾之所思者·發之先生·其亦知先乘韋於吾言也夫·

三祠錄序

三祠錄者·三祠所祀事也·仰止祠在郡學·祀王公義方以下四十人·主于崇德以勸士·先賢祠在道右·祀路公博德以下十九人·主于報功以慰民·皆擧于有司者也·景賢祠在郡西北·祀蘇公軾·丘公濬二人·主于著述以憲後·奉于朝廷者也·有德者·非無功·所重在於德·有功者·非無德·亦猶德者之于功也·有德者·必皆有言·言至·著而爲書·則功于憲後矣·惟其主于德與著述·故不別·曰宦·曰寓·曰鄉·凡當是者·卽祀之·惟主于功·必有位乃能·故先賢之祀·非啓土平亂之雄· 則按郡守牧之良也· 名宦鄉賢·他擧分祠·今吾仰止·以德故合之·凡名宦擧合祠·今仰止先賢以勸報·故分·凡祠無錯祀·仰止以著述·故兼之·

吁人之所以不與者草木同者·賢而有名不朽耳·不朽而且饗廟·賢之尤者也· 吾一郡城·而三祠之賢·至五十有九·不謂之多賢國乎·客賢自漢凡四十五人·其過化之遠·此所以致鄉之有賢也·主賢自宋凡十四人·其聲應之遲·益見化難于賢客也·庠彥鍾生遠·張生文甫輩·與予同事于郡史·而考知諸賢之精·今年春·旣請更定祠祀·而又爲此祠錄·以見祀者之所以在祀·祀之者之所以行祀·其有志於賢乎·

昔宋廬陵文信公兒時·見其鄉有忠節祠·祀歐陽文忠·楊文節諸公·卽忻然慕曰·沒不俎豆其間·非夫也·後果以大忠鳴世·至今並食其廟·諸彥至賢矣·抑有志于此否乎·吁·昔鄉在宋無一賢·而先輩尙能感客化以有立·今賢盛賓主·其感猶不易乎· 感之易· 而勉以成之·使生雖無事於此·而百年之公論·能舍之耶·吾言雖爲汝錄發·亦因以告郡之諸豪傑·使知無負于吾地之靈也·因爲序·

平蠻錄序

傳稱商夏以前·朔漢少警·經書所載·帝王經營·多事南服·書曰·惟時有苗弗率·汝徂征·卽今荆揚地也·易曰·高宗伐鬼方·三年克之· 亦今荆楚是也· 遠惟雲南·史傳列夷於西南·非惟經史莫載·雖稗說曰樊綽徐雲虔以前·未有及者·禹貢導黑水·至于三危·入于南海·葢言導委之所經·非神功胼胝處也·故歷代自楚蹻以後·始不絕牢籠·然究其所益· 不補所傷多矣· 武侯亮不幸生當蜀漢·逼于雍闓

吳附・五月渡瀘・所謂天威不敢復反者・亦終亮世十年粗安而已・

惟我聖祖皇靈・天蕩一洗・而華疆之百餘年來・渾融造設無髮間者・一旦釁啓甸定・上廑宵旰・首責疆守杜沐諸公輩以剿撫・又付諳夷都憲歐陽公以控制・又推勳望尙書伍公以提督・風力內臺劉公以監按・不知虞商事荆之時・有此注念否乎・以故封疆警奮・撻武遄滅・然先聲之助多矣・使聖人復起・經能已於衍乎・聲銓文之罪・而侮慢聞腥之不啻矣・昭監察沈周・鎭撫方閫諸公之勳・眞一乃心力者矣・俘獻於控制之車下・其無辭乃絕者矣・大定於提督於監按之旬宣・祇叙其分北遏絕・有截其所者矣・總而仗之天威・其七旬之格・異於三年之僊矣・於今所形之詩歌・別其繫本・形風美德・而章什之・其卽風雅頌乎・孰謂開闢萬億祀以來・復有此啓拓苗鬼數千里之外・再有此格克也哉・

雖然邊境自商以後・南且庶幾・而西北則多事矣・聖天子方勵志邁古之治・諸公器負台鼎・且有虛臺省以待之者・其尙輔矢文德於四洽・使兵革不用・守在四夷・播明明令・聞於無疆・涼毋自功於一隅・而曰平南平南焉爾・都閫方君時中刻錄成・求叙於余云・

杖策壯遊卷序

紈綺苦不寧・竹帛羞不芳・古之人突不黔・輪不燥・秦闕燕壁之皇皇・非無游也・而君子不壯之何也・吁・篋有冊・技有竽・堅白揣摩有舌・誠自負矣・其如天下何哉・故古有善游者・遍歷衡・華・恒・岱・洞庭・雲夢・鄱陽・九疑・蒼梧之區・以盡天下大觀・一求助吾氣・以成名世之文・當世岌岌之時・建南陽落落之榮・爲鄴都汲汲之追・以成安世之武・抱之宏・而成也大・則其出也・豈小小哉・

吾郡有屠生正夫者・世秩以武・器業以儒・恢恢乎若大有所藏者・今年夏・爲大府拔取於其幕・士友咸載酒歌詩・餞之海門・客有言者曰・聖天子念南服之重・擇文武世臣於天下・而托重撫・寧公於閫府撫・寧公以天子之念爲念・擇文武士於南藩・而選拔正夫於幕府・人患無諸己耳・有之・安有不終知者哉・正夫素耻小挾者・今賓於大幕・負無書・帶無劍・將何所杖乎・承論樽俎之暇・則爲金石祥光之游見・廣之東西・嶺嵐海霧騰空・則奮焉捫胸腹嘆曰・百萬子可出矣・毋令將軍負此・信乎大將・爲天子得文武士於幕下・求外之無治・不可得也・

或又曰・昔大夫烏公・以鐵鉞鎭河陽・取洛崖兩生赴軍・遂空東都士夫之羣・正夫其行矣・部之師何所主・衞內外翼之主吏何所式・令上之臧否・何主以罷行・疑時之政事・何取以諮度・瓊固士夫之冀北也・寧亦不空其羣耶・客有欣然振氣・左右手各執爵以進・以右手指言者曰・天下事勢有大者・子獨吾廬念哉・其飲此・乃執正夫之手・而以左爵獻之曰・撫寧公・今知駱中有可與語者・聖天子久廑南顧之憂・大丈夫當萬里封侯・此行是矣・其壽此無辭・正夫劃然・氣岍駿越・盡飲之・請再爵而拜別・旁觀者皆歛爽・咸呼曰・壯哉壯哉・遂解纜・

青雲橋路記

青雲橋路者·青雲坊之橋路也·坊在郡城東僅里許·而橋橫截於坊之首·疏峻靈之潴於淤·畛路西入郡·而東北直坊·左沿潴而道·館曰迎春·右循畛以渡大江·凡東縣之豐好諸鄉都·郡之文昌諸州邑·輙發皆牙湊焉·然以衝而淖·故歲苦濘·以卑而壅·故秋苦潦·苦綿涉而不能避·故行人莫不苦之者·正德庚辰冬·僉憲姚江汪公來按治·屢辱予顧·因知民是之病·亟畫興治·未幾太守上官公繼至·遂促成之·崇路甃珉·廣橋增闌·跨以棹楔·聳隆迤躍·虹之舒·鰲之振·龍之欲雲·闤闠煙火之若接也·山川氣脈之若聯也·而郡槩復增一勝矣·

於是旌旗之按州邑·芒牛之迎郊坰·粮里之應卯酉·衿佩之謁相望·趯街趨市之交歸·洗馬牧牛之競出·灰瓦蔗箕帨被豕蜆之市· 秉檳遺歛之拾博· 輿者·蹄者·徒者·擔者·負者·携者·跛躄者·盲杖者·醉扶者·晝之行而憩·雨而避·熱而凉·渴而飲者·暮之溽而浴 · 日而談·飽而嬉·適而歌與吹者·舉熙熙然得其所·蓋郡治是已八百九十餘年·而橋路則始有於今日也· 邑具碑求予記曰· 厥功大矣·願毋畧·

噫·杠梁涂軌之制·見於經詳矣·較之乘輿之濟固易·然瓊爲嶺南望郡·輿地三千餘里·欲吾盡治以濟之·得不病於已乎·今十三州邑之途·會于郡·而郡之門方始于東·斯地距城東僅百步·是橋於郡爲第一橋·路第一路也·治地而擇先於此·意豈止於此耶·且郡東舊抱海爲池·故坊自宋卜余家沿名番蛋·自從祖頤庵侍御·以飾槩聞世·時重其爲人·故以門表青雲之扁名其坊·今又因坊以名橋·則過之日·寧無所感乎·感之·而青雲是志·不但際會風雲·飛英騰茂·誇駟馬車過此而已·且欲霖雨蒼生·以濟乎天下·是則橋之治·濟乎一方·橋是之治·意實欲濟乎一郡·而橋名之義·又將欲濟乎天下·功其遠矣·而奚翅是耶·不然公以宏才·兼道以政·濟海南比之民溥矣·而何事乎此一橋也哉·

橋增三梁·路崇三尺·廣一尺·長一千九百九十尺·珠池大監韓公慶助費十之二·贊成者·同知李侯鶚·通判俞侯淵·推官郭侯璧·督工唐典史鴻·鄉老顏香英·緩緡錢五萬九千餘·夫工一萬五千餘·歷日三百餘·

儋州學記

儋·瓊屬州也·宋蘇文忠公南遷時·瓊士僅得姜公弼·黎子雲·王公輔·符林數人·而黎王符皆儋產·公於子雲載酒問奇·尤加敬焉·昔揚子雲論珠崖爲捐之力·否則介鱗易我衣裳·公不然之·蓋有感于此也·厥後王霞舉·符確輩繼出·儋遂爲名州矣·而况積至今日之盛乎·正德乙亥冬·湘源蔣侯·以郡節推攝事·慼俗之舊·與士之良·可大造也·以學宮雖前守日遷之便· 然大如殿堂尚未就· 何以訖所敎事·乃肆力繕完·且次舉廡齋門號諸建·以備其制·越再明年春·即告就焉·其庠士來請記·

余惟致治·固莫先於立學以敎士·然學宮特以聚敎·而六經則所以爲敎也·漢武承秦後·能興學·以啓後世隆儒之美·可謂盛矣·然當是時·博士雖置·而尙書古文 · 詩毛

氏・春秋左氏・皆不列於學宮・世讀之者少・故昔人論漢俗・化節義・足以固人心・延國祚・雖爲孝武敎道之貽・然愚以兩漢之士・所以喜功名・而不通時變者・則學焉而不知經之過也・隋唐陋於辭章・不足爲道・獨恨宋以文儒立國・何至慶歷乃始知立學・維時天下郡縣・且多假公濟私・苟且應之・觀文忠在儋・有士如此・至遊城東學・尙有饌闕徒散之嘆・餘可知矣・未幾新經行・而周禮春秋又廢・則其所以爲敎者何物・痛哉・

我太祖方天戈指婺州・即開學・延葉儀・宋濂爲經師・繼又表章六經・賜學校・非獨恢武功自開闢以來所未有・雖文敎急學尊經之隆・自漢豈有能先之者哉・百五年來・文化浹海內外・侯于是州又能拳拳獨宣右文之意・假雖荒陋・亦應倍知奮躍・況儋在昔兩塾無人之時・士之忠信已如此・今復爾・則所造當可量哉・侯諱纓・字世榮・識敏而政通・在郡甚得人心・余猶重是舉・故因求記・而推言學之所敎・以爲志・

陳志敬　字一之・東莞人・宏治甲子舉人・除潯州府判・累擢至府同知・從王守仁征八寨・守仁疏薦之・遽乞致仕・聞者多其勇退云・

請省賦斂以甦鹽丁疏

謹奏・爲乞省賦斂・以甦鹽丁事・臣竊惟陛下之民勞者・莫如農耕・苦者莫如鹽丁・農以期歲之勞・春耕一月・乃望秋收・鹽丁以期歲之苦・春則修基圍・以防潮水・次修漏地・以待淋滷・次修漏井・以積滷・次以草造屋蓋竈・次採柴・月餘方回・次朋合五六家・共以竹織鍋・輪流煎鹽・

前項所督・更替無時・此鹽丁春夏之艱苦也・秋則耙沙・富者以牛・貧者以人代之・朝日揚水晒沙・晚則以人牛耙碎・晴明八九日一收淋滷・遇陰雨則半月之餘・沙淡轉散於田・仍前耙晒・四季如常・無時休息・

舊制日辦鹽三觔・夜辦鹽四兩・歲計辦鹽正耗一千二百觔・竈田每畝科鹽二觔八兩・此竈丁鹽丁秋冬之艱苦也・民戶應辦於府縣・竈戶應辦於提舉司鹽場・此國初之法也・民竈各得安生・奈何反賊黃蕭養殺使民人・天順年間・奏奉勘合・將竈丁湊編入縣里甲・竈田又科秋糧三升二合一勺・此竈丁之重役也・竈丁逃竄・自此始矣・正德年間・欽差鹽法御史洗晃專理・鹽法僉事吳廷舉・親臨鹽場・見鹽丁跋涉辛苦奔波・又賠貼無徵之艱難・申請條例・優免雜派差徭・刊刻成書・給發鹽丁備照・賴得頗安・

後因歸德場・文宣賠貼無徵不前・具本奏行鹽法僉事陳大珊除無徵・又令各甲盡報老幼丁口・及每田一頃・另額報丁三丁・造冊申請・都御史林富批迴接管・鹽法僉事李默・查革以田報丁例・與各場每丁辦鹽四百觔原額・雖有十二場派鹽不同・各以水之鹹淡・土之厚薄・有不月耙沙而得鹽者・有不用淋煎・而得鹽者・惟靖康・歸德二場・祇近惠韶贛・三江水漲・衝淡鹹潮・春夏不堪晒沙淋滷・而秋冬纔能耙辦二季之潦・辦期歲之鹽・豈可與別場一例派也・本場每丁舊辦鹽・二百二十觔・尙有贍竈二丁・自今辦四百觔・又無贍竈之丁・有違舊制之例矣・此苛政之法也・

近年以來・有司變革無常・又將竈丁橫科軍器料・編役銀・差官情不能上達・鹽丁愈困・逃竄愈多・有司但知益於

上・不知損於下・保守身家者・則典妻賣子・無知犯法者・則拋棄妻兒・甚如王秀山・許折桂・流刦鄉村・殺傷官軍・征剿則歲用官銀千萬餘兩・所益者少・而所損者多也・殊不知・民爲邦本・本固邦寧・未有民貧・而君能獨富者也・且僉事陳大珊・李默・兼令有司之苛政者・甚於永州之蛇・

昔永州蔣氏捕蛇・當其初入幾死數矣・柳宗元聞而悲之・且曰若毒之乎・余將告乎蒞事者更若役・復若賦・則何如・蔣氏大惻・而告曰・吾斯役之不幸・未若復吾賦不幸之甚也・捕蛇遇毒則死・雖然死而尙得以妻子安也・苟有僥倖付之於藥・付之以方・付之天命・不死者保・一家大小安矣・若賦一復・則官吏有暴斂之慘・差人有擾害之端・甚至枷鎖連身・飢寒迫切・又無水飯供給・縱天命未盡・無所逃矣・雖死於此・而妻子亦未免也・

民之一身一役・尙有如此之害・况鹽丁一身・有縣場二役・一田有鹽糧二科・身家厚者・日以薄・薄者日以逃・逃者日以危・危者不祥・患莫大焉・仰惟陛下子育元元之心・若大禹下泣罪人・文王恤鰥寡之心・使天下無一物不被其澤・無一民不得其所也・但陛下端居天上九重之邃・懸隔海島萬里之遙・安知在外臣工暴虐鹽丁・有如此哉・

志敬忝爲臣子・官居郡僚・職卑難以進言・今以衰疾故・歸田里・見鹽丁科歛日增・民患日迫・謹具進陳・仰惟陛下・體天地好生之心・偏覆無私・軫念鹽丁辦鹽艱苦・乞敕都察院・轉行廣東巡按御史・督令府縣・欽遵舊例・優恤鹽丁・查照僉事吳廷舉申請優免條例・刊印成書・頒下鹽丁備照・萬幸・謹奏・

方獻夫　字叔賢・南海人・祖權・見聞博洽・世稱方書櫃・著亭秋集十卷・獻夫宏治乙丑進士・選庶吉士・丁母憂歸・正德中・授禮部主事・調吏部・晉員外郎・與主事王守仁論學・悅之・遂請爲弟子・尋謝病歸・讀書西樵山中・嘉靖改元還朝・道聞大禮議未定・草疏具見，廷臣方觝排異議・懼不敢上・爲桂萼所見・與席書疏並表上之・帝喜・下廷議・廷臣遂目獻夫爲奸邪・獻夫乃杜門乞假・既不得請・則進大禮上下二論・其說益詳・時已召張璁桂萼於南京・至即用爲翰林學士・而用獻夫爲侍講學士・攻者四起・獻夫亦力辭・帝卒用諸人議・定大禮・由是荷上眷・與璁萼埒・尋進少詹事・獻夫終不自安，謝病去・六年與同里霍韜・並被召修明倫大典・乃合上・洗羣疑彰聖孝疏・尋命署大理寺事・拜禮部右侍郎・兼學士・代萼爲吏部左侍郎・復代爲禮部尙書・明倫大典成・加太子太保・晉吏部尙書・兩疏引疾・報允・猶虛位以待・十年召還・獻夫潛入西樵・以疾辭・及使命再至・云將別用・乃就道・至都・命以故官兼武殿大學士・入閣輔政・居職二載・三疏引疾・優詔許之・家居十年・卒・贈太保・諡文襄・獻夫緣議禮驟貴・與璁萼共事・持論頗平恕・故璁萼爲世詬・而不及獻夫云・所著有周易約說十卷・程子語十二篇・西樵遺稿・

議大禮疏

伏見近議・陛下繼嗣孝宗・尊稱興獻帝之禮・一謂守禮經之言・一謂循宋儒之說・臣按禮經曰・爲人後者傳・曰・何如而可以爲人後・支子可也・又曰爲人後者孰後・後大宗也・適子不得後大宗・蓋謂有支子而後可以爲人後・未有絕人之後・以爲人後者也・爲是議者・臣未見其合於禮經之言者也・臣又按宋儒程頤輩曰・英宗既以仁宗爲父・不當以濮王爲親・臣則謂今日之事不同・蓋仁宗嘗育英宗於宮中矣・是實爲父子也・今孝宗未嘗育陛下於宮中也・孝宗嘗有武宗矣・仁宗未嘗有子也・濮王別有子・可以不絕矣・今興獻帝

別無子也・爲是議者・臣未見其善述宋儒之説者也・

蓋父子天性也・不可改移・名實相須也・豈容假借・説者不過謂孝宗不可無後・故必欲以陛下爲子・今夫推孝宗之心・欲有後者・在不絶祖宗之祀・不失天下社稷之重而已・孝宗有武宗・武宗有陛下・是不絶祖宗之祀矣・不失天下社稷之重矣・故陛下之繼二宗・當繼統而不繼嗣・興獻之異羣廟・在稱帝而不稱宗・繼統者・天下之公・三王之道也・繼嗣者一人之私・後世之事也・興獻之得稱帝者・以陛下爲天子也・不得稱宗者・以實未嘗在位也・請宣示朝臣改議・布告天下・稱孝宗曰皇伯・稱興獻帝曰皇考・別立廟祀之・夫然後合于人情・當乎名實・舉斯心而推之・治天下可運之掌矣・

重上議大禮疏

臣等按・自古主爲人後之議者・宋莫甚於司馬光・魏莫甚於明帝・漢莫甚於王莽・主濮議者・司馬光爲首・呂誨・范純仁・呂大防附之也・主哀帝議者・王莽爲首・師丹・甄邯・劉歆附之也・惟莽説流毒最深・魏明帝以篡逆得國・不足多論・惟宋儒祖述王莽之説・以惑萬世・不容不辯・臣等按戾太子・武帝嫡子・宜有天下者也・被譖死・武帝作思子宮於湖・滅江充家・史皇孫武帝嫡孫・宣帝父也・昭帝戾太子弟・宣帝叔祖也・宣帝卽位・尊史皇孫曰皇考・戾太子曰皇祖考・別爲廟祀・禮也・王莽乃曰・皇考廟本不當立・宣帝爲昭帝後・復立皇考・爲兩統二父・是稱叔祖曰皇考・悖天倫矣・

又按成帝嗣議・翟方進曰・宜定陶王・孔光曰・宜中山王・用孔光議・則父子兄弟各正其位・而無復棼諠矣・公羊氏曰・爲人後者爲之子・王莽祖述師丹・爲之先也・宋人後襲莽術曰・丁傅焚如・以脅英宗也・曰冷褒段猶徙合浦以脅輔臣也・丹非漢室臣也・莽功臣也・又按莽用爲後之議・上及平帝母族・内及其子・外及海内豪傑・以及宗室婣戚並罹酷禍・然後篡逆之謀成焉・又按平帝身有天下・而不得見其母・衛后子有天下・而不能保其宗・皆爲人後者爲之子之説誤之也・又按莽謀顓漢柄・卽隔絶平帝・母后不得之京師・衛姬日夜啼泣・思見帝不可得・曰爲人後者・爲之子也・禮也・既而欲速篡謀・卽身繼漢宗・不行母服・亦曰爲人後者・爲之子也・禮也・至是人倫絶・天理滅・禽獸逼人矣・劉歆倡之・諸儒和者七十八人・繼而從者四十八萬七千人・邪説惑人之毒・慘矣・

又按魏明帝無子・防支庶之入繼也・卽預禁之・使不得有父母至・痛幼女之死也・卽追謚立廟・是嗣君父母・反殤女之不如也・明帝何心哉・雖然曹氏積兇累狡・竊漢鼎祚・犯分逆天・尤無忌憚・其爲此制無足怪者・獨惜宋人・學問宗焉以誤國・是故刪其節畧・比論正之・豈得已也・又按禮喪大祀・無爲人後者・爲其父母降服三等爲期之説・歐陽修濮議・亦惟用儀禮云而已・修史者不惟於禮書有所弗讀・而於歐陽修之説・亦有所弗讀矣・襲謬踵訛・以誤後學・且所删錄・惟存呂誨・范純仁・呂大防輩・憤激罵詈之詞・於英宗所以榜示朝堂者・則削而不述・遂上誣英宗・有薄德之疵・下誣輔臣・蒙邪諛之辱・千古不辯之訕・孰與訂決・後儒自入黨庠・卽爲成説所蔽久矣・是亦大道之弗明也・

應詔議禮疏

欽奉制敕謂・我太祖高皇帝・始建圜邱方邱・以祀天地・後定合祭之禮・恐上下之分・陰陽之義・未得日月贊上帝・以成化工・止歲一從祀・不得專享及大祀・以羣神從之・恐天神地祇・失其上下之位・聖心皆以爲疑・欲有所更定・以復聖祖之始制・令臣親述所知以對・欽此・臣聞制莫大於禮・禮莫大於郊・夫禮者・義之實也・非精義入神者・不足以語之・孔子之時・去古未遠・猶曰君子毋輕議禮・而況當今禮文殘缺之後・異說汩沒之餘・豈易言哉・

孔子又曰・明乎郊社之禮・治國其如示諸掌乎・則郊社之禮・猶有未易言者・臣切維古之禮經・今猶存而可考者・曰儀禮・曰禮記・曰周禮・儀禮十七篇・所載祭禮僅止於大夫士・少牢饋食以下之事・不存王者郊社之禮・禮記禮運郊特牲・月令祭法・祭義等篇・雖多及郊社・而的然可據者・亦無幾也・至於周禮・則先儒已謂其出於劉歆之附・蓋非周公之書・可疑而不可信・可觀而不可行・則亦豈能深據以爲古禮之必然哉・今亦惟其理之可信者信之・勢之可行者行之而已・而理之不可信・勢之不可行者・不敢質言也・

臣謹按・祭天圜邱・祭地方邱之說 ・蓋出於周禮大司樂・曰冬日至・於地上之圜邱奏之・則天神皆降・可得而禮矣・夏日至・於澤中之方邱奏之・則地祇皆可得而禮矣・祭天南郊・祭地北郊之說・蓋出於漢儒・匡衡曰 ・祭天於南郊・就陽之義也・祭地於北郊・卽陰之象也・而鄭玄輩遂因之以解周禮也・斯言也・考之五經而無文・質之先王之行事而不合・臣謹按禮運之言曰・祭帝於郊・所以定天佞也・祀社於國・所以列地利也・又曰・禮行於郊・而百神受職焉・禮行於社・而百貨可極焉・以帝對社・以郊對國・以定天對列地・是明以郊祭天・社祭地・而無方邱北郊祭地之說也・

郊特牲之言曰・社祭土而主陰氣也・君南向於北墉下・答陰之義也・社所以神地之道也・地載萬物・天垂象取法於天・取財於地・是以尊天而親地也・又曰郊之祭也大・報天而主日也・兆於南郊・就陽位也・祭於郊故謂之郊・郊所以明天道也・以就陽對答陰・以明天對神地・以尊天對親地・是亦明以郊祭天・社祭地・而無方邱北郊祭地之說也・祭法之言曰・燔柴於泰壇祭天也・瘞埋於泰折祭地也・是亦未嘗言此北郊也・禮器之言曰・因名山・升中於天・因吉土饗帝於郊・是亦未嘗言此北郊也・且祭天於郊・故謂之郊・安得祭地亦謂之郊乎・

又以先王之行事質之・舜之攝位也・類於上帝・禋於六宗矣・望於山川・徧於羣神矣・未聞祭地之事也・望于山川・卽祭地也・武王之大事于商也・類于上帝・宜以冢土矣・未聞祭地之事也・宜于冢土卽祭地也・其既事而退也・柴於上帝・祈於社矣・未聞祭地之事也・祈於社・卽祭地也・周公之祭於雒邑也・丁巳用牲於郊・牛二・戊午社於新邑・牛一・羊一・豕一・未聞祭地之事也・社于新邑・卽祭地也・

蓋嘗思之・王者尊天・故祭於郊・遠所以尊之也・親地故祭於社・近所以親之也・祭天於郊・北面曰就陽・祭地於社・南面曰答陰・此陰陽之大義也・祭天先燔於壇・祭地先理於折・此上下之大分也・非必南北郊爲陰陽・而高邱下澤

爲上下也．此先王制禮之意也．或曰諸侯則有社矣．謂之祭地可乎．曰古者天子封土五色．以立大社．其命諸侯．惟以方色之土予之．使歸而立社．則諸侯之國有社．而無五色之大社．是諸侯可以謂之祭土．不可以謂之祭地也．春秋傳曰．天子祭天．諸侯祭土．猶之宗子祭父．支子不得祭父．而可以祭母．父尊故也．天子祭天．諸侯不得祭天．而可以祭土．天尊故也．

古之王者祭地．有王社．又有大社．大社謂之后土．謂之冢土．謂之泰折．謂之大示．未有方邱北郊之事也．至漢武帝始有甘泉．泰畤．汾陰．后土之祠．而匡衡遂爲南北郊之議．則失先王尊天親地之意矣．新莽始有天地合祭．祖妣並配之說．而後世遂爲以祖配地之儀．則失先王之意益甚矣．夫聞尊祖配天之說矣．未聞尊祖配地之說也．古者祭天地之大神．必配以人鬼以通其氣．如五帝配以伏羲．神農．黃帝．少昊．顓頊．社配以勾龍氏．稷配以后稷氏．虞夏商周．郊天各配以其祖．未嘗無配者也．夫祭五帝社稷．配以前代之人鬼．祭天配以其祖者．尊祖也．若別有祭地之禮．則安得不聞配地之神乎．是知社卽祭地．勾龍氏嘗平水土．有功於地者也．故後世有易以夏禹者．亦有功於地者也．是卽配地之神也．觀其配．則知其主矣．臣又按宋儒胡宏曰．古者祭地於社．猶祀天於郊也．故泰誓曰．郊社不修．而周公祀於新邑．亦先用二牛于郊．後用太牢于社也．

周禮以禋祀．祀昊天上帝．以血祭．祭社稷．而別無地祇之位．四圭有邸．舞雲門以祀天神．兩圭有邸．舞咸池以祀地祇．而別無祭地之說．則以郊對社可知矣．後世旣立社．又立北郊．失之矣．臣嘗因是說．而考之周禮大宗伯．典瑞．司服．大司樂．鼓人等篇．凡言社．卽不言地．言地卽不言社．至于曲禮月令諸處亦然．則胡宏之說．不爲無據矣．又小宗伯建國之神位．右社稷．左宗廟．兆五帝於四郊．四望四類．亦如之．兆山川邱陵墳衍．各因其方．若有祭地北郊之事．則當曰兆五帝於四郊．兆后土於北郊．

夫山川邱陵墳衍且序之不憚煩．安得兆地之大禮．而獨缺乎．是知右社．卽兆地之位．而宏之言．亦得之矣．臣又按中庸曰．郊社之禮．所以祀上帝也．朱子解曰．郊祭天．社祭地．不言后土者．省文也．又朱子小註曰．周禮只說昊天上帝．不說祀后土．先儒說祭社稷便是．如郊特牲而社稷太牢．又如用牲于郊．牛二．乃社于新邑．此乃明驗．五峯言無北郊．只是便是祭地．此說卻好．據朱子此言．則以宏之說爲是矣．夫四書章句集註．朱子晩年所定之書也．不亦可據乎．

又按橫渠張載亦曰．大社祭天下之地祇．王社祭京師之地祇．載宋儒知禮者也．而其言若此．亦可信矣．然則圜丘方澤之說非乎．曰此言前所謂可疑．而不敢質言者也．圜邱不見於五經．北郊不見於三禮．元儒袁桷已言之矣．然則其可疑者．何必信．可信者．何必疑乎．若必如周禮．則一歲九祭天．二祭日月四時．四望山川丘陵墳衍．各祭於其方圜．邱必求天然之山方．澤必求水鍾之地．可行乎．孔子曰．觀其會通．以行其典禮．酌古今之宜．爲會通之術．則必有其道矣．

臣嘗見我國初・儒臣所著存心錄・編次圜邱方邱・朝日夕月・專祀天神・專祀地祇社稷等壇・儀節繁多・精義未著・嘗竊疑之・厥後莊誦我太祖皇帝御製大祀文內云・朕卽位以來・命儒臣徧歷羣書・自周以至於宋元・皆考祀事之典・旣考之後・守而行之・然當行祀之時・惟宗廟頗合人情・及南北二郊・以及社稷・甚有不如人情者也・於是自洪武十年・更社稷於闕右・去繁就簡・一壇合祀・以奉二神・洪武十一年・命三公率工部・役梓人於京師之南・創大祀殿・合祀皇天后土・又云古人之祀南北郊・朕度之彼以義起・故曰南郊祭天・以其陽生之月・北郊祭地・以其陰生之月・孰不知至陽祭之於至陰之月・至陰祭之於至陽之月・於理可疑・且掃地而祭・其來甚遠若此・斯祀之理・執古不變・則人之享・亦執古而不變・則汙尊坏飲・茹毛飲血・巢居穴處・以今言之・勢可行乎・斯必不然也・

因是命太常卿・每歲祭天地於首春正・三陽交泰之時・是其宜也・臣乃竊伏自嘆・始知周禮之繁文・國初諸儒草創之謬見・眞不可行・而我聖祖之高明特出・閱歷已熟・審於人情・揆於事理而更定者之爲是也・所謂酌古今之宜・得會通之術者也・故臣嘗曰・今之南郊本祀天・而配以地・猶大社本祭地・而配以稷耳・無害於義也・知稷之不可以對地・而可以配地・則知地之不可以對天・而亦可以配天也・是亦一道也・

禮曰・非從天降也・非由地出也・人情而已矣・又曰夫孝者・善繼人之志・善述人之事者也・仰惟皇上聖資英睿・度越百王・問學淵源・覽識千古・然聖不自聖之心・必不自以爲聰明高於聖祖也・閱歷深於聖祖也・豈肯舉其制而遽變之・誠以聖心有不安於此禮者・惟求其是而已矣・是以親降綸音・徧詢臣下・使各述聞・眞聖不自聖之心・未嘗固必於此也・亦惟理之是從而已矣・

夫理有輕重・事有緩急・法古爲重・法古可也・遵祖爲重・遵祖可也・故曰有其舉之・莫敢廢也・有其廢之・莫敢舉也・況時詘舉盈・君子以爲戒・生今反古・聖人以爲災・陳其數・不知其義・謂之瞽・守其常・不達其變・謂之迂・此臣之所以不敢輕議也・臣職忝大臣・義關國計・尤有不可易言者・不然則臣雖至愚・豈不知皇上一心承天・銳志復古・凡在大小臣工・莫不仰聖人之再出・喜禮樂之可興・孰敢不敷陳古典・將順德意・而乃爲是由舊之說・以自取不韙之罪哉・伏惟聖明鑒之・

陳洪範皇極疏

竊聞・邇者日講尙書至洪範篇・因思臣愚平日留心皇極一疇・頗得其大義・每恨先儒說者・未曾及之・蓋千古帝王之心學・在此一疇・而解釋訓詁者・漫爾說過・良可惜也・仰惟皇上・聖學淵深・默契千古・嘗加意洪範一篇・而爲之序・於此疇之旨・必有自得者・臣愚膚淺・何足以裨益萬一・然野人芹曝之誠・不能自已也・請敬陳之・蓋洪範九疇・五位居中・數亦居中・其象在天下・則君居中・在人則心居中・故言人君正心之事極者・中正之的也・曰皇建其有極云者・卽書所謂建中於民・易所謂中正以觀天下・禮所謂王中心・無爲以守・秉正是也・曰歛時五福・用敷錫厥庶民

惟時・厥庶民于汝極・錫汝保極云者・卽書所謂民協于中・易所謂下觀而化・孟子所謂・君正莫不正是也・君臣上下・咸爲中正之德・則和氣充塞天地・而人無夭折・物無疵癘矣・

先儒眞德秀所謂・堯舜之民・莫不仁且壽者是也・是斂福錫民之義也・曰凡厥庶民・無不淫朋・人無有比德・惟皇作極云者・是覆言臣化之・化於中正者・實由在上者之作則也・卽書所謂民心罔中・惟爾之中也・無朋無比・卽下文無偏無黨之義也・夫人之心・莫大於好惡二者・而人君之職・只是用人一事・故於用人言之曰・凡厥庶民・有猷・有爲・有守・汝則念之・不協于極・不罹于咎・皇則受之・而康而色・曰予攸好德・汝則錫之福云者・是卽所謂嘉善而矜不能・尊賢而容衆・無所偏黨於其間也・曰無虐煢獨・而畏高明・人之有能有爲・使羞其行而邦其昌・凡厥正人・旣富方穀・汝弗能有好于而家・時人斯其辜于其無好德・汝雖錫之福・其作汝用咎云者・是善善惡惡・進退賢不肖・無虐煢獨・不之其所敖情賤惡・而辟焉也・無畏高明・不之其所畏敬親愛・而辟焉也・箕子反覆言之不己・又有敷德善好者・無偏無陂・遵王之義・無有作好・遵工之道・無有作惡・遵王之路・無偏無黨・王道蕩蕩・無黨無偏・王道平平・無反無側・王道正直・是皇建之義・皆正心之事也・

大學一書・只是要人正心修身・而治國平天下章・亦只是言好惡用人之事・其道如此・皇上聖明・誠能深體其義・而力行之・正其好惡・無偏無陂・以立極於上・使臣下化之・亦正其好惡・無偏無黨・而同歸於極・則董子所謂・正心以正朝廷・正朝廷以正百官・正百官以正萬民・正萬民以正四方・四方正・遠近莫敢不於正・而無有邪氣姦其間者・是以陰陽和・而風雨時・羣生和・而萬民殖・諸福之物・可致之祥・莫不畢致矣・蓋洪範九疇・固皆帝王治天下之大經大法・而其體要只在此・一疇擧・則八疇莫不畢擧矣・善乎先儒胡宏曰・明君以務學急・聖學以正心爲要・蓋得之矣・今日聖學緊要下手處・實不外此・伏望聖明留神體玩・務見之躬行實踐・不徒事區區文義之末・臣愚幸甚・

應詔陳言疏

欽蒙勑諭・以近者災異繼作・困於生民・去冬長庚見而數丈・元旦陰霾作而竟日・且連年之變異・數省之旱潦・自來未有・責躬思過・以仰答皇天仁愛・開曉文武羣臣・大小百官・使各加思省・各盡其職・有可弭災之術・許令各自陳奏・務有知速言・言無不盡・欽此欽遵・臣伏聞和氣致祥・乖氣致異・此不易之理也・今日欲求弭災消變之術・亦惟於斯言求之而已・出此則雖千條萬貫・事事而數之・人人而責之，皆末耳・欲格天致和・反災爲祥・不亦難乎・漢儒云・氣同則從・聲比則應・人主和德於上・百姓和洽於下・故心和則氣和・氣和則形和・形和則聲和・聲和則天地之和應矣・

臣伏覩皇上御極以來・勤學勤政・敬天敬親・汲汲求賢之心・源源恤民之念・宜乎善政民安・德流化洽・而猶未能者・臣竊謂今日所病・在君臣闕同游之樂・宰輔少和衷之美・大臣乏休休有容之量・羣臣無濟濟相讓之風・將相不交

驩・內外不相承・事本一家・而務人執私見・以相牴悟者有之・善與人同・而必事從己出・以擅功能者有之・以致上下猶未免於猜疑・同列或相持以忌尅・安得謂之和德乎・然則今日致災之由・其本實在於是・伏望皇上澄心燭微・體而行之・自宰輔而下・大小臣工・咸事同寅協恭和衷之道・自今以往・務各反躬克己・開誠布公・悟今是而昨非・無執私而拒善・則君臣一德・內外同風・然後戒飭諸司・責成守令・省刑薄斂・賑窮恤孤・則德澤下流・而和氣致矣・否則雖日下百詔・人上萬言何益哉・

臣又聞易象曰・雷雨作解・君子以赦過宥罪・說者云・君子觀雷雨作解之象・體其發育・則施仁恩・體其解散・則行寬釋・是亦省災消弭戾之一道也・臣切見向年議禮諸臣・以忤旨降謫者・固皆其罪過・無所怨尤・但懲創之久・必有感悟之情・悔艾之深・豈無同歸之化・近蒙恩者・旨准令吏部酌量推用・人皆稱德矣・而充軍爲民者・如余寬・馬明衡等・或流竄荒徼・或窮匿草野・今幾五六年・比之降謫諸臣・其悔艾感悟・尤必有甚焉・伏望皇上・大擴包荒之量・廣推宥罪之仁・充軍者許還・編氓爲民者・姑與冠帶・中間果有才識超卓・行能可嘉者・仍許吏部一體酌量起用・則在朝在野・無非至和・而天地之和應矣・

臣又聞守令親民之官・自古論治者・皆曰重守令・蓋亦不易之道也・守令得其人・則所謂省刑薄斂・賑窮恤孤之事・與凡勸農興教・一切仁民之政・自能心誠求之・應時舉行・守令不得其人・則朝廷雖有畫一之法・誰爲行之・夫郡守固重・而縣令尤重・以其於民尤親也・今天下郡守・員數不多・得人尚易・而縣令員衆・難以得人・臣每見近日各處撫按官奏稱・知縣進士稱職者多・舉人監生稱職者少・欲得多選進士・其言固非至論・然爲今日一時救弊之術・識者是之・況進士多出身名舉人・監生自待不遠・亦其勢使然也・況今方經考察員缺數多・各處災傷用人尤急・即今正當貢舉之期・伏望皇上特賜宸斷・多取進士五六百名・二甲限以百名以下・其餘悉寘三甲・以次銓注知縣・庶幾可望得人・然後敕令吏部・畧倣漢法著爲令甲・不由縣令者・不得擢臺郎給舍・不由郡守者・不得至侍郎列卿・則守令自重・而仁政畢舉矣・是亦安民致和・弭災消變之要也・

臣智識蹇淺・叨列九卿・旦夕竊祿・無所裨益・仰承德意・使各盡言・敢不罄竭愚衷・對揚休命於萬一・然不敢繁辭博引・多立條貫・而惟於本源之地・機要之大者・冒昧言之・切謂爲治大端大本・亦無以出此・蓋非特弭災之道也・漢申公云・爲治不在多言・顧力行何如耳・伏望皇上・矜其愚昧・察其懇誠・而賜行之・天下幸甚・

上大禮論

大禮之議・其蔽在於孰爲人後之說・而不知天子諸侯・無爲人後之禮也・臣謹按儀禮喪服斬衰曰・爲人後者・子夏傳曰・爲人後者孰後・後大宗也・又按記大傳曰・別子爲祖・繼別爲宗・繼禰者爲小宗・是宗法者・大夫士之禮也・天子諸侯無宗法・則爲人後者・大夫士之禮也明矣・且爲人後者・爲其父母降服期・喪服自期而下・諸侯絕・大夫降・天子安得有之乎・且降其父母・則爲子臣其父・不降其父

母・則爲兩父・此天子諸侯所以無爲人後之禮也・然則天子諸侯之無嗣・其禮爲何・曰兄終弟及者・即天子諸侯之禮也・斯禮也・自夏太康仲康・商外丙仲壬・而已然矣・

故我太祖高皇帝之訓・乃百代王者家傳之法也・然則於經有據乎・曰有・禮運曰・大人世及以爲禮・說者曰・大人天子諸侯也・父子相傳曰世・兄弟相傳曰及是也・然則天子諸侯之無嗣・必兄終弟及・而不必爲後者・其義爲何・曰適子不得爲人後・爲人後者・必以支子・故凡族人皆得爲之・天子諸侯・則先嫡長・貴倫序・若必爲後・則恐禮得爲人後者或無其人・或有其人而幼弱・非社稷之福・故兄終無嗣・直及其弟・爲天下社稷計也・此我太祖之訓・眞王者大公之道・行萬世而無弊者也・

是故繼承之義有二、繼統也・繼嗣也・兄終弟及者・繼統也・爲人後者・繼嗣也・蓋天子者・天下之統也・諸侯者・一國之統也・何爲人後之足云・故繼統之義大・爲後之義小・漢宣帝繼統昭帝者也・未嘗不考史皇孫・光武繼統元帝者也・未嘗不考南頓君・是繼統不繼嗣也・若夫成帝必立哀帝爲子・而後與之者・私也・宋事必育於宮中者・則又私之甚矣・嗚呼・當時議者・不知宣帝光武之是・而執爲人後之說・不知成帝仁宗之非・而徒以哀帝英宗爲罪・謬矣・漢儒之謬・未詳禮儀之過也・宋儒之謬・因襲之弊也・雖然史皇孫稱皇考之奏魏相也・成帝當立中山王之議孔光也・欲考濮王之爭・韓琦歐陽修也・然韓歐比魏孔・則有間矣・不爭於仁宗初育英宗之時・而爭於英宗既考仁宗之後・則韓歐之失也・英宗既爲人後矣・則安得復父其父乎・此又司馬光程頤之是・而韓歐之非也・雖然考濮王・則有兩父之嫌・不考濮王・則有子臣其父之嫌・此朱熹所以終有非禮之論也・

然則成帝之失若何・於戲・作俑者其成帝乎・廢百代王者之法・而成一己兒女之私・奪人之嫡嗣・而汩人之天倫者・成帝也・且使後世姦臣・乘之利於立幼・而平嬰桓靈遂以亡漢・若成帝者・其萬世之罪人乎・嗚呼斯義之不明久矣・何怪乎今日之紛紛也・且今日之事・其道有三・一曰祖宗之統不可私也・二曰君臣之義不可廢也・三曰父子之倫不可汩也・必後孝宗・則私祖宗之統矣・不繼武宗・則廢君臣之義矣・不考興獻帝・則汩父子之倫矣・

夫天下者・祖宗之天下也・自祖宗列聖而傳之・武宗孝宗不得而私也・武宗無嗣而傳之皇上・武宗不得而私也・此正所謂兄終弟及・而不必爲後者也・若必欲立後・則當爲武宗立後・安得爲孝宗立後乎・夫天下者・受諸其兄者也・既不必爲其兄立後・又何必追爲其伯立後乎・然弟繼其兄之統・則其兄之祀未嘗絕也・其兄之祀不絕・則其伯之祀亦何嘗絕乎・若止爲其伯立後・則其兄之祀反絕矣・此兄終弟及・雖繼統而實寓繼嗣之義・眞萬世無弊之道也・故曰祖宗之統・不可私者此也・

漢之惠文・亦兄弟相繼・而當時議者・推文帝上繼高祖・而惠帝親受高祖天下者・反不得與昭穆之正・生則以臣子事之・死則以兄弟治之・忘生悖死・況以實受之後君・今乃自繼先君・不惟棄後君命己之命・又廢先君命兄之命・豈所以重授國之意也・此宋儒劉敞之議可考也・今皇上不繼統武宗・則前失安能免乎・故曰君臣之義不可廢者此也・孝子

莫大於嚴父・由嚴父之義推之・故尊祖・尊祖故敬宗・無父則曷從而推乎・此聖人制禮之意・權衡輕重之極・天理人情之至也・

今獻帝止生皇上一人・別無支庶・欲使皇上不父其父・而爲人後・父子之倫安在哉・使獻帝有他子・而皇上爲人後・猶爲非禮・况無他子乎・孔子所謂於女安乎・苟以爲安・是無人心者矣・故曰父子之倫・不可泯者此也・孔子曰・殷因於夏禮・所損益可知也・周因於殷禮・所損益可知也・其或繼周者・雖百世可知也・說者謂・三綱五常・禮之大體・百世不變・所損益者・不過儀文度數之間是也・然則孝宗稱皇伯可乎・有據乎・宋眞宗稱太祖曰皇伯・仁宗稱太祖曰皇伯祖・且今日之兄・即他日之伯也・今皇上既兄武宗・則他日皇太子必伯武宗・他日既可伯武宗・今日獨不可伯孝宗乎・

然則獻帝稱皇考可乎・曰皇考者・自漢以來・上下之通稱也・而况於天子之父乎・然則獻帝何以祀乎・曰當別廟也・然則廟於何所・主於何人・曰廟於十王府可也・歲時祭太廟・則遣駙馬將命代祭可也・然則立廟大內之說非乎・曰非也・立廟於大內・則干於正統矣・繼繼其不可也・皇上雖繼武宗・而猶考獻帝者・不以尊尊害親親也・雖考獻帝而不入太廟者・不以親親害尊尊也・抑又有說焉・二三臣之所言者禮也・衆論之所重者時也・禮時爲大・

皇上卽位之初・明詔已頒於天下矣・考孝宗母昭聖・又且三年矣・天下之人皆知皇上已爲孝宗之子・而昭聖之心亦已安皇上爲子・一旦欲變而從禮・則昭聖之心未必安・而兩宮之隙起・前事之失不可言・而大臣之間開・天下之人・亦未必無疑・於聖心公私之間以爲向背者・是亦治亂之機・利害之大者・不可不懼也・故此禮也・非昭聖之心・釋然不可變也・非舉朝之心・釋然不可變也・嗚呼難矣哉・知禮者無一二・而論利害者・常千百也・此臣之所以屢言而不敢也・雖然臣又慨夫聖經之不著・祖訓之不明・聖心之不白也・懼夫斯道之將絕・正論之不伸・吾人之受納也・故著爲論・

廣東通志序

廣東通志成・廣州守鄒君・將廵按御史戴君命・來諉予序・序曰天下之監戒昭・而後勸懲著・勸懲著・而治敎備矣・夫鑑者・監乎人者也・史者・監乎古者也・志猶史也・廣東通志者・志一方之故也・於以考地運焉・於以徵士風焉・於以觀民俗焉・善爲政者・於是乎取材矣・知其漸而防之・知其流而遏之・美者崇之・惡者沮之・利者興之・弊者釐之・治敎其庶乎・吾廣古百越地・三代前猶在荒服・至秦始入屬郡・更漢歷唐・幅員益廣・晋宋莫及也・晋唐之末・盧黃寇攘荆莽過半・南北五代・棼亂無紀・胡元溷濁・幾于淪胥・迄我皇明・乘運統一寰宇・薄極海外・傾心王臣・今桃林蟹窟・無尺寸不入版圖・可謂盛矣・

天下之生久矣・一治一亂・是故漢一時也・唐一時也・我明一時也・不於是可以考地運乎・漢晋前・廣人罕仕・賢聲寥寥・及唐張曲江公・以相業顯・宋余忠襄公・以直諫顯・仕者始崢然出頭角・鏗然厲聲名・南宋崔菊坡公・十三疏辭相位・清風高節・夷夏想聞・至于我明成化宏治間・白

沙陳先生者出・默學潛修・歸然以道統自任・由是而仕者恬進取・學者知本源・今文士裒然魁天下・恒不自以爲至・而惟反躬上溯・而道德性命之求・斯亦盛矣・是故道德本也・文藝末也・不於是可以徵士風乎・

自昔廣俗・朴野少文・晋隋之間・椎結箕踞・舊風猶前・唐宋而降・文物寖盛・無異中州・入我國朝百六十年來・聲教日洽・今雖閭閻士女・冠裳簪履・雍容揖讓之風・昏喪交際・爭以不及禮爲恥・至於燕會之常・樽罍肴核・璀燦陸離・與京都埒・嗚呼亦盛矣・是故夏尚忠・商尚質・周尚文・其時然也・不於是可以觀民俗乎・雖然地極廣大・則生齒之蕃也・習鶩高遠・則功名之薄也・俗尚侈靡・則財用之蠹也・善爲政者・有憂之・生齒蕃庶・則思所以安集富養之方・士薄功名則思所以崇獎激厲之道・民俗侈靡・則思所以返朴還淳之術・故曰化而裁之・存乎變・推而行之・存乎通・神而明之・存乎其人・此有司者之責也・此戴君志也・

是編也・雖草創于提舉張岳・教授何元述・教諭王時中輩・而發凡舉例・搜逸芟蕪・叙以先之・贊以終之・皆出戴君手自裁訂・戴君雄才博學・按茲一方・大有風裁・吏弊民隱・抉剔靡遺・而猶有暇力以及夫文士・卓然成一家言・以垂百世典・厥功偉矣・某臥病山中・筆硯弗治・媿莫能出一詞贊之・而實樂其成也・可不有言・於是乎書・

明倫大典後序

明倫大典書成・皇上既親爲序諸首・又命內閣輔臣・臣一清・臣璁・臣鑾家・臣蕚・序其後・已而復命臣某序諸末・臣謹拜手稽首颺言曰・夫道之大・原出乎天而生于心者也・故率性以爲教・緣情以爲禮・因心以爲孝・故道未有不本于心者也・夫道一而已矣・聖人秩而序之・或謂之五典・或謂之五常・或謂之五倫・典也者・有常之謂也・常也者・不變之謂也・倫也者・有序之謂也・故曰聖人南面而治天下・必自人道始矣・立權度量・考文章・改正朔・易服色・殊徽號・異器械・別衣服・此其所得與民變革者也・親親也・尊尊也・長長也・男女有別・此其不可得與民變革者也・故禮可變・道不可變・非道不可變・心不可變也・非心不可變・天下不可變也・是之謂降衷・是之謂秉彝・非由外鑠我也・我因有之也・

明倫大典之作・蓋將以明斯道乎・嗚呼斯道之不明也久矣・非斯道之不明也・人心之蔽也・嗚呼・人心之蔽也久・非心之蔽也・學之蔽也・臣嘗學矣・見天子爲後之說・見漢師丹議・見魏明帝詔・見宋司馬光程頤論・以爲道固宜然矣・及因今日之事・而反諸心・則有不然者・遂爲之思曰・若朝廷令曰・爾百官棄而父母・將與而官爵・百官將棄父母・而取官爵乎否也・以此心推之皇上之心・亦若是而已矣・由是推之・見舜竊負而逃之說・推之見儀禮無爲人後者爲之子之說・推之見大人世及以爲禮・天子諸侯無爲人後之說・二帝三王之道・固自坦然明白・而後儒之說之蔽之也・於是繼統之義著・而爲後之義屈矣・嗚呼豈得已哉・

夫師氏・司馬氏・陳氏皆名儒也・臣等何敢必違其言・以取不韙之罪哉・是心又有不安焉耳・禮官之議十九・

臣等之議十一．皇上亦何必違衆而從寡哉．是心有不安焉耳．是心也．良心也．降衷秉彝也．人固有之也．不可得而泯滅焉者也．使此心可泯滅焉．則亦何有于是．故學也者．反諸心而已矣．讀是書者．亦反諸心而已矣．

五坡嶺表忠祠記

宋之一代．以仁立國．厥後武備不修．而國勢寖弱．建炎而後．土宇分裂．國政日非．至於德祐間．元師報急．臨安震恐．詔天下勤王．多不至．時文山文先生天祥者．奮義而起．烏合萬射．自贛入衛．乃內撓於陳宜中．坐失機會．出使皇亭．被留於敵．而大事去矣．然猶間關脫京口．走貞州．李廷芝見疑．有謀不濟．由温入閩．擁立景炎．區區爲興復之計．內議不合．開督南劍．引兵經畧．軍勢稍振．若將以有爲矣．未幾敗兵江西．幾執而免．復收殘卒．奔循入海．祥興繼立．張世傑又阻於中．請朝不許進．屯潮陽．趨南嶺．剷平羣盜．逆黨盜禍．元將突至．遂被執於五坡嶺．衆卒皆潰．而崖山亦亡．

嗚呼天乎人耶．且夫負義不屈．目擊厓門．悲歌慷慨．就戮燕市．從容南面．再拜而死．可謂忠矣．史臣謂卽諸葛公鞠躬盡瘁．死而後已者非耶．五坡嶺在海豐縣北二里許．草莽湮沒．精靈若存．比者縣學生吳子昌．以義白於當道．請祠焉．屢舉而輒廢．適提學章樸庵先生．方以表賢崇義爲教．吳生乃申其請．先生慨然曰．是我志也．遂下命有司．知縣杜君表．承義惟勤．縣丞陳君義．教諭林君佐．訓導萬君秉和．胥協心力．其地在蓮峯前．諸勝畢會．銀瓶蓮花山聳於後．大小金龍山雙桂峯秀於前．東西二保障．獻奇於左右．溪流環其北．龍津遶其南．喬林臣麓．若天設而神峙．遂卜日興事．捐公藏以充費．訓導李君茂．又率尙義士民．如吳大中者助役．感應如響．豐產故乏大木．卜地日而報者至．又慮大木出山之難．倏驟雨一夜．大水浮出．其地故少埴土．偶闢得古陶穴．得磚瓦甚夥．又若有靈驗焉．故工不甚費．不數月而祠起．郡侯陳公祥．事關風化．復建忠義牌坊於祠之南．偉然一方巨望．

工訖．請樸庵先生題其顏曰表忠．徵記於獻．余謂文山之被執於五坡也．固一時之不幸．變出倉卒．而何與於其地哉．今據其地之勝若此．謂夫天之所以鍾文山之靈．以肇今日之祀耶．自其被執時．距於今幾三百年．一旦唱義於吳生．而樸庵諸公羣起集事．下及士庶．不覺其資．而木石之異又若此．固文山之靈致之．而亦豈非衆人之誠感召而然耶．嗚呼文山之不偶以死於一時．似不得於天人．而卒得之於數百年之後．忠義何負於文山哉．是祠也．其爲忠義勸．而教化補．功可嘉也．經始於正德十年十一月中．訖工於次年三月終．

忠襄祠記

祀典所與並社稷嶽瀆者．曰有功德．曰死國事．曰勸後世而已．外此淫也．典所禁也．粵居五嶺之表．地半山海．自沐我朝治化．稱名藩．而僻郡旁邑．未盡革心．故征討歲有焉．成化初．憲副毛公．猶以禦賊死．比屋可封．難哉．

公諱吉・字宗吉・淛江餘姚人・由景泰甲戌進士・授刑部主事・以守法抗權貴聞陸輩・遷廣東按察司僉事・適潮惠賊與官兵相持・三歲莫能殄・巡撫葉公聞公來・使人馳驛促上任・委治嶺東一道・公既至・設法擒撫平之・程鄉土賊・僭稱大王公主僞號・潮民復告留公・乃剿洗石坑龍歸・上下寶龍等峝・又平之・高雷廉賊・殺掠居民數百・里殆無烟火・撫按推公能・復以委焉・公水陸進兵・又平之・

有流賊逼省城北門・民庶白晝驚奔入城・千百蹂踐而死・廣西參將某・值公事在城・因檄領官兵捍禦・皆懷奸迂道・反在賊後・賊漸近城・吏民無策・唯相向哭・適公回自廉・乃單騎出安衆心・且以國法諭各將・皆奮勵・公督戰・賊乃退・追逐十晝夜・擒殺數百人・城始獲全・民私設公牌位・拜禱者遍里堡・公在省四載・前後征戰四十餘陣・降殺强賊餘數萬・天順八年・兵部獻公績・上嘉之・遷副使・降勑獎諭・委以一方兵務・公益感憤・

值西賊與新會諸峝合・勢欲併力攻縣城・新會告急・公檄諸所練兵未至・公率都指揮焦用指揮孫璧・領官兵幷民自效者近萬人・行至火磴・與賊遇戰・破之・乘勝追至雲岫山・去賊營十餘里・時二鼓・公召諸將謂曰・賊營後山菁・而前畈田・右左皆山隴・若敗必遁入後山・爾等明日分兩哨進據其後・我以精銳衝其中・賊可盡擒也・星夜五鼓齊進・賊果敗走據山後・公命潘百戶帥精壯千人・占賊營・賊多遺財物・軍士競取之・賊窺兵亂・擁衆馳下刺殺・潘軍士自營門擁出・賊後追之・兵大潰・公弗能止・從吏廖振勸公退避・公厲聲曰・將退則兵皆死耳・我爲朝廷臣子・焉敢獨生耶・言未已・賊衆持鎗趨公・公且罵且敵・猶手劍斷一賊臂・力不支被害・是日雨大作・山谷震動・麾下求公屍弗得・潛以火焚賊柵・賊驚以爲神・棄公屍而逃・次日乃獲屍・已越七日・面貌如生・舁歸廣城・吏民奠叩者・相屬於道・

公出師時・以犒賞官銀數千兩・委懷遠驛丞余文司出入・已出十之三・文以公忠而貧・密付所餘公之家僮持以歸・是以僮婦忽坐中堂・作公平時聲・令左右請夏憲長・舉家驚駭・近廨沈經歷聞其異・亟報・夏與同僚胡鄭至・婦曰・某受朝廷重任・不幸遇害・死無憾・但余文以犒賞餘銀付吾家・雖官府無所稽・某忍含汚於地下耶・願急追還官・某瞑目矣・言畢仆地・救而醒・了無所知・瓊臺邱公作公傳・載此事・嗚呼烈哉・撫按以公死事聞・贈通議大夫・廣東按察使・遣行人秦民悅・諭祭謚忠襄・錄其子科爲國子生・縣令陶魯・率居民祠公於恩平道側・巡按御史葛公・奏請立祠以祀・于時有司苟簡從事・乃僅祔于都憲楊公之祠・輿論未慊也・先是僉憲李古冲・議改正位南面・以爲廟祀・論功德・無論勢分也・衆以爲然・而未果・

茲提學吳默泉・後以三學師生專祠之請・議上提督府石泉潘公・允之曰・曠典也・可以舉矣・侍御毛公來齋・公之從孫也・適奉命來按吾廣・益訪公之遺事於故老載籍・廣之士民・戚然興思・於是藩臬陸石涇葉寅齋諸君・咸贊厥成・郡守鄭君某・實任其役・乃撤已毀珠池公館爲祠・正位專祀・赫然斯稱・嗚呼是可以見人心之公・而忠襄公忠烈之感・侍御君之誠孝也・祠成・鄭守以狀來請予記之・予謂公之祀既合禮典・而多事之地・使守土者知盡職於官・可廟食

百世·雖晦必彰·且代有賢子孫焉·弗其勸歟·故記之·予先祖亭秋翁·嘗有哭公集句云·輟文修武六韜明·膽氣堂堂合用兵·憂國早知心獨苦·誓天不與賊俱生·十年未佩封侯印·百戰空垂異代名·欲奠忠魂何處問·江山如雪水無聲·實錄也·併記于此·

靈雪應制賦并序

洪惟我皇·學崇敬一·德協中和·恭天愛民·無時或懈·越嘉靖八年冬十一月·將望·雨雪愆期·皇心恐懼·憂切于民·乃躬禱于天地社稷山川百神·祀事甫畢·靈雪隨應·臣某忝職冢臣·叨陪法從·覩茲盛事·極其懽忻·乃稽首頓首·而獻賦曰·

龍飛八載·時值仲冬·蘆灰吹管·日輪輾空·惟雨雪爲豐年之佳兆·曾未見乎千里之雲同·于是天顏不怡·引咎責己·不謂臣下爕理之無方·而曰雨雪愆期之有以·吐淵衷·發明旨·却朝賀·減滫瀡·祝弗遐于詞工·齋戒嚴于羣士·委皇躬以禱于神祇·蹈商湯桑林之遐軌·惟月既望·惟日戊申·四皷而起·板輿是乘叶·詣南郊以致告·詞懇切于爲民·首禱于皇天后土·爰及乎山川之神·翼日己酉·載事社稷·次第而行·處恭則一·聖容穆穆·聖心翼翼·繩趨準對·規揖短立·但見至誠之極·有感必通·天無高而不聽·神靡願而弗從·法駕方言旋于大內·而雲霰已飄灑于塗中·蔓草鋪沙·霏霏交加·隨車翻帶·著樹成花·堆山疊陸·紛紛相續·欲埋馬耳·將及牛目·昨日晴明·片雲不興·今朝滿空·銀河水傾·昨日和煦·貟暄相倚·今朝四野·柳絮風起·纔旦暮之一隔·回天意于須臾·與夫言未畢而雨至·可謂曠千古而合符·信豐年之可卜·擬黍稷之盈閭·臣工驚詫·黎庶懽愉·皆曰靈哉雪也·非我聖皇之德·曷足以致之歟·乃若黃河爲皇以清·惟茲靈雪·感應彌明·又若甘露爲皇以施·惟茲靈雪·感應尤異·始知我皇之事天也至·上天之眷皇也隆·天人之交·實不遠而不爽·誠敬之道·貴克初而克終·中和致極·位育成功·四靈畢集·諸福攸降叶·臣謹向玉階而稽首·願我皇益敦篤于厥躬·

方藻 字淸臣·南海人·獻夫次子·多智畧·善騎射·以平寇功·官贛州府同知·終武定府知府·著有龍井集·阮藝文畧注未見·

伏日集竹在亭記

萬曆改元·癸酉夏六月既望·吳下陸華甫·嶺南方淸受客豫章·偕王孫宗良集貞吉王孫竹在亭·是日也·序當陰伏·溽氣蒸鬳·車頓燋輪·馬唧噴沫·赤日流沙·良苦揖讓·因擔笠探幽·期此芳躅·亭開列圃·萬軸琅玕·蔽翳蕭疏·映帶森鬱·地無留暑·興有濠梁·於是推窗列几·披襟危坐·榆落則飛龍射影·薰生則舞鳳來儀·潛麟戲藻·芙蓉漾陂·青山西挹·碧浦南引·野色時凝水面·城烟屢起亭隅·敞豁逍遙·瞑眇虛曠·或踞牀散髮·或漱流濯衣·或授簡風吟·或咀豪粉繪·雕籠出李·冰以寒漿·銛刃削瓜·巾潔疎纊·眄新秋於絕壑·揖徂暑於重邱·絲竹具陳·百藝弁奏·形骸竟絕·物我俱忘·

客有作而言曰·樂卽樂矣·明日聚散·得無慨乎·方子

忽愀然·徬徨者久之·復靦爾而晉曰·噫人生天地間·一大聚散·生聚也·寄也·死散也·歸也·何慨乎明日·雖然鍾情在我·客之慨亦人之情也·但疾苦厄·則籛鏗一瞬·曠樂懽·則蜉蝤永年·故云白髮不逼人·而人自逼白髮·此豪士達人·未嘗感羽化之機·而踽蹐乎寰闠之間也·若彼竹林結讙·傾倒一朝·歆艷千古·然時丁叔季·俗陋浮沈·未免徉狂·作譏禮法·見妬吾輩·際被洪庥·允茲熙恭·虞唐巢許·漢鄴曹劉·衣冠之暇·尋休一日·解喧豗之紛·抱冲元之想·樂不過淫·塵不絕雅·同心爲好·聚首無時·念關山之難越·審容膝之易安·隨地成觀·奚往非適·而又何嘆乎·客乃整容蹴席·掀髯倚柱·蟻視洪荒·引蒲舉白·大噱呼盧·逸興遄飛·不知夜之將至·沉酣湎洪·相與枕籍·遂命小子識之·

劉　竑　字伯度·陽江人·父芳·成化戊戌進士·授靖安縣·擢廣西南寧府·忤上官去職·郡人思慕之·祀名宦祠·竑宏治乙丑進士·授如皋縣·陞駕部主事·轉光祿寺丞·時嚴嵩執政·以竑有重望·欲羅致之·託疾告歸·博采羣書·輯陽江縣志·成於正德戊寅·阮志著錄注佚·

澹庵祠記

公諱銓·字邦衡·自號澹庵老人·占籍吉州之廬陵·於陽江非生長之邦·祿於王庭·又非游宦之地·編管新崖·又非竄放之區·其有祠於陽江何也·以公自新徙崖·一嘗取道茲土·而顚沛造次·崎嶇畏途·乃能暢然無悶·登賞賦詠·有足以感悅係屬人心者·故邑人知重·詳列其事於邑乘·至今耿耿而不磨也·

陳　錫　字祐卿·南海人·宏治乙丑進士·授戶部主事·歷官至順天府尹·著有天游集·阮志注未見·錫官戶部·當劉瑾用事·羣璫列中外·束芻出納·亦溷主計·錫能一繩以法·官吏部·援祖制駁朱騏請襲公爵·後遂著爲令·葢有執持之士·惜未竟其用也·

易說序

經有六·易有六·六經去聖久遠·簡錯文誤·後學類難讀·易爲尤難·史記秦焚書·周易獨以卜筮存·漢募羣書·易猶完·胡乃亦錯誤·而使人尤難讀也·易自翼後·五傳至田何·何後分爲施·孟·梁·丘·竝列學官·而傳民間者·有費直學·田何之易·經與傳十二篇·易之本經也·施·孟·梁·丘·祖同出何·大抵易在漢·無弗鼻田氏者·傳言劉向以中古文·校施·孟·梁·丘·或脫去亡咎悔亡·惟費與古文合·不知所謂古文·又傳自誰氏·儒光謂漢之易自何始·何而上·未嘗有書·易家著書·自王同始·所謂古文·庸非田故書·而特秘石渠者耶·

按傳·何受王同·周王孫·丁寬·服生皆著傳數篇·何于寬有易已東之嘆·小章句不知視王所著果誰先後·然則謂著書自同始·吾烏敢斷然也·費學傳載其以彖·象·文言等十篇·解上下經·彖·象·文言雜入卦中·實始費氏·東京馬·鄭皆傳之·費學旣興·施·孟·梁·丘·暨京氏學皆廢·歐陽公云·田之學息·而古十二篇之易亡矣·或舉卯金所校·以辯其不然·愚惟脫去无咎悔亡者·其亡在文·彖·象·文言入卦中者·其亡在簡·簡錯不能無軼·文誤不敢無闕·錯誤軼闕·于古文均之爲亡·而不亡者固存·

讀者以爲易耶難耶・是故難・則疑錯誤當正・而疑則不敢正・軼闕當補・而疑則不敢補・漢以來・諸儒固有及見夫本經・而可俟後學之決疑者・彼牖此轍・師承顯具・尋例類・考同異・須認顯門・

而今讀者曰・有朱子書在也・嗚呼此豈朱子意也哉・朱子末年・嘗悔解經支離・與張敬夫書・有方知漢儒善說經語・以漢儒只說訓詁・玩索經旨意味・特深長也・勝國時・元明善言・虞集治諸經・惟朱子所定耳・自漢以來・諸儒嘗盡心考之・殊未博集・見經生・以明善言告之・而今讀者・不知求焉可不可也・且夫易本義・朱子註述中・未嘗自滿・而序呂伯恭音訓謂・其猶或有所遺脫・他日答劉君房滕珙書・本義有模印之戒・音訓有改易之屬・

夫音訓呂蓋・併陸德明・晁景迂書述之者・德明釋文彙全別本・使人得以所見去取・景迂又得九十五家・是正其文・厥功不細・呂既會粹成書・朱子欲修補焉・漢以來・諸儒傳註・未嘗敢忽也・晦菴裔孫鑑・音訓跋云・先公經傳悉加音訓・易獨否者・以有東萊此書・今讀者乃祇知本意・而不復知有音訓・此愚易疑初筮告蒙約之所爲錄也・此書愚始名音訓補・從晦菴自志・而後標今名者・晦菴自言・某意簡畧音訓・則欲補其遺脫・晁景迂所謂古訓詁・簡而全・雖數十字同一訓・雖一字彙數用者・晦菴之所甚契・而愚之所爲取于約也・

繁文淤辭或詡或泛・不可以告蒙・非初筮以求・不足以探幽・刺微觽結・鋤滯悟約而推博・嗚呼・今之讀易君子・未有不患其難者・難則疑・疑則筮・不憤不啓・不悱不發・舉一隅不以三隅反・則不復也・於蒙之繇訓見之矣・愚于此書・志在從古・經傳各卷已悉・而各章句下尤詳・句讀・字義・聲韻之奇詭者在我・晦菴前如陸・晁・呂氏所輯咸在・而愚之所記憶・及晦菴後各家註・凡若此者參入焉・以存其疑・晦菴語錄・與本義不同者・必具書而互約・飛伏・象數・占驗等類・亦錄一二以備其例・是固晦菴所謂易中無所不有・苟其言可推而通・則亦無害於易者也・

嗚呼・傳有潔靜精微・易之教也・荀卿子曰・善爲易者・不占・魏管輅曰・善易者・不論易式勸・輅註易曰・安可註・唐劉迅作六書・繼六經・惟易闕不序・愚以爲此書也・病其弗博・而終爲此書序也・又懼其病吾約・因冠數圖于首・以告蒙者・告非不自知其不可也・謬曰・易說序云・

廣東文徵

改編本卷九

番禺吳道鎔原稿

明 四

鍾　芳 字仲寔．瓊山人．正德戊辰一甲二名進士．授編修．歷官至戶部右侍郞．卒贈右都御史．在戶部總督太倉經畧邊儲．政大舉．値南京太廟災．疏陳修省．尋乞休．名所居曰對齋．取對越上帝之意．所學精博．律歷醫卜無不通貫．而折衷於孔孟正論．世稱爲嶺海鉅儒，所著有易學疑義（見經義考阮志注未見）崖州志四卷（阮志注佚）春秋集要十二卷．鍾筠溪集三十卷．並著錄四庫提要（阮志注存）

復蔡半洲都堂書

起敎內言．善後之圖．論者各殊．似頗疑畏．程參將歸來．談及此事．亦不似去冬膽氣．去冬一意直前罔忌．雖歲暮．諸人固請出崖過節．堅拒弗出曰．死生以之．今則傷於虎．談之而色變矣．問之則曰．無兵不敢入羅活．噫是將棄前功耶．可爲痛哭流涕．忍負我皇上如天之恩．及邊氓之無告矣乎．竊意守鎭黎崗．打手約用二千名．歲計工食銀該若干兩．在軍門處置甚易．而猶畏嫌．正因讒謗無以自白故耳．鄙見欲煩巨筆，備陳前功．不可遽棄，而讒謗亦甚可畏．奏行都臺．煩巡按計定工食．歲該若干．嚴行遵守．務令威資兵躍．化藉威行．斯不負我聖皇至恩．否則參將處崖．亦爲虛器．變夷爲華之績．斷不可望．將來萌蘖．爲地方之禍．將有不可言者．矧聖神在上．若憚而不言．安知言之而非福耶．經曰．蓄疑敗謀．諸公必有委身爲國．以贊決者．胡元雖能平黎．而事定之後．輒委而去．故不久卽叛．至今爲害．惟我太祖高皇帝．戡亂旣定．兵不輕散．戍衞錯建．與夷俗相參．日累月積．而文敎無遠弗被．鄙野舊風．亦皆丕變．此聖神不言之化．卓冠千古者也．故速捷不如分屯．盡剿不如去甚．私恩不如兼濟．善殺不如善懷．

重刻稽古錄序

自春秋以還．世次統紀．編之史官者．數十百家．讀之茫無畔岸．愈博而愈不精．予嘗以爲．必有要括以便記覽．方欲自編．而牽於舉業弗遂．及得温公稽古錄．甚契前志．所謂先得我心者．然公意主忠告以君．以昭勸戒．使知前世治亂興衰之迹．則不敢有肆居民．上之意有專爲記覽已也．其曰興亡在知人．成敗在立政．使君人者．皆知所以知人．則必賴賢才之用．皆知所以立政．則必端紀綱之本．雖卽一君猶足以鑒．況自伏羲以降．迄于治平．若此其多耶．夫子嘗謂．可備經筵進讀．然其間君道得失．政治美惡．皆舉其概．而不書其細．愚意資講之際．宜以公之通鑑．參核行實．雖不能通閱．而一義偶足感動．反覆曲折．以盡顚委．則亦昭勸戒之一助也．蓋此書約而畧．通鑑博而詳．務博則力有不暇．徑約則義有未精．二者相資．裨益多矣．舊本舛

訛・是用貿工翻刻・并述鄙見如此・以與志公之志者共焉・

送南兵尚書涇川張公致仕序

南京大司馬張公・莅事之明年・數引疾休告・荷天子眷注・不得去・今年春・連上二章・復溫旨慰留・有操履方介・村識老成之諭・已而求去益力・詞益剴切・至是凡十五疏矣・重違其意乃可之・仍賜勑加太子太傅・乘傳而歸・俾有司歲給祿米夫隸如儀・蓋大臣致仕・不恒賜敕・賜敕異數也・上之所以優禮崇重者至矣・而或於此尤有疑焉・謂公詞壇重望・今上東宮舊臣・宜日侍密邇・裨聖德以協謨樞軸・分也・

而值賊瑾煽虐・崇回屛良・卒遷留都・以鬱其志・瑾敗・播棄皆復・公竟徘徊三部間・而生平志操・又卒無以自白・雖參贊位・長百僚・非公志也・其力請而去之固宜・噫是大不然・公豈意必乎外者哉・坎止流行・聖人莫能違・夫何心焉・而私公者・以得喪爲言・則過矣・今夫留都・根本之地・我聖祖基之・以貽萬世者也・文皇帝建都於此・廼以守備付之內外重臣・英廟初年・大臣建議曰・宜老成忠直之人・往贊留務・蓋國家之責・莫此爲重・如畢公保釐之命將・以申畫而固守之・百餘年來・非其人不以輕畀者・爲此也・而顧謂公慊於是哉・必不然矣・

夫人臣之義・謹職守・而惇恥節・公之位乎是也・剛毅自遂・無所撓折・不少貶以狥俗・巍然有大臣風・凡軍國潛姦伏蠹・賴公以正者居多・然於時勢・動有跋疐・則堅臥求去・不得命・復起而釐之・而卒亦莫如之何也・先正則大臣有拯而無隨・如公者以拯爲心者也・拯之不行・隨又不可・其中必有大不得已焉・進不負其志・退能全其節・光明磊落・以令名始終・公庶幾無憾焉・君干旌載發・賓從塡咽・褒揚有辭・炳在宸製・引喙斯僭・則吾豈敢・

送瓊州林太守序

秋官大夫林公・任南都者餘五年・擢瓊州守・芳樂瓊之得良牧也・造之相見乎邸・公謂予曰・予瓊人也・涉瓊必蹈海乎・曰然・桴亦濟乎・曰否・以舟・舟爲量幾何・曰萬斛也・萬斛之舟・置諸溟浩之淵・廓乎有容・惟其所如・默而運之・存乎其人・然海巨物也・濛澒無垠・怒則山傾・寧則掌夷・不資其器・不可以濟・昔有楚容將渡・値其夷也・易視之曰・等蹄涔耳・於是挾尋丈之舼・舵綷不完・帆檣不具・揚揚然枻而試之・未半其洋・而溺焉・

故濟險者・必有備・處大勢者・必有大力・易其易者・艱之所由生也・今夫瓊壤・地三千里・民夷錯焉・越重險而處最下・下苦壅閼・交讐多怨・如溺焉而未知所止也・幸而仁人者臨之・則皆喁喁然引領望救・於此投之以竿・已過於千金之遺矣・況乎以慈惠爲舟・以正直爲檣・以明捷爲帆・以禮讓爲綷・而忠信以爲舵者乎・忠信以爲舵・百用具張・舉胥溺者而濟之・則哀矜之誠動乎觀聽・雖未蒙澤者・亦皆德之以終身矣・故積陰之地・微陽是寶・沮洳之區・膏雨無功焉・昔常袞之於閩・文翁之於蜀・興化善治・至今頌之・彼皆因艱而肇始者也・瓊之下邑・荒陋者多・而淳樸之風固在也・得明公以爲師帥・日移月易・釋其所紛・宣其所未融・

百世之下・其將尸祝而俎豆矣乎・

公起謝曰・吾問涉海・得爲政之理・敬聞命矣・公莆人・起家進士・居刑曹・最稱廉明・時論方擬喬序・而高化有警・與瓊鄰壤・主者特簡任以重邊徼・吾廣士夫聞之咸喜・林掌科舜卿・周冬郎立之・皆瓊人・尤不能恝然也・屬予有言・爰述以贈・

婺源縣廉惠倉記

徽所轄邑・山谷阻隘・歲計田租所入・食居民纔三之一・餘悉仰給外郡・故其民戶閑於商・商出必給郡符・入貲於官甚微・而積久會計・利亦不貲・視事者・舊皆私之・以爲當然・新淦張君文林・由侍御擢守徽之三年・盡拓所入・以市僧田之質於民而弗贖者・隨在儲穀・以備荒歉・第其肥瘠・差其征稅・蠲其科調・制其權量・徵斂有時・鉗約有經・質之巡撫二臺・僉允嘉之・於是屬邑之倉・以次建葺・太史唐君守之・統名之曰廉惠・彰厥善也・

正德辛巳・予次徽・張君以婺源倉記屬予・按輿圖・歙績休黟之水・皆合流郡治前・以趨淳嚴・雖層灘急激・漕艑可達・惟祁婺阻越重巘・而婺戶口尤蕃・距郡特遠・脫歲歉・尹匪其良・民且嗷嗷失恃・詎能冒險岨・挈拏走郡・賚升斗之濟哉・張君矢心乃事・於所恒取者・一切置之以爲民先事之・信哉其廉且惠也・夫商之所入・日增而不費・地之所出・歲積而不窮・嗣是守徽者・善善相師・又將徹積貲以利民・以民之利於官者・益隆焉・惠其有涯哉・故自潔非廉・歸於公者廉之・大私與非惠利於後者惠之・遠昔宋子立社倉法・散置里閭・依便賑給・世稱其善・然不免斂以爲散・君此舉因民之利・而民不知所斂・疑若預有善焉・況婺又朱子之鄉也・嗣是者・忍負於君・忍負於子朱子哉・

瓊州府學科目題名記

瓊島越自海北・突爲中阜・派分枝衍・爲環海郡邑・形勢所屆・靈秀攸萃・其業儒挺拔而出・率皆中土衣冠之裔・先世轉徙・流風存焉・然自唐以前・學校之政未立・造士之方多闕・雖有魁奇忠信之質・亦無以自見・昔人謂陽德炳耀・獨發於紛葩瓌麗・而罕鍾乎人・豈其然哉・宋興始建學校・間雖一二顯自科第・然皆江左偏安之後・獵俊彥以收士心・非合藝於天下・而角之者也・洪武十七年・甲子初・入鄉會十一運・陽德昌融之候・而瓊士捷京闈・登會選者・繩繩有人・合南北之士・裒然與之頡頏・無少貶焉・自是而位省部・躋臺閣・瓊之名・與曲江比隆・蓋非偶然之故矣・

故事題名有記・瓊闕焉・嘉靖丁亥・郡守林侯有祿・蒞府事・悉心民隱・政教以飭・思風士類・以敦化原・乃謀諸李貳守鶚・張判府楷・纂次國初迨今鄉會所薦若干人・勒名郡學・白于兵憲甌寧范公・遣教授李章屬芳記・夫人才與治化相因・治化隆・而後賢才出・其出也・偏乎遠地・而後見其盛・瓊去京師萬餘里・至遠也・涵濡聖化・百六十餘年于茲・至深也・而材產於瓊者・日益蕃焉・遠而不遺於時・其賢可知也・卽瓊以占天下之才・其盛可知也・因吾瓊之所就・而徵帝化之敷延・遠且洽焉・其隆又可知也・

書曰萬邦黎獻・共爲帝臣・夫惟盡萬邦之賢而臣之・此

堯德所以光天下也．而科目所取．乃盡乎海表．而無遺焉．比我朝廷之德．所以光於堯而無間也．雖然士之由乎是者名也．非寔也．寔勝矣．雖匪科第人．猶榮之．徒名而寔隳．人將指而訾之．恨其名之不早泯也．傳曰．官先事．事先志．夫莫非事也．而志無不貫焉．志以立事．事以顯志．寔斯勝．而名稱矣．上之人固以此待士．而士所以自待．以取信於上者．其在茲哉．貞珉既揭．規監具在．吾侯風厲鼓舞之意微矣．

黃重 字子任．南海人．正德戊辰進士．授行人．歷戶吏兵科給事中．遷太常寺少卿．重官吏科時．值嘉靖初元．市魁李鳳陽．挾中官勢爲姦利．上愼政令圖治安疏．會災異．復上修人事銷災變疏．大禮議起．被杖左順門．世多重其風節．其自陳致仕同年呂枏．書喬岳大川氣象．青天白日襟懷．聯語贈之．咸以爲不愧云．所著諫院疏畧．草堂存稿．毅齋集等書．皆未見．

修人事以消災變疏

臣聞．漢儒董仲舒有言．天人相與之際．甚可畏也．國家將有失道之敗．而天乃出災害以譴告之．不知自省．又出怪異而警懼之．尚不知變而傷敗．乃至以見天心仁愛．人君而欲止其亂也．今陛下入繼大統．政令方新．德澤下究．宜乎天心悅．而休徵至．天神感．而咎徵隱也．夫何一歲之間．各處奏報災異如此其多．豈羣臣奉宣德意．有未至歟．御陛下實德有未修歟．不然上天之譴告警懼．何如是頻數歟．陛下曰．事關朕躬的自有處置．內外羣臣．宜同加修省．是不獨修諸己．而又責諸人．上下之間．交相儆戒如此．天變何足慮耶．

但臣愚以爲．應天以實不以文．若遇變而懼．變已則止．有畏天之言．而無畏天之實．非惟不足以弭天變．適足以來天殃．正仲舒所謂．傷敗乃至者也．竊觀今日之政．其弊固多．而其失之大．感召災變者有肆．曰詔令不常也．曰爵賞太濫也．曰聽言不宏也．曰營建不節也．何謂詔令不常．伏讀陛下登極詔書有曰．京城九門．但係正德年間額外多添．內臣司禮監．照弘治初年例．查照取回．行之二年．軍民稍蘇．何近日提督九門．則添差鄭潤．職司雖嘗據理執奏．聖意竟不兪允．易曰．渙汗其大號．言號令如汗．汗出而不返也．今詔令未逾二載而反．是反汗也．臣望陛下將鄭潤革回．此後詔令．守之必堅．行之必篤．凡玩法之徒．有所請求．查與詔令有違．即嚴加重治．以塞倖門．毋使自我立之．自我壞之可也．

何謂爵賞太濫．我國家懸爵祿．以待天下之人．所以崇德報功．礪世磨鈍者也．豈容輕以與人．何近日壽寧侯．無故而封公．都督陳萬言．未久而封伯．宮保濫及于夏臣．司丞輒加于陳紹祖．蔣泰等之軍職不由於軍功．徐光祚等之宮保．尤駭於聞見．可議蓋紛如也．周禮馭羣臣．一曰爵以馭其貴．二曰祿以馭其富．又曰以德詔爵．以功詔祿．蓋言愼也．今爵祿之班．輕于弊袴．是豈朝廷待功臣之禮哉．臣愚望陛下．俯從張鶴齡等辭．免革去蔣泰等職事．此後愛惜愼重．凡親愛之人．有所陳乞．必勅下該部查奏．以爲定奪．務以義而制恩．毋因情而廢法．爵不及於罔德可也．

何謂聽言不弘．陛下踐祚之初．許給事中御史．直言朝廷政事得失・天下軍民利病・是以當時言者・凡有所見・莫不陳告・而陛下亦欣然嘉納・近日進言雖多・容納者少・不惟不納・又從而罪之・輕則如李學曾之罰俸・重則如劉最之左遷・致使智者緘口・邪僞竝興・誠可悲也・古人有言曰・言路開則治・言路塞則亂・今臣下建白・每見訶譴・是言路塞矣・欲望至治得乎・臣愚望陛下復還劉最原職・補給李學曾等原俸糧・此後虛心納諫・凡百章奏・一一聽受・言者若有理・昭示褒獎・語傷過計・亦賜優容・使下情得以上通・上意得以下達可也・

何謂營建不節・邇者陛下賞賜皇親陳萬言房地・責令工部緊起蓋房屋・物料數多・未免取給于民・天下之民方脫大工之役・困苦始蘇・若再行徵派・是猶遣病始愈者・負米一石・日行百里・豈可得哉・查得皇親張鶴齡・先年賜宅・亦待數年而後修蓋・今萬言未及二載・即爲營建 ・似乎太驟・況萬言起自儒素・見住房屋・亦自有餘・何爲大爲創建峻宇雕牆・然後爲快哉・臣愚望陛下・俯順羣情 ・深察民隱・將萬言營建物料・暫止徵派・後待年豐・財力稍裕・然後爲之・毋曰物力未屈・徵斂無傷也・

夫前項四事・上干天怒・下困民蘇・災異之生・良有所自・在朝臣僚・蓋曾言之屢矣・而陛下亦累下明詔而拒之多矣・臣猶舉以爲言者・豈不知煩瀆之不可哉・伏念忠臣雖在畎畝・猶不忘君惓惓之義也・況臣列職諫署・而有言責之寄者耶・茍目擊時弊・而不能顧瞻憂畏・自保偷安 ・于臣之身・則善矣・其於陛下委任言官之意・寧不負乎・臣之居官享祿・寧不愧乎・朱熹曰・有言責者・盡其忠・韓愈曰・君子居其位・則思死其官・此臣所以不避斧鉞之誅 ・披瀝肝膽・以盡臣之分也・伏望陛下念帝業之艱難 ・思天命之可畏・益嚴修德・毋事虛文・將臣言省覽・早賜施行・則化災爲祥・轉禍爲福之機・端在是矣・臣不勝惓惓愛國之至・

劉文瑞 字廷麟・新會人・正德辛未進士・授行人・擢刑科給事中・以武宗數出巡遊・疏請迴鑾・詞甚剴切・尋出爲湖廣僉事・致仕歸・

請回鑾疏

臣觀聖意所欲巡幸者・自遼東・宣府・大同・延綏・以及寧夏・甘肅・至于河南・山陝諸省 ・南北直隸・皆遍歷而後已・遼北迤北・地近戎夷・土寒不生五穀・軍民類多罪徒・一有邊警・挈家逃竄・其窮苦可知矣・況宣大二鎮・數經駐蹕・今復繼往・民何以堪・河南山陝・與南北直隸・水旱相仍・寇盜竊發・民之凍餒而死者・不可數計・逃亡從賊者・將逾半矣・災害既慘・今復騷擾・民將何所控訴哉・詩曰・天命降監・下民有嚴・書曰・民罔常懷・懷于有仁・民心既怨・天意亦怒・不能懌矣・陛下聰明勇畧・超出天下・夫何念不及此耶・

且前日應州之捷・人皆知陛下躬冒矢石所致・及論功行賞・則從征之人・有進秩一級者・有超陞三級者 ・有加祿米・賞金帛・至于廕子者・且又有不經戰陣・不與參謀・而亦冒受陞賞者矣 ・陛下所得・特加功爵之祿耳・以天子之貴・享四海之富・而乃加公祿・亦何謂哉・茲者聖駕又欲遍歷多方・以耀武功・臣竊以爲無故輕出・殆非長策・就使成

功・亦不過爲將士謀耳・儲位未計・府庫空虛・民窮盜起・災異迭見・正當修省・而猶結怨于民・臣竊爲陛下不取也・

張潔　字景川・順德人・善昭孫・正德辛未進士・授建平知縣・調廣昌縣遷禮部主事・尚書王瓊與中官錢寧比・借許土魯番以金幣贖哈密城印事・爲都御史彭澤罪・潔抗不署牒・世重其風節・尋晉員外郎・以議大禮・進正綱常疏・復哭諫左順門・杖卒・年三十八・隆慶初・贈太常少卿・

明綱常疏

臣謹按・爲人後者爲之子・禮經之說・有明文矣・子路問爲政・孔子曰・必也正名乎・此萬世綱常之理・古今不易之定論也・伏覩皇上・駕至行殿・諭文武羣臣・卽稱皇母慈壽皇太后・而其告孝廟也・又稱孝子嗣皇帝焉・固旣考孝皇・而母慈壽皇太后矣・臣仰見陛下・聰明睿知之資・特出羣臣意表・德音在耳・臣敢忘之・近者一二臣工・不能將順德意・敢於誣上行私・非聖無法・使陛下堯舜之資・上不能伸大義於孝廟・次不得盡私恩於興獻王・舉萬世綱常之重・一朝而墜之矣・聖祖神宗之統・一朝而棄之矣・臣竊痛惜之・

議者曰・皇上當以孝宗爲伯叔・而不得爲之子也・夫旣爲人後矣・安得不爲之子乎・旣爲之・安得不名所後者爲父母・則爲所生之父母・又安得而不降服乎・服旣可降・則名所生之父母爲伯爲叔・是乃倫序之當然・又何爲而不可哉・夫君子名之必可言也・言之必可行也・爲人後者・旣爲之子・而爲其父母降服三年爲期・則所生之父母爲伯爲叔矣・以期親之禮行矣・已行其實・又烏避其名哉・然禮之所謂爲其父母降服云者・蓋以直曰伯叔父母・則無以異於諸伯叔父母・而見其爲所生之父母・非曰旣爲人後・而猶得以名其所生之父母爲父母也・

然先儒程頤・必欲別立所生而殊稱者・蓋以生生之恩・至尊至重・雖當專意於正統・未可盡絕於私恩・斯言最爲平正・聖人復起不能易矣・臣所痛惜者此也・議者又曰・宋濮王事體・於今日不同・而專以平日撫養爲說・以臣觀之・眞婦人乳嫗之見・臣竊惟就使仁宗旣崩・英宗自藩入繼・亦當考仁宗・而伯濮王無疑・蓋屈私恩而伸大義・君子不以親親奪尊尊・傳春秋者・亦有是說矣・不然則孔子所譏・夏父弗忌者也・苟從其說而不禁・悖禮不已甚乎・臣所痛惜者此也・

議者又曰・長子不得爲人後・臣謂此議可施之士庶之家・而未可以權今日之大事矣・陛下承祖宗之重・繼統立極・嗣天位爲元子・此聖人以天下爲孝・而義不得顧私恩者也・陛下能如程頤之說・參考而行之・則公義私情・得以兩盡・揆諸天理・而當質之人心・而安太宗之統・又有所係屬・祖訓兄終弟及之・又有所持循・正臣所謂聖人復起・不能易也・臣所痛惜者此也・

議者又曰・子無臣母之義・而不知論語之言・正爲武王十人而發而斷・有婦人焉・蓋邑姜非文母也・況祖訓嗣君之於王妃・自有家人禮・與此不類・但其說僞而辯・似是而實非耳・臣所痛惜者此也・

議者又曰・陛下主祀繼統・而不必繼宗・夫主祀繼宗之本・必名分先正・然後對越臨御・可以無愧・興獻王未嘗君

臨大寶・其不能強屬於太宗之統明矣・今不後孝廟・而後興獻王・其如祖宗統紀何哉・若夫不繼武宗・而直繼孝廟・蓋昭穆之序當然・周制畧具・文獻通考圖中・可考而明者也・臣所痛惜者此也・臣不暇細摘諸臣所議之謬・以瀆天聽・姑條陳一二以效一得之愚・陛下幸垂察焉・

伏惟陛下建中和之極・兼總條貫・定千古之綱常・垂萬世之統緒・毋以新進用事者爲賢・毋以老成逆己者爲不肖・不搖於羣議・而據禮以爲從・不奪於私恩・而崇大統以爲重・臣雖萬死・猶有餘榮矣・若不以臣言爲然・則祖宗在天之靈・將何付託於陛下・而天下後世達禮之士・又將謂陛下爲何如主哉・臣職司典禮・義不容默・但願爲據經守禮之臣・不願爲叛經背義之臣・願爲犯言敢諫之臣・不願爲阿諛順旨之臣・惟陛下憫其愚而憐察之・祖宗幸甚・綱常世道幸甚・臣無任惶恐待罪之至・

乞何喬新謚蔭疏

江西等處承宣布政使司・建昌府廣昌縣知縣・臣張潔謹奏・爲錄遺功以勵人心事・准本府帖・下合于上司案驗備・奉吏部勘合・於正德六年六月內・　陛下可給事中毛憲所奏開・稱錄文學之臣・則自永樂以後・闡文立教・　如尚書薛瑄・大學士邱濬等・皆究心吾道・講明性理・文章著述・足範後學・與凡所聞見・未及所當錄者・一體上請・恩命如前頒賜後・該本部覆奏・奉聖旨是・欽此欽遵・　通行巡按衙門・且欲參以監司守令之見・等因到准此・臣伏見本縣已故刑部尚書何喬新・由進士歷任刑部尙書・累上疏求罷政・蒙聖旨悉令以禮致仕・歸家杜門著書・足跡未嘗到城府・後大理寺屠勳・及給事中揚廉等・屢薦不復起・宏治十五年十二月內・喬新終於其家・朝廷遣官諭祭・及葬亦如之・

臣仰見皇帝優禮故官・藹然唐虞氣象・而出於尋常萬萬矣・臣竊祿茲土・查着得喬新歷官中外・全德始終・篤學力行・清修苦節・其仕也・有德有功・其處也・有德有言・嘗與大學士邱濬爲道義交・平居每相語曰・吾與君相知・不啻君實景仁・不幸則後死者銘之・此其貧爲何如・而其志豈易量哉・今邱濬之書・家傳人誦・而喬新其友也・記曰・不知其人・視其友・況其平生行事・大致彰明・較著如是・而使之寥寂無聞・吏斯土者・固不無責矣・

既又廣覩其門人・提學副使蔡清所作小傳・歷溯淵源・備見規模宏遠・推其有　・足以尊主而庇民・出其餘・足以範俗而垂世・其信道之篤・既無愧於薛瑄・其著述之多・可克配於邱濬・奈何數經兵火・不過存什一於千萬耳　・臣惜之・間又訪其致政居家也・居貧守節・樂道忘年・聞有四川土官・感其在任公道之恩・不遠千里授以棺木藥食之費・其禮頗厚・其意甚勤・喬新堅然却之・一無所受　・夫晚年如此・則壯歲可知・致仕如此・則守官可知・蓋由其平日愼獨之工夫・深潛札實・無所爲而爲者・故其辭受取與之際・又盡彰彰明較如是・眞可謂昭代之著儒・豈獨近世之名宦・

雖其前掌刑部・秉道嫉邪・爲讒夫鄙魯所誣・然而賣宅卽行・沒齒無怨・深得大臣體淸議之所在・昔固已甚明・公論之至・今愈難掩・前該巡按御史陳銓・已經具奏・辨其誣

謗之故・又該巡撫都御史林俊・疏其行事・欲舉贈謚之章・而給事中吳世忠・又詳議而申論之・且曰鄒魯擯於聖朝・變於積惡・人皆爲公道之慶・何喬新之快・因是而重賜其贈謚・實爲海內衆人之心・又曰・如蔣之奇・嘗誣奏歐陽修・而後日太師文忠之贈謚愈顯・胡宏輩嘗誣奏朱熹・而後日太師文公之贈謚愈光・蓋誣善者羣小之私・而贈謚者萬世之公・此臣於喬新所以表之・爲昭代之著儒・而稱之爲近世之名宦・凡以此也・

其屈也不久・則其伸也不大・其晦也不甚・則其光也不久長・臣仰惟聖帝之於喬新・可謂無負・而羣臣建白又如是之力・當時吏茲土者・萬一能將順德意・贈謚之典・亦不至於久曠矣・惟其未然・臣又竊伏・昔之曾見名宦錄・而尙書魏驥致仕病故・蕭山知縣李輩上書請謚・後得賜贈文淸・嘗欲援此事例・再爲喬新申請・顧念遠臣之體・當務晦藏・是以對案細思・將作復止・詎意伏遇聖明舉行曠典・羣臣將順之不暇・此固千載一時也・臣以疏遠之微・亦與傳訪之列・敢不奉承詔旨・宣揚上德・而共成此淸明盛事哉・

今准該府備奉前因・稽之鄉評・參以衆論・同然一辭・臣過不自揆・竊惟喬新所有贈謚・及護蔭之典・委的事體相應・但恩典出自朝廷・國是須歸廊廟・如蒙皇上許諾・乞敕吏部・着羣臣議奏・仍行禮部議擬應得謚法・一體施行・則君子有所資之爲善・而世所以爲讒夫者・亦將有所憚・而不敢爲惡矣・豈特何喬新之事・實斯道斯文之大幸也・臣無任悚栗惶恐待罪之至・爲此具本・順差縣吏譚輝・謹齎奉奏・

乞禮處林廷玉疏

禮部儀制淸吏司・臣張澯奏・爲禮處起用老臣・以勵士風事・臣伏見致仕都御史林廷玉・發解關陝・歸老閩陬・直道久聞於諫垣・淸修益著於典郡・督學嶺南・爲人士之師法・巡撫畿輔・因讐口而罷歸・近該言官累疏保薦・陛下俯從吏議・起用晉都・善類聞之・咸知勸勉・今朝廷必欲謹盡其器能・竟究其事業・則職固有關政治之先務・繫綱紀之大體者・儻使之協參同事・則足以罄其所長・施其宿學・決能贊襄國事・裨補朝綱・開拓萬古之心胸・激發一世之智勇・盤根錯節・靡不去・而招不來・排難解紛・貪可廉・而懦可立・

提督糧儲之任・實東南命脈所司・夫豈謂儒者之不當爲哉・臣今所奏・乃朝廷優待老臣之禮・又爲政治紀綱謀耳・蓋任之於錢穀・雖足以見其月稽歲攷之能・升算斗量之用・止可試諸有心計之能吏・而非所以盡學成望尊者之事業也・徒使天下之人・謂朝廷以直道起之・而不以政治紀綱責之・則據禮守經之儒・望風肥遯・而廉潔好修之士・無意亨屯・疏遠孤立之臣・將見益難自進矣・其於事體漸有所失・況晉都錢穀・僻在東南・但得一强能才幹・淸敏之人・便是集事・今都察院左右副僉都御史員尙未備・伏望聖明特賜俞允・敕下吏部・別行會議・職稱貴全事體・則所以處起用之老臣・禮意曲盡・士之有志經世忠愛之心・安知其不因如此・而油然生也哉・

臣粵海迂生·於禮無補·竊感宋儒程灝乞改張載·推勘公事之選·而興起焉·不自知其狂且激也·無任惶恐待罪之至·原係禮處起用老臣·以勵士風事體·未敢擅便·爲此具本親齎·謹具奏聞·伏候敕旨·

霍韜 字渭厓·南海人·正德甲戌進士·除職方主事·累官至禮部尙書·協掌詹事府事·卒贈太子太保·謚文敏·韜學博才高·以議禮驟貴·而性褊狹·與楊一淸·夏言·皆相齟齬·帝亦心厭之·不果大用·然先後所建白·皆關國家大計·又好講學·黃宗羲著明儒學案·別以渭厓學案爲一冊·所著詩經註解·象山學辨·程周訓釋·皆未見·渭厓文集存·今刻有霍文敏公全集·

嘉靖三劄疏

臣恭遇陛下·嘉靖改元·式符更化·臣不揣愚陋·謹進三劄·上瀆天嚴·臣之所言·固未盡善·第鄙夫言之·聖人擇焉·天下經綸大經·康濟大猷·臣不敢與知·所知者特正務緊切·一一淺小而已·三劄共一通·伏願陛下俯賜優容·采納施行·天下幸甚·

第一劄

臣聞古帝王·以道問學·修政事·爲先務·臣所謂學·非口耳無益之謂也·臣所言學·只居處恭一語盡之·夫居處恭·孔子所以告樊遲者·聖人一言·貫徹上下·由入小學而敎之·則收放心·養德性·所以立天下大本者·雖初學可能也·充其極·則修己以敬·以安百姓·篤恭天下平·聖人功化之極·只此二字而已矣·居處恭之目何如·曰非禮勿視也·非禮勿聽也·非禮勿言也·非禮勿動也·四者居處恭之目也·聖賢實學·淺深高下·一以貫之者也·

世儒不實用力·以居處恭爲粗淺不屑言·以四勿爲精深不敢言·求所謂主敬之說·求所謂格致之說·求所謂戒懼之說·惟費口耳·全無實力·臣不敢以瀆聖德·惟願陛下內省自察·於對臨百官之時·居處固如此其恭矣·於深宮屋漏之時·居處亦如此其恭否乎·臣所謂恭·非終日端坐之謂也·或行或立·或起而應事·或倦而宴息·恒存此心·不放肆怠惰云爾·故夫一日之間·豈無非禮之色·非禮之物·足供玩好者之奪目乎·覺其非禮·勿視之矣·左右近習·豈無非禮之言·非禮之舉·奸佞淫僻者之瀆耳乎·覺其非禮·勿聽之矣·或喜或怒·或愛或惡·或慾之動於情·而發於言也·其有非禮之失乎·覺其非禮·勿言之矣·或喜或怒·或愛或惡·或慾之動於情·而見於事·作於事·而施於政也·其有非禮之失乎·覺其非禮·勿動之矣·此居處恭之工夫條目也·恒存此心而不失·則不言敬·而敬在其中矣·不言戒懼·而戒懼在其中矣·聰明睿智·皆由此出·以此臨御近習·對臨百官·事天享帝·篤恭天下平之要也·

臣所謂修政事·非疲勞無益之謂也·只精任大臣·一言盡之·今夫天下之政·具有舊例·具有故牘·故夫區處一事·緊切裁決·不過數語·而翻查覆據·動輒百千萬言·陛下一日萬幾·將遍閱之·雖夜以繼日·猶見不足·將取夫要者閱之·則叢瑣紛沓·左右蒙蔽·得逐其奸·故夫天下巡按御史·兩京六科十二道·舉天下之職官臧否·政事得失·天

下利弊・條欵上陳・陛下命九卿查據舊例・斟酌時宜・詳列覆奏・陛下將獨斷之乎・則天下之政・竭天下之智謀之・猶未盡善・況望獨斷之盡善乎・是故不免付之內閣・今之內閣・惟議定浮帖進上陛下・然後委之左右・斟酌填註・由是有事涉左右者・得旁訴倖免・有乘機欺罔者・妄言事體不便・或曰格例不合・或曰人情不堪・甚則曰外臣朋黨・護短循私・故內閣原議・時有改易旨意發下・動駭人心・不塞衆望・繼有以爲言・則曰屢有旨了・此於陛下視之極類獨斷・然不知喉舌寄於近習・樞機轉於左右・貽患流毒・極不可言・

臣願自今章疏・陛下於每日午刻・或御文華殿・或御左順門・召內閣大臣二員・六部尚書侍郎六員・六科給事中六員・講讀學士二員侍立・內閣大臣・將次日應發章奏・條擬旨意・面對陛下・斟酌填註・面付司禮監・次早發行・其有論列聖德・糾劾權奸・更革大事・別爲擢出・取裁聖覽・執簡御煩・居靜制動・陛下可垂拱仰成・不勞智力・而天下治矣・大臣有奸回不忠・面肆欺罔・給事中得面糾其過・有古今異宜・稱量輕重・講讀得備顧問・有舉措失宜・政體乖謬・天下得駁正其失・陛下亦得虛心守正・以聽天下・而無諱過護短之私・大臣亦得取人爲善・而無循私妬賢之罪・內臣亦得安靖美名・而無招權壞事之謗・陛下每日只不憚數刻之勞・天下自被無涯之賜矣・較之遍閱章奏・煩瑣叢集・以啓蒙蔽之奸者・勞佚萬萬不侔也・此垂衣裳而天下治之要也・爲學也・爲治也・其要有如此者・

然爲學之中・蓋未嘗不寓爲治之理・在陛下深思實體之而已爾・如陛下恒存四勿之心・以臨百官・裁萬務・暇以讀書史・究古今治亂之故・則善惡之機愈明瑩・而不可掩・即所以格物知致也・善惡明・而好惡決・好惡決・而主宰定・主宰定・而四體喻・即所謂意誠心正而身修也・家齊・國治・天下平・舉而措之・一貫之道也・爲學爲治・體用同源・功效相因又如此・伏願陛下深思實體之・以馴究夫不言而化・無爲而成之盛・天下幸甚・

第二劄

臣聞漢文帝入繼大統・首問每歲決獄幾何・每歲錢穀出入幾何・陳平對曰・有主者・司馬光謂・平所對爲非・非也・大臣惟擇夫主刑獄錢穀者而已・責大臣知刑獄錢穀之數非也・或者又云・文帝非所宜問・亦非也・蓋知刑獄之數・可以覘風矣・知錢穀之數・可以知經費矣・此文帝之問・實人君初政之首務也・臣願陛下・推廣此問可乎・如蒙首召戶部問之曰・祖宗朝・歲計賦稅所入幾何・各省存留幾何・內府需費幾何・百官廩祿幾何・軍士糧餉幾何・三邊供億幾何・藩封祿米幾何・內宦月糧幾何・較之今日歲計所增幾何・所減幾何・然後從而思之曰・賦稅所入猶夫昔也・所費所出・不有倍於昔者乎・年代愈深・流弊愈極・盍有以處之乎・

次召吏部問之曰・祖宗朝・外任百官幾何・京任百官幾何・薦舉幾何・科貢幾何・雜流幾何・較之今日冗員所增幾何・衙門添設幾何・然後從而思之曰・輿圖政事猶夫昔也・冗員冗食不有加於昔者乎・官添弊冗・政紛多門・盍有以處之乎・

次召兵部問之曰・祖宗朝・天下軍職幾何・京衞帶俸幾

何・外衞帶俸幾何・天下軍士幾何・在京勇士幾何・校尉幾何・較之今日所增幾何・所減幾何・虛名無實・勢豪包辦・月糧幾何・然後從而思之曰・天下疆圉猶夫昔也・冗員冗兵・不有倍於昔者乎・愈久愈冗・愈冗愈極・粮食無措・盍有以處之乎・

次召禮部問之曰・祖宗朝・天下親藩幾何・鎭國・奉國・將軍・中尉幾何・儀賓幾何・內臣幾何・較之今日所增幾何・所減幾何・然後從而思之曰・歲計賦入猶夫昔也・宗藩內宦・不有倍於昔者乎・勢窮則變・變則通・通則久・盍有以處之乎・

次召工部問之曰・祖宗朝・歲計物料所入幾何・恒年修理幾何・上用所需幾何・各監局所需幾何・軍器修理幾何・工匠幾何・柴炭幾何・較之今日所增幾何・所減幾何・然後從而思之曰・天下課料猶夫昔也・浮費不經・不有倍於昔者乎・繁費日滋・帑藏日竭・天下日困・國計日艱・盍有以處之乎・

次召刑部問之曰・祖宗朝・歲決大辟幾何・較之今日天下決大辟幾何・情眞着監幾何・可疑見監幾何・然後從而思之曰・好生惡死・人心猶夫昔也・嗜利忘死・不有倍於昔者乎・經奏處決・有此數也・敲推寃死・不有萬於此者乎・民無恒產・斯無恒心・刑酷民寃・國本攸係・盍有以處之乎・

是故天下一大家也・處天下猶猶夫處家也・今夫千金之家・一人享之・其百費饒洽也固宜・再世有五人焉・則爲二百金之家矣・以二百金之家・復圖千金之費・不日就窮促已乎・雖然二百金之家・儉以圖存・其不墜先業也亦宜・再世有五人焉・則爲四十金之家矣・以四十金之家・復圖千金之費・不立墜先業已乎・雖然四十金之家・猶可擴之爲二百金之家也・二百金之家・猶可擴之爲千金之家也・存乎人者也・天下一大家也・不再擴焉者・限於勢者也・

我祖宗創業之初・猶夫億萬金之家也・宗藩之分封・猶夫子孫也・百官猶夫工作也・內臣猶夫臧獲也・軍士猶夫守家之犬也・歲費供億・猶夫家之調度也・率是數者・皆如祖宗之舊・猶勢窮弊生・尙宜思所以救夫末流之患・以適夫時宜之制・柰之何年積月冗・於是數者・不知幾倍于祖宗之舊・浮費百出・日益日甚・不知幾倍于祖宗之舊・是猶承千金之後者・不知其已落二百金之家矣・復妄意夫千金之費也・若之何其不窮乎・

陛下思而及此・尙早圖之・與內臣外臣協心同憂・兢業十年・乃克有濟・失今不圖・後無及矣・今縱未大更張・陛下只時念及此・或命六部開具大數揭帖・朝夕觀覽・則所以恐懼撙節之思・自不能已矣・內臣勳戚・亦使之盡心思慮・以防夫日後之患・以紓夫目前之急・國家得宏久大之圖・內臣亦享綿長之福・陛下亦能日愼一日・心由此正・慾由此窒・天理常存・邪慾退聽・克己復禮之力・由此益堅・祈天永命之道・由此馴致・潛消默運之中・自致夫聖德神功之盛矣・天下幸甚・萬世幸甚・

第三劄

臣聞爲政在救積弊・救積弊在正人心・正人心・在擴天理・以遏人欲・由大臣以及百官・常存天理本心・爲政不難矣・臣謹畧舉積弊數事例之・在京七十二衞・原額軍數・具有

冊籍．遞年浥瀾無存．宏治十八年．淸查冊亦多殘缺．軍士校尉勇士．投充人役．或勢豪影占．有名無人．或寫字軍人．包頂數役．近奉詔書裁革．俱無完冊可考．故凡革退人役．或詐稱首逃復役．或詐病故補役．蒙准行查．彼則內賄本司猾胥．外賂衛所官吏．朦朧保結．本司惟據結狀明白．革冊無名．季報有名．便與准收．緣該衛革冊．或存革錯陳．季報文冊．復三月一換．後先互異．奸弊淵叢．雖竟日磨研．不過開吏胥一騙局．數年之後．官轉弊生．冒名奸猾．復鑽閱投囘．盜騙倉粮矣．

前日革退軍匠．工部具奏．爲之收補．據其咨稱．原額軍匠九千名數．今惟一千餘名．審若是．何不查究七千名役．俱在逃何處原籍．故絕何處戶口．然後爲之從長計議．或行原籍勾補．或查何人影占可也．乃遽爾奏收經革人役．隨據該衛呈稱．前項二千餘名．俱先年有名無人．包辦月粮虛數．夫然後知奸風未熄．利徑猶開．該部官員復蒙誑罔如此．竊謂今之軍士．旗校猶得少有所稽．以宏治十八年淸查冊畧存耳．然各衛浥瀾．或有或無．故於淸查．漫無於考．卽今淸革一番．投充虛名之弊．十去五六．

臣願乘此機會．行在京各衛．遵照宏治十八年事例．通將查過軍士旗校戶口籍冊．重新造報．詳註軍祖充發補伍來歷．戶下餘丁名數．貫址隣佑姓名．用堅厚冊紙裝寫．每衛所三本．一本戶部．以驗支粮．一本兵部．以驗收操．一本衛所．存備查考．冊完仍委科道部官三員．照冊點驗．如敢作弊．官吏重治．庶案籍有徵．而弊端永絕．人安分義．而奸風可彌也．

武選掌武廕．凡軍職告襲．例查祖宗立功．陞遷來歷．查黃比試．爲法最詳．然歲月愈深．事例愈繁．承襲愈久．功罪事跡愈多．應襲人員到京．未投公文．先請承行吏胥．奉數十金．幸其接受．明日投文．乃免查駁．不然則或將緊切字面．畧爲洗改．或駁查遠年功罪．展轉往囘．困費空竭．故凡武官襲職．甘心納賄．儒官初任．政未諳練．拱手仰成．以吏爲師．吏滿三年．金箱玉囊．每盈千數．夫職官犯贓．動干行止．今坐吏胥之貪猾汗濫．而不能禁何也．舊例繁文之所束縛．凡其進言．動有機括．制之則無術．究之則無跡故也．茲弊也．吏部考功．禮部儀制皆然．考功則磨勘考滿起復官員．儀制則尋乞王府儀賓．歲貢換印員役．故凡吏胥頂頭．需銀數百餘兩．夫辦事云爾．屬籍之初．已破數百金之費．則其所圖也．不有十百千萬者乎．

京師天下之極．六部百司之表．乃貨賄公行如此．何以訓天下乎．在別部臣不敢言．惟武選之法．願陛下命大臣集議．遵照三年一次淸黃事例．盡查天下內外武職員數．詳其功罪．考其祖宗相承．或叔姪兄弟相繼．或洪武永樂年間立功．或宣德以後陞授．或內臣弟姪恩廕．或勳戚駙馬子孫．或武舉取中．分爲數等．卽今軍職冗甚．宜默寓汰省之法．如是或許之世世承襲．或許之止終本身．或許之兄弟叔姪相繼．或不許相繼．於查汰之中．默寓激勸之典．裁處已定．開具籍冊．分布各省．轉布各府州縣．印刻榜文．在京懸之兵部．在外懸之各都司衛所．俾凡武職承襲．皆自今年爲始．人人皆知如某者許襲．如某者不許襲．如某者終本身．如某者兄弟叔姪得相繼．如某者不得繼．畫然分明．冊黃俱以今年爲定・冊籍清查・一勞永逸・人人自便・不致祈衷於吏胥之門矣・其於該司考滿官員・仍開具有無送問過・受賂吏役・以驗殿最・庶貪風先絕於六部・王化首被於京師・然後人心可救・弊俗可回也・

職方主天下征伐功賞・舊制文官不預武爵・武職不濫文階・實防閑末世之深慮・奈何天順以來・始有以尙書竊武廕者・始有各省奏捷・部司官亦預功賞者・始有撫按混同奏捷・以冒軍功者・如有巡撫官・以軍功廕兒男者・夫巡撫本以紀功閱實・糾正虛濫・兵部主文移・區畫調度・皆職分之常也・曾謂此可以受賞乎・苟人出死命以立功・吾亦隨其後以竊賞・平日所食厚祿・何爲者乎・賞者所以勸小人也・文臣職業卓異・自有別格超遷・循至三品・則恩廕及子・亦足矣・乃忘其爲俎豆之列・而竊介冑之賞可乎・使撫按兵部・官屬皆預功賞・則爲之朦朧奏捷・以敗爲功・亦有之矣・孰爲之矯正覈實・使賞罰得當乎・故夫往年軍功冒濫・羊頭狗尾之徒・充滿天下・皆巡撫・御史・兵部官員・共爲欺罔之罪也・

今日士論・惟知歸咎權奸亂政・冒濫軍功・不知軍功之濫・不始於正德初年・而始於正統以後・皆巡撫失於紀驗・兵部失於駁正之罪也・其所以紀驗失實・駁正不行者・始也怵小人之威・終也同小人之利之罪也・臣願陛下命大臣集議・凡自正統以後・或總兵總鎭奏帶・或內臣恩廕・或撫巡弟姪尋常軍功・陞授武職・俱准終本身・今後巡按御史・兵部官屬・勿預軍賞・巡撫兒男・勿預武廕・必儒臣各安其分・不萌僥倖之圖・然後內臣自服其心・小窒谿坑之慾・君子小人・各得其止・即遏人欲・擴天理之幾也・

江西功賞御史・黎龍有言・江西之事・不難於成功・而難於倡義・此論約而盡・蓋宸濠初反・海內震驚・江彬弄權・四方離析・內外人心・多懷觀望・故若王守仁・伍文定・謝源・伍希儒・劉源清・張文錦・楊鋭輩・必皆肯棄九族・然後肯倡此役・故論功・固宜首王守仁・伍文定・而謝源・伍希儒則別省公差・非有地方之責者・使二臣不預其事・人亦莫罪其非也　謝源乃甫到南安・未會守仁・先檄兩廣・此臣居家時目見也・伍希儒亦於吉安同爲守仁所奏留・蓋皆協心比義・共獎忠勤者也・

嘗讀唐史・見巡遠窮死・四鄰不救・爲之廢書啞罵・若謝伍二臣・不以其非守土之任・越職分以厲忠節・此其所以高出唐人之右也・賊滅功成　江彬・張忠妬忌守仁之功・首倡異論曰・守仁實同賊謀・又曰寧賊金寶・俱諸臣滿載一空・隨征紀功給事御史・黨奸扇讒・附和其後・蓋將媒孽守仁輩・而傾之也・後以守仁・名望素著・不能瑕玷・而謝源・伍希儒獨當其辜・時有進表參議僉事二員・經過吉安・亦爲守仁挽留・共圖舉義・二臣懇脫以去・其意蓋謂事成不過陞官・不成即滅族故也・後見伍希儒・謝源被黜・欣然告人曰・予當時幸不預事・乃有今日・若在其中・不知將置我於何地矣・夫禍變忽生・人皆解體・使忘家倡義者・不以爲功・反以爲罪・後有事變・人將指二臣以爲覆轍・誰肯越職分以效忠乎・

天下之事有常變・君子應機有經權・聖人操三綱・以立人極・如權衡稱物・低昂屢變・不失其中・臣觀管仲事子糾・

小白殺子糾．蓋齊襄既沒．小白．子糾皆羣公子．未有君臣之分．委質爲臣．斯爲之君矣．子糾實管仲之君也．管仲不死子糾之難．反臣小白．狗彘之類也．若王珪．魏徵特東宮官屬．唐室公臣．當建成之難．王魏在列．身殉死之可也．時不預難．高祖以二臣輔導無狀．賜之死可也．高祖許之勿死．則勿死可也．其於管仲全不相似．後之君子．乃深罪王魏．而孔子特許管仲爲仁何也．此孔子不輕於與權之精意．宋儒莫之或知也．

蓋天下大義．有父子之分焉．有君臣之倫焉．有中國夷狄之等焉．義在君臣．則忘父子．義重夷夏．則畧君臣．此孔子春秋稱量之權也．荆楚橫暴．周室衰微．岌岌乎有混宇宙爲夷狄之患．偶有才如管仲．輔相桓公．攘荆蠻以尊中國．脫天下被髮左衽之禍．其救世之仁大矣．故孔子畧其臣節之失．許其仁人之功．雖忘君事仇．行類狗彘．俱赦之矣．此孔子稱量之權衡．萬世之人極也．若謝源．伍希儒者．乃不論其倡義勤王之功．聽貝錦雌黃之口．以文致其罪而黜之．豈聖賢應世宰物之權度乎．變起倉卒．鄙夫小人縮首觀望．惟奮不顧身者．勇以集事．變亂既平．然後腐儒俗吏．騰口舌以繩其短．此豪傑所以不得伸氣．小人所以多僥倖也．

曾讀歷代國史． 有書攻某州．得縣幾何． 戶口幾何者矣．曾有書曰．得財寶幾何者乎．蓋破城克敵．子女玉帛．士卒所趨．必變定兵戢．主將乃得申號令．封府庫．用兵之常也．故凡誓師必曰戮力克敵．敵之所有．皆汝有也．如不克敵．身首不保．曾有誓師鼓勇之初．預申取虜貨財之禁乎．當時省城初復．强敵在外．正稍寬約束．鼓舞銳氣之時也．圖大計者．可屑小苛乎．使宸濠不就擒滅．縱橫南北．天下府庫．不知何如．賊人金帛．尙得計量其多寡乎．就使二臣果有贕載金寶之實．猶斷以大義．勿恤小瑕．爲忠勤後日之勸．況此流言．張忠． 許泰之所鼓揚．祝續． 章綸輩之所附和．名教罪魁之邪說耳．君子亦信之乎．二臣貶責不足輕重．第恐因此褫天下忠義之魄．後難爲忠公任事之臣耳．

若南都守臣．各省撫按．事變之初．則縮頸俛眉．擇趨舍之便．賊平之後．則攘臂稱首．爭保障之功．其間眞有防閑奔走之勞．亦職令當然之常事耳．曾足異乎．假使城池失守．則諸臣之罪．自宜梟首都渠．以謝天下．幸賊不來．得以無事足矣．何功足云乎．若其自陳功伐．臣請詰之曰．爾時賊若臨時．若俱崩角稽首也．彼將怒曰．賊未薄城．何逆料吾之失節乎．則應之曰．賊未薄城．何逆料若之有功乎．彼將塞口矣．聖明寬大．澤賜踰涯．固啓異日濫賞之漸．受賞臣子．不自揣量．恬然要居．僞辭不允．怡然自任．何如其心也．

若南征紀功主餉之臣．罪人已執．猶動衆出師．地方已寧．乃殺民奏捷．豺虎經過．郡邑一空．江西平民．再遭荼毒．誤先朝於過舉．搖國是於將危．攘人成功．掩爲己有．黨奸助惡．毒衆殃民． 若張忠．許泰之徒． 待以不死．固失刑矣．然公論猶明也．若給事御史之屬．始也與奸同惡．終也詭辭飾非．罪浮四凶．奸踰五鬼．苟免三苗之竄．猶蒙一級之陞．何爲者也．伏願陛下大賜明斷．洗雪謝源．伍希儒之謗． 以勸忠良．其餘除江西安慶正功外． 皆聽羣臣極力辭免．間有大臣資望已深．宜進階級．則別格加遷．勿以軍功隨羣受賞。用昭大臣廉讓之風。庶幾君子讓於朝。小人讓於野。內臣讓於中。邊臣讓於外。禮讓四達而不倍。人心反正。天理流行。一義不可勝用矣。

興府護衛軍士。取之北來。陛下普賜洪恩。厚加超耀。中外臣工。剌剌有言。蓋謂陛下昔在興邸。則一府官屬。爲陛下之私。今臨御萬邦。則萬邦臣民。皆陛下之有。擴王者無外之仁。則不宜私厚所親。以疎待天下云爾。其願忠之情。蓋如此也。臣竊計之。則謂軍士盡取北來。皇考陵寢。宗廟之在安陸。不知守護之者。猶如舊乎否也。伏見太宗皇帝。平定交趾。問尙書夏元吉曰。陞賞孰便。元吉對曰。賞。費于一時有限。陞。費于後日無窮。多陞不若重賞。是知祖宗雖有軍功。猶不輕授官爵如此。玆護衛軍士。若恤其勞。則厚與金帛。發回安陸護守陵寢。歲時厚加恤典。以慰其心。俟陛下他日肇建東宮。再育皇子。即封興王。主行祀事。以孫祀祖。皇考寢廟之在安陸。亙千萬年。得祀用天子禮樂。所謂以天下養親之至也。卽今祭祀祝詞。則曰皇帝孝子。敢昭告于皇考興獻。皇帝所謂爲天子父。尊之至也。禮曰父爲士。子爲天子諸侯。葬以士。祭以天子諸侯是也。由是所生不廢天倫。所承不嫌兩大。上足以慰孝宗。武宗。興獻在天之靈。內足以慰慈壽皇后。中宮皇后。付托之願。而陛下所以尊親養親之孝。亦帝舜以下一人而已矣。

若護衛軍士皆陞官爵。則前日裁革。不能數千。今日陞授。輒復數千。固啓冒濫之弊。非太宗之典矣。猶其小者也。惟軍士俱授陞級。安戀京師。皇考陵廟之在安陸。風木如昨。護衛蕭條。聖魄神衷。不免凄涼之感。九重萬里。寧忘戀慕之私。興言及此。其忍令前日官軍之俱北乎。

天下賦稅。困及小民。臣不盡知。姑以蘇州推之。臣聞同知廖凝云。蘇州正粮。一百九十九萬有奇。耗粮一百萬有奇。通正耗三百萬有奇。蘇州賦額之定於初。因賊擄張士誠之舊。固已過重矣。後以漕運之費。正糧一石。復加耗五斗。是重中又加重也。乃於交納細糧後。需二石或二石八斗乃納一石。是加重之中又倍加重也。故凡糧長之私取夫民也。不知幾倍。小人所以益困也。蘇州舊有金花銀二十五萬有奇。折民糧六十萬有奇。有綿布一十五萬有奇。折民糧十九萬有奇。惠小民計也。貪官以奉權貴。竊謂蘇州賦稅甲天下。蘇州困敝。亦倍于天下。不知尙能變而通。少寬數分。俾民蒙數分之賜否乎。或細糧上納。聽戶部司科道驗收委官。轉解糧戶不與內臣面交可乎。原額正耗不能減矣。或於細糧減數上納。水次兌運。加數取盈可乎。折銀之惠。俱歸窮民。若爲權貴之資也。許御史覺察。或聽民自陳可乎。舉蘇州而天下可類推也。舉細糧而各鹽局之解料可類推也。

天下軍士困敝。臣不盡知。惟聞主事劉漳云。往年邊軍糧餉不繼。有司建議行撙節之例。每糧一石價銀一兩二錢。其於收受也。惟折八錢。餘四錢。則官吏漁獵之矣。於給軍也。每糧一石。惟給四錢。存留四錢。謂之撙節。以糧之實値計之。軍士一月得實糧三斗三升而已。邇年饑荒。糧運不足。兼之守臣極力苛刻。凡軍糧上納。盡攘而歸諸其家。虛出通關。以蔽覆其攘奪之罪。軍士實糧。升勺不沾也。惟甘凍餓而已。於撙節者。每糧一石。剩銀四錢。則撙節一年。

宜餘一年之積．乃其所也．今則毫釐不存．蓋守令．兵備．守臣．競盜互竊而空之也．將稽之．則各邊陸賊．出沒不時．動調客兵．隨在給餉．客兵去．駐卒無定日．主餉官史．因遂爲奸．或經過一日．而加稱數日．或屯住數日．而加稱旬日．則邊軍枵腹之所留．適資其鼠竊之奸計而已．夫盜邊糧者服上刑．法典俱在．邇年禁令寬弛．貪墨如市．若不深切懲創．則人心何由反正．風俗何由挽回．是宜委風力御史．通查三邊庫藏．通查三邊州縣．客兵經過．屯駐日期．則彼此互相證驗．日期互相稽查．少有虛張．自互相錯誤．而不相爲謀．雖欲掩之．不能掩矣．然後通將往年盜竊之徒．投飼狗鼠．爲貪墨之戒．其守臣攘奪軍糧．剝削軍士．尤積年極弊．倘行御史覺察．以聞陛下．斷在必誅．勿容幸免．庶幾人各懷刑．而欲心由遏．天理不死．而頽風可回也．舉三邊．而天下可類推也．

天下夫役困斂．臣不盡知．始自天津推之．天津內接通州．外連滄州．上下各三百里．夫役兩路．俱遡逆流．天津原無措給．惟三衞軍士．出辦夫役．或課稅贏餘之銖錙而已．臣嘗詢其出辦之數．每支軍糧一石．扣其錢十八文．蓋扼其喉．而奪之食也．且月糧有限．過客無窮．故於供需．日每不足．經過人員．不體悉其困苦已極．且有意外之索．如拽船夫役．可十人而足．則責取二十三十名數．仍取軍伴數人以供執事．其夫役之數．掌於軍職．督速之勤．權於兵備．權要人員．求不滿望．則專咎兵備．而讒謗橫流．言官隨之糾劾．吏部隨之罷黜．惟於往年．得一人焉．極力斡旋．身自答應．土人號曰金帶．驛丞乃得全陞任．其餘非左遷則罷去．故擢天津兵備．多皺眉以行．臣竊計之．將責有司．以奉權貴．則剝奪軍糧．將繩有司．尅減軍糧．則取怒權貴．邇時言官．劾方面官員．罕能自明．故於考覈之年．只著不謹不職數字．則其人其官．可指日計矣．世漓道斂．中人以下．不以失得動心．而喪所守誰乎．況望之以曲意．狥人而責之．眞窮守已不尤難乎．是宜更爲禁例．凡經過人員．驗有關文．付與夫役．自十名至十五名而止．該衞按季．將應過夫役．開具文冊．呈巡按御史．轉送都察院．兵部互稽焉．因得劾夫貪求大甚者．其兵備官．再勿預夫役之數．則經過人員．無從責求．亦將無如之何．以去年按季應過夫役．按月減過軍糧．部院從實稽焉．則武人奸吏．亦不能遁也．由天津迤南之弊．則曰進貢．折乾之酷也．權豪需索之濫也．包攬人役之蠹也．撥夫耆老之奸也．皆積年法禁所先者．惟寬縱廢弛．視爲文具耳．倘行巡按御史．嚴法痛懲．亦救斂政．挽頽風之一事也．舉天津而天下可類推也．

天下課稅之弊．臣不盡知．姑自廣東推之．南雄有抽分廠舊也．清遠例外增置焉．梧州有抽分廠舊也．肇慶例外增置焉．禁宰耕牛舊也．邇年宰牛不禁．而稅其皮革焉．清遠．肇慶兩廠．稅及竹木．稅及魚鹽．稅及草束．稅及荷擔之柴薪．細民磨髓剝骨．一錢之利不逃稅焉．歲入數千其宜也．牛皮之稅．聽宰耕牛．誨民爲盜．天下皮革．兩廣居多．計其歲入．以千萬數亦宜也．乃此三欵．額外之稅．撫按不稽所入之數．案牘不詳所費之由．剝民膏脂．充己囊橐．欺天奸利．人莫之知也．倘行撫按細稽查．拘原領其事者．詰所入所費之數籍．使磨民者戒．而奸貪者懲可也．

南雄許稅鹽．稅椒木．例也．邇年雜貨有稅．牛羊有稅．稅及魚苗．稅及猪畜．稅及雞犬．各有牙人以司其事．不知稅入歸之誰也．若椒木之稅．則尤甚焉．凡椒百斤．使司稅銀一兩．南雄稅銀五錢．木百斤．使司稅銀五錢．南雄稅銀五錢．有司過重爲例者也．商人以其過重不堪也．圖爲苟免之計．或賄權豪．附載以行．或賂牙人．瞞騙以免．其於使司．全不投稅．直至南雄．以圖僥倖．倘蒙發現．然後出首投稅以去．在使司徒有重稅之名．全無貨稅之入．故椒木稅．于南雄歲萬千．軍餉入於使司．百無一二．

爲今之計．孰若輕其稅．而嚴其禁．凡椒百斤．使司稅銀五錢．南雄稅銀二錢．凡木百斤．使司稅銀二錢．南雄稅銀一錢．照行貼票．俱從使司給發．自今南雄勿開出首之例．凡無使司帖照．全沒之官．倘有漏網．土人覺察．一半給賞．漏稅商人．仍比私鹽論罪．則其投稅費不數星．苟圖欺詐．全貲沒入．吾見商人寧輸毫末．以保無虞．不僥錙銖．以貽後悔．所稅者輕．而所入者衆．是所取雖寡．而所獲反多矣．且投餘利以惠商人．不驅厚賄．以歸貪猾．由是權豪無附載之私．土人無牙行之利．郡守無貪黷之謗．使司饒軍餉之資矣．其餘雜稅俱從禁革．牙人奸貪．遇詔不改．倘行撫按拿置重刑．亦懲貪風．以挽頹俗之一事也．舉廣東而天下可類推也．

天下冗官．臣不盡知．姑言其概．蘇州水利．以都御史之權．選守令佐貳之．不畏強禦．不避謗．肯任怨者．相便宜以督其役足矣．乃冗設郎中二員．可謂左計也．何也．都御史之督責．不能必行於郎中．而郎中之威令．不能必行諸郡守．御史之於郎中．復勢相軋．而職不相維．調遣官員．甲可乙否．十羊九牧．徒見紛紛耳．且以都御史猶不能督率郡邑．則郎中將手足胼胝．以從事乎．都御史不能有爲．須郎中然後集事．則將焉用彼爲乎．寺部卿丞帶俸添註．日益日甚．不知設官將何爲乎．

如爲政事設也．則一官宜任一職．今一職添註數員．何爲者乎．由郎中司務．以至主事．競求外差．爲家鄉便利之圖也．然建官一員．將任一職也．苟一員差出一職無缺．何不遂併此員省去之乎．外省錢穀．出郎中員外督促之．則藩郡有司之職廢矣．夫今日之部官．卽他日之有司．曾謂爲部官則能督促錢穀．爲有司遂不能乎．故夫賞罰不明．而姑息成俗．雖增官百倍．愈紛紛如也．何益乎．藩臬則添設管粮參議．提學副使．海道副使．兵備僉事．屯田僉事．一事添設一官．則原額官員．何爲者乎．原額兩司．年換一道．由是地方盜賊互相推延．惟期苟且一年．不復留心急務．新舊遷轉．吏弊由滋．不知於原額參政．參議．副使．僉事之選授．卽定註某員管某道．某道兼某職．則事固不廢專職．原額遂不加增可乎．

郡縣佐貳．或添註四員三員．凡此冗員．俱老耄監生．艱難省察．或納粟入監．希圖厚獲者．故於未選．則揭債以往．受任則携挈以行．舉十數口以仰食一官．責望一官．以富厚一世．則政何由不弊．民何由不窮．是將添官以任事．實因官以生事也．職治體者．寧不深思遠慮．爲國家分憂乎．今日之官．可謂具備矣．乃政愈不修何也．曰闒茸老弱．徒取充位之弊也．曰官增事冗．人循己私之弊也．曰虛文陋習・大壞士風之弊也・今之選任由貢途者・四十外而後貢・五十外而後仕・由雜流者四十・歷事五十・受官輸粟者・則破數百之貲・圖千百倍之利者也・由舉途者・則敦崇廉恥・勁直剛毅・在在有之・然精力耗於晚年・志節奪於家累・亦不能免也・

故夫由數途以出者・多自計曰・由今以往・尚可幾年・人之計之・亦曰由今以往・尚可幾年・人無遠望・先懷近憂・未入官門・先營家計・苞苴賄賂・奪魄動心・事曲民寃・如聾如啞・隸役得肆豺虎之威・吏胥得張機穽之術・小民蒙害・不可言也・故曰闒茸充位之弊也・姑以一民計之・令丞數員得治之矣・守佐數員・得治之矣・藩屬數員・得治之矣・臬屬十數員・得治之矣・御史數員・得治之矣・都御史得治之矣・以十數官員・而治一民・以一民而聽數十官員之令・故訟不平者・原訟者訴之縣・被訴者訴之府・原訟者訴之司・被訟者訴之院・縣之判曰某曲也・府翻焉・司之判曰某曲也・院翻焉・案牘紛更・奸吏為市・政令更張・令曰如此・守曰宜如彼・司曰宜如彼・院曰宜如此・官自為政・人逞己私・小民耳目為之眩惑・吏胥案牘由是混淆・是原額正員・不秉公心・弊且至此・況額外添註・冗外加冗・徒為身利者乎・故曰官冗・循私之弊也・

御史詣學兩司・平坐府州・守倅見御史・無跪制也・邇年兩司見御史・屏息曲躬・御史出入・守令門跪・陋也・臣觀大臣之承旨也・俛首而已・禮也・兩司見御史・曲躬磬折・甚於戚施・是敬御史・過於敬陛下也・羣臣候陛下於郊視牲也・拱立兩列而已・禮也・守令候御史・門跪甚於皂隸・是敬御史過於敬陛下也・藩臬守令行之・固足醜恥・御史偃然安之・亦不知何如其心也・晨起倉皇走候御史・幾及卓午・乃敢退歸・具有巡鹽御史・復詣巡鹽之門・其有清軍御史・復詣清軍之門・其有巡撫都御史・復詣巡撫之門・守令復詣兩司之門・沿河當路・復勤過客之迎送・首垂氣奪於奔走之時・志亂神昏於退歸之後・復有精力以及民事乎・故耳目寄於吏胥・威權移於皂卒・民害愈甚・官政愈乖・故曰虛文陋習・大壞士風之弊也・

今欲圖治・莫急於去冗官・欲去冗官・在清仕路・在正士風・在罷虛文・在明教化・在久職任・仕路清・而後官治理・士風正・而後眞才出・虛文罷・而後積弊除・教化明・而後習尚美・職任久・而後衆志定・官治理・則一官足兼數事・不分一事以任數官矣・眞才出・則一人足兼數人・不必數人僅供一役矣・積弊除・則紀綱正・而職守定・禁令明・而案牘清矣・習尚美・則士行敦・而民心淳・古風回・而刑罰措矣・衆志定・則人懷遠圖・不計近利・盡心其職・不苟且其謀矣・夫然後冗官可省也・夫然後天下可治也・

今之守選候缺・數盈幾何・可得而知也・雜流輸粟・數盈幾何・可得而知也・貢舉進士・數盈幾何・可得而知也・不有鞅掌淹滯・選法阻塞者乎・不有憸邪僥倖・攀緣鑽刺者乎・夫欲禁其末流於既進之後・孰若清其本源於未進之先・輸粟入監・非廩增生員・俱冠帶榮身・言官之請可行也・或於應授職任・加級閑住雜差・照常優免・亦塞其願望之一事也・吏役嚴加考選・次等以下・冠帶榮身・丞簿之屬・留任嚴責可也・貢例勿再多開・進士之選・或二百名・或三百

名・間一行之・亦其可也・中書官屬・冗員猥多・遷年寄俸寺部・猶尸位中書・亦甚矣・攀拔乞哀者・裁而汰之可也・清仕路之術也・

陛下先務・在任內閣吏部・吏部先務・在任十三道巡按御史・兩京十三省督學憲臣・內閣吏部・誠意正心修身・以端風化・巡按御史・督學憲臣・誠意正心修身・以廣風化・大本立・而達道行・淳風回・而正氣復矣・正士風之本也・部屬官進朝・則衣錦綺・謁吏部・則不衣錦綺・此畏吏部・甚於畏陛下也・巡撫考滿・走揖回司門外・尊官重臣・猶屈體吏部・官員初選・投親供於文選・猶去例也・徧投四司・何爲者乎・授任既定　文選付行三司足矣・乃四司俱必索然・鄙夫由是起吏部權要之心・士夫由是有屈體求媚之醜・虛文之用至小・心術之害極深・

罪人就戮・一親供足矣・儒官乃四親供焉・是待儒官不若罪人也・外任守令・趦趄傴僂・兔顧鼠拱・不敢喘息焉・士風正氣・大壞於吏部之初也・起復擯廢官員・原吏部者・還之吏部・原給事御史者・還之給事御史・俾朝士指之曰・某也去國若干年矣・某也去國若干年矣・今也得際聖明・其人之自慶亦曰幸矣・復遇聖明・以見天日・則忠貞直諒者・得益堅其節・懦夫劣士・得少激其氣・爲助不少也・今也若前給事中劉菃・若御史高公韶・范輅・若員外郎戴冠・若主事李中・率陞外任・以低首受制於人・惟庸碌保位者・乃得養資待年・以陞京職・則懦夫何所激・貞士何所勸乎・此士風正氣大壞於變故之後也・吏部反此・以端風化於內・巡按御史・禁兩司之曲躬・守令之門跪・於申風化於外・然後人敦節概・士知廉恥也・正士風之術也・

今之仕者・以奔走應對爲公事・以臨民涖政爲不暇・以拜謁勤渠爲恭謹・以直躬守職爲戾俗・故夫多賢能之旌者・其奔走之捷者也・多不職之劾者・其朴直之拙者也・問刑以深刻爲能・催科以峻急爲功・案牘以彌縫爲巧・御衆以狙詐爲術・故能聲著者・虐焰張者也・祿位固者・智囊密者也・績最虛文之弊也・無用冊籍・縣解之府者・年計數十・府解之司者・年計數十・每解一冊・費銀數兩・謂之扛解脚價・不知紙僅百葉・實袖手可持也・所收籍冊・用飽蠹魚・惟扛解銀乃其實利・判獄案牘・申請公移・建言章奏・翻覆彌縫・故紙充棟・官司不能遍閱・吏胥借爲利媒・案牘虛文之弊也・生儒文課・倩人代錄・呈之教師・亦飽蠹魚・惟朔望走有司之門・習軟靡之態・孰趨利之術而已・間有自謂知務・亦伸其呫嗶・騁其浮華・志在利名・心同賈衒・身心性情之實學・經綸康濟之實功・莫之或知也・心術大壞於教養之時・志業遂卑於效用之後・學校虛文之弊也・反其弊而救之・略虛文之術也・

令出而人從之速者・莫若督學憲臣・故督學者好諂諛・則一省皆佞舌也・好文藻・則一省皆綺辭也・好實學・則人將反躬也・好實行・則人將易轍也・何也・不如是不見容重故也・況夫仕有官守・朝廷懸其的以示之・人心有不歸往乎・今之人耳目鼻口・猶夫古之人也・聲音笑貌・猶夫古之人也・何獨於心而疑之・堯舜所以聖・純天理・絕人欲而已矣・學者希聖・擴天理・遏人欲而已矣・擴天理・遏人欲・不在乎他・覺悟之間而矣・故覺焉・則應舉所業・涖官

所行・皆天理至中之矩也・故於言心身者・求吾之身心何如・於言齊家者・求吾之處家何如・於言治平者・求吾之致用何如・不於其跡・於其心・不同其事・同其理・實心實力・優悠積久・大覺生焉・聖賢之徒也・督學之任・求若人之先知先覺者充焉・明教化之術也・任官者・惡其不才也・而亟去之・繼有不才者焉・不勝其去矣・惡其貪墨也・而亟去之・繼有貪墨者焉・不勝其去矣・故官可日計・則人無遠謀・不才者亟去・其才者率難自見・才亦化而不才矣・貪者亟去・不貪者率難自見・不貪亦化而貪矣・是故寧容小疵・勿爲大苛・凡各選授・俱九年・仍行黜陟・非貪酷彰聞・勿輕廢棄・政績卓異・貢舉超擢・與進士同・則人人俱有遠大之期・自無苟且之念・歷練之久・不才者將化而才矣・温飽之・久貪者・將化而不貪矣・視諸急選急去之者・何如也・責久任之術也・清仕路以閑其始・責任久以要其終・正士風以定其趨・明教化以立其本・屏虛文以救其弊・然後人修職業・政有綱紀・不勞智力・而天下治・而冗員可省也・

國初用人・薦舉爲重・貢舉次之・科舉爲輕・今則科舉爲重・貢舉次之・薦舉不行矣・故有行同盜跖・心劣商賈者・能染翰爲文・俱隸仕籍・此士風所以偸盜也・孔子告仲弓爲政曰・舉賢才・舉爾所知・蓋謂人舉所知・則天下無遺才也・今之人・於所知不敢舉焉・避嫌也・甚矣其與聖人之心殊也・

天下遺才・臣不盡知・臣所知者鄉有二人焉・雄才多能早知趨向・臣不如廣州府學生員甘學・患難正志・窮守益堅・臣不如從化縣儒學生員林克忠・二臣者較之天下之賢才・則固不足・視諸臣之庸碌・猶見有餘・古以五百金買馬首・不一年千里馬至者三・若二臣者・固未敢謂之賢才也・若陛下行有司取用之・天下眞才・因以出矣・且著爲令・凡廵按御史・年舉遺才實德兩人・則人之實行敦矣・亦復古餼羊之一事也・亦振揚士氣之一機也・

見任官自立碑・上言大臣德政・禁也・所以防獻諂盜名之奸也・邇來有司多結納奸猾耆老・虛名腐儒・托之腹心・以揚虛譽・奸猾無恥之徒・爲獻諂苟利之術・爲之鼓扇愚民・裒歛財賂・爲之構竪生祠・逢迎取悅・無恥有司・借是以盜名欺世・竊取美官・奸險小人・借是以籠絡有司・希圖財利・一人作俑・羣奸效尤・故凡守令多爲此舉・聽人愚弄・狡譎之徒・多以此舉・低昂官司・俗士庸官・受其脅劫・奸人詭術・遂爾横行・賄賂交通・政體大壞・上下互相誑誘・邪佞成風・土木冒披冠堂・生人變鬼・夫人誠心爲善・自不求知・人或過譽・適增愧赧・況此妄誕者乎・幽明異用・天地之大界也・好名者僭竊鬼神之職分・不亦極乎・耳目口鼻・爲世人意態・精神已入鬼錄・不亦醜乎・饔飧不廢雞豚・晨夕復兼香火・不亦利乎・眞風淪逝・世道日偸・一至此極・伏願行天下撫按・通查所在生祠・不問其人之存沒賢否・通行除毀・夫古之良有司・以毀淫祠爲善事・不知淫祠祀禱・惟以鼓扇愚暗・敗壞風俗而已・生祠則蠱惑高明・陰壞人心・雖豪傑迷焉而不自覺・蓋淫祠之禍之尤烈者也・若洗而去之・亦正人心之要機也・振士風之一助也・

東廠行事・寃陷平民極矣・近日軍校横預朝儀・不亦甚乎・天下軍衛一體也・錦衣等衛・獨稱親軍・備禁近也・錦衣

復羣刑獄・不亦甚乎・天下刑獄付三法司足矣・錦衣衞復横撓之・越介冑之職・侵刀筆之權・不亦甚乎・光武崇高節・名節之士滿東都以扶漢鼎・宋祖敦廉恥・刑罰不加衣冠・忠義之徒爭死・末世江西事變・死者四人而已・足驗今之喪廉恥・賤節義者衆也・顧不係所養乎・節義之士・在平世・甚無用也・於變故求之不得・國事遂空・故夫保養士氣・敦崇節義・乃治天下者深遠謀也・士夫有罪・下之刑曹・辱矣・顧使官校當衆執之・脫冠裳以就鎖梏・屈體貌以聽武夫・朝列清班・暮幽汙獄・剛氣由此折盡矣・不亦甚乎・使有重罪・或廢或誅可也・乃暮脫汙獄・朝立清班・解下拘攣・便披冠帶・使武夫悍卒・指之曰某也吾辱之矣・某也吾得辱之矣・小人遂無忌憚・君子遂昧良心・豪傑所以多山林之思・變故所以少節槩之士也・昔漢文帝以賈誼一言・士夫遂不加戮辱・曾謂陛下聖德・肯讓文帝乎・伏願自今東廠勿預朝儀・錦衣衞勿治刑獄・士夫有罪・宜謫則謫・宜廢則廢・宜誅則誅・宜贖則贖・勿加笞箠・勿加鎖梏・以培養廉耻・以勵激節義・此於世教甚非小補・葢救人心之至急者也・振士風之至急者也・

雖然尤有急者・君臣之交是也・我太祖高皇帝・諄諄貽訓・惟曰君臣周遊・宣宗皇帝・常召尚書夏元吉・同遊西苑・泛舟射鳧・飲酒甚歡・英宗皇帝・日召學士李賢・面决政事・孝宗皇帝・日召尚書劉大夏・咨詢密謀・葢皆唐虞三代賡歌告戒・和氣滿堂・在殿陛・則爲君臣・處燕閑・則爲師友之風也・陛下且不遠法三代・只近法祖宗・首復君臣同遊之盛・六部大臣・講讀學士・許不時進謁・或命坐賜茶・或講論經史・如古之君臣師友・則凡聖德神功・優悠積久・自有藹然而化者矣・無爲而成者矣・二帝三王之事也・臣干瀆天嚴・不勝恐懼待罪之至・倘蒙容宥・優納施行・天下幸甚・萬世幸甚・

議郊禮疏

臣伏奉明詔・命臣等議南郊典禮・臣等愚昧・豈能仰贊萬一・謹考證古禮・以塞明詔而已矣・臣竊觀之・凡諸臣工・有勸陛下法祖成憲者・則曰不愆不忘・率繇舊章・陛下亦既知之矣・臣下無容贅一辭矣・凡糾劾姦臣者・則豫律而定其罪・曰紊朝政・又曰變亂成法・陛下亦既知之矣・臣下無容贅一辭矣・況斯禮也・有輔臣贊謀・有禮官職掌・有言官創議・如曰論罪・自有任其責者・百官亦惟將順德意而已矣・無容贅一辭矣・臣從百官之後・豈敢妄有異同於其間哉・竊聞禮曰・父沒不能讀父之書・手澤存焉耳・母沒而杯圈不能焉・口澤存焉耳・孝子慈孫見祖父遺物・愴惻之心生焉・是故有見遺衣而涕泣者矣・有入故宮・而徬徨追慕者矣・有見父祖舊臣而惻然感於悲者矣・是皆仁人孝子・天衷秉彝・不能自已之良心也・

百官祖考皆太祖皇帝之臣也・百六十年・長子育孫・皆太祖皇帝至德也・其敢忘乎・故凡仰太祖聖制・戴之如天地・欽之如神明・亦其天衷秉彝・不能自已也・今日臣工不敢輕議太祖之法・其亦天衷秉彝・不能自已者也・南北郊分祀之禮・太祖行之十年・然後創合祀之制・是時也・太祖已五十矣・葢在知命之年矣・其仰體天道・內察天心・葢有非

臣下所能窺測者矣·臣今不敢輕爲片辭以議其得失·非曰淺識·不敢以窺聖謨·實戴太祖之德·所以戴天也·畏太祖之法·所以畏天也·實臣愚陋·懇悃不能自已之情也·臣謹錄爲考訂·分欵彙進·上塵聖覽·伏惟陛下·憫臣愚誠·赦臣罪戾·將考過典禮·發下禮官·參酌施行·臣不勝幸甚·

計開

大宗伯之職　以禋祀祀昊天上帝　·以實柴祀日月星辰·以槱燎祀司中司命觀師雨師·以血祭祭社稷五祀五嶽·以貍沉祀山林川澤·疈辜祭四方百物·

臣謹按·大宗伯之職·首祀昊天上帝·卽祀日月星辰·以及社稷山林川澤·不祀地示何也·或曰祀社·卽祀地也·或曰祀昊天上帝·配以地示·是故周頌曰·昊天有成·命郊祀天地也·二說未知孰是·要之周禮出自劉歆·胡宏曰周禮·王莽劉歆僞撰·以誑後世·故不足準也·

以玉作六器·以禮天地四方　以蒼璧禮天·以黃琮禮地·以青圭禮東方·以赤璋禮南方·以白琥禮西方·以元璜禮北方·皆有牲幣·各倣其器之色·

臣謹按·用玉作六器　禮天禮地　不禮社稷何也·或曰·周人祀地於社·是故祀社稷·則不言祀地·禮地則不言禮社稷·互見·

司服　祀昊天上帝·則服大裘而冕·祀五帝亦如之·享先王則衮冕·享先公享射·則鷩冕·祀四望山川則毳冕·祭社稷五祀則希冕·祭羣小祀則元冕·

臣謹按·祀昊天上帝矣·祀五帝矣·享先王先公矣·祀四望山川矣·祭社稷五祀矣·不享地示·何也·或曰·祀昊

天上帝·配以地示·是故周頌曰·昊天有成·命郊祀天地也·或曰·祭社稷·卽祭地也·未知孰是·又曰祀五帝·亦大裘而冕·臣謹按·祀炎帝以夏月·若服大裘·則炎暑而裘·非所堪也·周禮可疑者一也·又衮冕十二旒·天子之服也·鷩冕九旒·諸侯之服也·以祀先公·謂不敢以天子之服·臨其祖也·猶可言也·元冕三旒·大夫之服也·祭羣小祀·以天子之服可也·乃服大夫之服·上下何以辨也·周禮可疑者二也·

大司樂　凡樂·圜鐘爲宮·黃鐘爲角·太簇爲徵·姑洗爲羽·靁鼓靁鼗·孤竹之管·雲和之琴瑟·雲門之舞·冬日至於地上之圜邱奏之·若樂六變·則天神皆降　可得而禮矣·凡樂·函鐘爲宮·太簇爲角·姑洗爲徵·南宮爲羽·靈鼓靈鼗·孫竹之管·空桑之琴瑟·咸池之舞·夏日至於澤中之方邱奏之·若樂八變·則地示皆出·可得而禮矣·

臣謹按·此乃漢儒所據·以倡南北郊之張本也·今攷之胡宏曰·王莽爲之也·蓋有徵也·臣按舜命夔曰·詩言志·歌永言·聲依永·律和聲·是四言者·萬世樂律本源也·詩樂章也·所以宣志也·歌之咏嘆抑揚·所以永言也·言之永也·淸濁高下·五聲備矣·故曰聲依永·謂宮也·商也·角也·徵也·羽也·永所生也·是故永言焉·而五聲備矣·非外永言·求五聲也·十二律·節五聲者也·其節之也·諧諧陰陽者也·今也於十二律·獨用圜鐘爲宮·黃鐘爲角·太簇爲徵·姑洗爲羽·是十二律缺八律也·五聲缺商聲也·律呂不備·何以爲樂·五聲不備·何以協諧·如是而曰格天神·非所知也·黃鐘爲宮·下生林鐘爲徵·陽生陰也·林鐘上生

太簇爲商．陰生陽也．太簇下生南呂爲羽．陽生陰也．南呂上生姑洗爲角．陰生陽也．陰陽旋相生也．樂之成也．今也函鐘生太簇．太簇不生南呂．而生姑洗．是倫相奪也．八音何以諧也．如是而曰格地示．非所知也．又曰樂六變．則天神皆降．樂八變．則地示皆出．乃王莽誣太后之說也．昔者王莽之將篡也．曰武功長孟通．浚井得白石．有丹書曰．告安漢公．莽爲皇帝．是地示見靈之說也．又作銅櫃署曰．天帝行璽金匱．是天神下降之說．皆淫巫瞽史之妖技．聖世所無者也．謂爲周公之書．臣不敢知也．

乃奏夷則．歌小呂．舞大濩．以享先妣．乃奏無射．歌夾鐘．舞大武．以享先祖．

臣謹按．大濩殷人之樂也．大武周人之樂也．舞大武以享先祖可也．舞大濩以享先妣．抑何義也．聞考妣合祀矣．未聞妣先考享也．蓋至是祖考祖妣亦分祀矣．豈直天地分祀而已也．鄭氏曰．先妣姜嫄也．周人別廟祀之．魯人謂之閟宮．臣按周人無別廟姜嫄之禮．周頌有郊祀后稷之樂．無廟祀姜嫄之樂．其有徵也．魯頌閟宮．美僖公修宗廟也．非以姜嫄也．祭法曰．周人禘嚳而郊稷．是故姜嫄帝嚳元妃也．姜嫄可廟祀．並祀帝嚳可也．如祀姜嫄．不祀帝嚳．是知有母不知有父也．禽獸之道也．聖世所無也．

然則周禮非與．胡宏曰．周禮非周公書也．王莽劉歆僞爲之也．蓋媚太后之術也．昔莽爲安漢公．諂事太后．奏尊元帝廟爲高宗．曰．太后晏駕後．當以禮配食云．是故太后喜曰．他年廟食．百世不遷也．後莽篡位．欲改太后舊號．恐不見聽．於是冠軍張永．獻符命銅璧文．言太皇太后．當爲新室文母．是故太后喜曰．不得爲漢家皇太后．猶得爲新室文母也．亦猶周室姜嫄也．享先妣之祀．百世不遷也．此王莽蠱惑太后之術也．非聖世之有也．故曰周禮非周公書也．

臣謹按．宋儒胡宏有言．周禮非周公書也．王莽劉歆爲之也．臣因其言而考之．天官冢宰．掌建邦之六典．一曰治典．以經邦國．二曰教典．以安邦國．三曰禮典．以和邦國．四曰政典．以平邦國．五曰刑典．以詰邦國．六曰事典．以富邦國．此天子之權也．六卿之職也．乃今冢宰實兼之．又曰祭祀以馭其神．法則以馭其官．賦貢以馭其用．禮俗以馭其民．刑賞以馭其威．田役以馭其衆．亦天子之權也．六卿之職也．乃今冢宰實專之．又曰以八統詔王馭萬民．以九職任萬民．以九賦斂財賄．以九式均節財用．以九貢致邦國之用．以九兩繫邦國之民．皆經國大政．天子之權也．冢宰實握之．是冢宰之權偏重也．古今所無也．

考之虞廷．禹平水土．稷教稼穡．伯益典禮．皐陶明刑．后夔典樂．各司其職．而統于天子．未聞冢宰專六卿之職．奪天子之權也．載考之周官．二公論道經邦．三孤二公宏化．六卿分職．各率其屬．以倡九牧．美成兆民．是故天子統公卿．公卿倡九牧．周室之制也．未聞冢宰上兼公孤．下統六卿．奪天子之權也．然則周禮非與．胡宏曰．周禮王莽爲之也．蓋王莽於漢．自名其官曰宰衡．是故重冢宰之權．所以陰奪國柄．專六卿之職．所以暗收衆心．而潛移國祚也．古今未之有也．惟王莽創行之．遂五年篡帝位．故曰周禮非周公之制也．胡宏之言．非其無徵也．

臣謹按．周禮集說云．冢宰一職．只是把握天子親近之人．今繇其言而觀之．若內小臣．掌皇后之命．正其服位．閽人掌守正宮之中門之禁．寺人掌王之內人．及宮女之戒令．內豎掌內外之通令．皆天子內臣也．今皆屬之冢宰矣．則惟冢宰制其命矣．其有不內背天子．而外附冢宰者乎．九嬪掌婦學之法．世婦掌祭祀賓客喪紀之事．女御掌敘王之燕寢．女祝掌王后之內祭祀．女史掌王后之禮職．皆天子之宮人也．今皆屬之冢宰矣．則惟冢宰制其命矣．其有不內背天子．而外附冢宰乎．宮正掌王宮之戒令糾禁．爲之版以待夕擊柝．而比之宮伯．掌王宮之士庶子．頒其衣裘．掌其誅賞．皆天子宿衞臣也．今皆屬之冢宰矣．則惟冢宰制其命矣．其有不內背天子．而外附冢宰者乎．

膳夫掌王之食飲膳羞．庖人掌其六畜六獸六禽．內饔殽掌王及后世子膳羞割烹煎和之事．食醫掌和王之六食六飲六膳百羞．酒正掌酒之政令．醬人掌共王之六飲．醢人掌四豆之實．皆天子飲膳切近之臣也．今皆屬之冢宰矣．則惟冢宰制其命矣．其有不內背天子．而外附冢宰者乎．是故內臣也．宮人也．宿衞之臣也．飲膳之近臣也．一皆屬之冢宰．是天子肘腋之託．命脈重輕之權．皆寄於冢宰也．是制也．古今所無也．蓋王莽外總朝綱．內制宮掖．故爲此制．以誣天下之人也．是其所以進椒漿也．是其所以篡竊也．

或曰然則宮府一體非與．臣曰宮府賞罰．不宜異同．王者之政也．宮府屬之．冢宰以專內外之權．階篡竊之禍．王莽之事也．或曰宮掖閽寺．屬之冢宰大臣．所以格君心也．臣曰大臣得以格君矣．抑孰格大臣乎．世有大臣如周公可也．不幸如王莽．如曹操．將誰制之乎．故曰冢宰專內外之權．古今所無也．或曰是以衰世論也．周制乃隆古之典也．臣曰以隆古待其臣．獨不以隆古盛德待其君乎．何待大臣厚．而待君薄也．或曰侍御僕從．罔非正人非與．臣曰愼選侍御僕從．王者之政也．屬之冢宰．以樹外黨．危道也．然則周禮非與．胡宏曰．王莽僭竊之術也．非周公之書也．

臣謹按．杜佑通典云．成周之官．六萬三千六百有奇．今冬官已缺六官之員額．不可稽矣．惟自地官司徒稽焉．若曰上士．猶夫今之郎中也．若曰中士．猶夫今之員外郎也．若曰下士．猶今之主事也．今輿圖萬里．戶部郎中十三人而已矣．周官司徒．上士蓋九百四十八人焉．戶部員外郎．十二人而止矣．周官司徒．中士蓋二千八百九十八人焉．戶部主事一十六人而止矣．周官司徒．下士蓋一萬八千二百九十六人焉．積六官稽之．蓋不知其紀矣．周制王畿千里而已矣．設官如是其冗何也．抑猶有卿大夫焉．猶有府史胥徒焉．祿食何從給足也．

再考司徒之屬比長五家．下士一人．然則五家之夫．不耕田一井．何從出公田之粟．爲下士之祿也．況於閭胥二十五家．中士一人．族師每族上士一人．祿食何從給足也．此猶司徒一職．再舉六官．卿大夫上中下士而祿之．蓋將一夫之耕．給一官之祿矣．不知民何以堪也．府吏胥徒何從仰給也．故曰周禮非周公書也．王莽誑天下之術也．

自王莽創行周制．爵五等．地四等．卿大士以次受祿．故凡世之愚儒．喜曰莽行周禮．士無不受祿者矣．繇是頌莽功德者．四十八萬七千人．莽遂繇宰衡．而篡帝位．故曰周禮非周公書也・王莽誑天下之術也・或曰然則周禮無一足法者與・臣曰蓋有之矣・然而可法者小・流禍者大也・或曰然則莽以前無稱周禮者與・臣曰蓋有之矣・皆周制之土苴也・惟莽集其大成・是故後儒之宗師莽衆矣・若天子爲人後之禮・亦王莽爲之・宋儒宗焉・稱曰聖制是也・嗚呼莽之流禍天下後世烈矣・烈矣・

春秋 僖公 一十一年・夏四月・四卜郊不從・乃免牲・猶 一望・

臣謹按・孔子有言・魯之郊禘・非禮也・周公其衰矣・是故天子之禮・莫大於郊禘・魯人郊禘・僭之極也・卜郊不從・可以已矣・猶 一望・譏其可以已而不已也・於是時也・周有北郊・則魯亦北郊矣・春秋宜書曰・某月卜南郊・某月卜北郊矣・惟聞書曰・四卜郊不從・不聞書曰卜北郊・夫然後知古之郊也・一而已矣・無南北郊也・

漢成帝建始元年・丞相匡衡・御史大夫張譚奏言・祭天於南郊・就陽之義也・瘞地於北郊・即陰之象也・

臣謹按・周禮云・冬至於地之圜邱・夏至於澤中之方邱・猶未有南北郊之云也・天地分祀分南北・匡衡・張譚爲之先也・古禮所無也・然則匡衡者・假經飾說・以誤後世・名教罪人也・

右將軍王商・博士師丹・議郎翟方進奏曰・兆於南郊・所以定天位也・祭地於泰折・在北郊・就陰位也・

臣謹按・禮祭法有云・燔柴於泰壇・祭天也・瘞埋於泰折・祭地也・亦未有南北郊之云也・天地分南北郊・王商・師丹・翟方進附和丞相匡衡之說也・古禮未之有也・臣再按師丹者・附王莽倡天子爲人後之說者也・乃今復附匡衡倡南北之說・以誤天下萬世・名教罪人也・

大司馬王莽奏言・天地合祭・先祖配天・先妣配地・

臣謹按・周之后稷・蓋配天矣・未聞以妣配地也・王莽創撰焉者也・莽之爲此禮也・媚王太后也・

王莽又云・以日冬至・使有司奉祠南郊・高帝配・而望羣陽・日夏至使有司奉祭北郊・高后配・而望羣陰・

臣謹按・王莽既主合祭之說矣・又爲分祭之禮焉・是分合一禮・王莽兼行之也・以后配地・自莽創始・自是陰與陽敵矣・天南地北・天地不交・萬物不生矣・

漢世祖建武 一年・制郊兆於雒陽城南郊・凡千五百一十四神・宋大中祥符四年・冬至祀圜邱天神・六百九十位・

臣謹按・祀天而主日・配以月・此禮之正也・祭法曰・泰昭祭時也・相近於坎壇・祭寒暑也・王宮祭日也・夜明祭月也・幽宗祭星也・雩宗祭水旱也・四坎壇祭四方也・祀典之正也・從祭天地焉可也・漢人從祀千祇百神・宋人從祀天神六百九十位・可謂瀆矣・朱熹曰・祭天時・豈可將許多神祇・排作一堆・蓋不取漢宋之瀆而云也・

朱熹曰・今天下有一件極大底事・其一是天地・同祭於南郊・其一是天地・同祭於北郊・其一是太祖不特立廟・

臣謹按・朱熹此言・蓋不滿於合祀之禮者也・宗廟則古有其數・無其制・漢儒附會禮記之言・不足準也・

朱熹曰・禮郊特牲・而社稷太牢・書用牲於郊・牛一・乃社於新邑・此明驗也・本朝初分南北郊・後復合爲一・周禮亦只說祀昊天上帝・不說祀后土・故先儒言・無北郊・

臣謹按・朱熹旣云天地同祭不可矣・至是又云無北郊・是知朱熹之言・多出於門人所記・自相同異・門人自爲臆說・不足準也・

臣旣歷考古今異同之禮矣・復竊原祖皇帝之心・而著論曰・未有天地・一氣而已矣・渾合而神萬化樞紐焉・闔闢迭運・陰陽著矣・清濁異質・天地位矣・懸象於上・爲日月・爲星辰・奠形於下・爲山岳・爲河海・一氣而已矣・一則神・一則物・是故一氣妙合之謂神・陰陽主宰之謂帝・是故合祀天地・完陰陽之氣・渾闢闔之神者也・非皇祖聖知・兼通幽明之故・其孰能與於此・（右論一）

未有天地・一氣而已矣・清而上覆・天繇生焉・凝而下奠・地繇生焉・一翕一闢・氣化流行焉・時其翕也・秋冬生焉・時其闢也・春夏生焉・譬諸人焉・吹氣而寒・唇所翕也・呵氣而煖・唇所闢也・一氣而已・謂陰陽有一氣・亦謂吹呵有兩人也可乎・陽生祀天・陰生祀地・則陰陽判矣・陰陽判・而氣化滯矣・氣化滯・而鬼神之機息矣・是故合祀天地・所以流行陰陽・參贊造化者也・非皇祖聖知・知天之至・達性命之原・其孰能與於此・（右論一）

合祀天地・神陰陽也・易曰・陰陽不測之謂神・並祀祖宗・崇達孝也・禮曰・祖文王而宗武王・主日配月・及於星辰・象從天也・易曰・本乎天者親上・岳鎭海瀆・象從地也・易曰・本乎地者親下・是故天地合德神化出矣・祖宗合德・孝德崇矣・日月星辰麗於上・河海山岳位于下・倫類別矣・是故渾涵宇宙・順序陰陽・幽贊神化・明奠類象・合祀之典・禮具有焉・非皇祖聖知・明於天地之性・知鬼神之情狀・其孰能與於此・（右論一）

再辭禮部尙書疏

臣伏蒙聖恩・進臣禮部尙書・臣具辭・荷聖旨未允・臣仰知聖意・特重尊親之典・故於臣下・特渥錫賚之恩・臣再辭・是忤聖心也・又上自宰執・下及僚吏・俱已拜賜・臣一人乃猶固辭・是立意違衆也・則臣亦若可以勿辭・然而臣之愚・寧忤聖心以得罪・臣子進退之節・不可以不嚴・寧犯違衆之嫌・甘心沽激之誚・萬世治亂興衰之大戒・不可以不審・是臣所不敢不贅以辭也・且尙書美秩也・辭美秩・逆衆心・豈非大愚・抑或辭之於此・要之於彼・或矯强一時・希冀後利・是心術不臧也・豈非大奸犯大愚・大奸之罪・不知避可乎・則臣亦若可以勿辭・然而大愚臣能自信・大奸須徵諸後日・皆臣所不暇計者・

惟今日積弊・不得不救・祖宗紀綱・不得不扶・瀾倒之人心・不得不正・其根極機要・未有臣下辭受・不謹不審能了辨者也・是又臣不敢不贅以辭也・臣等供職・天下之人・知爲講禮而已・孰知天下治亂・不止於講禮而足也・陛下聖心・上符堯舜之心也・陛下圖治・上步虞周之治也・然而孝其本也・君人者・未有不孝其親・能治人者也・臣人者・未有不孝其親・能事君者也・臣等往年・區區建白・求伸聖孝・而豈徒然哉・立天下之大本也・以圖天下之盛治也・聖孝伸矣・大本立矣・勉勉孜孜・日圖至治・此其機也・乃治效未著・則臣職未脩・臣職未脩・乃祿秩洊晋・豈先事後食之謂乎・故曰臣子進退之節・不可不嚴也・

天下理亂之大機・係士夫心術・士夫崇禮讓廉恥・則天下治・爭進競得・以喪廉恥・則天下不治・士夫憂國如家・則天下治・竊擇便利・以倖自全・則天下不治・臣自揣才劣力弱・不堪大受矣・猶宜力崇禮讓・爲天下敦廉恥也・小人誤國・多自貪位始・故曰理亂興衰之大戒・不可不審也・

臣謹按洪武初年・天下武職二萬八千七百五十四員・成化二年・增至八萬一千三百二十員・再按錦衣衛官・洪武初年・舊官二百一十一員・永樂初年・新官二百五十四員・自永樂以後・迄嘉靖六年・新增一千二百六十三員・夫錦衣一衛・由永樂視洪武・增官一倍矣・迄今增六七倍矣・天下武職由成化視洪武・增四倍矣・迄今不知增幾倍矣・由是推之・宗藩之增・百十倍可知矣・文職雖有定額・冗員日增・亦可知已・天下賦稅・載列版圖・粒粟不能增也・惟災傷時・有蠲免而已矣・冗員日增・冗食日衆・賦額有限・耗費無涯・再數十年・不知何策以善其後・在列臣工・誰不慮此・終不敢建白者・知事體重大・畏禍故也・臣則曰・臣人者・有益於天下・雖殺其身可也・矧緘默養禍・保寵固位者乎・依阿苟且・賤保養亂・雖免其身・兒孫將勿及乎・皆爲謀不臧・上誤陛下者也・

臣今亦惟啓其機已矣・未及竟也其主張・全惟陛下根極機要・全惟文臣・能自崇廉讓始・今文臣守州郡者・貪贓無忌・饞食百姓・守京職者・冒濫陞賞・無復愧辭・若翰林脩書・亦以陞官・東宮日講・亦以廕子・御史紀功・亦以受賞・巡撫兒男・亦廕武職・夫文臣・國家所以待之何如・乃亦冒濫至此也・何以服武臣之心哉・故曰今日積弊・不得不救者此也・陛下將宏千百年之謨也・抑爲目前之計而止也・孔子曰・苟有用我者・期月而已可也・三年有成・謂圖治紀綱・始於期月・成於三年也・又曰如有王者・必世而後仁・謂積久然後道化治也・始於期月以肇治體・持之三年・以成治功・要之三十年・以成治化・施爲功奏之序也・

尊親遂矣・聖孝伸矣・講古者・帝王大孝・講太祖太宗・治安天下之法・光顯恭穆獻皇帝之達孝・此其時也・是道也・聖志先定於中・斯可矣・天下治・未有陛下無其志而有其效者也・亦未有陛下有其志而無其效者也・百官者・視陛下爲趨向者也・如陛下孝親・則其志諸中者素定矣・臣下自能講求考訂・以盡其極・陛下圖治一念・亦如是懇切焉・臣下有不講求考訂・仰副聖心乎・今日之邊防・視昔年廢弛甚矣・今日之財用・視昔年匱乏甚矣・今日之民生・視昔年困苦甚矣・今日之人才・視昔年卑劣甚矣・今日之官吏・視昔年貪汚甚矣・今日之紀綱法度・視昔年寬縱頹塌甚矣・蓋內有危亂之實・外猶存振飾之影者也・今不早圖・後無及矣・

伏惟陛下・申命九卿・各舉其職・期之期月・以肇治體・期之三年・以成治功・期之三十年・以成治效・聖德神功・古今一揆而已矣・故夫爵祿者・古之帝王・所以鼓天下・以趨事赴功者也・惜與爲客・過與爲濫・均非所以鼓舞天下也・臣等止講禮脩書而已矣・職秩已峻矣・再有輔陛下致太平・立千百年之安者・將何官待之乎・故曰祖宗紀綱・不可不扶也・陛下建天下極者也・與奪抑揚・天下取中焉・人臣者・立其身於無過・然後足以策勳者也・辭受進退・風俗

取儀焉．今之世有才不稱位．猶求進不已者矣．未有安於下位．而無求者也．有覩權勢所在．爲趨向者矣．未有特立獨行．信道不惑者也．臣力不足挽回之．忍又隨趨焉可乎．

故曰瀾倒之人心．不可以不正也．矧臣前次錄進疏稿．該部未見查覆． 前日論說給事中陳洸之屈． 監生陳雲章之才．未奉采納．臣之器識．未堪驟用．亦明也．與其不自揣量．覆敗於後．貽陛下知人之羞．孰若自謹於先．保全進退之節．猶爲盛世名敎之所欽式．望陛下宥臣違忤罪戾．憫臣愚誠．收回成命．俾臣仍以舊官供職．待脩漢唐等書完日．陛下察臣果可任用．隨所驅策．不敢復辭．仍乞敕下吏部．查臣前奏．次第施行．用臣之言．臣榮於陞職多矣．

裨治疏

臣竊見魏相．在漢屢陳先朝故事．以裨時政．宣帝悉擧行焉．漢治中興．蓋嗣世賢君．恒式法祖宗．輔世大臣．恒率由舊例．惟奸臣暗君．乃陰壞成憲．且凡創業之君．其自立甚艱．故爲慮甚遠．其洞察物情甚熟．故立法甚精．惟其立法甚精．故律下甚嚴．惟其律下甚嚴．故臣下多不便．惟臣下多不便．故雖不敢顯毀舊典．惟陰壞暗廢．日消月磨．祖宗紀綱．遂蕩焉無存．不幸奸臣淺智．當權用事．遂敢肆恣無忌．號於人曰．祖宗之法．草昧之初．權宜之制也．非治平之時．所宜用也．此言出．而天下惑矣．眞謂祖宗誠不足法矣．故凡暗廢祖宗之法者．皆亂臣賊子之渠也．

且漢高帝．御戎馬．定天下．凡五年．在位凡十二年．謂庶事草創．猶可言也．自今觀之．漢之嗣君．規模器局．率莫有過高帝者．則漢人輕議祖宗者．罪已不可赦矣．矧我太祖皇帝．以二十餘年勤勞．乃定天下．以三十餘年御極．乃定治體．凡立法度．俱精思累年．所以爲天下萬世慮者．至周備矣．惟宣德正統以後．遂漸廢壞．循至邇年．太祖之法．所存者蓋無幾矣．夫不復太祖之法．可以致隆平者．臣未之聞也．故今有言太祖之法難行者．非愚則奸．其遷延推托．不肯奉行者．卽不忠之首也．陛下欲知羣臣忠邪．默察此．足以定之矣．

太祖舊章．臣未得悉陳．謹錄一二切于時政者．及近年行令有合太祖者．爲例以獻．伏望敕下該部．次第擧行．仍查臣所未擧者．以漸修復．卽圖治理之大端也．詩云．不愆不忘．率由舊章．孟軻曰．遵先王之法而過者．未之有也．臣待罪翰林．職司獻納．謹具本開坐．賫奏以聞．

洪武二十七年令．—命工部行文書．敎天下百姓．務要多栽桑棗．每一里．種二畝秧．每一百戶內．共出人力．挑運柴草燒地．耕過再燒．耕燒三遍．下種．待秧高三尺．然後分栽．每五尺濶一壟．每一百戶．初年二百株．次年四百株．三年六百株．栽種過數目．造冊回奏．違者全家發雲南金齒充軍．

臣謹按此令．今以陝西．山西．北直隸．山東．最宜擧行．京城渠路．及邊境地方．宜多種柳樹．以備作薪．以備易州山廠之缺．臣再按六朝南宋． 偏安江南．歲用仰給江南．不得已也．今神京北鞏．以控輿服．乃六軍萬姓．仰食江南．甚非策也．萬一漕河路梗．南土饑災． 則將安仰給乎．是故興治北方水利．勸課北方農畝．栽種北方桑棗．固

本足用・先防不虞・今日至急務也・

永樂元年令・—命寶源局鑄農器・給山東被兵之民・

臣謹按・陝西・山西・北直隸邊境・若提督巡撫都御史・能盡查各邊總鎮・指揮千百戶名下・役軍伴舍・餘退囘衞所・各安生理・以力農畝・復設法招聚游民游僧・百家爲里・千家爲堡・耕邊境荒地・仍行此令・以給農器・數年之後・邊地可以盡闢而耕也・

憲綱　一農桑・乃生民衣食之源・仰本府州縣・行移提調官・常用心勸諭農民・趁時種植・仍將種過桑麻等項・田畝計料・絲綿等項・分豁舊有・新收數目開報・

臣謹按・此乃巡按御史急務也・今則徒爲文具而已・實心舉行者・未見其人也・故今巡按御史・旌舉守令・向曾稱某守・某令・興過若干水利・勸課若干・農桑惟取其捷・給健步善奔走阿諛者・卽爲賢能耳・巡按所以失職・民生所以寡遂也・乞敕都察院舉行・其在陝西・山西・河南・北直隸・尤爲至急・

洪武二十七年令・—遣監生及人材・分詣天下・督吏民修治水利・

臣謹按・太祖時・用人不拘一途・故監生人材・卽可舉用・而委以民事・今則守令乃其職也・修治水利・宜專責守令・選用守令・尤宜專職・吏部近年添設水利勸農等官・則守令遂失職・官愈多・弊愈甚矣・

諸司職掌・—凡各處閘壩陂池・引水可灌田畝・以利農民者・務要時常整理疏浚・如有河水橫流泛溢・損壞房屋田地禾稼者・須要設法隄防止遏・

臣謹按・此令宜行于陝西河南山東地方・凡河水經流州邑・得賢守令相其機宜・開鑿溝渠・引爲陂堰・不惟可興水利・以灌農畝・亦可分殺河患・不致橫溢・

洪武二十七年令・—敕諭凡天下陂塘湖堰・可瀦蓄以備旱暵・宣洩以防霖潦者・皆因其地勢備治之・勿妄興工役・掊尅吾民・

臣謹按・聖祖敕諭・所以體悉吾民情者至矣・其因地勢勿妄興工・又在守令相時處宜・難以一定拘也・

諸司職掌・凡內外大小軍職・衙門官員・俱有額數・

都督府（左都督　右都督　都督同知　都督僉事）

留守司（正留守　副留守　指揮同知）

都指揮司（都指揮使二員　都指揮同知二員　都指揮僉事四員）

衞（指揮使一員　指揮同知二員　指揮僉事四員　衞鎮撫二員）・

所（正千戶一員　副千戶二員　所鎮撫二員　百戶十員）

儀衞司（儀衞正一員　儀衞副二員　典使六員）・

臣謹按・此太祖皇帝・安定宇宙・設軍職之額數也・自後軍職陞授漸多・衞所原額・不足以容・乃有見任帶俸之別・歷年愈久・員數愈多・遂至帶俸官員・不知加幾倍于原額・伏望敕下兵部・先計在京在外原額軍職・衙門幾何・大小職員幾何・今日比舊・倍增幾何・先具簡要揭帖呈上御覽・然後可集廷議・爲善後之圖也・

洪武二十七年令・—弟子未及二十歲者・襲職至年二二乃比試・年及者卽與試・初試不中・襲職・署事半俸・二年

後再比・中者食全俸・仍不中・降充軍・

臣謹按・聖祖此令・於軍職雖行世襲之制・實寓攷選之典・故後之有功者・可以陞授・而不才者・可以汰減・萬世不易之法也・今之襲職者・率賄賂權貴・乃行比試・雖乳臭小兒・亦無比試不中者矣・此軍職所以冗濫・材力忠勇者・無途自進也・故比試之制・在今日尤宜舉行 ・仍嚴納賂之禁・弊乃可革・

永樂十八年交阯平——太宗皇帝問曰・陞賞孰便・尚書夏元吉對曰・賞費于一時有限・陞費于後日無窮・多陞不若重賞・上從之・惟陞元功・餘皆班賚有差・省軍職之半・

臣謹按・克平交阯・開闢土服・遠大功也・猶止賞賚而已・再按景泰六年・令浙江福建殺賊官軍・獲功五次至七次者・陞一級・天順元年・令南方殺賊二十五次至三十九次・斬首三顆・擒賊首一二名・及陣亡者・陞一級・則知祖宗朝・極慎陞級・所以鼓舞忠勇也・邇年奏捷者・奏帶者・緝獲妖言者・捕獲盜竊者・皆功立名包・以冒陞職・殊去祖宗之制遠矣・此軍職所以益冗・末流益不可救也・非大聖人在位・孰能振而救之・

洪武二十四年令——天下生員兼讀誥律

臣謹按・今生儒俱不讀誥律・以故出仕全無實用・臨民蒞政・以吏爲師・科場五判・以律命題・柰士子多記誦舊本・以圖僥倖・今若立法行天下・學校考校生員・俱先默寫大誥律令・或大明集禮等書內一條・ 或擬作一欵・ 或擬策題・錯爲問目・則人無不讀誥律者矣・

教民榜文・——民間子弟七八歲者・或十三歲者・此時

欲心未動・良心未喪・早令講讀三編大誥誡・以先入之言爲主・使知避凶趨吉・日後皆稱賢人君子・爲良善之民・免貽父母憂慮・亦且不犯刑憲・永保身家・

臣謹按・教民榜文 ・及御製大誥等書・皆聖祖訓敕天下・拳拳至意・天下臣民・皆得熟讀敬守・眞可以寡過矣・今則非直百姓不見此書・雖學校生儒・見此書者・亦鮮也・伏願敕下禮部・將聖制各書・各刻一本・頒各布政司・翻刻頒布學校里閭社學・實惠臣民・至幸・

洪武五年・——給僧道度牒・僧錄道錄司・造周知冊・頒行天下寺觀・凡遇僧道・卽與對冊・其父兄貫籍・告度月日・如有不同・卽爲僞冒・

臣謹按聖祖此制・雖處僧道・實防奸僞・蓋天下治平・正人在位・正道大行・卽妖怪不作・妖術不伸・惟天下不治・邪人在位・邪道大行・卽妖怪乃作・妖術乃伸・漢之衰也・張魯以鬼神惑衆・遂倡大亂・今張眞人其裔也・元之衰也・妖僧稱彌勒佛持世・誦白蓮教・亦亂天下・今各省游方僧其裔也・蓋閭里細民・生長良善・無有作奸倡亂者・惟僧道兩教・嘗以扶鸞祝聖・呪水書符・作小術以惑愚俗・一旦倡亂・卽稱天兵・或稱神助・愚民乃靡然從之・而天下遂大亂・是故我聖祖皇帝深鑒其弊・凡僧道俱從僧錄道錄司・造周知冊・故凡僧道・必有籍貫・有父母宗族・有所係戀・而不敢倡亂・又每府州縣・只一寺・則作奸倡亂者・自易覺察・此聖祖遠慮・鑒萬世而立法・不可忽也・此制正統元年・一舉行・今宜嚴行以防奸亂・

六年令・——各府州縣・止存大寺觀一所・併處其徒・

擇有戒行者領之・若請給度牒・必考試・精通經典方許・二十八年・奏准天下僧道赴京考試・不通經典者・黜還俗・

臣謹按・宣德元年・令考試僧道・禮部會翰林院禮科給事中會考・今僧道多貧民兒男・難於資給・倘申此制・清理釋道・以防奸宄・惟行巡按御史・會提督學校官考試・實便僧道之貧難者・

二十四年令・——凡各府州縣寺觀・俱存寬大可容衆者一所併居之・不許雜處于外・違者治以重罪・

臣謹按・此制所以防奸亂也・南方之僧・多與民雜居・淫穢之行尤壞風化・是故聖祖定制・府州縣只存寺觀一所・非惟防亂源・實嚴風化・永樂時・山東妖尼號聖姑・倡言剪紙爲兵・愚民從之・遂殺數萬人・五臺山妖人・正德年間・倡亂攻破州縣・蓋百姓衆官司・卽覺察・惟僧道相聚・動稱誦經勸善・故官司不察・及徒黨既衆・動至大亂・漢時張角三三六方・一時幷起・每方數萬人・漢遂不救・其禍可鑒也・故州縣不過一寺・實防亂源也・非直嚴風敎而已・

永樂六年令・——軍民子弟僮奴・自削髮爲僧者・併其父母送京師・發五臺山做工畢日・就北京爲民種田・及盧龍牧馬・寺主僧擅客留・亦發北京爲民種田・

臣謹按・奸人避罪・多削髮爲僧・及懶民不力田畝・亦削髮爲僧・故凡僧道盛者・王政之衰也・我太宗皇帝・深鑒其弊・凡子弟擅削髮爲僧者・俱發北京種田・則不惟邊方可固・而貧民亦得所也・

景泰三年令・——各處寺觀田土・每寺觀量存六十畝爲業・其餘撥與小民佃種納糧・

臣謹按・此令若行・不惟奸人不利田畝・而不爲僧道・雖小民亦得田土・而不爲僧道兼併也・此王政之惠也・臣再按僧道事例・太祖皇帝防之極深・故處之極善・每府州縣只一寺・則傳其敎者・專而精・專故不褻・精故不雜・而淫穢倡亂之徒・自無所容・自法禁廢弛・天下奸民爭爲僧道・以惑愚俗・黨徒已衆・他年乘釁竊發・禍乃不救・今處之太亟・亦防生變・若慮他變・而隱忍不及早圖・他日晦無及也・伏惟聖明・特敕所司・從長議處・務絕亂源・爲久遠計・

地方疏

竊見新建伯・南京兵部尚書・兼都察院左都御史王守仁・奉命巡撫兩廣・已將田州思恩・撫處停當・隨復剿平八寨及斷藤峽等賊・臣等皆廣東人・與賊鄰壤・備知各賊爲患實跡・嘗竊切齒蹙額而歎曰・兩廣良民・何其不幸・生鄰惡境・妻子何日寧也・又嘗竊計曰・兩廣何日得一好官員・剿平各賊・俾良民各安其生・而頑民染患未深者・亦得格心向化也・乃今恭遇聖明・特起王守仁撫剿田州思恩地方・臣等竊謀曰・兩廣自是底寧之期也・聖天子知人之澤也・

是役也・臣等爲王守仁計曰・前巡撫動調三省兵數十萬・梧州三府・積年儲蓄軍餉費用・不知幾千萬・復從廣東布政司・支去庫銀五十二萬・米不知支去若干萬・殺死疫死狼兵鄉兵・民壯打手・不知若干萬・僅得田州安靖五十日耳・自是而思恩叛矣・弔巖賊出圍肇慶府矣・殺數千家矣・此賊併時同出・益與田州思恩・東西相應和者也・若王守仁

者・乘此大敗極弊之後・仰承聖明特擢之恩・雖合四省兵力・再支庫銀百餘萬・支米幾百萬・剿平田州・報功級數萬人・亦且曰・天下大功也・然而守仁不役一卒・不費斗糧・只宣揚陛下聖德・遂致思恩田州兩府頑民・稽首來服・其奉揚聖化・以來遠人・雖舜格有苗・何以過此・

臣等是以歎服王守仁・不惟能肅將天威・實能誕敷天德也・若八寨之賊・斷藤峽之賊・又非田州思恩可比也・天下十三省・俱多平壤・惟廣西獨在萬山之叢・其土險・其水迅・其山之高・有猿猴不度・飛鳥不越者・是故諺語曰・廣西民三而賊七・由山高土惡・氣習凶悍・雖良民至者・亦化爲賊也・八寨賊・洪武年間・所不能平・斷藤峽・成化八年・都御史韓雍・始能討平・及今五十餘年・遺孽復熾・故廣西賊巢・柳州・慶遠・鬱林・府江諸賊・雖時出刧掠・官兵亦屢請征之・若八寨賊・則自國初至今・未有輕議征剿者・蓋謂山水凶惡・進兵無路・消息少動・賊已先知・一夫控險・萬兵莫敵・故百六十年・未有敢征八寨賊者也・

賊亦恃險肆惡・時出攻圍城堡・殺掠良民・何啻萬計・四方頑民・犯罪脫逃・投入八寨・則有司不敢追攝矣・鄰境流賊・避兵追剿・投入八寨・則官兵不敢誰何矣・是八寨者・實四方寇賊淵藪也・斷藤峽又八寨之羽翼也・廣西有八寨諸賊・猶人有心腹疾也・八寨不平・則兩廣無安枕期也・今王守仁沉機不露・掩賊不備・一舉而平之・百數十年豺虎窟穴・掃而淸之・如拂塵然・非仰藉聖人神武・不殺之威・何以致此・臣等是以歎服王守仁・能體陛下之仁・以懷綏田州思恩向仁之民・又能體陛下之義・以討服八寨斷藤峽梗化之賊也・仁義之用・兩得之也・

謹按王守仁之成功・有八善焉・乘湖兵歸路之便・則兵不調而自集・一也・因田州思恩效命之助・則勞而不怨・二也・機出意外・賊不及遯・所誅者眞積年渠惡・非往年濫殺報功者比・三也・因歸師以討逆賊・無糧運之費・四也・不役民兵・不募民馬・一舉成功・民不知擾・五也・平八寨平斷藤峽・則極惡者先誅・其細小巢穴・可漸施德化・使去賊從良・得撫剿之宜・六也・八寨不平・則西而柳慶・東而羅旁・綠水・新寧・恩平之賊・合數千里・共爲窟穴・雖調兵數十萬・費糧數百萬・未易平服・今八寨平定・則諸賊可以漸次撫剿・兩廣良民・可漸安生業・紓聖明南顧之憂・七也・韓雍雖平斷藤峽賊矣・旋有從賊者・實當爾時・未及區畫其地・爲經久圖・俾餘賊復據爲巢穴故也・今五十年生聚・則賊復熾也・亦宜若八寨・乃百六十年所不能誅之劇賊・山川天險・尤難爲功・今守仁既平・其巢窟即徙建城邑・以鎭定之・則惡賊失險・後日固不能爲變・逋賊來歸・不日且化爲良民矣。誅惡綏良・得民父母之體・八也・

或者議王守仁則曰・所奉命撫剿田州思恩也・乃不剿田州則亦已矣・遂剿八寨可乎・臣則曰・昔吳楚反攻梁・景帝詔周亞夫救梁・亞夫不奉詔・而絕吳楚糧道・遂破吳楚・而平七國・安漢社稷・夫不奉詔大罪也・景帝不以罪亞夫何也・傳曰・閫以內・寡人制之・閫以外・將軍制之・又曰・大夫出疆・有可以安國家・利社稷・專之可也・古之道也・是故周亞夫知制吳楚・在絕其食道・而不在於救梁也・是故雖有詔命・猶不受也・惟明君則以爲功・若腐儒則以爲罪・

今王守仁知田州思恩・可以德懷也・遂納其降・而安定之・知八寨諸賊・百六十年未易服也・遂因時伏義・而討平之・仁義之用・達德術者也・雖無詔命・先發後聞可也・況有便宜從事之旨乎・或者又曰・建置城邑大事也・區處錢糧・戶部職也・不先奏聞・而輒興工可乎・臣則曰・古者帝王・千里之內自治・千里之外附之侯伯而已・是豈堯舜湯武聖智・反後世不如哉・蓋慮輿圖既廣・則智力不及・與其役一己耳目之力・而無益於事・孰若以天資賢才・理天下事・爲逸而有功也・是故帝王之職・在於知人而已・既知其人之賢・而委任之矣・則事之舉措・一以付之・而責其成功・若功效不孚・乃制其罪可也・今既任之・而又從而牽制之・則豪傑安所措手足乎・是故王守仁之平八寨也・所殺者賊之渠魁耳・若逋逃固未及殺也・乘此時機・建置城邑・遂招逋逃之賊復業焉・則積年之賊・皆可化爲良民也・失此機會・徹兵而歸・俟奏得旨・乃興版築・則賊漸來歸・又漸生聚據險・結寨以抗我師・雖欲築城・亦不能矣・

昔者范仲淹之守西邊也・欲築大順城・慮敵人爭之・乃先具版築・然後巡邊・急速興工・一月成城・西夏覺而爭之・已不及矣・爾時范仲淹・若俟奏報・豈不敗乃事哉・王守仁於建置城邑之役・蓋計之熟矣・錢糧夫役・固不仰足戶部然後有處也・其以一肩而分聖明南顧之憂・可謂賢矣・不以爲功・反以爲過・可乎・先是正德十四年・宸濠謀反・江西兩司・俛首從賊・惟王守仁同御史伍希儒・謝源誓心效忠・不幸姦臣張忠・許泰等・欲掩王守仁之功・以爲己有・乃揚諸人曰・王守仁初同賊謀・及公論難掩・乃又曰・宸濠金帛俱王守仁・伍希儒・謝源滿載以去・當時大學士揚廷和・尚書喬宇・亦忌王守仁之功・遂不與辨白・而黜伍希儒・謝源俾落仕籍・王守仁不辨之謗・至今未雪・可謂黯啞之寃矣・

夫國家論功・有二道焉・有開國効功之臣焉・有定亂拯危之臣焉・開國之臣・成則侯也・敗則虜也・雖勿崇焉可也・惟禍變倏起・社稷安危・凛乎一髮・效忠定亂之臣・則不可忘也・何也・所以衞社稷也・昔者王守仁之執宸濠也・可謂定亂拯危之功矣・奸人猶或忌之・而謗其短・夫如是則後有事變・誰肯效忠乎・甚矣・小人忌功・足以誤國也・臣等是以歎曰・王守仁等・江西之功不白・無以勸勵忠之臣・若廣西之功不白・又無以勸策勳之臣・是皆天下地方大慮也・王守仁大臣也・豈以功賞有無爲重輕哉・第恐同時有功之人・及土官立功之人・視此解體・則在外撫臣・遂無所激勸以爲建功之地耳・

臣等廣人也・目擊八寨之賊・爲地方大患百數十年・一旦仰賴聖明・任用王守仁以底平之・不勝慶忭・今兵部功賞未見施行・戶部覆題又復再勘・臣恐機會一失・大功遂沮・城堡不得修築・逋賊復據巢穴・地方不勝可慮也・是故冒昧建言・惟聖明察焉・乞早裁斷・俾官僚早得激勸・城寨早得修築・逋賊早得招安・良民早得復業・嶺海之外・歌詠太平・祝頌聖德・實臣等所以報陛下知遇一節也・亦臣等自爲地方大慮也・不得已也・

謹天戒疏

臣伏見陛下・因星變風霾・引咎責躬・且責臣等有言・

臣俛而思之．謂陛下望治如此其切．敬畏如此其至．宜皇天格．而和氣至矣．乃災變猶洊臻焉何也．古昔雖大無道之世．災變亦不如是其多也．陛下試自省察．自臨御至今．有一事不中道者乎．由宮闈及殿廷．有一事不如祖訓者乎．是宜中和致．而天地位焉．萬物育焉矣．乃災變甚多．而且甚異．何也．是可以深長思之矣．臣試陳致災之由．及弭災之畧．惟聖明垂察焉．太祖皇帝．初定天下．封建親藩．祿制有差．固欲世世共享太平也．百六十年．宗支日廣．祿糧不給．郡王以上．受享多福．將軍中尉而下．奏告不得祿糧者．屢至矣．有晨朝進食．僅一麵餅．腹不充饑者矣．有假息蓬窩．無室屋以棲者矣．有不幸物故．無棺斂者矣．有女年四十．不得適人者矣．凡人之爲父祖者．若有神靈．未有不顧念子孫者也．況我太祖皇帝．開太平之基業．合宇宙萬民．皆得其所．獨不顧念子孫乎．忍見其失所乎．凡民不遂其生．怨恨之氣．猶能感召災變．況親藩骨肉．不得其所．怨恨之氣．有不感召太祖在天之靈．而召致災變乎．

藩郡有司．見其抗宗室．而得剛直之譽者矣．未見有以宗室失所之狀．聞之陛下者也．內外大臣．誰不慮此．然積弊已甚．則區處爲難．非仰賴聖明獨斷於上．則宗室之困日甚．生民供億日繁．而事勢愈不可爲矣．臣試歷陳其弊．惟聖明斷焉．洪武二十一年．封周王於河南．斯時也．開封一郡．惟一周府而已矣．循至今日．則郡王已增三十九府矣．輔國將軍增二百一十二位矣．奉國將軍增二百四十四位矣．中尉而下不計也．舉一府而天下可知也．夫土地稅入．不能加多．宗藩子孫．日益蕃衍．祿糧所由不給也．

嘗考大明會典一欵．親王子孫．才堪出仕．宗人令具以名聞．授任後．俱如常選法．是我太祖皇帝．未嘗不許宗藩出仕也．宣德初年．漢庶人謀反．當時大臣．倡爲疎忌宗室之說．遂廢出仕之令．夫禁其出仕．使不得隨職受祿．惟仰食有司．是故昔也以一郡而供一王．今以一郡而供數千百人矣．祿糧所由不給也．太祖時．親王納功臣之女．公主配大臣之子．未有疎忌之嫌也．自漢庶人謀反．當時大臣倡爲疎忌宗室之說．凡連姻王府．不任京職．將軍中尉之女．冊封不時請．資奩不時給．年已垂暮．人不肯娶．衆口嗷嗷．仰食有司．府縣稅入有限．藩府所需無涯．祿糧所由不給也．

伏惟陛下．特用御札．令大臣熟議．復用御札．行天下宗藩．俾知洪武初年親王幾何．今日所增幾何．洪武初年所需祿糧幾何．賦入有限．祿糧無窮．再數十年．何以善圖其後．宗藩困乏．何以變通其法．一一計議．圖惟盡善．必宗藩無失所之慮．生民無加賦之擾．然後上下皆安．而怨氣可息．災變可弭也．遼東屢訴．積欠官．軍．俸糧賞賜．共銀八十餘萬．舉遼東．則天下可知也．文官未聞缺俸．軍職屢訴缺糧．所以致此何也．洪武年間．軍職二萬八千有奇．成化五年．軍職八萬二千有奇．以二萬視八萬．增四倍矣．由成化迄今．不知增幾倍矣．俸糧所由不足也．

洪武初年．錦衣衛官二百五員．今一千七百餘員．由二百視一千七百．踰八倍矣．俸糧所由不足也．洪武初年．軍官襲職．比試極嚴．故材勇者得超擢．庸劣者黜從戎．軍職不冗雜．俸糧易給足．自永樂以後．新官免比試．遂致賢愚混淆・舊官雖比試・亦徒備故事・眞材日寡・冗員日增・俸糧烏得而足也・俸糧不足・則食不給・歎慨積鬱之氣・足以上干天和・災變所由召也・甘肅延綏軍士・月糧一石・折銀三錢或四錢・成化以前・米一石・價銀二錢・軍士得銀四錢・買米二石・食烏得不足也・今則銀一錢・僅買粟二升・銀四錢買粟僅八升矣・軍士數口之家・月食八升之粟・如之何可足也・空腹守邊・寒苦交迫・所以致此何也・

成化以前・邊防嚴固・猛將林列・戎狄遠遯・故邊地得盡耕・邊粟自多・邊軍自裕・而食自足・今則將庸卒弱・不堪支持・戎狄搶虜・乘虛而入・滿載而出・如蹈無人之境・倚不刺达了・始以數千據我內地・今積至數萬・掠我邊民・據我邊境・故邊地愈荒・邊粟愈少・盱目張口・仰食內郡・地之出粟者寡・人之食粟者衆・食烏得而足也・成化以前・鹽引皆輸邊粟・故富商自招流民・自墾邊地・自藝菽粟・粟米自多・其價自平・而食具足・宏治以後・鹽引輸銀・故富商大賈・得輸銀之便・不復肯墾邊地・三邊開中鹽引・偶欲輸粟・卒無售者・邊地愈荒・邊軍愈困・食烏得而足也・士卒以食爲命・食不足・則怨歎愁苦之氣・豈不上干天和・災變所由召也・

禁例開載・私役軍士・其法甚嚴・今管軍官・則有公然役占軍士於私家者矣・有役之日辦柴草・供私家者矣・有折納柴草・逼出銀錢・因致之死者矣・有軍初補伍・不多得銀錢・不與收糧者矣・窮苦萬狀・惟軍士爲甚・所以致此何也・舊制內則公侯・列文臣之上・外則都司・列布按兩司之上・待之隆者・責之備也・不惟兵部愼選其人・雖其人亦思自愼・必清忠材勇者・乃敢居其職・不然敢偃然居兩司之上乎・惟十三省都司・皆得眞材・自能表厲屬僚・振作綱紀・以恤軍士・今之都司・自壞舊制・安處布按兩司之下・不惟人以不肖目之・彼亦甘心以不肖自待矣・故在內則納賄權貴・以圖管事・在外則刻剝官僚・刻剝軍士・以充私橐・紀綱日壞・武備日弛・士卒日困・怨恨之氣・豈不上干天和・災變所由召也

永樂年間・選南直隸・山東・河南・陝西各衞官軍・備京邊操練・乃古遣戍防秋之義・亦張皇六師・安不忘危之深慮也・蓋兵猶水也・水在地中流行・則利物・停畜則溷塵・氾濫則爲害・自然之勢也・兵在太平之時・各衞操練之法・僅同兒戲・甚則名在戎伍・身在市井・家食軍糧・目不識軍械者有矣・故我太宗皇帝・準古立法・京邊操演・春秋兩番・迭爲休息・所以使之勿忘有事也・練在太平・防在不測也・近有獻議・謀罷京邊遠操・變爲召募・人情懷土・憚於遠行・傳聞此議・紛然奏訴・雖托災傷・實則陰壞成憲・遂其苟安之私也・況棄家千里・苦寒交迫・領軍官或復尅其行糧・斂其財物・以遺權要・則其怨恨・抑又不堪矣・以千萬人・同聲共怨・憤鬱之氣・豈不上干天和・災變所由召也・

伏惟陛下・特勅五府公侯・會九卿詳議・軍官俸糧・何策給足・昔年軍職・如此其少・乃得眞材・今冗員如此其多・乃無材可用・冗員日增・何策善圖其後・邊防日弛・遣軍日困・邊糧日匱・戎狄日强・邊境日危・何策振救其急・新舊軍職・比試之法・何如酌中・軍政體統・何如申明・軍士困苦・何如撫恤・必盡究弊源・洗創之・庶幾紀綱漸振・衆

怨漸息．和氣漸至．而災變可弭也．

　邇年小官愈多．害民愈甚．雜職冗員．如府通判．舊止一員．今有一府增至三員者矣．縣丞典史．舊止一員．今有增至二員三員者矣．縣治舊有定制．今無故增置．如今日廣州府．添設三水縣．直取迎送撫按之便路者矣．不知官愈多．則民愈擾．故往年民間差徭費．僅千錢者．今增至十千．猶不足矣．往年民惟納糧輸役二者而已．今則增民壯一役矣．復有保伍夫甲矣．有沿河拽船夫役．以及無名科差．而民不勝擾矣．夫土之出粟．不能加多．官之冗員．與日滋甚．此民所以益困也．且官愈小．則心愈貪．撫按兩司．遇郡邑小官．惟較其禮敬疎密．不問其操守廉汙．姦人則巧於事上．而刻於剝下．事上愈巧．則虛譽愈隆．雖奸贓滔天．且得旌舉．惟田野細民．黯啞茹苦而已．愁歎之聲．下徹泉壤．災變所召．亦其一也．

　洪武三十年．定大明律．有祿人受枉贓八十貫絞．嚴爲之禁．欲人難犯也．文官以爲厲己．遂托欽定事例．改從雜犯．而許之贖．故得贓愈多．贖罪愈易．是敎天下奸貪也．非太祖聖制也．今之撫按．有以正法治贓．吏人恚詆之曰苛刻．有棄正法以容贓吏．人悉目之曰忠厚．人情誰不樂忠厚之譽．而畏苛刻之誚也．故今贓官以法輕易犯．而清議不公也．遂肆無忌憚．職催科．則借法肆貪．賦入朝廷不一二．利歸私家常八九矣．職緝捕．則指良爲賊．而逼取贓利矣．有因贓而酷．非法用刑．剝民肌骨．而致之死者矣．有良民爲法鬻兒女．扼咽喉．入贓救命者矣．贓官罪狀難盡．名言曰野．細民怨痛之氣．下徹泉壤矣．災變所召又其一也．

　律曰．故禁平民致死者．絞．謂平民罪本輕．或本無罪．而故禁之致死也．又曰故勘平民致死者．斬．謂平民罪本輕．或本無罪．而故勘之致死也．皆酷吏之弊也．我太祖皇帝．以死刑懲之．所以保萬民之命也．俾酷吏不敢肆也．今則廢棄正律．故酷吏無忌．臣見有官爲知府．因一醉筆死平民四命者矣．有官爲僉事．因一怒倒懸十三歲童子致之死者矣．有夏日酷暑．淹禁平民．致死百數命者矣．餘則或因催科．或因獄訟．鞭朴之下．民命如蟻．非命而死者．豈可計也．古有一婦冤．三年大旱者矣．況今酷吏填滿天下．民以非命死者．特一婦已乎．

　陛下御極．未嘗輕戮一人．決囚之夕．三鼓不寐．重民命故也．酷吏無忌．乃敢虐殺良民．下情積鬱．不能上達．冤結之魂．豈不上感皇蒼．下徹厚地．災變所召．又其一也．臣聞成化以前．糧戶解戶．上納白糧．及各料物．戶工二部．委官同科道官驗收．運送內府．糧長解戶．不與內臣見面．故軍校不得脅勒．內臣不得多取．小民不敢虧害．宏治以後．部官避嫌．各歛糧料．不肯驗收．復責小民運送內府．是致內臣．軍校．轄害小民．有白糧一石．加至二石八斗．乃能上納者矣．各項料物．有索銀四百八十兩．乃得批廻者矣．蘇松糧戶．有一年傾覆數家者矣．各者解戶．有久累旅死．游魂無歸者矣．雖有禁例．小民敢與內臣抗乎．雖有號訴．九重萬里．會有爲之上聞乎．痛怨之聲．亦徹泉壤．災變所召．又其一也．

　伏惟陛下．敕各部熟議．查革冗員．裁省征役．俾民無擾・申明受贓正律・俾文官勿相阿黨・以虐百姓・申明酷吏故禁故勘・平人正法・俾良民不枉死・改正各部收納糧料舊法・俾貪暴不肆苛虐・小民不致重困・庶幾弊政少除・民寃少息・災變可弭也・雖然今日之害・全在臣等文官不職・故弊政難除・若文官人人以陛下之心爲心・天下太平易易也・久矣・臣嘗謂欲革武臣奸贓則易・欲革文臣奸贓則難・欲革內臣姦贓則易・欲革外官姦贓則難・臣舊年四月・錄進疏稿二帙・專論文官積弊・竊取先自治之義也・

伏惟陛下・再垂聖覽・先將文官積弊・漸次洗除・次及武職・以及內臣・次及宗室・更革有漸・裁酌有權・遲不三年・祖宗制治紀綱・振敕而光復也・合宇宙而囿太和也・運諸掌也・災變何慮焉・惟聖志先定・斷自乾剛・事乃有濟・不然・至重至大之任・非臣下所敢專也・臣愚昧無知・惟聖明察焉・

應詔獻言疏

臣伏覩聖旨・凡有事關係國家大計・具奏來行・欽此・仰惟聖上・心卽天意矣・言卽天命矣・行卽天道矣・動卽天運矣・臣下雖欲納忠補闕・無容贅一辭矣・惟總覽乾綱・預防政柄潛移於下・臣尚有過慮之愚焉・聖明在上・小大羣工・肅將祗承・固無夫柄下移之弊之可指也・惟疑似之跡・天下之人・烏得知之・況於小人好鼓邪說・以相誑詐・曰今日政令・閣下主張・求禍福於閣下之門・可以愚人・誤聽遂謂閣下眞能作福作威・竊弄陛下大柄也・如此邪說・鼓動成風・夫天下傳布・士習遂壞・爭奔權門而已公道非美事也・臣謹畧指一二事・爲聖明陳焉・臣閱邸報・見吏部考選給事中・劉文光等題・奉聖旨・這給中員缺・且不必選補・劉文光等着別用・臣隔遠不知邸報有差誤否也・外人相傳曰・自來無此異事也・如給事中無員缺也・六科妄稱缺官・六科欺罔也・如六科有員缺也・劉文光等不稱言職・吏部循私選焉・吏部罪也・今也不罪六科・不罪吏部・惟黜劉文光等人・遂曰閣下意也・吏部考選科道・不稟閣下・他日言官・不感閣下爲恩主也・閣下怨焉・是所由黜也・既而知縣劉整・添註吏部主事・人又曰・吏部之權・居六科之上・劉整如不稱給事之職・豈稱吏部職也・葢劉整江西人也・益信閣下能作威福也・

臣則曰・事之委曲・外人未必知也・閣下未有不奏各官該黜之由・擅黜言官者也・宏治十二年・吏部選進士江潮等爲御史時・有不中選者讒於大學士劉健曰・新選江潮等・素毀閣下・今任言路・不利閣下也・劉健信焉・黜江潮等俱補任・是時也・劉健信讒猶密奏曰・江潮等皆新進・浮薄不堪風憲・孝宗聞奏震怒・由是吏部認罪・致各官黜也・聖上明見如日月・威斷如雷霆・誰敢竊弄威福也・各官不取・必有緣由・外人未盡知也・

伏惟陛下・審察各官之黜・不由閣下也・明諭廷臣曰・前月不補給事中・不由閣下也・如閣下或有密奏也・亦顯示閣下密奏之由・罪在吏部・則罰吏部・罪在六科・則罰六科・人乃不惑・臣再乞・今後陞遷官員有不公・當面審吏部責之曰・奏合理從焉・不合理改焉・無心錯誤許之自新・故意作姦・必加顯罰・使天下曉然・知威福大權・出自朝廷・別

人不得借機納賄也．臣又見吏部擬金壇縣縣丞李鶴鳴陞知縣．奉聖旨李鶴鳴取回原任給事中．臣隔遠亦不知邸報有差誤否也．外人傳曰．自來無此異事也．攷察官員．無取回原任者．李鶴鳴降調外任五年矣．一旦取回．天下大駭也．或傳李鶴鳴原先被黜．家居行檢玷缺也．後任縣丞三次．差吏齎銀入京．買求陞職．求不得也．有大臣二人語之曰．如我轉吏部．乃易事也．又有語曰．且俟機便．乃可爲也．吏回金壇．傳大臣之說．至今士夫誦焉．既而李鶴鳴取復原任．人遂傳曰．前言不妄也．閣下眞有權也．又傳李鶴鳴受富民祁政賍．御史郭宗臯准詞有案．李鶴鳴用腹心吏．蔣珊．薛晁過賍．事發候問充軍有案．在縣科罰．取賍巨萬．入京打點．卽是觀焉．奸貪鑽刺可知也．聖上何由取之復任也．蓋閣下意也．益信閣下有權也．臣則曰．事之委曲．亦非外人所知也．

我太祖高皇帝．表章眞德秀大學衍義．取其能著奸臣欺罔之情狀也．大學衍義所著李林甫奸險之情狀．爲秦檜言也．唐奸臣李林甫．宋奸臣秦檜．欲竊大柄．先結言官．共爲羽翼．乃得固寵誤國．在今日所必無也．今之言官．猶抱勁氣．李林甫秦檜復生．無能爲也．聖上明見如日月．威斷如雷霆．誰敢竊弄威福也．取回李鶴鳴．必有緣由．外人未盡知也．伏維陛下密奏取回李鶴鳴．不由閣下也．明諭廷臣曰．前月取回李鶴鳴．無與閣下也．如閣下或有密薦也．亦顯示密薦之由．前官誤黜則罰前官．李鶴鳴遭誣．明與勘辯．人乃不惑．

臣再乞．凡今而後．百官有才．沉屈下僚．聖上眞知而顯擢者．不肖竊位而顯黜者．皆明示所以擢黜之故．仍敕吏部推陞官員．不許先禀閣下．使天下之人．曉然知聖上躬親萬幾．奸人不得盜大柄．暗納賍賄也．臣言吏部推陞各官．勿禀閣下．鑒舊弊也．往年方面官．求陞都御史．納金五百兩．或千兩於閣下．假稱求文潤筆也．閣下曰．請文．公禮．受無害也．既入其餌矣．後乃曰．某淹滯久矣．幸一吹噓也．百年恩主也．閣下許焉．都御史員缺．吏部往禀閣下．則漫爾言曰．如某官可推用也．吏部聞言．不敢違也．由是賄入閣下．吏部所推．不得眞才．蓋惟庸才．乃以賄進．方面京堂．又難顯然納賄．乃借薦閣下也．

吏部推選言官．皆先禀請閣下．言官得進．感爲恩主．閣下奸貪．默不敢言．皆往年極弊也．惟吏部不先禀命．必遭挫抑．禍或不測．吏部所由懼也．不敢不禀命也．伏惟聖明．自作主張．吏部能自守．不懼權臣．用人乃公．眞才乃得．士習乃正．天下乃治也．斯弊也．臣於嘉靖七年．錄進奏疏二帙．已備言矣．皆權臣所深忌．且恨臣舉李林甫秦檜之奸爲鑒戒也．必爲强辯曰．非所宜言．臣則曰舜大聖也．臣下猶以丹朱戒焉．今之大臣．未有李林甫秦檜之惡．亦預爲之戒可也．語曰．私臣不忠．忠臣不私．臣惟知効忠陛下．不敢顧私怨．不敢虞後禍．况臣所陳者．國家大計．則亦不敢避小嫌也．伏惟聖明垂察焉．臣不勝悚惕恐懼之至

議任大臣疏

臣職論思．見生民利病．人才進退．俱宜因事論列．以

仰贊聖政．而任用大臣．尤圖治所最急者．近日都御史缺員．吏部擬王憲．高友璣堪任．伏奉聖旨．再推兩員．通寫來看．蓋仰見聖明用人之智．超出羣臣之表．將駕馭英材．以收治平之績者矣．臣竊計聖心．謂用人久任．乃可成功．王憲提督三邊．兵威始振．狄人始畏．邊防軍政．須閱歷久．然後計慮精．吏情將材．必更事多．然後威信洽．故王憲宜久任提督．俾展布其才．若高友璣則新推南京．未及兩月．恐道路奔走．無時寧息．此二臣者．未宜屢遷．以滋煩瑣紛擾之弊．陛下聖斷．眞明見萬里．而動中事機矣．

惟今都御史未得其人．臣竊謂．收攬多賢．以圖治安．莫要於吏部．進賢黜奸．以振作綱紀．莫要於都察院．修明軍政．以壯皇圖．莫要於兵部．好生恤死．體天地至德．以壽國脈．莫要於刑部．今吏部有尙書李承勛．可無議也．惟久其任．以責其薦遺賢斯可矣．若都御史缺人．臣竊謂非胡世寧不可．蓋胡世寧．忠耿直諒之節．既足以振勵士氣．而宏深雅靖之德．尤足以維植國體．今州縣贓官．噬吮百姓膏血．如虎如豺．非胡世寧振肅風紀．則贓官無從改過．百姓無從得安．士習浮靡．爭進競獲．如盜如丐．非胡世寧．鎭以廉靖．則末俗無從可淳．人心無從可正．惟胡世寧．既由都御史陞刑部尙書．今由尙書．復爲都御史．則跡涉左遷．而有難處者．然朝廷以用人爲急．大臣以任職爲賢．則秩之崇卑．胡世寧可勿計論也．必不得已．則帶尙書職秩．仍兼都兼都御史掌院事．尤聖朝所以崇重老臣之異典也．此則取自上裁．非臣之愚．所敢擅議．

若刑部尙書缺人．臣竊謂非兵部尙書王時中不可．蓋王時中．寬厚平恕．有澤物之仁．介潔雅重．得大臣之體．今刑官多以刻厲爲能．故獄多寃命．非王時中濟以寬厚．則愚民陷於非辜者或多矣．廠衞多以緝獲爲功．故獄多寃罪．非王時中時有寬釋．而鎭以雅靖．則緝捕者．裝誣僞濫以爲功或多矣．惟六部舊例．率由刑部而轉兵部．若以兵部而轉刑部．則跡涉左遷．而有難處者然．朝廷以用人爲急．大臣以澤物爲仁．則秩之崇卑．王時中可勿計論也．俟任職既久．獄多平允．上足以敷宣聖德．下足以丕變惡俗．然後進以崇階．加以師保職秩．尤聖朝所以獎重老臣．之異典也．此則取自上裁．非臣之愚所敢擅議．

若兵部尙書缺人．臣竊謂非前任吏部尙書．王瓊不可．蓋王瓊應變之才．既高出流輩．而剛毅之氣．又足懾伏羣小．今兵籍冗濫．非王瓊之精練．決難裁革．而邊政隳弛．非王瓊之果斷．亦難修復．惟王瓊原任吏部．今轉兵部．亦似左遷．且原以誣讁．今擬敘用．尤涉窒碍．然朝廷以用人爲急．大臣以策勳爲忠．則秩之崇卑．跡之疑似．王瓊可以勿計論也．若有忌其才高．而加以誣毀者．有畏其報彭澤楊廷和讐怨．而沮其復用者．此則取自上裁．非臣之愚所敢擅議．臣待罪史館．竊見陛下孜孜圖治．嘗思所以仰答德意．而未敢遽迫．以取浚恒之誚．惟九卿得人．實方今急務．而論思獻納之職．尤莫大於此者．

公薦舉疏

准南京吏部．咨該太師兼太子太師．武定侯郭勛奏准．備行到臣．切惟進薦材賢．人臣職分也．況恭遇聖主．求賢圖治・遑遑汲汲之時者哉・臣惟今之人材・隨所長用之・不責之備焉・雖常才可用也・赦小過・許自新・責之效忠以自贖・雖有罪戾者・亦可用也・昔者孔子之論用人也・謂孟公綽不可爲滕・薛大夫優爲趙魏老・因才授任者也・如曰責備・則孟公綽之短於才・生今之世・難乎免於黜也・管仲事子糾・入齊之役・管仲射桓公・中鈎焉・是管仲者・桓公讐人也・桓公舉之・獨任四十餘年・遂霸諸侯・一匡天下・唐之魏徵事太子建成・實讐秦王以輔太子・若魏徵者・秦王讐人也・秦王卽位・擢用魏徵・致貞觀之治・唐室無與伍焉・是故古之用才・雖讐不棄也・況於小過者乎・臣故曰・因材受任・雖常才可舉也・赦小過・許自新・雖罪戾者・可舉也・

又有養病過限・才尚可用者・有侍養家居・才堪世用者・有自陳致仕・年力尚强者・有因執法自守・爲人讒傷者・有因觸大臣・遂致黜謫者・有因人詿累・誤被譴罰者・有吏部考察・誤致虧枉者・皆宜備舉甄錄之者也・臣不能盡知天下才賢・況經兩京科道・及各撫按・屢舉薦者・臣皆不贅・惟舉臣所知・伏侯聖明采用焉・

養病過限・如給事中鄭慶雲・陳江・主事陳器・林炫・皆臣同科進士也・臣所知者也・臣所未知者尚多也・乞敕吏部・行各撫按・凡養病官員・備查年力・若有可用・卽起用焉・則養病官員・皆爲聖世用矣・侍親在家・如副使牛鸞・僉事黃佐・知府曾仲魁・年方正强・若俟親終起用・恐衰老矣・亦臣所知者也・臣所未知者尚多也・乞敕吏部行撫按・查侍親官・具薦起用・選授鄰境・俾迎親就祿・則侍親官員・才可用者・皆爲聖世用矣・自陳致仕・如侍郎朱廷聲・都御史高公韶・國子監助教陳激衷・參政李銳・副使王世芳・僉事吳彥・知府黃偉・知縣陸粲・鄧浩・縣丞豐坊・皆年壯才淸・素履無玷者也・亦臣所知者也・臣所未知者尚多也・乞敕吏部行撫按・查致仕官員・才可用者・具薦起用・則遺逸才賢・皆爲聖世用矣・

執法自守・爲人讒傷・如副都御史王大用・任京職方面・垂三十年・冰淸玉潔・歷官三品・家無寸土・所治盜賊斂跡・百姓賴寧・可謂才且廉矣・惟是不能阿循權勢・遂投閒散・亦臣所知者也・臣所未知者尚多也・乞敕吏部・行撫按查・凡守正執法官員・爲人讒傷・才可用者・具薦起用・則持正有守之才・皆爲聖世用矣・因觸大臣・遂致謫黜・如修撰康海・檢討王九思・段炅・得罪大學士李東陽而黜者也・御史伍希儒・謝源・知州顏木・得罪尚書喬宇而黜者也・編修楊名・主事趙時春・因論劾尚書汪鋐而黜者也・知州王廷陳・得罪御史喻茂堅而黜者也・昔范仲淹爲諫官・劾宰相呂夷簡・初若讎然・呂夷簡復薦仲淹・唐介爲御史・劾宰相文彥博・初亦若讎然・文彥博復薦唐介・君子謂呂夷簡文彥博猶有大臣之量也・爲大臣者・容納直士・使直道正氣・充滿天下・是乃大臣職也・若曰嫉害正人・凡小臣觸己之怒・皆假國法中傷擠之・古之所有媢嫉小人也・

修撰康海・檢討王九思・段炅・皆豪傑之才也・李東陽誣爲劉瑾之黨黜焉・御史伍希儒・謝源・勤王督兵・共擒宸濠・忠義最著者也・喬宇爭功黜焉・可謂冤矣・乞敕吏部・查明康海・伍希儒等冤黜・憑何罪跡・爲之昭雪・仍行撫按查・凡觸怒大臣・誤罪而黜者・具薦起用・則天下正

人・皆爲聖世用矣・因人詿累・如通政參議劉曰乾・御史儲良材・主事陳邦偁・按察使蔣彬・知縣朱鵬・皆淸才可用者也・臣所知者也・臣所未知者尙多也・乞勅吏部行撫按・査詿誤官員・具薦復任・則材無誤棄矣・考察虧枉・如編修王同祖・御史毛鳳・副使涂敬・葉觀・參議王臣・韋商臣・張拱宸・知府徐盈・趙申・黃一道・皆一時虧枉者也・査得大明會典一欵・凡考察無贓官員・皆得舉用・無考察黜退官員終身廢棄之令也・朝廷誤黜官員・猶得舉用・吏部虧枉官員・不許起用・是吏部威福・過於朝廷也・皆臣下專權之術也・

臣嘗獻議・凡考察官員・不許訴辯・若有虧枉・聽九卿科道撫按・從公保舉・勘明起用・乞勅吏部・査臣原議施行・則人無枉黜・正士得行其志矣・大禮得罪・如原任翰林院學士豐熙・修撰楊愼・編修鄒守益・少卿夏良勝等・大獄得罪・如少卿徐文華・郎中劉仕・主事唐樞等・或削仕籍・或投戎伍・所以懲之也・今則歷時淹久・悔悞深矣・且大禮之誤・由漢至魏至宋・千餘年矣・諸臣誦習古書・不知錯誤至此也・臣故曰・議禮者之得罪也・陷於不知也・繼而極力憤爭・欲與張孚敬・桂萼及臣等・較是非勝負也・原其初心・豈敢抗戾於朝廷也・譬之人家兄弟鬥爭・父母往救焉・鬥者奮拳求勝・不覺誤毆及親焉・父母諒其子・非敢毆己也・其子之罪・乃可恕也・不諒其情・直罪之曰・子毆父母・不孝也・其子死・且有餘戮・往年諸臣之爭辯也・兄弟鬥爭之類・其初心豈敢抗戾朝廷也・罪雖諸臣自致・情亦可憫者也・

大獄之誤・御史馬錄・實其造謀・若諸臣皆聞聲附和者也・原首從定罪・諸臣亦情有可原者也・伏惟聖上・憫諸臣罪謫旣久・許其改過自新・外任閑住者・召復原職・充軍爲民者・量授一官・臣見諸臣皆將鼓舞聖化・效忠自奮・求爲聖世之良材也・臣屢欲爲諸臣請罪・惟事無因・不敢上煩天聽・仰承明詔・公薦材賢・臣可以言之會也・

公薦武職疏

淮南京兵部・咨該太師兼太子太師・武定侯郭勛奏准・備行到臣・臣惟書稱・張皇六師・無壞我高祖寡命・說者謂・周室方隆・不忘武備・所以保太平之業也・前代忠臣告君亦曰・天下雖安・忘戰則危・古今明鑒也・洪惟皇上・撫熙治之運・天下太平・極盛時也・猶惓惓求將材焉・卽古帝王張皇六師・安不忘危之心也・臣迂儒也・不習武畧・故於武將・罕知其材・謹詢南京勳戚侯伯・或有知也・據誠意伯劉瑜開報・原任延綏東路參軍署都指揮僉事崔天爵・素諳邊情・堪任主將・原任湖廣行都司僉書署都指揮僉事孫昂・精力强壯・射藝閑熟・可任邊方副參・原任安慶守備署都指揮僉事芮傑・力勇氣剛・弓馬閑習・堪任邊方副參・此五臣者・劉瑜・馬聰所薦舉者也・臣所知者・廣東參將程鑒・廣西參將沈希儀・謀勇兼資・邊方可用者也・高州之西山・肇慶之羅旁綠水・賊藪也・若用程鑒守備・久任勿撓・責之成功焉・地方或不受困至極也・

臣又聞邊將有趙廉・時陳者・臣不識其面・惟聞將畧頗長・以罪廢棄・可惜也・乞敕兵部・通查各官履歷・參之輿論・如果可用・量才器使焉・雖未可遽望以古之名將・天下

之人各舉所知・名將或由是可得也・臣又惟用武將與文臣不同・文臣必行檢素端・乃可表式風化・武臣則才勇是尚・古人論將・論貪詐可使・不責備故也・邊將有以罪廢者・畧其往愆・責之立功自贖・將材或亦可得也・臣又惟古者邊將軍市之租・皆得自用・豐與之財・寬苛察之令・武將乃得展布手足・收聚爪牙・以爲之翊・遇敵則士卒效命・戰勝成功・遂稱名將・豈直古者將材之良哉・亦上馭之得其道也・

今於邊方一錢片帛之利・皆文官司察之・邊境城壖荒地・所以優利武將者・今悉籍入之官・邊將束手無所措給・夫邊將欲自廣耳目・自强手足・以固邊圉・非其恩意・自與士卒相爲一體・豈可得也・邊將窮困・且苛斂士卒・士卒困敝・復讎主將・上下交讎・變亂所由起也・欲求名將以安靖邊境・豈可得也・今於邊境關隘之征・量給邊將・俾得自利・邊境荒地・聽邊將召人墾闢・不徵其租・邊將各利其利・自固封守・復有餘財・得以收召武勇・儲他年邊將之選・將材或亦可得也・

臣又惟今武舉選將・其法備矣・惟人材不同・優武勇者或不識文墨・長文藝者・或不能弓馬・故武舉雖行・尚有遺材焉・如於邊方用兵之地・凡武勇技藝・一長可錄・皆聽所在收召糧食豢養之・遇敵使爲先鋒・立功卽奏聞授職・將見雄材壯士・皆入彀馭・草野無伏姦・宇內可以安枕・而將材亦由是可得也・皆臣迂愚之見也・惟聖明采用焉・不勝一得之幸・

擴大公以贊聖治疏

臣竊謂・天下之治・在人才・人才振作・在至公・苟權

有偏重・人競其私・則忠賢沉屈下僚・庸材幸登要秩・賢否混淆・甚非所以贊聖治・熙鴻績也・臣伏覩陛下・宵旰孜孜・圖惟治理・十有四年于茲矣・是宜百官有司・無不競勸矣・是宜治政無不理矣・乃今郡邑有司・未見其愼職・贓汚未見其改厲・政治未見其振飭・生民未見其安養・怨氣鬱積・感召變災・皆臣等不職・不能奉揚至公之罪也・臣恒謂天下不治・皆百官不職之罪也・百官失職・皆吏部之罪也・臣未敢備舉・謹自推陞官員一事・聞其積年錮弊・爲聖明陳之・凡京堂有缺・例會九卿推舉・成化以前・雖小京堂有缺・吏部不得擅推・惟具缺員・朝廷特旨陞用・考滿黜陟・取自上裁・吏部例不考覈・案牘具存・可質也・

自成化末年・權歸內閣・萬安劉吉等罟招權賄・言官攻焉・自後小京堂推陞・遂屬吏部・甚至兩京尹府・光祿寺卿太常寺卿太僕寺卿京堂三品官也・推陞亦屬吏部・巡撫都御史至要且重職也・推陞惟會戶兵兩部・吏部之權愈偏重矣・重權所在・人易行私・故自府尹及各寺卿・凡蒙推陞・卽拜謝於吏部之門・語云受官公朝・謝恩私室・古今大戒・各官乃感恩吏部・不知歸恩朝廷・吏部權重之弊一也・若大理光祿各寺少卿・順天大理等丞・惟吏部專擅推舉・故科道部官・欲陞小京官・勿得罪吏部・勿得罪內閣・可安坐得之矣・或暗托腹心於吏部・或借吹噓於內閣・小京堂官・亦無不得之矣・

外任兩司知府・雖有推陞卿丞之例・地勢孤遠・得與其選者・或鮮矣・剛直雅正之士・不肯低首權門・輭縮細人・恒奔趨以竊・所任非才・眞才不任・吏部權重之弊二也・天

下知府百五十餘員．知府之秩四品．位不爲不尊矣．所統專城．地方千里．責不爲不重矣．且生民休戚寄命．權不爲不要矣．有缺推陞．惟具一員．朝廷不能裁其可否．重權一付之吏部矣．科道官有得罪吏部．推陞知府．彼則緘口去矣．部屬郎官．有才宜內任．或被譖讒．推陞遠方．知府無所於愬矣．百官惟知畏吏部．不知畏朝廷．吏部權重之弊三也．

近奉聖諭．自今巡撫員缺．皆會官推舉．聖上睿見．洞察隱微矣．自是撫臣知推舉之公．出諸輿論．與奪實由朝廷．不專歸恩吏部矣．惟光祿太常太僕．府尹卿丞之陞也．吏部尚專權焉． 甚非所以昭大公也． 夫卿丞美秩也．況由是進焉．六卿之長． 亦其選也．可勿重乎． 伏乞聖斷．著爲定例．凡兩京太常寺卿光祿寺卿太僕寺卿．皆秩三品者也．遵照聖上新定．會舉巡撫事例．會九卿推舉．吏部毋自專焉．兩京大理寺少卿寺丞．太常寺少卿太僕寺少卿．兩京國子監祭酒司業．兩京府丞．南京通政參議．皆清要職也．合候四員具缺．會九卿推舉內外才望官八員．請旨用．吏部毋自專焉．於八人之舉也．六部大理寺科道官中舉四人焉．在外參政參議副使僉事運使知府中舉四人焉．惟求內外均平．使人無重內經外之嫌也．部屬與科道並舉．使吏部司官．無專陞京職之私也．

僉事知府運使才德昭著．皆陞京官．使人知競勉守職．無疎遠自棄也． 必九卿僉舉． 絕吏部握權過重之弊也．必四缺乃會推．從簡便也． 亦猶六科給事． 五缺以上．乃一推補也． 否則人惡其厲己也． 謀沮焉．曰是煩數會也．僕僕廢時也． 自是內外官員．轉遷美秩． 皆知出諸輿論．與奪實由朝廷．不專歸恩吏部矣．推陞知府．亦照推陞僉事例焉．凡缺一員．推資望官二員．請旨擢用．推舉不當．着再推焉．有隱弊不公．言官糾正焉．自是人知郡守之重．思所以奮庸矣．自是科道官．推陞知府．自知朝廷寵擢．不怨曰權勢擠我矣．自是吏部官．不敢憑私報怨．擠才望官於遠郡矣．自是郡守得人．與奪實由朝廷．不專歸恩於吏部矣．是天下之大公也．

惟人情甚不利焉．吏部狥私者曰，是棼更舊例．實削我權．不利一也．小人油滑者曰．我善鑽刺．自今權要不能吹噓一人矣．不利二也，權要欲遂屬托．自壓於輿論無私．不利三也．吏部四司官．不得顓陞京堂．不利四也，於治體有大利焉．吏部不得市恩植黨．傷皇朝治化一也．科道官知直己守道．不畏吏部．不畏內閣．以背朝廷二也．六部屬官．才德昭著．皆陞美秩．外任官．勞績昭著．亦陞美秩．蕩蕩平平之治．於聖治有光焉．三也．人思供職．紀綱自振．治化自淳．四也．斯議也．臣久欲上聞．惟慮事體未練．不敢輕率．或召棼更之嫌．

乃今謬承聖恩．署掌部印．推陞各項官員．日不可缺．積年錮弊．尚有悉宜條陳改革者． 俱口力未及．臣竊伏自念．若因仍舊弊．則吏部何以勵勸百官．何以贊襄治化．何以福澤天下．何以仰體聖心惓惓圖治之美．臣等曠職竊食．何以逃罪．乃謹畧述推陞京堂官府官兩欵積弊．伏惟聖明詳察焉．如可施行．乞賜明旨行部．著爲定例．永承式焉．奸臣不便己私．擅議改更科道官．指實糾罪．亦臣愚區區仰贊聖治之萬一也．

救積弊疏

霍韜

臣於嘉靖五年・十一月具奏・內外官員・遷轉資格・禁革贓吏・奉聖旨・內閣乃朝廷輔導大臣・調元贊化・朕自能酌處・其餘事情・着各該衙門查奏・着實舉行・不許輒拘近例・私狥人情・懲戒贓吏・着都察院申明律例・不許隱護・該衙門知道・欽此・吏部奉旨及今一年矣・不惟不舉行・且不查奏・科道部官・所以遞相視效・謂聖旨嚴重如此・敦切如此・吏部陰匿不行・即止矣・天下政事・千緒萬里・一人聰明・豈能遍察・由是黨與構結・以欺蔽陛下者・肆無忌憚・懲戒贓吏・都察院不惟不懲戒・且謂待贓吏不宜過甚・府縣自有司・所以風聞恣肆・謂聖旨嚴重如此・都察院陰沮不行・即止矣・遐荒萬民易虐・天門九重・孰與赴訴・故贓官愈橫・魚肉百姓・亦無忌憚・

臣觀陛下宮闈所需・動守祖宗成憲・惟公卿部屬・司府州縣・陰壞太祖之法・不知紀極・臣嘗錄進嘉靖第二劄・欲六部開具大數揭帖・庶幾百官有司・今日所行・與太祖定制增減異同何如・抄行吏部・未見擬議上請・臣所以反覆審思・謂爲治・斷在得人・使公卿不得人・雖有法・孰與守・郡縣不得人・雖有法・孰與行・陛下雖孜孜圖治・百官共爲欺蔽・雖有仁心仁澤・孰與敷宣於下・今翰林・科道部屬・鹽司・郡縣百官・見權在內閣・盡忠事內閣・權在吏部・盡忠事吏部・權在科道・盡忠事科道・惟事陛下不惟不盡忠・且共爲欺罔・何也・

蓋朝廷用人也・權爲臣下竊弄故也・陛下誠能奮自聖斷・敕吏部定擬資格・凡翰林・科道・六部郎中・六年九年攷滿・俱陞外任・知府・參議・僉事・副使・六年九年聲實著聞・即陞京職・畫爲資格・一定不易・使內外更遷・勞逸均適・爲經常可守之制・救積年重內輕外之弊・然後錯綜斟酌・自操駕馭之權・或特旨擢用・以示優崇・或不次超遷・以鼓舞材俊・若衆論公薦・或吏部保陞・必須特本題知・得旨俞允・然後推擢・則被拔擢者・將感恩圖報・未蒙擢用者・亦將激昂思奮・庶幾人人效忠・以供厥職・無復向日之貳心矣・此惟陛下淸心知人・建中立極・乃能行之・

若漢宋中常之主・喜佞惡直・寄耳目於近習・而用舍任情・則讒諂面諛之人・將乞哀貴近・以干進用矣・伏惟陛下・先命吏部・議定資格・以立萬世可守之典・然後容臣再陳知人之說・以盡任賢之術・則不惟可以激勵多材・足供任使・亦可預塞倖門・不滋後弊也・此法吏部決不願行・以其不利於己也・故奉旨一年・猶不查覆・則其情可見矣・巡按御史與攷功司・共爲阿黨・尤盜竊威權之最甚者・外官三年一攷察・已非古者九載黜陟之典矣・巡按在外或劾某官才力不及・攷功司即曰・本部所訪相同・而起送降調・或劾某官貪汙不謹・攷功司亦曰・本部所訪相同・而行令閑住・如此者月月有之・是外官月月攷察也・如是而求權不歸御史與吏部・豈可得也・如是而責外官不畏御史與吏部・豈可得也・如是而責御史吏部・勿擅作威福・豈可得也・蓋攷功郎中與巡按御史・握重權止一年・若非月月攷察・何以示其威權之重・招財賄之多耶・

陛下若申明舊制・凡御史舉善劾惡・攷功司附簿・俟三年

通查黜陟・不許月月攷察・其犯眞贓錢八十貫・銀八十兩・卽拿解京・絞諸都市・干屬死罪・三法司可以詳允公論徐定・權不專歸御史・贓吏亦不得輕縱・循良得以自立・吏部不致盜權・外任百官・不畏吏部・不畏御史・特感激效忠於陛下矣・此法吏部亦不願行・蓋禁其月月考察・削吏部威福十之四五・非己利也・陛下試令回語・月月攷察爲誰創例・弊情可見矣・京官六年一攷察・外官三年一攷察・蓋將黜不肖・勵賢圖治安也・

邇年吏部假攷察以作威福・科道假攷察以快恩讎・以故黜者・未必眞不肖・陟者未必眞賢・甚至顚倒公論・擯斥正人・如知州顏木守正不阿・喬宇嫉其囑托不行・卽黜之・知府徐盈謹循介潔・科道嫉其不能承順・卽黜之・御史謝源・伍希儒倡議勤王・喬宇忌其功在己上・卽黜之・僉事汪和介潔高古・都御史劉文莊代人報讎・卽黜之・戶部郎中張抉辰剛毅有守・吏部怪其不肯跪門・卽黜之・提學副使孫繼芳慷慨風烈・給事中巴思明代李昆報讎・卽黜之・副使魏校力行古道・給事中余經誤聽讒言・卽劾黜之・副使胡澧剛介有爲・流言中傷・卽黜之・修撰海康・編修王九恩・副使李夢陽・知州王廷臣・州判林希元・或天挺奇才・或敦朴質素・俱被奸人誣以罪狀・御史毛鳳檢束不無小過・風裁實出前烈・御史涂敬流言暗被中傷・志念實敦古雅・今皆廢黜・可惜也・此猶臣之耳目所及見聞者・耳目所未及見聞者・抱才負屈・豈可指數也・如是而求豪傑不喪氣・豈可得也・如是而求眞才勁節者・布列有位・豈可得也・如是而求各官不低首曲膝・如皂如丐於吏部科道之門・豈可得也・如是而求威福之柄・不爲奸臣竊弄・豈可得也・

臣嘗反覆思曰・吏部黜陟不公・各官無以自白・是吏部乃藏寃殖貨之府也・天生賢傑・豈奸人洩怒報怨之資耶・伏惟陛下・敕吏部查臣所舉各官・的有何過・有何實跡・憑誰流言・取各官面加質証・如果讒言中傷・各復原職・以仰佐聖明清平之治・仍敕吏部查照大明會典・凡黜退官無贓・一體舉用事例・再行申明定制・凡攷察官員・不許自行奏辯・聽原回籍・待公論既定・有自守無玷・或流言中傷・或風聞詿誤・或讎人誣詆・上官排陷・或雖有小疵・不妨大節・或少年過失無礙官箴・才堪舉用者・在京聽科道部屬・在外聽撫按有司・各舉所知・吏部詳察・所舉果協公論・卽將其人具名・請旨照舊推用・仍註舉主姓名・他年壞事・舉主連坐・庶幾舉者不敢輕濫・受舉者不敢苟且・正人直氣・不終受屈・讒人邪說・久得自明・各官得益堅所守・謂持正秉義・雖被枉于一時・然天定勝人・終有直于後日・正氣日勝・邪氣日消・往年奸人・皆將革心悔禍・太平可指日計也・此法吏部亦不願行・蓋以沮其威福之柄・黜陟與奪・不得自專・非己利也・

陛下試令查究攷察官・永不敘用爲誰創例・則其情與弊可見矣・太祖時許百姓綁縛贓官解京・洪武年間・一日盡拿五部贓官典刑・且以詔告天下・或謂太祖乘元人寬弛之後・故用重典・在太平時則不然・非也・三代而下・惟我太祖深得奉天子民之職・故於煢獨則恤之・養濟有院・漏澤有園・泰厲有壇・所以保憐窮民者・無所不至・惟贓官虐民者誅

之・奸吏殘民者誅之・豪惡病民者誅之・嚴刑在貪猾・寬仁在窮民・太祖之心・堯舜好生之心也・周家承商俗沉湎之後・羣飲者殺・夫飲酒人之常情耳・羣飲之罪・豈遽可殺・葢俗染已深・非極嚴救之不可也・今夫人之貪財・猶夫人之好酒無厭者・必敗五臟・五臟敗・卽死期將至矣・好色無厭者・必竭精血・精血竭・卽死期將至矣・好財無厭者必犯刑憲・刑憲叢積・卽死期將至矣・夫是三者・皆殺身物也・然而人不畏焉・反爭趨焉・何也・愚之極也・

我太祖皇帝嚴刑禁贓官・所以救贓官死命也・雖嚴以治之・實寬以生之也・猶夫周之酒誥・所以保全商人也・夫酗酒者・非死刑不禁・亦猶好色强奸者・非死刑不禁也・則犯法奸貪者・我太祖以死刑治之・萬世帝王・安養天下之法也・邇年贓濫之弊・文選賣選法・武選賣駁查・職方賣推舉・攷功賣攷劾・吏胥得賕・動以百計・儀制則親藩請封・吏胥索贓・亦以百計・外任百官・朝覲攷滿・送內閣銀百數兩・送吏部銀百數兩・送科道十數兩・乃得攷語稱職・故京官利外官賄賂・外官藉京官庇覆・內外交通・奸贓成市・故臣前日贓官處絞之議・不惟得罪外官・實亦得罪京官・不惟得罪一人・實亦得罪天下・是無怪乎・都察院謂爲過甚・而沮不行也・

臣見外任贓官・或法外科徵・或納賄鬻獄・皆以剝民骨血・扼人之喉・而奪其食・且非酷刑・則贓不可得・故凡貪官・衙門則獄多寃命・原其情罪・豈直處絞而已・惟寬縱既久・遽治以嚴・則人之犯法者衆・如盛夏之夜・倏繼以隆冬・則物之凍死者必多矣・故臣猶欲姑緩敎戒之・俟敕諭三年・然後行刑・則贓官縊頸而死・亦可以妻子勿怨也・此法內外百官亦不願行・葢人人省身・多犯此罪故也・惟聖斷必行・則天下廉吏・始有所勸・窮民始有所倚矣・

臣嘗謂・處天下・猶夫處家也・爲一家之主者・必計一歲所入・制一歲所出・復撙節別儲・以備凶荒・然後其家可保・若不計其家田畝租入之多寡・而多畜奴婢・多畜狗馬・多營房田・多崇侈靡・一歲所入・僅供一歲所需・甚或預借再歲之入・以救今歲之急・則其家業・決不可保矣・凶年饑歲・欲妻子勿流離・豈可得也・處天下亦若是而已矣・臣願陛下・先命戶部・會計天下每歲賦入何如・上供所需何如・宗藩祿米何如・文官廩祿何如・內臣祿米何如・軍職祿米何如・軍士糧餉何如・較之洪武永樂年間・所增何如・所減何如・開款詳具大數揭帖・上備御覽・六部亦查臣所進嘉靖第二劄・通攷六部事體・與洪武永樂年間異同增減何如・庶幾百官有司・始信今日陰壞祖宗之法・皆臣下之罪・陛下宮闈所需・猶遵太祖之制・而未始少變也・今百官有司見郡縣凶荒・倉廩乏竭・歲用不足・百姓流離・卽歸過陛下・不知天下賦稅所以供奉者甚少・百官軍士所蠹費甚不貲・非戶部會計・則天下之知其弊之所在・求天下治安・決不可得也・今之人見天下不治・災異頻仍・卽歸過陛上・然實不知皆臣子不職之罪也・

故臣縷縷陳請・欲百官有司各省己罪・而竭力效罪共圖治安・以仰答陛下孜孜求治理之心也・此亦用人行政之大畧也・伏惟陛下省覽・謂可施行・乃容臣備舉天下積年利弊詳陳焉・可效報一分・亦臣愚一分之職也・

儲材疏

昨見內閣題・奉聖旨・將翰林院官考選・量材任用・臣仰窺聖意・蓋欲鼓舞才俊・而甄別賢能・使養之今者・可以責其効於後・藏諸用者・可以冀其澤於民・將見大有爲之功・不淺小期望之而已矣・但今既行考選・雖足以盡得一時之賢材・猶須立定紀綱・斯可以永垂萬世之繩式・不然今之舉措・或貽他日之紛更・欲求眞材・終不可得・欲望至治・愈見其難矣・臣是以委曲思慮・謂翰林官員・猶有未盡稱職者・由始擇之不精故也・今考選之後・宜無不精矣・然安得屢舉攷選之法・以精于擇才乎・

且今官翰林者・既攷選而陞擢外任矣・任州郡者・乃不甄錄而遷調・翰林則布列州郡者・安知其不有遺才乎・是宜立爲定制・凡翰林春坊等官・有才堪牧民者・照常推陞・知府・參議・參政・等職・才堪風憲者・照常推陞・僉事・副使・提學・等職・俱與六部科道・一體陞擢・庶幾器識各有所宜・授任各得其當・不致枉其才而用之矣・若教官・知縣・知州有學識者・亦推補檢討編修等職・給事御史主事員外郎中僉事參議副使等官・有學識者・亦推補編修侍講侍讀等職・則才堪華國者・不終棄於外任・力堪大受者・不終止於小試・人人振奮・而多材日見其效用矣・

若內閣大學士之選・則亦不必因仍舊弊・拘定一途・凡巡撫方面部院等職・俱許通融推用・則出翰林者・固素日儲選之大才・而由巡撫方面者・亦一時遴選之豪傑・內外臣工・俱有輔德代賢之望・賢材不患其不奮庸也・考之漢朝・凡爲賢相・俱由郡守・考之宋制・凡爲宰相・須歷州郡・蓋取其更歷州郡・則知閭閻困苦・人情練達・政體通明故也・我朝若薛瑄入閣・則由御史・李賢入閣・則由主事・皆爲一時名臣・今大學士楊一淸・亦由巡撫而轉吏部・陛下已選任內閣矣・是誠立賢無方之術・變通可久之權也・然操縱之機・惟朝廷可以獨運・經常之式・則職守尤宜欽承・

伏願敕下吏部・會官詳議・立爲定制・永世遵行・如有經擅改更・許科道糾劾・即伏變亂成法之罪・則用人之權度・不致偏有重輕・而効用之賢材・不致偏有廢棄・立極垂式之謀・長治久安之策・莫有大於是矣・

論大臣封伯疏

伏見陛下論定策功・頒爵賞有差・大臣辭・不蒙俞允・臣觀大臣再四具疏・則其決不敢受・無俟臣言・臣今乃有言者・蓋將發明大臣之心・抑因以破前代之惑・立萬世大防爾・臣謹按・自古人臣宣力於國・皆得言功・惟立君不得言功何也・大事也・是故人君所履曰天位也・所受曰天命也・所承曰天統也・所當曰天心也・凡以言諸天也・生殺刑賞・天之權畀之君者也・使立君之功・出自臣下・是人君輕重之權・反操縱於臣子之手也・是臣子敢竊天命・以奪天權也・是臣子敢奸天秩・以瀆天常也・階禍孕亂・不可以訓・大臣不敢拜賜一也・

臣謹按・非軍功不侯・自古已然・大臣者不動顏色・安天下如泰山・顧不倍於軍功也・乃不侯何也・常事也・儒臣

自育之學校・拔之科第・授之官祿・豈曰如人家之畜犬豕然・故夫厲節匪躬・臨急制變・計安社稷皆常事也・故夫生則崇階厚祿・歿則祿廕子孫・常禮酬常功也・夫然後人安分義・而天下治也・侯伯防亂源也・大臣則託社稷之功封侯伯・奸人孰不幸禍變・以取富貴也・亂臣賊子所以接跡於天下也・今日大臣之功・其非臣職當爲耶・抑分內常事耶・大臣不敢拜賜二也・

陛下在藩・武宗在疚・海內皇皇焉・望陛下爲君・語有之・卜天命者・卜諸人心・陛下之有天下・天也・臣子敢貪於天功乎・大臣不敢拜賜三也・陛下以有天下爲樂乎・皇祖訓曰・凡古帝王以天下爲憂，惟創業之君・中興之主・及守成賢君能之・其尋常之君・將以天下爲樂・則國亡自此始也・則陛下有天下・適爲其艱且危也・非爲其樂也・陛下勿以天下爲樂・大臣得以定策爲功乎・大臣不敢拜賜四也・定策受賞古有之・博陸王莽其罪魁也・唐帝爲宦官所立者七・故天子稱宦者曰國老・宦者呼天子曰門生・侯伯封拜不足言已・亂轍也・惟韓琦范鎭・不聞受定策之賞・今日臣子將誰法耶・漢耶・唐耶・宋韓范耶・大臣不敢拜賜五也・

律曰・文官不許封公侯・爲法凜然・讀者骨寒・不言伯者・舉公侯・則伯在其中也・非軍功不與武廕制也・皆祖宗防末世之深慮也・大臣者・將克己守法也・抑狥一時之私・壞萬世之法也・大臣不敢拜賜六也・太祖時學士典文章・備顧問而已・宣宗後・職任漸隆・亦輔德代言而已・由洪武迄今・百六十年・無封伯與武廕者・天順時・奸臣徐有貞封武功伯・隨褫之・明鑑也・陛下忍令史臣書・學士封伯自陛下始乎・又忍令書曰・由學士封伯廕錦衣・自某學士始乎・不敢拜賜七也・

陛下纘祖宗之緒・以有天下・將推尊本生之親・不可也・況以祖宗爵秩・越制違古・私厚大臣・乃可乎・以祖宗天下尊陛下私親・大臣固曰不可也・況以祖宗天下陰厚大臣得自爲可乎・陛下舍興獻王墓・入奉大統・非利天下也・不得已也・今以定策推賞・是利天下乎・大臣不敢拜賜八也・陛下以纘大一統爲慶・慶有秩序・孝宗必以武宗不嗣爲慼・慼將何如・柰何以孝宗之慼・爲陛下之慶乎・夫世至不嗣甚禍也・爵至封伯甚幸也・柰何以武宗所甚禍・爲大臣所甚幸乎・大臣不敢拜賜九也・大臣者・正己格物者也・內官外戚・百僚庶士・具爾瞻焉・苟受非分之賞・則神龍有慾・人將豢之・天下理亂之機自是決矣・低首受賞・以禍天下・君子爲之乎・大臣不敢拜賜十也・

夫十不敢皆大臣肝膈至要也・大臣難自言・臣代言之・所以發明其固辭之心也・庶幾陛下無訝大臣固辭之過也・若外戚內臣恩廕・臣願陛下延詢太祖高皇帝故事・斟酌行之・太祖皇帝衝鋒鏑冒艱危・餘二十年・乃定天下・陛下守太平之業・可忘祖宗之艱難耶・陛下如念祖宗之艱難・試講求高皇帝時・閣臣權任何如・員數何如・錦衣職掌何如・員數何如・視今日增減何如・外戚寵數何如・可不更僕而知也・然必自早賜俞允大臣所辭始・臣所言・亦拳拳於大臣者・竊取先自治之義也・臣狂戇不識忌諱・惟聖明採納幸甚・

議鹽政疏

竊謂立法須公而溥．行法須嚴而密．然又善適變通之權．乃可久而無弊．唐劉晏只用淮鹽遂濟國用．臣今姑議淮鹽利弊．即天下可推也．國初以兩淮鹽地．授民煎鹽．歲收課鹽有差．亦猶授民以田．而收其賦也．惟鹽課條例云．凡各灶丁除正額鹽外．將煎到餘鹽．夾帶出塲．及私鹽課賣者絞．然則耕民納賦租外．將餘粟貨賣者絞可乎．此法良有深意．而後人失之也．淮鹽原額歲辦三十五萬引有奇．後改辦小引七十萬有奇．然兩淮鹽課．除正額外．猶產餘鹽三百萬引有奇．今正額已不得多取餘鹽．復不得私賣．則三百萬餘鹽．安所消遣乎．

兩淮行鹽地方．南盡湖廣．西抵河南．東盡東海．地方數千里．人民億萬家．所仰食鹽只七十萬引．饔飧安所取足乎．是無怪乎私鹽橫溢．而鹽價貴湧也．國初灶丁辦鹽．每引四百斤．給工本鈔二貫五百文．蓋洪武年間．鈔一貫直錢千文．故灶丁得實利如是．而冒禁賣私鹽．絞死可也．今鈔一貫不易粟二升．乃禁絕灶丁勿賣私鹽．是逼之餓以死也．此後來行法之弊．非初年之失也．正統二年令曰．貧難灶丁．除正額鹽．照舊收納其餘鹽收貯本塲．每二百斤官給米麥二斗．十三年令曰．每餘鹽二百斤給與米一石．若餘鹽二百斤．灶丁實得米一石．乃私賣鹽．即絞死可也．

蓋當時此令雖出．而米實無措．故官司徒挾此令．以征取餘鹽．實不能必行此令給民米麥．且貧弱灶丁．朝有餘鹽．夕望米麥．不得已則先從富室稱貸米麥．然後加倍償鹽以出息者有矣．故鹽禁愈嚴．貧灶愈多．此之由也．貧民賣私鹽．人即捕獲．富室賣私鹽．官亦容隱．故貧灶餘鹽．必藉富室乃得私賣．富室豪民．挾海負險．多招貧民．廣占鹽地．煎鹽私賣．富敵王侯．故鹽禁愈嚴．富室愈橫．此之由也．且法愈嚴．則利愈大．頑民見利而不見法．淮安頑民數千萬家．荒棄農畝．專販私鹽．挾兵負弩．官司不敢訶問．近年恃衆往往爲刼．此隙不弭．必貽大患．不止沮壞鹽法而已．

然既不能講求古法．以處置餘鹽．復不能變通鈔法．以補給工本．則貧民何所仰賴而不爲變．故鹽禁愈嚴．盜賊愈多．此之由也．此鹽塲灶戶之利弊也．洪武年間招商中鹽．每引納銀八分．官之征至薄．商之獲至厚．攷鹽價平賤．民亦受賜．永樂年間．每鹽一引．輸邊粟二斗五升．商務雖加．邊糧仰足．民亦受賜．自永樂以前．淮鹽開中．歲無定額．永樂以後．歲定七十二萬引．後定七分．常投三分存積．夫曰常股．猶常行也．商人先納邊糧．乃給引目．守塲候支常年鹽也．有守候數十年．老死而不復支者．今兄弟妻子代支之令可考也．

曰存積者．積鹽在塲．遇邊糧急缺．乃倍價開中．越次放支之鹽也．此奇貨罔利．非王法正道．成化以後．准納折色．每鹽一引．准納銀三錢五分．或四錢二分．又令云．商客若無見鹽．許本塲買補．夫曰本塲買補．即開餘鹽私賣之禁矣．故奸商借官引．以影私鹽．然商人灶戶兩得贏利．州縣民士．亦食賤鹽．故私鹽愈行．則官鹽愈壅．而法遂大壞．今兩浙鹽課．許納折色之令可攷也．宏治正德年間．或權奸奏討·或勳戚恩賜·皆納引目·自賣餘鹽·故法遂大壞·而鹽亦平賤·復有各年開中未盡鹽·名曰零鹽·秤掣餘鹽·堆積在所·名曰所鹽·皆權要報中·借影私鹽·遂壅正額·故正德以前·蓋價雖平·而正課日損·自御史秦鉞奏策所鹽秤掣餘鹽·每二百斤作一小引·稅銀一兩·則取之過重·自御史戴金奏減鹽價·每鹽一引納銀八錢·庶幾適中·

今之議者復論鹽包過大·皆不知本末之見也·蓋洪武年間·鹽一引·納銀八分而已·永樂年間·納粟二斗五升而已·今則每引·納銀七錢五分矣·權勢賣窩·復取利銀二錢矣·復以長蘆兩浙兼搭配支·商人一身三路支鹽·勞費殆不貲矣·計淮鹽一引·蓋用銀二兩有奇矣·商人轉販復以市利·則鹽價益湧貴·乃其所也·夫正鹽湧貴·則私鹽盛行·私鹽愈行·則正鹽愈滯·亦乃其所也·此商人中納利弊也·今欲復洪武之法·則有上策·欲救今日之急·則有中策·區區修補近年利弊·則已無策·

何謂上策·須變通鈔法·鈔法重·則錢法均·而鹽法行矣·今若立法·使鈔一貫·值錢千文·灶丁得爲實利·則額鹽一大引·給工本鈔二貫五百·餘鹽一小引·亦給工本鈔二貫五百·各場餘鹽·盡屬之官·私挾私賣·即處絞勿贖·則兩淮正鹽·七十萬引·餘鹽三百萬引·舉可招商開中·或如永樂時例·一引輸邊粟二斗五升可也·或如成化時例·一引折銀四錢亦可也·若國貨充足·如洪武時例·一引納銀八分·富藏於國尤可也·蓋私鹽行·由正課重也·正課輕·私鹽不禁自止矣·私鹽塞·正課流·邊儲自實矣·故曰上策·

何謂中策·須更爲令曰·凡各商人·中正額鹽·一百引

許帶中餘鹽三百引·正鹽納邊糧五斗五升·餘鹽納邊糧二斗·聽與灶戶價買·又嚴爲令曰·客商借官引影私鹽·灶戶不辨驗官引·輒賣餘鹽者·各照私鹽律·絞勿贖·又嚴爲令曰·正鹽一引只二百五斤·餘鹽一引·亦二百五斤·革近年大包之弊·革今年勸借米麥之弊·革鹽場積年轄害客商之弊·三邊選廉而有才者一人爲提督·都御史兼三邊勸農·使遇鹽商納糧·即與收受·糧賤許納本色·糧貴許納折色·俾商無久淹·凡積年所以爲商人害者·阻壞鹽法者·悉與革絕·復選廉而有才者一人爲漕運都御史·兼理鹽法·俾自舉用運使提舉等官·凡商人納完糧料·即與交鹽·勿得久淹·凡積年爲商人害者·阻壞鹽法者·即與革絕·漕運都御史與提督都御史·鹽課邊儲·互相關通盈縮·交與接濟·利病均爲欣戚·邊方腹裏·共爲腹心·兩都御史·如左右手·然後足以集事·行之數年·即邊儲可足·乃以餘積·召募游民·開墾邊地·勸課農畝·邊地愈闢·邊防愈固·百年之利也·故曰中策·

何謂無策·洪武初·給灶丁鹽地·復給草塲所·以利灶戶者甚厚·額鹽一引·給工本鈔二貫五百·復免灶丁雜差·所以資灶丁者甚厚·歲課止七十萬引·所以取之者甚薄·惟餘鹽不許私賣·有餘鹽即給官鈔收之·下以資灶戶·上以總利權·而均其施·天下食賤鹽之利·灶戶無餘鹽之滯·其法極善·自鈔法不行·則官司無術以處餘鹽矣·乃曰挾餘鹽者絞·販私鹽者絞·果可行乎·行之而嚴·即灶丁空腹以死·不然即爲變·行之而寬·即三百萬餘鹽之利·盡入囊橐矣·法之弊而窮者一也·灶丁窮矣而逃逋·乃區區賑濟·區區招

復・千日握其喉・一朝與之食・可聊生乎・故撫賑徒勤・逋逃益甚・法之弊而窮者二也・招商中鹽一引銀四錢・已重矣・今復加而七錢・尤重矣・買窩賣窩・刻取二錢・邊上科罰・或三四錢・勸借米麥・亦復二錢・殆不知幾倍重矣・稅愈重・則利愈大・奸人避重稅而趨大利・避重稅・則正課壅・趨大利・則私鹽行・私鹽愈溢・正課愈壅・雖絞刑治之・不可禁遏・況有贖刑之令・有獲鹽不獲人不問・獲人不獲鹽不問之令・蓋開寬路示之趨矣・則私鹽如何不益溢・正課如何不益壅也・法之弊而窮者三也・

私鹽盛行矣・官兵捕獲迄無寧日・頑民挾刃・牽而旅拒・在揚子江及海港者・高檣大舶・千百為聚・行則鳥飛・止則狼踞・殺人刼人・不可禁禦・官兵敢遠望而不敢近詰・在兩淮通泰寶應州縣民・厭農田惟射鹽利・故山陽之民・十五以上・俱集武勇・氣復頑悍・死刑不忌・前年流刼・幾致大變・故淮安官軍・不惟不捕私鹽・且受餌利・而為護送出境矣・山東官軍・不惟不捕私鹽・反向鹽徒丐鹽充食矣・鹽徒千百・白日挾刃徑行州邑・官兵不敢誰何矣・州縣不敢言・科道不肯言・陛下高拱・焉得知之・抑亦諉曰・事弊已極・無可奈何・再及數年・則官兵之追捕日嚴・鹽徒之旅拒日銳・拒捕之跡日著・則惡惡之狀日深・官司列罪狀以請法・愚民罹罪罟乃逃生・出不獲已・必激他變・將誅夷之・則情可哀恤・將緩縱之・則頑獷愈甚・禍釁所極・遂有不可言者矣・法之弊而窮者四也・故曰無策・

臣嘗竊曰・治鹽利・猶治河患・不從雍冀孟津懷衞・引為陂堰・鑿為溝渠・以廣其利・而分其勢・乃從徐沛下流・浚其淤土・厚其堤防・則愈浚愈淤・愈築愈潰・亦勢也・自正統以後・講治鹽法事例・叢瑣無益・鹽利祇足驅民為盜而已・故今欲興淮鹽之利・須選淮安漕運及三邊提督都御史・講求其法・而責以底績・選人得失・盡託專暫・成效虛實・尤宜責之吏部・期之數年・鹽利不興・邊儲不實・邊民不蕃・邊地不闢・不收久大之效・而坐策治安・兩都御史吏部尚書侍郎・誅罰連坐・然後任人者・不敢苟且・任於人者・不敢怠玩・而政有實效・此兩淮利弊也・舉兩淮・即天下可知也・

議處黃河疏

臣前月過徐州・聞建議引河水自蘭陽縣・注於宿遷・少殺河勢・庶徐沛不致泛溢・運河不致沙淤也・臣與少詹事方獻夫議曰・水溢徐沛・猶有呂梁二洪為之束捍・東北諸山聯亙環列如垣・如防水患所及・猶有底極・若引河水自蘭陽縣・注於宿遷・則鳳陽歸德・平地千里・河遂溢決而奔放焉・恐數郡一壑・其患不止徐沛一州縣而已也・第聞時有定算・臣亦不及竟言・恐浮議壞其成事也・今河水愈滋・運道猶阻・則臣前議・猶宜及今言之・備行事者采焉・

竊謂今日所急・宜先疏通運道・然後議處徐沛水患・此緩急之序也・前議起河南山東丁夫數萬・疏濬淤沙・以通運道・然沙埿隨水自高而下・勢無限極・挑斡未畢・潦水旋至・沙復淤矣・是雖日役萬夫・力亦不足也・今沛縣河淤・運舟皆由昭陽湖入鷄鳴臺・至於沙河所迂之路・不過百里・惟湖面寬濶・夏秋水溢・波濤汹湧・既有覆溺之虞・冬春水

涸・復有膠淺之患・若沿湖側畔・築砌長堤・濬爲小河・河口爲閘・以時畜瀦・水溢可備風濤・水涸易爲疏濬・目前運道・可以無阻・三月即土堤可成・一年即石堤可成・用力少・取効速・黃河愈溢・運道愈利・較之役丁夫以濬淤土・愈濬愈淤・勞佚大不侔也・近山東簽事江良材到京・守土官也・臣與面議・亦曰此策若行・一時之利也・

前議疏濬蘭陽縣・蓋將少殺河水上流之勢・以救徐沛墊溺之患也・惟蘭陽潰溢・遂貽鳳陽歸德千里爲壑之憂・不若疏通衞河・上接黃河・可得三利也・按古黃河・自孟津至于懷慶・東北入海・今衞河自衞輝府汲縣至臨清・至天津入海・猶古黃河也・三代以前・黃河東北入海・宇內全氣・隨而鍾聚・雍冀齊魯・聖賢迭生・漢時河決頓邱・遂漸南徙・隋煬帝引河入汴・引汴入淮・宋熙寧十年・北河斷絕・黃河南流・宇內全氣・遂隨遷轉・六朝南宋偏安・江北亦天地大氣機也・元朝建都於北・夷狄不足當中原全氣・我太宗皇帝・定鼎神京・宇內元氣・亙千萬年而獨盛・

元末河決曹州・宏治年間・河決張秋・皆東北方也・宇內全氣自南而北・拱衞皇極之兆也・今圖便宜之策・自河陰原武懷孟之間・審視地勢・引河水注於衞河・至于臨清天津・則不惟徐沛水患可殺一半・京師形勢亦壯一倍也・此其爲便利者一也・按元人漕舟涉江入淮・至於封邱・陸運一百八十里・至于淇門・入于御河・達于京師・御河即汲縣衞河也・今由河陰原武・或孟津懷慶之間・擇地形便・導河水注於衞河・冬春水平・漕舟由江入淮・泝流至河陰・順流至于衞河・沿臨清滄州至于天津・夏秋水迅・仍由徐沛達于臨清・至於天津・是一舉而得兩運道也・

開一衞河・可殺徐沛上流之患・可免鳳陽州邑潰溢之虞・可策運舟兼濟之利有如此者・倘曰人情不便・地形不利・功費不敷・時宜不合・則未能懸斷・須府縣開具以不便狀・然後爲之詳曲酌議・求善其後・庶幾南北兼濟・此其爲利者二也・按黃河南流・徐沛受患・若分流于北・德州滄州或亦受害・不可知也・皆人謀之失・非地道之尤也・夫水之流行于地・猶血之運行于人之身也・血在人身・調理中節矣・潤吾之毛髮・澤吾之體膚・皆血之能也・或調理乖方・血注于下・積爲痔瘤・血焦于上・髮膚燥槁・一人之身・厲爲尫弱・亦勢所以至也・今黃河之水・自西域注于徐沛・溢潰橫決・猶血注於下・積而爲痔也・自孟津懷慶・疏一支于海・猶血運于肘股也・沿河州郡疏爲溝洫・引納河水・旱以灌亢・潦以洩淫・水有所歸・不爲大害・猶血運於肌膚・全體愈光澤也・

又自陝西沿邊・築爲邊牆・窪爲溝渠・尋秦漢故迹修復焉・邊牆外固・溝渠內深・內資灌漑・外禦夷虜・徐沛上流・又殺一半河水之利・濟及全陝・猶血運於頭顱毛髮之潤也・臣聞今大學士楊一清云・陝西沃壤・若得人力盡闢新之・三邊軍餉・不煩饋運・自然饒裕・又聞臨清備副使周用云・臨清地方若修溝洫・不惟可備旱潦・亦可捍禦戎馬・臣問曰・恐功役勞斂・民未見利・先怨其害・胥讒並興也・周用云・欲開溝洫・須良有司・先開數里・爲民倡率・一二年後・民得實利・自然爭先爲之・庶令不煩而事可集・臣復問曰・誠如是也・幾年可成・周用云・一年可創其始・三年畧見其效・

十年可要其成．臣謂此策果行．不惟可治河患．山東河南北直隸郡縣．且轉瘦敝爲富饒矣．聖賢範圍天地．參贊化育之實功也．禹卑宮室．盡力溝洫．非虛談也．期十年之力．聖德神功．配天無極矣．此其利者三也．萬世無窮之策也．

區畫纖悉．未能遽盡．謹述其概以獻萬一．惟聖明少垂省覽．如可施行．勅下該部詳議．臣且再考古今事宜．畫爲再本．以備討論．果可舉行．亦地方之幸也．

大同事宜疏

臣今日寅刻．欽奉聖旨．會同多官．推舉大臣．去大同賑濟．併查勘各項功罪．臣對衆言曰．今日此舉．關係國體重輕．關係地方安危．有長遠之慮．不可苟且爲目前之計而已也．諸臣皆享食厚祿．及小有事變．無一人爲朝廷任其憂者．獨煩聖主勞心於上．天下萬世其將謂何．惟臣語言謇拙．不能盡達誠意．故在列工．猶有未諒臣之心者．臣謹畧陳大要．伏惟聖明采焉．倘可施行．亦地方之幸也．臣竊謂大同叛卒．頑悍之日久矣．始殺張文錦．是謂以下犯上．律皆合斬．再殺李瑾．凡共謀者．不分首從．律亦合斬．彼乃死罪不忌．復聚衆搶刼人財．姦人妻女．抗抵官軍．勾引達虜．殺我平民．是謂謀叛．律亦皆斬．

然而在列臣工．無一人敢執正律．定議其罪者．何也．蓋由儒臣素不知兵．少遇變故．即倉皇失措．故皆爲苟且自安之計而已矣．非有能爲久遠之慮者也．以聖朝全盛之兵力．不能制此叛卒．是在列臣工．真無一人足倚任也．臣實恥之．臣今試陳制勝之畧．然後述處之之策．伏惟聖明采焉．今之議者曰．大同城極堅．未易攻也．臣則曰．惟是愛惜吾城．不忍攻破之耳．且因討叛卒數百人．遂破一城．豈不可惜耶．如曰必破之也．盍用李光弼破史思明之策．穴爲地道．則堅城數十丈．可刻期陷而破之矣．議者又曰．不忍破城．則將圍困之．惟大同糧餉．素稱充實．未易困也．臣則曰．困之可指日致彼伏辜也．前日官軍攻奪關廂城內．已坐困矣．彼所幸者時值冬月．故困未極耳矣．若春夏之月．冰凍既消．濕熱薰蒸．糞穢堆積．惡氣相染．閉城三月．人自死矣．人見死亡．自相離叛．自相讎殺．城門不攻自開矣．良民自將稽首迎我矣．自古豈有孤城受圍數月．不自破者哉．

議者又曰．叛軍再引山戎．我軍腹背受敵．可慮也．臣則曰．山戎如自圖入寇．則彼爲謀必深．其氣必銳．可虞也．今叛卒誘之而來．則彼所利者．叛卒金帛耳．得利則退．不能居久．彼謀不深．氣亦不銳．吾據險待之．堅壁勿戰．徐設伏．要其歸路．山戎可擒也．前月官軍．如移攻城之力．築一小城于大同城之前．申令曰．凡叛卒自相擒斬出首者．與免本罪．城中良民赤身素手出城者．不許官軍擅殺．城中官軍．非叛卒黨者．赤身來歸．皆給月糧．惟叛卒出城拒敵．乃執殺之．不出城不殺也．如示以久困之計．良善知有生路．不肯助逆．叛卒知計日窮．悔罪自伏矣．此趙充國困西羌之策也．山戎雖或再來．吾軍有城可守．叛卒雖或出敵．吾則以逸待勞．坐收平定之效．不煩聖明北顧之憂矣．此制勝之策也．今叛卒已斬首惡以獻矣．城中已相安矣．官軍已發遣矣・此策已不可復用矣・惟是遣官行勘・不知城中首惡・果盡擒否也・前日彼所自殺・不知果眞正首惡否也・城中隱伏・不知尙有首惡脫免否也・如將覈實眞僞・姦人避罪・將爲訛言以搖衆心・曰朝廷查勘我罪・不赦我也・叛卒危疑・又將圖變・將何如處之・此宜預定廟謨者一也・

若曰首惡眞僞・俱不查究・惟查究官軍罪過・邊鎭旁觀・必竊竊曰・叛將殺主將殺官軍・罪俱不問・只官軍失律者・乃究問耳・自今巡撫總兵・有不良者・我率衆殺之・據城以叛・朝廷不忍戮及平民・又將饒我・如是則邊軍效尤皆敢犯上・紀綱之壞・不可振救也已矣・唐人藩鎭之亂・起於姑息・爲世永鑒・此宜預定廟謨者二也・

叛卒殺主將・其來有漸・其始也只殺參將賈鑑・若巡撫張文錦能善處焉・豈至殺身・及殺張文錦爾時・卽正首惡之罪・脅從者赦之・散遣之・各復原籍・俾各相安・不生疑畏・不相屯聚・則無今日之變矣・今殺李瑾・復拒官軍・復圖叛逆・罪益著矣・雖聖明寬大之恩・赦不問矣・惟彼益懷疑畏・益懷反仄・益相屯結・自今主將一切寬縱之・彼益驕驁・曰爾雖主帥・然生死之命・在我手也・少繩以法・彼則奮然憤・哇然聚・又殺主將・又據城以叛・禍亂遂不可究也矣・

今差去大臣・若宣揚聖明德意・曰爾叛軍論罪・俱合斬・惟念人衆・盡誅之・實可憫・若復追究首惡・又致人心疑駭・今俱寬宥不問・仍量賑給爾・俾爾各全生命。保爾妻子・惟爾罪過・其積有漸・今雖有爾・心尙懷疑・巡撫總兵官心亦防爾・上下交疑・是無寧日・今分遣爾散回四州七

縣・防守各邊・或退回本軍・另千戶丁補伍・俾爾各安生業・永無疑變・仍諭之曰・聖朝兵力・欲戮爾叛軍不難・惟我皇上體天地生生之德・不忍殺爾・爾再愚頑不省・是爾自促罪・如是則叛卒畏威懷德・或必聽順・若再疑變・又將圖所以善處之・必叛卒相安邊鎭無虞・乃爲上策・皇上同天之度・奕世無疆之休・端在此舉・此宜預定廟謨者三也・

臣之愚策・早晨不得僃言・且口談無稽・無由上達宸聽・謹述畧簡・下塵聖覽・尙有未盡機宜・容臣逐漸開具・

夷情疏

竊見近日兵部覆題・西番通貢事宜・尙有遺慮・臣謹陳其畧・請自聖裁・謹按永樂年間・封哈密爲忠順王・一以斷北狄右臂・二以破西戎交黨・外以聯絡戎夷・察其逆順而撫馭之・內以藩屛甘肅・而衞我邊郡・古帝王制外夷・安中夏之長策也・自土魯番攻陷哈密・奪我金印・據我城池・屢年經畧・未見底定・前次都御史陳九疇建議曰・欲制西番・使獻還城池・須閉關絕貢・蓋謂西番仰命中國・惟通貢貨易也・若絕不通貢・則彼也欲茶不得・發病腫死矣・欲麝香不得・蛇蟲爲毒・麥禾無收矣・是故閉關絕貢・所以扼西番之喉咽・而制其死命也・

惟彼也貢路不通・死命不救・遂嘗舉兵擾我甘肅・破我寨堡・殺我人民・邊臣苦於支敵之不給也・復有開關通貢之議・奉有聖旨・若土魯番有悔罪眞正番文・獻還哈密城池・獻還人口・卽許通貢・是我聖上・因通貢之機・廣遷善之路也・中國待夷狄之體也・今西番求貢・尙書王瓊譯進番文一

十餘紙・俱裔夷小醜之語・無印信足徵之辭・則土魯番未有悔罪之實可知也・彼未悔罪・遽許通貢・恐戎心益驕・後難駕馭・而邊患愈滋也・可慮者一也・

哈密城池・雖稱獻還・乃無番文足據・不知後日作何興復・或者遂有棄置不問之議・夫土魯番之無道也・圖我哈密久矣・我遂棄置不問・彼愈得志・將劫我罕東・誘我赤斤・掠我瓜沙・外連北狄・內擾甘肅・而邊患遂溥矣・可慮者二也・牙木蘭者・土魯番腹心也・擁帳二千・稱降於我・然在牙木蘭・則曰來降也・在土魯番書・則曰不知彼去向也・以事理觀焉・豈有擁帳二千・遠來欵塞・彼乃不知耶・安知彼非詐降・餌以誘我・他日犯邊・則曰我納彼叛人・彼來報復也・又曰我不歸彼叛人・彼不歸我哈密也・自是哈密永無興復之期矣・彼擁衆坐大・而我之邊患愈無休息矣・可慮者三也・

牙木蘭之降也・廩餼口食・仰給於我・費已不少矣・猶曰羈縻之策・不得已也・若土魯番雍衆叩關・曰取彼叛人也・將驅牙木蘭而與之耶・彼則詭曰降也・以投生也・今出則死而不肯去・將從而納之耶・恐爲內應・而有肘腋之憂・土魯番擁兵於外・牙木蘭爲變於內・卽甘肅危矣・可慮者四也・此臣所以爲西邊慮也・或曰今陝西飢荒・甘肅孤危・尙慮不保・雖棄哈密可也・臣則曰・保哈密所以保甘肅也・保甘肅所以保陝西也・若曰哈密難守・則棄哈密・然則甘肅難守・亦棄甘肅可乎・因棄甘肅・併棄臨洮寧夏可乎・西北二邊・與虜爲隣・退尺寸・則失尋丈・是故疆埸棄守之議・不可不愼也・

聖明在上・將蒞中國・撫四夷・追復帝王之盛・以增光祖宗・乃勸皇上・輕棄祖宗疆埸可乎・或曰・然則漢棄珠崖・宣德間棄交趾・不可耶・臣則曰・北狄南蠻・體勢則殊・珠崖交趾・吾欲棄之・置之化外而已・彼不吾毒也・若西北二邊・則據險以守・我失險・則虜得險矣・賊虜據險・則中國大患・遂無窮已・宋人西失寧夏・北失幽燕・國遂不振・然宋人且以漢棄珠崖藉口・是其學術殺天下也・可不戒乎・交趾自秦漢迄唐・入中國爲衣冠文物之鄉者千年矣・非上官州郡化外之夷之比也・楊士奇援漢棄珠崖例棄之・乃陋儒當權・上下晏安・貨賂公行・紀綱不振・擧版圖十郡之地・棄置不守・蓋若考作室・乃不肯堂者也・楊士奇者・太宗皇帝罪人也・又足法乎・

或曰哈密自成化九年失之・二十年收復・宏治六年失之・十一年收復・正德六年復失之・而襲封忠順王者・且降于土魯番矣・今雖取還城池・無人與守矣・勞中國以事外夷・恐非計也・臣則曰・保全哈密・則赤斤罕東・聲勢聯絡・西戎北狄・幷受制馭・若失哈密・則土魯番酋併呑諸戎・勢力日大・我之邊患日深・是故保哈密所以保中國也・不得已也・昔者太宗皇帝之立哈密也・因胡元遺孽・力能自立・而遂立之・借之虛名・而我享實利者也・今哈密之嗣三絕矣・天之所廢・人誰能興之・議者必求哈密之後乃立焉・亦見其固也・苟於諸夷求其雄傑・足以守我城池・護我金印・和戢諸戎・修我貢職・力能自立・卽可因立之矣・固不必求胡元之孽可也・

或曰宏治十年・土魯番酋要我封爵矣・求主哈密矣・

然則爾時何不因遂立之．乃必求胡元遺孽．而啓數十年之紛紛耶．臣則曰．土魯番酋志吞哈密併爲一國．則將遂霸西戎．且連北狄．爾時若假之封爵．是虎而借之翼也．若析爲兩國．而控制之．亦其可也．今遣諜告諸西戎．曰中國所以閉關絕貢．非爾諸戎之罪也．土魯番不道．滅我哈密．蹂我疆場．將興問罪之師焉．故先閉關制其死命．爾諸戎無罪．不得通貢．實土魯番之故也．爾諸戎有併心共力．破滅土魯番．卽封爾爲忠順王．授爾金印．以主西戎．又因牙木蘭之來降也．諭之曰．爾舊則土魯番之腹心也．今降則我中國之藩翊也．爾力能立於哈密乎．卽以封爾．三年之後．爾能和戢哈密．卽授金印爲忠順王．長爲中國衞．則主哈密者．雖非胡元之裔．亦不失我中國封爵之體矣．權以通變．變以從時．是古邊將之任也．閫外之責也．朝廷勿與知焉．而假之便宜之權可也．

或曰今日忍棄哈密豈得已也．甘肅去年銀一錢．易粟四升．今銀一錢．易粟二升矣．軍士空腹．救死不贍．在甘肅且凜凜．何有於哈密．臣則曰．此則戶部之罪也．昔我太宗皇帝之供邊也．悉以鹽利．其制鹽利也．鹽一引．輸邊粟二十五升．是故富商大賈．悉於三邊自出財力．自招游民．自墾邊地．自藝菽粟．自築墩台．自立堡伍．歲時屢豐．菽粟盈倉．至天順成化年間．甘肅寧夏．粟一石易銀二錢．時有計利者曰．商人輸粟．二斗五升．支鹽一引．是以銀五分．得鹽一引也．請更其法．課銀四錢二分支鹽一引．銀二錢得粟一石．鹽一引得粟二石．是一引之鹽．致八引之獲也．戶部以爲實利．遂變其法．凡商人引鹽．悉輸銀於戶部．間有輸粟之例．亦屢行屢止．且雖輸粟．亦非復二斗五升之舊矣．

商賈耕稼．積粟無用．遂撤業而歸．墩台遂日頹壞．堡伍遂日崩析．游民遂日離散．邊地遂日荒蕪．戎虜入寇．一遭兵創．生齒日逆．凋落邊方．日遂困敝．今千里沃壤．莽然蓁虛．稻米一石．直銀五兩．皆鹽法更弊之故也．然則欲足邊糧．其復太宗鹽法乎．或曰輸粟支鹽．則邊地日墾．邊民日繁．邊粟日多．而鹽價亦平．輸銀支鹽．則邊地日荒．邊民日耗．邊粟日少．而鹽價亦貴．若然．則安邊足用之長策．莫善於太宗皇帝之鹽法矣．戶部何爲而不行乎．臣曰輸粟於邊．則利歸邊民．若輸銀於戶部．則利歸戶部．今戶部之徵鹽銀也．計銀一萬．加耗千兩．下自吏胥皂卒．上而郎署卿佐．俱蠶食餌利焉．若行輸粟之令．則戶部失耗銀之利矣．是故謹守弊法．而不肯復太宗之令典也．此皆臣愚博采衆謀．復相辯詰．過不自揣．其爲狂瞽者如此．

伏惟陛下．勅問兵部．土魯番叩關求貢．有何印信悔罪番文．哈密城池作何興復．牙木蘭來降．其誠其僞．作何料理．務出萬全之策．勿墮狡戎之謀．再勅戶部．甘肅邊糧．累年缺乏．若何而爲．目下賑救之策．若何而爲．經久餽贍之策．詳畫上聞．取裁聖斷．臣愚且見中國奠安．萬世永賴．區區裔夷之向背．付之邊臣．一叱咤而定矣．不煩聖明轉側西顧之勤也．

裨東宮聖學疏

臣等．伏蒙聖恩．擢補東宮官僚．恩命下臨．無任感激·古人蒙一飯之惠·猶思效報·聖上特擢臣等·隆以清秩·委以重任·豈直一飯之德比也·臣等所由萬倍感激·圖報無涯也·仰惟皇太子·今未出閣·臣僚未得供職·未得陳說文辭·圖以涵養睿資·預培聖功之基·惟日聞正事·見正事·習正道·久而默化·習與性成而已矣·臣等又聞·古昔聖學圖史箴誡曰·陳于前·於以維持身心無不備具·進善之旌·誹謗之木·朝夕飫聞·善言日進·則德日崇·謗言日聞·則過日寡·帝王樂求謗言何也·圖以優進聖域也·

臣等竊取古意·繪爲聖功圖一十三幅·裝爲一冊·獻上東宮殿下·其一曰·文王世子問安·次二曰·文王世子視善·願皇太子大孝·師文王也·次三曰·文王世子齒胄·願皇太子默契古聖王謙德也·次四曰·漢儒桓榮授京·見東漢猶存古風·去隆代未遠也·次五曰·神堯茅茨土階·願皇太子知我宣宗章皇帝聖德·上符神堯也·次六曰·大禹菲飲食·惡衣服·願皇太子敦儉重祀也·次七曰·大禹卑宮室·力溝洫·願皇太子效聖王嗇身勤民也·次八曰·周王稼穡艱難·願皇太子默契帝王傳授心法也·帝王知稼穡艱難·乃知民命之依·不恣逸慾·所以祈天求命也·次九曰·周室后妃蠶織·願皇太子知帝王家法也·后妃知蠶織之勤·乃知綺綉難保·不敢侈也·次十日·宮中隙地種蔬·願皇太子知我聖祖感德·同符堯禹也·萬世太平之丕基也·十一曰·西苑耕稼·願皇太子知我聖上恤民·稼穡艱難·同符成周·上契舜禹也·十二曰·西苑蠶桑·願皇太子知我聖上家法·即成周家法也·關雎麟趾之風也·十三曰·商王高宗訪道·願皇太子知帝王聖學也·聖王務學勤誡·賢臣語學諄切·莫盛於高宗傅說·萬世準極也·是圖次先後微意也·伏願皇上少垂聖覽·

如謂臣等所繪圖冊·或有小裨東宮作聖之資·勅下內侍謹厚人員·將臣等所繪圖冊·時進皇太子觀玩·末用講解文義·且觀圖象·因象得意·契悟自深·愈於講說之煩也·臣等據事直辭·無所忌諱·雖未及古人拾遺補過之盛·亦庶幾言無僞飾·欲皇太子預養納言之量·無俾古人樹誹謗木者專美於前也·又圖像惟繪大意·於古之服器制度·俱未精攷·神堯大禹高宗文王·及漢明帝傅說桓榮·或冕裳·或便服·惟據聖賢圖像繪寫·未敢謂肖眞也·至於字畫·惟憑儒士勞良佐·陳鈿按書冊謄錄·雖有差訛·不敢洗補·臣等演說誤謬·亦由學識膚淺所致·臣等謹備陳罪狀·伏乞聖明·察臣等感激圖報之誠·諒臣等獻芹之悃·恕臣等誤謬之故·宥臣等不識忌諱之謬·特勅內侍人員·時進東宮睿覽·達臣等區區微誠·臣等不勝戴恩懼罪·屛伏戰慄之至·

乞宥憲臣疏

臣等昨見錦衣衞奉聖旨·拏到江西提學副使徐一鳴·下鎭撫司收問·竊詳聖意·蓋慮徐一鳴行事乖方·致生他變·故逮治之·上以昭九重恤憫元元之心·下以懲羣臣悖戾慣慣之失·治一人所以安萬姓·赫一怒所以警百僚·非無因也·臣等乃猶有所言以瀆聖聽者·蓋獻可替否·侍臣之職·救罪辯誣·與刑攸繫·若臣等徒竊陛下寵榮·苟爲目前容悅·是非不別白·依阿以固位·誠犬馬不若也·是故冒罪僭言·伏惟聖明察焉·

竊詳徐一鳴．拆毀淫祠．及拆毀額外寺觀．乃憲司官職掌．謹按洪武六年．令各府州縣．止存大寺觀一所．亦猶府州縣只一孔廟也．太祖聖制也．不褻不濫．萬世之中極也．此令二十四年．一申敕焉．二十八年．再申敕焉．永樂六年．宣德元年．景泰三年．屢申敕焉．皆列聖之遠慮也．蓋僧道不孝父母．不顧妻子．不事農業．異姓相聚．游手游食．又善為幻．誘惑愚民．是故愚民信從．以千萬計．取易誑誘．以作禍亂．夫僧道在太平時．人豈信其能作亂也．惟信其能作禍作福．為人祈禱而已．故世俗見其作禍作福．少有效驗．爭傾心敬服焉．不幸年饑民流．彼則或誘富室以施舍．或誘愚民以誦經．夜聚曉散．俱假彌佛出世之說．以誘愚民．相聚為亂．

昔張角以鬼道惑衆．三十六方．皆受教令．有司不察．反謂張角以道術勸民為善．及三十六方一時并起．漢遂大亂．唐時奴僧殺宰相．武元衡．黃巢假稱得天師劍．宋時妖人王則反貝州．元時彌勒佛出世．皆亂天下．永樂年間．山東妖尼唐賽兒．詐稱剪紙為兵．遂亂山東．殺十數萬命．歷攷史冊．凡世道大亂．若陳涉在秦．以迄胡元．俱妖人倡首．何也．蓋天下治平．國家士馬如雲如林．百姓良善．習見素服．故寧餓死．不敢為亂．其意蓋曰．餓死止一身．為亂即禍及宗族也．惟妖人倡曰．吾有天兵．吾有神助．愚民即靡然從之曰．彼有神助．即可以無敗．彼有天兵．即可以抗官兵矣．乃肯委心從焉．天下禍亂．乃不可救．

歷代覆轍．古先儒學．未之或知也．惟我太祖皇帝．深鑒其弊．嚴為例曰．各府州縣．只一寺觀．夫各府州縣．只一寺觀．倡其教者．可以精而專．防其變者．得以約而密．精而專．其教可以常存．約而密．其亂可以不作．太祖鴻猷遠慮．超萬世而罕見者也．太宗皇帝．鑒妖尼聖姑之亂．禁度尼僧．又禁子弟披剃．俱發北京種田．蓋發之種田．則不至於游食．復有田業．則仰有父母．俯有妻子．思相長育．而不思亂．列聖承式．或限寺田只六十畝．或禁僧人雜處民間．皆預防禍變之至計也．太平日久．公侯之家．多感禍福．多建寺觀．多度僧尼．謂為善友．稱為奉道．不知彼實奸宄之叢也．內外官司．不鑒往轍．習見其教．以為當然．語云．涓滴不止．遂成江河．萌蘖不戞．遂尋斧柯．僧道之變之謂也．王制曰．執左道以惑衆．殺不以聽．先王之制．非直正人心．實防禍亂也．

爾年官司不惑佛老者．或寡矣．況望其能防而禁之也．此副使徐一鳴之毀寺觀．不惟太監黎鑑以為駭異．恐有司亦以為駭異也．皆不攷祖宗禁令之過也．皆不鑒前代禍轍之過也．臣等故曰．徐一鳴拆毀額外寺觀．乃其職也．其舉正也．若僧道因拆寺觀．遂敢為變．則其素畜不軌之謀．亦可覘矣．宜下撫按勘處．即今為變．的何地方．的何寺觀．僧道幾何．聚衆幾何．先嚴兵備．以防奔突．然後喻以禍福．只誅首惡．脅從不問．使自解散．仍以廢寺田土．給使歸農．使各有父母．各有家室．長享太平之福．如其冥頑不醒．小則行有司捕獲．大則請兵剿滅．預絕禍根．為萬世鑒戒．則徐一鳴毀寺觀之舉．尤不失先機之謀．臣等故曰．未宜遽議其罪也．

今為變僧道．未知主名．為變地方．未見指實．恐奸人人借此悚懾朝廷・惶惑衆聽・未可知也・若未覈實・先罪憲官・臣等恐奸人愈逞愈加得志・少有不順・即敢稱亂・官司之法愈不能行・郡縣紀綱乃愈大壞・天下妖人遂相效曰・我且激變・朝廷聞之且拏官司・而招撫我・如是則奸人盡肆矣・禍亂滋長・其可弭乎・昔張角以三十六方・猶足致亂・今天下寺觀・不知幾千萬・視三十六方不知幾百倍・隱禍潛伏・不可不早制也・臣等故曰・徐一鳴之罪・宜暫寬宥・仍行審實有無過當・乃緩治之・僧道爲變・的何主名・果有實跡・宜預遏絕・仍查洪武永樂宣德等年・處置僧道事例・漸防禍變・爲久遠計・若曰江西僧道・實不爲變・亦須查究・太監黎鑑・得誰虛傳・聽誰主使・以致妄奏・宜提主文人等・問擬主使罪名・庶幾公道別白・奸人知警・藩臬有司亦知激勸・以宣昭聖化・綏恤小民・圖新至治・天下幸甚・

正風俗疏

臣到任莅事・見南京都城內外・凡送喪出葬・用鼓樂前導・僧尼混雜者・喪之家・於郊外大置筵席・男子自爲一聚・歡宴酒食・婦女自爲一聚・亦歡宴酒食・以筵席豐大爲美觀・以賓親聚集爲富盛・喪葬甫畢・家已空乏・故有停喪不葬・踰數十年・暴露其親者・婦女送喪・麗服艷容・競爲冶色・惡少聚觀・共相誇羨・禮教蕩然矣・臣乃諭之曰・遭喪以酒食宴客・其哀戚之心何如也・送喪者餌人酒食・其廉恥之心何如也・婦人出門・擁蔽其面・禮也・冶容麗服・呈身郊郭・餌人酒食・其羞惡之心何如也・聖天子在上・制作禮樂・以風天下・南都天下之表・俗陋若此・何以奉揚聖化乎・

古者禮不下庶人・欲行禮・借士禮與行焉・表率風化自士始・自今送喪用樂・用僧道・用酒食筵宴・縱容婦女・冶艷送喪・是士行大虧缺也・謹按律例・行檢有虧・不得入仕・生員吏典・黜退爲民・監生省察・丁憂養病・官不得起送赴選・見任官移咨吏部紀過・備考察焉・衣冠士夫・以禮率先・庶民之家・得于觀感・自相媿醜・陋俗庶可革化・語云・道之以德・齊之以禮・士夫之任也・自臣諭後・南京居人・皆云自今送喪・得簡省財費・不破家也・喪得早葬・不暴露也・自舊歲之臘・至于今春・庶民送喪・皆遵典禮・古喪不葬・悉舉葬矣・婦女不冶容出郊矣・是皆鼓舞聖化・樂於趨者也・惟南都俗雜四方・習尙易變・不知日久又何如也・乞勅禮部會同都察院・申明禁諭・永永欽承・風化之要務也・

又南京尼僧・視別省爲尤盛・淫汚之俗・視別省爲尤劇・尼僧外假淸修・內實淫恣・有暗宿奸僧・袈裟莫辯・誘招女婦・入菴禮佛・恣肆姦淫者・有羣諸惡少・竊伏菴院・誘婦女禮佛・潛通姦宿者・武臣民庶・愚而無知・謂妻女入菴・禮佛修善也・不知羣淫潛恣也・勳戚貴勢・利有尼僧・易恣情慾・爭爲庇護・故於往年欽奉勅旨・化正僧徒・全不奉行・臣乃諭之曰・男女有別・古之制也・尼僧內無夫家・上無父母・下無嗣育・不亦可憫乎・名修行・實則敗倫・自汚己身・復汚人妻女・不亦惡乎・

聖天子在上・孳孳化正僧徒・所以明人倫也・南都尼僧之弊如此・何以奉揚聖化乎・乃行五城・示諭地方・凡尼僧

菴院．盡籍於官．尼僧年五十以下．聽擇偶．五十以上．還俗依親．自相胥居焉．無親可歸者．天下之窮婦人也．送養濟院收䘏焉．菴院銅像．送工部銷毀焉．木像泥像．悉行毀撤．菴院銅鐵物器．聽尼僧自利．庵院水料地基．召民承買．價銀給尼僧還俗資衣食焉．仍寬二月之期．俾地方敦諭切悔．庶幾彼知天倫之正．自樂於從也．仍禁鄰里．毋因機爲暴．驅之速急．搶尼僧物器．致失所而無於歸也．所以表揚化正之德意也．

今女尼年三十而下者．悉送父母之家矣．淫風自是革化矣．人家妻女無菴院潛行矣．惟勢家勳戚．私刱菴院．尚多庇護．乞勅禮部會同都察院．申明禁例．凡凡僧私刱菴院．盡行毀撤．勳戚勢要．潛庇尼僧．聽科道糾治．庶淫風永息．俗化永清．尤地方切賴幸也．

禁訛言疏

臣聞順天府等州縣．遠及河南地方．妄騰訛言云．聖駕春月又將南巡．有司乘機科斂．雖有預備公用．實侵匿入己．或逼民三家共買一犬．或逼民五家共買一猪．買鵝買雞糴糧買草．紛紛科派．拘拏車輛．奪民生業．如不禁止．訛言騰布日廣．有司科斂日繁．民害日甚．臣聞流言止於知者．謂能察不惑也．今訛言流聞．雖知者惑焉．有司因得乘機爲奸．騙索民財．他日訛言雖息．財入官衙．暗充私橐．貪人得利．良人受害．況今河南饑荒．百姓雖草根木皮．剝食俱盡．衆心凜凜．慮有危變．貪官復肆苛虐．是促民於死也．寧無虞乎．

臣聞前次聖駕南巡．奉有明旨．上用之物．皆是自備．不煩有司文武百官．糗糧亦皆自備．不許騷擾地方．聖德昭宣．萬方瞻仰．曰古帝王巡狩．民不擾者．不責民供役費也．成祖文皇帝永樂八年．巡狩北京．親征北狄．民不擾者．不責民供役費也．聖上南巡．不許擾民．上符成祖．遠符古帝王也．奈何各官營爲己利．不體聖心．暗飾詭詞．請給關文．騷擾驛遞．各官恃勢恣貪．有司借法爲暴．一有關文．州縣驛遞．奔走答應．奉承文官．不敢遲誤．聖上供應或有不及．各官日到州縣．安受富民供饋．可以饜矣．又受有司大小下程．又受驛官折廩給銀．又受折皂隸銀．又受折人夫銀．權貴大臣．暗受有司重賄．南行一番．得利不貲．

有司官員．借饋送名色．剝削民財．量民家貧富．逼出銀兩．民有百金之家．逼出五十金．民有千金之家．逼出五百金．貧難下戶．賣鬻兒女．怨氣塞天．感召災變．吏部侍郎袁宗儒不受饋．武臣惟郭勛不受饋．人言紛紛．謂各官南行．害民甚酷．內臣見文官縱恣．亦相效尤．聖上發內帑銀．給有司買上供物料．有司備銀買完上進．原銀暗送內臣．及光祿寺官收匿．捏補領狀．陛下有給銀之名．內臣竊匿銀之利．買進物料．內臣又索饋銀．乃與收納．如無饋銀．卽將買物退出．云物不如式．不中上用．有司懼罪．甘心饋銀．借饋銀之名．苛斂百姓．因一科十．內臣得利．惟良民受害甚毒．

武臣見文官貪縱．亦自效尤．剝奪民衣服．搶人馬匹．凌人妻室．借兌馬騾．强騎回京．爭搶草料．如盜如賊．有身爲國公．竊回民馬．致貧民來哀訴．乞不還者．有權要文臣・出京車一乘・回京貲賄車八乘者・有文官家政竊回民馬・不計數者・醜弊淵藪・不可殫舉・皆文武縱恣・致內臣武臣・競相倣效・爲地方良民・無極毒禍也・即今訛言膽播・謂聖駕又將南巡・實由前次南行・文臣權要滿載而歸・或內臣乘機・亦得賄利・或武臣徼利・又要南行・造成訛言・互相搖惑・貪婪有司・聞風科歛・訛言愈久・流毒愈深・皆前次各官・暗請關文・騷擾百姓・自爲身計・不爲陛下忠謀所致也・

如前次南行・皆遵成祖舊規・不給關文・自備糗糧・自備夫馬・不受有司供饋・不納有司賄賂・內臣武臣・自然心服・不效尤肆貪・人皆知南行無利・必不再造訛言也・前次之失・不可復救・即今訛言・不可不禁・流弊不可不防・伏乞勑下都察院・行北直隸・河南・湖廣地方・凡有互傳訛言・謂聖駕將南巡・即便拏獲・追問造言根因・比照妖言律治罪・州縣有司・承行訛言・科歛民財・即日退出還民・如有侵尅入己・撫巡訪查追贓給民・比照妖言律重治・庶贓貪跡息・訛言不行・地方萬幸・生靈萬幸・

大禮議

臣謹按・追尊典禮・質諸漢宋故事・有所不合・求之記疏・不敢輒謂爲然・是故敢忘庸陋・而申其議・竊伏自念・草澤疎遠・職非典禮・官非言路・大禮之柄・自有司存・苟冒昧儳言・人不目之曰・新進躁狂・必曰曲學阿世・不曰泥古偏拗・必曰詭世沽名・嚚訕紛紛・殆有不勝任其咎者・是故不敢輕置其議・又伏自念・此禮之大者也・變者也・議之失得・萬代瞻仰也・苟不質諸天理之極・即夫人心之安・吾恐後之恥今也・猶夫今之恥昔也・於是不得不忘固陋・而竊申其議・以就正夫當世之君子・

議者曰・皇上宜以孝宗爲父・興獻王爲叔・武宗爲兄・別擇宗親爲興獻王嗣・謂皇上嗣孝宗之業也・宜爲孝宗之子也・興王不得私以皇上爲之子也・皇上不得私爲興獻王之子也・是之謂崇大統也・割私恩也・皇上於武宗昆弟也・嗣之一統之業也・不得爲之子也・武宗之於皇上也・雖授之一統之業也・不得爲之父也・天倫也・兄終弟及之訓也・玆議也・揆之世俗之情・概之漢宋之敝・殆亦近乎是矣・惟求之人倫天理之正・有所甚不安也・質之堯舜文武之道・有所甚不合也・何也・孝宗賓天・武宗嗣歷・越十有六年・孝宗在天之靈・知有武宗爲之子也・孝宗之心・未嘗自謂無嗣也・武宗主鬯宗祝・告詞宗廟・享之亦越十有六年・武宗賓天・上奉天命・下順人心・共戴皇上嗣承大統・皇上嗣武宗之統・不得爲武宗之嗣・天理人倫之正・所不得爲焉者也・

議者曰・皇上既不宜爲武宗之子・宜爲孝宗之嗣・俾後世視之・猶孝宗有兩子也・臣竊謂皇上爲孝宗之子矣・誰爲武宗之子乎・孝宗重有兩嗣子矣・武宗煢無嗣子可乎・臣子於君父一也・既不忍視孝宗之無嗣・獨忍視武宗之無嗣乎・此於人情爲甚戾・天理爲甚拂焉者也・是故必究人情天理之準・然後足與議禮矣・皇上於興獻王也父子也・天性也・孝宗之於皇上也・伯侄也・猶子也・今也舍天性之親・反稱叔侄・強稱伯侄謂之父子・是曰宋人故事也・則於孝宗賓天之日・不有武宗嗣承大統・皇上適在昭穆之列・羣臣執宋人之

論・循世俗之見・猶之可也・今孝宗賓天・武宗嗣統・武宗賓天・皇上嗣統・相隔者越一世・相遠者十六年・於宋故事殊不相類・乃近舍無嗣之武宗於不嗣・遠求有嗣之孝宗再爲之嗣・是於世俗之論・亦自相拂戾・而有所不通矣・

況欲皇上舍天性之父子・强謂伯侄爲父子・復別求宗室爲興獻王嗣子・是舉也・孝宗乃有兩嗣子・武宗遂爲無嗣・興獻王亦遂無嗣矣・一得而兩失存焉者也・是故必原孝宗武宗之心・然後足與議禮矣・古者帝王之制也・因諸人情・準諸天理而止矣・處人倫非常之變・立人極可常之準・乃不求諸天理之極・以卽乎人心之安・顧區區漢宋故事之求・淪胥世俗之陋可乎・皇上御天・英明粹精・剛健中正・堯舜文武之資也・臣之事君也・不堯舜文武之取法・顧漢宋之是學可乎・是故必識舜禹・有天下不與之眞・然後足與議禮矣・

議者謂堯舜禪讓・爲得其常・臣竊謂堯舜盡處變者也・何也・今夫享有千金之家・猶思付之其子・堯舉富有天下之業・不付之丹朱・而付之舜・舜舉富有天下之業・不付之商均・而付之禹・其於父子之恩・可謂極戾・宗祀之謀・可謂極拙・堯舜行之・遂立天下人極・ 設以今日・ 臣子生堯舜之世・躬舜禹之事・有議禮之責・不知舜與堯之天下・將謂堯爲父乎・瞽瞍爲父乎・鯀爲父乎・禹祀舜乎・不祀舜乎・是故必達堯舜禹之道・然後足與議禮矣・議者謂・堯舜官天下・非家天下比也・臣竊謂・此殆不達綱常之理者也・天下外物也・綱常天理也・是故舜受堯之天下・未聞不父瞽瞍而父堯・禹受舜之天下・未聞不父鯀而父舜・舜不父堯・未聞廢堯之祀・禹不父舜・未聞廢舜之祀・是故堯舜禹・處人倫之變・不廢人紀之常・所以立百世人極也・有天下不與也・

若舜紹堯之統・宜爲堯之子・主堯之廟祀・禹紹舜之統・宜爲舜之子・主舜之廟祀・是利天下也・一家之私也・非帝王之心・堯舜之道也・堯舜之道・盡人倫之極・無人欲之私而止矣・人皆可爲堯舜・盡人倫之極・無人欲之私而止矣・是故達天德・然後足與議禮矣・議者謂・帝王舉天下授受・不正名父子・則祀享如之何・臣竊原夫嗣繼祀享之說矣・今夫享有千金之家・不幸無嗣・與其忍視斷絕也・孰與求其人以嗣之之爲愈也・與其求諸異姓也・孰與求諸同族之爲愈也・與其求諸疎族也・ 孰與求諸至親之爲愈也・ 於是舉昭穆之親・授千金之業・示之至親之恩也・身後有所於托也・取夫氣類之相承也・精誠易於孚感也・必强致夫父子之稱也・俾情義之聯屬也・祀享之有歆也・古人繼嗣之心也・祀享之說也・一家之私也・非帝王之體也・何也・帝王嗣帝王・體貌相若也・惟夫體貌之相若也・是故氣類之相通也・惟夫氣類之相通也・是故精誠之相感也・惟夫精誠之相感也・是故祀享之有歆也・故夫舜不父堯・堯得享舜之祀・禹不父舜・舜得享禹之祀・凡以體貌相同也・而精誠相感也・帝王相嗣之統・豈若是一家之私之云乎・是故明於祀享之說・知鬼神之情狀・然後足與議禮矣・

曰誠如是也・則我皇上於孝宗何稱乎・對曰皇伯考・其正也・於武宗何稱乎・對曰皇兄其正也・於興獻何稱乎・對曰皇考其正也・ 皇上於廟祀孝宗也・ 宗祝之詞何稱乎・對曰・嗣皇帝姪其正也・於廟祀武宗也・宗祝之詞何稱乎・對曰皇帝弟其正也・於廟祀興獻王也・宗祝之詞何稱乎・對曰

皇帝孝子其正也·是故憲宗大統·傳之孝宗·孝宗大統·傳之武宗·武宗大統·傳之皇上·一統繼承·與天無極·所謂大一統也·孝宗不得私授天下於皇上·皇上不得私受天下於孝宗·所謂大至公也·武宗於皇上不失昆弟之倫·皇上於興獻王不失父子之恩·所謂大綱常也·是故達綱常之原·然後足與議禮矣·

曰誠如是也·追尊之典如之何·對曰舜有天下·未聞尊瞽瞍矣·禹有天下·未聞尊鯀矣·是故追尊非古也·自文武以來·未之有改也·今將舜禹之從乎·抑文武之從乎·是故立天下之極矩·存乎道·主天下之要道·存乎德·純天德之極·存乎仁·時而裁之·存乎義·變而通之·存乎權·茲於興獻王也·將隆追崇之禮也·廟祀於何所·代祀於何人·禮之未講焉者一也·興獻既崇徽號·太母宜有尊稱·既正母儀於慈壽·太后何以相處·禮之未講焉者二也·憲宗皇妃壓於嫡后·武宗皇后久位中宮·宮闈接遇·何以相處·禮之未講焉者三也·追尊之典·姑勿舉焉可也·大孝尊親·舜禹有行之者矣·是故達道德仁義權變之精·然後足與議禮矣·又曰皇上所嗣者大統也·興獻雖親·私恩也·崇大統者·割私恩·古之道也·三代之達禮也·雖勿追尊焉可也·是故達於大公之故·然後足與議禮矣·

禮曰·父爲士· 子爲天子諸侯·葬以士· 祭以天子諸侯·文武周公之典也·皇上於興獻王也·葬也·廟貌也·徽號也·仍初封之舊也·禮也·於四時之祀享也·崇天子之禮也·是謂以天下養也·情義皆得·天下之至德也·文武周公之道也·是故通文武周公之典·然後足與議禮矣·

上楊邃菴書

恭維老先生·碩德重望·天下注仰·起佐聖天子·所以慰答海內蒼赤來蘇之望者·豈有涯極·老先生之謨畫日贊宥密者·固非末學所能竊窺一二于萬里之外·然韜每中夜聳踴慶躍不寐者·蓋幸見老先生以數十年經綸蘊蓄·一旦可盡見諸實事·非如世之士者·徒抱負懇鬱才猷·不及竟諸勳業者比·又非如世之士者·徒負高位·雖欲策勵勛業·而才力不及者比·是天將以太平事業·遺我老先生之身·而我祖宗鴻謨舊章·所以奠安元元·綱維萬世者·殆將振舉修復·而莫有遺恨也已·是所以聳踴喜躍·而竊幸之也·

宋朝士夫·動擁虛名·動多浮議·其未見用·人多以大用期之·及其見用·亦只如此而已矣·嘗謂宋儒學問·動師三代·而致君圖治之效·不及漢唐·漢唐宰輔·雖不知學·猶能相其君以安中夏·而制四夷·宋人則高拱浮談·屈事戎虜·竭民產以納歲幣·苟延旦夕之安·履霜不戒·卒覆中夏而後已·若此者· 可諉之天數·可徒責徽欽· 而嘉祐康定以迄元祐之諸君子·可獨逃責乎·夫所貴乎命世豪傑·爲能見兆未形·而先幾預策·以制數百年未易測識之虞也·況於事勢顯白·有必至之危·然猶瞑乎莫覺者 · 謂國有人也可乎·

宋朝士夫浮議·甚於戰國之橫議·而流禍之烈·甚於晉之清談·顧未有命世大儒·起而掃之·今之士夫·動多掇拾其唾去之說·以噍嚼之·此士習所以益卑·政治所以益弛·我祖宗之舊章·所以日益廢格·民日益困·財日益匱·大勢

日有不測之虞・而當事君子・莫或之省憂也・老先生際遇聖明・言無不聽・謨無不達・時幾若此・諒不輕易失之・世傳三楊入閣・極一時勳名之盛・不知三楊壞我太祖之法已多矣・上下晏安・苟且度日・卒貽正統之亂・

昔李林甫死・然後祿山反・明皇卒鞭林甫屍・謂其釀亂也・三楊肉未寒・即有土木之阨・律以林甫之刑・尙可辯說乎・今欲圖治・非痛洗三楊以後之弊・而上復祖宗之舊不可也・老臣出處・社稷是苟・區區潔身一隅之小節・則卑官下士之事・而非所慕以爲榮也・韜褊心多病・魂夢無復燕薊之想矣・惟念老先生必有仰贊聖明者・故敢附獻其狂愚舊進二劄錄呈・倘可采一二・亦芹人之忱也・照恕爲幸・

復毛先生書

昔子路問孔子・爲政於衞之所先・孔子曰・必正名・子路遽曰・甚哉迂也・是故孔子有野哉之警・然其眞率之情・師弟子相與之厚・萬世下・猶想見當時氣味・生於門下・竊有恩義之私焉・請不敢復以疎外自待・發眞率之情・言之而無斥・俾終領教之幸・可乎・教曰舜禹有天下・與皇上不類・不可爲據・教言是也・生則竊謂・自春秋周商夏・遡于虞唐・以天下國家相授受・得其常・而爲父子・不得其常・而爲兄弟・有若諸樊餘祭太甲外丙仲壬・載籍皆不書當時嗣祀宗祝之詞・故不足爲據・有若文帝固高帝之子・然嗣之者惠帝之統・宣帝者昭帝之支孫・于時皆不書嗣祭宗祝之詞・稱惠帝昭帝爲某祖考・稱文帝宣帝爲某嗣子孫・故亦不足爲據・惟若成哀爲君爲父・爲父爲子・萬世羞稱成帝無子・乃攘共王之子爲己子・復攘孝王子・爲共王嗣子・三綱五常・大壞於成哀之手・固萬世名教罪人・非惟不足爲據・亦羞以爲言・

宋之仁宗・不明三代繼嗣之法・直以英宗爲之子・英宗既受養育之恩・有父子之號・故後欲考濮王而不可得・於父子名實・遂爾大亂・蓋仁宗之於英宗・惟宜俾之正位東宮・正名皇儲・勿名皇子・則英宗於濮王・不致無父之恨・濮王於仁宗・不涉大統之嫌・英宗不得私天下・以尊己之親・仁宗不得私天下・以攘人之子・萬世通義也・宋人無明此意者・故不早救正於仁宗在位之日・徒爭辯於英宗嗣統之時・遂致情禮相爲窒礙・稱親稱伯・繼父生父・聚說紛紛・不能相一・亦不足法・且不足據・

惟竊念皇上之於武宗・既昭穆兄弟不得爲父子・於孝宗則名實伯姪・而非父子・求之古禮・長子不得爲人後・將俯循漢宋故事・則事體大不相似・於古皆無可法・故不得已・發明舜禹之事・俾議禮君子・深思自得以爲權衡・苟會通其意・不泥其迹・契其妙・而神諸心焉・是固處變行權者之律令也・夫千聖所同者・心而已矣・千聖之心所同者・道而已矣・由堯舜之道・以揆夫事之是非・猶執權衡較輕重也・得其鈞石之要・則銖兩之迹・不俟於言矣・漢宋諸儒之說理也・區區形迹之泥・而陷於功利之私焉・猶鈞石不察・銖兩是問・銖銖兩兩・若甚分明・積至鈞石・・乃大謬亂・是謂不達大本之論・

是故不復妄引・以瀆尊聽・直援堯舜禹爲律令者・鄙意若曰・舜禹以異姓猶得以嗣大統主祀事・固不必屑屑於父子

之稱也．若我皇上以親藩而嗣大統主祀事．尤不必屑屑於父子之稱也．若因嗣統．遂變易父子之名實．是俾我皇上．於昔之未嗣大統也．固以興獻王爲父．於今之嗣大統也．復以孝宗爲父．是一身而兩父也．天之生物也一本．曾謂一人而可以有兩父也乎．此於天地人倫所不能解者也．敎曰．帝王無嗣．繼以旁支．與夫諸侯．下至庶人．旁支繼嗣．雖大小不同．初非以利言也．敎言是也．

生則竊謂．春秋三代嗣繼之說．其諸異乎後世嗣繼之說也．是故古者之嗣帝王也．嗣主夫天地宗廟社稷之祀事而已矣．嗣主其喪若子而已矣．不曰父之也．子之也．古者之嗣諸侯也．嗣主夫封內山川．宗廟．社稷．之祀事而已矣．嗣主其喪．若子而已矣．不曰父之也．子之也．古者之嗣大夫士也．嗣主夫家之五祀．宗廟之祀事而已矣．嗣主其喪若子而已矣．不曰父之也．子之也．故其服制．爲人後者．爲所後者斬衰三年服．緣嗣制禮以義起者也．爲其父母齊衰期年服．以義殺恩．以禮裁者也．曰爲人後者．爲之子．三代以前．無是論也．曰爲人後．謂所後者爲父母．謂所生者爲伯叔父母．三代以前無是論也．

然則程子何爲云爾也．蓋爲仁宗言之也．不然則非程子定論也．或門人之托之也．朱子復有未安之論．亦以本朝故事有難於言也．此論不明於天下．因襲流弊．至元之仁宗武宗．遂以兄弟爲父子．天倫滅矣．三綱墜地．禽獸逼人．宋之腐儒啓之也．宋儒之告英宗曰．仁宗於宗室間．拔聖明．授以大業．陛下所以負扆端冕．富有四海．子子孫孫．萬世相承．皆先帝之德．玆言也蓋不復以正統宗嗣爲急．直以天下大業之付授．爲足輕重矣．夫不以正統宗嗣爲急．直以天下大業之付授爲恩．得之厚．則不父母其父母．而父母他人父母．是所謂功利之私也．夷狄之道也．昔舜爲天子．皋陶爲士．瞽瞍殺人．皋陶則執之．舜則竊負而逃．是父母重．天下輕也．今以天下之付授爲恩德．遂不父母其父母．而父母他人父母．是父母輕．天下重也．聖人之心固如是乎．故曰宋儒之論．世俗之見．功利之談．夷狄之道也．

故生也直揭富家繼嗣之私．發明帝王之禮．欲議禮君子．深思古道云爾．非謂帝王嗣繼．固殊於庶人也．敎曰．前日會議．未嘗謂皇上不宜爲武宗之子．蓋謂武宗以天下授之皇上．有父道焉．但以昭穆之同．止稱皇兄．然執喪奉祀．備極情文．則固子道之盡．又曰皇上既兄武宗．則不得不父孝宗．此則生所未喻也．謹按喪禮子爲父母服三年．天子庶人一也．兄弟服期．諸侯絕．大夫降．我皇上以武宗爲兄．則不得執爲子之禮．服爲子之服．今執爲子之禮．服爲子之服．是處弟之倫．行父子之禮也．父子兄弟之名實．不亦淪斁已乎．

故夫哀痛慘怛．禮之情也．麤衰辟踊．禮之文也．故夫人子之於親也．惟其有終天之悲也．是故有傷腎乾肝焦肺之慘也．惟其有罔極之痛也．是故有啜粥飲水垢面之誠也．衰麻之數．踊哭之發．所以章痛悲也．此禮之情文也．天衷之自然也．人子於親之禮也．玆禮也．其可以施諸兄弟之倫乎．處兄弟之倫．行爲子之禮．其天理乎．人情乎．抑古道乎．且曰以天下授受爲有父道．則尤宋人之敝也．以天下相授受爲有父道．故我皇上盡子道於武宗．惟其不可謂之父也．故稱皇考於孝宗．是我皇上於武宗有父子之實·於孝宗有父子之名·是伯姪固謂之父子也·兄弟亦謂之父子也·祀享祫祭於一堂·我皇上又復有兩父矣·名實不正·彝倫遂垂流弊之極·人道不知將何如也·古之典禮·其有是乎·

嗚呼孔子憂萬世之心·發正名之教·蓋至是然後驗其眞非得已也·眞非迂也·故生也前日妄有論說·謂於武宗賓天·大臣迎戴皇上·即宜奉遺詔以行·時上在藩邸·即宜發喪成服·行藩臣之禮·比至京師·已足二十七日之制·則臣道畢·而君道始矣·其於涖登大寶也·是嗣武宗之統·宜主武宗之喪·卒哭葬祭·皆從主喪之服·禮曰喪有無後·無無主是也·山陵未畢·主喪不釋服·禮也·今不可復追矣·將來與禮·庸可苟焉爾乎·故曰必正父子之名·所以正綱常也·必戛追尊之議·所以正大統也·必崇天子之祭·所以申孝心也·

其與武王異者·武王纘太王王季文王之緒·以有天下·是天下者·太王王季文王之天下也·是故武王·得以天下追尊太王王季·我皇上嗣祖宗列聖之統·以有天下·是天下者·祖宗列聖之天下也·故不得私以天下追尊興獻王·此尊祖敬宗之道·天下之公也·興獻王之心也·然猶得祀以天子之禮者·推廣仁人孝子之心也·禮曰父爲士·子爲天子諸侯·葬以士·祭以天子諸侯是也·葬用死者之爵·祭用生者之養·用死者之爵所以安其親之分·用生者之養所以申孝子之情·周家制禮·所以爲曲盡也·曾謂子有天下矣·壓於祖宗不得隆追崇之禮矣·獨不得以天下養其親乎·生也得以天下養·沒也不得以天下祭乎·養也者養夫生者也·祭也者養夫死者也·養也祭也·其義一也·此追王祭祀

之禮·所以各相爲用·而不相爲背者也·苟膠其跡而拘之·是猶漢儒議禮·屑屑儀文故事之求·而昧聖賢制作大旨之病也·

生也學不足以擬古·見不逮於宋儒·況敢望程朱之門·而輕喋喋·亦自見其不揣力量也·已惟於門下有恩義之私焉·故不覺發露眞率之情至此·惟老先生道禮宗主·後學所仰賴以依歸焉·幸教正之·是固孔子不拒絕子路之心也·苟甚苟甚·

柬汪誠齋

啓者昨日承教·深感執事不以淺陋見棄·欲力挽而納之於善·故不肯遂歆服樂從·草草數言奉復·蓋事君之忠·涖事之敬·同寅協恭之道·自當如此·顧未有如執事能開誠布公·如此見教者·不肖是以深服執事之同於古人·而敬感之無已也·甬川翁所喩爲臣之道·蓋照執事之心·而先得我心之同然者矣·蘧伯玉欲寡其過·而未能事君·以用人爲職·不能如伯玉之寡過·豈獨爲伯玉之罪人乎·抑不肖嘗思之·人之言曰·用人之善·猶己之善·正人之失·猶己之失·此言雖美·猶未盡也·必曰人有善·吾能用之·則己之善·又加於人一等矣·人有失·吾不能救·則己之失·又下於人一等矣·如此存心·而後庶幾也·何如何如·

再柬張甬川

觀誠翁再答手簡·眞冢宰之言也·末後用善救失數言·尤更精采·令人發深省也·詩曰藹藹王多吉士·維君子

使媚于天子．又曰藹藹王多吉人．維君子命媚於庶人．今曰職業．亦曰多吉士吉人．以上媚天子．下媚庶人云耳．如是而皇天后土．亦可媚而享也．吾僚友之所以相媚．亦孰有大於是乎．

與孫副憲性甫書

承諭滿幅．如面領敎．感甚感甚．內云不親細事．甚是甚是．區區亦未嘗屑屑．惟細民苦告于道于堂．不得不爲一處分耳．今世皆習熟宋人套子．寧牾天子．以釣直名．暗結言官．以苟免訾吠．三二品大臣．擁篲迎言官．曲躬圓舌．不敢少牾．恐恐然懼獲詆斥．曰吾含容也．吾大度也．充其邪說曲行．盡喪天下正氣．盡滅後世公論然後已也．然猶以道學自待．人亦以有養歸焉．任世道之責者所憂也．孔子曰．鄉愿德之賊．以若所爲．求爲鄉愿婢隸不可得．顧曰道學如是耶．彼風盛行．則生爲瑣瑣．又爲尙辯．爲尙氣．固宜也．君子自立．不求同於時．姑俟後世耳．如何如何．

與于中丞書

承敎．極知憂世之志．非爲生出處區區小節云爾．第生籌之熟矣．今人雖身負大臣名位．實不啻犬彘．呼之食．則搖尾食．叱之去．則垂尾奔．如是人．而可與有功於君於國．豈可得也．若竊位而貪者．尤不在是列．求與狐鼠爲伍．狐鼠猶羞．聖主觀是輩情狀亦稔矣．遂謂天下皆若人也．爲人臣致聖主藐盡天下士．罪將誰諉．古人有寧老死．寧皇皇載質不遇者．是何心歟．自重所以重聖朝．不爲亦所以有爲也．如何．況彼人也．醜跡盡彰．謂生到卽不能容．夫獸窮反噬．蠆蝎被廹．則毒無不肆．甚爲肘腋憂．莫能爲謀．生緩行．奸朋且幸禍緩．邪謀自弭．否則適促之也．此言切勿宣．牙械甚毒．可畏可畏．是南向之心也．豈恝然者哉．執事素相亮．故盡發底衷．

與朱都憲書

蒙示及築堤之策．生舟中再熟籌焉．河水自西而東．地勢西高東下．水既順流而下．沙亦隨水而行．水溢於河．則沙注于河．水流愈溢．則注沙愈積．故河水濫溢之後．則沙與河平．自然之勢也．今沿河之東．復築堤以障之．若河水不溢．則此堤之築無用焉已矣．害猶未甚．不幸河水再溢．則水勢自高而下．沙亦從高而流．水勢小緩．沙亦停淤．吾知築一丈東堤．則增一丈淤沙．亦自然之勢也．如東堤不築．水自西來．或溢於昭陽湖．或及滕鄒等縣．水既分流．沙亦散漫．若河東築堤．則水或暴至．先注於河．沙水并行．河先飽矣．淤塞之患．反甚於堤之未築．亦自然之勢也．

若曰築堤障水．則西水驟至．皆逆遏而納諸河．俾中流東趨．以達于淮．不至泛溢．水不泛溢．沙流自急．沙隨水流．不至停淤．無是理也．蓋自穀亭至於沙泗二百餘里．河勢凡幾灣曲．凡經一曲．水勢一廻．水廻則流緩．流緩則沙淤．尤自然之勢也．竊謂去年東堤不築．沙注于河．與河平則已矣．今若築堤．則堤愈高．而沙愈積．爲運河淤塞之患・不可究言也已・若曰沿蕭豐等縣・河水上流之地・預築長堤・一以護民田・二以障河水決潰之勢也・或其可也・惟地利形便・非躬自相視・恐難憑小官下吏淺見輕慮・所能知也・惟高明熟計之・

又與張少宰書

讀手敎・兼與誠翁往復書・何幸復見古之道於今日・僕雖愚・敢不策駑以從・觀正大光明之業之有成也・爲臣之道・以君爲父也・僚長爲兄也・天下之民爲赤子也・凡可以撫赤子而娛父母則爲之・奚暇於兄弟之間分彼已哉・但事長之道・則有所謂恭・所謂遜・所謂從云者・而執事一書之間・恭遜藹然・可謂曲盡而無遺矣・不勝敬喜之心・敢以是復・

與晉溪王先生書

生自涖官兵部・閱舊牘・嘗仰而嘆曰・王老先生・名世豪傑之才也・壬午歲・曾伏謁于旅邸・時先生始出詔獄・人事棼雜・遂不及面叙・未幾時・即生亦病遯南荒矣・路遠・久不及申下悃・然與士夫論海內名流・未嘗不羨仰老先生也・生今六月二十四日入京・聞朝議起先生・有士夫語生曰・王先生再起・必報復舊讎・衣冠朋黨之禍・始自玆熾・楊石齋・彭幸庵殆難乎免矣・縉紳相殘・猶骨肉相鬩・世難其可虞哉・生告之曰・王老先生豪傑之見・超曠之度・足以高出尋常數等・而囿納一世・決不爲此・

惟士夫不知其心・逆料其未有之過・而預詆之・則王先生不得不辯・兩辯交激・則是非相形・人不知王先生心・遂疑先生善擠排士類・而先生可疑之跡・遂無以自白於天下耳・生嘗見高御史・極忤先生者・先生在吏部・既遷其秩・若先生久位吏部・即高御史又漸峻陟可知已・即此一節・知先生決無報復讎怨之心・惟先生尙抱屈未直・若遽望先生以安土敦仁・不尤不怨・爲聖賢能事・則生不敢必・若今日直先生之屈・復先生舊秩・知先生且將攄忠赤・揚厲公道・以贊聖化・海內遺賢・且將收錄之不暇・尙暇報復區區之舊怨・如褊丈夫者所爲乎・

或又慮曰・先生在武廟・交內臣最密・武職冒濫・視先生去留爲增減・今先生再起・殆又爲往年幸濫者・作一赤幟也・羣小雜進・武弁日冗・國計其可憂哉・生應曰・武宗朝・劉瑾朱寧江彬相繼用事・自內閣至九卿・無不納交求媚・以固寵位者・獨咎王先生可耶・嘗聞內臣・罵一士夫云・我輩居內・豈知外間事・俱爾秀才來鑽刺幹去・乃云我輩壞事・豈不謬哉・則交結內臣・以固寵保位・凡士夫俱宜內省也・獨咎王先生可耶・今聖朝在上・內臣絕不干與外事・行將盡復祖宗之法・以成中興之治・若王先生再起・且感激晚年遭際・誓心天地・與諸君子協力和衷・贊揚聖化・痛革近年背公死黨之習矣・豈暇傴僂幸門・如狐如鼠・乞哀昏夜・而驕人白晝・如往年小輩所爲乎・

且昔年劉瑾朱寧輩・竊弄武宗之權・故士大夫至公卿・爭乞哀其門・而武功冒濫・又撫按官員・阿附權要・紀功失實之罪・論者不究顚末・而以諉咎于王先生・固已過矣・若今聖明御極・內臣何嘗有壞外事者・今日壞外事・俱九卿百

官也・若九卿百官・各誓心天地・以報聖明・則祖宗舊典具在・人人率職・至治可期・乃不憂百官・而憂內臣・不憂在己・而憂王先生・豈非求於人者重・而自責者輕耶・若先生再起・決能大有所爲・決不壞公道・決不植私黨・決不復私怨・此生所能決信無疑・第恐士夫不諒先生之心 ・ 過爲詆詰・致人情不堪・則羣小洶湧・搆隙造釁耳・

漢宋士夫・好各立黨與・互相攻擊・卒貽災于宗社・而家族亦不免・非永鑒與・生既以此言徧告都下士夫・以白先生之心・復錄大畧・附上門下・聖明將有虛位之擢・伏望爲蒼生再起・披露胸腹・與士夫洗濯舊習・庶彼此兩不相疑・預消朋讎之釁・俾太平功業・再見于聖明之世・生實於執事者有厚望焉・非信先生之心・及知先生之力 ・ 決不足以任此・則亦豈敢輕爲喋喋不盡・

春王正月辯

春王正月・孔子實自創制・垂憲萬世 ・ 前古無如此書法・蓋孔子作之也・聖人力量・與衆人不同・時在堯舜・則禪讓・時在湯武・則放伐・時在孔子・則立教垂憲・皆常事也・天下之職・君師二者而已矣・君道主宰一世・師道主宰萬世・一而已矣・謂孔子不可以匹夫改正朔・然則湯武可以諸侯放伐乎・知湯武之順應天人・則知孔子順天創制矣・世儒委曲・說春王正月・皆不識聖人力量・職是故也・子丑寅皆可紀歲・古已有之・惟未嘗以子丑月爲正月耳・故商以丑紀歲・於元祀則曰十有二月・秦及漢初以亥紀歲・則曰元年冬十月・是古者雖以子丑寅紀歲首・至子之爲十一月・丑之爲十二月・寅之爲正月・徹上代未之有改也・

豳詩周公作也・曰七月・曰九月・皆夏正也・如周實改月・則述一代之制作・新天下之耳目・當用周正・不宜復述夏正・以溷頑民之聽矣・世儒曲爲之說曰・豳風先公用夏正之時也・則應之曰・先公夏正之時・有民俗可稱者矣・在商六百年・豳俗獨無可稱者乎・詩曰・五月斯螽動股・六月莎雞振羽・七月在野・八月在宇・九月在戶・十月蟋蟀入我牀下・皆夏正也・如果先公豳俗・則夏正十月未改歲也・何乃曰爲改歲・是周雖改子月首歲・不改子月爲正月之明驗也・

詩之出車・周正之時之詩也・其詩曰・春日遲遲・卉木萋萋・倉庚喈喈・采蘩祁祁・夏正之候也・如曰子月爲春・則倉庚之鳴・于蘩之采・皆非子丑之月所宜也・豳詩曰・春日載陽・有鳴倉庚・豳詩春日之倉庚・則夏正也・出車之倉庚・則曰周正之春耶・又曰春日遲遲・采蘩祁祁・豳風之采蘩則夏正也・出車之采蘩・則周正耶・是又周人不改子月爲春正月之明驗也・孟子曰・十一月徒杠成・十二月輿梁成・如曰夏之九月・築場圃時也・曰十月・納禾稼時也・豈曰農工已畢・可用民力耶・

又孟子未嘗稱周十一月・十二月・爲夏九月・十月・至明驗也・詩曰正月繁霜・夏之正月也・其爲天災何也・非霜時也・在周之時・則三陽之月・于耜之時也・農事伊始・繁霜殺物・農人憂也・是其爲災也・是故正月繁霜 ・ 九月肅霜・皆夏正也・比而觀焉・豳之肅霜常也・小雅之繁霜・非常也・變也・皆夏正也・世儒不識・乃謂正月爲夏正四月・妄益甚矣・故凡詩曰十月之交・曰六月凄凄・皆夏正也・又

曰惟暮之春・則辰月也・如曰周正・則寅月也・寅月豈來牟時耶・朱子於十月則曰・夏正之亥月也・於六月則曰建未之月也・於暮春亦曰辰月也・惟正月繁霜・則從蘇氏之説・曰夏正四月・豈其然乎・是盖闕疑・不敢身質・遠俟聖之心也・是又周人雖改子月首歲・不以子月爲正月之明驗也・

記之月令・古之聖帝明王・奉天順時之典也・呂不韋剿而布之・間以一二災祥之説・命之曰秦月令・世儒聞秦呂名則恥・且惡之曰・亂世之書也・今也驗之天文・徵之氣候・敷以政事・稽之物產・可悖之耶・是故戴記惟月令爲古典・出呂不韋所述・人則羞稱焉・周禮爲周官瘻瘤・王莽劉歆剿周制而附會之者也・惟曰周公作也・世爭誦之・世儒之不信心・而信耳目也・弊也・如是故月令秦之政令也・秦以十月爲歲首・所述月令・則夏正也・又秦人雖改亥月首歲・不改亥月爲正月之明驗也・秦不改亥爲正月・則周不改子爲正月・又益明也・春秋書春王正月・爲夏之寅正・又益明也・

或曰夏時冠周月如何・曰非也・聖人順天立法・垂訓萬世・不如是委曲假借也・是故知聖人力量・則知春秋書法矣・或問爲下不倍之訓非耶・孟子曰・有伊尹之志則可・湯武之事後世談之・非亂賊之渠耶・故曰孔子作春秋・若曰皆狥史文之舊也云爾・無所作也・則文儒之隸也・何足爲孔子・凡春秋經世大法・宜講明以俟後世者・不止此・姑舉正月之疑例焉・

監歷刻序

叙曰・夫歷也者・稽往徵來者也・其馭故也近・其法效也遠・是故以稽天度・而運不忒・以周民用・而應不匱・以徵祥孽・而示不悖・帝王通天地兼具體者也・是故日月懸象・分陰陽也・水火木金土・錯五氣也・羅計炁孛餘孽也・是故王者明目南面・效之日月者也・生養刑威不忒・效之五行者也・孽臣伏慝・效之四餘者也・又曰天地也者・氣焉者也・氣也者・上升下融者也・上升爲氣・下融爲水・一氣也・中凝焉者地也・民之生也・陰陽具體者也・土其脾也・金其肺也・水其腎也・木其肝也・火其心也・循環尅生者也・民之生也・五氣具凝者也・帝王代天育民・順序陰陽・隸布五氣・如斯而已者也・又曰民之生也・無須臾離天地之氣者也・離氣則死・如魚於水・無須臾離者也・離水則死・故曰民之於天地也・親於父母・君子之事天地也・嚴於父母・於父母也・氣可時離於天地也・氣通喘息・不可須臾離也・王政刻監歷・帝王胥繇則天也・君子胥繇事天也・具焉者也・豈曰徵星術也云爾・

征西詩序

皇帝撫有全宇・越十有五年于兹・朔漠暨于南荒・東海暨于流沙・既平既治・罔不順軌・維是西廣・實皺撮蠻荒・山叢谷囿・盜寇淵萃・不勝爬梳・維兹寇掠・虎噬狼貪・狐妖鼠伏・大爲民厲毒・守土官以聞皇帝曰・吁吁・撫有萬方・萬方黎赤・有不祇若・有不寧若・其在朕躬・矧兹廣右・南暨交州・東暨欽廉・西引闤雲荆蜀・北連湟川洛贛・以達于中原・實南荒會樞・有不底寧・其如我子民之辜何・其咨宰臣・其明揚在僚・其簡懋德臣・涖鎮南荒・掃遏亂略・子乂

我民于生・維時宰臣・實協心對揚皇帝休嘉・遜于在廷懋德元老・維蕭公實督師・王公實鎮殿師・朱公實總師・維時蕭公王公朱公・翼欽皇帝威命・誓師桂林曰・嗟爾副帥・閫帥・千夫長・百夫長・敬共天威無斁・其礪爾戈・植爾矛・謹爾刁斗・固爾土分・壓閉賊衝・其礪爾戈・介爾鎧・裹爾餱糧・存爾土分・窮賊窟巢・其某日某甲子・會師于某土・殪彼醜蠻・其一乃心・戳乃力・以毋後期・以干戮刑・曰嗟爾副帥・閫帥・千夫長・百夫長・敬共誓言無斁・賊蔽谿谷・其狼・爾統師・其先間諜・熟爾土疆・以毋懵于險・以危爾師・賊蔽谿谷・其鼠其狐・爾統師其鼓勇超距・赫震武威・靖遏醜蠻・以毋逸魁渠・賊蔽谿谷・谿竅谷幽・爾統師其扼險制勝萬全・毋窮追奔・以蹈履險危・

申誓曰・嗟爾師徒・咸聽誓曰・敬其勗哉・某月集甲子・師徒四萃・殪厥渠魁・殲其桀黠・四千有奇・脇從奔逸・釋寬不治・俾復向化・生生爲王民・廣右悉平・歌凱班師・獻捷聖天子・某等躬見偉烈・謹拜首頓首・矢諸聲詩・用備明雅・詩曰・蠢蠢氓蠻・跨谷頁山・山高谷深・大遂厥頑・爲妖爲殘・殘茲西土・百斯民艱・民艱孔苦・氓毒孔威・民之室家・不保狐綏・民之宅里・蕩覆流離・我民流徙・蠻謂得逞・大作不靖・剽攘馳騁・我民搖搖・不保首領・天子曰・嗟民之病矣・蠻之競矣・誰其綏之・俾之定矣・誰與元老・授之柄矣・元老受命・拜首稽首・赫將天威・誓殲羣醜・誓師桂林・椎牛釃酒・虎賁洸洸・虎旗揚揚・闔圍四塞・震矢四方・跨山爬谿・以誅以攘・以誅以攘・先其渠魁・縱其脅從・宥之歸來・賊巢爲灰・賊血賊膏・汚之草芽・民賊斯除・民生斯寧・集有師功・奏功朝廷・勒之鼎彝・永紀厥成・天子有命・紀正紀勳・維此元老・克平大憝・胙之爵秩・匪止其身・及其子孫・

觀潮序

渭崖子・嘗語董本洪曰・子居西樵山乎・曰然・子居順德乎・曰然・居樵也山也・靜乎・曰然・居順德水也・動乎・曰然・曰若是乎子之居也・跡也・是惡乎貴乎君子之居也・夫變化也者・天地之妙也・消息也者・鬼神之秘也・動靜也者・陰陽之機也・子水產也・蓋於水乎觀乎・是故源流濁清・變化見矣・盈虛乘承・消息生矣・潭止湊激・動靜別矣・子水產也・盍於水乎學乎・是故變化生生・氣質殊矣・消息乘承・學問著矣・動靜基機・天德立矣・子水產也・盍於水乎學乎・是故天地莫大乎變化・世運莫大乎消息・人極莫大乎動靜・知變化者・存乎神・語消息者・存乎智・神動靜者・存乎德・子水產也・盍於水乎學乎・本洪曰・家翁觀潮學・其取諸斯乎・曰原泉滾滾・盈科後進・是之取爾・取諸斯乎・

龍崖序

香山海濱・有峭石壁立・世呼爲龍崖・或謂石壁迂迴突屈・如龍之睡・擁特撐插・硬鱗硬甲・如龍之飛・故曰龍崖・或謂石壁濱海洋・龍從海躍・作風作雨・躍過石壁・磨龍鱗角・故曰龍崖・或謂石壁千仞・老松蟠根・松身龍鱗・松根龍蟄・故田龍崖・有高士結茅崖旁・且語人曰・吾仰崖

之迂迴・以長吾智・吾仰崖之屈突・以愼吾儀・吾仰崖之擁特・以礪吾氣・吾仰崖之撑插・以屹吾操・又語人曰・龍磨吾崖・吾觀其屈伸・以神變化・觀其噓呵・以神功用・觀其雷雨・以神澤威・又語人曰・松蟠吾崖・吾柱杖崖頂・挹松之馨・吾炷香崖側・食松之實・吾倚崖嶙峋・批松龍鱗・俾萬世後・謂我龍崖主人・

石頭先生聞其語・而告之曰・子豈豢龍氏之後身歟・抑赤松氏之後身歟・吾將有以告子矣・是故龍之爲物也・神也・神也者・時也・迂迴以言其躍者也・撑插以言其威者也・屈伸以言其體者也・噓呵以言其氣者也・雨雷以言其用者也・合而言之神也・神也者・時也・故曰時之義大矣哉・又曰子撫松乎・松聲龍鳴・子撫松乎・松蟠龍蹲・子撫松乎・松根龍鱗・是故時蹲而蹲・時鳴而鳴・雨我洗鱗・電我助威・雷我助聲・神也・神也者・時也・故曰時之義大矣哉・子豈豢龍氏之後身歟・赤松氏之後身歟・其知神者歟・其知神之時者歟・

送謝少傅致仕南歸序

今上御極之六年丁亥・宰臣有以奸贓敗者・政府缺員・輔臣曰・人用求舊・先朝老臣惟謝公・乃僉舉・既而謝公辭曰・老臣耄矣・使者奉璽書勸駕・朝夕敦勸・謝公翻然曰・雖則耄也・敢玩忽聖天子威命・廼入供舊職・越七年春・告致其事而歸・疏四上・或曰・公於出處可謂完矣・時在憲廟・天豁日熙・麟出鳳儀・公際其時・道顯其身・經出其詞・啓沃對揚・董純賈奇・鴻漸天逵・君子曰・是謂出以其時・其道亨・其用利・不曲其躬・而養正以俟・惟公乎・

時在孝廟・治極淳熙・百僚愼儀・公際爾時・經綸其猷・黼黻其詞・夕納其珍・朝獻其奇・彙峻雲逵・君子曰・是謂進以其時・其道亨・其用利・不曲其躬・而用正以行・惟公乎・時在武廟・累洽重熙・奸宄匪儀・公際爾時・憂鬱其衷・謇納其詞・匵韞其珍・囊括其奇・鶴遯于逵・君子曰・是謂退以其時・其道亨・其志正・不曲其躬・而經德以勵俗・惟公乎・迨惟今日・聖明御宇・大綱時正・萬目漸舉・匪求老成人・則典刑孰存・袞職孰補・公不曰耄矣・走覲當宁・罄餘忠・勵老猷・不敢邀佚以豫・公其耄耋・匪知進知退者乎・

勤勵恩酹・老志聿寧・倦翮林投・霖龍淵冥・始以三十年勤勞而就佚・復以二十年暇佚爲今日之行・進退步趨・後人典刑・公其令德・無訾者乎・公於出處・可謂完矣・兩疏之去就・文潞公之耆德・公兼之矣・渭崖生曰・若是其淺乎覘公也・大臣者・出也社稷是役者也・處也元氣是壽者也・正德初年・逆閹專横・公之兄弟父子擯迹焉・語曰・大冬寒雪・松柏獨秀・公有之・故處也・元氣是壽者也・而非以爲身也・惟是行・彊耄就列・豈曰祿之縻・秩之陟之爲也・蹇蹇匪躬而已矣・出也社稷是役者也・而非以爲身也・

昔漢徵申公・夫申公樸而耄・豈其有裨於治・然而漢武之德・庶幾三代・惟徵申公爲稱首・是故君人者・敬禮老臣・乃其所以自重也・老臣禮重・則家國天下重矣・而非其爲老臣也・公是行・我社稷重矣・徒覘出處淺淺已哉・

民謠序爲兵備王槩谷作

維十三年・廣南岷猺盜橫・天子命徂征・惟總督楊公實董師撫寧・朱公實督師按治・毛公實涖師紀正・師勛守廵分涖・欽差整飭・兵備王公實監督・師分征邑清遠・惟王公承天子命・誓于衆曰・

嗟吾土之人・服有師勛・共天之命無斁・吾今勝殘・惟爾之休・吾不勝殘・惟爾之仇・ 爾其戳力助相予・以克爾仇・以爲爾休・天命典威・以無爾貽・

曰・天子命我戳討爾岷蠻越・爾岷蠻依山則巉・依谷則坑・憑負險竅・大遂爾頑・爾別良頑・吾于爾良之生不殘・爾尚慎旃・

曰・凡我民良・戮力剪賊・毋逸渠首・毋植孽遺患・無肆掠橫・以克有勛・肅爾部伍・礪爾刁斗・賊險巢瀨痢・爾尚扼衝究危・以奇取爾勳・

曰・嗟吾土之人・吾三誓告汝・惟董師有厲罰 ・有釀賞・ 惟爾用命・ 不用命・ 尚慎共天之威命・ 以無爾戮之貽・

師誓曰・敢不共天子威命・以集有勛・

某月某甲子・師渡滘江・破旗坑・擣告菜塘・剿西坑駱嵩乾坑・平瀨痢寨・戮賊渠梁永寬・戮賊黨一千有奇・五月某甲子・師移池水・攻黃藤峽・上下北流・花尖・黃嵩後山・平馘賊渠塘鎮山僞都督楊旺・戮賊黨一千有奇・班師策勛・戮馘二千四百有奇・惟是廣南郡邑・惟清遠英德樂昌從化・山嶠谷竅・盜竊淵萃・淫戮民良・狐妖狼殘・不勝捕詰・惟王公涖鎮清遠・用赫德威・順德香山・海寇旣誅・旣夷樂昌劇賊・僞高天王亦就戮馘・

惟茲師役・復集有大勛・始自今我民室室家家・父父子子・兄兄弟弟・夫夫婦婦遂攸寗・惟誰之賜・是宜士民子子孫孫・億萬斯年謳歌不已・

贈賀長教歸廬陵序

應天教授賀子鈞・昔宰浙之麗水・廵按御史謂賀子不能尹・逡部・渭崖子時視部篆・覆賀子政績・嘅然嘆曰・如賀尹者・良尹也・謂不能尹・誣也・擬賀子原秩・或曰賀子木慤介遜人也・木近訥・訥故辭不飾・慤近樸・樸故禮不縟・介近矯・矯故俗不諧・遜近畏・畏故儀不炫・不能尹也・渭崖子曰・辭不飾・所以屏僞也・禮不縟・所以崇質也・俗不諧・所以自立也・儀不炫・所以衷孚也・古之道也・賀子能尹也・或曰今之能尹・豈曰口佞逞也・實巧承要人・頤涎濊吐焉・躬曲舌圓・翻變官黑・阿合上官・乃稱能尹・賀子不能尹也・

賀子教應天・渭崖子曰・行矣髦士・式而木也・可以立本・式而慤也・可以存誠・式而介也・可以束身・ 式而遜也・可以慎德・行矣・往不能尹・乃今可以能師矣・賀子教應天二年・其對上官無諂辭・其對于諸生無談話・木也猶昔也・不僕僕走趨・不郊迎要官・慤也猶昔也・節饋不通・見贄不內・惟財賙貧・衣布齕粟・空如也・怡如也・介也猶昔也・謙而溫・遇要官如震焉・踧踖如也・遜也猶昔也・乃今黜也・或曰賀子弗有可黜也・然乃黜也・其故弗可知也・或

曰賀子實窮．歸而無貲．如賀子黜．凡今之官．必貪婪而後可．或曰學校職化源．汚者黜．潔者進．猶懼士化不疾也．乃今潔者黜．汚者何懲何勸焉．渭崖子曰．賀子雖則詘黜也．然而天下如賀子之詘黜也．寧少也．語有之．素位樂天．君子大自立也．賀子受學陽明之門．陽明之學．求自得也．賀子誠求自得也．外何羨焉．

今之汚夫溝渠．其身心以營營富貴也．死穢猶遺．蠅蛆恥伍．賀子與較．孰多哉．吾知賀子不黜戚也．學之師生曰．賀子不黜戚也．惟是繼賀子者．不知如何也．師生所慼慼也．渭崖子曰．賀子得士如此．可以自考矣．雖詘黜矣．不慼慼矣．斷可知矣．

贈戚邑侯考績序 幷詩

天子念我南海爲嶺藩．本根弗利于搖．民弗宜于苛．南海自孽閹揚兇．所司爭割民奉佞．嶺海本根惟促．咨宰臣有能乂我南海民．用底我黎．赤子生生．于惟顯揚．用登有位．俾我南海于康．用固我皇圖億萬年丕基．時惟戚侯有聲於閩．用將借澤于南邑．戚侯服有新命．涖事于南邑．惟勤惟公．惟儉以簡．賦不于苛．刑不于刻．吏卒有戢于戚侯．罕媢有權．用無毀譽于人．惟恩在我民．民惟懷思．於考有績．惟歌惟謠．用繫遐思．詩曰．

天王聖神．普念我民．惠有賢侯．借春于雨．侯燠我衣．侯飼我饑．侯之去矣．入于王畿．我攀侯轅．薄慰我思．天王聖神．念我南海．惠有賢侯．于我邑宰．維侯則慈．維政弗私．侯之去矣．入于天墀．我攀侯轅．薄慰我思．天王聖神．念我南人．惠有賢侯．俾乂我民．維侯則仁．維政則均．侯之去矣．遙遙車音．我攀侯轅．薄慰我心．天王聖神．念我民隱．惠有賢侯．恤我艱窘．侯刑則輕．侯賦則省．侯之去矣．孰嗣徽音．我攀侯轅．薄慰我心．

龍湖隕玉卷序

十年冬十月．盜發海豐大液．林氏女婦某氏死之．母陳氏亦死之．嶺海自閹瑾揚兇．遠邑治多非材．相率苟簡從政．民多困暴．橫不聊生．因之頻仍旱災．饑民從盜如歸．求緩須臾死命．姦人乘機號召相雄長．所在蟻聚蜂結．憑依山谷．不勝爬梳．正德十年乙亥十一月．羣盜數千．橫行惠潮鄉邑．徑海豐南門．縣尹閉門坐守．城外沿鄉落所至．擄縛婦女．淫汚刮刷．財畜空虛．先是盜起鄉邑．孀婦某氏曰．夫君不幸早世．吾久祈以死也．所不死．以林氏兩塊肉在．今若此．不如死以從夫君于地下．比盜廹．遂投五坡嶺文丞相新祠龍湖死之．

林氏女年十八．亦曰．而能全節捐身．吾室女．隨强賊入山．汚以苟活．寧死弗辱．隨沉死之．陳母倉皇持二婦孫曰．家門不幸．老身忍見若死也．必不死以俟．儻不可．吾亦隨死．遂死．比盜至．惻然念曰．吾本取財來也．何物若一家三人死耶．歎息旋馬．徑入山去．是時盜擄百有奇于山谷．力能贖．贖以回．否盡汚辱鞭敲以死．惟林氏一門無辱者．

君子曰．三人者．凄霜冷風．畢命正志．可不謂貞乎．

完璧操以決時艱．家之門祚弗辱．可不謂烈乎．志以周身．剛決定志．可不謂節乎．禍變廹遽．膠隨弗舍．可不謂義乎．聖賢緣情以立文．由義以起禮．褒嘉以勵俗．闡幽以彰德．旌往以翼來．是宜有謚．或曰私謚有諸．曰有之．傳曰．貞哀國嬪．其凡也．

恭題良朋集後

我太祖皇帝．得天下之正．賢于殷周．治天下之法．則鑒于虞夏殷周漢唐宋．而損益之者也．周自武成之役．迄于昭王僅百年．楚澤之沉．諸侯視天王如莽梗焉．故曰周室之卑．自昭王始．封建之窮也．漢鑒秦敝．壤地過制．唐宋鑒漢．族聚京邑．均以貽慼．我祖皇帝．藩封之制．蓋取諸周．祿而不治．蓋取諸虞．萬世之衷極也．周自二南而降．風既漓而益卑矣．是故觀諸兒於魯夫人．而敝笱賦．觀諸公子頑於衞宣姜．而牆茨作．晉君之內有四姬焉．倫理蔑焉．周宗姓也．懿親也．王始基始也．四國示瞻也．若而閨門．而曰周之治教．天子公卿躬行於上．皆可師法．其然乎．故曰周之風．二南而下無觀焉．

我祖皇帝．閨門之化．洽于萬邦．超于千古．漢之呂鄧．唐之武韋．宋之高曹向孟．雞牝而晨．仰式我祖何如也．故曰成祖制治之謨．萬世之衷極也．其諸紀綱．言言矩準．循之則治．違則不治．代有職臣．與時述記．若臣宋濂．若臣金幼孜．若臣楊士奇．若臣李賢．若臣李東陽．皆對揚祖烈．佑贊列聖也者．臣趨召遇韶．適韶守臣鄭騮．貳守臣郭顯．文教授臣陳一貫．臣陳錠．胥將興材．臣乃貽之組烈．俾諸學生知我聖祖制治保天下之大．出也．知所以事君．

嶺表書院記

嘉靖壬辰夏．欽差提督兩廣軍務兼理巡撫．兵部左侍郎兼都察院左僉都御史陶公莅梧．乃集屬僚．誓于軍門．若曰．聖天子德載宇宙．東夷西戎北狄暨于南蠻．罔不軌順．惟若兩廣．時有寇竊．嗟嗟廣粤之民．獨不蒙被聖德至化哉．時哉欽哉．惟我臣工．共天之休命．莅鎮茲土爲民主．凡民有弗式順軌．釀乃罪孽．自貽伊覆．實吾主民羞．

載則曰．嗟嗟廣粤之民．豈不惜生生．乃自冒于非辜．喪厥生生．始自今大誓．戒吾屬若僚．修爾干．礪爾矛．愼封烽．凡山之頑．昧厥生生．率胥于殘．矢拏戮之．無漏種于茲土．緻爾舟．利爾械．截守爾港島．凡海之頑．昧厥生生．率胥于殘．矢拏戮之．無漏種于茲土．

載則曰．嗟嗟廣粤之民．豈不惜生生．乃自冒于非辜．喪厥生生．豈吾長民．亦尙有缺哉．天降民性惟良．長之治之化之翊之．吾其本之圖哉．欽哉．時哉不可失．其崇化源．其建嶺表書院．以翊化民．其中堂曰敬寬．以時敷教．其齋曰修文．惟厥士時集．以游於藝．臺曰春風．曰沂水．士民陟茲．寤寐聖涯．堂之前．崇土爲臺．曰聖謨之列．刻聖訓五箴．惟厥士朝夕瞻惕．率若聖謨．躋于大猷．

載則曰．嗟嗟廣粤之民．豈不惜生生．乃胥跳梁．喪厥生生．豈不盡慼哉．厥惟敷化．始于近．漸于遠．凡爾谷棲穴巢之民．暨于水宿澳居．開闢底于茲．道化不沾．聽爾稚耄學于茲．仰式道謨．迪爾良知．以不終于迷．凡爾遐邑僻州．暨于土夷．道化懵不聞．其有司其式于茲 ． 迪訓爾士民．俾遵訓軌．革爾舊風．

載則曰．嗟嗟廣粤之民．豈不惜生生 ． 長民身教之不先．民靡瞻依．懵貢于非辜．豈不靈愍哉 ． 凡我天子守土臣．若參政萬潮僉士張鵠．爾實時颺聖化．民之革惡從良．惟爾之庸．民弗革惡從良．惟爾無庸．爾愼旃哉 ． 其身格訓．丕揚休風．漸于窮壤．易彼悍頑．率于淑柔 ． 躋于化矩．郡守劉士奇．爾民父母．若父母保厥子在厥生．若考作室．在固厥基．爾率猷訓化梧民．固梧之基．保爾赤子．定厥習性．于厥初生．列郡于爾承式．豈不休哉 ． 郡同知舒栢．爾材爾良．書院肇興．風教率先．非爾教惟身．後哲何儀．爾勿廢爾職．秉茲教矩．俾僻邑夷民．于爾身式．爾亦永有譽哉．

載則曰．化遠始于邇．化民始于士．爾梧士實教伊始．天理易言．存存實難．人欲易熾．遏遏實難．存遏之幾．一念之間．幾哉幾哉．尙愼念哉．尙端爾身．僻邑爾式哉．爾師爾士．式哉式哉．尙交敕哉．南海霍韜．實嶺表人．拜稽首曰．於盛休哉．風教本基．陶公是式．謹具筆．

宋余襄公祠記

嘉靖癸巳冬．十一月戊午．韜趨召過韶州．謁舜廟．世記舜南巡．坐石奏韶樂焉．曰韶石．是州由名韶．有舜廟．式聖德也．五嶺之南．聖人之迹遜矣．載謁文廟．立禮諸生．共誦法孔子．載謁張文獻公祠曰．文獻公唐室棟臣也．嶺海是瞻．載謁余襄公祠曰．余襄公宋名臣也．祠陋敝．韜曰彰往以勸來也．表賢以翊化也．國之利也．守臣騽曰 ． 守職也．已而中丞唐氏冑曰．崇敭遜哲．翊礪世風 ． 御史大夫職也．其敢緩．繼而中丞陳氏察曰．政急先務．遜哲不崇．後何勸儀．乃交敕飭．越明年甲午．祠敝飭式 ． 授簡于韜曰．盍志諸石．亦勸來哲．

韜曰．余襄公誠宋名臣也．昔者范仲淹忤呂夷簡黜也．朝臣蔑言者．公昌言焉．雖則偕黜．然而敢言之風鼓囊焉．孔道輔．歐陽修． 尹洙．孫沔並時之盛也． 宋稱歐孔爲時直臣．公非其儔歟．宋政姑息．國日不競．公則曰．朝廷制天下在賞罰． 大臣齷齪不立法禁．可憂也． 公之言．時不竟聽．宋之祚．卒由惰殞．公非識治之材歟．儂寇內侵．陷邕圍廣．公脫衰秉戈．協狄與孫破戮賊蠻．京觀之勛．於今爲烈．古有之以勞定國．又曰王臣蹇蹇．匪公之故．公有之非歟．夏戎乞和．公曰和與不和．皆有後患．宋室毒禍．卒誤于和．公其先見非歟．是皆公之大也．公誠宋名臣也．

韜謁公祠．賦詩四章．其首章曰．古有李翺．慼憂河北．千年隱公．則誰與識． 冰識履霜．維我忠襄賦也． 襄公謚也．曰忠．頌公也．公實無愧忠焉．其二章曰．古有歐陽．識李翺憂．彼鳥之榮．咄咋之求．維忠襄于歐有光．賦也．李翺憂心歐陽修．識也．其識何也．憂同也．宋臣識歐陽修之憂懷或寡也．其三章曰．我忠襄公．三使于狄．狄情之憂．孰與先識．匪不公識．公且是斥．賦也．宋人畏狄．諱言邊情．如諱疾然．臥以待殞．公以言邊得罪．史臣曰．爲番詩黜云·其四章曰·古有哲人·見兆未形·維彼懵人·禍至莫懲·於呼宋鑒不忒·憝懷是式·賦也·宋於狄禍不鑒諸晋·其及也宜也·語曰·幽厲爲鑒·憂心遠矣·併識焉刻于石·

贈少保兼太子太保吏部尚書謚恭襄前少師王公神道碑

英宗睿皇帝復位之三年·歲己卯·月甲戌·日丙戌·時癸巳·公生於太原之醫館·有吉徵焉·公諱瓊·字德華·號晋溪·邑居晋水經流故也·公四歲能楷書·五歲邑尹舉奇童·八歲通尚書· 成化庚子舉于鄉· 甲辰舉進士·乙巳授工部屯田主事·宏治元年戊申·理易州薪廠·癸丑署都水郎中·治漕河·丙辰四月改戶部陝西司郎中·己未遷山東參政·辛酉居靜學公喪·癸亥冬·起復河南參政·乙丑冬·遷河南右布政·丙寅夏·陞右副都御史·理鹽政·九月陞戶部侍郎·戊辰正月·改吏部右侍郎·時宦瑾欲用私人·尚書許襄毅公執不肯·三駁卒用公·瑾怒調公南京吏部右侍郎·

己巳居任夫人喪·壬申起復戶部右侍郎 · 兼左僉都御史·賑畿內山東饑·癸酉六月·陞戶部尚書·甲戌春·以災異乞免不許·六月·以疾乞罷不許·乙亥三月·乞罷不許·四月·改兵部尚書· 御史高公韶· 論公不稱任·公韶譎·公乞避位不許· 九月·再乞避位不許· 疏六上不許·丙子二月·以疾乞免不許·是月復自劾乞罷不許·六月又求退不許·加太子太保· 丁丑三月加少保· 十一月以軍功加少傅兼太子太傅·辭不許·戊寅三月乞歸不許·己卯五月加少師兼太子太師兵部尚書·八月宸濠反·庚辰十月轉吏部尚書·辛巳夏五月·下御史獄·謫戍綏德·丁亥禮部右侍郎桂萼疏薦·戊子起復兵部尚書·兼都察院右都御史提督陝西軍務·辛卯冬十二月·改吏部尚書·壬辰七月公薨于位·

公先子靜學公·師事薛文淸之門·公幼承家學·事踐履實用·不飾枝言·業舉時·恒端坐一室·不涉市肆·試部政日·與喬白岩·王虎谷互益切劘·正德時·公當樞軸·虎谷歎曰·晉溪才識·雖則優也·亦原學力·觀其施諸經濟·無一不繇平日講履之素云·

國家都北·漕河特重·沿河郡置通判·縣置丞各一員·專任漕事·總于都水郎·歲久·撫按時檄判丞兼雜委·漕務無專·職益弛·公與漕務申勅判丞·毋聽撫按檄 · 漕政始肅·先是河防掃草積數·足贍幾年·量裁徵數·草不積腐·民不困徵·踰年掃用益贏·仍議年徵十分之三 · 折銀儲官帑·積二年·贏銀三萬有奇·都御史議移補軍糧·公曰河漕重務·費缺孰供·急徵之民·民益病·執不給·御史移防河木材葺學舍·公檄縣官曰·急舁材回·漕司供缺須時·謂公識體·且曰公力定毅足·以有執也·公治漕三年·凡漕河里步近遠·閘座丈尺·漕舟木材之費·考稽畫一·著漕志·繼漕治者·按志以稽·不爽毫髮·服公精練云·

公理鹽政時·私鹽行·官鹽壅敝·公涖淮·檄淸强官一人·巡察滄瀛·從運河而南·專私鹽捕之·一人巡察襄鄧·民貨鹽出境捕之·一人巡察淮海·鹽徒千百爲聚·勦捕之·鹽敝爲淸·乃議輸粟法·議量課中鹽之法·議商人買餘鹽之法·皆未行·君子曰·輸粟法行·邊卒可無飢也已·

公理戶部·邊帥乞糧草·則屈指計曰·某倉專糧幾何·

某場庤草幾何・各郡歲輸糧幾何・邊卒歲采秋青草幾何・用蓋饒也・何重索・邊帥愕愕・服公明察・不敢横乞・

公涖兵部・寇報至・公坐籌曰・某大帥出某地・某裨帥出某地・某由某路會師・某由某地夾攻・某截某關隘・某防某奔突・某輸餉糧・其紀師勛・又曰・諸凡未悉之機・主帥權宜從事・大事先行後聞・公策勝數千里・如對面談・復不膠泥・故邊帥不窘束・以易策勛・宸濠反聞・朝士愕駭・持兩端・陰卜成敗爲從違・不敢正名曰濠反・又曰有故事・公獨奮曰・豎子烏鼠聚・刻期成擒・又曰・王守仁據上游・躡濠後・禽濠必守仁・乃從直房・頃刻覆十三疏・首請下詔削濠屬籍・正賊名・次請命平賊・大帥趨南都・次請命南和伯方壽祥防江・翊南都・次請命南都文武臣戒嚴・次請命尚書王鴻儒主給餉・次請命王守仁率南贛兵由臨吉・秦率湖兵由荆瑞會南昌・李充嗣鎮鎮江・許庭光鎮浙・叢蘭鎮儀眞遏賊衝・愈諫率淮兵翊南都・已而陽明擒濠・如公策・

辛巳之夏・公在獄・禮部主事梁焯語韜曰・濠反時・朝士歸心濠十之七・且曰濠必成・ 屹屹不懼獨晋溪一人而已矣・丁丑八月・ 武皇帝單騎巡邊・ 朝士凛凛曰・遠則漢高帝之平城・近則土木可鑒也・議嚴兵守京師・公曰上偶出・遽嚴兵・如有讒夫曰・將據國也・禍孽作矣・乃馳奏行在・命文武大臣守都門・又密調將士列伏邊城・大同遼東延綏士馬皆集行在・又請暫命大帥一人・開閫河間・近保京師・遠控齊魯・又於大名武定・ 權置兵備副使二人・ 鎮壓盜賊・又檄薊州都御史臧鳳・保定都御史李瓚・嚴兵要害・爲駕蹕扈・又檄山東河北飭武事・又檄在京守備・時察奸宄・是時

乘輿出邊・逾年無虜警・京師至於邊服・安堵如常・公籌畫鎮定之功也・

禮部廷議建儲居守・公曰斯議也・古則有之・我朝有祖訓在・衆默然・吏部侍郎王鴻儒曰・遠謀也・匪夷所思耳・大學士梁儲曰・預建儲議邪謀也・不可聽・乃罷議・是時宸濠陰交賊臣朱寧・謀入寧世子司香太廟・朝臣陰主焉・大學士梁儲力沮議・大學士李時語韜曰・儲有社稷功・外人無知也・謂是也・是時梁公執議於內・王公正議于外・奸謀乃寢不行・

江彬・許泰・扈蹕回・將進伯爵・下兵部曰 應州之捷・彬泰上勛・進秩二級・公曰左都督上無級也・執不上議・內閣徑勅吏部封彬平虜伯・泰安邊伯・凡軍功封侯伯・由兵部議請・乃勅吏部例也・彬泰實佞倖・借兵部議爲地・公執議雖不能沮彬泰倖封・國法猶恃存云・辛巳春駕駐通州・江彬擁邊兵環衛・勢極兇赫・召九卿覲 都下洶洶云江彬謀逆・召九卿往屠焉・因行大事・九卿凛凛・無敢詣覲・公曰予也備位大臣・天威咫尺・敢不覲・即日詣通州覲・主事梁焯語韜曰・江彬擁兵駐通州・人心實危・獨晋溪不畏・人云彬將掠奪九卿印・行大事・晋溪反佩印往 ・與彬和同如魚水・不知何術也・韜曰彬獨扈蹕・邪謀可逞 ・兵部尚書扈蹕・將士屬兵部・彬有邪謀・將士不皆從・晋溪居中・陰制奸變・係將士望・彬雖有謀・不得逞也・大臣制變之略也・抑亦智勇合德者能焉・

公由戶部任兵部・由兵部轉吏部・復由謫戍起總制・再入吏部・勛績不畢書・獨書數畧節・取其足法者云爾・韜甲

戌春舉進士・夏六月歸嶺南・辛巳入京・公已寘獄矣・不識公・問曰晉溪何罪・或曰結交宦倖・濫封爵・亂朝政・罪一也・威傷善類・罪二也・軍功濫陞・罪三也・韜曰若是・戮宜也・越月韜任主事守職・方閱舊牘・歎曰古有寃誣・其王公類乎・宦者張永之弟張富・張谷冒安化功封伯・彬泰冒應州功封伯・內閣畫勅兵部・填紙尾惟曰如勅行而已矣・無溢辭・故事軍功封侯伯・兵部上論・功奏內閣・據以擬勅・富谷彬泰等封勅自內閣・無關兵部・如曰佞倖濫封・亂朝政・內閣坐・乃坐晉溪・誣一也・凡獻軍捷・巡撫擬奏・巡按紀功・兵部請覈實・御史覆覈・乃擬賞典・如曰軍功濫陞・撫按宜坐・乃坐晉溪・誣二也・都御史彭澤以哈密叛・黜都御史范鏞・擅用贓黜官握兵符・逮問彭澤・先效河淮川蜀之大勛・輿議惜然・哈密叛釁・不得不黜・法也・范鏞擅用軍職・罪在無將・御史高公韶極詆公・公任吏部・遷公韶秩・乃曰公賊善類・誣三也・乃辯公誣于朝・公再任吏部・

韜守母太夫人喪・歸竟不面公・公薨・公子朝立・委撰神道碑銘・且曰知公心跡・惟韜爲悉也・乃著其畧・若公考祖源流・歷履政績・載在家傳・不得備著・銘曰・

憲憲王氏・出徽君覇・魏晉隋唐・哲人轍迓・宋迄元胡・宇平晉下・明更平晉・是曰太原・百歲少傅・繇鼇石遷・汾東柳林・爲廬爲田・爲汾東人・少傅是始・潞州知州・高祖元仕・亦職勸農・亦職防禦・曾祖伯聚・壽百一年・粵祖諱安・德績益綿・公伯考功・司空其瞻・公考永享・亦舉于鄉・學師文淸・早端向方・隆慶作牧・亦曰材良・曰靜學公・性學聿崇・公學家傳・考伯之風・公學公仕・考公距踪・公仕伊始・不弛學業・日集同志・日祈日益・仕有丕績・率本學力・公任工曹・惟究弊始・以振治理・公任戶曹・惟存大體・以振統紀・公任方岳・不屑瑣叢・事公于僚・僚亦公同・僚人奏功・公總膚功・咸師師風・正德之年・權人實繁・公處其間・調濟實難・措畫錯違・實係安危・武皇南征・外殿從師・內鎮艱危・亦議居守・日行之規・司禮內防・內閣中持・六科外維・聿有奏章・達左順門・聿有上旨・左順門傳・逆遏奸萌・柄不偏顓・肇位冢宰・曾未期月・積弊之叢・亦漸以革・彼仇彼讒・構誣黜屈・雖則黜然・丕績截烈・起鎮邊隅・輕裘曳裙・淵畫密謨・默伏夷胡・土魯是逋・甘涼無虞・積勳不誣・還公鼎軸・期公嘉績・期公壽耇・耄士是式・乃公遘疾・奪公是亟・微顯闡幽・是銘公德・是垂無極・嗚呼如公・功德自垂無極・

贈資政大夫南京禮部尚書湛公神道碑

十二年癸巳秋七月・禮部右侍郎湛若水・陞南京禮部尚書・九月皇子生・勅錫命若水父瑛・贈南京禮部尚書・錫之誥・若曰・若水父・積有慶源・是生賢子・奮躋于位・遺訓可泯哉・臣韜拜稽首言曰・易有之・積善餘慶・若水起士校・洊升大僚・光於鄉邦・榮于考祖・非世有令德・能臻是乎・帝錫明謨・嘉善積也・親顯以子・可言孝矣・先是七年戊子・若水任祭酒・帝錫瑛誥・若曰・若水父・賦性剛直・潛德邱園・乃生賢子・光我邦家・範我多士・臣韜拜稽首言

曰．剛懿德也．剛且直．尤懿德也．乃邱園之潛．不顯于時．是將章含以宏其施乎．

九年秋．若水任禮部右侍郎．帝載錫瑛誥．若曰．瑛剛德受于天性．直躬矯枉．樂士賙貧．啓爾後人．佐我邦禮．臣韜拜稽首言曰．瑛德則美矣．不遇聖天子昭德于天之下．顯錫嘉謨．孰與揚潛休哉．可以勸忠矣．昔瑛也與其鄙之人．交重言諾．謹禮度．急於行義．寓宿於人家．女婦隙窺．厲色叱之．爲里正見．其邑簿蔣簿有所私瑛．矢法撓之．無少狥．簿御之．嚚嚚然．卒以菹毒禍．君子曰．諺有之．直木多斧．瑛之謂乎．嘗北游．夜宿於其友官窰王之家．以其所賫貲數百金付主者．是夕盜卒至．瑛謂金輸盜囊去矣．晨起主者曰．予之家篋則空．而金別篋．盜不知搜．里語曰．主不沒盜遺．主之賢也．又曰因不失親．瑛之賢也可知已．

瑛生增城．實五嶺山水之叢．語云中州之山．至嶺而窮．又曰五嶺宗粵．庾嶺西來．歷韶英番禺．千里而遙．至增城而止．羅浮東來．由汀惠博羅至于增城而止．水自淩江北來．由韶英趨虎門．龍江自惠陽東來．由龍門博羅趨虎門入海．瑛世增城之沙貝．沙貝實虎門山水之滙會也．里語曰．山川孕靈．不有徵歟．湛氏世有休德．贈尙書公．剛直信義．表表而偉．甘泉公．復爲明名儒．非山川之靈歟．渭厓韜．於甘泉公婣也．因得論其世．爲之碑銘．銘曰．

赫赫湛氏．世居增城．增城山崇．增城川清．山川崇清．山川粹精．粹精孕靈．傑賢孕靈．傑賢維何．粵維湛氏．雖則宅潛．德則世世．粵維先公．在適元季．亂膴靡定．人則競噬．先公惻心．牖暴以惠．種德奕世．至尙書公．剛德蘊衷．直德蘊衷．百錘之鐵．千錘之銅．百圍之栢．千圍之松．尙書公直氣．天地所啓．雖時詘奸．天地所砥．雖時詘身．乃伸是似．尙書公是似．中路是履．德式之孚．帝降之祉．于厥考妣．厥祖考妣于世世．

前順天府尹劉公墓志銘

尹諱淑相．字養忠．劉氏．湖廣黃州府麻城縣人．正德九年甲戌舉進士．十二年丁丑．授南京兵部車駕司主事．十五年庚辰．武皇南狩．孽帥江彬．宦者張忠張銳憑寵爲虐．人憚迎覲．養忠詣儀眞覲．奏對不懾．武皇顧嘉曰．小主事爽辨乃爾．遂知名．是年陞署員外郎．十六年九月．陞南京刑部廣西司署郎中．嘉靖二年九月．調兵部車駕司署郎中．三月調職方司署郎中．四月實授．是月陞山東布政司左參議．六年十一月陞山東按察司副使．八年六月改密雲兵備．九年十月陞四川按察使．十一年五月陞四川右布政使．十二年七月陞廣西左布政使．十三年八月陞順天府尹．

先是永樂初．徙天下富民塡北京．供坊廂富戶役．遂籍北京．爲北京民．年需原籍幫銀．有司年徵銀解戶部．發府給富民．曰供坊廂役云．十五年．福建解銀六千有奇到部．部發府曰．給富戶府之僚及胥．亦曰合給富戶．養忠曰．富戶何名．給若是銀也．胥曰例．富戶亦告曰例．養忠曰何例．胥曰年承行矣．久卽爲例．養忠曰．國初土著民寡．富戶供坊廂役費需實繁．原籍幫供實宜．今土著日增．富戶隸籍順天・與土著民同・間役供費・與土著民又同・凡有役費・府下兩縣・縣下廂坊・詰丁揆畝・均出供費・何富戶獨得若是幫銀也・胥語塞・僚曰銀給富戶・乃無後虞・養忠曰・何虞・僚不答・

蓋僚媚大臣・通富戶・賂大臣・求必給銀・大臣市寵柄・嚇養忠・養忠不慴・下兩縣覆・年供需費銀・著籍覆實・費不什一・著例曰・季覆費・季給銀・富民無從得給銀矣・時有輸粟生周徵・實養忠親・睽子也・富戶夏昇・兄夏昶・隸東廠主書・禍福口出・投二百金餌周徵・假曰爲囑尹・周徵故不職事・謂尹可囑・入言養忠・叱出・夏昇告東廠逮周徵備毒刑・訊曰・必言尹與知謀乃免死・徵曰尹實不知・願自死・大臣嗾使東廠逼攀尹家童與知謀・連玷養忠・養忠憤曰・權奸敢爾・遂訴大臣囑託納贓數十事・上知養忠言實・欲兩全・乃詔不問養忠童玷・大臣贓跡亦寢・獨謂養忠訐大臣・罷養忠・出詔獄・到家踰年卒・君子曰・養忠奇男子也・侃侃剛直・孑身攖虎豺之吻・了無慴色・不遇明主・身禍未知所底・雖未沾恩・大昭衷素・不可謂不幸也已・

渭厓生韜與養忠同年・養忠訐大臣贓跡・大臣抗愬獄由・波及韜・故志養忠墓・著養忠獄由・微顯闡幽之旨也。養忠祖某贈某・祖妣某贈某・父某封某・生八十七年矣猶康强・手書與韜曰・淑相兒逝去・遺我耄・孫稚煢無依・讀之愴心・妣某氏贈某・配某封某・男某・銘曰・京兆劉君養忠之墓・嗚呼・

李子長先生墓表

甘學曰・世道日下・世利交征・挾寸能片長者・罔弗投合於時・黜智守分・篤志尚友於古者・無幾・抱眞李子孔修子長・少從白沙遊・飄然鶴思・不伍於世・破廬薄產・蔬食不繼・未嘗作皺眉狀・作詩寫字・不履律於前・自爲一家・或觀眺山水間・歸而圖之・見者爭愛而酧之曰・李子長畫云・平居管寧帽・朱子深衣・入夜不違・近廿年足不越城閾・惟攻周易・城中兒童婦女皆稱曰・子長先生云・間出廬戶・則遠近環視・以爲奇物・今年病卒・無子・學又曰・惟孔修有古之林逋・魏野・种放・孺子・雲卿之風・誠皇明一代之高士・

於是憲使李先生子庸・少參王先生崇敎・聞學之言・皆高李子長之風・遣貲之經治之葬・謹按李孔修子長行履・世人稱述多過其實・今拓其可傳信者如左・李子長有庶母・父歿・母改適民家・誣訟子長沒奪其產・縣官繫鞫之・子長無言・抑迫之輸供・操筆供曰・母告委是情眞・縣官疑之・爲之覆鞫・得其情・乃知其賢・禮敬之・世人由是誚子長曰癡漢云・李子長少年輸糧于縣官・縣官異其容止・詢姓名不答・惟一拱手・縣官叱曰・何物百姓乃爾拱手耶・呵之退・又再拱手・縣官怒笞之五・竟無言以出・

白沙先生知之・戲之詩曰・如何乂兩手・剛被長官笞・蓋實錄云・李子長少遊白沙之門・白沙先生抗節振世之志・子長獨得眞傳・若東所・若張詡・葵山・謝佑・皆於師門無玷云・是故子長之詩曰・月明海上開尊酒・花影船頭落釣蓑・

白沙先生亟稱之．曰．後廿年．恐子長無此句云．謝佑之詩曰．活水引龍歸後洞．古松棲鶴上高枝．志嘉遯也．又曰看花得意流連舞．坐竹隨陰次第移．言自得也．東所之詩曰．人才似寶眞堪惜．宇宙如家合要扶．全仁之量也．孔修於東所．葵山爲久要云．又曰白沙風流之遠．東所．葵山．子長不失其眞云．或問於陳秉常庸曰．子長廢人有諸．秉常曰．如子長誠廢．則顔子誠愚．蓋秉常於子長同師白沙．故相知信如此．君子以爲知言云．

後學霍韜不能加片言．惟爲之銘曰．嗚呼子長去矣．子長逖矣．子長後世於何望．古風子長．古節子長．逖矣子長．後世於何臧．古貌子長．古心子長．逖矣子長．後世於何防．

贈太傅謚文康梁公傳

公立朝四十年．多自蔽掩．無所誇其功．故人不得知．聞謗不辯．謗言日積．居之恬然．施德於人不責報．人賴公德以自庇覆．反操戈向公．公亦不較．海內後進．不面公．徒聞謗公云云．亦相附和毁公．故世罕知公者．正德間．秦王請陝之邊境．益其封壤．內交嬖臣江彬．朱寧．宦者張鋭．皆有賂．祈武皇帝詔與之．兵曹臣奏曰．祖皇帝有令．禁茲土不得畀藩封．武皇帝曰．與之．兵科臣執奏曰．茲土遂畀秦藩．悖祖皇帝制．武皇帝曰．業已與之．六科十三道諫臣．各執奏曰．秦王請益封壤．不可聽許．武皇帝曰．朕念親親．與之勿拒．

大學士楊公當草制．念曰．若遂草制畀地秦藩．恐貽後虞．執不草制．則忤帝怒．辱不可測．遂引疾不視事．大學士蔣公亦繼引疾．公曰如皆引疾．孰與事君．武皇帝震怒．內臣督促草制．公承命草上．制曰．昔太祖皇帝著令曰．此土不畀藩封．非吝也．念此土廣且饒．藩封得之．多蓄士馬．饒富而驕．奸人誘爲不軌．不利宗社．今王請祈懇篤．朕念親親．其畀地于王．王得地宜益謹．毋收聚奸人．毋多畜士馬．毋聽狂人勸爲不軌．震及邊方．危我社稷．是時雖念親．保全親親．不可得已．王愼之毋忽．

武皇帝覽制駭曰．若是其可虞．其勿與．回天之力．繫[illegible]數詞．然公未嘗自以爲功也．正德己卯．武皇帝躬廵邊．羣臣諫曰．萬乘不宜輕出．乃自稱威武大將軍廵邊云．詔宰臣草威武大將軍勑．大學士楊廷和．引疾不草勑．大學士蔣冕亦引疾．武皇帝御左順門．召大學士梁儲．面促草勑．儲奏曰．勑不敢草．帝曰何逆命．對曰．凡事可將順．獨勑不可草．帝曰何不可．對曰陛下爲君．乃自卑而臣．臣草勑．是臣名君．故不可．帝震怒．手劍立曰．不草勑．齒此劍．儲免冠解衣帶．伏地涕泣曰．臣有罪．今日就死．他日陛下猶憫臣．若遂草勑．他日陛下覺而怒曰．臣儲無禮．以臣名君顯戮臣．臣罪死不可赦．武皇帝察其誠欵．擲劍起．不促草勑．君子曰．儲固誠能悟主．然皇帝之仁明．殆亦不可誣也已．

己卯宸濠反．武皇帝議視師．羣臣諍曰不可．大學士楊廷和．梁儲．蔣冕亦曰不可．武皇帝曰．朕視師．廷和．儲．冕議居從．曰．如皆從蹕．孰與守．如皆守．孰與圖上之危艱．乃議楊公居守．曰社稷是保．梁公蔣公從．是時也．三公蓋聯股肱．而共成一人之身矣．武皇帝視師南都．議幸蘇浙荆豫云．又議南都郊．大學士儲．冕奏曰．南都郊．仁祖皇帝配天．北都郊．太祖皇帝太宗皇帝配天．若遂南都郊．配位不知所裁定．武皇帝乃不郊．

又將南幸．儲．冕手奏．跪行在門外．請毋南幸．自卯至酉．汗浹背．武皇帝遣內臣諭起．對曰．臣未奉俞旨．不敢起．武皇帝乃俞曰．不南幸．儲．冕．乃起．君子曰．江南不擾．二公之力也．然而武皇帝．委其股肱．武而仁且明焉．亦曰備矣．宸濠未反時．多內交士夫．凡所餽皆有籍記．濠誅後．閱餽籍．惟厚齋梁公．晉溪王公無受餽跡．世人猶多指此疵二公．皆不稽宸濠餽跡之過也．

厚齋自入仕至歸老．負郭不增寸土．廣郡沈同知尙經曰．順德．南海．番禺梁厚翁無百畝田焉．所有者．香山浮坦．從化賊巢．瘦瘠不食之土耳．世人恒以辭受之濫疵公者．故著此．俟篤論君子察焉．厚齋於人凡所餽．未嘗却．隨計其直酬之．歸老日．家無餘財．當見一匠人何云．公歸閭日．議建祠妥祀其先．計工匠之直．曰需八金．匠何六往．曰未有以給也．盍少需．八往不能營給．祠竟不克建．

公在日．王御史溱．請典刑公田．給事中賦請沒田之貲．代天下輸租之半．劉瑾矯詔抄公之家．公在南京．報聞皆不動色．上御極．言官聯疏劾公．假宸濠衞兵．是日故縱反者．請召置獄．正其罪．如陸尙書完云．公不辯．惟曰余只致仕去矣．勿論宸濠衞兵事由也．人曰是公大罪案．何勿論矣．公不辯．劾者猶不已．久之知與宸濠衞兵非公也．實厚齋楊公當制．正德九年三月十五日也．舊例凡閣下當制．擬旨人．親署銜著筆跡焉．故不得誣移之他．君子曰．是時也．淺夫處焉．未有不悻然嗷且辯．返其罪于楊也已．公惟引罪．連三疏乞致其仕．無片言自辯．公去位後．大臣被劾．無不辯者．然後知公之大也．難能也已．足法也已．

三廣公傳

三廣公陶氏．諱魯．字自强．廣西鬱林人．由父成蔭爲新會丞．陞知縣．陞府同知．陞按察僉事．陞副使．陞按察使．陞湖廣左布政使．兼廣東按察副使．轄治廣西寇賊．民因稱曰三廣公云．三廣公父成．由典史爲淛江按察副使．宣德間柄臣養亂．至于正統極矣．己巳之變．王師潰于土木．七省盜起．儒臣益震怖．成立柵于淛之金華．獨禦賊衝．且招降賊．功垂成．爲忌夫橫沮．賊卒至．無援遂戰死．景皇帝嘉成忠．命官子魯．由蔭丞．以至于有功．歷顯職．故嶺表稱忠勳之後．必曰陶氏云．

魯丞新會．年弱冠．廣西猺賊．流刼雷廉高肇．破城殺官吏．戮掠男婦．四郡無完廬．香山順德之頑．復襲黃賊蕭養之遺風．刼殺人無甯日．魯泣語于民之父兄曰．賊毒逋四境．氣吞吾城．今爲若父兄謀．非戰不可保城邑．非致死命不可戰．若父兄能率若子弟而從我乎．若父兄子弟．能致死命以共守城．保若家族乎．其聽我誓．父兄曰諾．乃築寨堡．誓民以守．以蔽扼賊衝徑．復築輔城．復於城外溝爲濠．復外布鐵蒺藜．植刺竹．以堅城守．賊至則人守土．分以死力戰．別寨分兵相緩急赴援．一邑之民．迺遂如臂指腹心之相聯絡．兵稱能戰．而賊不敢犯．父老迄今言

曰・邑民保妻長子孫・皆丞之功云・

魯由丞至布政使・平後山賊・置從化縣・平恩平陽江賊・置恩平縣・平新甯白水賊・置新甯縣・平潯梧・荔浦・府江・田州諸賊・凡斬首惡二萬一千四百有奇・拯回被擄民暨撫散向化之民・凡十又三萬七千有奇・爲兩廣保障・寄民生安危・凡四十又五年・建議置帥府梧州控兩廣・遏潯梧・府江之賊衝・君子曰・梧有帥府・兩廣乃如兩臂護其胸腹・潯梧府江之頑・自是不東雷廉高肇民有甯宇・是役也・蓋百世之功云・

魯行兵・兵不先知・或先半年調兵食・或先數月運軍械・多疑兵・多屯案・戍守兵調多寡無常數・賊益不能測・運粮聚兵・惟曰戍守・賊懼爲之備或遁・兵則不進・賊懈弛備・或遁・久不得耕以食・或歸・卽數路兵進・賊奔不及・亦不能戰・而殪・魯行兵・兵檄裨將不先知・惟檄面署曰・某封某日某時發・及發・乃知進兵・卽數路如期至・賊亦不及備而待殪・故魯征賊・賊無遁・亦無誤戮一良・常宴客・樽俎未徹・馘賊已報捷・坐客駭愕・衆且賀曰・陶公神算云・

魯用兵惟撫按臣與聞謀議・有司不知調兵食・民不知兵役・功成奏捷・且有忌讒・四十年間・惟都御史韓雍鄧廷瓚上魯績于朝・且不沮魯・亦因成功・然屢亦阽危・魯沒三十年・兩廣賊復熾・焚民室廬・汙及男女・荒其田不得耕・耄稚流離・有司不以時聞・賊之偏將危及城邑・震驚省藩・乃議征・司府議兵・復啞啞然無可否・或如雜訟・狡胥先洩兵議于賊・賊得預知機或遁・司府上撫按・撫按復數月議・乃奏復・數月乃得報征・又數月乃集兵・比集兵・賊已逋山谷・兵抵空巢・無馘功・乃戮邇賊之良・或萬及千・以謬功級・括其妻爲汙孥・撫按官亦幸功・賊亦苟僥無戮罰・甚則縱狼兵掠郡邑沿海之居民・故邇年兩廣兵興・賊未聞兵期・里甲已騷・兵未及賊境・良民已荼・兵退未移賊穴・賊已虜民妻女爲室・胥居曰・官軍擾我・于若取償・而報賞未行・民復愬云・賊復出刼・復焚千家矣・民俗觀山險之民・從亂無禍・爲良獨荼・不荼則騷・以故多從賊・賊亦熾不可禦・

君子曰・昔也魯也無恙・垂五十年・粤人賴甯・人亦莫念魯之功・迺今懷魯・豈可得也・諺亦有云・桃李不言・下自成蹊・以實也・而魯之功・非後人其實之謂乎・又曰魯之功・由今乃益著云・魯恒言・除寇賊・化之爲先・殺之不得已也・故古賢之除劇賊也・先除戎器・以戒不虞・後定比閭族黨・以正民心・乃修庠序學校・以崇民化・古賢之以安奠天下也・凡以格民也・故魯平陽江縣・卽修陽江縣學・平恩平縣賊・卽修恩平縣學・徙電白縣・曰避寇也・卽建電白縣學・平寇而修學・避寇而建學・史治所云迂也・魯曰・吾以廣化也・又曰表忠烈以勸爲臣也・亦化頑也・乃修厓之三忠祠・復修新會之忠勇祠・又曰禮賢・儒所以勸也・示民以有趨也・邑人陳獻章世訾焉曰禪也・魯獨時造其廬・咨政理・君子又曰・知化寇以禮・惟三廣公云・作陶三廣傳・

橘州傳

橘州古吳地・春秋之季・吳子夫差・東伐越・南伐楚・北盟齊魯・得志甚・歸築避署宮于洞庭之堵・遺跡有渡渚・

練瀆．馬城．鹿城．明月灣．消夏灣．皆在洞庭．橘洲翁姓蔡氏湧．生大明之世．居西洞庭之墟．面縹緲峯之陽．消夏灣之洲．洲廣袤二十里而狹．橘洲翁家焉．翁性坦夷．不虞人之狙欺．狡者謾以售奸．翁應之無逆心．亦無禍虞．人謂無心爲有獲也．狡無益也．稱翁曰．無心道人云．消夏灣之西曰西湖灣．二灣皆茂林．一水貫流中央．曰壽鄉港．翁田於港之南．圃於港之北．圃地十畝而狹．植橘千樹．翁息于圃．則曰．昔者吳子之遊於斯也．叱咤按劍．自謂萬世萬乘也．卒也．弗及黔首．張仕誠弗吳之鑒．亦以沉族．

吾秋冬之孟．杖藜港南．閱稻之人．杖藜港北．閱橘之實．視吳子智愚勞佚何如也．又曰視吾稻有秕稃者乎．雜稊稗者乎．吾橘有蛀蠹者乎．有葛藟縈之者乎．爲吾稻橘病者乎．去之．語云．推之理國亦若是也．又曰古賢植千樹橘．儗千戶侯．吾乃今知千戶之貲哉．可以鑒矣．又曰諺有之．匪無貲之患．令德之患．千戶侯無功．饕飱不得實患．吾於吾橘厚植薄取．令德我勗．已夫歲杪橘熟．翁杖履橘叢．隔港望之．如商山遺民云．翁卒．橘尋瘁．人伐爲薪．遺址尚存．人登其趾．尚稱曰橘洲云．論曰．古之士、隱深山之中．與海之濱．友木石鹿豕．負魚鹽將終身焉．遇盛帝顯王．致敬盡禮．迎而登諸上位．遂樹格天之烈．其未遇也．固無以異於山之樵．海之漁也．人固弗識也．古之士也．翁其儔與．其子羽思．紹翁業．

移峽山神文

正德辛巳春．二月朔三日．南海霍韜朝京．過清遠．維舟峽山．聞邇年峽之上下．民人遭虎噬食者．二三百數．乃移文于峽山之神．責之曰．惟神職守茲土．於宅有茲土之人．經遊茲土之人．惟神之庇之依．於茲土之寇竊、虎豺、蛇蟲、惟神之馭治．乃邇年由峽山泝于英德．由興仁暨于湟江．盜竊縱橫．虎豺甘人．豈神懵不聞知．於惟皇上帝．恤奠下土．岳瀆山川．肆于鄉邑．神禝神祀．咸秩乃祀．惟岳瀆山川．鄉邑社禝神祇．恪恭乃職．乃享秩祀．以無黜辜．我聖天子御天下．百辟吏士．罔不率職．百辟吏士．有不率職．豢縱寇竊．則于戮刑．惟神職守茲土．衞保我聖天子萬民．乃縱寇竊．豢縱虎豺．噬甘我民．正天之罰．則誰之辜．豢縱寇竊．殘殃我民．

時惟我官辟吏士．不畏天之威命．以憫恤民艱．於惟皇上帝．恤奠下土．明則責督百辟吏士．幽則責督岳瀆山川神祇．茲神守茲土．乃縱虎豺噬殃我民．時惟神不共天之職典．不畏天之威命．怠職玩天．時惟神不忠．食享茲土．不衞恤茲土之人．時惟神不仁．遭虎噬．以有叫號．神不聞知．惟神不聰．民遭虎噬．叫神有聞知．乃不拯恤．時惟神不聽．我聖天子御宇．官辟吏士不忠不仁不聰不德、寘有常刑．惟神職守茲土．責其誰歸．

於戲．神不共天之職典．寧不畏天之威命．是用謹與神約．始自今．虎豺甘人．神殛誅之．邇三四年虎噬我民以無辜．神追殛之．顯有嘉績．報衞我民．是匪特神之職典．實共畏天之威命．茲土之民．亦保享神之休．如自今至于一月二月三月．虎猶甘人．是惟神不共天之威命不職．予乃齋肅告于皇皇上帝．遣風雲雷電神祇誅從茲山．塞填東海．糾正神

之罰辜・予則獲罪于神不辭・惟神正直・尙聽予言・保享茲土于有永・

告墓文

嘉靖元年七月・兵部主事男韜・謹椷辭託告于顯考西莊大人之墓・謝不孝之罪曰・ 茲遇皇帝・ 推恩臣子・不及三年・考滿・倶錫應得誥敕・韜獨不敢祗領・無以榮我顯考於泉壤・不孝之罪・無所逃贖・然韜所以不敢祗受之故・謹具陳于顯考之前・始者廷臣皆謂・皇上宜改稱孝宗爲父・興獻王爲叔・韜獨謂皇上於孝宗爲伯・興獻爲父・是曰天倫不可紊也・若夫尊崇之典・權姑己之在廷・臣子亦豈不體皇上之心乎・則亦曰皇上父母・猶夫吾之父母也・皇上父母不得推尊・凡吾臣子應得恩典爲父母榮者・亦權姑勿受・

惟於孝宗張皇后、武宗夏皇后・徽號之禮・按典舉行・吾知不二三年・張皇太后夏皇后・感皇上謙沖尊敬之誠・懽愉和樂・自弗能已矣・將發繇衷・勸皇上舉行尊崇之典也・天下臣子同有尊親之願者・亦將各出繇衷・勸皇上舉行尊崇之典也・繇是皇上內順太后之懿旨・外順羣臣之孝心・合天下之心・采天下輿議・酌禮義之中・行尊崇之典・所謂尊以天下・尊之至也・繇是興獻王可追尊曰興獻皇帝・興獻妃可尊曰興國皇太后・所謂禮雖古未有・聖賢以義起之・此類也夫・

何人異其見・各嗷其說・且曰皇上旣富有天下・不復有父母・又曰旣受大統天下之重・則宜不父母其父母・而父母他人父母。嗚呼茲言也・利天下而棄父母者也・無父之徒也・今皇上帝后其父母・於禮未盡得也・亦未盡失也・臣子哇然爭之・謂是舉爲禮之失者也・則因失禮以推誤恩・臣子皆辭焉勿受可也・庶幾曰・吾以吾親諫焉可也・庶幾皇上感臣子之辭讓懇惻・悔心萌焉・繇是廣納諫之德可也・廼紛然丐爲親榮・何爲然也・豈皇上之父母・固不可越禮尊崇矣・己之父母則可與・豈皇上之父母・則得繩之典禮・己之父母・則可乘時竊分外之榮與・失禮以尊其親・且不可矣・況因失禮以誤及人之親・乃曰可與・豈己之父母則甚重・皇上之父母則甚輕與・嗚呼茲人也・視君不如視己者也・知有己不知有君之徒也・

韜力不能救・忍隨其後以負吾君乎・且夕閭里之榮可丐也・良心秉彝不能昧也・此韜所以不敢祗領者也・想我父考知之亦不願受也・韜固知不能顯親・無所逃罪 ・然迂愚之性・亦不能變通趨時・以至於此・惟父考大人・憫其愚・赦其罪・不勝哀懇之至・

祭莊定山文

先生豪傑也・任翰林不作樂人媟語 ・ 且爲疏曰・天子不宜聽倡優詞曲・ 防褻慎聖德・氣正義直・ 有補名教・奈何同時翰林皆不能・先生與章公楓山獨抗顔爲是 ・ 同僚所痛・慚忌所由起也・二公謫外・憲皇弗深罪・帝德天德也・何所不容・況於直臣哉・旋召復・乃不復二公翰林・改公行人司副・同僚忌嫉之致也・ 公翔鳳千仞氣槩也・ 豈齷齪溷網所得縶拘哉・先生歸居定山・名益重天下・直節卓行・有裨風教・敬皇帝起公・公翻然就列・豈忘世爲遯 ・ 謂義可

行·道可達也·不謂忌臣擠先生南京司屬·四十年高節·郎署數斗粟·豈所以餌先生·臥病巽辭·禮也　·竟聽先生辭歸·己非敬皇優崇高節意矣·況明肆擠忌·猥加老疾名·始也以聘禮起先生·遽也以老疾黜·忍人自謂得計有識·負姤賢之恥·於先生何損·先生任翰林·不爲樂語·道格君也·高臥定山·節礪世也·應薦而起·共臣禮也·不合又歸·罹世嫉也·直通正氣·不偶於時·孔孟且然·於先生何損哉·謂先生再出懼邱瓊臺忌禍　·出而黜爲倪青谿忍心·是未知先生之大也·先生在憲皇時·不爲樂語·不奉天子詔·天子威柄·能殺生人且不懼·乃懼瓊臺·四十年高節　·隆重山岳·養可知也·豈禍害所能怵者哉·如曰不畏天子·乃畏大臣·誣先生也·矧先生起時·瓊臺已薨·在閣下實劉晦庵·北吏部實屠丹山·南吏部實倪青谿·先生不懼生晦庵·懼死瓊臺邪·是不惟誣先生·併誣瓊臺也已·時李西涯與先生交·不聞翊先生·　王守溪、吳匏庵與先生同鄉·不聞譽先生·倪青谿亦先生桑梓人·居隔水爾·復同翰林·反加老疾名黜先生·世情士習可占也·論者爲咎青谿黜先生·不察西涯守溪晦菴匏菴致先生黜·故使忌夫逃罪·非史案也已·乃移罪瓊臺·俾先生重負怵禍變節之辱·瓊臺蒙嫉賢之誣·豈不戚也·謹伏謁祠下·申以鄙見·或者得先生心也·香帛表誠·尙鑒饗·

梁　焯

字日孚·南海人·正德九年甲戌進士·授禮部主客主事·十四年帝南巡·與姜龍等十九人上疏諫止·罰跪五日·杖三十·夷人加必丹末等至京·入四夷館·不行跪禮·焯執問杖之·又以法約束番夷·忤時彬·將奏聞治罪·焯治後事以待命·武宗晏駕·陞俸一級·嘉靖初改兵部職方司員外·聞弟訃而病·告養·卒於家·焯表揭陽薛侃從陽明學·有傳習錄·嶺南王氏學自梁薛始·辨問居敬窮理·悚然有悟·與霍韜同年·韜最重之·焯卒·每過其墓·必往祭云·

按嶺南文獻補遺·焯子孫式微·無能世其業者·文集語錄無可考·其被杖疏署·亦俱湮沒·錄其與陽明先生答問一篇·使後人知有梁日孚先生也·

陽明先生答問

梁日孚問，居敬窮理是兩事·先生以爲一事何如·先生曰·天地間只有此一事·安有兩事·若論萬殊·禮儀三百·威儀三千·又何止兩·公且道居敬是如何·窮理是如何·曰居敬是存養工夫·窮理是窮事物之理·曰存養箇甚·曰是存養此心之天理·曰如此·亦只是窮理矣·曰且道如何窮事物之理·曰如事親·便要窮孝之理·事君便要窮忠之理·曰忠與孝之理·在君親身上·在自己心下·若在自己心上·亦只是窮此心之理矣·且道如何是敬·曰只是主一　·如何是主一·曰讀書便一心在讀書上·接事便一心在接事上·曰如此則飲酒便一心在飲酒上·好色便一心在好色上·却是逐物·成甚居敬工夫·

日孚請問曰·一者天理主一·是一心在天理上·若只知主一·不知一卽是理·有事時便是逐物·無事時便是著空·惟其有事無事·一心皆在天理上用功　·所以居敬亦卽是窮理·就窮理專一處說·便謂之居敬·就居敬精密處說·便謂

之窮理・却不是居敬了・別有箇心窮理・窮理時別有箇心居敬・言雖不同・功夫只是一事・就如易言・敬以直內・義以方外・敬卽是無事時・義卽是有事時・敬兩句合說一件・如孔子言・修己以敬・ 卽不須言義・孟子言・ 集義卽不須言敬・會得時・橫說豎說・工夫總是一般・若泥文逐句・不識本領・卽支離決裂・工夫都無下落・

　問窮理何以卽是盡性・曰心之體性也・性卽理也・窮仁之理・眞要仁極仁・窮義之理・眞要義極義・仁義只是吾性・故窮理卽是盡性・如孟子說・充其惻隱之心・至仁不可勝用・這便是窮理工夫・日孚曰先儒謂一草一木・亦皆有理・不可不察如何・先生曰夫我則不暇・公且先去理會自己性情・須能盡人之性・然後能盡物之性・日孚悚然有悟・

王天與　字性之・興寧人・正德甲戌進士・授江西寧都知縣・有異績・民戴之如父母・從王守仁征橫水桶岡浰頭諸寨有功・及宸濠之變・守仁徵諸郡兵共討之・天與率兵以從・冒暑疾作・卒於南昌・守仁哭之哀・解衣爲斂・寧都人建祠祀焉・著有平寇錄・湛甘泉爲之序・阮志注未見・

和山麻石巖記

明王天與和山麻石巖記・興寧隸惠陽・蕞然小且僻・而山川之奇勝・則多焉・予曩未第時・嘗遊邑之和山・有麻姑巖者・深廣數丈許・幽閴遼緩・碧蘿作門・天造地設・兩峯環抱・一峯背聳・周道左達・丹崖右立・山雲時封・石乳日滴・眞勝地也・巖中清冷如浸・有數石佛・邑人祈禱咸應・蓋因地而靈・固其所也・維時欲因其勢而擴之・未之暇・及正德丙子・拜官寧都・與巖遂暌違久矣・明年乙丑・邑侯祝公允明・率大夫士遊覽其勝・曰斯巖之成・天也・復得人力以成之・勝槪倍增矣・僉曰俞・侯遂出貲以倡之・屬余弟天爵區畫之・期於必舉・落成於己卯之夏・繪圖而來・屬記其事・余展圖覽之・故山川佳景・宛然在目・則知兩楹植以石柱・四圍繞以欄干・巖畔清泉一泓・引爲流觴曲水・外則造橋通道・鑿池插荷・以爲士大夫至止・而暢幽情也・前門後堂・右廊左廡・悉因自然之勢而成之・ 丹漆黝堊・煥然一新・巖之風景・可與神光幷列爲首稱也・余他日歸田・獲與諸君履嶄巖而舒嘯・諒所得於巖者・當非昔比萬萬矣・

鍾千　字君錫・順德人・曉之子・正德丙子舉人・官瑞州同知・瑞州俗好佛・上元出遊・縻費萬計・千毀像杖僧・以其地爲社學・千父曉嘗官其地・人稱爲父子濟美云・

李白崖孝義傳

白崖李君・藩伯歸叟之嗣也・少與予同學・易爲益友・性謙冲・行端潔・應棘試者屢矣・歸翁逝 ・ 哀毀骨立・服闋・惶惶孺慕・遂養高不復庠・唯溫習舊業 ・ 以淑羣從子姓・高風雄韻・可激頑懦・先是歸叟年躋七秩・晨昏步履・稍須扶掖・白崖子舍・問安侍膳・出入起居 ・ 必躬親而擁護・以養其志不憚・竭力事親・迨歸叟歸窀穸・反廟堂・無妥神所・兄弟五人・而獨捐白金四百餘兩・鳩工建祠・前堂後寢・輪奐翬飛・過者式焉・孝行愈著・且雅志好施・遇歲祲・鄉隣艱食・捐粟以賑・道殣露骸 ・ 爲之掩骼・里無餓夫・野無白骨・鄉人德之・積而能散・白崖義士哉・

　至於痛鄧仲才墓圮・乃不藉諸姪・獨捐金修治・六櫝青

青・尤世所艷羡・由是芳譽飆起・邑侯方公廉其狀・請直指監司顏孝義・以揭其堂・縉紳耆儒・播爲歌詩・重瑰修也・愚惟稱人之善・必本諸父兄師友・白崖之行・愚知其端有本源・葢歸叟昔官南臺日・値憲廟方以儲貳爲憂・而孝宗已生七載・羣奸壅蔽・秘不以聞・歸叟乃率同臺上疏・歷陳壅蔽之患・及孝廟降誕之辰・於是憲廟始知有太子・即日啓宮門・班寶策・立孝廟爲太子・天下欣欣然・以大本既定・孝廟蔚爲令主・此與寇萊公請建眞宗事・實相類・孟軻所謂・爲天下得人・謂之仁・洵夫・况歸叟素積德行義・遇艱食・亦隨遠近親疏施賑・所謂父作子述非耶・歲久事益播・今邑侯沈公介庵・乃於白崖戶內田粮・優免一頃・以復其役・示褒嘉也・予少時嘗承歸叟易理之教・故喜執筆以傳之・

張　潮

字允信・號春江・增城人・正德丙子舉人・官建始知縣・晚受業湛文簡門・年七十三矣・文簡請爲明誠書院院長・文簡或臨講院・潮展書侍立・終日無倦色・論者以文簡之有春江・猶文成之有龘石云・年八十四卒・祀鄉賢・著有游藝集・阮志注未見・

封建議

嘗讀柳氏・胡氏・封建二論・一則謂封建非聖人意也・勢也・公天下之端自秦始・蓋非帝王而是秦矣・一則謂封建也者・帝王公天下之大端大本・壞天下之法制・自秦始・其說嚴而正矣・要之胡氏之嚴正・或失於拘何也・有見於制之善・無見於時之適也・使君天下者・皆堯舜禹湯文武焉・雖私土子民・各君其國・綱之所運・制于一人・其勢順・其機張・雖萬世行之可也・夫何漢唐之守令・賢於三代之諸侯者・豈止於桓文爭衡矣乎・是故制不可拘也・若柳氏以爲殷周盛王也・而不革封建者・不得已也・諸侯歸殷者三千焉・資以勝夏歸周者八百焉・資以勝殷・湯武雖欲革之・如勢何・故以爲非聖人意也・勢也・噫聖王作民君師・立一代定制・豈無所見・而姑狥其勢以自安也・是故時便而勢順・制善而民安・封建雖不革可也・不然順天應人之主・命且可革・顧不能革其制而郡縣耶・愚故曰・封建非勢也・從道也・然則二論將安取衷・曰立制在審尙・承制在得人・

潮汐議

或問潮汐・答曰・此古今所深疑者・唐盧肇謂潮生因日・天左旋入海・而日隨之・故日灼激水而潮生・朔微望大・其言與潮候全不相應・肇北人蓋不知而言者也・宋余安道自謂極天人之論・世莫敢非・嘗東至海門・南至武山・旦夕候潮之進退・弦望視潮之消息・故月臨卯酉・則水漲乎東西・月臨子午・則潮平乎南北・皆係於月・其言然矣・又云・晦前三日・潮勢長・朔後三日・勢極大・望亦如之・春夏晝潮嘗大・秋冬夜潮嘗大・亦係於月・言又然矣・又誌二海之潮候・可謂詳審・非不知而作者・然謂潮應月則可・謂水往從月・潮係於月・皆不可・夫謂之係者・形聯勢屬之義也・

今攷月運之處・去水不知凡幾萬里・安得與月相係・亦盧肇日激水之意也・又攷臨安誌曰・潮汐往來・天地之至信・氣升而地沉・則水溢而爲潮・氣降而地浮・則水縮而爲汐・則氣與水及地・全不相干矣・然謂水隨氣而往來・則

可・謂水因地而溢縮・則不可・惟余氏候二海之潮・其曰平於東者嘗先・平於南者嘗後・每差三時・似爲有見・但先後之故・未之知也・旣而詢海上行舟者・謂近海有堤潮處・可以測其長落・北水南來・則潮長・南水北來・則潮落・

然潮長何以自北而南哉・蓋河圖一六・水居北・後天卦位・坎亦居北・夫北・水之匯也・氣之闢也・天地喘息之氣・應時而出・運水而行・一翕一張・故潮之長落因之・氣之張於地也・則水爲氣擁・南奔而潮長・張之極・則水益南而潮平・張極而翕・翕則水北還・而潮落矣・夫惟氣之張翕無停機・故潮之長落・應期而不爽・然則水非氣・其消其長・孰宰之哉・質之河圖易象・驗之潮勢先後・聖人設教・信不誣矣・若夫小大早晚之異・臨安志亦云・當卯酉之月・則陰陽之交也・氣以交而盛・故潮之大也・獨異於餘月・當朔望之後・則天地之變也・氣以變而盛・故潮之大也・獨異於餘日・蓋時有交變・氣有盛衰・其氣機一與月應・故謂海潮應月・理則昭然・庸何疑乎・

雖然潮汐固如此矣・又有所踏殘水者・潮落將盡而復長・踏其殘水而長之也・此天地餘氣・吸將盡而復出也・然春夏晝有踏殘・晝之永也・秋冬夜有踏殘・夜之永也・永故餘・餘復出也・若夜短・則汐水無踏殘・晝短則潮水無踏殘矣・皆乘氣而往來也・

答張一鵬年丈書

伏承教言・指示切直・東萊所謂・一見高文・心開目明者也・非同心者不能道・如彼磨齒・不齊相推・乃能出米・人欲見道・非切磋琢磨・其何能及・夫謂古岡山川不似・何退遜之婉也・菊坡吾不得而見之矣・君子謂其心猶叔肹・大哉明哲乎・白沙中行・獨復啓甘泉之傳・尊先生相與夾輔・庶幾乎鄉里之光・伊洛一脈不墜・諸君子衞道之力也・大兄承家學・翊白沙相城・古岡顏色輝映・路人所知也・而曰敝邑擅焉・大非公論・夫氣化・古猶今也・人資氣化以生・猶魚資水以養・氣化之有淳漓・猶水之有沃瘠・大兄稟厚而養完・其殆淳而鍾者歟・是故月之虧也・光盈之・壑之虛也・水歸之・大兄富於學・而若虧若虛・有不至於盈而歸耶・夫學大者用於世・小則爲世所用・故不可不理會・至於用焉・則存乎遇・明道曰・苟存心於愛物・於人必有所濟・愚謂學須用焉・以此孔孟不得爲伊周・不在於遇乎・惟大兄其無讓・俾考德問業者・可尋其緒・苟白沙曰難焉・甘泉亦曰難焉・不幾於熄乎・愚狂鄙不足以輔・惟大兄其無讓・

人論

夫人肖天地之貌・懷五嘗之性・以與夷狄禽獸異者・心焉耳・昔者庖犧氏之畫卦也・象天于上・象地于下・象人于中・三才並置・無殊觀也・自其形而論之・日月星辰麗乎天・山川草木麗乎土・耳目口鼻麗乎人・然而與天地並者・非形色之謂也・人者天地之心也・故人之心・體天地萬物而不遺也・失其心者・非惟耳目口鼻之亂也・五性乖而五行盭・其遺夷狄禽獸也不遠矣・是故變化行・而天道立・剛柔迭・而地道寧・仁義合・而人道成・心爲之宰乎・道其心・則天地無虛寄矣・曰何寄乎・曰天地之氣・中而已矣・人受

天地之中以生・猶寄也・養中以成能・盡能以致用・全而歸之・會天地萬物爲一體・斯不負其所寄・噫・可以小焉自視哉・

日纂通要序

丹崖尹氏子・嘗業儒・既而從事韶慶・奔役雍冀・聞賢士大夫之所談・訪諸肆日者之所定・多識而得諸其意・遂條精且要者爲是編・將以調天時之利・達地理之微・庶山家日應合而爲一・其志亦勤矣・余未之然也・嘗稽古重諏日・釐務定業・恒必繇之・儀禮士冠曰・吉日令辰・周禮布法曰・正月之吉始和・孟子亦謂天時・皆所不廢者・然而同是日也・武王以興・商紂以亡・迹又有可疑者焉・噫順天應人伐至不仁・又何孤虛之馮也・德所勝其定也・是故日不于其勝・而于其和・和五行以協天・成萬化以翼人・亦幾幾乎不可違者・

丹崖嘗詣余曰・吾日法取五行和・五行和・則山形之嚮背・葬法之吐茹・通一無間・否則置而不用・斯言其殆得漢武之遺意歟・昔者武帝聚占家問之・某日可娶婦乎・五行家曰可・堪輿家曰不可・建除家曰不吉・叢辰曰大凶・歷家曰小凶・天人家曰小吉・太一家曰大吉・辯訟不決・以狀聞・制曰・避諸死忌以五行爲主・人取于五行者也・丹崖謂和五行亦庶矣・其知五行而和之乎・和則天時順序・萬物咸寧・況術數乎・余非司馬季主・雖窮天人之學・而未習其伎者・尹氏子其審愼之・而無取異焉可也・

大溪書舍序

嗚呼知本者鮮矣・三王之祭川也・先河而後海・知本也・學而知本・敦其基以凝教也・予至建始首立社學・以正童習・越明年・大溪書舍成・喜其風厲于鄉也・夫築室務基・樹德務滋・匪基則易圮・匪滋則弗殖・是故人之良也・天之性也・今之論學者・多其話言矣・未有培其良・而致其充也・猶之斲其元氣・欲其標之盛也得乎・是故聖修之極也・小學基之也・始之以胎教・全其天也・次之以蒙養・端其習也・順之以愛敬・宏其良也・由是而之焉・大學可造矣・

夫觀諸大溪焉・泉以出之・其性潔・漸以行之・其機活・呑而吐之・其量宏・奔而匯之・其淵邃・合于隨河・其流順・歸于四壑・其道遠・風以盪之・其文綺・波以皺之・其文縠・雷以動之・其文掞・日以晅之・其文炳・是故觀溪可以知學矣・知學則敦本以詣極・詣極而學閎・學閎而用豫・溪之有益於人大矣哉・是皆羣于書舍・觀大溪而有得焉者・其未達也・蘊之爲德行・其既達也・發之爲事業・大觀之道備矣・豈徒爲小子之習・而無與于道哉・苟旅進旅退・飽食終日・無所猷爲・猶之欄檻之弗修・牛羊得以齧其芒鄂・日夜所息・蓋有不勝其耗蠹者矣・書曰雖收放心・閑之惟艱・此之謂也・于是鄉之人・榮向東莊翁之築・而胥效之・日漸以廣・習漸以變・大哉風乎・

張潮

竹軒遺興序

夫軌者．物之準也．而神者．機之妙也．準不立．天下無則矣．妙不融．天下無神矣．是故力期于烏獲．獲之外無聞矣．射期于由叔．叔之外無聞焉．蓋其所可能者軌也．而其不可神者．限于機也．使夫人皆循軌而可能．則何智愚之辨．嘗讀竹軒遺興卷．未始不嘆張侯之卓．而矜其所斷之難也．夫堯舜天之曾子也．先天以聞人．後天而立極．遺興非不善也．使朱均而堯類．雖至今傳可也．然而不啓明而嚚訟．所樂不在于是．故以維陽之名園．而占宋事之盛衰．亦以樂之者異焉耳．孰謂竹軒之興．將遂纘其遺哉．

今夫竹．其根固．其節勁．其中虛．其幹直．其柯葉不以四時而改．固則難拔．勁則難撓．虛則能容．直則能挺．不改則能永．皆夫竹之善物也．軍侯植之于軒也． 象類以章軌．而又鐫以石刻．詔以恩詔．其興之遺亦遐哉淵矣．今觀其世拱極．子禀道林蔣子之學．以係甘泉翁．二仲以武以文成．克紹前人．恭明德．是故視其難援．思以固基．視其難撓．思以厲操．視其能容．思以廣度．視其能挺．思以達卓．視其能永．思以貞一．其于竹軒之義．是能神其機．而大其緒矣．寧不足以信．令而傳後．以光其所遺乎．若乃惟逸欲是湛．荒縱是從．洛陽不亦有明鑑哉．記曰．君子樂得其道．小人樂得其欲．此之謂也．

題九鷺圖序

零師雲塘．圖九鷺而喜．語士人曰．學在茲乎．今而有

古意也．可以觸諸目．而惕其心．將懇于春岡子 ．以廣其義．士人曰．非是莫闡．師其哲哉．遂授圖焉．余諦視之．歎曰．其九鷺猶九思乎．畫工其知學乎．夫書以象形．畫之儷也．書不可象．而畫生焉．天地事物．變態之宜．蟲魚鳥獸．潛見之狀．凡象所不能盡者．咸與畫焉發之．易曰．擬諸其形容．象其物宜．以通神明之德．以類萬物之情．斯畫之大宗也．故周禮載諸冬官．重其事也．經之翼也．噫．觀于斯圖．其聖功之本昭矣．

夫鷺．思也．鷺各有思也．是故炯然其目者．其視之思明乎．聳然其耳者．其聽之思聰乎．色之思温也．故神氣自睟．貌之思恭也．故莊敬自强．鳴發于天衷．言則思忠矣．應宰于天．對事則思敬矣．欲然而未然．諮諏而然．疑其思問者歟．觸若不敢觸．懼而後觸．意其思難者歟．俛而啄焉．食不下咽．謂非見得思義不可也．是皆九思之象貌．所以寓聖學之全功也．君子誠之于思．不逐其迹．而通其微．雖天地萬物之奧．有未遇者．鬼神將通之以盡物 ．曲之利以宏心．官之能．思之用．大矣哉．洪範曰．思曰睿．睿作聖．零師見圖而惕．惕以致思．機之相爲感．則非好諸其外者．惟中爾思．思無越畔．萬一各正．惟聖修之極可馴致也．是故圖孝經者．示孝也．圖列女者．示貞也．圖豳風者．示本也．圖九鷺者．示思也．設意不倫．其義一也．

耕雲序

耕雲者何．英州貢士周本洪乃尊之號也．何謂耕雲．或曰其稼如雲．耕之致也．余曰非然也．語云耕也餒在其中．

昔者管白雲曰雲耕．不破象道也．夫雲山川之氣．蒸而騰焉者也．卷舒無心．變化莫測．地以方異．色亦如之．是故其蒼焉者．東方之應也．東方者．春有仁道焉．其赤焉者．南方之應也．南方者．夏有禮道焉．其白焉者．西方之應也．西方者．秋有義道焉．其黑焉者．北方之應也．北方者．冬有智道焉．其黃焉者．中土之應也．土寄四氣．有信道焉．夫仁義禮智信道也．雲象也．雲之耕也．猶耕道也．揚雄得其意矣．蓋天下之道．仁義盡之矣．故曰聖王以仁義爲田．如欲耕之．匪誠弗殖．匪智弗時．匪敬弗獲．是故立誠以播之．運智以耨之．主敬以成之．敬也者．聖學之所成始．而成終者也．夫斯之謂耕雲．象道也．

本洪其歸報乃翁．使知耕雲之義．在此而不在彼也．于是周子泫然出涕曰．逝矣泓也．夙夜惟慕．是以有諸名．公之懇．昭志也．余曰嘻．孝哉．本洪孝經援神契云．王者德至山陵則卿雲出．夫卿雲者．五采成文者也．子嘗稟學于涇野子矣．其知耕道者歟．夫道函五德．惟學乃成．子宜進修惟力．異時五采華國者．謂非此耶．易曰幹父用譽．承以德也．

大司馬甘泉湛先生九十壽序

天下之言壽者．率以齒．躋耄耋而加榮焉．咸以爲希奇之遇也．雖然未聞所以壽之道．夫壽也者．受中于天地．而全焉者也．受中而全．宜莫如舜．舜其大孝矣．祿位名壽之兼裕．固其所全者大．而所享亦大也．孟子曰 ．舜明于庶物．察于人倫．由仁義行．非行仁義也．是故精一合．而日致其孝也． 留都參贊大司馬甘泉先生[illegible]之孝． 其得諸舜矣乎．其事太夫人也．始之以善養．中之以榮養．終之以不匱．故廬墓而瑞瓜應．立廟而家訓行．捷兩試而魁名重．歷四部而政教興．人見其學與政之懋也．皆曰先生其卓矣．而不知其大有所本．而非止于是也．

或曰何謂本．夫孝德之本也．教之所由生也 ．以弼君德．以壽國脈．以福斯文．宗廟饗之．子孫保之 ． 孝之章也．傳曰福生有基．謂夫先生之于舜．分殊而應同也．或曰若是班乎．曰先生嗣統石翁．神交虞舜．發中思于勿忘勿助之間．擬知行于天地包貫之體．其學舜學也 ．或曰何以祝之．曰義亦微哉．學之大者．道之大也．久者一之純．大者兼之．富遠而有榮．久而彌昌穆．叔豹所謂三不朽．先生以之祝．孰加焉．曰俗之老者．不得言壽何也 ．田伏生年九十．止于授書．未聞其大也．況其他乎．

是故鳳凰上擊蒼天．足亂浮雲．翱翔杳冥之上．夫藩籬之鷃．豈能與之料天地之高哉．鯤魚朝發崑崙之墟．暴鬐于碣石．暮宿于孟諸．夫尺澤之鯢．豈能與之量江海之大哉．先生既九十．其勤無倦．瑰意琦行．匪夷所思．猶鳥之鳳．魚之鯤也．大斯至矣．是故邁三壽之作朋．備五福之饗用．異哉．或人始悟之曰．子謂先生之壽．壽于道．道者萬世無弊．可以祝矣．

代樹樓記

惟嘉靖六祀秋．大水浥西城．不浸者三版．居猶壑也．司訓熊石居先生桴家口于親．而樹棲焉．水幾滅．越七日乃退・異也・乃建樓以代樹・屬余記曰・夫樹其根固・其幹强・其枝葉暢沃・糾以檜板以容膝・吾其庇也・固寶之矣・然榮悴有時・豈惟物哉・願先生紀其所以代樹・而思創守之難者・余曰噫・巍哉・樓弗固其基・曷其能堂・弗壯其石・曷其能植・棟以隆之・蓋以厚之・墉以崇之・鑰以嚴之・乃絣幪焉・乃歌哭焉・則既善其創矣・

然而守之無異道也・爲而子若孫者・履其基焉・則思積德・踐其石焉・則思任重・望其棟焉・則思貞固・覩其蓋焉・則思庇覆・倚其牖焉・則思防患・啓其鑰焉・則思通變・積德斯孝矣・任重斯仁矣・貞固斯智矣・庇覆斯慈矣・防患斯禮矣・通變斯權矣・孝以奉親・仁以睦族・智以幹事・慈以畜幼・禮以防敝・權以從時・兼此六者而有之・是之謂守家之道・其殆樹之培之本達枝矣乎・若乃夸麗滅義・驕淫惡終・道失而離・樓不可幾・猶代其樹・而欲其庇蔭得乎・是故以此易彼之謂代・余將以道代樓・以樓代樹・其光遠乎・石居曰志深哉・憂而不困者也・請筆記・

靜翁賦爲陳少華別駕乃尊作

弄霞子嚼雲母芽・腹飽以嬉・出自軒轅谷・跨赤犢・將逍遙乎名山大陂・覽堪輿之勝・訪退逸之幽・過少華之墟・逢滄洲之叟・爾優爾遊・不忮不求・迎弄霞子而言曰・子好遊乎・寧勿遊・動則擾・靜則休・抗鴻遠以高舉・孰與夫潛虬・據龍宮之奧・呑雷澤之流・舞夜涼之鰍鱔・戲初月之銀鈎・竿不能餌・網不能收・額不點于禹穴・雹不感于天邱・回視翻雲覆雨・遡焉寡儔・弄霞子喟然曰・叟其龍乎・是所

謂蟄以存身者也・良足自爲馬能・爲人縱・吐乃沫・噓乃雲・物不見澤膏焉・其屯跡邱園以笑傲・接巢許之芳鄰・啖夷齊之栗・戴黃綺之巾・爭食鳳凰・競逐麒麟・孔子云・鳥獸不可與同羣・

叟于是仰天者三・俯地者九・笑而不言・謂弄霞子莫逆其意也・弄霞子曰・三陽之奇也・九陽之極也・圜以爲體・策變易也・動以爲用・著消息也・叟其尙之・奚膠靜以自適也・叟又笑而不言・弄霞子亦嘿然・踟躕久之・叟乃曰・三謂三光・九謂九土・夫三光不勞・而萬象耀・九土不勞・而萬形肖・至人不勞・而萬物妙・惟淸惟靜・人道之要・弄霞子訝焉・遂下犢與之極論曰・三光緯天文・九土察地理・天文之變・錯綜陰陽・地理之變・迭用柔剛・消息無端・動靜匪嘗・聖人洗心・太極之囊・智之施之・仁焉眞藏・仁智亙宅・其道大光・若乃守一・靜以無爲・蹵天地之大綱・心恆安于虛寂・術將流于老莊・雷閉于冬・元以貞防・人道伊邇・厥顯惟彰・動貞夫一・勿助勿忘・

叟乃邀之入室・圖書炫然・諸子侍側・禮爵奠而樂鏘如也・弄霞子乃嘆曰・叟其龍乎・爰淸爰靜・與時偕極・潛躍靡寧・諸子之適・叟其亢龍乎・言已・振衣而起・叟揖且謝・請書爲靜翁賦・弄霞子遂犢出庾關・泛彭蠡・歷河雒之汭・窮冀燕之都・陟百原之麓・登龍門之高・而所得蓋陶陶也・

宋明四子書序

大傳曰・吉人之辭寡・聖人豈好言者哉・懼道之湮鬱

也．鬱而弗達．翳且障孰甚焉．夫自執中之倫．發於虞廷．後之言中言極言誠言仁者．咸宗焉．孔孟而下．涉歷漢唐．非無豪傑之選也．求其扶進微學．尊廣道軌．足繼孔孟．孰有如宋明四子之純者乎．是故一者無欲．濂溪所以定中正也．勿忘勿助之間．明道所以存仁體也．神理爲天地萬物主本．白沙所以明自然也．隨處體認天理．甘泉所以一知行也．中正定．則天性靜矣．仁體存．則天良裕矣．自然明．則人慾泯矣．知行一．則心性昭矣．夫四子聖賢之耦．斯道不得則不明．雖設敎不倫．雅詁奧義．其歸一揆．所以達孔孟．上追虞廷．振刷障翳．俾廓如四達．殆與禹之疏九河者同功．雖然哀莫大于心死．而身次之．禹之所以能濟者身也．四子之所淑者心也．心淑則身安德滋．而異學不能惑．是故以予觀于四子．賢于禹也遠矣．夫心之所同然者理也．義也．四子闡發理義．觸諸同然．故參戎張君淙刻于浙西．無爲沈君桂刻于南畿．邑之四尹廖君憲得南畿本．亟欲刻之．其好獨先．其識斯卓．敬以取訂于予．予爲之正其十餘字．授諸梓人．以廣其傳．嗚呼．四子其古今之擇乎．三刻其同然之倡乎．可以俟百世矣．

孝感賢節張母黎宜人墓表

夫人可以與於道者．學使然也．不學而行與道合者．知自檢而能全其天也．是故大冬嚴雪．物靡至矣．其超然而獨秀者．惟竹與松柏爲然．茲二者天所全也．非故欲全之也．夫竹之有筠也．松柏之有心也．匪是．天亦惡得而全之也．是故全其天．故爲天所全也．噫．黎氏之婦．其殆庶幾乎．誓從一於夫子．樹屛障於張門．終窶且貧．惟業紡績．節縮飲食．爲敎子費．嘗午不餉．子歸或飲水充腹以復館．既終．無忝乎鄉評．益重乎國是．天子嘉其貞烈．爰命有司．表厥宅里．從子州守．貴封宜人焉．人曰文迪無母．無以端其始．母無文迪．無以令其終．於是母子交相成．而鶉賁其風者亟然矣．非其筠貞而心壹．惡能致是乎哉．夫人性之所忽也．存乎幽微．人情之所簡也．存乎孤獨．幽微者．顯之原也．孤獨者．見之端也．是故君子敬孤獨而愼幽微．宜人暗與道俱．行修名立．其愼幽獨而知檢者歟．熊正齋其鄉人也．贊吾政于建始．蔬素貞烈．一類宜人．子丸領鄉薦．乃曰吾不汝食．汝自力．吾官一年歸．足供暮齡矣．及期拂袖而去．志不可留．惟曰鄉黎宜人．愚畏仰者．惟先生一表焉．泉壤垂光．庶終所畏．故表之．且以風乎貪夫淫人．

祉潭王孺人墓表

正德丙寅十月十七日．祉潭王氏．年二十而卒．其夫雲壑劉泮哭之哀．人曰所配重於所天矣乎．何哀而是也．雲壑曰．夫親一也．義弗容已也．匪世嗣．終身哀而弗耦也．既葬石潭嶺．庚酉向之原．雖再室顧氏．生四子杞梅等．而朝夕未嘗不在斯人．嘉靖丙辰菊月．來謁余曰．王氏亡人．實疚我心．姑曰佳婦．章其孝也．娣妹胥協．章其和也．彌縫陰敎．章其勤也．仁逮臧獲．章其慈也．視簪珥．則思其貞靜之懿焉．視封羊．則思其承筐之實焉．久矣肺肝如割．敢懇君子發其幽光．俾居基者有餘榮焉．余曰噫．閔而情．聞而義．情而不義．匪情也．義而不情．匪義也．今言孝則思孝矣．言和則思和矣．言勤則思其幹．言慈則思其仁．言貞靜則思其德．言相事則思其敬．乃若所思．皆稱其情．情之所發．皆協于義．情義之哀．哀之正也．是宜感于今者．猶夫昔也．嗚呼．可以愧鄉之反唇相稽．不能正室者矣．夫夫婦婦．而家道正．於彝敎不亦大有所勸哉．遂書爲素．雲壑又置祀田若干塍．以供歲時之事也．寧于其身．不于其子．樹義也哉．

日月問

或謂屈子曰．夜光何德．死而復育．答曰．此日月之辨．陰陽之精之大小也．小故以漸．而極於大．大則盛．盛故以漸．而極於小．小則衰．衰而復蘇．此其盛衰自相循環也．盈虧自相爲經．而魄常存．而不虧也．光特未盈耳．方其光始生．而魄具在．不待光滿．而魄乃全也．彼以日之遠近．而爲月之盈虧者久矣．惑於月受日光之說也．如其然．則月始生．相去未遠．受光猶可言也．上弦及望．地居天中．相去甚遠．虛影不及相射．謂其四旁受光可也．安得全魄明透．而謂盡受日光耶．此蓋月自月．而無與於日也．或曰何以知其然．曰陰不得比陽．陽精嘗全不虧．陰精必積而後盛．此論可爲知者道．不然陽精旁耀．雖無月亦光．何乃壅於重濁之氣．而夜反幽暗耶．故曰謂其精有大小可也．謂月受日光不可也．

或謂屈子曰．厥利維何．而顧兎在腹．答曰．此日月之辨．陰陽之精之大小也．蓋日光全盛．精明透徹．無盈無虧．猶之質美者明．得盡而渣滓渾化也．月不得比日．漸而後盛．夫月爲陰精．陰氣重濁．滯而未化．如下聖人一等．猶有渣滓者也．故其光以漸而後盛．雖至明極終．不如日之全盛也．唐一行以爲山河之影．即此重濁之迹耳．或謂桂樹爲吳剛所伐．剛人也．不知何時入於月．至今猶能伐桂耶．此不經之甚．其與女媧煉石補天之論一也．噫．諸家不足道．屈子哲人也．顧兎在腹之問．未有先我以告之者．豈其起諸家之惑者耶．

陳岳 海陽人．正德丙子舉人．官橫州知州．

袁公鳳鳴生祠記

袁公鳳鳴．以御史臺出守潮郡．既下車．首詢民瘼．理寃獄．禁侵漁．抑豪右．寬濫征．省繁役．凡可以生吾民者．日夕殫思．務爲之所．雖慈母爲赤子求免水火．不是過也．政暇聚諸生教之．諭以修身理性．報國效忠．無負作養之意．爲之解經課業．亹亹不休．視事五閱月．美政不可勝紀．改任報至．合郡人士咸驚泣．若失怙恃．共圖爲借寇之計．公不聽．束裝就道．耆民湯軾等暨士夫．建生祠北關韓江之滸．肖像以祀之．告邑大夫漢水朱公三尹．碧溪劉公清理廢寺田租一百餘石．籍乎祠．以供祭祀．嘉靖十四年郡人陳岳記．

倫以訓 字式彥．南海人．文敍次子．正德丁丑會試第一．廷試第一．授翰林院編修．官至南京國子監祭酒．著有白山集十卷．阮志注未見．又明史志國朝彝憲二十卷．今佚．

廣州人物傳序

太史希齋黃子．志古聖賢之道．博學而精擇．間以餘力．輯廣州人物傳．蓋吾邦自秦漢以來．幾二千載．其文獻之錄．載在外史者．有廣州先賢傳．交廣春秋等書．皆缺有間矣．散見於類書者．存十一於千百．廣州湟川等志．荒脫而不覈．正史諸傳．叛渙而無統．黃子蒐遺言．繹墜緒．泝流而導其歸．翦秕而茹其實．勒成一家言．且論次鄉先生之行事．發明其用心．以警偷俗．激頹風．予得而讀之．蓋深有味其言也．嗚呼士君子砥行立名．孰不欲施於後世．然而不盡然者．可不深求其故哉．

古之聖賢人．不見信從於天下．其得謗．無以異於庸衆人．後世庸衆人夸毗以相高．標致以相報．其得譽乃過古賢聖人．然而卒有定論．若涇渭異形．天淵異位．此其故何也．蘇子曰．人無所不至．惟天不容僞爲．噫盡之矣．天者理之主宰也．其在人曰心曰性曰道．蘊之爲德行．發之爲事業．賢者循理．聖者樂天．是故道與天同運．性與天同體．心與天同神．其爲名也．自與天同久．故非天之能植其名也．其所自立者然也．蹈道而不力．謂之天之遊民．色取仁而行違．謂之天之棄民．夫奚恃而久存．故非天之能滅其名也．其所自立者然也．

嗚呼．吾邦自秦漢以來二千載．登名是編者．僅若此．可不謂天乎．前乎此者其天定矣．可以俟後之君子矣．嗣是而有聞者．上達爲賢聖人未可知．下流爲庸衆人亦未可知．蓋嘗自揆諸天而已矣．後之繼黃子而修是書者．吾知其多也．繼鄉先生而修其德行道藝．以成黃子之志者．可無致辨於心術之微哉．翰林國史修撰後學倫以訓謹序．

書丹山奏章後

丹山子之志可悲也已．上錙銖而求之．丹山子錙銖而效之．愚觀滋僞之俗．奸門孔多．取民千百計．然後上獲錙銖之用．及其聚天下之錙銖．以成千百．曾不足以供一軍也．是故供億愈繁．而國用愈屈．是故取錙銖之利於民．國必無異矣．與錙銖之利於國．則民必受千百之害矣．丹山子於經世．夙有大志遠圖．知且沮焉而莫遂．不得已．謀其小者近者．庶幾萬一焉．嗟乎孰知丹山子苦心至此哉．故曰可悲也已．懲奸之說．奸可究而不可求．玆部使者之任也．名器之說．愚以爲祿輕而爵重．位之卿而收其祿焉．何居．丹山子尚有以語我來．

重修海康縣儒學記

海康雷陽首邑也．邑儒學．宋在文明書院．元在郡城之迎恩坊．國初因元舊．洪武三年邑令陳本修之．成化間學遷于郡學之西．則以南方師命孔殷．學職停銓．郡學官兼攝教事．而學亦隨遷也．正德初始遷今地．爲海北道舊基．則以方隅甯謐．復備學僚．而僉憲方公良永涖遷焉者也．嘉靖壬午．督學憲副魏公校．議再遷於珠池公舘．既而不果．歲乙酉僉憲李公階至．則曰基美矣．而地狹．宜不足以定遷．裒公積得五百餘金．以金百餘買其北馮氏之居．學宮遂增倍焉．以金四百餘爲修建費．

李公他遷．而郡僚承委者遞不終事．蓋十餘年．而晉江洪侯富．以名進士秋官郎來領郡．始加意經畫焉．政通人和．首興玆廢．同府趙侯伸．通府楊侯伯謙．咸相之．而推府徐侯逵董其成．先闢其前通衢．東西軒直．式稱壯觀．先師廟箴亭講堂．咸飭舊增新．新作兩廡兩齋．前樹重門．門間爲泮池．後建庫廚．師居旁翼．諸生號舍．總之凡百數十楹．規宏公堅．用器畢備．期以月朔詢士郡庠．厥望則之邑庠云．丙申夏侯蒞任．丁酉秋．學宮迄工．督學僉憲吳公鵬．增置弟子員．以嘉新學．侯於有場屋之使．來請記．願有以進諸生．

余昔聞海濱鄒魯之說．而竊隘之．夫舜與文王之事．孟氏既明之矣．希賢希聖．是在夫人之立志．與其躬行心得．未聞必以河洛爲興道之源．亦未聞必近河洛而後可以爲鄒魯．彼所謂天旋地轉．閩浙反天地之中．是宋人偏安之餘說．安所庸之．且鄒魯獨非東海之濱也乎．滄海之環中國．起碣石．互吳閩．而盡乎雷廉．隴蜀接崑崙．界夷夏．經滇絡桂．以盡乎雷廉．是山海之隩區．吾聞之．鉅溟神嶽之所鍾．必有殊尤傑特之產．

玆吾有望于海康也．吾廣濱海之郡七．廣州居其中．東則惠潮．而閩地益東．其民益文．西則肇高雷廉．邕桂地益西．其民益質．廣之俗美惡參焉．凡其美者．皆質之存也．凡其不美者．皆文之靡也．故曰齊一變．至於魯．魯一變．至於道．世敎以是爲差．如欲興聖賢之敎．其必先於質勝之地乎．若或鄙野而淳古具存．如甘斯和．而白斯采．吾玆有望於海康也．邦人士無負賢侯學之意．余言尚亦有徵．并書以記．

修欽州堂記

欽於廉爲支郡．自京師至於我廣會城．萬里而遙．自廣而西至于廉．千里而遙．又西百四十里．乃爲欽．南岸距滇西．逼交趾．其川途視古要荒．其民俗雜彝．其吏治愒以偷．百務傾圮．莫或釐振．次崖林侯來守州．日夜撫循其民．興革其利病．民咸言州堂敝且盡．宜時改建．侯曰俞哉．州故事力綿費促．侯約己節嬴．隨事均贍．先行視學宮．遷諸宏塏．作廟祠堂齋．至於庫廚門咸備．顧瞻州堂曰．猶堪蔽吾風雨也．倅無衙居．吏無子舍．奚以夙夜在公．命成之．

又曰社學攸備在焉．儀門鼓樓．以肅衆也．陰陽醫學．旌善申明亭．以存敎也．舖舍橋梁．以利濟也．囚獄養濟院尤城民所急．又命成之．既乃于州堂規其兩楹．正堂五之．串堂後堂各三之．廂房．庫儀．仗庫．吏目廳．皆如串堂之數．深廣各倍舊制．覈商稅之隱匿者．殳以供上．欽產多良材．而民習搆竹巢居．侯敎之板築．禦火與濕．民未即從令．罰其尤不率者以益工．自嘉靖戊戌季冬．川堂經始．越春夏季秋告成．費白金僅七百．州民爭走瞻賀．歸而視其家．則亦百堵堅完彌望矣．而州守之衙．日乃未始有經畫焉．民再以言於侯．侯笑而不應．州倅朱君浙．調其民曰．侯自有廣居・爾何知・侯昔爲督學憲臣于茲・寓于宮墻・侯之所矩矱也・入爲天子之九卿・明堂九筵・侯之所位署也・侯且不彼甯宇・翩然而來・若海之濱・是孰宇宙之・而奚有於茲堂乎・政本既尊・壯觀有赫・嘉與爾民・相協厥居・斯已矣・海民堨堨・崇堂讞决・爾將以是爲不朽名・爾之見則然・吾當爲然爾・謀記必於倫子・侯同年也・倫子聞・而是之曰・侯之所存與侯之所自存・孰能涯涘之・存侯於欽・則斯堂也・不可以不記云耳・

重修寶陀寺碑

寶陀寺・在靈洲山之上・靈洲在廣東會城西北七十里・踞江中流・嶺南英氣鍾於會城・而幻秀於靈洲・其溢而出者爲海珠・奇觀相望・郭璞占之曰・南海盛衣冠之氣・蓋後千載・而言益徵・寺當孔道・予亟登覽焉・廣基完藩・高甍瞰江・像設之嚴・輝艷金碧・窮其幽林・陰而宇清・陟其高樓・觀詭傑擁・綽楔於青林之上・佛者之徒曰・吾師定禪之所守・而葺之者也・定禪在山中三十年矣・告予以山中之故曰・鬱水靈洲・自古爲名山大川矣・寺不知所始・蓋已見於宋番禺漫慰方公詩語・其曰小金山・諺云也・

成化癸卯中・總鎮太監章公重建寺・而請勅額焉・鄉僉憲蘇公相成之・都憲東山劉公・即超然堂正坡翁之祀・古蹟之存者・則有妙高之台・德雲之像・其間異聞・不可得而稽矣・台之外・古之軒亭半荒矣・老僧知重佛事・飾像寫經・發大誓願・願爲往來衆生廣造福田・往年都憲陳公除豁寺田虛稅・太保郭公鑿井疏泉・今年總鎮王公捐財助修・山中人何敢利焉・苟無饑渴・願以無量飽滿濟衆生耳・定禪又曰・坡翁妙觀佛諦・恨不留一偈・山中猶有短章・至今光顯・今太史公來・能無意乎・太史公序九流百家・極深洞微・拜瞻坡翁遺像・慨然追見其風烈・太史公幸毋靳辭焉・願秉貞石以待・

嗚呼・予安敢擬坡翁哉・顧嘗謂天下山川幽勝處・不可無僧守之・矧此地靈所關・非徒以寄風物・屬之人・有爭之者矣・屬之官・有關市之矣・二者地靈之鑿也・惟僧守清淨寂滅之教・無所與競於物・凡一切世界色相・皆空無一物・不可有・乃至一無所有・固宜守此以俟千百世君子・定禪又能崇而固之・且紀其勤・以詔嗣者・予安可無言・乃名其石曰・

自有天地・以有山川・百經千緯・磅礴互旋・中州英氣・南傾海壖・海之末壖・有洲中起・萬靈萃脈・羣流遶趾・百粵鍊精・鑄此奇偉・惟大雄氏・來自西崑・乘氣之盡・以控金輪・庶幾混沌・毋損厥眞・恆河沙衆・熟知佛力・我遊江湖・但仰陳迹・恍見坡翁・題詩於壁・觀潮嘯海・登樓顥星・鐘聲煙空・古木天青・風檣往來・孰利孰名・孰始爲寺・孰興其廢・惟有前賢・風流百世・我續名詩・爾功無墜・

王漸逵　字用儀・一字伯鴻・番禺人・正德丁丑進士・授刑部主事・家居三十年・霍韜薦之・補刑部郎・疏請行帝王之政四事・又上乞掇立以存根本疏・不報・乞歸不再出・漸逵少師湛甘泉・晚益究心理學・所居在沙灣青蘿山下・世稱青蘿先生・所著青蘿集・明志作十六卷・四庫提要作二十卷・阮志注存・今亦不可得全帙矣・

乞陳愚見以裨聖化疏

臣自正德十六年・得痰暈之疾・告病給暇・回原籍調治・迄今一十六載・自分衰廢・淪沒草莽・仰瞻聖明・弗得效犬馬之報・去年秋・蒙聖恩俯聽科道章薦・得復起用・而前病亦稍就愈・私自慶幸・無任感激・嘗謂士之生於斯世・最難遇者時也・況當其盛者乎・有其時當其盛矣・復不能乘之奮發興起・而失事機之會・抱貧賤之羞・遺古今之恨・咎將安歸・此臣之所以日夜切心・而不能已焉者也・臣嘗謂古之帝王・其生也必有神異・以靈於人・其聰明睿知・皆足以駕馭區宇・而不能克盡其全者・或其稟性之近似・與其意見之偏拘者・有以累之也・

漢唐宋之間・臣得六君焉・若漢之文帝・武帝・唐之太宗・憲宗・宋之仁宗・神宗・之六君者・皆不出世之主也・然文帝有保天下之心・而無高天下之識・武帝有治天下之略・而無守天下之道・太宗有安天下之才・而無風天下之本・憲宗有一天下之器・而無存天下之志・仁宗有持天下之量・而無深天下之慮・神宗有達天下之機・而無化天下之術・文帝澹泊節儉・長養民財・以致殷富・海內賴安矣・而禮樂未遑之對・卑之無甚高論之言・其規模局隘・氣象委靡・卒使古帝王經世之迹・不復見于今者・文帝之責也・臣故曰有保天下之心・而無高天下之識者此也・

武帝講求典制・使天下燦然・知先王之法・崇尚儒籍・使天下曉然知先王之經・其識見廣大・有過人者・然從事邊夷・征斂百出・海內虛耗・國脈漸虧・臣故曰・有治天下之略・而無守天下之道者此也・唐太宗明經制・倣古法・盡人情・尚適變・其氣勢張羅者・亦大矣・其效亦著矣・然晚年善政・漸不克終・而閨門倫理・發邇見遠者・甚或歉焉・臣故曰有安天下之才・而無風天下之本者此也・憲宗委任武元衡・裴度以孚衆望・得古人君之明・志在剷平僭逆・不沮不懼・卒能成功・得古人君之剛・然四方稍平・遂忘警戒・瘡痍未安・政養弗講・是有見於己・而無見於民・惟知保其國・而不知保天下・臣故曰有一天下之器・而無存天下之心者此也・

宋仁宗循謹守法・不愆不忘・無裂大體・無作禍基・承業之主也・然元昊數城僭據・而不能奮剷平之功・幽燕貽禍邊陲・而不能復中國之舊・宋之宗社・終以不靖・臣故曰有持天下之量・而無遠天下之慮者此也・神宗具明沛之資・操有爲之志・銳意治平・留情恢復・比於卑巽苟止者・不同矣・然任安石而違知人之明・泥古法而失通變之道・富國強兵之術・外本內末之政・是果成周之治乎・臣故曰有達天下之機・無化天下之術者此也・惟茲六君・上下二千餘年間・亦可謂超卓而僅見者・然其治效亦不過如此・視古帝王之盛・遠有讓焉・豈非以其局於稟性・狥於意見・不能擴充以盡其全・而於臣下輔弼之功・或亦有所缺乎・

仰惟聖上・生自藩邸・神異之質・夙著遐邇・所謂聰明睿知・固無俟於贊述・然見之行事・高出前代・爲古今之所欽仰・臣民之所共覩者・有四事焉・臣伏處草茅・幸茲曠際・請得備言之・自古閹人・竊弄權政・城狐社鼠・盤踞爲患・故有爲之涕零・付之慨歎・而無可奈何者・而陛下視之若童稚然・鞭撲驅逐・隨所意指・累代腹心之疾・蕩然一滌・未覺其難・此其一也・自古大臣・眩惑人主・壅蔽聰明・固植黨與・挾制其君・欲去不能者・而陛下剛明獨運・察其偏專・洞其邪枉・任使斥逐・如僕役然・政無多出・權不下移・此其二也・

自古女后專寵・戚黨承恩・怙權市利・禍國殃民・無所不至・而陛下處之以公・裁之以義・一或過愆・卽繩于法・無所忍惜・此其三也・自古人君多馳情于藝文・留神於詩篇・摛掇詞藻・無益治化・無裨世道・而陛下學究大原・睿契天德・敬一之義・旣有以續三聖之傳・而五箴之訓・尤足以發宋儒之蘊・此其四也・陛下具此四德・加以憂勤修省・稽古禮文・懷保惠鮮・眞足以旋造化于刻中・運天下於掌上・愚臣創見忻忭・以爲堯舜禹湯文武之君復出・唐虞三代之治・可指日而計矣・然自卽位以來・治效之臻・比之數君・猶未或過焉者何哉・良由內外臣工・不得其人・有以相負於陛下也・

臣居海濱・嘗見朝廷每有美意良法・詔書勘合一下・瀕海之民・歡呼鼓舞・恩沾德化・而有司視爲泛常・漫不經意・一省如此・天下可知・遏至仁之澤・塞蒼生之望・莫大于是・此外臣之負陛下也・加以大臣巧承恩寵・智竊高位・一得所欲・則互相營私・無復分憂於萬機・互相排黨・無復同心於匡贊・且陛下所託以爲腹心者・凡幾人矣・然皆隨卽相負・其餘者又皆識卑器局・畏縮逡巡・遷延歲月・致陛下孤立于上・萬姓懸望于下・此內臣之負陛下也・夫陛下有眞誠之志・而臣下飭以欺・有躬行之實・而臣下畧以文・有銳精之功・而臣下持以慢・有廣大之體・而臣下視以迂・其宅心如此・欲望其大有爲之志・以贊揚聖明之化・其可得乎・

臣愚昧不揣・謹以平昔所聞帝王之道・立萬世之基者・惟陛下陳之・惟陛下垂覽焉・臣所謂帝王之道・立萬民之基・非以爲是迂謬之言・迺前代已試底成之效・著之於載籍・散之於人心・而不泯者・後之人君・安於淺局・狃於管見・而不能擴之以盡其全・後之人臣・拘於小器・狥於近利・而不能擧之以著其用・故老生曲儒・或能言之・而不能達天下之變・故常失之高・謀臣覇士・從而背之・而不能成天下之化・故常失之陋・而不知吾之所謂道・建之於天地・本之於人心・通之於古今・達之於世務・而非玄遠不經之談・神怪不測之用・如是而駭人之觀聽也・苟誠心而求之・則卽循此而至耳・

所謂道其目有五・一曰運樞極・二曰定趨向・三曰立規模・四曰鼓橐籥・五曰壽命脈・故會天下莫大乎運樞極・樞極者・言乎其元貫也・夫一元之氣・盈乎兩間・流行四時・以生萬物・窮古今而不息者・理也・是理也・在天則謂之命・又謂之道・在人則謂之性・又謂之仁・人與天地萬物皆同一體・以一元之氣本同・及其旣形之後・迺始分耳・故仁者天地萬物之大宗也・仁出於性・其於心・而生生之理隨感

而應．則皆謂之仁．故性有仁義禮智信．自夫生理之不息而言．則謂之仁．自夫不息之中秩然而不易．謂之義．燦然而不紊．則謂之禮．瑩然而不昧．則謂之智．渾然而完具．則謂之信．故性皆仁也．

心雖管攝乎百骸．而常虛靈不息．不息者．仁之謂也．孟氏曰仁人心也．故心即仁也．人惟蔽於物欲．昏之而不能見其全．局之而不能盡其大．由是天地萬物與我爲二．形骸隔．而藩籬立．故視天下宇宙之大．萬物之衆．而皆非吾分內之事．若不相干涉．而元貫一體之志荒矣．古之聖人所以存心天下．加志窮民．下及昆蟲草木鳥獸魚鱉．莫不咸若者．全此而已．夫天地一元之氣．其大無涯．凝之于人．乃復小之．非人之小之也．小之者私也．去其私則大矣．故天下之言大者．曰天子．天子者．言大一統之稱也．其人曰天民．言得是理．而能大者也．曰天德．言理本如是其大也．曰天工．言宇宙之大皆吾分內事也．是以堯舜禹湯文武之君．禝契伊傅周召之臣．所以視天下爲家．視萬物爲子．而凡天下之未遂其生．未如吾之願者．莫不惕然而悲．惶然而懼．寢食蓋有不違者．仁道大之也．

後世佛老之徒．功利之士．與夫時君世主．惟欲自利其身．自適乎己．而不知人我之爲何物．　天下國家之爲何事者．私心小之也．即是而觀．蓋能盡其心．與不能盡其心者之殊異耳．孟氏論盡心知性而知天．蓋心盡則得其大．不盡則不得其大．故天者大之名也　．人君誠能不以私意而累其心．俾之生意周流．廣大無間．由不息．以至于無息．深宮如是．大庭如是．則自有推夫天地同運之心．而充夫萬物一體之念．其視天下之大．萬民之衆．無一而非我．則其惕然而悲．惶然而懼．而凡精神運用．懷保字育之下．自有不能已于情．與夫便己違衆．悅性戕物之舉．亦自無以留其念者矣．是之謂運樞極．

樞極立矣．其次莫要乎定趨向．趨向者．言乎其主適也．夫天下之道二．王道霸功而已．夫王道之大．其理曉然．其行坦然．無險側迂曲之私．其究也同流天地．神妙造化．而天下之人皆背之者．何也．未能深知之也．霸功之小．縱横捷給．詐變機巧．無正大光明之體．其究也．且爲厲階．釀爲禍端．而天下之人皆趨之者何也．淪於習尙也．夫王道原於性命．故奧而難知．霸功生於才知．故習而易溺．譬之觀於水者．惟見其清漪湍激之可愛．而忘夫滄海之大．觀於山者．惟見其巖石草木之可玩．而忘夫泰華之大．故治天下．生於見．成於尙．是故三皇尙道．而天下化於道．五帝尙德．而天下化於德．三代尙仁義禮樂．而天下化於仁義禮樂．是故行潦之水．不可以通川．委巷之逕．不足以適國．言其趨之小也．

後之立國者．其慕高遠．則惑於黃老清凈之歸．其趨近利．則墮於霸功權變之術．又其下者．則支持補緝．以苟延於歲月而已．未有以帝王之道自居．聖賢之教自詣．性命之基自立．雍熙太平之業自期者．語曰惟天爲大．唯堯則之．堯之趨向定也．故帝王以天爲則．後世以帝王爲則．孔子之祖述堯舜．憲章文武．用此道也．使孔子而得邦家．則夫祖述憲章．與夫四代禮樂之斟酌．蓋其趨向之基也．趨向立．然後可以言理．故文景節儉．底于富庶．明章禮樂．彬彬可觀．

唐太宗稍行仁義・故能致外戶不閉之稱・宋仁宗志在不擾・故能致邊將無功之謠・其效之明・利之小・蓋可見矣・下如秦皇之殺戮・煬帝之奢侈・作俑如是・其祚之促・無足怪者・是故趨向之於國家也大矣・惟知學問者・可與聞之・達心性者・可與言之・剛明者・可與行之・沉毅者・可與守之・故不徇於時見・不奪於近利・不惑於浮議・浩然挺然・之際不沮不撓・然後克臻此・故有談唐虞之治於嬴秦者・則謬矣・言王道之大於管晏之側者・則斥矣・建太平之策・於桓靈之朝者則舛矣・傳曰苟非其人・道不虛行・是故存主立・而安危判・治亂基矣・可不愼乎・是之謂定趨向・

趨向定矣・其次莫急於立規模・規模者・言乎其綱維也・故成一代之制・改民物之觀・貽子孫之守・垂永守之圖者・不可少焉者也・今夫言天下之規模者・莫過於唐虞成周・唐虞之治也・先之以舉賢・次之以建官・次之以平水土・次之養・次之教・次之明刑・次之虞工・次之禮樂・次之納言・敬天勤民・朝覲禋祀・罔或不舉・此堯舜爲治之次第也・故百僚師師・庶績咸熙・何其盛乎・成周之治也・職有六官・政有六典・封國有制・朝會有度・鄉遂有法・井田有經・上下有等・內外有別・兵民有蓄・神人有協・其體統大・其綱維密・其節目周・其儀文燦・此成周爲治之條貫也・故兆民阜成・天下同文・何其盛乎・孔子之贊堯曰・巍巍乎其有成功也・煥乎其有文章・其贊周曰・周監於二代・郁郁乎文哉・吾從周・斯皆後世之所嘗聞・經生學士之所間語者也・

夫規模猶建築然・創千金之室者・必廣其垣墉・立九成之臺者・必大其基址・語曰饑不擇餐・疲不擇安・蓋言易也・後世徇於簡易・而失其經久之圖・甘於齷齪・而忘夫廣大之觀者・蓋多矣・漢高襲嬴秦之迹・而帝王之法弗復・其失也陋・宋祖仍五代之舊・而經世之典弗講・其失也畧・孝武嘗有志於古制矣・然才大而心雜・故不能・神宗嘗有志於通變矣・然識淺而任偏・故愈廢・惟唐太宗舉其大・而畧其小・倣其意・而不泥其迹・民賦之出・兵府之設・卓然一代之經制也・自後兩稅變・而租庸之法壞・府兵易・而藩鎮之成・爲子孫者・不能世守之・甚可惜也・夫法者所以維國也・故必有治國之實・然後可以盡其法・制者所以保民也・故必有愛民之心・然後可語其制・苟徒爲觀美・而無與於國家之安危・徒爲好古・而不達夫生民之休戚・亦何益哉・故經制者・治平之羽翼也・是之謂立規模・

規模立矣・其次莫重於鼓橐籥・鼓橐籥者・言乎其感召也・夫天下之大・民物之衆・疆域之異・心貌之殊・欲戶戶而曉之・人人而驅之・是誠不能・必有氣機焉以動之使之囿之而弗知・浸之而弗測・動之而弗彰・利之而弗庸・浩乎達之・而天下莫能違・翕然取之・而天下莫不興者・機也・故天地之氣・一噓而萬物皆生焉・一吸而萬物皆斂焉・何也・氣機神之也・夫天地之所感氣也・人之所感者心也・故言天下之至疾者・莫過於心・而風雲爲緩焉・是故自古帝王愼所以召之・唐虞三代之化・如天地覆載・無言夫風也・齊尚伯力・而其國事夸詐・魯敦禮義・而其人事絃歌・首功於秦・而雍崤之風悍・淫佚於衛・而溱洧之習頹・王莽之篡西京・訣

靡之習成之也．晉室之亡．王何淸談之倡基之也．是故風俗之係於國家甚重．可不加意乎．

夫民猶水也．決而注之則行．隄而防之則止．習猶染也．染之而丹．則丹之．染之而緇．則緇之．其操挈之柄．在我而已．而況操闔闢之大．挈斡旋之機者乎．天下民風之美惡．係乎士習之隆汚．故士習爲大．民風次之．今天下之士習．亦滋弊矣．名爲道德者．擎拳緘默．如木偶然．聚首虛談．蔑視世務．不知聖賢內外合一之學．果如是乎．名爲事功者．沉首案牘．勞形簿書．呼號督責．以沽名便捷．巧給以濟欲．不知古人經世行道之心．果如是乎．而上之人．方且倡而佑之．剛直者推．軟靡者進．是教之使諛也．得賂者通．失賂者窒．是教之使貨也．富豪者驕．貧賤者羞．是教之使淫也．競趨者先．恬守者後．是教之使爭也．有援者植．無援者仆．是教之使黨也．傲氣狂言者．名爲俊豪．沈篤簡默者．目爲庸鈍．是教之使暴也．

至於科舉之業．尤無謂焉．取辨於排對比偶之間．致力於記誦勦竊之餘．童稚之所習．父師之所教．學校之所試．朝廷之所取．率皆如是．欲其從事身心．務實行．如得眞才．斷乎其難矣．西漢以前猶爲近古．蓋科舉之途未行．其英敏豪哲之士．一皆修身以自見於世．故居有實際．行有實用．風俗淳厚．人皆長者．倡之得其道故也．苟能風於朝廷之上．取其悃樸．而不取其夸華．覈其篤實．而畧其敏捷．作其正大之氣．而消其軟靡之習．養其恬守之志．而遏其奔競之風．尤於貢舉之外．間設一科．使明經行修．孝悌力田者．得以與焉．未必無轉移之機也．

夫衆人可道而上下者也．苟不知倡之．而徒歸之時運之使然．與夫倡之未盡其道．而卽付之無可奈何者．皆非也．古之人君之握其機也．立一趨焉．而使天下股慄首縮．以繩其愆．惟恐其或蹈．何者．眞誠之心決．而勸懲之道盡也．今也號令之設．徒掛之壁間．文移之行．空貫之公署．欲其感奮而畏懼也得乎．故治天下．必在乎挽士習．士習淳．而民風可回矣．是之謂鼓橐籥．

橐籥鼓矣．其歸則在乎壽命脈．命脈者．言乎其人心也．夫天人一也．天之下惟人．人之上皆天也．故天之於人．以其羣而無主也．立之君長以統之．以其羣而無養也．俾之君長以育之．所以一其渙散角爭之情．而遂以各得其所之願．夫大之於人君．付之以聰明睿知．首出庶物之資．豈欲其崇高富貴．隆然羣衆之上而已哉．人君之於天．受其歷數相傳之統．宗子付託之寄．豈徒爲我生有命．無與於民而已哉．故天無形．而寄耳目于民．天無心．而以民之心爲心．考之詩書．未有言天而不及於民．亦未有言民而不歸諸天者．稽之傳記所載．以一代言之．其迓休凝命．綿祚而昌後者．必其存心於民者也．其多事擾攘．貽咎而遺禍者．必其肆暴於民者也．以一君言之．其安享尊榮．光於前烈者．必其得民者也．其促國蹇運．播遷蒙塵者．必其失民者也．

夫國猶樹也．民猶土也．土潰則樹不植矣．國猶魚也．民猶水也．水涸則魚無依矣．古之聖君賢相．所以日夜遑遑．勞心焦思．而凡職官之任．法度之立．維持調護．周徧詳息者．專以爲乎民也．其萬機之暇．兢兢惴惴．而凡般樂之舉．無益之作．所以常自點檢．不愆不忘者．恐戕夫民也・夫民之生於世・有幸有不幸者・君爲之也・人君之所以察夫民之幸不幸者・亦在自驗之而已耳・故含哺鼓腹・不識不知・帝者之民也・安土樂利・無失其所・王者之民也・令煩賦重・愁怨嗟歎者・季世之民也・播越流離・轉於溝壑者・亂世之民也・

故人君之卜世・卜乎天也・卜乎天者・卜乎民也・人謂唐之亡也以藩鎭・宋之亡也以夷狄・是不然・藩鎭非能亡唐・蓋上之澤不究乎下・下之困不蘇乎上・各恃其主將之所矜恤者而養焉・故得全其生・則反背而拒之者・固其宜也・不然陸贄奉天一詔・而老幼爲之感泣・知賊之不足平・何謂耶・故唐之亡者・亡其民也・夷狄非能亡宋・蓋用人之非其人・行政之非其政・自撤其藩籬・自壞其基業・以啓其侮狎之心・增其桀驁之勢・宜其及也・不然岳飛之罷兵南還・而河南父老迎泣攀留者・何謂耶・故宋之亡者・亡其民也・亡其民者・亡其天也・而謂天故亡唐宋耶・是故民心得・而天意注矣・是之謂壽命脈・

五者乃百王之會通・萬世之彝進・而不能外者・然運樞極其本也・壽命脈其主也・至於趨向之大・規模之遠・橐籥之機・亦不過因此從而維持羽翼之非・舍此而別有所謂治也・是故天地之大德・曰仁・君天下者・仁焉止矣・仁者生意之謂也・天地以其生意・而發萬物之生意・人君推其生意・以養萬民之生意・生意遍・則天下爲一・造化同流・而凝命在我・端有望於今日矣・臣學識麤淺・井窺管見・止於如此・然一念芹曝之誠・則不能自已也・惟陛下採擇焉・臣不勝惶懼戰慄之至・

再與方西樵書

向者夜間造謝門下・辱不鄙與進教・愛彌至・得聞所未聞・虛而往・實而歸・夙昔之望深爲慰幸・伏惟尊丈高蹈於樵・涵養日久・造詣益精・濯去舊見・以來新意・所解經義・皆發前賢之所未發者・然向來蒙所指教・尚有疑難・欲卽質正・以深夜不敢勞於長者・遂爾拜別鄉回・後捧誦明訓・靜而思之・終覺未灑然脫悟・故不揣・謹此奉達・非有所致辯也・學求明諸心而已・質之先覺・所以求明乎心也・承諭致曲之訓・而以夷惠之清和・明之曰・致其一偏之淸・一偏之和・而造之各臻其極・以至於能化・又曰所謂化者・乃一偏之化・非大而化也・僕以爲聖賢學問・皆從心性中流出・性之未發曰中・中者天下之大本・是故聖賢之學・具於心・原於性・蘊於中・故致其中・則天下之大本立・於是一以貫之・而萬殊統矣・溥博淵泉・而時出之矣・未有學得其偏・而能致於聖且化者・亦未有聖人心性之學・而反流於一偏者・如尊丈之訓・則心學且有二・而聖人之所爲聖人者・其本根節目・亦可不同矣・竊謂聖和者氣質也・夷惠之學・雖至於心無一毫之私・可以言仁・然氣質未盡丕變・渣滓未盡融液・蓋亦以其所學之未全夫中・造之未得其大・是以未免墮於一偏・而不能全・故發見未當其可耳・觀孔子之於二子・皆稱之以賢可見・而孟子遽以聖目之則過矣・故致曲之說・只作賢人君子希聖之學爲是・雖曰其次・然繇教而入者・皆可謂之次・不必以此而專論聖人之次也・至於論性而講性有善惡・并擧告子及荀揚韓子及周子之說證之・尤其所未喻也・

夫以性爲有善惡．修其善者．謂善人．修其惡者．謂惡人．則孟子性善之訓爲誣．而孔子相近之教不通矣．此告子仁義桮棬．荀子禮僞之論之所繇起．可不必攻也．僕於宋儒惟取信於明道．諸說皆以天地氣質分之．則誠於善惡未能判截．反墮於善惡混淆之中．而與荀楊無異矣．明道曰性生道也．惻隱之心．人之生道也．又曰心如穀種．仁則其生之之性是也．此數言者．萬世言性之標的也．蓋僕之所謂性者．乃一陰一陽之謂道．道之流行曰命．命之著物曰性．故性者人物得之以有生．卽所謂天地之大德曰生．又曰生生之謂易．故曰人之生道．夫人之生也．其稟質雖有昏明强弱之不齊．而無與性非可以善惡論也．惟其感於物．則物交物而引之習類生．而善惡始判矣．故人誠能從事於學．則其爲明而强者．可以爲聖爲賢．其昏而弱者．薰陶切磨之下、雖未能造其全．亦不失爲敦篤之士．若其習於流俗．而不知學也．則所謂明而强者．適足以爲奸雄滑黠之資．其昏而弱者．則甘於自暴自棄．而流爲下愚之歸矣．故孔子曰．性相近也．習相遠也．曰相近．亦以其質之昏明强弱．其初少有不同耳．曰相遠．則習於善則善．習於惡則惡．如南北其轅．不可復得合一矣．豈不大相遠哉．僕之管見如此．有不合處．希不吝再賜教愛．庶山居得以紬繹其義．務求必明諸心．一洗羣疑而會之．此平生之願望也．

與項東甌書

今人不識朱子之學．往往一倡百和．可怪嘆之甚．向有友與予論及朱子．予曰汝只學朱子存心．修身．居家．處鄉．涖官．立朝．實切之學可也．今不能盡其道．不及朱子之萬一．方愧之不暇．而乃暇議之耶．又見陸子靜謂本朝濂洛之學．其植立可謂盛矣．而未聞道．夫旣植立之盛．又可謂之未聞道乎．夫道也者．自身心而推之天下國家者也．豈有諸賢於身心倫理無愧．而不可謂之道．吾不知子靜所謂道．何道也．後世尙竊其說以自附．豈不可怪．蓋朱子之學．乃聖賢大全之歸．先存心力行．然後及於讀書窮理．是卽所謂好古敏求．所謂博學審問．所謂好問好察．所謂多識前言往行．以畜其德．所謂學於古訓乃有獲．所謂夙夜積學以待問．蓋學而至此．乃是內外不偏．心事合一．表裏精粗．一以貫之．使致其知．而無不知．擴其能．而無不能．光明者日益光明．充拓者．愈益充拓．此聖賢大成之學．孔門之正派也．

自孟子來．畧稍失之．然猶有盡心知性．博學詳說之證也．世之主子靜之說者．在元則有吳草廬．在正德之間．則有王陽明．草廬之學極該博．所謂與先生言．如探滄海．則外面之學．何嘗畧之．而便以罔又可乎．王陽明聰慧過人．自少讀盡古今多少書．及謫龍塲．始悟心學．卽以此教人．無外面充拓之功可乎．今有爲陽明之學者．吾嘗見之矣．但云致良知從易簡．問之以古今天下之理．懵然不知．謂世間有此愚聖賢．而聖賢之所的聖賢．果只理箇身心．而外面事通不料理．然後謂之得其正脈耶．

爲此偏內之言．只因後世有博學著述．而實行不檢．又有科舉之學來累之．是以其說得行然．謂之矯世之言．則可．謂之聖賢大全之歸．則不可．且卽知卽行之說．請考夫古今聖賢詩書之言．每每分之何也．以一手而盡掩天下之目．其用心可謂勞且拙矣．望深思之．則知其偏枯之病也．（節錄與項甌東書）

與王龍溪書一

論語一書．實作聖之階梯．上下皆可企及．向見薛中離云．論語乃撫世酬物之言．非聖人之精蘊．夫卽心卽事．卽事卽學．精粗不殊．道器何別．吾儒實功．只在語默．取予出處死生做一題目．終食不違．始有鎡基立脚處．吾見今之學者．名爲學道．飾取名譽．而人亦以此歸之．及觀其平生語默．取予出處之際．多與道相馳背．是何也．離心事而二之之弊也．程子亦曰．能盡語默之道．斯能盡取予之道．能盡取予之道．斯能盡出處之道．能盡出處之道．斯能盡死生之道．此言道無大小．學無心跡．心無內外．一眞百眞．乃聖賢服煉之至訣．今人多忽之．是以背之．則倡爲超悟．虛談光景之語．誤之也．

與王龍溪書二

來教所謂致良知之說．以僕之質性魯鈍．學力粗淺．固未能窺其蔽奧．然以是稽之孔門．反之吾心．殆尚有存疑處．夫今之學者．多主於白沙陽明二先生之教．白沙之學．在於孔顏樂處．陽明之學．在於致良知．二者固聖賢法門．但以此爲敎．恐學者留於渀蕩．無實下手得力處．夫孔顏之樂大矣．必有躬踐實際．而後可以契其樂之眞．良知之體明矣．必有涵養操持．而後可以得其明之用．不然則所謂樂．亦虛談．眞光景之可愛．而於獨知之地．但凝之於靜．而不能不汨之於動．融之於心．而不能不滯之於事者多矣．某嘗以論語一部．眞千古聖賢入手之要訣．何也．其旨在心與事合一而已矣．以心而貫於事物．隨處致力．隨處照管．故心事合一．鍛鍊純熟．打成一片．然後謂之眞境．實際方無走作．有受用處．苟徒抱夫虛靈之體．而昧夫流行之用．以之資講說．則可以．求聖賢之實學．則未也．故某亦以孟子先立其大者之語．爲立言太寬．然必以集義爲事．乃見入手脈終處．昔丹書之戒以敬怠．言之盡矣．而又以義對欲言．易大傳敬以直內可矣．而又必以義以方外．德始立而不孤．皆隨事致察之明驗也．（二條俱節錄答王龍溪書）

嶺南耆舊遺傳序

予嘗讀管幼安．王彥方傳．乃知漢末猶有斯人．使生於孔子之前．必不虛於三皇之後矣．而或者乃以未嘗立言短之．夫言者文也．道以文顯．亦以文散．是故予懼夫道之在於人．而文之耗也．夫天地未闢．而日月．星辰．河海．山嶽之文固在也．而謂無文可乎．君子之道．本諸身．徵諸人．雖無事於文．而文固在也．而謂少文可乎．君子之道．譬諸木則根焉．行則枝幹焉．文譬則萌甲花蕊焉．故木之生意．至萌甲則盛．花蕊則衰矣．故花蕊也．其盛之極．而衰之始也．

三皇者道之根也．五帝者道之幹也．夏商者道之始也．周道之萌甲花蕊也．故文至周而盛．道至周而衰．於是言詞興．而大樸散矣．予鄉先輩．生居海濱．龐氣未漓．淳德懿行．

間出於世．而近者後生聰慧．彬彬迭興．崇飾詞藻．成致疵焉．此世之所以漓也．予用是懼．乃以幼所傳聞於耆舊者．裒爲實錄．以示後學．俾知道爲本．文爲末．而鄉之先輩懿行之昭．乃文之至．而非後進之所爲文也．

嗟夫天地涼龐之道．有漓有復．其在於時與人乎．是故道嘗漓於春秋戰國矣．至西漢而復．漓於南北朝五胡矣．至李唐而復．漓於五代矣．至趙宋而復．漓於胡元矣．至我朝而復．故國耆舊．其遺風流俗．猶有存者．吾尚及見之也．今天下之漓亦甚矣．能反其樸．而會其漓．其惟賢者乎．若猶以文言．是則余之所滋懼也．

讀詩記序

予聞夫子之敎曰．詩可以興．因於暇日坐茂樹　．據盤石．每諷詠之餘．令人有感激不盡之興．夫周大樂正．以絃歌爲教．令入學者習之．而聖門閑居．雅言亦爲首務．及至春秋詩學盛行．其君臣之所宴會．賓客之所酬答．罔不賦以示意．其可以興者在於此．嘗歎夫朱子初與呂東萊講解．皆主夫小序．晚年乃盡變之．以小序之所記者．皆以爲淫風．噫先王以政治得失．原於風俗．故設爲采風之官．凡關於政治者．悉采以行賞罰黜陟之典耳．至於夫子之刪訂也．則一歸於正．而削其邪．蓋爲庶民小子．後世學者而設也．豈復有淫邪者之與於其間哉．

樂記曰．正聲感人．而和氣應之．夫以正感人．而猶恐其不順．而况乎以邪感之．其能免於諷一而勸百乎．夫刺淫者之雜於其間也．則或得於秦火之餘．而非復夫子之刪之舊也．不知朱子何爲以己意．而逆料之於千百載之下．盡小序講師訓詁而廢之．此予之所深惜而長歎之也．雖然予之受教於朱子亦多矣．以刺幽厲之詩．而加之宣王以正雅之什．而入於亂世．此又小序之失也．非朱子之明．其孰能辨而正之哉．

予因許魯齋訂正二南之圖．竊取朱子之意．復爲訂正小雅之圖．猶欲盡其章旨．而改正之．未暇也．姑識於篇端．以求正於有道之士焉．是爲序．

讀易記序

易者時也．道也．中庸曰．道不可須臾離也．道之不可離．易之不可離也．故中庸言道之大小．則曰天下莫能載．莫能破焉．易書之語遠近．則曰不可禦靜而正焉．中庸自人道而推本於造化．如曰及其至也．察乎天地是也．易書自天道歸究於人事．如曰不言而信．存乎德行是也．中庸言道．夫婦與知焉．大傳言易．百姓與能焉．中庸言愚而好自用．賤而好自專．生今之世．反古之道．災必逮乎其身．則明於天地之道．察於民之故．吉凶與民同患．中庸言其畧．易言其詳．中庸言其理．易兼言其事．中庸舉其常　．易則盡言其變．易者．天下古今常變之書也．故於天地之運化．帝王之制作．聖賢之事業．君子之德學．衆人之吉凶悔吝．莫不備焉．尤中庸之所未盡也．

予近日益覺此易之在於吾身．不可一日而離．蓋自起居食息．以至辭受取予．出處進退．富貴貧賤．患難死生．無往而不貞夫一焉．道之不可離故也．夫子曰五十而學易．可以無大過矣．予齒五十過半．悔吝尚多．茲益懼焉．乃取上下經十翼．細而繹之．旁及程朱二傳．與夫諸儒之所證論．參其異而會其同．得意則筆之於冊．久漸成帙．置於几案．以日觀省．雖時與諸說稍異．在明於吾心．切於吾身．如醫之制藥．惟求其病之證．服之愈而已．同異在所不論也．且夫易之理無窮．不可以一人而通．一言而盡也．如百川之支派多矣．而通諸海則同焉．苟執其一局之見．顓而言之．非知易者也．然則吾之於易．將以求其切身之病也．後之病同於吾者．試之亦可以少驗．

葵山記

予里之何質中氏．語於予曰．彬嘗遊於蒼梧鬱林之野．勾漏之墟．探白馬之勝．其中有峯焉．其形巋而豁．深而際．窅而會．四時能雲雨．爰有丹泉元室．是爲廣寞之天．有草焉．綠蕁而丹華．向日則舒．其名曰葵．是山．道書之所不言．洞天之所不載．人罔得而知之．有異人焉．棲於烟蘿．茹霞而浣風．抱一處和．遊于洞虛．見則物不疵癘．時迺和予．曰異哉．吾子之言．似乎吾之所聞也．然而侈矣．聞諸莫大夫之於是山也．修周公仲尼之道．邇而不遺．遠而不迂．含章而珍．敦履而行．是故其處也如石．其見也如釋．

夫賢者之生也．握時之軸．執道之柄．其晦而息也．噓吸元氣．遊於太和．號爲羽仙．出入杳冥．其運于世也．乘時之機．履道之夷．積而以渙．翕而丕施．執其元宰．與化推移．故居而不測曰仙．達而不隨曰賢．吾子之聞．其有志於是乎．相與聞於莫大夫．大夫曰吾者過矣．吾居焉依也．居於斯．是故號焉．志不忘也．且聞吾子之言矣．請志而自省焉．遂書爲記．

青蘿山賦

王子居於青蘿山．與世邈隔者殆十餘年．客有過而訪之．王子與之登懸石之臺．竚孤雲之頂．天八表以敞開．雲若合而復迴．冒鬱藍之無際．涵光灝於將暝．王子顧客而語之曰．此亦可以言樂矣乎．客曰樂矣．而未大也．眞矣而未奇也．吾聞白雲之高．足躡雲霞．星斗可呼．西樵之石．神鑿見劈．靈洞虛無．羅浮之元秘．實神明之奧宅．黃嶺之崒硉．（黃嶺在東莞．下臨溟海）固溟壑之上都．斯則大而奇矣．王子曰．如子之言．則茲山之所以爲大而奇者．殆非夫人之所能識矣．客愕然而問曰．何爲其然也．

王子與客顧而指之曰．今夫東冥然而窿．若雲若烟者．非羅浮乎．客曰然．今夫西亙焉而齊．若坐若眠者．非西樵乎．客曰然．今夫北擎然崛起．斷而復連者．非白雲乎．客曰然．今夫南屹然而關．瞰於無垠者．非黃嶺乎．客曰然．曰此則吾固有之．天常與之周旋者也．又何外是而求旃．且夫物之凝滯者．不得其會．器之局促者．不貫其全．或隨寓而有礙．固所處之或偏．是以居西樵者．不睹于羅浮．處白雲者．無見于黃嶺．豈高大之相虧．殆中學之未應．惟夫茲山．巋然中正．匪高而尊．不奇而勝．緬四山之翕輳．含羣動於至靜．故自東自西．自南自北．與冥神契．舉目而得．雖竟異而殊途．實同歸而致一．

嗟乎學亦有然者．惠之和．夷之清．各造行之極至．猶未免於小成．矧渣滓之不融．抑本源之未瑩．夫合內外人己而一之者．心之通也．無遠近大小．而體之者．道之中也．是以書揭允執之義．孔稱大成之宗．子思著未發之訓．顏淵修具體之功．茲固天人之相授．歷今古而皆同也．客喜而笑曰．今日益矣．于遊觀得進學焉．古人貴觸類而長．良有以也．於是王子與客把酒嘯歌．林木振舒．泉冷冷以助興．風飄飄而吹裾．胷然而起元思．欲別而顧踟躕．但覺此心全露．萬象森如．與天宇之俱霽．不知吾身之爲太虛也。

舜祠賦

眺中天之祠殿兮．岑鬱崔嵬．槃雲日之熹微兮．紫氣溟濛而弗開．韶石峻嶒兮．不隨草沒．江山如待兮．翠華東來．拈瓣香以頂禮兮．彌吊古而徘徊．黃葉蕭蕭兮．僧歸臺．向星岡而尋往事兮．浩劫成灰．撫斑斑之湘竹兮．淚逐山頹．亂峯叢壑兮．遠遠猿哀．

遊羅浮賦

丁亥歲十月壬子．自青羅而東．迄於扶胥．遡增江之環流．望羅浮之故墟．感神明之奧宅．探仙靈之會區．既逶迤以迅陟．亦覽策而紆徐．歷崆峒之崇阿．依青杳之修途．指雲竇以小憩．盼虬柯而散舒．其既至也．元霧冲郁．青霞繽紛．松七星以先逕．鳥五色而迎人．訪潛踪于未明．寄逸興于綵雲．佇芳蔭之陸離．披寒光之氤氳．爾乃轉迴磴．俯遙壑．即杳冥．度廣漠．淩天漢之危津．瞰蓬萊之虛閣．架飛虹于鐵橋．浣清湍於白角．於是臺憑瑤石．洞轉金沙．逐青羊于盤磵．夢翠禽于雪花．盼軒轅之曠宮．覓稚川之丹砂．諦文符之散葉．聆空音之泛霞．既窈窕以容與．亦盤桓而咨嘉．乃涉飛雲．再躋見日．晴藍倚空．羣岫若失．倏陰陽之盪割．渺昏曉之紛汨．啓達觀於靈境．探元根于瑤室．憫濁世之乖痴．羡冥鴻之暢逸．抱元文以自箴．緬馳情而恍惚．倘羽伴之可尋．托逍遙于眇質．

性論

性之難言也．必原於天．遡於命．驗於人．衷於聖．會於心．放之天下．準之古今．而皆合焉．斯得之矣．是故性至難言也．得其要．一人論之而有餘．不得其要．千萬言演之而不足．性果可以易言哉．吾嘗卽古今之論性者．而折衷之．商書曰．降衷下民．若有恒性．詩曰．民之秉彝．好是懿德．劉子曰．民受天地之中以生．此以理言也．易之大傳曰．一陰一陽之謂道．繼之者善也．成之者性也．子思子曰．天命之謂性．率性之謂道．此亦以理言也．記曰．民有血氣心知之性．則墮於氣質矣．

在孟子之時．有爲杞柳之說者矣．有爲湍水之說者矣．有爲無善無不善之說者矣．曰食色性也．又曰生之謂性．此又專以形質而言也．孟子之後有荀子．荀子曰．人之性惡．其善者僞也．荀之後有董子．董子曰．性者生之質也．董之後有揚子．揚子曰．人之生也．善惡混．修其善者爲善人．修其惡者爲惡人．揚氏之後有佛氏．佛氏曰．作用是性．夫荀子之言．是專夫氣之偏塞者言之也．生之質氣也．善惡混．亦氣作用者．知覺運動之謂也．亦以氣言也．

唐時有韓子・韓子曰・性有三品・蓋酌乎荀揚之間者也・宋時有周子・周子曰・性者剛柔善惡中而已矣・又有眉山蘇氏・蘇氏曰・古之君子・以可見者言性・皆性之似也・蘇氏之後有胡氏・胡氏曰・性者天地鬼神之奧・善不足以名之・孟子言性善・猶佛所言善哉・贊嘆之辭也・胡氏之後有象山陸氏・陸氏曰・人之性惡・告子論性强孟子・斯又黨于告子者也・夫言三品・言告子論性强孟子氣質之說疑之也・剛柔善惡之中・中性存焉・雖未離乎氣・而已別乎氣矣・可見者性之似・以吾心之不測言之・鬼神之奧・以吾心之至虛言之也・

嗟乎盈天地間・理氣合一而已矣・太極者理也・陰陽五行者氣也・人之生得乎太極之理以成性・得乎陰陽五行之氣以成形・故太極之理・落在人心則爲之性・本無不同也・但人稟於陰陽五行・習揉不齊・則有昏明强弱之異耳・故程子謂・論性不論氣不備・論氣不論性不明・夫性善也・蔽於氣則昏矣・故性猶寶珠也・落之清水則明・落之濁水則暗・是水之清濁不齊以珠・珠之明暗以之・然終非水之所能溷也・過則明矣・

故孔孟後千百年而得張子程子・張子曰・有天地之性・有氣質之性・善反之則天地之性存・故氣質之性・君子有弗性者焉・張子之言・又足程子之所未足也・雖然程子以性善性・而氣質歸之氣質・則亦張子弗性之意矣・即是而觀・孟子子思以上・論性是舉其上焉而論之也・所謂生之理是也・荀・揚・諸子・是舉其下焉者而論之也・所謂氣質之渣滓是也・胡氏・蘇氏・之說・又以虛靈竅妙言之・則涉於佛矣・

周子之中・所以合乎氣而言之矣・噫張子・程子・既發於前・而朱子又分析於後・世無二三子・則性善之論・終或疑之・而氣質之說・諸子可以自解矣・雖然程子以性氣對言・張子以天地氣質互舉・則以氣質爲性者・尚未脫然・所以致後世之紛紛者・吾猶憾焉・愚則曰・具於心者謂之性・成於形者謂之質・則性固性也・氣質固氣質也・性則至善・氣質則有昏明强弱之不同焉・以是而言・則性不混於氣質・而氣質無與於性・是故不必謂不備不明・不必謂君子有弗性之論・而使天下曉然・如吾性之本善・聖賢可學而至・氣質雖有昏明可善反而復之・則天下之性一・天下之性一・則天下之見一・天下之見一・則天下之論一矣・愚蓋以此而足張程未足之意・以證古人性善未疏之旨・

薛　侃　字尚謙・揭陽人・正德丁丑進士・嘉靖中官行人・以疏請建副儲事斥爲民・隆慶初復官・贈御史・侃爲潮州八賢之一・嘗從王守仁遊・歸語其兄俊・俊率子弟宗鎧等往師之・王氏之學盛行嶺南自侃始・居有中離溪・學者稱中離先生・著有中離集・存・順德馮氏選其文二卷入潮州耆舊集中・

案侃疏建副儲・吏部尚書彭澤得其稿示張孚敬・澤與孚敬欲因之傾夏言・促之上・事詳明史本傳・

復古制以新士習疏

奏爲復古制以新士習以圖得人事・臣伏睹陛下稽古右文・百度修舉・四海仰維新之化・誠千載一時也・向以士習未端・嘗變文體・頃懼人才壅乏・詔開三途・二者尤致理之要也・於今數載・文未甚變・薦舉令下・數月未聞薦一人・

豈皆無善變之士・堪進之賢乎・殆示之未詳而責之未廣也・臣見吏部覆奏・三途並用責諸撫按有司・夫行義有稽必自近始・故由鄉評而達郡邑・由郡邑而達撫按・必然也・然有鮑叔而後知管仲・有蕭何而後識淮陰・張奉尙疑毛義・趙忭幾失周敦頤・蓋知人自古爲難也・今使有伯樂而其地無馬・地有良馬而弗遇伯樂・則將何以副陛下拊髀之懷乎・臣謂宜兼責之朝臣・令各舉其所知・連坐旣嚴・朋比必絕・耳目加廣・騏驥當至・昔舜舉皐陶・湯舉伊尹・而不仁者遠・以其治化之機在是也・況今帷幄猶虛・師模弗立・邊陲乏折衝之武・饑莩望撫哺・二良安知在野無其人乎・今之舉業亦唐虞敷奏以言之意也・古以得人・今以靡士・何也・蓋古之爲文者・言卽其事・事則其能・今則依樣葫蘆・雖庸儒可能・然而朝磨歲練・縱有豪傑之才亦爲所困・今之經義時文是也・夫學以聚之・文以發之・故學貴得之言意之表・而文以發言外之旨爲難・今於一言一題之中・顧支離敷衍・意同辭複・則其決裂章句・破壞心術良亦甚矣・且謂聖人之言・曷嘗駢儷而纖屑若是哉・其爲侮聖言甚矣・今夫童孺作老人語・聞者必羞而笑之・初學之士・中人以下之見・乃代聖人言・又從爲之對偶・後世見而不笑者亦鮮矣・臣考其故・宋人欲士通經・故以經易詞賦・前元因之・遂流弊至此・我聖祖開基・三途並用・未嘗專以文取士・故未及詳定・然永樂宣德年間・程文氣猶渾厚・亦非若是之靡也・今子弟習之・有司用之・皆知其敝・特未有以易之耳・臣聞儒臣陳獻章曰・論孟古義讀之炳然・其長於造語・發揮神采・脫去時文之凡陋・使今之舉業者能是・亦何害其爲時文也・文章與世運升降・孰能留心於此乎・臣思之・非陛下好古圖治之切莫能行此・甯非有待而然耶・陛下旣開三途・興起其敦本尙行之心・又試之以古義・使不拘拘於排比・沉溺乎章句・則士習新而眞才出・治道隆矣・論孟古義宋板也・臣僅得數篇・謹錄隨本進覽・倘蒙採擇・乞敕禮部馬上差行各省提學及差去主考官員遵用・試士大比伊邇・勢猶可及・且臣聞之・往往有記舊文倖進者・今卒試之・古作無所襲而成章・必得眞才之用矣・臣無任懇悃隕越之至・爲此具本親齎・謹具奏聞・

寄聶雙江書

別後不任馳仰・正欲專人候問・而伻旣忽至・良感良慰・從政未幾而周施及此・非篤切之重・何以能爾・此心此理・本自完成・惟有所馳則亡・有所重則輕・有所雜則間・故養之之道・非有以爲加也・加則謂着意精微・反致消沉・非有以爲減也・減則謂剝落枝葉・亦非是生意自然本色・侃頃來始悟日前工夫還是非空則着・蓋空不必灰坐寂滅而後云也・只言論應酬不在事事物物上・實實落落磨刮體認・去欲存理・便涉空虛着・亦不必逐物有所沉溺・主宰雖存之・中意必未消・將迎來去・便非合本色的工夫・以此驗之後世・問學非落虛無・必入功利・非賢知之太過・必愚不肖之不及・此中庸所以難能而眞才所以難就也・側聞善政・人心大悅・此吾丈平生得力之驗也・來諭且復云云・意此時時皆中・事事皆和・毫釐恍惚之間察之或未精・接續或未能無間・此則自知自致不容假借因循・非生所能知也・

與王心齋書

此行不面・心莫自安・天台回・擬就琢磨一番・卽緣纂集遺言・遂復不果・歸期尚在歲初臘後・有興來此一聚・尤諸友之望也・不肖弟向小有見・自謂講得行得・遂爾輕狂・自任自信・繼而不得行於國・猶謂可以行於家・行於鄉・乃今精察・祇自浮漫矣・六親分義・聊强依順・然視麟趾藹然相去何遠・鄉邦凡近後進・隨聲然諾亦難徵據・惟歉然進求・乃覺無窮・不然・匪徒罔助・反致增魔長傲・恃此欲到彼岸・不可得也・古謂放言高論・非必悍然紀肆之外者也・惟就所見從心信口・擬古議今・卽爲放言・不量其至・不投其機・概陳底裏・聞者駭愕・卽爲高論古人・若不勝衣・言論必則古昔稱先王・是以其學愈精・其心愈下・而德日崇也・今反自照・全未有此意思・不免着意見窮・高遠而弗自覺・似此以往・依舊只做得個後世人物・再加疏冗便流荀卿子方之徒不難矣・頃見龍溪謙虛切實・而緒山亦似徵有前蔽・其所進便有不及・乃知此道眞非高遠・自見高遠・必反失之・心無方・體無有定・是可執己・是謂人未盡・便有藐視輕物凌駕古今之意・卽非古人翼翼小心・望道未見之眞體矣・吾丈同志中最長・先師中路徂棄・尸其責以圖繼明者吾丈也・人家早失恃怙・諸孤提攜全在長兄家業弗墜・如僕寡昧・實仗吾兄・究竟以此不敢隱其疾痛・吐露就正・惟不吝砭教・幸甚幸甚・

鄉約序

古之盛時化行俗美・人人君子・無所事于約矣・自世之降・欲爲善者而寡其與・則就其類互相規勸・是故約斯立矣・迨世又降・欲爲約者而寡其應・則必有在位之人倡率綱維・是故約斯行矣・故自上行之之謂政・自下行之之謂約・其實一也・吾潮古稱鄒魯・然地遠而政易弛・淳漓一革・淫訟侈・民之散也・久矣・侍御彭山季公來簿吾邑・首以化民爲任・鋤奸伐梗・行之一年・始就規束・乃召父老而告之曰・有善無惡・人之性也・好善惡惡・人之情也・人孰不欲爲君子而甘爲小人耶・顧治之者弗教・教之者弗周耳・今欲家至戶曉・其惟鄉約乎・于是約爲條規・鄉立約長・以總其教・約副以助其決・約正司訓誨・約史主勸懲・知約掌約事・約贊修約儀・月朔會民・讀約講義・開其良心・又彰其善糾其惡・以振勸之・數約復・一總約以察諸約之邪正・月終輪二人至縣傳訓誨之語・行之二年・風移俗革・境內以寧・慕義之民・至越封來請・故愚以爲行約之便有十・宦弗約則事繁・農弗約則力分・善者弗約則勢孤・惡者弗約則禍延・富弗約則難守・貴弗約則難靖・貧者弗約則易淩・賤者弗約則易虐・老者弗約無以明其養・子孫弗約無以習成其德・若夫不便則亦有之・吏之墨者不便・民之奸者不便・約長之不得其人者不便・是故凡稱其便者・其爲人可知矣・

圖書質疑序

有氣斯有象・有象斯有數・皆理也・數以盡象・象以盡

理・理以盡物・圖書也・予少閱弗領・考觀衆說　・祇見蕪蔓・竟莫釋然・頃忽開悟・似甚昭晰・人皆可知可由・而非玄且遠也・蓋道本一不可二也・本完成不可拆也・本具足不可補也・二則雜・拆則離・補則贅・後儒動裂而二之・拆而補之・道喪其眞・學失其樞紐矣・故圖書者・心性之源・文字之祖・政治之基本・一差則百差・不可以弗明也・乃即數爲圖・即圖成卦・皆造化自然・無俟拆補訓釋・而天地易簡之理・聖人精一之義彰矣・諸生聞之・怳然有省・請次圖解・幷錄答問・用質諸君子・然與未然・必有所教我・

重修兗州府儒學記

兗州吾夫子之鄉也・士生千載之下・猶思同堂共席以慰傾慕之懷・而况于其地者乎・仕于四方・雖遠在荒服・則亦俎豆周旋・凜乎如在・而况仕於其地者乎・然則生斯地者・必求其道而學焉・斯無愧夫子之鄉人也・仕斯地者・亦必求夫子之道而行之・以廸是邦之人・然後爲能以其出夫子者・而反事夫子也・永新劉君子正自守是邦・刑清訟理・既樓其城・狀其郡治・公宇之外・煥然改觀・則曰・斯夫子之區域也・而政弗在是也・乃輕其傜・平其賦・益和輯其民・既而曰・斯政也・而學弗在是也・乃修殿廡　・修明倫堂・尊經閣・新欞星門・新齋堂一十二楹・號舍三十楹　・又闢地爲門・爲射圃・黌宮之內・煥然改觀・則曰・斯學也・而夫子之道弗在是也・方廸諸多士而進諸道・侃適有事於魯・從而質曰・道有異於學乎・曰・無以異也　・而今之學則異乎道矣・居庠序者・知訓詁則謂之學・能文章則謂之學・博聞强記則謂之學・外身心而騖聲利・得則盈焉・失則餒焉・夫子之道甯若是耶・然則學有異於政乎・曰・無以異也・而今之政則異乎學矣・法制以驅於民・簿書以成其務・責人之善・不必其己勉・夫子之政甯若是耶・是故道一而已・一則貫・貫則一・一者何・無欲也・無欲則靜・虛則明・明則通・王道之本・學之體也・動直則公・公公則溥天德之發・學之用也・此精一之傳・聖門之宗要也・豈不易簡・豈爲難知・人病弗爲耳・世學不明・舍心而求諸外・是故知行二矣・人己二矣・知行二宜其有外道・以爲學者入於記誦辭章而弗反矣・人己二宜其有外學・以從政者流於刑名功利術數而弗知矣・間有知之而弗反之者・則又非拘滯於儀容格式之粗・則沉淪於玄虛空寂之謬・是皆不知一即貫也・貫則一也・貫而弗一・其動雖直・是義襲也・是多學而識也・忘其體者也　・一而弗貫・其靜雖虛・是遺物也・是以己性爲有外也・廢其用者也・然則欲明夫子之道・亦惟一貫而已矣・欲爲一貫之學・亦惟無欲而已矣・士聞之・亦幸生於夫子之鄉・而以獲修其道是慶・侃歸・訓導陳子煒輩與合庠之士・德劉君之惠・徵言爲之記・予喜明夫子之道自吾夫子之鄉始・故不辭而爲之記・

陳大器　潮陽人・正德丁丑進士・河南道御史・

潮河疏濬記

潮陽環城爲渠・每當春夏淫雨・輒虞泛溢・宏治辛亥壬子間・前令姜君森張君廷槐相繼疏治・茲又三十年矣・日以淤塞・邑令張君乃白當道・郡節推秦公慨任之　・藉一邑之

民・按糧任役・毀沿河廛舍・擴其基・浚渠以疏脈絡・設閘以捍衝激兩岸甃石・計河深一丈・廣五尺・長一千八百丈有奇・兩川會同・潮汐時至・泉貨以通・民用以利・復勒石定界・里民應役・歲一修以爲常・二公之德良不朽矣・秦公名僎字秀升・江西南昌人・張公名恩・廣右富川人・

劉士奇 字邦正・順德人・正德丁丑進士・授刑部主事・遷郎中・出守梧州・官至山東右布政史・士奇嘗議禮時・與張潔等伏闕哭諫・予杖不死・出任外僚・所至以廉介稱・徵獻錄載其告歸後不名一錢・欲市蜆・謀之婦・婦笑曰・何不以淸字與之・時以爲眞廉吏云・

嶺表書院萃書記

嘉靖壬辰夏・我提督南川陶公晉司馬秩・秉中丞節鉞抵鎮・惟時共武服惟棘・而公嘆曰・服叛不惟威惟德・敷化不惟遠惟邇・惟茲冠孽弗靖・其惟本基未鞏耶 ・ 乃睠總鎮故址・厥位惟陽・厥土惟剛・可院也・撤而新之・拔兩廣譽髦業其中・率以師儒・資以餼廩・規制與中鹿紫陽埒・公時莅止・授以心學・既乃彬彬郁郁・氣合風從・雖士官狼目・亦遣子弟入院聽講・寇孽弗靖者・自艾自戢・而教化大行・粤南自開闢以來・未之有也・公復嘆曰・聖賢惟道相傳・弗惟其書・惟士志道・弗書曷據・書有經史子集・邊方艱睹・遣使購之閩・得若干卷・萃之院・俾諸譽髦口誦而心維之・嗚呼・公之用心於基本亦勤矣・諸譽髦朝夕斯而有得焉・書卽道・道卽我・隨試輒效・厥用弗匱・不然・其不爲經訓菑畬也者・幾希・士奇忝有提調之責・取述其槩・并致飾詞・期不貢公之拳拳以同歸於道焉耳・若書之卷數・載之下方・嗣是者・俾勿壞・

蕭與成 字宗樂・潮陽人・正德丁丑進士・官國史檢討・預修武宗實錄・丁外艱歸・母老不再出・著有鐵鋒集・阮志未著錄・順德馮奉初選其文一卷入潮州耆舊集・

東坡寓惠集序

寓惠集者・集蘇文忠公寓惠時作也・公之文章天下皆誦而式之矣・而復摘爲是集者何居・今夫 ・ 前聞人之居是邦也・後之君子履其地・思其人・而不得見・則必詢其平日之所寓處之所憩適之所交際而晤語者・以慰其懷賢弔古之思・求之而弗得・則抑鬱咨嗟・若有不能釋然者 ・ 公之文章氣節・表表在人・固人所企慕而不得見者也・得是集而觀之・則於公謫惠時之所寓處憩適交遊者・不待訪遺蹤・諮故老・一展卷間而得之矣・矧惠爲嶺表名郡・其山川景物之勝・前此固未甚聞於天下也・公謫居後・形諸吟詠・於是益藉藉昭著至今・然則是集也・其可少乎哉・集中所載・惟和陶之作居多・蓋其悠然自適・若將終焉之意・於陶有默契焉者・則遷逐困踣之餘・非公之所以動心忍性增益其所不能者歟・夫惠固藉公以增重・而公之充養・亦未始不資於惠也・是集之刻・於惠也固宜・惠故有板・歲久且蠹壞・觀者病焉・重鋟而新之者・侍御南昌涂君意也・贊其事者・前侍御今揭陽簿會稽季君也・董其成者・惠郡守餘姚顧君也・涂名相・字夢卜・季名本・字明德・顧名遂・字德伸・三君子與余同登丁丑榜進士云・

徐州洪志序

志・識也・古有之索邱邈矣・世無傳焉・禹貢職方・其存而著者也・周徵・國各有志・史記而下・事爲之志・其志之衍乎・我國家建都于燕・歲漕東南・以給京師・道必經徐・徐爲南北要衝・徐故有洪・洪流多石而險・舟者病焉・乃設方修濬・濟險以夷・特重其事・以司空之屬董之・著爲令・凡百餘年矣・未之有改也・洪故未有志・四明損庵子陳舜賓甫治洪之二年・遂蒐輯以志之・志成・予適涷阻于徐・損庵子出以示予・閱既・乃言曰・志可以無作乎哉・古者章程之式畫・一□□匪志其奚以耶・是故職不以崇・惟其稱政・不欲□□其因職有緒則易修・政相因則易成・夫志・識往以詔來者也・嗣是守官於茲者・將不必旁稽遠探・孰討廣諮・一展卷之間・如指之掌・政秩秩其就緒・弊不釐而自袪矣・職不易稱矣乎・且使荒陬遠裔窮鄉下士・有志四方者・雖不必親泝洪濤・陟險阻・神駭目眩・得是志而觀之・而洪之曲折險要已在目中矣・後之人慕今日之富實・而欲知其貢艘之盛・運道之經・將不有攸稽乎・志可以無作乎哉・孟子曰・其詳不可得聞也・諸侯惡其害己也・而皆去其籍・然則志之存與否其所係豈少哉・遂序以歸之・

贈劉印山先生序

潮之爲郡舊矣・其有聞於天下則自韓昌黎公始・韓公之謫潮也・不能一歲・而潮人之思之也・越數百歲・至今猶不忘惠化之在人心者・何若是其深也耶・今去韓也久・當時行事之迹・不可一二知・據史傳及蘇文忠碑・其大且著者・則曰驅鱷遠徙・置鄉校・延進士趙德爲師・使潮人知學而已・夫袪其爲民患者與廸民知・厥吏皆有裨益於民者・民之思之愈久而不忘也・固宜・後之吏茲土者・弗惟民之承則已・苟志於民矣・則必以韓爲師・然而師之有淺深也・今貳守劉君其得韓之深者乎・君以秋官郎出爲外臺・察畿輔近地・忤內璫被斥・既移貳吾郡・至則事事無少懈・畧不以遷謫介意・是蓋充養有素者・潮郡政弗民玩・君政尙嚴・爬剔蠹弊・豪右斂迹不敢肆・民畏而愛之・日造韓公祠瞻依仰共・坐原道堂與書生陳說奧妙・自選舉之賢・膠序之英・下及編甿・罔不峨其衣冠・肅然默坐以聽・每行部至屬邑・亦惟以諄諄訓廸爲急・他皆在所緩也・今天子德漸寰海・鳥獸魚鼈咸若・潮固無所謂鱷也・但除其爲民害者而已・脫有鱷如昔時焉者・亦當爲君遠徙乎・否也・唐時潮人未知學韓公之教之也・終雖翕然以信・篤於文行・其始也・未免有驅遣督責之勞・固未有今日一倡羣和而皆有志乎窮其秘焉也・以今視後・則千數百年之餘・潮民之思劉者・亦當如今日之思韓者乎・君遷臨安守・潮之士民不能挽留君也・屬吾言以寓其思・君行矣・以所以治潮者治臨安・則臨安之民之思之也・亦然・

贈李惟肖令霍山序

東莞李君惟肖・以名進士授永新令・未視篆・適以家難離任・既免喪・待次銓部・力請教職・銓部器其才・不之許・或問於予曰・惟肖殆難於令者乎・曰・是非所以知惟肖也・以如是之器局於爲令也・何有・曰・子何以知其然也・

曰・以其恭儉樂易而知之也・吾見其動循理度・不理踰越・恭也・衣冠整肅不事華靡・儉也・恂恂可親・與物無忤・是又樂且易也・恭則必不陵也・儉則必不肆也・樂易則必不煩以苛也・恭以事上・儉以持已・而樂易以行之・以是爲令・其庶矣乎・曰・如斯而已乎・曰・今治民者・大卒戾此・有治才者・或陵以犯・忽細行者・或肆以侈・務時名者・不免事紛更以爲政績・於斯三者泯焉・反是則爲令也・何有・曰信斯言也・則今之所謂令者・又必皆若是而後稱耶・曰・是非吾所敢知也・惟吾見今之宰邑者・豈必皆用心於子民者哉・朝至而夕覬遷焉・曾無與民相安之意・則不免獵取譽望以邀顯耀・將有强爲恭而不實・欲爲儉而不能者矣・入焉心其樂易以與民・而不事粉飾以聳人觀聽耶・此無他・時與勢驅之也・此惟肖所以惴惴然不以宰邑爲樂而必欲求爲敎職者也・若吾所謂則固以爲民父母者之常道・行之以漸・持之以久・期於與民相孚而成治・而人之知與否・官之遷與否又何計焉・此吾之所以重有望於惟肖而不敢以世之所謂能吏者待之也・曰・以子之言・求諸古之人所謂三事者・亦有合歟・曰・吾正以其資之近似而與之也・夫事上能恭・則於愼何有・持身能儉則於淸何有・樂易以與民・則凡有益於民者皆將盡心力爲之・則於勤何有乎・或者之疑釋然・遂揖予以退・既而惟肖改授霍山令・鄉之士大夫仕於朝者・咸詩歌以贈之・以予有同年之雅・而屬序於予・遂書此以徵於將來云・

贈王廷賢分教松江序

我皇帝卽位之明年・詔天下府州縣立學後・設科分敎・未幾・復頒條於天下・愚嘗究此・竊嘆大聖人作爲出於尋常萬萬也・溯漢至武帝始令郡國立學校・唐時府郡置五經敎授・開元末始敕州縣各置一學・宋初置四書院・至景祐寶元間・大郡始有學・慶歷間詔諸路州軍及縣各置學・然而敎授皆漕司自辟・熙甯以後・始命於朝廷・夫漢唐宋諸君非不崇獎文學也・然必傳數葉・歷數君・累數十年而後其法始備・固未有如我聖祖於開剏之初・而能建置規畫若是其詳且悉者也・嘉靖乙酉夏王廷賢甫訓導松江・或者曰・松江大郡・彬彬多文士・王君可以無事於敎而坐視厥成・予曰・率斯言也・敎之職其隳矣・夫師大邦者・既自諉曰無事於敎・則彼師遐土者・必將曰是何足與言也・然前敎將無所施耶・自諉於不敎・謂之惰・謂人不足敎・謂之誣・惰・君子弗由也・今天子法祖求賢・有加無替・職敎者廼不能深惟建學造士之本意・顧或惰焉誣焉・以瘝厥職・是廢先王之守官也・矧今天下士類・多事虛浮而忘本實・蓋文靡質敝・勢所必至・松江之士・亦容或有然者・是孰任其責耶・夫所謂無事於敎云者・無亦曰吾猶夫人也・又烏可抗顏而爲人師・吁・亦惑矣・昔焦先生伯强客潁川・呂滎公事之唯謹・伯强事業他無所見・而滎公德器成就・爲宋大儒・論者以爲焦先生化導之篤所致・今松江之士未必皆滎公也・又烏知夫王君非伯强也・君名儒・漳之龍溪巨族・代有聞人・從祖昇爲良二千石・其先君子及諸父俱以隱德重於時・羣從子姓・策名仕版

者踵相繼也．其家學有足稱．書之以俟．

送梁君用宰七家嶺驛序

按周禮懷方氏掌來遠方之民．致方貢．致遠物．而送迎之．達之以節．治其委積舘舍飲食．及唐以駕部掌天下之傳驛．凡三十里一驛．驛置長一人．量驛之閑要以定馬數．載之六典者可攷也．我國家稽古建官．本諸周禮而酌乎唐法之善者．於凡舟車所至．必設傳驛．驛有丞．凡賓旅往來以及殊方異域之內向貢珍者．雖重數驛越數千萬里而來．其舘穀薪蒸輿馬芻秣之具．皆於斯乎資焉．故賓至如歸．罔或惟缺乏是患．其畿輔返地諸驛．則以四方道里之所輻輳．輿馬之數倍蓰於諸州．丞之置．視諸道驛爲尤慎且重．必諳練有幹局者爲之．盖以匪人則不能事事也．庚辰春．吾廣新會梁君用以相府椽出宰驛實．維永平之七家嶺驛也．永平畿甸郡．爲京師藩蔽．東距遼北與諸夷界．驛當東北諸道之衝．使軺之往返者軫相望也．遼左有警則羽驛交馳．其戴折風巾．衣皮塗膏．乘果下馬．負楛矢赤玉諸珍寶者．則諸藩之入貢也．象胥舌人．旁午於道．爲丞者送往迎來．歲無虛日．而規置應給不敢少緩．實勞且難矣．君用勉之哉．予聞君用少業儒．弗克就．始參臬司從事練世務．爲流輩所推．既而卒事於京．受知於厚齋相國．凡有營幹．悉以委之，君用亦親事罔怠．予得諸司諫劉君語予者如此．據此則君用足以任是職而弗替焉者矣．劉君素重許可．以君用少從先封君受經．與之交久．且厚其行也．偕錦衣莫君丐予言以贈．莫君亦君用同邑人．武弁而儒行者也．予重二君之請．辭不獲．遂序以贈文．

楊天祥 字休徵．歸善人．正德丁丑進士．官戶部主事．弱年讀書白鶴峯．刻苦勤摯．甫通籍．即蚤世．著述未就．惟傳其與友人書一通．簡要平實．時以爲名言云．

遺友人書

古人讀書破萬卷．予自弱冠厲志讀書．至今十五年．一年之中．除令節家慶及疾病之日不過六十日．其三百日皆誦讀．日不下三簡．一年不下九百簡．十有五年．不下一萬五千簡．方之古人．萬卷僅十之一二．然以近世較之．予猶爲多．而場屋之中所取甚約．何者．七篇之文．如其黍度而止．五策之文．如其條貫而止．論雖可肆．亦有步驟．步驟不得大騁．至大廷之對．檢點敬慎．且晷刻有限．難以展盡．譬之珍羞錯陳．屬饜則止．巨木輪囷．就墨則削．其餘酬應．不能踰於人情物理．擬古則迂．反古則倍．讀書雖多．豈盡可用哉．古人云．精兵三千足敵羸卒百萬．蓋以此也．昔向子平敕斷家事．偏遊五岳．豈圖踰人哉．亦求自喻而已．然遊五岳則有跋涉之苦．離曠之憂．踰年閱歲．僅乃徧之．五經備天地萬物之理．此五岳也．子史百家．亦洞天福地也．予徧歷之．豈直臥遊．雖不足喻人．亦足以自喻矣．

黎貫　字宜卿．從化人．正德丁丑進士．改庶吉士．轉陝西道監察御史．奉命淸軍．劾鎭守．內官侵帑狀．世宗繼統．兩廣多盜．請行鵰剿法．又請復起居注之制．命詞臣類編章奏備纂述．時登極詔書．禁四方貢獻．貫疏言陛下明詔甫頒．而內臣曲說營私．其假朝命徵取者．謂之額．而自挾私以獻者．謂之額外．罔虐百姓．非所以彰大信．昭君德．又言歲入日減．歲出日增．請通稽祖宗以來賦額．及今日經費之數．知歲入有限．則費用不容不節．尋出按江西．以父喪歸．起故官．會帝從張孚敬議去孔子王號．改稱先師．並損籩豆佾舞之數．御製改正祀典．說孚敬復爲祀典．或問希合帝意．貫率同官合疏爭．帝怒．悉下法司．讞上．當贖杖還職．特命褫貫爲民．後撫按科道保．疏十三上竟不得起．卒於家．所著有臺中稿．使閩稿．西巡稿．共十二卷．文集八卷．

請起用大臣總制三邊疏

題爲乞起用大臣以振國威以消邊患事．臣伏見近日三邊地方．連有警報．敵勢猖獗．深入爲寇．所在村堡．焚劫屠戮．其禍之慘．不可勝言．加之將驕兵橫．動輒生亂．殺陷撫臣．欺陵犯憲．使恬無忌憚．姑息假貸．日以成風．節該臣等科道論之詳矣．況今天示警．意或有在焉．若不早爲之所．將來之憂．豈但夷狄而已．臣愚以謂今日之計．莫急於擇總制．專委任．舍是無可爲者．昔宋任韓琦范仲淹．邊人謠曰．軍中有一韓．西賊聞之心膽寒．軍中有一范．西賊聞之驚喪膽．求之今日．如致仕大學士楊一淸．昔嘗經畧邊境．威名素著．至今邊人猶謳歌思之．是所謂軍中之韓范也．若以三邊總制重權付之．彼必能展布才猷．修明政令．振起頹弊．爲國勢增重．而兵亂不足慮．敵人不足平矣．或謂本官以居相位不可出典兵事．殊不知古之賢臣．在國爲相．在軍爲將．商則伊尹佐南巢之伐．周則尙父領渡盟之師．姬旦東山之征．以克商奄．孔子夾谷之會．以折齊萊．未嘗爲相不可以爲將也．況本官荷累朝厚恩．而陛下卽位．尤深眷焉．爲一淸者．以今日邊鄙多事．豈不欲奮身請行．一攄誠悃以爲陛下報哉．如蒙乞將臣言下廷臣集議．如果不謬．則乞特賜手勅差兵部官一員兼程前去．起用本官．就令刻期取道．徑往陝西總制．毋庸辭避．以負衆望．而託之以心．重之以權．自副將以下．敢不用命．悉許以軍法從事．然後聞奏．軍馬錢糧亦聽便宜經畫．不必拘以文法．庶幾古人推轂分閫之意．候奏功之日．回京論功行賞．其餘不法將官．俱查節該奏劾事情．付本官逐一參酌處治．如此則國威可振．邊患可消．而太平之治可坐致矣．

請兩廣舉行鵰剿法疏

爲乞處久患地方以圖久安事．臣惟除一時之患．固在於得人．兩制萬世之安．尤在乎得策．臣見兩廣總督軍務右都御史張嶺等奏報廣西逆賊黃鏐等就擒．餘黨漸平．此蓋我皇上威靈遠振之所致也．然兩廣各處山賊海寇猶未盡滅．於此而無良策以處之．欲目前之安且不易．況望其久安乎．臣生長廣東．竊敢以平日鄉邦所聞．詳爲陛下言之．夫兩廣地方雖古稱多盜．然惟依山濱海有之．近年以來．廣東如廣州．廣西如桂林．昔謂樂土．今皆變爲盜區矣．蓋由前此官司玩以爲常．方其微時．上以虛文相督．下以虛文相應．遂至各賊羣起．嘯聚日甚一日．燒城郭．殺官兵．劫庫獄．釀成大患．付之無可柰何．然後奏請大征．預計往復之程．坐待可否之命・動經年餘・機疎謀泄・我師方備糧買馬・而彼賊已魚散鳥驚・領兵官員無以塞責・非掩襲鄉村而枉殺良善・則邀截道路而妄擒商旅・所斬首級・十有九非・所報捷音・十無一實・彼積年逋寇・方將負險竊笑・曾何少損哉・間有未遁餘黨・敢爲我拒者・又皆驅迫民夫以爲之敵・而平日食糧之軍・非徒彼自怯弱・官司亦爲遮護・蓋恐其有被殺之虞・則官司有失事之譴・是以寧令前項民夫以蹈死亡之慘・及至奏凱軍門・受賞者皆不履行陣間子弟・報功者皆徒寄空名之權豪・而前日之民夫・摧鋒陷陣者・曾無分毫恩澤之及・何怪乎人心之不奮・盜賊之不息・地方之不寧也哉・即令征剿廣西・黃鏐雖除・而其餘山賊・猶肆猖獗・臣愚謂陛下當此威武既振之餘・勅下巡撫・督責兩廣各副參守備兵備守巡等官・不許偷安省城・俱分投往各地方・督發軍衞・有司嚴加防捕・仍諭令各鄉居民・畧倣古人之保五之意・互爲保衞・一方有警・四方相援・如有仍前坐視以致失事・各該官員・坐以失機重罪・如獲有功次・不分職官軍民重行陞賞・此今日第一務也・

其次爲久遠之策・莫如先年都御史韓雍剿捕最爲得法・其法自選精兵・養於軍門・令緝事軍人四散緝捕・一報有警・又令的當人員覆究是實・訪求本土鄉導・出其不意・酌量賊勢衆寡・發兵乘夜圍匝・候明撲滅・當時十有九利・兩廣之民・至今稱之・凡任兩廣者亦人人知之・然卒莫有行者・蓋大征則大臣有蔭子之舉恩・權豪有報功之望・文官有加俸之典・武職有陞秩之例・故寧使之滋蔓・必待奏聞・以收前功・莫肯因時撲滅・以爲地方計也・今右都御史張嶔自到兩廣奮竭志慮・思除積寇・以安地方・誠足倚任・如蒙乞勅本官・今後凡地方有寇・許其便宜隨在發剿・軍馬錢粮悉聽調度・將士敢不用命・亦聽處以軍法・候事完之日聞奏・毋復牽制文移・坐失事機・其所用之兵・預於各衞所選取精壯軍士・或多方召募打手・及於田州等府土兵內酌量歲調一校・與官軍相兼・多則一萬・少則數千・更番養於軍門・仍於教場添置營房・安插居住・選委素有才望將官・管領操練・較其藝能・嚴其號令・而又豐其衣食・以壯其力・犒以牛酒・以作其氣・原軍門聽調脆弱之卒・有名無實者・盡革回衞・省彼之粮・爲此之費・似無不可・其各副參守備兵備等官・亦每官撥與土兵一二百名・兼同軍兵或一千或五百・俱照前法・常自操練・以備不時調遣・如廣東原無土兵去處・亦令各兵備官選取漢達官兵軍・及廣募打手相兼操備・一遇有警・小則舉一道之兵・大則合軍門之兵・參日前韓雍勦捕之法・出其不意・隨在撲滅・則兵不勞於集・機不泄於先・而彼賊自將震驚之不暇・安能探我虛實而爲先爲潛遁・亦安敢肆其猖獗・而復爲我敵哉・

或者又謂養兵固爲良法・但軍門錢粮有限・殊不知每次大征所費不下三五十萬・較之養兵所費何如・況軍門既省去脆弱坐食之兵・原額錢粮・亦自足用・而又用鹽稅軍餉等銀・若無大征・積久自當有餘・何憂乎不足・所憂者不能行耳・或又謂此法雖行・非有大征之利・孰肯奮勇自蹈危亡・臣竊謂人心之奮・不在於大征・而在於信賞・若於定立賞格・凡不時勦捕得有眞正功次・即公同巡按御史紀驗・量照大征事例・或兩功折算一功・或一年類奏一次・官陞一階・軍進一

級・其有士兵鄉民自能擒斬功次多者・照例授官・少則照例賞銀・萬一遇敵殺傷・給以埋葬之資・復爲優恤妻子・而一應權豪參隨人等皆不預焉・則私情不撓・公道大行・人心之慕賞者・又莫不樂於獲盜以覬恩典・彼賊見吾嚴備・豈不畏威歸化而願爲良民哉・此實萬世之利・視連年大征之勞師費財・有損無益・大相遠也・伏望聖明不以臣愚而廢其言・俯賜采擇施行・則臣幸甚・地方生靈幸甚・

請表直臣通言路疏

題爲乞表忠直以勵臣節事・臣伏睹詔書內一欵・宸濠之變・都御史孫燧按察司副使許逵杖節死義・幷一時被害不屈之人・日久尚未褒錄・都御史王守仁倡義督兵・平定禍亂・幷同事協謀有勞之人・亦未及論功行賞・欽此・欽遵・臣惟孫燧許逵之節・王守仁等之功・表表顯著・陛下將褒賞之・非獨使生者懷感・死者無恨・蓋亦以勸天下之忠義・而愧人臣之爲奸諛者也・然臣謂此三人者・奇功大節・人人能言知之・惟炳幾先而欲救於未萌・陳忠言而不顧夫後患者・其功隱微・人不得而言之・所謂曲突徙薪之功也・臣請爲陛下陳之・

臣觀宸濠逆謀未露之時・方交通錢寧之際・乞封護衞以備手足・此其謀逆之機括也・當時中外之人・誰不知之・而皆不敢爲朝廷言者・蓋以在當權而有錢寧之黨・在祖訓有離間之條・是以人皆危之而不敢以言 ・惟給事中徐文溥・高滂・監察御史汪賜・奮然不顧・首創大義・而抗疏言之・臣考徐文溥之言曰・寧王之威勢日盛・暴行大彰・居民皆咀嚙之殘骨・官吏多束縛之犬羊・欺奪商旅・攘害納戶無粮・畢招俳優估寵・無故差遣快馬・絡繹道路 ・出外都城伺察動靜・意外之虞實未可料・亟禁止之猶恐弗逮・顧可縱之而假翼於虎乎・乞將護衞照舊革去・高滂之言曰・我朝列聖優禮宗室・有祖訓以垂之於前・有條章以示之於後・予奪勸懲・毫法不爽・無非所以保全親親・先年革去護衞・斷自英廟・情法兼盡・未易改革・汪賜之言曰・寧王威勢日盛・三司多被鈐束・良民不得安生・護衞一歸・彼强則此弱 ・是虎而翼・角而齒者也・駸駸不已・或生他變・不早爲計・俟其敗而後治之・失之太晚・非所以愛養而保全之也・三臣之言如此・若親有以見宸濠之叛・而預言之・使當時幸而聖心萬一開悟・宸濠之謀不得施・錢寧之計不得行 ・護衞之軍不得請・則宸濠雖欲爲變・誰爲之使・雖欲招亡・誰爲之致・江西之民・何至於屠戮・萬乘之師・何至於親征・宗室何至於殄滅・天下之財力・何至於重困・此臣所以謂三臣曲突徙薪之功・人不得而知不得而言也・今陛下既有以褒孫燧許逵之節・嘉王守仁及同事協謀之功・則此三臣者・褒嘉之典恐亦不宜遺也・今高滂汪賜已沒・而惟徐文溥尙在・如蒙乞勅該部查議・如果臣言可采・乞將高滂汪賜量加褒贈・以慰忠魂於地下・徐文溥亦加顯擢・以奬義士於生前・使天下知言官不負於朝廷・而朝廷不負於言官・忠臣益有所勸・而言路益以通矣・

論孔子祀典疏

陛下謂孔子之道・王者之道也・德・王者之德也・功・

王者之功也·事·王者之事也·特其位也·非王者之位·而疑其爲僭·臣等伏而思之·人君之所尊莫如天地也·亦莫尊於父師也·陛下舉行敬天尊親之禮·可謂極盛·而無以加矣·何至於孔子而疑其王號爲僭·而欲去之·蓋王號身自稱之則爲僭·如春秋吳楚之類是也·在天子追而尊之則爲禮·如追尊推恩·亶父稱太王之類是也·此而非僭·則尊先師以王號·又得謂之僭乎·聖祖初·正祀典大下·嶽瀆等神皆去其號·惟先師孔子仍舊·莫不有深意存焉·列祖相承·尊崇益至·似不可以一旦無故而去之也·陛下又疑孔子之祀·上擬事天之禮·臣等以爲禮固有不嫌於同者·今郊祀用八佾也·宗廟用八佾也·且多朝廷躬祀·而齋戒日期又視文廟爲多·陛下欲尊先師·則文廟之際正當有以隆之而又何減乎·夫子之不可及也·猶天之不可階而升也·雖擬諸天·似不爲過·况實未嘗擬諸天也· 今必欲去王號以極尊崇之實· 減籩豆樂舞以別郊祀之禮·臣等竊恐禮儀之未便·情義之未安也·何也·有王號而後享王祀·有王祀而後居王居·三者備矣·而後守祀之人·得以膺衍聖公之封·而傳之世世·今但曰先師孔子而已·則如昔之高堂生毛公伏生之流·漢皆嘗以先師稱之·不幾與孔子班乎·如此非惟八佾十二籩豆爲僭·而六佾十籩豆亦爲僭矣·不惟象設當毀·而複屋重簷亦當毀矣·天下不止稱曰先師·而不曰王·闕里之祭·則當何稱·曰顯祖魯司寇可乎·顯祖不王· 而世嫡可封公乎· 此皆所未喻也·臣等又考唐開元中·封孔子爲文宣王·被衣袞冕·樂用宮懸·是唐已有像設·而用天子之禮樂矣·宋眞宗嘗欲封孔子爲帝·或言周始稱王·不當加以帝號·羅從彥論之曰·唐既封先聖爲王·襲其舊號可也·加之以帝號而褒崇之亦可也·是言崇報之禮宜隆·而不宜殺也·梁適知兗州曰·乞以廂兵代廟戶·范仲淹曰·此事與尋常利害不同·自是朝廷崇奉聖師美意·仁義可息·則此人數可減·吾輩雖行·他人必復之·是時朝論遂爲之已·至如周惇頤謂萬世無窮·王祀夫子·報德報功之無盡·邵雍謂仲尼以萬世爲王·我朝祭酒周洪謨亦謂夏商之稱王·猶唐虞之稱帝·若謂孔子周人·當用周制·止宜稱王猶之可也·若謂夫子陪臣不當稱帝·非崇德報功之意·此皆前人極其尊尙·或論其辨不當稱王者·惟吳沈二人而已·伏望聖明留意精思·博采羣言·務求至當·上不失聖祖之初意·下不致天下之驚疑·中不致禮義之軒輊·如是而行·然後傳之萬世無弊·書之史冊有光·否則取譏當時·貽笑後世·未敢一言盡也·臣等待罪言責·而於此事最關大禮·不敢輒遲煩瀆·伏惟陛下矜其愚而察焉·

鄧文憲 字一新·新會人·正德己卯舉人·嘉靖時·官南京御史·以疏救霍韜·謫之邊方·後任江西臨江知府·

按阮志藝文畧律呂解註二卷·明鄧文憲撰·四庫著錄·文憲號念齋·新會人·官晉江教諭·其書成於萬歷癸未·當另爲一人·

正禮義疏

臣於某月日仰承明詔·及見邸報·知詹事霍韜都給事中夏言因議郊祀親蠶之禮·言蒙賞而韜獲罪·夫陛下負不世出之姿·奮大有爲之志·上嘉遠慕·銳意復古·因言建議·喜而賞之·賞之誠是也·因韜與言言異·遂用言言而罪韜·臣

未敢以爲是也・何也・蓋斯禮也・言言未盡是・而韜言未必非也・臣見淺昧・且諸臣酌古準今・其説已詳・臣復何贅・姑即其事理至明且切者・舉一二爲陛下言之・人物以形相禪・其實天地之氣生之也・無氣化安得有形化乎・無天地安得有人物乎・由此言之・父母小父母也・天地大父母也・名若虚而理則實也・人物固本於天地・然卓冠羣倫・首出庶物者・天子也・故曰大君者・吾父母宗子・名若虚而理則實也陛下既爲天地之子・則當以事父母之道事天地矣・臣嘗伏讀我太祖高皇帝合祭天地之文曰・爲人子致父母于異處・安爲孝乎・斯言也・我太祖深得孝事天地之道者也・此郊祀之禮・所以先分而後合・天地之心・所以始違而終格也・夫天地交而後萬物成・陰陽合而後羣生遂・若主分祀・是以不交不和之道事之矣・又豈聖人奉順陰陽之義乎・且圜丘象天・固天爲之也・方澤象地・固天包之也・天子一舉足也・天地鑒之・鬼神臨之・若主分祀・則時乎祭天・置地祇于何所乎・時乎祭地・置天神于何所乎・夫謂冬至一陽生・陽屬天・故祭天・夏至一陰生・陰屬地・故祭地・此議禮者意也・以臣觀之黃鐘飛灰一陽生也・謂冬至之氣專屬之天可乎・祭天遺地可乎・日陸南旋一陰生也・謂夏至之氣專屬之地可乎・祭地遺天可乎・蓋陰陽之在天地・無物不有・無時不然・不可分而爲二也・且我朝行夏之時・若用周禮・則一歲之祭・先地後天・于序不順・然夏時者・時正令善・此古先哲王欽曰昊天敬授民時之綱要・孔子定爲萬世法・斷斷乎不可易也・此郊祀之禮分祀不若合祀之爲盡善也・

至於皇后親蠶・母儀威節・所以風化天下・韜未嘗勸陛下莫之行也・直謂宜行之苑中・不宜行之郊外耳・夫苑中郊外固有内外之防・祖宗家法・明訓具在・誠不可不念也・且親之云者・躬執其事之謂・固不問其地之内外也・皇后若肯親蠶・則堂堂苑中・即其隙地・桑園蠶室・莫不可置・舉而行之・天下聞風・自足以勸・何必拘拘古禮・必于北郊而後謂親蠶乎・且皇后出入・妃嬪夾從・所用女人・動至數千・近者不足・取辦于遠・各處婦女・不免奔走之勞・而廢室家之修・有司取辦・不免僱請之費・而傷府庫之財・孰若行之苑中・一無所害・可常可繼・萬世無弊之爲愈乎・此親蠶之禮・郊外不若苑中之爲盡善也・孔子曰・殷因于夏禮・所損益可知也・周因於殷禮・所損益可知也・夫三綱五常・世之大禮不可變者・故三王因之・至於制度之爲・則當隨時損益・使合人情・宜土俗・三王不必其皆同也・今所議制度・言泥古迹・韜酌時宜・依言什之二三・依韜者什之七八・於此可以觀是非矣・伏願陛下虚心聽納・勿主先入之言・期于可行・勿拘往古之迹・則徽猷令典・比諸三王而有光・聖子神孫・傳之萬世而無弊矣・

倫以諒 字彥周・文叙子・正德庚辰進士・選庶吉士・轉山西道御史・累官至南京通政司參議・以諒與青巖王漸逵最相得・而不以講學名・出處進退・立身制行・一衷於道・故爲士論所宗・所著有右溪集・

霍文敏公文集序

嘉靖庚子歲冬十月・太子太保・禮部尚書・詹事府詹事渭崖霍公・卒於位・訃聞於朝・皇帝嗟悼・賜以祭葬・命禮

官議謚以聞・禮官會議・以文敏上・制曰可・廼謚文敏・予仰而歎之曰・禮官之議・皇上之見・可謂不易之典矣・因推而衍之・昔公會薦南宮・魁于多方・議大禮・明倫典・一洗漢唐宋之陋而空之・贊皇上之孝・成爲萬世之法・慨聖學迷晦・則註明程朱正訓・深闢世儒陸氏之學說・與夫序記詩文跋說銘傳・動皆警人・不作無益語・浩氣溢出・如長河廣漢・一瀉百折而莫之禦・可不謂之文乎・諸疏之陳・痛切時政・洗剔蕪穢・指摘瑕垢・極發揚震厲・欲一舉數十年之弊而更新之・以復祖宗之舊・與夫簡札論辯・不可窮詰・如利刃出硎・光芒炫怵・其鋒莫當・用以孤忠直節・受知當宁・摧于權奸而不動・憎于衆口而不惑・淸議精明・百工惴慄・可不謂之敏乎・謚曰文敏・可謂不易矣・適公之子與瑕與琦・緝公之集爲十卷・將梓以傳・請序于予・予曰・文敏者・公之實錄・而茲集也者・又文敏之實錄也・昔韓昌黎送廖道士・嘆嶺南瑰瑋奇偉之氣不鍾于人而鍾于物・一或有之・又出于異端方外之後・今觀公以明沛之職・宏博之學・峭崛之氣・昌大之才・舉天下而鼓舞之・殆山川間氣靈炳之所發洩而鍾焉者也・使昌黎遇之・必不爲一黃冠而興嘆矣・蓋繼張曲江之後・曲江旣相・不能免於李林甫之猜忌・功業弗究・識者大以爲憾・公之踪跡殆類之・今公沒後十餘年・思公者如一日・其朝之士・覩夫善人重足・惡夫揚眉・國是日搖・世事日蹙・天下之勢駿駿入于潰溺而不可挽・則曰・使渭厓若在・其何以至此哉・其鄉之士・覩夫憸夫餒士・飽飫囊橐・凌蔑鄉國・夸駭閭里・甚則踰節蹈淫・穢惡宣著・風俗日益頹敗而不可救・則曰・使渭厓若在・其何以至此哉・世謂公議論多過激・夫中正者道也・激者時也・道雖無激・渭厓之激・激于時也・觀其時・證其言・思過半矣・夫參苓之劑可以延年・以之治病則不利于攻解・霧縠之組・可以章服・以之禦寒則無益于體膚・取渭厓者當並其時觀之・若夫參苓霧組非不美也・夫固有所待也・

長樂增城記

壬午冬・惠之長樂盜發・僉憲施公討平之・民之殘播者稍集・始奠厥居・公乃語於邑之令孫君邦彥曰・汀贛之寇出入汨沒罔或測・時覘我無備・越我疆界・蹂我禾黍・戕我耄稚・以遺予憂・予聞之・治民者若羣牧・惟高其垣墉・密其柵塞・則虎豹罔猾・若稼穡惟鋤其異類・愼其剗剔・則稗莠蟊蠹弗賊・時以和・今天降佑於民・盜獲靖伏・民之甯止・若奔得穴・而茲邑乃陿隘弗度・民甯無所・亦遑且杌・且城以圉衆・衆之所萃・罔勿圉焉・夫何以懷其議廣之・令迺共命民說・以先癸未冬城長樂・越二月長樂城成・倫子曰・城長樂衞民也・長樂城古也・曷城之志・闢也・民罹於寇・城以闢之・重衞民也・城於冬・不違時也・二月・示亟也・從民之欲不煩而事集・故亟也・夫工之興也・非時則民妨・過則民勞・曰冬・曰二月・示軌道也・公於是乎有志於民矣・夫昔者先王之制疆域也・龕民爲城・城外爲隍・隍外爲郭・郭外爲郊・猶懼其弗協也・聯以伍閭・成以井市・嚴以兵衞・愼以出入・重以伺察・警以鑰柝・因衆寡度廣狹・無衍于制・皆所以訐奸慝・禦横暴・示民止也・夫城者・民之藪也・澤者・魚之藪也・林者・鳥之藪也・澤竭則魚亡・林濯則鳥

渙・無城則民何依・民之無依・官何理焉・故長樂之闢・樹民之依也・公於是知所務矣・夫春秋之書也・明天道・重民命・正度形化・則書之・公之舉四美俱焉・可書也已・

廣東文徵

改編本卷十

番禺吳道鎔原稿

明五

黃佐

字才伯・香山人・正德庚辰進士・選庶吉士・授編修・值朝議出諸翰林爲外僚・除江西僉事・改督廣西學・聞母病・不俟報遽去官・撫臣擬逮問・朝議以爲親受過於情可原・令致仕・尋簡宮僚命・以翰林兼司諫・累遷南京祭酒・母憂起復・除少詹事・與夏言論河套事不合・會吏部左侍郎缺・所司擢崔桐及佐・有忌之者請止勿用・言從中主之・皆賜罷・佐爲學以博約爲宗・嘗曰・詞章之說勝・始有無用之文・虛寂之說行・始有無文之學・故出其門者・多以學行交修自飭・而梁有譽・黎民表歐大任爲最著云・學者稱泰泉先生・卒年七十七・穆宗朝贈吏部右侍郎・諡文裕・

案泰泉祖雙槐先生・父粵洲先生・累世儒宗・至泰泉而益著・論者謂瓊台江門二氏之後・粹然一出於正者也・嘗言學必博通六經而後能知本・所著書陳紹儒泰泉集序共二十餘種・明史稱二百六十餘卷・茲從阮志藝文畧錄出・以備參考・凡詩傳通解二十五卷・（存）禮典四十卷・（未見）續春秋明經十二卷・（存）樂典三十六卷・（存）樂記解十一卷・（存）通歷三十六卷・（未見）南雍志二十四卷・（存）革除遺事十六卷・（未見）節本六卷・（存）東嘉先哲錄二十卷・（未見）廣州人物傳二十四卷・（存）廣東通志七十卷・（存）廣州府志・（佚）香山縣志八卷・（未見）羅浮山志十二卷・（存）翰林記二十卷・（存）小學古訓一卷・（存）理學本原・（未見）姆訓一卷・（存）庸言十二卷・（存）明千家姓纂十二卷・（佚）漱芳錄・（未見）泰泉集十卷・（存）泰泉全集六十卷・（存）兩都賦二卷・（存）又番禺梁文忠藏有泰泉鄉禮一書手鈔本・乾隆時採進四庫館・書成發還・阮志未著錄・

考定朝儀以正夷禮疏

奏爲考定朝儀以正夷禮事・臣聞古昔聖帝明王之制馭四夷也・德威並行而不以德勝威・故懷德畏威・則遠人自格・而中國常尊・然則狼子野心非我族類・飛鴞好音・難擬鸞鳳・思患預防・辨之可弗蚤與・臣自拔從史官之後・常預朝參・以近淸光・聞天語・爲不世之遇・竊自慶幸・惟是四夷之使・每朝見陛辭鴻臚寺宮・引至御前・每欽蒙陛下親命與之酒飯・彼乃扣首而退・來則腥膻之氣襲人・去則犬羊之羣盈路・霑恩晉接・殆無虛日・彼雖懷德・實則玩威・非所以善制馭之道也・臣嘗考定古今朝儀矣・尚書大傳・夏后氏之世・四夷貢樂倶奏於四門之外・成周之制禮・爲明堂位・天子負黼扆南向・惟三公諸侯位羣臣之上者・得侍左右兩階・其餘小國皆列于國門內焉・四夷之國・班於四門之外・而四塞惟世告始至・所以遏侵亂之萌也・洪惟我皇祖高皇帝著爲皇明祖訓・獨於虜夷嚴加防御焉・用天下財賦之半以足兵食・西北則有備虜戎馬・東南則有備倭官軍・倭與虜並留宸慮者・以其雖朝實詐也・迨元虜嫡孫來降・封爲崇禮侯・還之漠北・高麗國儒生金濤四人・受業國學・洪武四年・濤登進士・即遣濤偕三人歸國・華夷界限・雖貴而榮・何嘗得入朝門班行・而況日邇天威於咫尺哉・聖祖之定朝儀・則三代之

禮也．近聞胡虜入邊．時肆劫掠．倭夷入淞．貿易交通．此乃有亂之萌．無亂之形．是謂將亂．臣愚以爲宜法聖祖舊章．四夷雖其君入朝．各立于闕門外．遙望天威．可畏而不可近．夷使朝貢．各在東西二門外．設位拜伏．若賜酒飯．則鴻臚寺官傳天語以命之．如是則威以禮崇．而望之自畏．德以禮節．而綏之自懷．思患預防．無出於此．臣職在載筆以紀言動．故敢獻其狂愚．伏候聖裁．無任激切屛營之至．

郊祀禮成廣恩疏

奏爲郊祀禮成．廣聖恩以答天地事．臣惟皇上裁定郊祀大禮．將以冬至有事于圜丘．一德玄同．萬方胥慶．中庸所謂致中和．天地位．萬物育．記所謂升于中天而鳳凰降．龜龍假．饗帝於郊．而風雨節．寒暑時．皆始於此．誠曠世之盛典也．臣不佞．敢獻愚忠焉．夫天地之大德．生而已矣．父天母地而爲之子者．好生之德．洽于民心而已矣．唐虞之世．廷咨九德而罪四凶．何用人之廣而法網若是其疎也．蓋大造生殖之功顯．而震曜之時少．王者體天地之心以爲心．亦必善善長．而惡惡短．此堯舜所以爲聖也．陛下今日之堯舜也．大禮成而天心享矣．體信達順．而四靈將畢至矣．駿德鴻名．實與天地相爲永久．宜廣布恩德．以仰答帝心．亦聖情之所不容已者也．嘗攷宋制．每舉郊祀．則臣工盡貤廕典．謂之推恩．罪犯盡肆天眚．謂之郊赦．臣愚以爲求舊愈於求新．使功不如使過．宥罪始於不識．赦過終於蠢愚．與其常有濫恩．孰若擇其最有譽望者而用之乎．與其常有濫赦．孰若察其最可矜憫者而宥之乎．

方今賢哲列在朝署者．臣不敢泛舉．切見致仕大學士蔣冕毛紀．尙書喬宇羅欽順汪俊王承裕．侍郞何孟春鄭岳劉玉養．病通政馬理．見任南京尙寶司卿呂柟．之數臣者．素負經綸．練達典故．或以耆德爲先朝所重．或以學行爲物論所推．皆最有譽望者也．謫戍遐方者．自罪犯之首馬錄之外．若李璋李珏常恭余寬劉仕黃待王元熙楊愼．之數人者．偶因不識．或緣蠢愚．事涉株連．身非元惡．水土不服．疾病連綿．或妻子疫死．骸骨莫收．或僮僕逃散．薪水不給．皆最可矜憫者也．譬諸草木．枝幹已槁．而根柢尙存．一陽來復．律中黃鐘．則生意萌焉．雖豐蔀所復．瓦礫所壓．猶欣欣望榮．而況化日重光之下乎．伏望皇上體天地之仁顯．事生殖溥汪濊之德．大慰輿情．特允臣所奏．將蔣冕等量行起用超擢．念李璋等投荒歲久．悔悟日新．量情移戍近地．或即釋放爲民．倣宋制．播告天下．使天下皆知郊禮分祀．自今以始．與常年不同．首行曠蕩之恩．野無遺賢．澤及枯骨．又與常規不同．驩欣交通．薰爲太和．靈貺瑞應．固有協三極而駢臻者矣．臣幸際郊祀禮成．逖聽喜躍．偶有一得．敢獻以爲聖治之助．無任惓惓忠愛之至．

擬大合樂疏

樂記曰．天地訢合．陰陽相得．故大合樂．文之以五聲．播之以八音．節奏合聲相應則生變而成方．舞者．人之雲門咸池．合於九韶．大夏大濩．合於大成．而歌奏則五聲十二管．還相爲宮．奏以六律．象斗循天．而東宮唱商也．

歌以六呂・象日會天・而西商和宮也・觀於分樂而序之・則可見矣・凡登歌四琴四瑟・一倡三嘆・而後可以配下管之一聲・上下協和・故大胥以六樂之會正舞・位分干羽爲六列・行其綴兆・要其節奏・則進旅退旅・莫不得齊焉・樂記又曰・合生氣之和・道五常之行・小大相成・終始相生・淸濁倡和・迭相爲經・故羽變之轉角徵生宮爲三調・正宮也・下徵也・淸角也・此禮之所以節樂也・故角始於慢・然後淸・以上祀天・徵始於淸・然後流・以下祭地・兩者交通成和・然後高不至於噍殺・下不過於嘽緩・優柔平中以享人・豈有一管自爲一聲之理哉・

故黃帝以雲紀官・人與天調・故作雲和琴瑟・以黃鐘爲宮・下管以笙爲主・第一管爲圜鐘・而羽管黃鐘最長・是謂孤行之管・取其獨一而大也・導舞以雷鼓・面廣九尺・雷鼗面廣九寸・其聲皆在八十一數之中・人合天也・帝顓頊實處空桑・乃登爲帝・舞咸池承雲以祭上帝・故作空桑琴瑟・以太簇爲宮・應函鐘之徵・而笙管姑洗・以羽從宮・是謂孤行之管・取其自子而孫也・導舞以靈鼓・面廣六尺・靈鼗面廣六寸・其聲皆在五十四數之中・地承天也・　帝堯修雲門大卷・命之曰大章・亦所以合咸池也・大韶興於禹・鑿龍門・通澇水・地平天成・乃作龍門琴瑟・以姑洗爲宮・而應黃鐘爲角笙管・南呂以羽從宮・是爲陰竹之管・　取其自北而南也・導舞以路鼓・面廣七尺五寸・路鼗面廣七寸五分・其聲皆在六十八數之中・天合人也・合三中琴角絃皆兼二律・而韶箾十六管・其十二管者・律呂之正聲也・其四管者・黃鐘至夾鐘四淸聲也・瑟之十六絃・笙之十六簧・應之五聲・欲其成文不亂・又用頌琴十三絃・頌瑟二十五絃・和笙十三簧・所以依玉磬而合宮縣也・武音則有七律・巢笙十九管・其十二管亦律呂之正聲・七管則黃鐘至蕤賓七淸聲也・雅瑟二十三絃其用者十九・象箾南籥應焉・故六律六同・以相對爲列・而其音謂之六英・韶以相繼爲義・而其變謂之九成・九爲圜而參天・六爲方而兩地・九招六列六英・樂之所必有者也・樂完於九而反則爲一矣・　升歌鐘律・圜鐘磬律・夷則旣歌則鼓其羽籥之舞圜鐘・以起黃鐘・而羽七合角六于三呂・以倡流徵・而姑洗角羽・變入地宮・以降天神・所謂若樂六變者也・無射以起函鐘・而徵九合商八于三鐘・以和淸角・而函鐘角羽變入天宮・以出地示・所謂若樂八變者也・黃鐘至姑洗・宮五合函鐘・徵九黃鐘之宮歸夷則・夷則歸姑洗・姑洗復歸黃鐘・爲宮大呂之角・歸南呂・南呂歸中呂・中呂復歸大呂爲角・是爲淸角始終・函鐘之徵歸無射・無射歸蕤賓・復歸太簇爲徵・太簇之羽歸函鐘・函鐘歸夾鐘・夾鐘復歸應鐘爲羽・是爲流徵始終・所謂若樂九變者也・管協琴瑟與鼓鼗雖分爲三・然要其節奏則貫而爲一・三其才合一之道乎・不言七變・則蕤賓與黃鐘之交耳・大武六成・惟聽金奏之鼓・和以金錞・節以金鐲・止以金鐃・通以金鐸・是故君子聽鼙鼓之聲則思將帥之臣也・六變旣畢・虎賁之士易服秉翟・以合九成・故籥師東西各二人・教國子舞羽・次籥佾長各十六人・夏籥象箾・編懸合應・所謂鐘石殷殷羽籥鳴者也・專奏象武及勺・則用象箾南籥而已・於旅而語且道古・其教野之語乎・

故成均之敎・有樂德必有樂語・語以成之正・欲使衆聞

其義爾・凡大合樂必遂養老・天子冕而總干所以教諸侯之弟也・奏於宗廟以樂・皇尸亦如之・大武告成功・大治辯・必脩文德・否則非備樂矣・故孔子告賓牟賈以合樂終焉・今宜損益其文・而因其本倣大武・歲在鶉火之律・則開天立極・以丁未之歲・福德在吳・則奏黃鐘・歌大呂・靖難繼統・以壬午之歲・福德在燕・則奏太簇・歌應鐘律・娶妻而呂・生子奏姑洗・歌南呂・以象子孫相繼・萬世無疆之休焉・是卽咸池承雲九韶之樂也・傳曰・韶有干戚・非正樂也・自禹始也・此大夏所以爲文武之中者・與成湯修九韶・擊玉磬・故頌曰・鞉鼓淵淵・嘒嘒管聲・既和且平・依我磬聲・庸鼓有斁・萬舞有奕・蓋禮九獻・樂九成・夏殷所同也・夏籥序興而兼大濩大武・其樂遲久・以象黃虞治化・兼夏后殷周・歷年則皇明祚胤與天無極矣・故備言之・以待聖明採擇云・

乞恩休致以便侍養疏

臣年五十五歲・原籍廣東廣州府香山縣人・由正德十六年進士改翰林院庶吉士・累蒙天恩・擢至右春坊右諭德兼翰林院修撰・纂修玉牒遂陞今職・緣臣弱冠喪父・臣母止生臣一身・母子相依・以至今日・去年冒暑北上・舟檝顚危・涉秋南返・臣母傷熱暈怔忡・發作無時・臣早晚升堂收班・實難常侍湯藥・矧終鮮兄弟・無可托者・興言及此・則抗顏之席不能一日安矣・尚忍以竊祿爲哉・欽惟聖明以孝治天下・一丁侍養乃見行事例・臣之當休致者・一也・臣父墳墓去廣州郭外路甚荒僻・劇盗出沒・松楸莫保・今臣離鄉已三年矣・家本寒素・童稚不足以應門・其誰守之・臣母每一思憶・淚涔涔下・興言及此・則先人之藏不能一日離矣・尚忍以竊祿爲哉・欽惟聖明以孝治天下・三祭祭掃乃見行事例・臣之當休致者・二也・臣母患病雖根於憂思・成於驚恐・然延醫診視・或謂不服水土所致・是以語故鄉而悲號・却滋味而不食・形體羸瘦・臣切憂虞・興言及此・則甘旨之奉・不能一日娛矣・尚忍以竊祿爲哉・欽惟聖明以孝治天下・送母還鄉乃見行事例・臣之當休致者・三也・夫忠孝一理也・臣子一道也・不能順親・則其事君可知也・今我皇上一德格天・百靈孚佑・道化播於寰中・餘澤浹於海外・四方髦士・鼓篋橋門者・星拱而雲從・島夷之國・遣子受學者・瞻戀而不能舍去・臣獨何人・而敢自棄於明時哉・其亦有不得已之至情也・臣竊攷周禮師氏教國子以德行・必先於孝・卽今祭酒之職也・誠以孝本於天・爲人而不孝・與教人而不以孝・皆逆天者也・臣不能盡孝・而可教人乎哉・蓋嘗莊誦我睿宗獻皇帝含春堂之製矣・恭默思道・奉先思孝・凡形於言者・皆純德之所發・以天之心爲心者也・詩曰・維天之命・於穆不已・於乎不顯・文王之德之純・獻皇帝之謂也・又嘗莊誦我皇上龍飛大狩之製矣・感愴松林・徘徊瞻望・凡形於言者・皆順德之所發・以獻皇帝之心爲心者也・詩曰・媚茲一人・應侯順德・永言孝思・昭我嗣服・皇上之謂也・夫皇上承獻皇帝體天之心以爲治・而臣乃不能仰體皇上之心以孝乎二親・離父墓而弗顧・逆母志而弗歸・有臣如此・將焉用之・尚可以教人乎哉・爲此陳情乞恩・如蒙特敕該部查照事例・容臣休致・回還廣東原籍侍養・非惟祭掃先墓・得保松楸・而臣老母餘生・皆陛下之所賜也・臣情事委實迫切・冒犯天

威・無任隕越之至・

郊社議

聖祖之繼天立極也・用儒臣議倣周禮築壇于南北郊・冬至圜邱祀天・夏至方邱祭地・行之數年・風雨不時・天多變異・乃斷自宸衷・復合祭于正月・配以仁祖・前期有司擇日以聞・即虞書肆類于上帝也・六宗山川羣神・皆各爲壇以從祀焉・夫聖人名必當物・祀於帝而謂之類者・后土以坤順承天・則王社在其中・中庸所謂郊社之禮・所以事上帝也・后土豈惟省文哉・蓋合祭耳・故郊者・並百神於上天而祭之者也・王者父天母地而爲之子・固百神之主也・是以禮行於郊・而百神受職焉・仁人事天如事親・父在爲母齊衰・不敢見其父者・尊無二上故也・而崇地以抗天可乎・是故兆於南郊・祀天必及地者・尊可以統卑也・祭大社不及天者・卑不可以屈尊也・豈有分祭之文哉・故周禮大宗伯掌建邦天神人鬼地祇三禮・吉禮之別十有二・禋祀實柴槱燎三者・祀天神也・血祭貍沈副辜三者・祭地祇也・肆獻祼饋食・則禖宮配帝・而宗廟時享・別於郊者・則有祠禴嘗蒸・六者皆饗人鬼也・然以禋祀祀昊天大帝・王服大裘而冕・不言后土・后土蓋即地祇爾・故大司樂掌成均之法・以六律六同五聲八音六舞大合樂・以致神鬼祇・乃分樂而序之・故郊通四望曰祀・似續妣祖曰享・地竅山川曰祭・豈非地承天以時行・而人在其中與大韶九變之樂也・所謂咸池承雲九韶者是也・郊望用之・而宗廟亦用之・其曰六變祀天・八變祭地者・乃行禮之節爾・非分祭也・故樂記曰・大樂與天地同和・大禮與天地同節・和故百物不失・節故祀天祭地合・周禮觀之自一變至羽物以至九變・樂以降天神・出地示・假人鬼爲成・則大合必有分序・猶天地大德敦化・而小德川流於其中・蓋樂以導和・禮以爲節・作樂乃行禮以禮神也・朱子雖言・古時天地定不合祭・又曰周禮亦只說祀昊天上帝・不說祭后土・故古無北郊祭社・只是祭地・則已具疑矣・既無北郊・而南郊有王社・其爲地祇可知・況周官惟曰可得而禮・未嘗明言分祭・豈可附會其說哉・其曰冬日至禮天神・夏日至禮地祇者・蓋天地有此氣・則有此理・神鬼祇無形與聲・惟有理氣在冥漠之間耳・凡祀享及祭・皆以心感而氣召者也・

故成均教人習樂舞・冬日至陽生・以陽聲召陽氣・夏日至陰生・以陰聲召陰氣・而豫和之・凡音皆從人心者・心和則音和・而天地訢合・陰陽相得・神鬼祇之所由以感召而至者也・此大司樂所謂致者與・祭義曰燔柴於泰壇・祭天也・瘞埋於泰圻・祭地也・用騂犢・又曰郊之祭大報天而主日・配以月・周禮陽祀用騂牲・陰祭用黝牲・此並言騂犢者・豈非地祇從天神而合祭故與・郊特牲曰郊之祭也・迎長日之至也・大報天而主日也・兆於南郊・就陽位也・掃地而祭於其質也・於郊故謂之郊・用騂尚赤也・用犢貴誠也・又曰・器用陶匏・以象天地之性也・王制亦言祭天地之牛角繭栗・皆連言天地・則祀天必及地可知矣・祭義又曰・王爲羣姓立社曰大社・王自爲立曰王社・疏謂大社在庫門內右・而宗廟在左・王者建國・左祖廟・右社稷・親親仁民之道也・王社爲一人而立・在南郊澤中者・其制爲宮三百步・壇三成・十有二尋・深四尺・方其下而圜其上・故澤中爲方邱・即泰圻・祭地

者也・地上爲圜邱・卽泰壇・祀天者也・宮外藉田・王親耕於南郊・甸師掌帥其屬而耕耨・王藉以時入之冢宰・舉五穀之要藏・帝藉之收於神倉・祗敬必飭小宗伯辨齍之名物與其用・使六宮之人共奉之以爲醴酪粢盛・前期十日卜郊・太宰掌百官之誓戒與其具脩・卜之日・遂戒王立于擇親聽誓命・乃命三公九卿及百姓之人曰・恭敬齋潔・咸恪祀于上帝・太宰戒曰・某日有事于昊天上帝・百官各揚其職・其有不共・則有大刑・凡散齋七日・四海之內・各以其職來祭・承以大禧・王乃習射於澤・以選諸侯卿大夫士・其容體比於禮・其節奏比於樂・而中多者得與祭・既選士以備執事・王服玄端積・結佩而爵・韠往卽齊宮・致齊三日乃出路・大宗伯以玉作六器・以蒼璧禮天・以黃琮禮地・以青圭禮東方・以赤璋禮南方・以白琥禮西方・以元璜禮北方・皆有牲幣・各放其方之色・祀之前日・張次陳設大祝逆牲・樂奏昭夏・射人共弓矢贊王射牲・王乃親牽牲鸞刀以刲・太宰贊王牲事・納于享・入祀之日・王乘大路建旆十有二・斿服大裘袞冕・執大珪・既至泰壇・入門奏肆・夏王乃脫大裘服袞・卽次公侯伯子男・皆就其所建之旆而立・助祭者各就位・大宗伯奉玉・太祝受之・加玉於幣・實于篚・祝史奉血・大司徒奉牛牲全脊于俎・有司奏行事・王盥沃乃出・次升立於泰壇東南西・而大師帥瞽登歌再拜稽首・諸侯助祭者皆再拜稽首・大祝取玉幣・太宰贊王・王乃奉玉升柴加於牲上・燔之升煙・以禮天神・而樂六變・有司乃布牲磔牲・大祝以明火燎・王乃取血並玉幣・執事者瘞埋達氣以禮地祇・而樂八變・此禮之二始也・肆享先妣以配郊禖・宮在郊東而先祖配帝・則用禝牛・薦孰皆先裸焉・分獻者・各用圭璋琥璜于四望山川・禮于四門之外・而樂九變・有司奉少牢祭血・大祝隋釁乃埋於泰昭・有司沈牲于澤・大祝告慶成・令徹祭・大師師瞽歌雍・王復于次・有司掃壇・此禮之九獻・籥人九終也・

若有寇戎之事・小祝保郊祀于社・有事祈告・則肆師類造上帝・國有大故・則旅上帝及四望・四圭有邸以祀天旅上帝・兩圭有邸・以祭地旅・四望典瑞・共其玉器而奉之・故天子祭天地于南郊初無分祭之文也・三年之喪不祭・惟祭天地・越紼而行事・故詩序昊天有成命・郊祀天地也・而必配以后稷者・萬物本乎天・人生本乎祖・此所以事上帝也・郊之祭也・大報本反始也・春秋僭郊・自春正月・卜郊不從・則至于或四月或五月而后已・豈所謂迎長日之至者與・古註疏引易說曰・三王之郊一用夏正・夏正建寅之月也・鄭氏又謂迎長日之至爲迎春分之日・漢去古未遠・豈亦有所據與・今制每正歲之吉・天子躬祀天地・以聖祖配享・分命羣臣各獻二十四壇・豈非因其位之高下循其序而秩其禮與・行之將二百年・神祇饗答・休徵屢應・禮器曰・禮・時爲大・順次之・體次之・此亦一代禮制・監於虞周而隨時制宜・使子孫足以世守・非禮以時爲大者與・且兩京南郊先農壇下皆有籍田・則又合古禮王社遺制・可謂順序而得體矣・誠使上下一於恭敬・則帝祇饗答・百神受職・風雨節而寒暑時・五穀熟而人民育・天下由此大治矣・孔子曰・誦詩三百・不足以一獻・一獻之禮・不足以大饗・大饗之禮不足以大旅・大旅具矣・不足以饗帝・毋輕議禮・於戲・議者尙敬愼之哉・

禘祫議

禘大於祫．祫大於時祭．周禮六享肆獻祼者．禘也．饋食者祫也．春祠夏礿秋嘗冬烝者時祭也．禘爲王者大祭．王者既立太祖廟．又推太祖所自出之帝祀諸太祖廟．而以太祖配之．其主藏於郊宗石室先妣之廟．孟仲子曰．是禖宮也．禘則立尸逆之．逸禮曰．禘于太廟之禮．日用丁亥．毀廟之主皆升．合食於太祖．立二尸是已．禮自外至者．同于天地．得主而止．故堂事禘正南面太祖．配則西向．室事禘正東面太祖．配則南面．是謂追享．餘皆合食．而功臣從享．非不饋食也．而主於祼圭以肆鬱．齊以獻詩序長發大禘也．說者謂禘不及羣廟之主．故朱子謂宜爲祫祭之詩．然帝立子生．商非所自出乎．元王祖也．相土毀廟也．阿衡從享也．禘爲大祭．其兼祫亦明矣．自諸侯遷廟禮君及從者．皆玄服．推之則喪服小記．禮不王不禘．謂除服之後．遷主于廟而吉禘．以禘昭穆．故曰禘者禘也．大祫則太祖東向．羣廟毀與未毀者．皆合食．以王卽位．始朝于廟．謂之朝享．非不酌祼也．而設饌於堂．延尸入室．祝直祭于主．自士虞禮哀薦祫事推之．則祫在諒闇之中．與禘不同．商書稱太乙元年伊尹祠于先王．是冢宰攝祭以朝廟也 ． 新陟之王始升而大祫以告嗣位．故曰祫者．合也．祫先而禘後者．易檐改塗 ． 更釁其廟．必先遷當毀之主於夾室而遞釁焉．遲以歲月．則可以納新祔之主矣．時則荒服終．王諸侯助祭．高宗寢成．而殷武歌來王．武王入廟而載見歌．辟公是也．故追享朝享爲四時間祀者．以其不常有爾．

然諸侯之禘及其太祖．與祫無異．故左傳曰．凡君薨卒哭而祔．祔而作主．特祀於主．烝嘗禘於廟．祫且禘也．公羊傳曰．大事者何．大祫也．五年而再殷祭．殷者．大也．禮緯三年一祫．五年一禘．蓋本於此．後世遂以爲常祀．不復知其爲間祀者矣．夫諸侯不禘所自出之帝者．何哉．魯當祖周公而祖文王．則尸用王者冕服．饗以王者禮樂．鄭祖厲王亦如之．故諸侯不祖天子也．魯之禘郊．非禮矣．或問禘之說．孔子答以不知者．此也．禮不王不禘．禘所自出之帝者．必有天下．明且易見．莫過是矣．此其所以示諸掌與．

乃若春則特祠王獨享于太祖．攝者分獻昭穆．惟有堂事．王一獻．卿大夫以次代獻．夏及秋冬皆爲時祫．祝迎六廟之主．合乎太祖．惟有室事．一獻以至代獻如之．既祭而繹四時．皆二日而畢．登歌合舞．同在都宮．是謂常事．後世每廟致祭．各有樂舞之數．陪祭之位．非也．間一日而祭一廟．歷十八日而偏九廟．亦非也．如此則黷且倦矣．然則妣亦立尸與．曰．始虞而祔男．男尸女．女尸由喪有考妣．特祀于主．不得不然．及饋食則妣不立尸．故曰周旅酬六尸．文武四廟也．后稷之尸發爵不受旅．而壇墠毀廟皆無尸．此則大祫時祭之所同也．

宗廟議

天子七廟．太祖三昭三穆．周增文武二世 ． 室則九廟也．其制亦如明堂．在中門外之左．前爲堂．各有寢廟．別有門垣．太祖在北．左昭右穆．以次而南．後爲室以藏主．則太祖東向．北昭而南穆．故堂上度以筵．室中度以几．筵九尺・几五尺・南北七筵則六丈三尺・同堂異室・而昭穆備矣・東西九筵・則八丈一尺・上下各十有六几・而毀廟之主皆可升矣・祭法廟祧壇墠以漸降殺・遠廟爲祧二世・室猶有寢廟・高祖之父去祧爲壇・高祖之祖去壇爲墠・則有廟無寢・去墠爲鬼・則遷入太祖之廟・夾室藏之・所謂毀廟之主也・周語謂祖禰日祭曾高・月祀二祧・時享壇墠・歲禱大禘終王・楚語謂日祭月享時類歲祀・諸侯舍日・大夫舍月・士庶人舍時・其說不同・晉孫毓曰・諸侯之廟・外爲都宮・其說不見於經・而朱子取之・准以天子之禮・則九廟異室而同一都宮・猶五帝異室而同一明堂・皆北面對越駿奔之所也・廟各前堂九尺・後寢如之・其深二筵・廟門容大扃七箇・凡二丈一尺・闈門容小扃三箇・凡六尺・其廣三筵・太祖居中・不過二丈七尺・東西昭穆如之・凡親盡者・於廟外兆域爲祧・即其虛寢・黝其地・堊其垣・於北壁爲石室・藏木主・有事則出而祭之・是謂宗祏・亦曰匰主・先王遷・則藏于太祖廟・如共王時組紺是已・先王遷・則昭主藏武王廟・爲左祧・穆主藏文王廟爲右祧・文王爲穆・不害其尊者・以王季壇存故也・昭常爲昭・穆常爲穆・父子曰世廟・必相向・兄弟曰及廟・必相並・若拘於六廟分列太祖之南・則孝王以共王之弟・懿王之叔・繼懿王而立其廟・遠夷厲則昭穆易位矣・子孫曷由以世次爲序哉・

故都宮之內・自南而上・廟皆相比・隔以門垣・故有每門每曲揖之文・昭穆一直衡列者亦如之・春秋書躋僖公以爲逆祀・蓋君臣之分・重如父子・則叔父兄弟之分輕矣・故三傳以昭穆言者・謂閔雖弟・君也・有昭道焉・僖雖兄・臣也・有穆道焉・其實兄弟雁行・與父子異也・昭穆各一直衡列・而君當正位・臣次其旁・本支秩然・豈非天敘哉・世及不可豫期・而有德之宗又無定數・亦惟深廣倍乎明堂而已・東西各十八丈九尺・南北三之・廟後太室深二十五丈二尺・雖昭多於穆・或穆多於昭・堂事則各全其尊・室事或虛二而對一・度以筵几・皆可容也・後人廟制麗宏・門垣夐絕・祭時各列陪位・及無地可容・乃爲同堂異室・則又因陋就簡・無復壇墠矣・正由不知・孫毓所謂廟外爲都宮・乃對越駿奔之所・猶明堂也・問周制同堂其制甚儉・祭行於堂足矣・而又合食於室・何哉・曰・事亡如存也・

古者垣周四面謂之宮中・前半爲堂・後半爲室・室東南隅爲門・西南隅爲奧・是謂正寢・朝夕饔餐・合族綴食在焉・室後爲燕寢・兩夾爲房・以居婦人・雜記夫人至・入自闈門・升自側階・注謂闈門非正門・宮中往來之門也・側階非正階・東房之房階也・廟以栖神・祭亦如之・祭則夫人副褘・立于房中・少牢饋食・禮主婦被裼衣侈袂・薦自東房・故詩曰・被之僮僮・夙夜在公・率世婦之老者・實籩豆・待徹室中之饌而後反・故詩曰・被之祈祈・薄言還歸・以此而准天子之禮可知矣・蓋凡祭祼獻皆王先之・后亞之・后下與則大宗伯攝・書曰・王入太室祼・不言后者・諸侯爲賓・髦士奉璋・豈可參哉・故常攝行爾・尸之出入・君與賓從祼獻則樂作・既祼而薦・有薦腥禮・朝踐爲堂事・太祖南向・左昭右穆・猶事存於堂也・既薦而肆・有薦熟禮・饋食爲室事・太祖東向・北昭南穆・猶事存於室也・既食而酳尸・朝獻加爵・禮終九獻・樂奏九成・於是設饌門外西室・索祭于祊上・嗣舉

奠．羣臣進獻．更行三爵旅酬．則爵無算．樂如之．燀胞翟閽．亦逮賜焉．厥明更以一牢繹於祊．賓尸燕于堂．由是觀之．都宮統廟堂南向．故各廟大門亦南向．闈門在其東．君由宮之左而北入太室．則門必自東南隅矣．東戶西牖．雖南向而尊在西南．故神主皆東向．祫祭太祖西向對越者．戶在東也．後世誤謂廟中寢後．有室合食．以其淺隘．遂混行室事於堂．然堂門南向非復東戶．故同堂異室．雖存西向之尊．而有昭無穆．則太祖以下次第而東．古禮於是變而不可復矣．是故九廟前都宮而後太室．周之制也．因周之制而不立尸．惟設神主．則敬益顯矣．後之議九廟者．尚監于斯．

擬薛文清公從祀孔子廟廷議

古者成均之制．教國子弟有道德者．沒則祀於瞽宗．隆師道也．夫通於天地之謂道．心而會之之謂德．修道經德之謂賢．崇德報功．揭虔妥靈之謂廟祀．是故飾言績文．德則有疵者．祀弗與焉．示民質也．其伸其呫嗶反以亂道者．祀弗與焉．示民行也．行修言道．內外合一者祀之．否則弗與焉．示民勸也．瞽宗之設．自昔已然．律以準今．實惟盛典．故禮部左侍郎兼翰林院學士薛文清公．遊心高明．養氣剛大．立身罔違乎禮樂．在朝克茂其才猷．概公生平．大都有五．曰靜而明善．曰毅而任事．曰誠而感物．曰知而奉身．曰惠而愛人．屢辯冤獄．雖死無惕．斯不亦惠乎．權氣貪天．見幾引退．斯不亦知乎．格於中貂．振以好音．斯不亦誠乎．繫犴遏兇．屹不爲動．斯不亦毅乎．沉潛默契．冥心疾書．斯不亦靜乎．靜以爲幹．毅以發之．誠以守之。知以通之．惠以流之．合而言之．庶幾仁者矣．至其著讀書錄一篇．發明前聖．嘉惠後學．其曰一於居敬而不窮理．則有枯寂之病．一於窮理．而不居敬．則有紛擾之患．纔收歛身心．便是居敬．纔尋思道理．便是窮理．二者交資而不可缺一也．居敬有力則窮理愈精．窮理有得則居敬愈固．信是言也．是儒者內外．合一之學也．

我明開國以迄於今．抱道備德．有言有文．無如公者．猗嘻盛矣．天順中．議以公從祀孔子．疇曰不當．而一時館閣名流．如劉定之輩．顧乃疑之．緦緦焉較諸宋儒著述之富．愚試辨其三事．夫宋世道學已明．至考亭而極．金王何許之徒著述雖多．然亡有發程朱所未發者．矧讀書之作．世罕闚其藩垣．獨非著述乎．茲愚不謂然者．一也．妄言性惡如荀況．漁色濫音如馬融．惑神志怪如劉向．皆孔氏門墻所當麾者．亦與俎豆其間．孰謂道德之粹儒．顧可弗與呫嗶浮虛者齒乎．茲愚不謂然者．二也．公以道德稱天下．門人推其學爲許衡配．而天下亦信之不疑．然衡之仕也．綱常胥斁而弗能正．習俗易乖而弗能化．世且訾之．以此言之．公蓋逈出其上矣．吳澄宋臨川貢士也．異於衡產北土者．爲元學士所著．纂言非直．無裨聖經而又亂之．今衡與澄俱以勝國之臣久列從祀．公其獨可遺乎．茲愚不謂然者。三也．

稽道學之懿．式瞽宗之制．掇志行之大．究垂教之功．陋無根之華文．刊贅疣之呫嗶．品裁六度．叶和三靈．敷教五紀．裨益六藝如公者．當追隆伯爵．從祀孔子廟廷．於禮爲宜．輿情允協．吾道有裨云。

黃佐

策鄉試諸生文並對

問・古樂弛缺久矣・漢文帝嘗得魏侯樂工所肄以獻者・周官之大司樂也・當時兵偃民安・樂固可興・胡乃未遑耶・夫大合樂九變以致鬼神示・又分而序之・其九韶六列六英之遺乎・自黃帝作清角施英韶・其本聲固在也・胡後世無復知之・反謂此文不經・自相背戾・然則周官固僞書歟・抑虞書商頌亦有所得歟・王通氏所論盖得其緒義矣・師文師開褱之所習見於子氏者・無乃其遺聲歟・將欲興古樂以追虞周之盛而其本安在歟・

試言之・三才合一之道・其昭於樂矣乎・樂者・天地之氣也・興之者人也・始也審聲以氣・終也召氣以聲・故雖鬼神・可以人道接也・今夫璿璣玉衡特一器耳・天之體如彼其遠也・而周旋盈握之規・日月星辰・莫不準焉・而況兩間聲氣常相隨者乎・是故圜鍾奏則房心之氣動・而天帝明堂在是矣・函鍾奏則未坤之氣動・而大社地神在是矣・黃鍾奏則虛危之氣動・而宗廟嶽瀆在是矣・得其道則上變光而下動靈・不得其道則濫溺作而失其中聲・故曰人不能無樂 ・ 樂不能形・形而不爲道・不能無亂・天地訢合・陰陽相得・煦嫗覆育萬物・則樂之道歸焉矣・周官之大司樂・聖人所以接三才之奧也・所以大合樂焉者・合天地於君心也・漢文帝時・購得魏文侯樂工竇公者・年百有餘矣・獻其素所肄習者・即此章也・其出自周公・非後所僞爲・亦章章明矣・況是時・兵革不試・百姓遂安・耆老之人不至市廛・遨遊嬉戲如小兒狀・和氣既萃・以興古樂・豈非幾乎・然終使弛缺以至于今・何

者・得其度數而弗求之心故也・試爲執事誦所聞・夫滎河溫洛天地之中也・而圖書出焉・天之生數一三五・積成陽奇・則一函三而爲九・乾元之用也・地之生數二四・積成陰偶・則三去一而爲六・坤元之用也・是律呂三分損益之所從出也・凡陰陽各六月・而日至期之・曰・分布四氣各爲九十・是故九六所以經緯律歷也・六爲方而兩地・故六律六同以相對爲列・而其音謂之六・英九爲圜而參天・故九韶以相繼爲義・而其變爲之九成・是故九韶・六列六英・樂之所必有者也・揆厥所元・則黃鍾以八十一分之管吹・三十九分以爲聲・故謂之含少・盖自變宮四十二分以下可吹者也・倍之則太元・所謂七十八分者也・近世乃執含少以爲清管・則十一律無從而生・所著律呂元聲・使古樂益紛擾而不可復矣・然則孰從興之・古樂之聲音度數・固可考而知也・黃帝始爲清角・大合鬼神於泰山之上・其地上圜丘之始乎・雲門是也・故圜鍾爲宮・則黃鍾得冬日至之羽聲。而生角六變・而天神降矣・鑄十二鍾以和五音・以施英韶・張諸洞庭之野・其澤中方邱之始乎・咸池是也・故威鍾爲宮・則太簇得夏日至之徵聲・而制商八變・而地示出矣・呂氏春秋謂帝顓頊修之爲承雲之舞・而漢服虔則謂姑洗南呂以南爲歌・南風韶音在焉・是則咸池六英非始於堯・而九韶亦非始於舜矣・故奏姑洗・歌南呂而黃鍾大呂應之・則羽角以相生・太簇應鍾應之・則商徵以相制・羽角生則知仁交際・而萬化出於人聲・則呼動腎與肝・自水而木・天數也・自冬日至而發春・是以謂之陽也・黃鍾之羽一變姑洗爲中聲・六變圜鍾・九變歸于黃鍾之宮・南呂之羽・一變大呂以應南呂・六變黃鍾爲角・・八變太簇爲角．九變而歸于南呂之角．然姑洗角聲之始也．自姑洗之羽與其羽無射．一變中呂以應夷．則六變姑洗爲羽．九變復歸于姑洗之羽．而黃鍾大呂收聲矣．徵商相制則禮義交際．而萬化入於人聲．則吸動心與肺．自火而金．地數也．自夏日至而成秋．是故謂之陰也．太蕤之羽一變蕤賓爲中聲．八變函鍾．九變歸于函鍾之徵．應鍾之羽．一變夾鍾以應夷．則六變太簇爲徵．八變姑洗爲徵．九變以歸于太簇之羽．然函鍾徵聲之始也．自函鍾之羽．與其羽太呂．一變夷則以應應鍾．六變南呂爲羽．九變復歸于函鍾之羽．太簇應鍾收聲矣．宮調以倡之．商調以和之．故用宮逐角．而淸角生焉．引商刻羽而流徵生焉．始乎黃鍾．以生十一律而終返乎黃鍾之宮．史記樂書所謂宮動脾而和正聖者也．然則商調特分而奏之耳．非無商聲也．合之則五聲俱在．如子朱子之言是也．

夫黃帝制聲律以垂萬世．而器數從之．帝降而王不相沿樂．雖器數屢有損失．然孔子聞韶於齊．季札亦聞韶於魯．其考擊而搏拊固非夔倫也．而其美善如故者．聲均存也．然則大合樂九變以至鬼神示．其九韶之遺乎．六律六呂一時並作．歌奏相命分六樂而序之．其六列六英之遺乎．下管合於琴瑟以依磬聲．則八音克諧可知也．固后夔之往矩也．後世惟漢樂庶幾近之．唐人以宮角徵羽輳爲變數．宋人以宮角徵羽各爲始終．皆去商聲焉．於是乎古樂亡矣．殊不知聲相應故生變．設宮分羽角徵．行乎其中．而商復和之．子朱子謂大呂爲角．則南呂爲宮．應鍾爲羽．則太簇爲宮者．是也．元吳澄氏乃曰．此文不惟不經．仍自相背戾．既言六樂者．文之以五聲．播之以八音矣．而於五聲止用其四．八音止用其三．聲音不備．樂何自而作．然則虞書所云琴瑟以詠下管鼗鼓．與商頌之那正．與周官相符．質以子朱子所論商聲俱在者．彼皆非與．嗟乎．分之則六變八變．皆變自七音．小德川流也．合之則九韶之舞．終于九變．復貫而于一．大德敦化也．此大人舉禮樂以昭天地之道也．而後世惡乎知之．王通曰．圜邱尙祀．觀神道也．方澤貴祭．察物類也．宗廟用饗．懷精氣也．又曰．化至九變．王道其明乎．故樂至九變而淳氣洽矣．夫樂象成者也．象成莫大於形．而流於聲．王化始終所可見也．故韶之成也．虞氏之恩被動植矣．烏鵲之巢可俯而窺也．鳳凰何爲而藏乎．苟得其聲以歌南風．固易易也．雖然．吾之心聲形焉者．三才備矣．天以四氣中正而分陰分陽．故倡自黃鍾．而協黃宮於淸角．所以動天也．地以四維交際而迭用柔剛．故和以太簇．而雜商羽於流徵．所以察地也．人道以宮商爲父子君臣合．合商於角以象仁義．而始終乎宮焉．所以知人也．仰以動天．俯以察地．中以知人．絃歌之道大矣．君子可弗考乎．

何謂動天．昔者鄭師文從師襄遊．得於心而應於器．援琴拭之．扣商絃以召南呂．涼風忽至．扣角絃以激夾鍾．溫風徐廻．扣羽絃以召黃鍾．霜雪交下．扣徵絃以激蕤賓．陽光熾烈．堅冰立散．將終命宮．而總四絃．則景風翔雲慶浮甘露降．師襄乃撫心高蹈曰．微矣子之彈也．雖師曠之淸角．鄒衍之吹律．無以加之．師文之指顧取象動四氣之和．以著萬物之理．此之謂動天也．何謂察地．昔者齊景公新成柏寢之室．師開鼓琴．師開左撫宮．右彈商曰室夕．公曰．何以知之・師開曰・東方之聲薄・西方之聲揚・公召太匠問曰・室何爲夕・太匠曰・立室以宮矩爲之・於是召司空問曰・立宮何爲夕・司空曰・立宮以城矩爲之・明日晏子朝・公曰・先君太公立城何爲夕・對曰・古之立國者・南望南斗・北戴樞星・彼安有夕哉・然而以今之夕者・周之建國・國之西方以尊周也・公蹴然曰・古之臣乎・師開之言於晏子・若符節焉・以商和宮而知方維・此謂之察地也・何謂知人・昔者・孔子學鼓琴於師襄・而不進・師襄曰・夫子可以進矣・孔子曰・丘已得其曲矣・未得其數也・有間曰・夫子可以進矣・孔子曰・已得其數矣・未得其言也・有間復曰・夫子可以進矣・曰・丘已得其言矣・未得其人也・有間復曰・夫子可以進矣・曰・丘已得其人矣・未得其類也・有間曰・邈然遠望・洋洋乎・翼翼乎・必作此樂也・默然類・頎然而長・以王天下・以朝諸侯者・其惟文王乎・師襄避席再拜曰・善・師以爲文王之操也・傳曰・聞其樂而達其本者・聖也・文王之德・小心敬止・而形於聲・孔子以琴音尙宮而知其宜君・此之謂知人也・文王操以黃鍾爲宮・而奏之以少商・應大絃也・其見諸子史所述者如此・固古樂之遺也・然得其聲數而和順・不本諸心焉・三才之奧無從而接也・故心也者・通天之理・協地之紀・以立人之極者也・是故聖王務修其心以和於萬物・萬民遂育・而後天地可官也・人道備矣・子夏之論樂曰・爲人君者・謹其好惡而已矣・君好之・則臣爲之・上行之・則民從之・是知其本之說也・

上楊石淙書

佐聞上下之交・萬化之源也・上日親其下・論道經邦・則輔臣得以行其志・下日親其上・狥私立黨・則小人得以弄其權・古者元首股肱・相待一體・臣鄰馮翼・接見無時・故其治隆而世道恒泰・後世尊卑闊絕・而情太疎・禮節繁苛・而義斯薄・故其治汙而世道多否・蓋可見矣・然則君臣相與之際可不愼與・

觀於武宗毅皇帝日事巡遊・不親儒臣莊士・左右姦佞相煽爲黨・遂致逆藩再亂・及自將南征・梁厚齋以輔臣扈從・欲取天子行璽以隨者・誠慮變生不測故也・楊石齋堅執不與者・恐爲姦佞所奪・反以召變・亦其遠慮焉爾・鄉日敝鄉連有魁禮闈者・厚齋嘗過譽佐・以爲可復得儁比・佐對大廷時・石齋得佐卷・輒下其手曰・此厚齋黨也・及試入館・以濮議辯・佐卷惟據儀禮爲人後者爲之子・何如而可以爲人後・支子可也・宋仁宗育濮安懿王支子於宮中・是爲英宗・則程伊川所議復何疑哉・石齋又欲下其手・大宗伯三江毛公曰・儀禮子夏傳實有此說・佐乃得以濫竽館末・佐何嘗黨石齋哉・今大禮既定・考選翰林調出外任・新貴人又以佐爲石齋黨・必欲對品改除・賴我執事維持・得擢憲職・知佐愚直・未嘗一日私造輔臣之門・非有私黨也・語曰・士伸於知己而屈於不知己者・執事於佐可謂知己者已・曩承執事枉顧・命佐考究國朝君臣同遊事蹟・正以方今聖天子龍飛郢甸・銳精至治・嘗御平臺・宣召大臣・將復聖祖之成法也・及錄國史實訓御製文集・暨先正之書所紀言動數條・偕金美

之入見・一時倉皇・散漫無序・罪當何如哉・而執事盛德包容・喜見顏色・至曰聞所未聞啓發多矣・引掖盛情・一至於此・且又敎佐曰・國家安危繫宰相・天下公議付臺諫・君德成敗責經筵・生民休戚在守令・古今不易之定論也・此可爲奏疏・其留意焉・佐今爲逐臣・疏求歸養・倘得首邱林壑足矣・奚敢疏哉・

金美之書來・謂執事必欲起佐復還史館・蓋世道將泰而執事不以佐疎愚而遐遺也・敢陳所聞以備執事獻納論思之萬一・欽惟我太祖高宗皇帝垂訓作則・以君臣同遊爲第一義・其爲聖子神孫之慮・而開泰運於無疆者・深且遠矣・當是時也・虛心淸問・聽納如流・情義相孚・苛嚴是畧・自巖廊以及禁苑・無非延訪之地・自公卿以及庶士・無非諮議之臣・觀夫御華蓋殿而大學士朱善侍・則與論道心倚伏之幾・御觀心亭而學士宋濂侍・則與論人心操存之道・御東閣・則與贊善董倫論人臣責難諂諛之二端・御奉天門・則與待制吳沉論求賢納諫之二事・凡以求治要也・御外朝・召學士危素等飲・而賦冬日詩・御便殿與宋濂飲・而賦醉學士歌・御武樓・與吏部尙書詹同談笑作記・遊內苑・與四輔官杜斆聯句成章・凡以尊文事也・太子正字桂彥良於上前朗誦御文・則嘉之曰・儒者事君正當誠意・國子學官李思廸侍便殿・終日緘默・則詰之曰・理道之言非所宜禁・典史馮堅言事稱旨・卽超擢之・學正上疏見賞・復召用之・凡以廣聽納也・選秀才張宗璿輩使之陳古今・嘉儒士曾秉正沈士榮・使之條政務・凡以察邇言也・是皆見於御製文集・皇明寶訓所紀載・而得于先正之所傳聞・蓋不容殫述矣・

高皇帝以古聖所未有之大智・建自古所未有之大功・一時臣工雖盛・何能少裨海嶽之崇深・顧汲汲焉下交不瀆如此・何也・誠以人君臨朝・時惟數刻・燕閒所接・不過婦寺・則便僻易親而蒙蔽得售・治日之所以常少而亂日之所以常多也・故不自逸豫・身示法程・使聖子神孫監於成憲・萬世永賴・其爲慮至深遠也・苟曰守文之世與開創不同・夫豈高皇帝之意哉・厥後相承・太宗文皇帝則臨幸內閣・親閱勤勞・召至榻前・語必至夜・仁宗昭皇帝則面賜銀圖書・使緘密疏。日至宏文閣・冀聞讜言・宣宗章皇帝則偕詞臣幸史館而賡招隱之篇・召輔臣遊太液・而有玉冠之賜・于時則有若楊士奇・楊榮・解縉・胡廣・楊溥・蹇義・夏原吉諸名卿・對揚天語・咫尺天顏・日以爲常・而其寵遇之隆・建白之偉至於今・市人猶能道之・率由舊章正在・今日皇上龍飛潛邸・聖德夙成・恭天駿命・銳意化理・世之迂儒猶曰春秋如此其冲也・而欲責以難行之事・蚤朝如此其勞也・而又益以延訪之煩・驟而行之則以爲駭・激而言之則以爲嫌・寧因循之愈・嗚呼・是何言哉・責難恭也・謂吾君不能賊也・然則轉移輔導・其道何居・佐蓋思之矣・進講之後・爲講官者宜奏請御書所講章句・如宣德時習字故事・從容評品・因加風諭・以動聖心・此一說也・退朝之後・爲輔臣者宜奏請從遊觀闕・以及禁籞・如天順時遊西苑故事・追隨之暇・形爲詩歌・承弼之餘・務爲將順・俾聖情祇見儒臣莊士之可親・而志意交孚也・此又一說也・誠如是也・虞廷喜起之風・周室卷阿之響・倘由此其可與乎・嗟夫・天之將寒・布以霰雪・天之未暑・先以春和・蓋陰陽之運必以其漸也・人君之尊猶天然・

輔臣則承天而時行者也・調燮之功致主於道者・亦若地之承天而已・可遽責效于旦夕乎・惟執事道揆圖之・則天下之幸也・

執事昔在銓衡・嘗立法以官人矣・今在內閣・又行法以用人矣・胸中自有經濟機權・何待佐愚者之言哉・然立法以官人・必求垂於後・而無弊貽厥孫謀之心也・行法以用人・必求監於前・而無愆繩其祖武之道也・二者必須晉接燕對・而後請謁不行・私黨可絕・幾權默運・賢才彙升・觀於洪武中得方敎授面付青宮・天順中召李文達面論王忠肅是已・禮曰・設官分職・以爲民極・易曰・神而化之・使民宜之・然則講求祖宗之制・酌量因革之宜・豈非今日我國家之首務哉・請舉其凡而究其本・執事曰・國家安危繫宰相・固也・佐則曰・官以相名起於秦・非制也・凡輔養君德者・孰非相臣・而必以相名・則威權斯有所專矣・惟我朝不設宰相・而館閣置公孤之臣卿・部分軍國之務・是卽周官燮理寅亮・與分職率屬之意也・祖宗以來・密勿之地・同心一德・而台袞日近乎宸旒・故大政大疑・皆得以覿面決之・苟面決之規不復・而惟以條旨爲政機・則陸贄所謂至尊收視於穆清・上宰養威於廊廟者・安保其不終無邪・茲佐之所望於今日者・一也・執事曰・天下公議在臺諫・固也・佐則曰・官以諫名・起於漢・非古也・凡獻替吾政者孰非諫臣・而必以諫名・則嘉言斯有所伏矣・惟我朝不設諫官・而六科掌封駁之事・十三道任糾察之責・卽周官詔王以媺・與贊王政令之意也・祖宗以來・朝著之士・明目張膽・而皁囊日陳乎丹陛・故大奸大蠹皆得以面奏之・苟面奏之不復・而惟以章疏爲風力・則蘇軾所謂言及乘輿・則天子改容・事關廊廟・則宰相待罪者・安望其能有行邪・茲佐之所望於今日者・二也・執事曰・君德成敗責經筵・固也・佐則曰・經筵之定爲儀注・禮之文也・國初經筵無常所・而燕息所接皆講學之臣・正統初年講讀定於文華・始著爲儀・亦學貴專一之意耳・然會典載講書之後・凡遇五府軍政・六部要務・俾詹事等官敷陳之・悉是則講讀之地都俞吁咈存焉・苟爲不然・則稽首而退・君門已如萬里・雖宿學如程朱亦何由而效其忠・苟復講畢進言之規則・情不容於不孚・而君德可成・茲佐之所望於今日者・三也・執事曰・生民休戚在守令・固也・佐則曰・守令之速於遷擢・民之病也・國初守令恒久任而超陟・所晉卽隆重之職・成化以來・遷擢不待滿考始著爲令・亦治責激勵之意耳・然會典載薦舉之法必待三年・六年政績卓異・俾吏部仍察舉主之廉・是則薦舉之際・興事屢省存焉・苟爲不然・則計日而遷・所至殆如傳舍・雖善政如龔黃卓魯・亦何由而竟其施・苟復課功核實之規則・任不容於不久・而民隱可恤・茲佐之所望於今日者・四也・

雖然・立法官人以一天下者固難・行法用人以新天下者尤難・指偏而不起之弊非難・得變通可久之道爲難也・今日所以振作新政・豈取法度而紛更之哉・亦惟斟酌時宜・一遵舊章而神化之耳・夫爲官擇人・則人宜乎其官・因時更化・則化行乎其時・擇人必如用木・巨者爲棟・細者爲櫨・然後職無不舉矣・更化必如安弦・大者弗急・小者弗絕・然後政無不和矣・究而言之・知之弗明・人弗可得而擇也・任之弗專・化弗可得而更也・昔者守成業而致盛治・莫如周成王・其

作立政也・自常任準人以至三毫阪尹・皆欲其得人而終之・曰・我其克灼知厥苦・言知人貴明也・其董正治官也・自論道經邦以及大明黜陟・皆欲其舉行・而訓之曰・議事以制・政乃不迷・言任人貴專也・然猶有本・孟子曰・人不足與適也・政不足間也・惟大人爲能格君心之非・嗚呼・新天下之要道・其在此哉・聖明在上・賢輔在下・將見同遊・成憲必復・而私黨潛銷・佐言祇喋喋徒贅爾・伏惟執事裁赦不罪・則區區負日之暄・願再有以獻也・佐昧死百拜・謹言・

與葛子中論周禮書

承執事下問周禮・或以爲非周公所作 ・乃戰國陰謀之書・嘗深味而詳訂之・實非戰國所爲也・乃周衰王室自雜亂之爾・嘗書其說・今錄以請裁焉・說曰・周公之制 ・周禮也・本諸廣大高明之心・發爲精微中正之用・予謂經曲之節出自峻極之體者是已・ 故諸儒多尊信之・ 然其嚴上下・保小寡・故諸侯深惡而去其籍・矧周室衰微・自設煩碎不急之職・而默其大者・間亦有之・故小宰記六官六屬各六十・然天官六十三・地官七十九・春官七十一・夏官六十九・秋官六十六・冬官不存以考工記之屬二十九補之・皆工之事也・而缺士與農商之職・則與其所敍異矣・通稽其所載者亦多可疑・自巫祝之屬・除毒蟲・攻蠹物・去鼃黽妖鳥・用莽草炭灰・牡鞠牡橭之屬・煩瑣甚矣・猶諉曰・驅虎豹犀象之餘智也・小宰司會職內職幣簿書掊克之末・豈所以贊大宰統百官者乎・宰夫於失財用物而辟名者誅之・其計利嚴矣・凡式貢餘財以供玩好・則非惟正之供矣・條狼氏之誓羣臣・於馭曰車轘・於大夫曰鞭五百・太史曰殺・小史曰墨 ・法何酷也・與禁殺戮者無乃相反乎・甸師代事・代王受眚災・既啓後王忌諱之端矣・夏采則專治王崩復土・又安用是不祥者爲哉・衮冕・王與上公之服也・王乘玉輅・建太常節・服氏維者六人・服皆衮冕・徒行車後・與王奚辨焉・媒氏仲春令會男女・於是時也・奔者不禁・悖禮義而卽慆淫・豈所以坊民乎・官府固當一體・而闈箔亦宜別嫌・宮正比宮中之官府次舍之多寡・去其奇邪之民・則男女混矣・夫人坐論婦禮・在漿人則致飲・掌客別致禮・亦非所以肅梱內也・內小臣掌王后之命・有好事於四方・則使往有好令於爵・大夫亦如之・則后又有境外之交矣・中禱祠禳檜・掌於內祝・是啓左道之門・爲厭勝之事也・大喪九殯既臥 ・敍哭者內宗從焉・外宗復敍・ 內外朝莫哭者而肆師・ 又令內外命婦序哭・一事而前後紛如・妃嬪官吏能無淆乎 ・天官有世婦掌祭祀賓客喪紀之事 ・弔臨于卿大夫之喪・而女御從之哭・諸侯亦如之・春官亦有世婦每宮則有卿二人・下大夫四人 ・中士八人・大喪比外內命婦之朝莫哭不敬者而苛罰之 ・是或一職也・而重出焉・惌忘者之爲也・寺人既佐世婦治禮事・則其屬自卿以下當爲女官・然謂之卿大夫・則又似士人居之而非婦矣・果皆婦也・婦人無外事・而弔臨人又胡爲者哉・環人復有二焉・夏官以致師・秋官以授館・王畿兵弱之後・或轉用以待賓客・是不可知也・司冠令民以財貨相訟者入東矢・以罪相告者入鈞金・而後聽之・是豈貧者所能辦哉・矧金玉玩好則入於王府・良貨賄則入於內府・山師川師皆使致珍異之物・司門復正其貨賄・何汲汲於利若是・葢夷王下逮・東

遷陵替不競．名爲大王．貧愈食采．春秋書求金求車．寖至竊鐵逃債．蓋自改竄而施行之．故壞亂至此極也．觀世婦則他可見矣．是雖用精微中正．而後王自作不典以亂舊章．始有乖戾遠於人情者．加以策士陋儒附會其說亦何所不至哉．故吾斷以爲非周公之全書也．惟執事見教．幸甚．

羅浮山志序

羅浮粵望也．洞天福地．名列道書．浮傳於羅．事載漢志．至晉葛洪居之．而後始大有聞矣．然未有顓志也．袁宏始作登羅山疏．竺法眞繼之．其意豈主羅客浮．故與二疏散見類書．不行於粵土．宋郭之美乃爲羅浮山記．譚袞之爲集．王胄復績爲圖誌．猶未之詳也．逮永樂中．陳公璉廣胄所錄．蒐及道書．而鄭安期朱桃椎之類．未免疎謬．先君粵洲先生栖息茲山．嘗欲正之．不果．予結草廬．思與瑤石黎子民表陟降厓巘以稽之．病未能也．歲庚戌春二月．與甘泉翁偕遊．黎子暨梁子孜從焉．詢舊志於道士．則亡矣．於是託歸．姚子滋求得錄本．黎子復得圖記於故家．乃博訪旁采．網以圖經．而後條舉其詳．昔所未載而今創聞者．爲雜記以終之．芟補纂於精審．予亦稍加潤色．　蓋七閱寒暑而後成編．凡一十有二卷云．

肇慶府志序

予讀孔氏遺經．周易理至精也．翼繫惟約其辭而其指博．詩書載道．該事則弘且遠矣．風化經綸之迹．鳥獸草木之名．傳心立教之源．奇瑰聱牙之誥．膚近悠緬靡不錄焉．事有正變．固當爾祥也．春秋賤霸功．思王治．謹嚴於一字褒貶．而天下之事炳然明矣．其聖志之見於行者乎．遷固而下．諸史文有工拙．而紀載源乎詩書．褒貶祖乎春秋．舉相似也．郡乘乃史之支流．具體而微者．其所裒集．惟恐文獻之不足．又焉用約哉．世俗例以攢造視之．寂寥斷截．排列姓名．識者每以菟園冊簿相詬病．雖或梓行．薦紳先生羞道之矣．肇慶志修自宋時．有李宗諤張宋卿二家．厥後丁伯桂守郡．重加刪潤．務爲簡畧．而文獻散逸．不復可完．國朝正統成化中．凡兩修輯．竟未鋟梓．蓋猶病其畧也．嘉靖丁巳予力疾供通志之役．而志以錄本至．乃郡人侍御陳君九成偕諸俊彥廣摭而成者．越二載．海鹽徐君鷁來知郡事．首以文獻爲重．禮延鄉諸進士補厥散逸．而陳君仍綜其綱．會通志告成．悉從彙收入．列圖於前而次第爲志．凡十有八卷云．於戲．天施地化．人事之紀．其具是矣哉．夫公事有陰陽．風土有剛柔．匪協以仁義之心．則競絿偏忒．而罔孚茲郡也．蠻陬夷徼．重山數千里．而端溪合流．東枕于海．西趾蒼梧．川陸亦鴻且駿矣．傳曰．東爲陽中．萬物生焉．西爲陰中．萬物之所成也．故高固相楚進鐸氏微．而陳元傳春秋於封川．董正倡詩書於番禺．而莫宣卿擢掄魁於開建．張文獻兄弟顯於曲江．而李積中奕葉興於四會．迨聖明初造．何眞東附．李質西懷．德威敬應．迅於桴鼓．則夫霦霦賢俊並盛於今．又可知也．

用是觀之．氣機之動．有開必先．蓋其所由來者漸矣．豈非陽待陰成之象乎．方今西開督府．東承藩臬．武恬文熙宜若無事焉者．然中縣之民其性柔以文．溪峒之民其性剛以質·漢高帝有越人好相攻擊之詔·迄吳步騭衡毅猶鬭於高要·則剛恒勝柔·亦習俗使然也·是故利之大者莫如西水·害之大者莫如西山·蓋鬱浪南馳·三江合一·則大浸稽天·庶蠡爲峽之所旋束·民恣取之·售輒百金·固天地自然之利·而亦天下之所無也·陽春雲浮之野·西抵羅滂·猺獠叢焉·弄兵潢池·如在衽席·往往勤兵·莫或靖之·然廣寧開縣逖聽風聲·能無悔乎·官惟營屯·甿自保伍·相機鵰剿·所得鹵獲·因以予之·服則招其子弟·誨以社學·使歸於里廛·有生事之樂·以易其跋涉攻剽之勞·如是則險阻日以清夷·吾人得以務利而遠害·此固仁義之施·而甘寢秉羽之績所由樹也·詩曰·不競不絿·不剛不柔·敷政優優·百祿是遒·其殆徐君梓志之心乎·

通歷序

夫載事之體·繫日以月·繫月以年者·何也·天之歷數存焉爾·堯之咨舜·舜亦以命禹者· 帝王治天下之道統是矣·通歷之所由以作也·是故歷數天地之大紀也·父天母地而爲之子·則歷數歸焉·斯道統之所在也 · 執中而澤及四海·則其統正矣·苟失其道·虐及四海·則其統變矣·三代而上·陽明用事·故三綱正而華夷各止其所·其間非無亂·而治日恒多·陽勝陰也·是謂正統·三代而下·陰濁用事·故臣或篡其君· 子或賊其父· 妾婦或乘夫君·裔夷或主中國·其間非無治·而亂日恒多·陰勝陽也 · 於是乎統治變焉·然則垂法萬世者·其惟堯舜乎·堯歷象日月星辰·凡以授民時也·舜在璿璣玉衡以齊七政·凡以察時變也·禮記傳曰·中星當中而不中·日行遲也·未當中而中·日行疾也·日之所行卽爲黃道·歲差則日與黃道俱差·故治世必以中道而法天·則視中星以攷歲差·惟愼夫日軌之變焉·所以修省而日兢兢也·孟子曰·天地之高也·星辰之遠也·苟求其故·千歲之日至可坐而致也·故凡治歷必以日至爲元者·七政齊起之初也·十九年爲一章·而氣朔俱齊·四章而復於子之半·則謂之蔀·漢初去三代未遠·三統四分之歷猶與天合·光武而後不復可行·章不及蔀·而氣朔寖謬錯矣·自是歷法庚華·亡慮數十家·何則·日行非遲則疾·不循其軌故也·聖王不作·中道不建·象緯廳焉·災疹臻焉·天人合一之理固章章如是邪·是以通歷之作也·三代以前則詳·三代以後則畧·凡以陽明陰濁之判也·道雖未盡由中·而澤究於民久·如漢唐宋則亦詳其事以正統書之·篡臣如寒新晉隋·賊子如隋廣·與凡不受命於先君者·女后如呂雉武曌·裔夷如蒙古·雖竊有天下·則分書其年·以見天之歷數·不在其躬云爾·正統旣絕·微而能繼·如漢之元備·宋之昰昺·亦大書之·非篡賊而全有天下如秦政·則亦權與之·凡至朔同日·則書重歷數也·歷法庚革·則書欽天道也·象緯變異·災疹重大·則書驗人事也·自庖犧以至于帝告·歷年甲子·疑以傳疑·堯舜以來至于元季·始書甲子·皆繫至朔一章之日·通紀治亂凡三十六卷云·凡有論斷·一是律諸中道·皆先哲之格言·潤色之而已·若隨時庚革歷法·則因年書事亦不分章·是故歷象有所紀·而後天理明矣·非有所衷·而後人心正矣·正統在所必存·而後陽類勸矣·變統在所必黜·而後陰類懲矣·是則通歷之作也·非徒載事而已也·天下固無道外之事也乎·

永思詩序

潛江初子・蒲圻廖子・訪予薊立之館・初子言曰・日杲願有禱于吾子也・杲也承天之割・弱冠而先府君無祿・又三載而失恃・弱植以至于今・緬懷音容・蚤衣以思・豈惟音容之其所嗜好而思之・其所履綦而思之・其手口所澤而思之・光思廸・祭思成・奉其遺訓・思日周旋・焉知杲者爲之賦永思・則旣繫之什矣・吾子其有言也・余曰・唯唯否否・在宋聞人・時則有若初子和父思親而詠蘆泉之水・涪翁賡之以永有聞・佐於涪翁無能爲役・其何以發德之潛也乎・拜手逡巡・孫乎廖子・廖子曰・嘻・吾子其言哉・吾聞省庵公明尙書舉爲造士・懿厥淵源・懷寶弗售・蔚乎其文譽之光翔也・沛乎其澤・若可施也・憲憲乎其節之封也・而守勝焉・刑于之休・從一之操・藐乎九京・德弗逞食・君子哀之・夫感斯哀・哀斯言・言生于哀・若鼓之鼙・其容遏乎・初子者・祿弗逮親・其情篤・其思深・期與潛之澌流俱盡・豈與思蘆泉而奉杯水者埒哉・嗚呼・涕非無從・吾子其言・言則倡予和子・余謝不佞・乃言其思惟弗竭・惟水弗竭・水弗竭則長・思弗竭則傷・今夫潛江之水・肇于漢・滙于江・總於南戒・昭其源也・圜則珠藏・方則玉藏・昭其寶也・大塊吹萬・如躍如赴・如歙如吐・如噏如霧・昭其文也・卮輌挹之・飲溉資焉・應龍起之・九垓瀰焉・其昭澤也・百折而不回・昭其節也・省庵以之・子其終之・濂于學海・宗于濂洛・以達于洙泗・以此爲思・元廬其躍矣・是故汎濫而長水之無源者也・徒思而傷・思之無益者也・廖子稱善・爲之賦小宛之首章・讚曰・信矣乎言・惟水必下・海斯至而・惟思必通・道斯邇而・初子曰・吾子之言・膾哉・杲也實甘焉・賦駟之亂以致拜・乃出・余遂以爲序・

詩經通解序

詩之爲經・本於性情而用於禮樂者也・天賦人以五常之性・人感物則有喜怒哀樂之情・情動則感歎謳吟之聲發・而詩作焉・先王采風謠以立鄉樂・制雅頌以道民善・雅有小大・分爲四・詩觀於儀禮周官戴記而其用見矣・是故經緯六義・陳德見志・禮也・出納五言・八律成音・樂也・行禮而節樂・奏樂以和禮・皆主於詩・故孔子删詩・亦惟取其可施於禮義・協於韶武之音而已・語曰・吾自衞反魯・然後樂正・雅頌各得其所・又曰・興於詩・立於禮・成於樂・是則大學之敎詩・統禮樂以興起善端・懲創逸志・俾心思一於無邪・斯致中和而成政化・其用大矣哉・誠非訓詁之所能盡也・史志謂漢興魯申公始爲詩訓詁・而齊轅固燕韓嬰皆爲之傳・或取春秋采雜說・皆非本義・魯最爲近之・三家列於學官・獨漢初越人毛萇善詩・自云子夏所傳是爲毛詩・而未得立・其後三家廢而毛詩獨行世・或泥於魯最爲近之語・必欲宗之・然魯詩今可考者・有曰佩玉晏鳴關睢歎之・以爲刺康王而作・固已異於孔子之言矣・又曰・騶虞掌鳥獸官・古有良騶・天子之田也・文王事殷・豈可以天子言哉・其爲周南召南首尾已謬至此・他如齊詩之五際・韓詩之二傳・皆非本義・從可知已・夫萇之宗子夏也・文序猶存・義主關睢・蓋能敬以和・則文王之德之純・固所以配天命之無極也・武王成康・修德無忝・則自求多福・而周道以隆・昭王以後陵

夷・至于厲宣幽平而貪天禍・則風雅變而周道替矣・此其大較最章章明者・雖韓詩亦以子夏說關雎爲傳自孔子・此毛詩所以善于三家也・惜夫鄭玄孔穎達所爲箋疏・或疑經文之誤・或訂本傳之失・魏晉之世・劉楨王肅多所難駁・紛若聚訟・迄于唐宋・解之者亡慮百家・子朱子始爲集傳・其學大行・然後聽者專矣・論者猶病其違毛氏而宗鄭樵・蓋毛氏主序以言詩・樵則斥序之妄・以爲出於衞宏・而盡剷去之・遂以己意爲之序・凡詩人所刺・皆斷以爲淫奔者所自作・則非所謂懲創逸志施於禮矣・呂氏祖謙讀詩記・復主毛序・子朱子見而深有取焉・嘗有意於會萃所長・則其心未嘗自滿也・佐少誦詩・因旁及註疏玉海・首明集傳之意・而附之說異同於其下・命曰詩傳旁通・正德庚午領薦而病・間得嚴氏粲詩緝・復采入焉・自是日加刪潤・癸酉罹憂廢業・丁丑北上・病不克終試而歸・乃復修改・并及禮樂・更命曰詩經通解・藏諸篋笥・以竢有道而正云・

理學本原序

予視學廣右之明年・輯理學本原成・或曰・子之教人明倫以邇求也・茲上達之說也・何居・予對曰・大學之教・心而已矣・天下有邇於心者乎・心也者・統性情者也・詩也者・道性情者也・禮也者・本性之中者也・樂也者・宣性之和者也・故曰・興於詩・立於禮・成於樂・於斯三者・時以教之・藝以息之・興於藝則樂・樂則情斯適焉・教者長善・學者相觀而善善・則性斯存焉・性存則心非有所閑而自不放・是三王四代之所爲教也・周衰教弛・夫子陳大學之經・而曾子衍之・明物則誠・好惡以至於正心・而猶戒辟之爲害・國既治矣・猶曰辟則爲天下僇・言若此其嚴也・蓋約情而反之・性也・夫子沒・教益弛・子思有憂之而中庸作・存誠之功・無閑可容息者・其始法天・而其既也配天・言若此其大也・蓋養性而達之情也・孟子之言・性情之詳也・蓋其傳也由秦迄宋・去夫子益遠・而教久已弛・於是周程張朱子者・作其言性・益詳其意・則由曾子子思孟子也・非棄下學而騖上達爲也・或曰・五子者之言・何爲者也・曰・窮理盡性以至於命・其本諸易乎・太極圖言主靜通書・言誠性也・中以原・和也・定性書言・無將迎內外・而用功自忘怒・觀理始情也・和以溯中也・論顏子好學曰・怒遷則情其性・不遷怒則致和之功也・過貳則不能性其情・不貳過則致中之功也・於圖書協矣・世顧疑周而信程焉・何哉・乃若西銘明理一而分殊・則命之說也・河圖洛書・則太極陰陽五行之所自出・在人則渾然・一理健順・五常之德存焉・反身而試・太極在我矣・西銘之後・附以正蒙・程朱語錄亦採摘以附其後・舍是以爲教・其究非特藝焉而已也・吾懼名理之日晦也・盍觀水乎・或源焉・或委焉・委本於源・故祭川先河而後海・然則天下之言理也・委固自茲發哉・曰五子者・嚨言多攻之・聞子之論・羣疑乃釋矣・盍傳之・予曰諾・遂梓以示諸生・

宋史新編序

宋舊史成於元至正己酉・丞相脫脫爲都總裁・契丹女眞亦各爲史・與宋幷稱帝・謂之宋遼金三史云・是時纂修者大半虜人・以故是非不公・冠履莫辨・景泰間翰林學士吉水周

公敍嘗疏于朝・自任筆削・羈於職務・書竟弗成・今吾友莆田柯子維騏・以癸未進士筮仕戶曹・輒謝病歸・蓋未始一日居乎其位也・養高林壑・覃思博考・乃能會通三史・以宋爲正・刪其繁猥・釐其錯亂・復參諸家紀載可傳信者・補其缺遺・歷二十寒暑始克成書・合二百卷・而三百二十年行事粲然悉備・名之曰宋史新編・示不沿舊也・本紀則正大綱而存孤危・志表則畧細務而舉要領・列傳則崇勳德而誅亂賊・先道學而後吏治・遼金與夏皆列外國傳・等諸四裔焉・於是春秋大義始昭著於萬世・而論贊之文・並非因襲・簡而詳・贍而精・嚴而不刻・直而有體・南董之筆・西漢之書・不得專美於前矣・予竊喜是編行則三史廢・稽天運・陳人紀者其誰舍諸・

乃言曰・天下之道立於本・而行於文・夏殷而後・文莫盛於周・漢唐而後・文莫盛於宋・制禮作樂以致隆平・而六經成周之文也・表章學庸以錫多士・而道學興・宋之文也・然植本發源則不能以亡異跡・宋之先・瑣瑣祿仕　・逮事柴氏・殊罔駿功・太祖受禪・仁不勝力・太宗襲位　・友愛亦虧・眂周之得天下實大相遠・詩曰・后稷肇祀・庶無罪悔・以迄於今・言世德綦隆也・郭除北漢則僭僞盡矣・向使藉隆平之基・而致天保采薇之治・則契丹賓服・燕雲自歸・顧乃勤其驕兵・倉皇取敗・詩曰・於鑠王師・遵養時晦・當如是耶・澶淵之役・歲幣之輸・其弱已甚・雪恥除兇豈無長策・而天書聖祖之降・肆爲矯誣・可謂昧矣・繼以仁宗之令主・猶不能除厲階而遏西賊・況值女眞作難憑陵　・昧弱寧復振乎・詩曰・執競武王・無競維烈・不顯成康・上帝是皇・法乾剛也・不能奮威以自強・此其最異於周者也・乃若厲王以好利用榮夷公・神宗以興利用王安石・載誦板蕩桑柔而三不足之說・有足徵焉・蓋亂之生也・讒邪比周・猶思用賢・故其詩曰・維此惠君・人民所瞻・秉心宣猶・考愼其相・亂之成也・耆壽俊罔・憖遺而思舊章之不愆・故其詩曰雖無老成人・尙有典刑・曾是莫聽・大命以傾・祖宗罔紹・猶思畏天・故其詩曰・敬天之怒・無敢戲豫・敬天之渝・無敢馳驅・天變罔畏・猶思恤言・故其詩曰・辭之輯矣・民之洽矣・辭之懌矣・民之莫矣・監謗禁黨・瞶禍翫裁・又何其同也・大都宋之南渡・弗逮周之東遷・藩城屛翰曾無一焉・而且斮東澈・殲岳飛・至於廢竑立均・豔妻奸相・剗其家法・不待逢厓・先自亡也已・本源既壞・枝流可知・文弊而塞・膠戾乖刺・舊史所謂聲容盛而武備衰・論建多而成效少・非不韙也・詩亦有之曰・殷鑒不遠・在夏后之世・於戲・觀是編者・尙永鑒之哉・

革除遺事序

革除遺事何以錄・懼湮也・諸臣之死・嗚呼烈矣・大節揭・揭天日・相爲昭焉・何湮乎懼・懼史之逸之也・楊文懿公嘗請輯建文中事・謂史不可滅・則是既逸之矣・此其錄之也・何居・承二聖帝意也・文皇帝嘗謂臣之死曰　・彼食其祿・自盡其心爾・練子寧若在・固當用之・昭皇帝又曰・若方孝儒輩皆忠臣也・乃肆眚宥其子孫・還其田土　・嗚呼仁哉・夫謂之忠則宜有傳・不傳則曷以示勸・故茲錄之・凡以承二聖帝意也・嗚呼革除之禍實肇自君・海水載蜚・甲觀乃焚・赫赫有命・歸我聖文・稽蠹簡・芟糾紛・逑建文本紀第一・焚巢姤凶・奔走無所・慈宮長秋・榣山碧鏤　・天璜玉

葉・姜姬嬪御・孰逸孰死・于嗟一炬・述闔宮列傳第二・君存與存・君亡以亡・以身殉道・獻于先王・體受歸全・刀鋸罔罹・含笑黃壚・成就厥是・述自盡諸臣列傳第三・燗抗太陽・自掇滅息・糜軀及族・逮繫孔棘・嗚呼非下武胡壽姬・非伯夷曷染時・闡幽發潛・傳信闕疑・述死難列傳第四・食人之祿・當死其事・臣無貳心・伊天之制・榜揭黨誅・既繁有徒・乃蒐羣籍・爰錄其餘・述死事列傳第五・九族之外・蔓引株連・爰及友朋・就僇言駢・蟹以怒移・魚云殃及・哀彼人斯・啜爾其泣・述族黨列傳第六・敷展謨猶　・式遏亂畧・必有君子・而後能國・革除之臣・遐福者希・廣裒集・包顯微・述先後考終列傳第七・首陽峨峨・周粟弗食・矢死不仕・或遯而匿・匪直章逢・執殳衣緇・其人雖微・義則可師・述義士列傳第八・梱儀穆穆・姆訓肅肅・視死如歸・禔身如玉・見義不易・民彝炳然・有靦降夫・不愧于天・述烈女列傳第九・保身者流・冠倫魁能・非木擇鳥・亦臣擇君・奮翔新朝・勒鼎特衡・楚材晋用・蹟弗可泯・述外傳第十・是編也・本莆田宋公端儀革除錄・清江張公芹備遺錄・而弋陽姜公清又取諸卷宗爲編年以足之・然猶未免闕文也・疑其所既徵・白其所未瑩・則有俟于後獻君子・

明音類選序

明音類選奚以編也・類選治世之音　・用昭隆盛於無窮也・曩者・余講學於粵洲・諸朋絃誦詠詩・各選已往遺音・無慮數百家・廊廟山林・鉅公畸士見存者・方將轢漢魏以追風雅・則不與焉・然所見人人殊・門人黎子民表方更訂定・編既成・潘上舍光統捐貲刻之・余乃爲序云・序曰・嗟乎・詩豈易言哉・風雅之所以異於頌者・托物比興・言其志而已矣・頌則紀盛德告成功於神明・可以觀興・而羣怨無與焉・是故二南正而不變・觀興備矣・然行露標梅・江汜野麕・則羣怨之宗也・邶鄘以下・綱常變而懲創萌焉　・至于豳變而下・失其正者乎・東山鴟鴞・風也・七月則肇雅矣・卷阿公劉雅也・泂酌則兼風矣・繁簡惟時・以贊王化・何周召二公之聖於詩也・多識庶類・匪學弗獲・茲所以異於匹夫匹婦之詞與・淮南有言・鹿鳴興於獸・爲其見食而相呼也・關雎興於鳥・爲其雌雄之不乖居也・聲應生・變必連・及蒿芩荇菜而後變成方以爲音焉・劉伯溫之旅興・汪朝宗之壯遊・若倦鳥風林之類・至於吳下四傑・嶺南五先生・大家輩出・莫不比興成音・其深於詩者乎・乃考皇矣用之者八轉・北山用之者三闋・演章法也・蕩之文王曰咨・折之其在于今・效書誥也・桑柔前八句者・其章八・後六句者其章亦八・廣曲暢也・大東引物則饛飧捄匕・連類則箕斗女牛・闡幽奇也・景濂父子之送寄長篇・蓋亦祖之・女子善摛藻者・白華之外・谷風及氓而已・然其如悔恨何・宋氏之題郵亭・可謂顛沛不失其貞者矣・作家鳴盛・莫可覼縷・明音得自風雅・安數唐哉・陶淵明嘗論詩矣・曰・寧效俗中言・是古詩貴雅不貴俗也・杜少陵嘗論詩矣・曰・既於詩律細・是律詩貴細不貴粗也・音也者・與詩高下・　通乎政者也・　吾見近世古詩・則以綺靡爲精工・律詩則以粗豪爲氣格・然則徐庾之玉臺優於蘇李之河梁・蘇頲之輕花捧觴・岑參之柳拂旌露・反不如羅隱之天地同力・韋莊之萬古坤靈矣・觚不觚・馬非馬・其可乎哉・梁

陳之體足以致寇・趙宋之體・不能退虜 ・詩三百而蔽以一言・蒼姬所以爲有道之長也・變而不失其正・吾於風雅體三致意焉・毋邪爾思・盍其儆諸・

六藝流別序

聞之董生曰・君子志善・知世之不能去惡服人也・是以簡六藝以善養之・而各有所長・詩道志・故長於質 ・書著功・故長於事・禮制節・故長於文・樂詠德・故長於風・春秋司是非・故長於治・易本天地・故長於數・人當兼得其所長・是故舉其詳焉・志始於詩以道性情・爲謠爲歌・謠之流其別有四・爲謳爲誦・爲諺爲語・歌之流・其別亦有四・爲吟爲詠・爲怨爲歎・其拘拘以爲詩也・則爲四言・爲五言・爲六言・爲七言・爲雜言・其雜近於文而又與詩麗也・則爲騷爲賦爲辭爲頌爲贊・其專事對偶・亡復蹈古 ・則律詩終焉・書行志而奏功者也・其源以道政事 ・爲典爲謨・典之流・其別爲命爲誥・謨之流・爲訓爲誓・凡典上德宣於下者也・又別而爲制爲詔・爲問爲畣・爲令爲律・命之流・又別而爲冊爲敕・爲誡爲敎・誥之流・又別而爲諭爲賜書・爲書爲告爲判・爲遺命・而間亦有不盡出於上者焉・凡謨下情孚於上者也・又別而爲議爲疏・爲狀爲表・爲牋爲啓・爲上書・爲封事・爲彈劾・爲啓事・爲奏記・訓之流・又別而爲對爲策・爲諫爲規・爲諷爲喩・爲發爲勢・爲設論・爲連珠・誓之流・又別而爲盟爲檄・爲移爲露布・爲讓爲責・爲劵爲約・而間亦有不盡出於下者焉・禮以節文・斯志者也・其源敬也・敬則爲儀爲義・其流之別・則爲辭爲文爲箴爲銘爲祝・爲詛爲禱・爲祭爲哀・爲吊爲誄爲挽・爲碣爲碑爲志爲墓表・樂以舞蹈・斯志者也・其源和也・和則爲樂均・爲樂義・其流之別・爲唱爲調爲曲爲引・爲行爲篇・爲樂章・爲琴歌・爲瑟歌・爲暢爲操爲舞篇・春秋以治正志者也・其源名分也・其流之別・爲紀爲志・爲年表・爲世家・爲列傳・爲行狀・爲譜牒・爲符命・其大槩也・則爲敍事・爲論贊・敍事之流・其別爲序爲記・爲述爲錄・爲題辭・爲雜志・論贊之流・其別爲論爲說・爲辯爲解・爲對問・爲攷詳・而凡屬乎書禮者不與焉・易則通天下之志矣・其源陰陽也・其流之別・爲兆爲繇爲例・爲數爲占・爲象爲圖・爲源爲傳・爲言爲註・而凡天地鬼神之理管是矣・昔晉摯虞嘗著文章流別・其亡已久・故予蒐羅散逸以爲此編・統諸六藝・竊比於我董生云・

小學古訓序

子朱子小學凡數十萬言・敎人之道備矣 ・後學所當尊信・終身誦之者也・然書旣浩繁・理涉宏奧・世俗蒙訓・乃或置之・而以他書爲先・予竊懼焉・夫古之施敎也・凡以開其聰明而納諸道也・童蒙之時・性渾聽顓・言易入・苟使先入之言汗漫而無稽・曷以端其趨嚮哉・故今採取內篇之最切要者・旁及他書・以爲小學古訓・首之以威儀動作之則・次之以居處執事飮食衣服之宜・又次之以灑掃進退應對之節・皆以立敎敬身端其本也・知敬身則可與適道矣・故明人倫次之・人倫旣明・斯可與諸弟子之職・故入孝出弟 ・謹行信言・汎愛親仁・又次之行有餘力・則以學文 ・故學文又次之・學文則六藝可通・故以禮樂射御書數終焉・凡纂集古訓

貫串成章・不復識別者・便訓習也・篇終每援引詩書傳記者・明本旨也・如將適舍求毋固之下・增將入門問孰存二語・此類皆本儀禮經傳通解・亦朱子之教也・不知而作・以取罪咎・則予豈取・正德辛未正月後學嶺南黃佐書・

姆訓序

姆訓胡爲而輯也・成子朱子之意・以教內治而正風化也・三代有道之長莫如周・而風化之美亦莫如周・觀諸豳風・家人婦子驩然有恩・秩然有禮・實二南之權輿也・及文王作后妃之德章於關睢・樂而不淫・哀而不傷・其性情可謂中和者矣・而勤儉孝敬・身以先之・女順既修・逮下仁厚・至有麟趾之應・爲蒼姬之籙・八百餘載・劉向烈女傳述其末俗・淑慎貞潔・代不乏人・而饁田畝爲酒食・治蠶績供衣裳・以盡孝敬・咸不渝乎其初・肅雍之澤・何其久也・無亦姆教所貽・感發熏炙・悠遠不衰之故耶・子朱子嘗謂女子亦當教以曹大家女戒・溫公家範諸書・惜其不及刪述與小學並傳・猶爲闕典・肆于元狄腥聞・而王道盩矣・惟我聖明・更化致治・媲美有周・垂二百禩于茲・縉紳士庶・閨門肅穆・一或出市・陌衒冶容・奏秦箏噍殺之音・呈子女優雜之戲・雖市人猶詈而過之・然紋繡之工・歌舞之伎・亦寖與昔者歲異而月不同矣・予爲是懼・乃輯此書・以內則曲禮詩傳爲主・而列女傳女戒家範皆採入焉・一曰內範・二曰昏禮・三曰婦德・四曰婦言・五曰婦容・六曰婦功・七曰孝順・八曰貞節・九曰相夫・十曰教子・爲女爲婦爲妻爲母之道・具在是矣・名之曰姆訓者・庶使女師教之・婉娩聽從・習與成性・必能修德宜家・臨難守節・於關睢麟趾之意・或有小裨云・

樂典序

樂之爲道大哉深乎・殆本諸心者已・其大也同天地之和・其深也洞鬼神之奧・故窮神知化乃能興樂・黃帝始爲雲門清角・益以咸池流徵・英韶萌焉・唐虞之際・爲天下而得禹皐陶・庶績萬幾之外・宜若弗遑焉者・顧乃欲聞音律・出納五言何・不知偏物而爲此規規也・誠見夫聰・明明畏天・因乎民也・君臣同德・政在養民・九功敍焉・九歌勸焉・而九韶興焉・率舞允諧・實神禹之聽政然爾・命夔典之・豈其所能作耶・嗟乎・古樂之亡久矣・然周官歌奏・徵諸虞謨商頌・何其符也・分律同以爲六列・合三才以爲九成・大樂固與天地並存矣・夫豈難知者哉・周衰樂弛・仲尼忘味於齊・擊磬於衛・諸大夫於魯益求諸心也・道不離器・君子學道・其務實如是・世乃駕言心學・諉有司存・然則二三聖哲非與・實不中其聲・斯竅也已・

憶少年先公所藏樂記而教詔之曰・古者・樂紀宮角・諧中音也・小子其盍考諸・退而卒業・然算及星歷未之好也・嘉靖庚寅荒遯粵洲之麓・乃始玩悟參伍・凡十有五載・而後成均之法頗有明焉・夫河洛天地之中也・而圖書是之自出・其樂之元乎・水木火金成於土・知仁禮義歸於聖・天人一而已矣・宮往而必返商・分而實合・倡以羽角・知仁交際・萬化出也・和以徵商・禮義交際・萬化入也・琴瑟宮也・鍾羽也・磬角也・管以定絃・金聲玉振・而諧中音以爲節・此則夔之所以擊拊者也・否則・六十調八十四聲・其文繁矣・曷從而合

之·惟夫陽倡陰和·一變爲七·七變爲九·而復于一·則凡君臣父子夫婦之綱·親疎貴賤長幼男女之紀·六府三事之敍·養民阜物之理·畢形於樂·而星歷通焉·而今而後乃知大樂之必易也·其諸體天地之撰乎·竊不自揆·輯古訓而通釋之·黃鍾至中呂·位乎陽者也·蕤賓至應鍾·位乎陰者也·器數以辨之·歌奏以合之·爰引樂均上下十有二篇·聲物類體·本乎氣者也·歌風音律·奏乎聲者也·窮本知變·爰述樂義九篇·大司樂所掌·竇公所傳·其出自周公信矣·苟能通之·六樂可作·爰述圖說·而以樂記詩樂終焉·名之曰樂典·典樂故也·隆平之世·稽天於民·心審而耳決之·豈無禹皐陶其人乎·英韶復興·庶其在此·佐雖癖于好古·罪不敢辭·詩曰·嗟爾朋友·予豈不知·而作此之謂也·

兵部奏議序

人有恒言曰·忠信爲周果·然乎哉·有穀於此·穎而不栗·其外若可以療飢·舂而揉之·糠粃而已矣·人而不周·所謂罔之生者·其足用乎否耶·書曰·自周有終·相亦惟終·茲一德之所以咸有也·予觀于先王盛時·雖持兕執殳勇若虓虎者·皆惇懿守義·稱不二心之臣焉·降于力政爭雄·始挺而相欺·孫武子乃曰·將者國之輔也·輔周則國强·周也者·忠信之謂也·非曹瞞氏之所云也·夫穀不實而粃生·烏得而食諸·人不周而隙生·焉得而用諸·雖兵家者流·其猶有三代之遺言哉·世之儒者議兵·顧乃常謂貪詐可以器使·烏虖·本之則無·而望其建事奏功·無亦播非其種而冀食其實邪·我聖祖皇帝軍政之規·凡冒功敚廕必嚴誅斥·所以敦本也·承平日久·政法多偏而不起·獨兵事爲尤甚·天順末·東山劉忠宣公讀中秘書·自負文武長材·以張皇六師爲己任·同時摛藻之士·每竊笑之·及當留翰林·乃慨然請任諸曹·得兵部主事·凡武職諸弊端·事涉欺罔者·建白刷振亡遺力·歷事敬皇帝爲大司馬·嘉績蓋多于前聞人·至正德中其名益烈·予嘗羨慕之·每歎曰·嗟乎·東山沒矣·世豈無嗣之者邪·抱志弗售·陸沉文字間·竟無所建明于時·則又每歎曰·嗟乎·世界終無東山邪·及讀余子此奏·則茫茫然自失矣·

廣東圖經序

五嶺雖逖·在荊揚之裔土·而聲教所暨·亦云久矣·顧丘索堙圽莫稽而益紀山海·番禺之桂·爰始爲舟·則其通於中國·蓋帝世也·故伏生尙書大傳·首言堯撫交趾·定爲荒服·舜沉四海·謠探朱天·帝德之光丕昌·海隅日出·厥有徵哉·大禹平水土·而方物致自南海·成湯域四方·而獻令正及南荒·然夏忠商質文獻罕存·六籍以來所可紀者·亦惟自周迄今焉爾·周武王初·疆理南海·關旅通道于八蠻天竺·至于澹耳·莫不通貢·謂之藩服·今所謂蕃也·成王時·洛邑王會揚粵貢于成周·方物以翟惠·王命楚子熊惲鎭南方·夷越之亂·其谿峒雜類與民錯居者·曰□曰傜曰僮曰獠曰㐌·好相攻討·浸以微弱·稍役服之·於是百粵以漸屬楚·然叛服不常云·

周官輿地必有圖·以知險阻·掌於土訓·圖必有志·以知地俗·掌於誦訓·吾廣爲百粵綱維·安可闕諸·瓊臺邱氏曰·天下之山皆起于西北·突起而爲嶺·天下之川皆委于東南·渟滀以爲海·廣南居嶺海之間·纍然小堪輿也·朱子謂

天施地轉・閩浙反爲天地之中・則百粤其齊魯與・白沙陳氏曰・星臨雪應・此語非謬・由是觀之・上能齊魯其民・民一變至于道・則圖經之作・夫豈直爲險阻地俗而設者哉・廣東虞地・唐虞三代時・在揚州之外境・大越之南裔・周顯王三十五年楚敗越・越遂散微・其君長分處江南海上・臣服於楚・謂之百粤・又曰揚粤・天官書日月五星起揚粤斗牛之次・連貫營室・故分野包青齊而接鄒魯・近楚則爲軫翼・星紀鶉尾・實員南海・故少陰多陽・物恆榮茂・皆由山澤蒸燠・仁氣通流・五嶺發自衡岳・其下三江分流・同入于海・一曰大庾・其西南湞水出焉・南流與肆水合・是曰南江・龍川之水東來合之・是曰東江・二曰騎田・其北湟水出焉・東南流出匯浦爲桂水・三曰都龐・其西鐘水出焉・東流合于南江・四曰甿渚・其南臨賀水出焉・南流至于封川・爲封溪水・與桂繡二水合抵于番禺・是曰西江・五曰臨源・其南灕水出焉・其北湘水出焉・合流于江南・秦始皇二十四年滅楚・遣王剪畧取揚粤・猶陸梁不服・三十四年始平之・以其地爲三郡・負山險阻・南北數千里・置南海郡尉以典之・徙天下吏民罪謫者南戍五嶺・秦末趙佗遂王其地・漢因封之・元鼎五年平南越・置南海合浦蒼梧桂林鬱林交趾九眞七郡・元封初・又畧得南海中大州方千里・置儋耳珠崖二郡・後兼置交趾郡刺吏・是時人文日盛・衣冠禮樂遂齒中州・建安八年改爲交州・十五年徙治南海・在今城南五十里舊番禺縣治・二十二年始於尉佗越故都・築立城郭・綏和百粤・民用寧集・三國吳分置廣州・自此交州徙治龍編・晉平吳後・西南二江各置護・宋齊因之・梁復置東江督護・陳因之・開皇十年陳置廣州總管・治大庾・二十年仍治南海・唐貞觀初屬嶺南道・後爲嶺南五府節度使・五管經畧使治所・咸通中・分爲嶺南東道・乾寧二年陞爲清海軍節度・五季初爲南漢潛據・宋開寶四年平南漢・置廣南東路經畧安撫司・以廣州守臣兼領・元置廣東道宣慰司及肅政廉訪司於廣州・至國朝改置廣東等處永宣布政使司・廣東處提刑按察司・廣東都指揮使司・並治廣州府・其北三百五里曰韶州府・又東北一百五十里曰南雄府・是爲嶺南道・其東二百二十里曰惠州府・又東六百五十里曰潮州府・是爲嶺南東道・其西九十里曰肇慶府・又西一百九十里曰高州府・是爲嶺南西道・海岸之北八十里曰廉州府・又南二百里曰雷州府・是爲海北道・又南一十里海中曰瓊州府・是爲海南道・東南近海・其民華以浮・則多颶風石・尤西北近嶺其民質以悍・則多山嵐草瘴・詰兵守海・因督護舊蹟分爲三路・揆文教以化邇・奮武衞以服遠・張弛惟時・不愆成憲・實經畧之大端也・

廣東通志序

吾廣十郡各自爲志・今會而通之者・何居・蓋備一方文獻・以牖民彝・而䢖我聖明之率典也・在昔唐虞聲教暨南交之日久矣・疆理于周・作鎮于楚・南武紀于漢・先賢傳于吳・記志圖經迭失・出晉唐之間・文獻非不足也・然不會而通之・則統之無宗・紛員寃瑣・甚或畧鉅而詳小・遺古而猝今・無乃草澤之私言與・欽惟太祖高皇帝之有天下也・稽古立政・首命儒臣倣周禮建邦圖數與張弛貢賦爲洪武志・志繫以紀年者・示繼述貽萬世也・天順初元・英廟始成一統

志・惟識其大者・而吾廣與焉・然成化以後・所增諸縣猶未之登載也・嘉靖乙未侍御四明戴公璟乃纂通志・成於倉卒・命曰初稿・意將有待云・

丁巳少司馬督府毘陵談公愷覽而少之・檄我藩司聘予・俾重加蒐輯・予病謝不能也・代以奉化王公鈁・禮請益敦・會侍御姑蘇徐公仲楫至・枉顧衡門・稽首再拜以請・予業已納還聘幣・力謝固辭・公請愈虔・至于再三・而幣復重・拜不獲終辭・乃于仲冬開局于貢院左轄・新建魏公良貴大參・莆田張公英・新建吳公桂芳主議・臬閫諸公則陪位焉・時少參錢塘陳公善・溫陵田公楊職守在外・實與聞之・前期有司咨耆舊索經籍・至是告備・而所徵鄉貢進士陳紹文黎民表梁紹會・及予中子在素皆集・予發凡舉例・歸諸廣郡太守會稽陶君大有達于有位・僉以爲韙・然州縣續志・積至百餘方・博求往古以補事之・鉅而畧者不遑及也・郡檄復徵庠生・　多辭不至・越明春至者・惟會元魯黃萬春陳冕歐大任林喬黎民懷梁有兆・而予長子在中與焉・人各分彙・袠不踰三・凡四閱月而竣事・予每夕歸・病于憊・則令少子在宏釐次之・惟碑碣詩文交互鼎來・視之怏焉・莫能鑒也・諗於魏公曰・焉有綜貫百家能裁揃菁華者乎・曰顧提舉起經其選也・乃召顧君以監膽至局・刪節分註・已於事而竣・歷代題名前脫後考之茫焉・莫能補也・諗於唐君曰・焉有閎覽載牒能研覈古今者乎・曰陳縣丞達其選也・乃召陳君以供餼至局・參伍博記・已於事而竣・於是草創編爲七十卷・會紹曾北上・惟留陳黎二生討論修飾・然題辭論贊猶謙讓未遑・予則總之・顧所紀錄悉確有據・惟潤色而已・何者・千鈞之重・加以錙銖・則移萬里之

流・袪其蕭葦則駛・予奚容心於其間哉・第性本疎愚・言且耄拙・幽痗頻作・載筆殊艱・每欲已之・適王公擢憲留臺・代以莆田鄭公絅・亟令有司贊成其事・而侍御歸安潘公李馴尤惓惓注意・遂鋟諸梓・乃檄學諭陳君具箴・劉君裁・康君日章次第校讐・會潘公以交代去・左轄姑蘇楊公伊志・大參議章徐公南金皆以遷去・而右轄豐城雷公賀・大參萬安劉公懿・少參盱江袁公應樞・海鹽皋謨・僉以校完・遂貯諸庫以竢・代廵侍漢陽蔡公結・左轄福清翁公世經偕至・而後頒行焉・凡三歷寒暑而後成・蓋事事不敢苟・予乃拜手颺言曰・猗乎・一方文獻・庶其猶備已哉・

惟皇上帝降衷于下・民有恒性焉・日用由之而不知・則寖以澆訛匪獻・敷厥政化・將泯泯棼棼于何其人・惟后王君父・降德於兆民・有成憲焉・承以大夫師長而罔所鑒觀・則易以愆忘・匪文緝厥訓典・將敗制越軌於何其率・是故善思治者厚其生殖・均其地征以養之・阜其財求・利其器用以富之・茂正其德節義文章以教之・而又輕繇少事以振其急・約法省刑以寬其後・使之務利而避害・懷仁而畏威・此輔世之良猷也・然猶時遣皇華之使・諏謀詢度・慶賀其福事・補其札表・賙委其凶荒・稾檜其師役・哀弔其禍裁　・凡此五物者・治其事故及其利害爲一書・其禮俗政事教治刑禁之逆順爲一書・其悖逆暴亂作惡猶犯令者・與夫因喪荒而厄貧及康樂和親安平者・又各爲一書焉・外史合爲四方之志・掌其成書・稽之政令・以保天下元元・畏天命而憫人窮故也・是則會而通之者・其來尚矣・遵我太祖作志之初猷・其諸周禮是宗乎・故大司徒掌地或廣輪之數・令遂人造縣鄙形體之法・

形方正其華離・司書括其圖記・量人分其涂數・保章辨其星野・用是土訓掌道地圖・以詔地事・誦訓掌道方志・以詔觀事・如指諸掌矣・始總一方・中列十郡・而終以羅浮南海者・粵之望也・是皆志之管也・故首圖經訓・方氏掌道政事・與其上下之志傳而誦之・乃爲編年・自周迄於正德・逌今睎昔・鑑戒烱矣・其猶資治之史乎・政次之以紀事・太宰施典于邦國・以治官府・則監牧州縣・國則封建諸侯・官則用人・府則理財・後世不能易也・我朝揆文教・奮武衞・設方伯連帥・監夏殷而損益之・猶夫周也・書其姓名邑里作職官表・大司徒以三物賓興必先德行令也・藝焉而已・然猶貤恩以勸孝焉・作選舉表・國有仁賢・則職方之圖土地人民政事賴之矣・由是庠序之教始于釋奠・鄉射蕝于大宗伯・五禮皆可舉也・凡大合樂必遂養老・肆絃歌・施英韶・以協大師律同皆可奏也・禮樂明備・則文章煥然可述・故凡書掌於史外者・達于四方・擒之罔極・而琬琰昭焉・作五志・乃若考德行・察道藝・鄉大夫以興賢能者・內史因之・修諸家毋有壞于廷者・其馭敍一而已矣・故名宦有聲・茲土人物罔玷厥躬者・與夫流寓之進退・列女之貞烈・皆核實作列傳・而異教諸夷祥眚神怪・則爲外志終焉・猗乎・蒐之弗精・輯之弗詳・是謂惝備・實予之罪也夫・

抑又嘗竊聞之・尙書大傳南交宅於荆揚裔土・非至秦漢而後通中國也・證以水經注則陶水之渚有堯行宮・而舜奏九成于韶石・遡聞雖若不可究詰・然羲叔平秩夏伯貢樂蹟・其在茲與・周公之懲荆舒也・蠻揚之翟得與王會・孔子作春秋有鐸氏微而高固相・楚傳其書於服嶺・故海濱稱鄒魯實秦漢之先也，獨嘅夫屯門放洋葱嶺倭奴之間・猥行天竺之教・斷髮偏袒不過裸國之雄爾・中華道汚・妖氣召之・於是達磨駐廣以楞伽印心・盧能居韶以壇經傳法・非無言語文字也・宋人王安石蘇轍輩靡然歸之・喜其頓悟超脫・自見本性・出乎六藉之外・吾人染焉，自是堯舜周孔之道駁而不純矣・其流至於束書不觀・浮談無根・政治弗彊・禍且逮國・崖山之敗・蓋可覩也・元品南人寘儒於娼丐之間・而尊西僧爲帝師・演媟慆淫・典禮盡滅・書曰不虞天性・不廸率典・殆胡元之謂與・我太祖驅除元亂・申明五常・論道化之本・惟思堯舜精一執中・設官分職・以爲民極・則行周公之法度・治世良規・復誦孔子節愛之言・而師法之・然則將欲正風俗得賢才・俾民一變至道・誠無以易此矣・當是時敗倫之誅・榜示天下・而吾廣夫婦之愚不肖・無一犯者・薦紳先生又多博學反約・行道濟時之英・然顚復相謾談禪而侮聖學者・間亦有之・觀於外志・則八變以天竺爲禍首・設使人盡修禪・從事於湼槃示寂・則生靈何辜・而自掇焚如之繆乎・古之邁種德以式今者・至明也・而自昧之・天之降葆命以牖民者・至善也・而自棄之・矧其反而吾道自足・毋以旁求爲也・誦法聖人之言而內省其私・恒興德性相感發・則典禮之敍秩於天者・由衷而出・尊親等殺動皆中節・名教樂地分爲大和・上帝降之百祥・皇極嚮用五福・周禮慶賀之事・當茲至矣・書曰・其稽我古人之德・矧曰其有能・稽謀自天・殆今日之謂與・夫仁者擇善以禔身・知者備禍於未形・邇來夷寇交侵・誰不思禦・其書召禍・奈何惑之・是故民之志於趣福也・猶赴冬日之陽・夏日之陰也・禁胡書以端其習・遵成憲以厚其生・則民志定而妖氛熄矣・是編也・採擷頗繁・舊志百僅存一・大類皇華分彙而合成之・雖無甚高論・然愚者一得・於輔世福民之道・獨諄切焉・其事則粵・其文則史・其義則通天下之志・苟潤澤而時措之・豈但備一方文獻而已哉・於戲・豈但備一方文獻而已哉・

東莞縣志序

史遷有言曰・孔氏著春秋・隱桓之間則章・至定哀之際則微・以予觀於劉太史存業所纂舊志・則反是・章於後而微於前・夫豈有所忌諱於其間歟・蓋亦往牒湮坳無所於徵焉耳・然猶晉黃舒氏孝行昭著・當時擬諸曾子・千載而下・聞風者莫不感發興起・參里之山到于今猶蔚蔚有耿光云・昔者孫子學古之爲令也・來從予遊・而問政・予始示以鄉禮・卒授以樂典・而告之曰・君子立政必以化民爲本・所爲僅庠序之教・申之以孝弟之義・人人親其親・長其長・而天下平・非迂語也・自其德性之知而牖之・使篤於行・雖逐利不軌之民・流爲蠻髦・肆其寇虐者・可孚而化也・況於甿庶之良者乎・故大學之教・興其義以樂學・詩也者・興此者也・禮也者・立此者也・樂也者・成此者也・周衰教弛・曾子問孝於仲尼・因心擴充・筆於大學・本忠恕以闡一貫之蘊・而聖學王道管是矣・何者・自明而誠一也・充其德性・潤身以及天下國家・貫也・養蒙以正・自昭明德・誦肄風雅・禮以節之・樂以和之・其善不肅而成・其惡不嚴而治・此予之所爲述也・潤澤而力行之・其在子乎・

於是修飾庠序・虞祀先師・然後延邑儒補舊志以備文獻而未成也・越十有五年・吾門貳守張子仲孝宅憂歸自福州・讀禮暇乃以書紹介曰・邑大夫蓮峰喬公將贄而見・以邑志之成也・鄉縉紳廷尉平石涌謝公司徒郎艾陵林公實載筆修輯・凡天施地化人事之紀・燦然大備・敢冀爲序・以冠篇端・既乃枉顧敝廬・稽首再拜以請・時猶鋟梓未竣・今年秋乃見完書・覽之終篇・作而歎曰・猗乎・下之化上疾於風草・諒矣哉方司馬氏之初王晉也・取賢斂才・振舉淹滯・所頒令條則忠恪孝敬・迄於學以爲己是也・聲稱甫浹於南・而參里之賢始有聞焉・向使爲牧守者尊禮而賓師之・出使長民・淑其子弟・則四郊飈動而敬應焉・雖奚山蛋浦・有父母者亦皆驩洽・遠邇慕效・則蠻髦寇敓之俗・日見其消也・豈非轉移之大機乎・然當是時・剖符大都武人・鷹擊爲治・不尚文教・即有文吏・又皆噀蠕觀望・至于陳虞荔孔興・以國用不足・奏立賁海鹽稅・奪吾民利・富之且不能・又奚能教也・用是觀之・自郡爲縣・惟以鹽官・莞榷得名・其外本內末之義見矣・隋唐迄宋四百餘年・進士惟少府監姜誠一人・政和紹興間・科第漸興・而名儒李用父子則出于淳熙建學之後・蓋吏茲邑者・始惟以築堤辦賦得名・至是乃彬彬有程朱之教・迨我聖朝・而俊傑名戶鼎來迭出・此志所以弗容弗章也・風化之效・焉可誣哉・

夫鏡所以察形也・古所以知今也・居今之世・志古之道所以自鏡也・書曰・先王克明德慎罰・春秋傳曰・明德・務崇之之謂也・愼罰・務去之之謂也・申公巫臣釋書告君・似亦忠矣・而自爲謀・則陷身於淫爲大罰・非徒欺人而實自欺・悲夫・悲夫・此誠意所以爲人鬼關也・故大學不言愼

罰・惟先慎德・慎必於其獨者・次去不善・而必得其善則誠矣・誠則形・形則孝弟行・仁讓興・而天下國家特舉而措之爾・故曰苟志於仁矣・無惡也・誠故也・斯須不忠不信・僞而不誠・則藏身不恕・無以喻人・徒瑣瑣於聽訟理財・曷由以一心而貫千萬人之心哉・故曰・大畏民志・此謂知本・又曰德者本也・財者末也・人惟自孩提後習染澆訛・知有慾而不知有身・知有貨而不知有親・資雖美而弗學・則德性無由反乎其初矣・酌古宜今・若魏莊渠氏者・其猶有周之遺教乎・得其書而觀之・考按圖志・詢訪民俗特行・公移視茲邑・如大郡焉・立社興學・以教子弟・而行鄉約・誦讀之中・禮樂存焉・茅蠣之郊・絃歌藹如也・行之越期月・而盜弭民安・士有馴行・荒憬之徒鱗集・仰流嚮道而遷義者衆矣・故予述鄉禮如其所行・而增社倉以豫救與養・立保伍以備祀與戎・樂典則律以和聲・官倡商和・雖分實合・凡大合樂必遂養老・而君臣父子長幼男女之倫皆形見焉・所以教天下之爲孝弟也・莊渠氏嘗問王純甫以周官大司樂矣・今庶幾其少有聞乎・惜不及與之上下其論也・邇者・邑俗之美不殊於昔・然屯門放洋・烏艚鹽販者・厭飯稻羹魚之常・而趨珠璣犀象果布之湊・商賈貨利・東往樵林・西通山越・而弄官恣掠者有之・聖天子方興禮樂以致隆平・雖昏迷侮慢之夷・亦皆晻然而化・舞干羽而格苗頑・不是過也・喬大夫修理學校・以化民爲大務・非惟成孫子之志・而且備錄魏氏之爲・俾永有聞焉・推之天下・絜矩之道其大行矣乎・然則斯志也・立治本以垂世規者也・微耶章耶・無庸論也已・嘉靖四十有一年壬戌孟秋・

送竹岡張方伯歸黃州序

漢人言東南之美必歸諸會稽竹箭・觀於虞翻所蓋・王子猷所玩者・槩可見矣・宋以來蘄竹乃盛稱重・豈非王黃州記竹樓後・遂爾騰譽耶・然蘄地亦因竹以顯・我朝賢秀輩出・世所樂道必人焉先・豈陽德炳耀非物所得而顓耶・世稱大方伯張公希賢必曰竹岡先生・無乃反借重於公以有聞耶・蘄竹可謂遇矣・今夫竹萌而不詘・籜而愈出・似直並生・連類覩倚・文翠似和・梢雲干霄・貫四時而不改柯・易葉似貞・其節確確爾・其心廓廓爾・似剛而有容・枝幹扶疎・高篵不汚・似明而潔・揉而鏃之・貫於犀革・材爲管箭・比於琴瑟・似達而不器・君子是以觀法焉・以其剛直者鋤强・暴震懾詭・於是乎布威信之政・以其和且容者・恤矜寡・寬困窮・於是乎布子惠之政・以其貞且潔者・節嗜慾・敦廉恥・於是乎布恭儉之政・以其明且達者・燭隱微・行法制・於是乎布精敏之政・精敏曰勤・恭儉曰禮・子惠曰仁・威信曰義・義以爲質・仁以發之・禮以守之・勤以究之・而民不被其澤者・未之有也・公今秩至左布政使・澤民之日久矣・一旦蒙微恙輒去歸其鄉・廣民懷之・僚友愛之弗忍釋・所謂不可一日無此君者・而方公浩然嘯傲竹岡之上・豈無化龍來鳳之祥耶・吾言驗・則璽書行且徵公矣・

贈九霞山人歸慧山序

天地立於氣而乘於水・水之消息隨日出入・故恒不溢以涸・而悠久之化成焉・吾人之身自作元命・法象如之・先天

之學以地天交爲水曰泰・其是之取與・夫羅浮洞天曰朱明者・言夜半見日與泰岱同也・兼有福地曰泉源者・言分水有嶼與句曲通也・天載之神・地戒之紀・其徵諸斯乎・予常乘飈御・振衣乎飛雲之椒・憭乎慄・怳乎忽・邴邴乎其若喜・搖搖乎其若不得及・既而薄泬寥・超鴻濛・上無復色・下無復淵・而元氣翼我於其中・俯觀四百三十二峯・則浮雲紛郁・日出其下・百城萃列・瀛海涵之・微茫隱見・日晃神浮・隘視宇宙・曠哉天下之奇觀也・猗乎・自非恬漠無營超然物表者・必不能至・則蛻名寵於垢氛之外矣・

九霞山人者・清修博物君子也・日夕與予談羲文之易・參鑿度之緯・闡元徵・徵龐鴻・志意蓋相孚云・比贊予統修圖志・山人乃上考姚姒之書・中紾莊騷之文・下究馬班之史・周髀輶軒・靡不該洽・東京而下所弗論也・居無何・視篆如博登羅浮焉・自言嘗見日之升於聚霞也・猶夫道之善貸・貸以三元也・始氣青而生混・蒼洞赤元・氣黃而生旻・綠景皓元・氣白而生融・紫炎碧・一貸而三氣分・三析而九霞明矣・故曰乾元用九・乃見天則・吾志之所晞者也・觀於青霞有谷・實接鐵橋・其殆亥子之交・內視始氣之萌乎・吾於是而得師焉・分水之澳・東西注于龍潭・南經鳳谷・北滙龜淵・與三江合流于南海・海隅斥鹵・悉生鹽課・吾方守官以治之・及海出蘇門大食之虛・遙望南巫黑洋之中・孤嶼歸如・歲發春陽・羣龍交戲・而元黃之遺涎可得而貢也・豈非良常西灌・肇自蒼龍以郅茲・故與嶼流合江・委于天池・用六運九・川流不息・故曰坤道其順乎・承天而時行・惟斯逝者・其全也漠・其散也濁・濁而徐清・冲而徐盈・吾之所以沂羅陽而濯纓者也・昔吾鄉先正李文肅氏遇唐若山翁自華陰渡風濤・夢聞夜樂藹空之聲・覺則旅於羅浮之店・兆厥樹立猶足以名世・而況於躬履者乎・觀於華山有峯・實侶瑤石・則五岳潛通・自然妙竅・在吾元關幽鍵而已・吾又於是而得師焉・歸以告予・予初未之省也・既而思夫聖人知化育・明鬼神・其必有緒言矣・乃稽之・記曰・郊之祭也・大報天而王日・又曰三王之祭川也・皆先河而後海・由是觀之・天氣不可見・可見者日・地氣不可見・可見者水・先天之學・此其本元也・何則・天地定位・山澤通氣・乾自南而明・入地下則交於坤・中而爲坎・止於上而動則明・出東岳而耀及鵬溟・此夜半之所以見日也・坤自北而河流於南・則交乎乾・中而爲離・入于下而說・則澤注西海・而流自鯷壑・此泉源之所以分水也・有道者體之水・交于日・常德不離・而一元之運・一十有二萬九千六百年之壽可坐而致之・子既洞見九霞羽景而悟夫地道潛通・乾坤之用・蘊諸心矣・

方今聖天子道德隆盛冠於邃初・上格泰清・下格泰寧・神明畢至・而天下化成・其脫穎彙征之會・與子以雅志清才見重當路・累陳清思求歸慧山・言雖懇至・然皆莫之許也・及則躬賫龍涎獻于當宁・用以精禋天地・望及河海・將承寵光・惟自獻之・爲圜爲矩・與化元同・嘉遁之志・其遂矣乎・雖然志之所存・求達乎道也・明良訢合・務在用人・若子之賢・能終隱哉・鼐者・躡朱明・憩泉源・靚深有得・能通其變・斯不器也已・故曰道若川後之水・其出無已・其行無止・先神先鬼・先稽我智・芒芒昧昧・因天之威・與元同氣・爰有大圜在上・大矩在下・汝能法之以爲民父母・軒轅

氏之誨・信萬世之大猷哉・故瀕行贈之・以申永懷云爾・

贈鄒憲副序

泰泉子荒遯賁禺之野・編篷山椒・嘯歌其中・一山鄒大夫屢過焉・嘗觀於海・泰泉子嘆曰・嗟虖海哉・蕩蕩乎水所歸也・滔滔乎其奮馳也・秩秩乎其無之也・皦皦乎其鑒微也・其有泰之道也夫・大夫曰・何謂也・泰泉子曰・昔者嘗竊聞之・騁逸策迅者・雖遺棄而不勞・因風凌波者・雖濟險而不傾・何則・才器具而所乘之勢順也・是故太上・天下爲度・其次愼厥時幾・濟事在順・助順在人・任人在幾・運幾在度・泰之明夷曰・含洪守中・潛若無所・赫焉震發・從天而下・如日斯燭・照此九土・奇衺悉絕・則莫敢予侮・夫包荒沉潛・坤順容也・震用馮河・乾剛中也・照不遐遺・離明動也・奇衺無朋・陰失用也・包荒仁也・馮河勇也・不遐遺明也・朋亡公也・執此以往・天下無宿政矣・非此道也・是奡盪於陸而勤諸遠・造父馭於川而强諸難・吾見其猶揚沸求水・覆窶數而冀其萌也・是故觀於海而得泰道焉・嗟虖海哉・大夫曰善・他日泰泉子曰・大夫之殿我邦也・使軺羽檄沓如・其突如・人百迕之・雍如整如也・如其仆强樹廢・雖萬夫能囘諸乎・訟牒山如・片言愜之・頌聲作矣・暮夜有敢履其庭者乎・送往事居・日不遑息・而論心修禮・于佐之廬・恒有轍迹焉・仁而勇・公而明・大夫當之矣・大夫當之矣・及有南交之役・聖天子用輿議擢副臬・使民咸競・曰匪我公也莫父母我者・今尙邇我哉・毋亟卽戎・以遠我跂・已而有詔寢兵・於是民保其暨・聚謳于衢郡 ・ 執事以大夫之德之暉于上下也・俾泰泉子有言・於是乎書向所與大夫語者・

送李古冲序

聖天子卽阼之十有五年後十二月・既鼎新九廟・徽崇兩宮・迺涣號錫羡・敬禮高年・敷厥鴻恩・翔洽裨海・越明年・詔乃至粵・於是僉臬大夫古冲李公以職事入賀・遂奉其太夫人過家・偕尊翁稱壽・然後單車赴闕・蓋體上德意也・羣公暨余咸餞之江滸・于時魚軒載止・鷁舫遄發・羽觴瑤席・緩舞清謳・雙橋蔣公倡爲寶日之歌・歌曰・寶日晼晼宣重暉・大家逐子今言歸・西王東父臨庭闈・華纓朱轂紛哉騑・坎坎擊鼓歌縷衣・並舉玉爵停金戩・鳳笙龍琯調鶤徽・眉壽年年樂無違・同寅二三大夫和以薰風之歌・歌曰・薰風嫋嫋低澤荷・大家東還揚棹歌・驂鸞儵忽碧水波・庭闈相見鶴髮皤・綺殽霞酌旨且多・並舉玉案朱顏酡・星軺南極月斜河・眉壽年年樂奈何・公乃酬以彤雲之歌・歌曰・彤雲亹亹環建章・清廟奕奕都荔芳・德馨薦祼禘以嘗・自天降嘏惟豐穰・兵革不試帝道昌・無爲而治垂衣裳・天子壽與天無疆・舜日堯年長樂康・是日也・歌樂交作・流商激徵・間進迭觀・觥行無算・素鱗牣躍・青蘋紛披・耄倪追攀・驩集不去・既罄觴・余乃嗣言於後曰・猗嘻哉・不亦休乎・敬其友者壽其親・愛其親者壽于國・推恩之詔行而上下以仁遂・猗嘻哉・禮也・

送詔使之安南序

皇上恭天成命・起藩服入主我祖宗所全付之天下・宣德意以繩廢壞・芟邪登賢・百度克丕用興・詔改明年爲嘉靖・

以與天下更始・嚮明建治・未浹旬時・而聲光已翔洽于裨海之外・禮部臣按令甲・當告諭四夷君長・其遣使安南者・則選用文學近侍之臣・詔如其請・乃命其官充正使・賜一品服以行・比出・祖寅寀大夫士咸作聲歌送之・俾予嗣言・余惟我皇上卽阼之初・克大有爲・體元建號・期儷美于高宗・凡我同朝・定爲一心夾輔・用躋世道于亨明・俾上有弛光隆古之君・而億萬年與有休榮焉・蓋自今伊始・　而矧職備論思者乎・嘗觀於高宗承辛巳之哀・鬼方作梗・勤車甲以討之・三年乃克・而諸侯始復宗商・中興威靈掩日襲月・而高宗方且惟民是敬・惟上天是憲・惟圖終是懼・故其詩曰・　天命降監・下民有嚴・不潛不濫・不敢怠遑・書亦曰・不敢荒寧・嘉靖殷邦・今我聖明・出翼室以圖政・而巖廊之上無宿憂・柔遠能邇・臣妾萬國・中興之勢・非若高宗廑征誅之難也・然天下之事・大都成於其難・而敗於其易・以格心爲業者・可不愼與・故今日所以裨益初政者・誠不容緩・而亦於君乎望之・茲舍詞翰之適・而事靡監之勞・　達絲綸密切之地・而使離題之國・心之永懷・蓋有不容已焉者矣・於乎君其行哉・泝淮而江・兵荒之迹猶在瘡痍・噭噭尙俟煦育・咨詢所及・可以知民隱・東南之民・勤動終歲・一遇水旱・而流離隨之・使節所經・可以知稼穡艱難之情狀・惟是安南之夷獷悍偭常・然其順逆亦惟我內治是偵・宣布威德之餘・可以建守在四夷之長策・用是陳諸廣厦細毡之際・以遏荒寧・以謹僭濫・登我嘉靖之治于三代・而昭之無窮・是君之職也・然則茲行也・夫豈徒然哉・若乃善辭命以專對・毋溺貨・毋徵侮以辱命・則是一介行李者之常也・夫人而能爲・

送琉球官生歸國序

黃子敎南廱・琉球梁生炫・鄭生憲・蔡生朝器・陳生繼成受業焉・問何如斯可以謂之人矣・曰・樂・問樂・曰・畏未達・曰・人惟無所樂則營營然而謀也・戚戚然而憂也・惴惴然與物讎也・其視鳥獸有以異乎・曰・無以異也・然則可以爲人乎・曰・否・人惟無所畏・則凡可以恣而言者無不言也・雖尤而不顧・凡可以恣而行者無不行也・雖悔而不顧・既使其身儳然如不終日・而其心亦不能以終日安也・如是則樂安從生・曰・然・然則人之所以爲人者可知已・守之一・修之言・動之無入而不自得・斯之謂樂・心無所忘・亦無所忽・居其室與昊天入・居其位與昊天出・斯之謂畏・畏則反身而誠・而樂生焉・樂則心與天地同流・而人成焉・世之談名理者・類言孔顏之所謂樂・而不知其根諸畏也・非畏則心日放而無忌憚矣・畏其聖功乎　・非畏則昊天明命曷繇而存乎・夫天非徒高高在上而已也・氣以成形・而理賦焉・吾之明德・烱然在中者天也・士庶人能畏天命者・斯能成其身・侯王能畏天命者・斯能保其國・成其家者・樂惟內融・保其國者・樂與人同・是故畏也者・聖功之始也・樂也者・聖功之終也・他日其國召歸・俾國人式焉・將行則又告之曰・君子之事君也・以人爲大・其事親也・以身爲大・子之行兼有是責焉耳矣・夫古之學者・始乎畏・終乎樂・今之學者・始乎自用・終乎乖戾・子行乎哉・畏之至是爲至樂・樂之至是爲至人・以此而成身・而不能顯其親者・未之有也・其心畏者其言敬以謹・其心樂者・其言和以暢・以此式其國人・而

不能媚于君者亦未之有也．非惟是也．畏也者．戒愼恐懼之謂也．禮之基也．樂也者．歡欣交暢之謂也．樂之經也．大學之敎立於禮．成於樂而已矣．禮樂之化．達乎海外．其自茲行乎．國君有問．其以予語告之．

禮典自書後

予因太宗伯掌邦之五禮．輯三禮而會通．或連章．或截句．次第合爲一篇．作禮典焉．首交社．次明堂大饗．次祭社稷．次禘於太廟．四時祫祭．次祭五祀．及諸侯釁廟．爲吉禮者七．次奔喪．次喪服．爲凶服者二．次大師．爲軍禮者一．次諸侯相朝．爲賓禮者一．次公冠．次大昏爲嘉禮者二．皆逸禮也．未及成．編附於六藝流別．凡一卷云．夫聖人制禮本天秩．緣人情．而使之中節者也．上下殊事．古今異宜．協諸義．而協則以義起．如此而已．禮運曰．大禮必本於天．殺於地．列於鬼神．達於冠昏喪祭射御朝聘．聖人以禮示之．故夫國家可得而正也．又曰夫禮本於太一．分而爲天地．轉而爲陰陽．變而爲四時．列而爲鬼神．其降曰命．其官於天也．禮之時義大矣哉．極大曰太．未分曰一．一必有兩．兩必變四．太極儀象之在人者也．故儀禮十七篇皆侯國受於王朝．藏於有司．以爲正天下之具者．戴禮則後儒衍其文義焉耳．蓋藏禮以修義．渾淪而無形．體信以達順．至誠而不貳．本太一也．堂階位著以辨尊卑．柴瘞升沉以秩上下．明天地也．昏則媵御交洗．祭則君夫人異酌．法陰陽也．覲則壇有四門．喪則服有四制．變四時也．擅薌蕭光以報氣．黍稷屈罶以報魄．列鬼神也．天人本一而無二． 於斯見之矣．是故吾夫子雅言必以詩書執禮．而且學易．期無大過．豈非動容周旋中．禮言卽其所行者．與曾子作大學．子思作中庸．皆博學於文．而戴記載之．嗟乎天秩人情．本一而無二致也．故明明德與天命之性．皆自孝始．嘗得古註疏發明大學之義．然中庸之言與大學一揆．蓋舜之大孝以德言．卽天下之大本也．武王周公之達孝以禮言．卽天下之達道也．因心之孝見於祭．先自敬其所尊．愛其所親．而推諸天下國家．則親親之殺．尊賢之等．本諸仁義而典禮行焉．人人親其親．長其長．凡有血氣者．莫不尊親．則盡情修道．渾渾乎太極在我矣．位育功化．豈虛語哉．揆厥所元．格物致知卽明善也．誠意正心卽誠身也．事神治人皆出於此．卽知本也．後世學未知本己．藐詩書執禮爲註脚．於呼． 孔子之道．其不明不行矣乎．

孤忠祠記

明興近二百年．人文蔚然盛矣．獨金匱石室之藏．雖博洽者罕知之．以故忠義遠行之臣．或幽然弗聞．或聞焉弗遇其人．則亦終無所於闡．佐幼時侍先君． 聞洪武末年事縷縷．且曰．吾廣惠州有一人焉．官爲御史． 其姓名則遺之矣．因潸然出涕曰．嗚呼．忠義人倫之正也．秉彝好德．天衷之公也．顧泯沒若此．爲善者懼矣．小子識之．他日蘄有徵焉．佐謹寘于懷弗敢忘．每詢諸惠人．莫能道也．及待罪史館．得中秘書參互考之．始聞其槩云．按御史王公．諱度字．子中．歸善人．嘗肆力經書．稽理修辭．爲人所師．部使者以明經士儒薦起家．拜山東道御史．繩糾務．持大體．

疏十餘上・多見用・會高皇帝棄羣臣・靖藩不靖・集羣臣議兵事・公預僉謀・歲庚辰・會試天下士・俾公監之・肅憲度・恪位著・翕然謂得人焉・時大將軍曹國公李景隆北向敗績・退保濟南・以歷城侯盛庸代之・公密陳便宜 ・無不可制勝者・乃捷東昌・景隆徵還・赦不誅・反當軸用事・忌庸等功掩己・讒間遂行・公亦被疎・辛巳夏六月・濟甯告急・師徒屢敗・將士皆巽愞避敵・公奏請募兵・壬午春有小河之捷・公勞師徐州而還・夏五月鳳陽不守・方孝孺等與公畫策・以死社稷爲言・秋七月坐黨禍・戍賀縣千戶・所出語得罪闔門・被繫竄于法・公死年四十有七・天下哀之・冬十一月都御史陳瑛請追戮禮部侍郎黃觀太常寺少卿廖昇等皆孝孺黨也・詔曰・彼自盡心爾・其勿問於是・公等罪漸雪・永樂二十二年冬十一月昭皇帝語侍臣曰・方孝孺等皆忠臣可閔・因大赦諸家族之存者・俾爲良民・給還田土・於是公等死事益章章于世・嗟乎五嶺之南・其地萬里也・振纓以求顯庸者・又亡慮千百・而公一人奮其間・豈非鮮哉・夫委質陳列 ・難進易退・義也・履阽危・當患難・謀國揆策・守死不變・忠也・公既受知於時矣・天步顚沛・忍眡其傾・無可退之義矣・死忠狥國・固其所也・世之論者・顧以天命不度誚公・又湮其蹟弗求・何哉・天地之化・風霆奮迅・而生意隨之・王者之師・有赫斯怒・而大眚隨之・公既宥諸身後・而德音隆指・復以忠歸焉・於乎王道蕩蕩・眞與天地同流矣・今提學副使歐陽君鐸惠州府知府・顧君遂始建祠祀公・顏曰孤忠・奉昭皇帝聖諭也・闡幽妥靈・其關於名教甚大 ・非特公之遇而已・故予不敏・樂記其成・

遊南岳記

嘉靖癸未秋九月甲申・傳制大封宗室・命佐往冊民藩南渭王・受命卽行・同寅餞諸崇文門外・太史楚鄂廖子謂曰・道當經衡乃入永・南嶽可遊也・贈以秩典而別・冬十二月壬子發淥口・遇王使來逆・甲寅至衡山縣・知縣潘雍校官張溥梁文來見・卽備騶隸羽旂笳鼓以俟・明發雍・送至嶽廟・行舍萊禮使其子挾弓矢護行・遂登山・惟文以鄉人從・綷長綿布于小筍輿兩旁・各翼以二十人而牽之・歌呼以上・寒暉嵐氣・侵入襟袖・剛風助冽・冰浮游水中・頃之日高・風力漸柔・輿行漸敏・經雲開堂光嶽道院皆不暇入・引領佳境・盈目烟樹矗植・畫筆難寫・東北循朱陵洞・飛淙千尺・垂白虹而下・躍跳萬人・呼曰水簾・其流所滙・則曰洗心泉云・俯瞰東隅・岑蔚遙聚成撮・又指謂曰・此嶽麓書院也・七十二峯自吐霧屛幛・碧岫日華・以東皆屬長沙峽峙・高奇二峯則入湘潭縣界・又指其西回雁峯・則屬衡陽・於是卬汚紫・蓋石廩・自西南行・天柱雙立・亭亭若引・時頮畦畷・或離或連・皆良田也・珍禽作颶遺以音・毛彩各異・每應鳴葭而先・潘氏子欲引弓輒止・不敢發・往往遠叢中皂帽迭出迭沒・初疑行人窺我・及邇則全樹經燒・屹立半炭爾 ・障蔽間有飛瀑射激・從隟空而明・將至上封・道士來逆引・綷益窘步・躧中積雪尺餘・日久混石・惟燥滑可辨・忽警風撼林・呼洶如萬軍聲・雪有小而墜者・從人拾取以獻・予愛其晶熒 ・手捉之・寒徹毛骨・既登祝融峯・則沒冬矣・道士跪曰・峯之南下附峭壁而臨絕壑者・青玉壇也・肯往登乎・若心不動則落

日復上・必德福兼備者・乃能感召・故又名試心橋・予聞之卽振衣而往・諸人莫之從也・至則如乘小舟・雲浮其下・滃鬱晻藹・洪濤四湧・心甚樂之・睇望羣巘・矮若兒曹・可撫其頂・洞庭左映一勺・猶刀新發於硎・須臾雲開・日如籠燈・漸煜爚大於輦輪・當面相灼・陡覺陽和徧體・四顧所見益眞・道士欣躍而來・拜且賀曰・公天上人也・往常焉有此哉・良久・閃爍欲下・予與道士遽返・遂入凌霄殿宿焉・夜寒轉冽・開所携尊與文共酌・文笑謂不意崦嵫復成暘谷・向不從者・以昔無此奇逢故也・劇談仙跡・至夜半・酒盡・道士輩各來益觴・以味醨卻之・哦詩待曉而已・發明亟起・出視峯頂霏霧所霑・隨在成雪・草木盡瑤樹瓊枝也・左往望日臺坐焉・旭日騰照其下・青蒼黯淡・無一點白・乃知峻極四千餘丈・高寒固當爾也・因問鄧郁率子廉栖眞處・道士瞪愕不能答・遂下祝融峯・憩南台寺・僧具早飯薦・以奇疏異筍多・下方所未見者・飯畢・回循紫蓋・揮摘石廩・乃訪魏夫人飛昇臺而後歸・天柱雙引・仍建前旌也・教授莫迂來逆・讌于其宅・已過午亭矣・乃還舟・潘雍輩來送・比夕遂行・既竣冊禮・歸省老母・暇爲之記・則甲申初夏朏夕也・

肇慶府沿江新城記

聖天子鼎用楙猷・功築羅郭・封圻底寧・逆虜喙息・於是天下監牧之良莫不仰體德意・惟雄壁深塹・控樞會而守隆平・化至孚洽也・惟是肇慶設郡・當百粵東西衝・最險于走集分巡・龍溪林君陳臬涖任・首詢郡縣・博采輿情・咸謂新村驛與悅城巡司並建・背山面水・東抵祿步六十里而近・西抵德慶州百有二十里而遙・沿江之北・人民鮮聚・其南則叢林蓊蔚爲瀧水・惡猺所穴・比之羅旁淥水爲甚・每遇警報・輒登山涉川以自存・商旅苦之・宜有功築・以承天休・前此經畧未及・誠爲闕典・林君乃稽圖眡險・悉如所言・嘆曰・斯地固所宜城也・遂請于提督鮑公・命有司程工物・議遠邇・量工命日・未竣事而公遷去・迨十山談公膺新命繼至・業知其爲必守之地・部臨之初・大韙其謀・有司奏行・眡前尤恪・不數月而城成・惡猺畏遏・不復敢操艇以窺江北・行者嬉遊・居者奠枕・皆有所恃而不恐・彭郡守參呂郡判天恩與有勩焉・以茲城保障一方・不可以無紀・乃躬詣予・請記其成・予惟石城湯池・著於神農之教・設險守國・載乎習坎之彖・蒼姬經綸之迹・冬官雖缺・然司徒之載師賓位・司空之匠師以營城域民・蓋體國經野・莫有急焉者・故周公營王城以宗周・南仲城朔方以襄玁狁・而掌固修墉壑以通守政・見於周禮者・炳如也・迄于春秋莒城惡而弗備・巫臣以爲譏・由于城糜不知高厚・子西以爲嘆・蔿艾城沂・善相一國・則君子嘉之・宋韓魏公亦嘗言・漢唐享國久長・皆守城守地險以遏寇虐・故其飭戎以寒賊膽・固內扞外・必城焉先・今是役也・節制爲宜・民不知費・實當宁之所嘉・王政之所先・名臣經畧之所重者・肇慶不聳・則百粵晏然・獨沿江賴乎哉・嘗誦烝民之詩而究厥義矣・原物則民彝之懿・闡德儀職業之隆・而終之曰・王命仲山甫城被東方・何則・保民立事・固有本也・惟其有本・故能研諸皇皇之慮・發諸赫赫之令・運諸翼翼之心・以成明明之功・孰謂古今人不相及哉・樊侯流芳于齊・而今耀烈于粵・蓋先後匹休焉・嗣者晋廟廊以光輔聖神・自其本

推之・有餘裕矣・詩不云乎・天子是若・明命使賦・予不佞・敢借以爲頌・

按志在德慶州悅城鄉靈陵水口・嘉靖三十一年廵道林應奎以屢被猺患築之・今久廢・此記可補志乘之缺・

重修分巡嶺南道記

始予葺垣屋之頹・治其蠹餘爲髹器・瑩然澤也・因嘆曰・嗟乎・政有因舊以爲新・俗有格惡以爲善者・其眡諸此矣・對廬爲嶺南分臬之署・始亦頹不治・間過之・則輪奐翼如・問諸僉憲曉溪祝君・君曰・是淫祠之構也．昔委諸草芥・而吾不遐遺焉・予喜與予意合．及郡倅劉侯璀以記見屬・予又問焉・曰・君之陳臬也・德威大鋪・刑祥盜弭・値時和歲豐・猶不忍役吾民・乃役隸兵之逃伍者・以故成諸・不日而官民不知其費・夫節用・時使・愛民・明鬼・正俗・政之善物也・一舉而五善備焉・而使褒不勝正・公不病私・不亦韙乎・是役也・肇工左右廡爲役房凡六・迤于後・爲堂十二楹・爲臺十楹・爲亭八楹・乃及于前廳事・臺去堂凡踰十武・亭去臺由橋不踰十武・既落之・名其堂曰惺惺・名其臺曰清風・名其亭曰觀物・君志也・今夫沮洳之田・過者噦然・穡人奏功・粢盛是之・自出昆虫草木之鷙且毒也・以意通之・寇司命之權而病者利・衣褒帶博羽儀輝光・觀者歆而艷矣・抑孰知其爲亂繭之絲・死牛之革也・推此類也・物亡可棄・惟裁成之而已・詩曰・伐柯伐柯・其則不遠・觀物之謂也・匪惟物也・於此得治人焉・夫世盡人也・盜賊奸宄亦人也・刀劍化爲牛犢・在吾所風之・夫猶是也・詩曰・翩彼飛鴞・集于泮林・食我桑椹・懷我好音・清風之謂也・匪惟人也・於此得善性焉・夫水亡有不淸・夫性亡有不明・澄其輝・明其昏・故君子退省以居敬・詩曰・泂酌彼行潦・挹彼注茲・可以餴饎・惺惺之謂也・君名品・字公叙・衢之龍遊人・居家以孝友聞・起進士・服政刑部・直節有聲・陟今官去・

一虛亭記

一虛亭者・豫章方君銘以自勗者也・君嘗夢有叟杖而書茲三大字向之曰・將以勵子・且猶不見風輕月烱・苔青草綠之時乎・此一虛亭之景也・問亭中何以無人・曰・有則非虛矣・既覺而寤・以告泰泉子・俾記之・泰泉子曰・昔茲蕉然涸也・今茲汪然盈也・昔茲墨然闃也・今茲闐然振也・忿息交然・其突然・日夕繽然・禪乎前也・是曷而然．則名之曰鬼神云・飄然而輪也・霈然而霖也・殷然而訇也・赫然而輪也・霈然而霖也・風霆日月而噴薄之耶・測之不得其垠・曰・茲天地之爲也・昔者祁姚氏作握渾淪以光冒羣生・張爲陽・弛爲陰・兩儀與之三焉・世之其聖不可知則盱避之曰・是乎可及也・然愚民嬰因急輒・呼天地鬼神・貌而禱之・應也如嚮・則謂斯何耶・黠而富貴者・揣摩營營．精不銖毫爽・媢達官而攫位・以造命如取諸懷中・使易其心以知性盡倫・夫孰能禦之・然與之談名理・則斥以迂而莫之省也・今夫舟行瓠墮・未始遽害事也・觿而知拯之・心既溺而不知拯者獨何如・記曰・人者天地之心者也・將有爲也．將有行也・其心若闢・乾以資始也・既有爲也・既有行也・其心若闔・坤以資生也・一闔一闢・而天地之帥存焉・一闔一闢之交而鬼神之會存焉．苟能充之．可以達天德而知化育．何者．虛故也．天地以虛故大．鬼神以虛故靈．萬物皆始於虛．終於虛．人能虛其心．則天地在我．鬼神合我．而萬物恒備於我．愚者顓顓．物焉而已者也．黠者逐逐．物交物者也．其惟靜乎．其惟靜乎．易曰．艮其背．不獲其身．行其庭．不見其人．蓋言靜也．君敎三水恬靜無欲．要津之門．無一履迹．而獨友于余．以是徵君之一而虛也．夢中之叟豈無極翁乎．君怵然嘆曰．噫．茲所謂神明告人者哉．遂書以爲記．

翰林院廳壁記

太祖高皇帝啓運金陵．首置翰林國史院．正三品．洪武二年增設學士承旨．十四年革之．始改爲翰林院．正五品．十五年設殿閣大學士．品亦如之．雖不以國史名．而史事皆預．乃今所沿也．叙秩視前稍卑．然職無大小．皆得以文學言語備顧問．出入侍從．因得以參謀議．進規諫．而天下之大幾務胥此焉出．逮文皇定鼎于茲．建院設官．式遵聖祖彝憲．其所掌有六．則代王言也．勸聖學也．修國史也．叙天倫也．闡人文也．儲賢材也．凡職掌正官．綜其宏綱．而所屬則有待詔以供奉．侍書以副墨．典籍以掌秘書．五經博士以稽今古．百爾細務．奔走服役．則首領孔目承接於其間．其內外制也．大學士自殿閣宣德意．與預聞密勿．竝渙經綸．以風萬方．批答表疏．則條票以達．是曰代王言．其侍乘輿臨經幄也．雖有講讀學士與侍讀侍講．而正官統焉．史官兼焉．皇儲出閣．則日講與詹事坊局相爲表裏．是曰勸聖學．其紀言動也．雖有修撰編修檢討．而每朝實錄．則鉅寮總裁．次者爲副．是曰修國史．其纂修玉牒也．推二人司之．自親王以下．隨世次奠昭穆．是曰叙天倫．刪輯經藉．校閱辭章．而兩京鄉闈．禮部會試則爲主司．是曰闡人文．至於選庶吉士．讀中秘書．亦推二人以主教席．月有課業．考其進修而殿最之．是曰儲賢才．夫學士本周禮成均承學之名．而翰林則天官內史之職也．唐太宗始召名儒學士．肇登瀛之選．元宗時．翰林學士號爲內相．內宴則序於一品之上．而永樂中禮遇翰林內閣亦然．光寵之來遠矣．於戲．侍從之職．朝夕論思．有所獻納則請對或奏對者．何也．國家安危在出令．夫必通達政體．本諸仁義而後可以代言矣．典學讀書．講論經義．有所疑滯必待審問而後明辨之．何也．君德成敗在經筵．夫必道貫天人．格其非心．而後可以勸學矣．不擅三長．不可以修史．不明宗法．不可以叙倫．非稽古正學．不可以持文柄．非師嚴道尊．不可以育英材．然則登斯堂也．守斯職也．上不負天子．下不負所學．厥惟艱哉．佐不佞．幸從二三子後．用是書于廳壁．以爲同官告．且因以自勗．

補齋記

婺源邑叢山中．多畏佳可居．南山尤奇勝．有隱儒曰潘振子者專焉．薙蓬藋．樹柴礎．精舍渠渠．既堅且好．庋書御琴于四壁．牣如也．齊如也．扁之曰補齋．客有過而問曰．子之名也．其曷以乎．夫補也者．生于所不足也．其缺也若待其補也．若復物之不足者然也．駕柏舟於洪濤．有蟻孔焉．則將至于膠故．備衣衲者爲其缺也．匠慶之削鐻也．

加之一毫則見者・弗神爲其完也・完者天全・缺者人全・人全者巧・天全者拙・大拙之世・芚芚融融・天機自完・無所於鑿・安事補矣・子之之也・其惡拙者乎・蒙也惑・敢請其曷以・潘子振曰・嘻・子庸詎知吾所謂吾之乎・元枵之月・夜籟既滅・雪月滿戶・據梧諷易・恍然有悟於媧皇之事・夫馮翼嫗煦・眞宰主之・圜穹蒼蒼・大氣舉之・匪形匪器・匪雕鏤之・彼石五色・曷從補之・夫古之至人之立言也・有直而示者・有曲而喻者・心之徑寸靈瑩神明者天也・其接於物紛拏擊撞・共工之觸也・之事也・曲而喻者也・返視圜中・陽氣潛萌・盛盈弅息・相薄相禪・以至于乾・而陰濁斬斬・此謂宅中・此謂葆眞・此之謂達天德・羣動既作・支頤四顧・曉雲開披・前有二峯・適當面山之空・邴邴乎・油油乎其與心會也・吾之之也・聖者皆然・夫奚疑我・客捧手稱曰・子之之也・元乎哉・明此以南嚮・君之所以不虛尊也・明此以北面・臣之所以不虛祿也・是曰無咎者・善補過也・其媧皇之喻也夫・詩曰・袞職有缺・惟仲山甫補之・其無咎之推也夫・今子抱道未爲完人・而汔於屹屹・教子于補袞・豈有意乎・潘振子不應・援琴而歌・歌曰・冉冉者竹・有纍其華・凰鳳來下・其色若霞・翩然沖天・以遠皦羅・我完我天・皇卹其他・客知其賢・退而錄其語・其後潘振子子璜第進士・其語益傳・佐爲記其崕畧・

徐妙錦傳

徐氏妙錦者・先世鳳陽人・父中山武甯王達・開國元勳・母夫人賈氏・妙錦風承姆訓・性復端靜・雖生長王公家・然執禮柔嘉・且寡言笑・長姊適燕王後・正位中宮・是爲仁孝文皇后・次姊代王妃・洪武末・諸藩不靜・代王被逮・妙錦乃爇香告天・矢不適人・齋戒潔清・若事佛然・實無佛可事・自是親藩來求婚皆謝絕之・有及笄亦歸安王妃矣・家人或勸之・妙錦堅志如故・仁孝文皇后崩時・妙錦年已二十有八・文廟聞妙錦賢且美・欲聘爲皇后・命內使暨六尙女官往諭旨・妙錦稱病辭・匿不出・家人從來勸之曰・此朝命也・可終避耶・女官隨卽直抵病榻・妙錦擁被呻吟・內使遙列房隴外・與女官皆叩首請・不得已・乃徐徐引起・自以手指其面曰・吾所以不嫁者・豈有他哉・正以貌陋且有麻痕・非婦容也・女官皆羅跪仰視・良久乃進言曰・尊貌明瑩如・安得有麻・特謙辭爾・妙錦卽謬指數處曰此皆班班作點・豈非麻乎・女官既出・內使亦隨去復命・妙錦卽削髮爲尼・且望虛空禮佛・未嘗一日懈・文廟聞之・竟虛中宮・不復冊立・洪熙改元・妙錦乃養髮返初服・宣德初・上仁宗皇后張氏尊號爲皇太后・皇太后自爲東宮妃時・聞禁中往事・歆羡其節行高潔・每嘆以爲古今罕有・至是始下教令・達于宣宗欲一見之・於是遣女官將命至留都・召妙錦赴北京敘戚里恩誼・敕有司具舟楫飲膳・禮視公主・且遣內使護行・及至・卽延入宮中相見・輒自稱徐達第三女・肅拜謙謙・雅勅皇太后以下皆尊敬之・每晨入晚出・或出不待晚・凡數日・進食恭重・不失跬步・宮娥見之・莫不悚然・私相語曰・此辭皇后不爲者也・特賜金帛服用諸物・優養其老・復遣內使護送還留都舊第・正統庚申正月卒・年六十有一・祔葬鍾山先塋之次・予聞其志操於勳衛徐天賜甚詳・惜不能盡憶也・復得墓

誌陳璉集中・畧其始終・然與聞諸天賜者相合・天賜乃妙錦長兄・魏國公徐輝祖曾孫云・

太史氏曰・書稱二女釐降・禮云天子一娶九女・使妙錦在當時繼長姊正位中宮・亦禮當然也・顧乃遜避若將浼焉・亦甚高潔已哉・世稱光武不能屈子陵・子陵亦呼帝文叔・睎若韋布皇甫士安猶疵其面君耀節・不入高士傳・烏乎・世之丈夫者・搖尾乞憐・低首屈膝・惟恐不榮以祿・遺子陵以高・然此猶以君臣言也・若中宮則與帝敵體・並王天下・大與委質事君者異・妙錦乃竟堅厥貞守・文皇帝亦竟不之强・皆盛德大節・烏乎難哉・

邵貞女傳

貞女邵氏・諱禘廉・南海人也・世居平溪村・爲衣冠族・曾大父夔・甯府紀善・父琛・母梁氏・年未笄・憑媒黎嫗許嫁郡庠生潘濂・既委禽矣・乃聞濂素病瘵・父母欲悔親・女執不可・私謂所親曰・吾聞虛場買物・有定錢者尙不食言・矧婚配耶・遂尼・歲庚午・濂以易領第四名文解赴春官・中乙榜・辭不就・南歸病作・卒于儀眞・訃至・父母狥俗爲遣奠・分梳與死者・決別議婚・女聞之・毅然曰・梳可作兩叚・身不可許兩姓・若此有死而已・哀瘁遽毁・家人慰之曰・夏溪潘宅門閥素劣・濂雖博一第・然世有傳尸病・濂死非福耶・女指日自誓以必死・且聞濂父母俱老・欲往事之終身・家人斥其愚・是日沐浴整粧・自經于閨中・驚救不及而死・時年二十有二・家人怒其死・焚而瘞諸路・聞者傷之・濂字宗周・聰頴善爲舉子業・其鄉人云・女未死時・夢少年儒衣冠者謂曰・我死矣・爾能不他適否・覺猶彷彿見之・未一月而濂訃至・於乎・臣之事君・女之事夫一道也・臣委贄獻身矣・而事二君則臣不忠・宗進士吳澄是也・雖爲大儒・世猶非之・然則女之死雖過謂之貞非耶・風俗薄惡・弁髦視其夫・鄄置視其家・朝衰麻而暮燕娩者亦多矣・方之貞女何如也・女之一死・其關於風化綱常甚大・惜無有表章之者・吾憫焉・吾聞靖州王晟女許嫁陶紘・未行而紘死・女聞之自經・事聞表其閭墓・諸曁孟蘊受蔣文勗聘・未成婚而文勗死・孟執喪三年・養其舅姑盡孝・宣德中旌表之・嗚呼・世固有幸不幸哉・

詩人邵謁傳

邵謁者・翁源人・詩道大昌於唐・而中原荆蜀多名家者・五嶺以南・當開元盛時・以詩文鳴者・曲江公張九齡一人而已・柳宗元以謂九齡兼攻詩文・但不能究其極・顧於南士獨稱詩人廖有方者焉・其言曰・交州多南金珠璣玳瑁象犀・其產皆奇怪・至於草木亦殊異・吾嘗怪陽德之炳耀獨發於紛葩瓌麗・而罕鍾乎人・今廖生剛健重厚・孝悌信讓・以質乎中而文乎外・爲唐詩有大雅之道・夫固鍾於陽德者耶・是世之所罕也・今之世・恒人其於紛葩瓌麗則凡知貴之矣・其亦有貴廖生者耶・果能是・則吾不謂之恒人也・實亦世之所罕也・宗元之貴有方者・其言如此・而又於世之貴有方者加厚望焉・必其詩之果當乎其心也・其爲人之果足貴於世也・然有方之詩與其爲人之詳不可得而傳也・後世所錄唐詩以傳者・獨謁與曲江公鼂然並傳・然則嶺南詩人如有方而

不傳者·不知凡幾·而可謂粵無人哉·謁以晚唐一介士·獲永其名·至與諸名家並行·其詩當不下人矣·使宗元見之·當何如而貴之也·

世傳謁顚末可異焉·始謁之家食也貧且賤·屈爲縣吏·令有客至·目使揩床者三·謁不應·又頤指之者三　·謁不應·令乃怒謾罵之·謁瞪視曰·咄·吏豈供與揩牀者耶·且讀書干祿亦易與耳·大丈夫當仰居人上·安能俯爲人役·令益怒·大言曰·死狗胥敢爾·盍牽來·於是左右提曳之·謁不爲動·掉臂而出·握刀截其髻·着門吏矢之曰·學苟不成·有如此髮·發憤讀書·罔間晝夜·築書室隱起水心·距縣十里許·平居雙髻蓬然·如里中兒·親友多笑之　·謁不自沮也·久之·博通經子百家·束髮苦吟·尤工古調·學既成·爲有司所舉·抵京師·隸國子·聲華燁燁薦紳間·嗟乎·謁之成名也·由胸有耿耿者激之也·天道莫不有陽明·陰濁勝之·人莫不有勁氣·而物欲柔之·故其事君·必突梯潔楹以求容也·其處官必狐蹲蠖屈以求媚也·其臨難必甘辱以求免也·其制事必枉道以求合也·得志則求滿　·失意則求哀也·言則僞而堅也·貌則恭而詐也　·苟可攫富取貴無不爲者·無他·失其羞惡之本心也·苟能充其本心而擴之·其氣可以礴天地·其誠可以入金石·孚豚魚·天下事無難處者·而獨工爲詩乎哉·

今有會稽之竹箭·揉而筈之·鏃以剛金·附以南鵬之勁翮·引滿而發·貫犀兕七屬之甲不難也·使寸寸而屈之·曾不足以爲挺·易坤之六二曰·直方大不習·無不利·直方而大·利孰加焉·謁居京師最久·所與善皆名士·然剛躁與時戾·以是竟不第甲科·作詩多刺時事·其論政一篇曰·賢哉三握髮·爲有天下憂·孫宏不開閣·丙吉甯問牛·內政由股肱·外政由諸侯·股肱政若行·諸侯政自修·一物不得所·蟻穴滿山邱·莫言萬木死·不因一葉秋·朱雲若不直·漢帝終自由·子嬰一失國·渭水東悠悠·是時藩鎮强戾·宰相多非其人·故謁詩及焉·温庭筠以其數奇而不遇也·乃榜其所作三十餘篇以振公道·後甫釋褐而卒·卒後降巫詩賦·自稱邵先輩·世共神之·迹謁之爲人·大抵剛而無養　·躁而無制·故其言淩突而觸人·剛而無養·故其動猖披而自放·使或聞道而集義·以充之氣·固宗元之所謂鍾於陽德者·其所樹立曷止是哉·志鬱不施·沒有餘靈·可哀也已·謁有詩集·南漢史官胡賓王者序之·以傳其後·吾廣詩人有何鼎孟賓于之屬·然皆不逮邵謁·

國子三賢傳

洪武以來貢入冑監爲名臣可考者·稽諸國史郡志·得數十人焉·然不能盡書也·書其最者三人而已·成材亦難已哉·作國子三賢傳·

師逵字九達·山東東阿人·少孤·事母孝·年十三·母疾危殆·思食藤花菜·地不常有·逵亟出求·至城南二十五里得之·及歸·夜以二鼓·道遇虎·逵驚而呼天·虎舍之去·持菜還母食之·遂愈·由國子生擢監察御史·陞陝西按察使·時獄囚淹繫殆千人·逵至·審其罪量輕重而決遣之·浹旬之間·獄爲之空·丁母憂去官·廬墓側不茹葷飲酒者三年·永樂初政·召爲兵部侍郎·尋轉吏部·文皇帝征虜·命逵總督

餽送・逵建議請軍量其程置堡・使更遞轉輸・則民不困乏・而軍得足食・從之・昭皇帝嗣位・進南京戶部尚書・兼掌吏部事・宣德二年正月丙申卒・年六十二・遣官賜祭・有司治葬事・初逵任吏部時・典銓衡者卒任・己自用不咨於人・往往不愜輿論・逵能詢衆以求公當・且能持廉・其扈從在北京・文皇帝間語左右曰・六部扈從之臣・不貪者惟逵・蓋上知之有素云・

黃觀字瀾伯・池州貴池人・父贅于邑城許氏・生觀・遂從母家姓・明尚書補邑諸生・嘗築翠微書舍・績學其間・受業於元翰林侍制・黃哻哻死王事・觀益砥礪以忠義自許・洪武甲子貢入胄監・是歲領鄉薦・即罹外艱・戊辰十月起・復入監讀書・造詣益精深・同舍推服・嘗繪父母墓爲圖・携以自隨・閱之涕淚輒下・辛未會試第一・三月丁酉入對戎策・大要以天道福善禍淫之機・人事練兵講武之法爲言・高皇帝嘉之・擢狀元及第・時年二十八・是月甲辰拜翰林院修撰・日侍御前・敷奏明爽・上甚愛重・每賜顧問・命編寫省貪等錄・既成・八月壬申間・聞祖母喪・承重還家守制・乙亥正月壬戌服闋復任・上以其有政事才・凡法司諸榜文・令觀撰成即書之・又令清理軍職貼黃・兼管註銷諸司案牘・其見委任如此・命侍東宮講論・累遷尚寶司卿禮部右侍郎・乃奏復其姓・會更官制・進本部侍中・壬午五月往上游諸郡徵兵・至安慶・聞內難已平・慟哭謂人曰・吾妻素有志節・必不肯受辱・明日家僮自京逃來・言將執家屬・夫人雍氏出通濟門・先擠二女于河・即自沉焉・觀遂招魂葬之江上・舟次李陽河・乃朝服東向再拜於羅刹磯湍急處・給舟人奮棹・佯爲溲解・投水而死・時年三十九・都察院右都御史陳瑛奏言觀及周是修等・不順天命・請加追僇・文皇帝曰・彼食其祿・自盡其心爾・竟不問・永樂末・詔觀親黨有編伍者・皆釋之・

楊鼎字宗器・陝西咸寗人・少聰悟・日記萬言・家貧父善祿命・知其必大貴・領鄉試首薦・正統丙辰上春官不第・當入北監・聞祭酒陳敬宗學行・乃求入南監卒業・不携一僮以自隨・攻苦力學・躬自執爨・恬如也・敬宗試其文・察其行・嘆曰・閉門端居・甘人所苦・雖簞瓢之樂・不是過也・每亟請其賢・有郡守欲以其子妻之・鼎以不告父母爲辭・乃托鼎同鄉兵部尚書徐琦與敬宗言曰・鼎清貧而彼富裕・父母聞之于心必安・敬宗亦勸鼎從之・鼎對曰・原憲雖貧於道則富・倚頓雖富・於道則貧・鼎也敢貧富乎哉・敬宗益美其操守・旦夕與之講解・亹亹不倦・己未鼎中會試第一・廷試第二・拜翰林院編修・一時館閣鉅公如楊士奇輩・皆重其素履・鼎既仕・勵志功業・畧去詞華・嘗建言修飭戎備・通漕三邊・人誚其迂・及胡虜大舉・詔鼎撫守近畿・有經畧功・欲擢爲副都御史・力辭不就・遂循資自侍講累遷戶部尚書・以功名終・鼎娶時年已三十・夫婦相敬如賓・有子時暢・官至太常卿兼翰林院侍講學士・

周憲使傳

周志新字日新・南海人・文皇帝嘗呼爲周新・因改焉・而以志新爲字・洪武己卯舉于鄉・筮仕大理寺評事・每有疑獄・一言而白・壬午拜監察御史・彈劾敢言・貴戚畏之・目爲冷面寒鐵人・因稱爲冷面寒鐵公・京師中或怖小兒・輒曰

冷面寒鐵公來・皆匿・永樂元年廵按福建・奏言朝廷設立軍民諸司・彼此頡頏・兩非統屬・今都司所轄各衞・每府官過門或遇諸途・輒怒府官不下馬・甚至鞭辱僕隸・衞所公務徑行有司理辦・稍不從・即呵責吏典・請自今・府衞相見行平禮・遇諸途・則分道而行・所有公務不許徑行府縣・有司官吏毋得淩辱・遇聖節正旦冬至・在外衞所・悉於府治行禮・開讀詔書・雖邊海衞所・亦從布政司差人・都司毋與・上悉從之・二年廵按北京・時制令所屬吏民有犯徒流者免罪・就發北京民稀處種田・監候詳擬・往復數月・多死獄中・新奏請今後死罪及職官有犯・詳擬待報・其吏民犯徒流者・悉從北京行部或廵按詳允・就發種田・如此則下無淹滯之患・上不負寬恤之恩・上諭都察院官曰・御史言是也・且命北京百姓有犯應決者・許其收贖・燕民大悅　・　三年九月擢雲南按察使・未赴・有旨改浙江・有寃民淹繫聞之・喜曰・冷面寒鐵公來也・吾無患矣・乃至・洗其寃放之・自是異政日著・一日視篆・忽旋風吹異葉至前・左右言城中無此木・獨一僧寺有之・去城差遠・新悟曰・此必寺僧殺人埋其下也・寃報魂我矣・發之・得婦人屍・人稱爲神明・一巨商遠還・未抵家而日暮・恐孤行爲人所圖・潛以其貲置一祠石下・至家・妻問之・告以故・明日求之・無有也・往訴之新・新曰・是必而妻有外遇也・覆之果然・蓋歸語妻時・摟之者竊聽・先往取之矣・遂併治之・有訴爭雨傘者・甲曰・我傘也・乙曰・我傘也・彼奪之・所言記驗皆同・新命剖之・各持其半去・陰遣人尾其後・甲曰我始欲助汝傘價之半・得非汝利也・乙答曰・傘本我物甯能低價屬汝・於是甲就縛・正其罪・其燭奸類此・境中有虎害・爲文告城隍・須臾得虎格殺之・初往浙道上・蠅蚋迎馬而聚・尾之見一暴屍・惟小木布印・及至・任令人市布得印誌同者・鞫之・乃刦布商賊也・悉以其贓召布商家給之・家人大驚・始知其死於賊也・它如辨豆獲盜・人皆服之・其除暴類此・會夏秋潦・窪田盡沒・永樂九年湖州府無徵糧米十七萬二千四百餘石・所司一槩催徵・民日逃亡・奏乞遣官覆驗・上卽命戶部覈實蠲免・嘗廵屬縣・微服觸縣官收繫獄中・與囚語・遂知一縣疾苦・明日往迓・乃自獄中出縣官・恐懼伏謝・竟以罪去・由是諸郡邑吏・聞風股栗・莫敢恣肆・錢塘知縣葉宗行・號廉能・嘗偵之・入其居無長物・惟笠澤魚腊一束・其家所寄者也・袖小許以出・明日召飲・出示葉・葉益砥礪・號錢塘一葉淸・後卒于任・爲文往祭・哭之甚哀・其旌別淑慝類此・寮寀一日餽以鵝・炙懸于室・後有遺者指示之・新未顯時・其妻治褥以給・及同官內宴・荆釵布裙以往・大類田野婦・各相慚恧・更爲淡素・其廉介類此・故當是時周憲使之名震天下・澤及無告・民自不寃・雖三尺童子皆頌其美焉・初・錦衣衞指揮紀綱用事・使千戶往浙緝事・多作威福・受吏賕・新時進須知・如京師遇諸涿州捕繫之・千戶脫走・訴于綱・綱乃更誣奏新・上怒・令馳馬逮新・承綱意者・榜掠無完膚・旣至・伏陛前猶抗聲曰・按察司行事與在內都察院同陛下所詔也　・　臣奉詔擒奸惡・奈何罪臣・臣死且不憾・上愈怒・命戮之・臨刑大呼・曰生爲直臣・死當作直鬼・他日顧問侍臣曰・周新何許人・對曰廣東・上歎曰・廣東乃有此好人耶・枉殺之矣・後紀綱以罪誅・事益白・新旣不祿・其妻獨絜遺衣及書數卷歸廣・貧

居如洗・然都御史楊信民巡撫時・存問其家・周以月俸・嘗語人周志新當代第一人・吾黨所未及也・新無子・景泰初其妻卒於家・浙人在廣東藩臬・皆會葬云・

贊曰・嗚呼・新之死於紀綱也・可哀也哉・律身廉・臨政之明・洗寃澤物之仁與夫持風裁・臨患難之直而不撓・可謂剛且大也・語曰・直木先伐・又曰物忘芳潔・其新之謂與・同里彭森傳其行曰・公發姦擿伏・有廣漢風・而宋有鐵面御史・公似過之・擬人於其倫矣・又曰・被刑之夕・司天奏文星墜・上以是悔・自後見一人衣紅立日中・呵之・問爲誰・曰・臣周新也・上帝以臣剛直命爲城隍・爲陛下治奸臣貪吏・言已不見・天顏憮然・嗚呼・豈其然乎・豈亦鄭伯有魏元徽之比乎・近世劉球毛吉爲奸盜所殺・嘗附魂於人・傳者亦著其說・夫何疑於新乎・要之・新之淸風勁節・固不待於此而自可傳於不泯也・

三廣公逸事傳

儒生持文墨以自衒・而謀則迂・俗吏執政刑以操切而理則罔・二者皆過也・闇然而學・霈然而施・遜志含章・見諸事爲・斯則優乎・佐童子時・日遶先大父膝・每先君侍食・輒與論古今諸鉅公・曰・夫人豈易知哉・方伯陶公雖出恩廕・然績學屬文・魁儒固莫之逮也・因及公行事縷縷・惜也顓蒙久忘之矣・嘉靖丁亥自史局歸省・方修郡志・即有陳臬之命・大都據邑乘草次成書・而藩臬名宦無所於徵門人同事者・今州守吳君畀乃隨所見書之・稍無更定・不暇精覈・若公亦其一也・及視學西廣・修通志時・已上疏在告諸生・惟錄今侍郎唐君平侯舊本以塞責・於公傳猶畧・迄遯歸而梓行・覽之必嘆・適大參徐君健夫過談及之・徐君曰・子亦知陶君之嗜學乎・昔宰新會・遺黎嘗告我矣・公之丞縣也・年僅弱冠・居無幾何・而王尹重至・重江右宿學也・見公英明行事・雖吏老不能欺・心甚器・因謂曰・丞嘗問學已乎・竦然起對曰・某從先大夫在浙・曾受業周先生・大夫沒而學植隨落・今業已爲吏・其奈之何・言訖泣下・尹慰之曰・丞毋悲・我爲丞師可乎・公雪泣謝曰・幸甚・謹安承教・遂下拜執弟子禮・尹乃與公約曰・每晨後堂授丞經史・講解大義・然後出視事・於丞何如・能無難煩乎・公喜見眉宇・又下拜曰・幸甚・謹敬如教・自是背誦覆講・日有新得・尹亦喜曰・始目丞風儀・知丞才識已大過人・今敏學若此・吾雖叨甲第・萬不及也・異日必大顯庸・爲國名臣・丞切毋忘吾言・未幾・尹卒于官・公執喪一如父師・治其後事・贐其歸櫜・甚周且厚・臨行謂尹子二曰・先公廉而貧・其教愛某過於骨肉・如天之德・何能報乎・行矣・日後兄弟倘不能掇巍躋膴・勿憚一來・某倘如先公所言・計數年可至方面・此時當有以處子・子其識之・二子泣謝而別・喪未抵家・而公已繼爲尹矣・及薦陟臬僉・二子學無所成・果負笈而來・公館穀豐備・使依其族人之寓籍瀧水者・已而錄爲瀧水庠生・廩餼之後・皆得貢爲學官云・

嗟乎公之學行卓卓如是・而碑傳漫不之及・何耶・世徒知開府蒼梧・創祠厓山・章疏出公手・而不知其學術所自・嗟乎・王尹之教公與公之報尹・雖古人蔑以加矣・佐方愧不能詳志公・而徐君言又與先大父符・聽之豁然・惟恐其未盡

也・徐君又曰・夫子明訓・好謀而成・陶公用兵如神・要亦學本於此・我國家以軍衞民・初無所謂民壯・天順以後始募之・後乃列諸租庸・公在新會時・擇子弟之材武者・號爲敢勇・日訓練騎射・熟其爲人・其將出師也・擊東則聲西・人莫能測・公署後爲池・而亭其中・居常不安橋板・夜靜乃扂敢勇之有謀者三數人・先度一人與之謀・既反・然後復度一人焉・又與之謀・盡三數人之謀・而擇其可・及臨期制變・則又出三數人之外・雖三數人者・亦莫能測也・謀定則發兵・兵皆莫知其所如往・惟視旂所向・或於文移封上硃書示之・故出賊不意・戰則必勝・今則羽檄四馳・繪圖擇日將逾歲時・然後吏士始注軼舶・及往・則蓬藋已翳豺豹矣・嗟乎・好謀如公・安可得哉・近予同館臬僉李君時言・將祠公於名宦・予方報謁而出・至門乃問予・予告以徐君之言・語未終・搴予還坐盡之・喜曰・如徐君言・何止俎豆一方・當芳耀汗青無窮矣・彼矜科第・騁華藻・果何爲者哉・爲之三嘆而諦悉之・公之徽烈其動人如此・公婿余君世亨以予與公孫鳳儀有連・皆弟曰堯來・俾予狀公逸事・予不辭而書之・俾刻諸碑陰・用妥公靈云・

郡志自叙先世行狀

黃氏族最蕃・其先系所傳不同・一曰嬴姓・出帝高陽之後陸終・陸終之後受封於黃・即春秋所書黃人者・後併于楚・子孫散處江南・以國氏・一曰已姓・帝少昊之後臺駘・封於汾川・亦爲黃國・後駢于晉・子孫仕晉者・有黃淵・仕衞有黃夷・或又謂嬴之始得姓于伯翳・祖臯陶・而木金天三者之說曷取衷哉・蓋伯翳與高陽同出・而黃國近楚・自漢以來・黃氏顯者多江夏郡・意者江南諸黃皆同出乎此・而其族在北者・容或別出金天・不可知也・若吾宗之所自出・相傳爲蜀漢將軍忠之裔・唐末有鶩者隱居・有奇操・石晉徵拜諫議大夫・値亂乃徙筠州・入宋子孫益衍・巍科膴仕往往而有・其昭然可據者・則諫議裔孫度支員外郎漢卿爲一世・舊有家乘・蠹漏過半・名字多缺畧・其可見者・雖文節公庭堅亦以爲出諫議後・既與山谷之譜不合・矧其所載又或與傳志相牾・豈成都之黃實流於金華耶・是又不可知也・漢卿生某某生某・二世皆闕其名・某生處士文敬・文敬生廸功郎重載・重載生朝奉郎楚州監稅雍・雍生元西臺御史憲昭・以直諫馳聲朝署・會禁漢人南人不得蓄兵器・犯者論死・乃上疏言天生五材・誰能去兵・苟以南北異視・人人疑懼・爲變非小・忤虜君臣意・貶嶺南・卒於途・

子從簡・藐然孤子・入廣留家南海之西濠・是爲始遷祖也・元末・左丞何眞起兵衞鄉閭・衆推奉爲副・累有功・官至宣慰司副使・有三子・長蚤世・次敎・徙居疊滘・與宗人定家・禮變夷習・鄉人化之・次敏・洪武癸酉鄉貢進士・有學行・未及筮仕卒・敎生溫德・字朝貴・年十有四失怙・能幹蠱讀書・成儒業・事繼母以孝聞・母病思食柹・且欲致其兄嫂・時兵燹後・郊野皆荒榛無居人・冒星霧走百里・往舅家求之・邂逅一嫗・携柹一筐來・乃其妗也・母食柹而愈・人嘖嘖以爲難・弱冠英發善謀・上書永嘉侯朱亮祖・亮祖奇其言・留轅門・言之平章廖永忠・俾長百夫・慷慨辭不就・永忠怒・係諸尺位・繇廣州右衞已而調南海衞以困苦之・居無

何・又徙隸香山守禦以卒・少時有相者見之曰・子貌殊奇偉・隆準㵎頤・有德君子也・然火色不壽・後昆其必興乎・

子諱泗・字惟清・當家事日落・乃事懋遷以致裕・永樂丙申・邑大飢・穀價翔貴・獨平糶・貧者造門輒予之票・嘗有崗民來易粟・誤倍其直・既去矣・會其數過羸・呼而還之曰・掩人之誤而利其有・猶盜也・吾豈爲哉・正統末賊・李千戶來攻香山城・城門閉者三月・民有菜色・爲粥以飼之・子女有流離者・出金贖之・歸其父母・鄉人感其德義・稱爲長者・

子諱瑜・字廷美・卽先大父也・幼聰穎・明尙書景泰丙子舉于鄉・入成均・與天下士講肄爲文章・必授經術・證時務・人盡遜謂弗如也・天順癸未疏正身正家六事・凡數千言・上之・觸權貴・將得罪・賴吏部尙書王翶戶部侍郎薛遠救之而免・繇是譽日章・成化初・御史缺員・吏部首舉之・一兪姓者・賁緣易疏中名以入・命下殊不色愠・曰・吾名近彼姓・安知始吾聽非誤耶・己丑授長樂知縣・廣惠爲鄰郡・曰・吾鄉人莅鄉・人先化而後政之・乃首捐俸・遷建學校・日與學官弟子論經史・修樹羣廢・於郵政力焉・兄弟有訟・敎之讓・盧公林劇盜敎之從良・而皆有所信・豪氓殺人匿其屍・訊不詞服・法司欲疑釋・公請自訊・忽蚱蜢折左股斃于硯・謂曰・女折其左股沉黑水池中・神告我矣・氓驚服・其洗燭寃奸類此也・御史龔晟旌爲諸令之冠・上其績于朝・壬辰有藩一官墨・索賄不予・假事辱之・嘆曰・吾屈强可終制耶・卽浩然致政去・民攀留不可・則立其生祠・曩所化盜盧公林者・親肩公輿過嶺・評者謂剛而能感・既歸・徙家會城番山下・手植槐二・構亭吟嘯其中・自稱雙槐老人・曰・子若孫能更植其一・則吾志畢矣・時呼先考及佐指眡之曰・念哉其勿忘・

先考諱畿・字宗大・七歲善屬對・鼓琴・風姿娟娟如瓊瑤・見者稱爲玉童子・十六補郡學弟子員・通詩春秋二經・撫茹百家言・滌去舉子陳陋習務・進莊騷・薄墳典・奇峭天出・督學張習雅知之曰・漢魏乃有此作・然竟不能取合・有司一夕同舍生攘雞貰酒・邀之・謝不往・卽束書歸・曰・是固嘗業舉擅場者・吾胡可與侶哉・自是絕意進士舉・隱居粵山之椒・

乃研九流・明五行・通三才之蘊・雖皇氣象數之書・軒岐釋老之學・太一雷晶之笈・欻火靈飛之符・皆詣其極・嘗撰三五玄書・著論曰・天地以無爲祖・人物以有爲母・三才以動爲戶・五行以因爲府・馮翼未形之謂無・氣質始靈之謂有・屈伸往來之謂動・生尅迭用之謂因・無則有・有則動・動則因・因則終始始終・以至無窮・人莫知所從・故能爲死爲生・時息時行・雖入於涫涫紛紛・而未始離其根・嗚呼・大哉道也・斯其神乎・聖人握宇宙之柄・懸萬化之鏡・故能前民用・知吉凶・以窮理盡性至於命・夫易惟八・八其八而爲六十四・皇極惟九・九其九而爲八十一・太玄洞極潛虛・經世其數・皆不外是乎出・然其究三五而已矣・是故五曜緯天・虛其中・經以四方之宿・五嶽緯地・虛其中・經以四海之流・五事緯人・虛其中・經以四德之端・維北曰水・玄冥司規・正位乎坎・在天爲雲雨・在地爲川澤・在人爲聽・在蟲爲介・其詳眚黑・維東曰木・蒼精司矩・正位乎震・次乎

巽・在天爲風雷・在地爲林藪・在人爲貌・在蟲爲鱗・其祥眚青・維南曰火・朱明司衡・正位乎離・在天爲震電・在地爲岡陵・在人爲視・在蟲爲羽・其祥眚赤・維西曰金・白藏司權・正位乎兌・次乎乾・在天爲霜雹・在地爲金石・在人爲言・在蟲爲毛・其祥眚白・維中曰土・黃靈司繩・正位乎坤・次乎艮・在天爲霜霧・在地爲墳衍・在人爲思・在蟲爲蠃・其祥眚黃・是故三爲五宗・五爲三輔・五禮肇乎三統・而民性中矣・五音協乎三禮・而民情和矣・五倫行乎三德・而民彝正矣・虛其一・倍其四・中外相維・則八卦九章・皆五行也・生數五・成數五・天地相承・則圖河書洛皆三才也・參伍而衍繹之・禮樂于明・鬼神于幽・政道于大・術數于小・苟違三行五而能成・吾未之前見也・是故人知易範爲數學之宗・而不知唐虞之世・七政五典六府三事無乎而非此也・蓋全則爲聖爲賢・駁則爲讖緯・爲釋老・惟人神明之耳・至揆所原・則數雖有十百千萬・以及萬萬・不可窮然・皆出乎三・成乎五・本乎一・故曰・三十輻共一轂・又曰心爲太極・此之謂也・嘗讀邵子皇極經世作而歎曰・自箕子以來・合術於道・其惟堯夫乎・稽玄微・訂音聲・作皇極管窺十三篇・晚年潛心大易中庸・曰・中庸易之疏義也・太極通書定性・西銘猶中庸也・乃述易說數篇・皆出深覃之思・佐幼時學爲古文・菲薄宋作・則教之曰・來・居・吾語汝・夫前之三代・由夏歷商而文成於周・後之三代・由漢歷唐而文成於宋・名理醇粹・宋其周之齊軌乎・是故周至玄矣・道同乎伏羲・程至大矣・見卓於顏淵・朱至博矣・功亞乎仲尼・再闢渾淪・不亦玄乎・心普萬物・不亦大乎・功在六籍・不亦博乎・又曰・孔門傳心之要・一言而已・愼動是也・故爲學必主於獨・平生未嘗袒露星月下・夢寐爲不善言・必扣齒籲天以謝・居暗室抱寂終日・臨妻孥無有惰色・其所養蓋醇如也・天性至孝・先意承志・惟恐不及・父母有怒・長跪叩頭・俟釋乃起・一味之甘・必獻廟奉親而後敢嘗・居喪手磁漆敷於柩・自斂及絕・無不躬者・長樂府君既葬日・猶哭諸墓・方晨有虎突至・則俯伏而去・旁有山人廖翼與一頭陀見之大駭・先考初不自覺也・翼爲作黃孝子感虎歌以美之・凡田宅財幣・兄弟欲之卽與・亡所靳・捐己田七十畝有奇爲祭田・以贍其族之人・鄉鄰或肆淩轢・人所不堪・退縮不與校・飲酒微醺・卽哦邵子詩・評者謂類康節云・始先考嘗言・幼學時・夜每靜頫調息以凝烝精・夢游淸虛之府・見眞僊焉・及壯有室・卽瀉白液如乳・夢一冕衣裳者・貌崢嶸如龍蜃可怖・再拜告曰・我鍾山神也・七七之際・公當爲吾主人・覺猶環珮璆然・發書占之曰・吾他日其旅殯乎・正德癸酉秋七月與佐計・偕如京師・至玉峽而病・笑曰七七之期至矣・數也・命也・何壽殀問哉・十月抵儀眞而歿・年果四十有九・

佐自幼知讀書・先考躬教之・十有二而舉子業成・乃更學古文・嘗撰粤會賦・比及弱冠撰廣州人物傳・以補范瑗陸胤二家之闕・蓋尊鄉也・先考見之・召佐于庭・盱衡而誨曰・汝其未免爲鄉人也・夫賦與傳槩徵之矣・夫文也者・詞藻云乎哉・必也載乎道學也者・誦讀云乎哉・必也誠乎身・元凱之癖於傳也・相如之俳於賦也・聖道奚與焉・易曰默而成之・不言而信存乎德行・今汝其未免爲鄉人也・夫於是・佩服六籍・反身踐之・迨領薦書・先考則又誨曰・夫幼學壯行・學

而未優・行斯躓矣・於是止不敢行・正德之末・始入翰林・獲與一代之英游焉・砭其所偏・訂其所失・然後知道在茲也・守太史六年・四疏予告省母・乃伏謁先考墓道・泣而誓曰・所不如庭誨者・神靈厭之・會御史華亭蘇公恩代巡至廣・檄郡守范君祿曰・郡乘缺有間矣・其盍修諸夫邦國土地之圖・地域廣輪之數・總于六典・以典逆冢宰之治・則太史職也・祿乃詣佐問焉・佐以爲馭世善經・其大有三・曰德政・曰風俗・曰賢才・志非是莫之先也・探纂前記・綴輯舊聞・如沈懷遠南越志・王範交廣春秋・黃恭交廣記・顧微裴淵廣州記・第山水蟲魚之瑣嵬者爾・李昴英陳大震條於宋元・而五代以上軼畧弗詳・咸化初・都御史姑蘇韓公雍使教授王文鳳續焉・大者不書・而淫祠佛老・獻諂詩文・雖微必錄・蔑且陋矣・於是蒐羅今古・刪補成編・

粵會賦

百粵之會是爲南海・仰稽璿璣・星紀所在・黃鍾協律・赤熛流形・上爥南斗之精・下凝神岳之靈・左跨荆揚五嶺之重阻・表以靈洲黃嶺之山・右瞰泮泂溟渤之洪波・帶以桂鬱湞肄之川・神鰲奠定・星鶉頫首・睇睞甌閩・若趨若走・前有虎頭之門・限隔島夷・來航萬里・泝沿瀁瀰・而凡躭羅眞臘之屬・其布猶棊焉・于後則白雲紫雲・迤爲越臺・曹慕地湧・石門天開・瞧以羅浮・璇房瑤室・穹窿嶜崒・巃嵷鬱律・朱明靚深・鐵橋嶪岌・神芝珍禽・往往叢集・近郭則會以九曜・縈以三江・表裏回遊・奔峭飛淙・沉珠拾翠・礓砢盪激・入極浦而瀠迴・迷不知其所適・于遠則循洸口以荒極・得靜福之寒林・接黃連之巨嶠・信南戒之喉襟・呀峽山而陟韶石・撫神皐而挹粵區・蓋自赤縣之外・于焉重啓堪輿・晞暘光于夜半・揭靈景之扶胥・殆有大章孺亥所不能迺・林閭梗概靡得而書者矣・方姬籙之季・嬴秦釋肉・勁越守險・尸尉睢而摧監祿・雖大荒之南徼・風氣則通乎域中・道汙而汙・道隆而隆・東井緯聚龍戰・函夏季以兆王・佗以基覇遇呂雉而自君・待漢文而後順・絕湟關以立國・迄獲嘉而始郡・鄧讓貢而漢復炎・區景攘而火終運・郭馬亂吳・盧循覆晉・馮歸隋治・劉據唐衰・至于鋹降眞伏・雖百世可知也・宜其可定爲巖邑・實係皇輿之安危・然而議者・猥言荒裔・殊異要緌・豈不戾哉・

自明代之遹興也・淮飛神龍・陸翦長鯨・薄海內外・罔有不庭・左丞稽首・遂合三城・千雉弘麗・五翬飛驚・增擴黃圖・延納丹溟・媲周法而剗元蕝・陋囂鷟之所經營・于是登望則綴珠崖・亙銅柱・跨龍編・揮鱷渚・北通燕薊・吳鈎楚鋸・萬里帆檣・蠻烟蜑雨・胡賈鼎來・所至成聚・斷虹兆颶・戚船礐嶼・其氣候之不齊・或瞬息而備寒暑・然而謫徙寢繁・華風日邁・霜雪時降・民不告癘・允矣樂國・四方所屆・實泉貨之淵藪・彝夏之都會也・內則閭閻撲地・長衢廣陌・闤闠七門・溝澮六脈・廬列市廛・隧分貿易・連蓋結駟・埃壒相射・莫不奴陶頓僕・翁伯皀張・里臺濁質・囊橐孔夠・斟斛仍溢・夫馬蹴紅腐・緡繈朽赤・仄執牙籤以夜籌・向什一而今千百・山澤之沃・鍾爲土毛・禾稻綺錯・秔穧穭穛・塍埒交經・枕海連皐・秋成豐蔚・富侈相高蔡・賽社祈年・或沉湎而自豪・其布帛則攀枝吉貝・機杼精工・百

卉千華・凌亂殷紅・蕉苧雲浮・紬絁冰空・疎絺蘮暑・密斜珥風・其材木則梌楠松稷・楓樟杉楡・櫷柘轂棿・榕櫟椿檮・合抱隱岑・千仞排虛・剛柔性異・貞脆質殊・卑高沃瘠・各隨所如・其香藥則沉檀安息・白膠青木・馬牙雞舌・龍腦天竺・卷柏伏苓・青精黃獨・宜男益母・有繁其屬・其果則盧橘楊梅・黃蕉丹荔・柑橙丸金・櫞柚幄翠・橄欖餘甘・五斂千歲・人面薦仁・宜濛醞水・其疏則金虀玉蘠・香菌紫芝・杞吠靈龙・羊眩躑鴎・樹茄筏蕹・紅葩綠蕺・擢蒨盈園・搖芳映畦・至于雞豚散野・牛馬量谷・家積薆椒・戶映藤竹・魚鹽漆蠟・其麋如蔟・豢術廣于齊民之篇・植品爹于桐君之籙・矧又火伏孽凫・海緪懷珠・山熜水封・鑿礦攻瑜・據險角力・歲罔奠居・鬻身狥財・卒諡爲愚・島舶之來・有粲其寶・鍇鐐鑽釖・璠璵瑾璪・璣琲瑟瑟・璹瑁瑪瑙・玻璃珊瑚琉璃・車渠木難・火齊陽燧・方諸龜咼鶴項・犀角象齒・猫睛日耀・鵶鶻綺霞・流黃空青・縹碧紫英・其罾如雲・其壙如星・蓋廣南之富・傳自古昔・苟非上失其道・則亦無致于捐瘠・故其民莫不因歲時事娛嬉・蒲澗越井・弔古探奇・騰吹峻坂・弭蓋清漪・邀遨頭以偕樂・導雙旌而前馳・亦有俠客噂人・五豪七貴・擒魚鬬雞・攤錢角觝・六簿五白・弦管流沸・爰長駒以遐眺・挹自然之神麗・循東溪・陟北岡・渡樾橋・至珠江・刺桐木槿・含榮吐芳・素馨茉莉・旖旎芬香・椰漿醉客・侑以檳榔・竹枝金鏤・翠翹鳴瑠・擁窋窱之蛾眉・萃繿纚之衣裳・蓋處沃土而淫慆・民之常也・方和樂而謳吟・世之昌也・使歌喬木之南・有戒蟋蟀之太康・則雖好樂・又奚傷焉・盍亦覽覇迹以自明乎・

昔尉佗之在秦也・力政毒痡・血民于牙・咸陽瓦崩・萬寓鬞拏・于是乘黃屋而自王・總朱垠以爲家・乃據秦府庫・殺其長吏・營宮建室・自置神器・謻門曲榭・抵鄂弘閎・虹梁纚連・雲構林植・既崔嵬以宏璉・又窣豁而贔屭・左纛以朝・箕踞魋結・爰立相臣御史中尉將軍郎吏・盜竊秦制・閣道圜闕・高甍甲第・上崢嶸而壞瑋・下金艧而繪績・避暑離宮・不知其幾・汔莫能名其一二焉・猝遇陸生・築臺朝漢・蒸土切厓・揭孽隆矸・礴霓承雲立其正・連岫複坂環其畔・覘奔星之俯馳・挹流泉之滮淠・國終殄于樛女・歸餘基之濦漫・民生其時・亦孔之悲・工役不息・肉刑且施・辟張羅以絕飛走・又爲豺虎而毆之・

漢唐休養・施于五季・兵纏紫微・蘁及丹裔・劉龔僭據・業承先世・身爲蛟蜃・恣厥吞噬・乃自謂膺乾符・執坤樞・熙鴻名・恢駿圖・鑿翠闢郭・繚瀛作都・雙闕徼道・九軌經塗・門千戶萬・宿衛周廬・搆乾和之寶殿・法太紫之規摹・抗應龍于閶闔・耀玉題與金鋪・罘罳洄伏以迤邐・藻井狎獵以紛敷・後宮則有禹餘太一・景福龍應・玉淸思玄・南宮定聖・南薰別殿・北接明光・椒鶴貫魚・袪服靚粧・溫室甲帳・永巷廻廊・飾華榱以懸黎・綠綉栭以璧瑠・苑囿則有昌華芳華・甘泉望春・飛橋跨沼・崇桃映津・泛杯濯足・翼翼鱗鱗・離宮間館・亙五十里・呼鑾載道・引以蘭錡・蒼虬衔緌・白澤衛軹・時升中于園邱・或耕藉于東鄙・復通隣而耀武・啓封疆而自喜・左三湘而右八桂・控賁禺而役交趾・又有玉液之池・明月之峽・含珠之亭・紫雲之閣・棨壁對峙・氿泉旁達・修篁灌木・青翠相發・風露披漬于翳薈・日

月投光于岩穴．踰名勝而建浮屠．宮于四周者．二十有八．叶列宿之景曜金．磬鎧鍧而互荅．邇彼北川．迄于西域．層軒疊閣．建鼓揚舲．宮娥競渡．貂璫練兵．招羽人于藥洲．陳不死之丹經．又有三事六官．府署司院．蘭臺石室．濟濟儒彥．虎鶡開幕．闟戟峨弁．張酈列肆．征櫂充羨．金稜供御．紅雲設宴．蟾姬瓊仙．握爵銜憲．學士自宮以求進．才人調謔而相見．乃設水獄．劍樹刀山．槐棘之貴就僇猶菅．虐焰徹于黃壚．腥德通乎玄間．民亦何辜．罹此凶艱．

蒙狄方興．宋社將屋．讖符四廣．厄鐘百六．鑾輿狩于厓門．竟膠舟而不復．百萬王師．盡化爲魚．貞后忠臣之氣．恒黤慘而不舒．然天厭其擅．神運之謀．脫揚王於隤伍．（按洪武初追封皇外祖陳公爲揚王．王本宋末厓山隤卒．夢有神人捄之．得還．是生淳皇后．）肇無疆之聖休．則夫經慈元之殿阯．瞻永福之陵墟．徵天道之終勝．而奚必詠麥麥之油油與．嗟我黔省．羈縻於虜．日爲苛政所芟夷．豈徒猛於虎而已哉．乃哀籲乎旻穹．而欣戴乎聖祖．皇矣聖祖．德合泰清．命彼征南．掃此欃槍．風邱月窺．欵塞來庭．照幽滯以天光．振潛蟄以仁聲．故雖百粤之遐逖．仰人文而化成．洎列聖丕承．蕩蕩涵育．三辰受撫．四靈在畜．道胡不臻．化胡不穆．天地無爲．鼓其化者橐籥．神功不宰．分其治者岳牧．是以簡賢哲之霧霈．用班布乎南服．乃建徽藩．其藩躭躭．乃建霜臬．其臬岩岩．都茲兵闑．並立爲三．驄馬行臺．以察以監．十府七州．雌塗郡閣．縣踰六十．犬牙間錯．駪駪庠序．泮宮俱作．衞所戎行．督艭理舶．廵警置郵．犴司蓮幕．峨棟宇而萃胥徒．依崇墉而臨巨壑．于是宣天彝．恤民恫．播芳猷．息嚚風．開誠展才．表正景從．思齊處默．抗迹敬宗．使茂德流于有截．而芳訊垂于無窮．函氣之屬．聲教漸浹．雖埋堆之雄．遊俠之客．奇袤之酋．侏㒧之域．莫不革面而澡心．沐浴于皇澤．是以邊鄙不聳．海波不揚．男勤稼穡．女務蠶桑．黃耇台背．遊戲康莊．耳不聞乎枹鼓．目不覩乎牙璋．歌禾屢之既登．談穗石之爲祥．今日之民．可謂康矣．

春王初吉．置酒交會．粲眗冠服．鏗鏘劍佩．元夕冶遊．鰲鐙絳天．士女如雲．寶馬瑤軿．淸明簪柳．椒漿酹墓．端午酌蒲．錦標競渡．中秋重陽．泛萸題糕．亦旣醉止．其樂陶陶．春秋社蜡．椎牛釃酒．飮以兕觥．有濡其首．卒歲大儺．伐鼓鳴葭．倀子萬童．帊首讙譁．左斬魌魖．右殪螇蛇．宸綱爲之蹋跆．況黃犬與赤蝦．迄守歲而迎春．俗美靡愛乎紛奢．觴茅柴而羹谷薰．亦何恤其無家．循河南岸．市比如櫛．齒革果布．埴鑄髹漆．籐竹諸器．巧逾天出．煙雲連騎．羅綺盈室．殊方異類．豪舉猋集．登山取材．則柯株攢露．篠簜封塵．花梨蒲葵．積猶棘薪．煑海爲鹽．則雪濤漂紺．炎颷烹素．神液磊磈．甘鹵布濩．至于狍犳璀璨．貽鰾紛披．握椒片糖．天下所資．每易致而輕視．或塵泥而棄之．今日之民．可謂庶且富矣．

且夫世方俶擾．則龍蛇起陸．羵羊在野．山呈古劍．海出丹馬．今也．青靈干呂．靈鉦順經．和飈甘澍．疵癘不興．不童不涸．不騫不騰．嶽祇貢祉．川后效禎．城埤隍社．羣公先正．春秋秩其祀事．莫不流肹蠁而飮德馨．然則山川鬼神又可謂極其趨承者矣．西北多山．獸走鳥翔．鳥則鷓鴣山胡・鸀鳿鷗鸐・雞鶡綉質・鸐鸛綬章・白鷴縞衣・金鴇黃裳・晨風林鬱・時鷚山梁・爰居違煖・賓雁避涼・鸚鵡以言而畏筊・孔翠因羽而避戕・映明鋻而迴翫・戀赤霄以悠揚・獸則麞麂麢麐・犴猲狨猴・麤狼猨猑・土麝沙牛・甲攢陵鯉・箭豎豪貗・辣羚角逐・狸兕傈遊・狖䶂續翻・猰貐幽蚪・飛枝擲于猥猕・曾厓響乎貛獳・蹲深谷而駓騃・發密藪而咿呦・東南多水・䑮星浴日・珠池貝闕・鰲宮鮫室・黿鼉鯤鯢・于焉宅窟・鰌鬐聳山・鱀脊揚鬣・鱘鰉龍喙・鯊鰻虎質・鱒鯽嘉于丙穴・鱣鮪夥于沮漆・鋸張牙而戟立・鰂窺烏而墨出・蝦寄目于水母・蟹或腹于璅蛣・海僧泣而占災・天吳舞而颶颮・罾罛網滔・獲必盈槎・鯿鱭魴鱧・鰣鱸鯊鰕・鶉毛鳳尾・白飯黃花・腰帶橫擲・比目貼沙・蒼芒蒲赤・蒸雲擁霞・鱗介交錯・既物且躍・煦沫涯壖・睢盱瀺灂・蚶蟶蠕蚌・螺蜆蠣蛤・鷽帆海鏡・江瑤沙白・車螯胡鏈・鰌蚌䲁蝟・仙掌瓦屋・石首筍殼・雖江渚之淵深・猶露鱅而潛鰐・然則鳥獸魚鼈・亦既咸若矣・

嗟夫・天之生物也・寒之則凋・暴之則榮・人之居室也・多陰則幽・多陽則明・惟陽明勝乎陰濁・則扶輿淑氣・栽而弗傾・故嶺海炳靈・英俊挺生・鍊金之晶・比玉之貞・樂道好修・晞古振纓・騰其實則爲龍光・蜚其聲則化鶴鳴・邁跡董正・疏源則德詒世程・追踪羅威・唐頌則孝闡天經・迄馮翼以儀天朝也・格泰清・奠承平・輔皇極・陳丹誠・書罝罝以合紀・力擡擡以承貞・苟非其時・不榮以祿・縱爲嶢嶢・無然碌碌・彼其兆楚相之仙羊・馴涯令之白鹿・司中正于州閭・宣威信于蠻俗・又孰與謝湘東以捫蘿・遯甘泉而采菊也哉・若乃囊笏槐位・獻鑑楓垣・海鷙托諷・白羽銜恩・從其謨則儲闈靖謐・違其諫則鼙鼓喧鬩・張曲江之相開元也・平章綸省・獻納台司・一介不取・九死不移・安居則非已有・却賄則畏人知・劉湟川之相懿僖也・鶺池摛藻・鶴駕養正・臺閣品式・禮樂命令・直金華而獻五箴・循秩宗而贊八政・馮道宗之傅天聖也・力辭相樞・疏十三陳・秋圃寒香・頤老海濱・臨邊則敵人失其勇智・登陣則逆卒讋其神威・崔正子之爲千載一人也・然且躅姬周・躋夏商・鱗濬虞・鶤聖唐・駢貫三才・燭明五常・日肴覈乎道德・期曼羨其輝光・遡洙泗而洄源・挾伊皐與翶翔・蓋偕昊天而出王・洞化育之洋洋者乎・于是侁侁青衿・番番黃髮・凡竄屛葭葦與鳥獸羣者・咸俙焉憒悱而罔闕・且夕敷言・靡國不達・傴僂俶儻・晻曶昭察・稅稻扃而榮鏡・易叨壑而闓澤・乃駢坒而謳曰・猗・粵之昌兮・猗・俊之章兮・彼紛葩瓌麗曷克當兮・端拱治世・儀鳳凰兮・後五百歲厥明兮・圉圉縵縵雲之卿兮・緺襀璘瑞・粵爲鄒鄉兮・皇兮唐兮・愜天則以無疆兮・

編校按　本文原抄稿凡有胡虜字句悉改易・如胡馬改爲塞馬・又痛陳元狄凶殘之語多删去・蓋凊政所忌・茲搜得泰泉集刻本補正・以存其眞・

兩京賦 有序

古昔帝王・運際純熙・德澤孚洽寰宇・恒思光紹前王・永

守鴻業．故周詩曰．王配于京．世德作求．洪惟我聖祖御極之初．詔以金陵爲南京．大梁爲北京．蓋重興王之根本．宏立國之規模云．後以中州凋殘．不果營汴．而兩京名肇于此．及文皇紹統．遂以北平爲北京．論者比之豐鎬．夫豐之距鎬一水間爾．故周書曰．王朝步自周．則至于豐．今兩京相望．殆數千里．非惟馭夏制夷．振古未有．實擬天地．以奠山河兩戒．而世或莫之察焉．觀諸法象．則天崇北極．引日月星辰而上之．北京形勢最高．法天明也．地虛南極．道江淮河漢而下之．南京形勢漸痺．控地維也．文明之世．必有精能之至．胸次與天地同流者．括大含深．貫微洞密．摛爲詞藻．以昭盛褘．曏者．御史余光作賦進覽．鋪張娓娓數萬言．黃扉嘉賞．秩宗揚詡．亦旣播傳矣．佐嘗伏念菲材耳學．獲厠詞館．奚可默無一言．以抒中情而宣上德．竊不自揆．續貂刻鵠．率爾成篇．遠取漢代班張之春華．近撫永樂李陳之秋實．庶幾克覲保大．或有小保．而聖明之制．章于來茲．其詞曰．

南京賦

海隅先生久館于燕．燕士紹介吳客而晋見焉．客拜手稱曰．仄聞先生周覽天室．廻翔玉署．習知定鼎之故者已．惟是聖祖之作都也．亦聞宏規而式往度矣乎．嘗咨詢于掌故．將揚榷其淳龐．蓋享穰穰之暇樂者．不忘仡仡之田功．撫重華之熙運者．當詠陶唐之舊風．先生曰．韙哉言乎．固所願聞也．客盍陳之．客曰．唯唯．夫金陵之啓運．實揚州之境土．帝車旋日月于斗牛．徐豫度冲和于淮浦．遠則奎壁燭海岱之幽．房心直荆塗之岵．藪具區而寶藏溢．源岷嶓而川浸溥．邇則地肺通于茅阜．天目注乎苕濟．長江滉瀁而天塹閎．鍾山巃嵸而巨靈舉．爾乃覆舟屼嵂．聚寶巑岏．中坱北以巳易．洞轇轕以寬閒．古帝肇域．雲陽渺漫．吳城瀨渚．越築長干．迨秦皇之游望．捐金璽瘞于其間．鼎分馬渡而睽遠．佳氣蔥蔥乎鬱盤．偩元武之湖島．波鱗鱗而殷天．遵其左則臨沂雲穴．騰踔蜿蜒．天闕極乎三山之麓．角崢嶸而臨大淵．遵其右則雞鳴崒嵂乎直瀆．莽繒綾而峨嵮府．四望抵石頭以蹉嵯．隱若猛獸蹲蹲而率舞．廼龍蟠虎踞帝王之宅．黃旗紫蓋．待時而昇者也．聖祖宅之．拓此新城．天錫集慶之嘉名．歲協赤熛之炎精．誠意卜吉．韓國董程．居中麗正．昭我皇明．于是揆圭臬．經涂軌．量高厚．定遠邇．庀徒鳩匠．攢叢碕礒．其繩則直．區別朝市．鎡建業之陋基．收王氣而隆起．東移白下．掎龍廣而北盡鍾山之趾．西緣湖水括獅子．而南控長江之涘．鴻跨躡以廻復．霐川至而雲委．運搏鵬而聳飛革．標樓觀以羅邁雉．建門十三．南爲正陽曜靈．當天辰宿．辨方彪．列躔次．爣朗恢張．玉符金鑰．晨啓夕藏．直皇城之端闈．屹洪武之高閌．雙闕並儀乎日月．烄若曜滿而舒光．大內肅穆以宏邈．虛藻殿而邛垂裳．奉天扃而謹身．謐華蓋猶晻乎顥蒼．昔御朝于蚤晚．曁日午以爲常．三階晋接以參會．九品咸升而對揚．螭坳待制而副墨．青瑣封駁以辨章．不遷晷而渙號．普元澤于黎芒．明庭隥道．璘㻞坻鄂．宸簇楓槐．陛充芸若．文樓武樓．飛甍流艧．左順右順．陰翕陽廓．儲東壁之圖書．抗文淵之秘閣．顧問鴻儒．論思典學．出則就宏文禮賢尚賓之珍館．入則紬金匱石渠天祿之著作・易文華武英之堂以爲殿・詳延逴逴之材而賞其謣謣・用是以襄翊帝猷・匡贊王畧・時賜遠遊・賡歌同樂・龍鸞綺合・雲漢昭倬・編大誥而敍九疇・定律令以省條約・追終五三之遐軌・永垂萬世之洪矱・

謹身之後・乾清坤寧・宮禁連邃・敬慎儀刑・殿則柔儀春和・襲地道之安貞・東宮永華而翊善・西宮頤靖以長齡・內監黃衣以汎埽・外政奚預于深閟・乃建太廟・容扃設戟・吉蠲爲饎・孝享不忒・乃建社稷・土穀共壇・制不沿古・祈報滋蕃・直廬之前・中書舊省・宰鉉既革・鮒漏遺井・承天闥陝・坌入御園・夾庭植卉・旋馬成軒・盤躩午門之樞閾・眮眄長安之左右・卬則木蘭文杏・棼撩結構・霞駮雲蔓・拱櫨駢湊・頫則左墄右平・彤墀延袤・鱗次纚屬・森羅珉琇・築宮牆以黃壤・垂條桷以層覆・木何有乎雕鎪・土靡披乎綈繡・踵玄同以返太素・下竹苞而上松茂・經始捷于鬼神・成功侔乎宇宙・儻非慎儉德以立民極・稟全智而本天授・疇不羨阿房而嗛其陋哉・爾廼左達府部・宗人最崇・保釐參贊・首冠列卿・右達五軍・開府萃戎・錦衣爪士・實掌禁兵・搖山瀛海・置院依宮・金貂藺錡・周廬戢鋒・揆文奮武・郎吏景從・進善用寶・給事于中・侍臣供御・內闈之東・

于是赤縣分治・統以京尹・月朔昧爽・達民之隱・耆民坊廂・率見龍袞・司空均役・天語傳允・歲進春以勸農・扈時蠲租・以郅仁憫・黃籍晾藏于後湖・萬里皈章以平準・牢醴粲帛・存問高年・施及矜寡・甡甡惠鮮・街衢八達・巷陌雲連・邸第宏璉・士女便娟・鍐輿猋集乎鸞驥・綺羅星錯于市鄽・夷貊會同以貢贄・爭塗忘遠而跂先・蓋以聲教鏘洋・自函夏而徧垓埏也・乃詔鍾山・神烈是名・復以欽天・易彼雞鳴・樹儀象于峻椒・鑒璿曜于璣衡・開辟雍于其陽・綜人文以司成・昔建梵剎而幽燐發・今席素王而陽德勝・

于是聖駕臨・警蹕清・擁辰游・啓靈星・皮弁既服・釋菜攸行・乃御彝倫・賜坐講經・靑靑子衿・橋門環聽・大賚合乎六館・莫不紘道化而歌德聲・其逮今也・虛中堂・避宸極・誦成規・供餼億・胄子俊民・藏修遊息・整齊嚴肅・乾乾翼翼・越琉球之逖士・篷笈簦而疊跡・歷選帝王・祀肇皇羲・奏以神樂・掞以天詞・元祗先正・肸蠁靡遺・十廟咸秩・英靈萃茲・肖功臣之像貌・儼紱冕之威儀・首中山與開平・參王侯以督麾・騰跨風雲・奮躍淵坻・三七數應乎少陽・扶積陰而扶赫曦・圖百戰于廡壁・景遺烈而興繹思・惟典神天・篤恭邁古・祭帛既成・迓以金鼓・百僚具服・金吾導護・太常是儲・以及爵甒・蒼璧黃琮・璜珪璋琥・羽士誠籥・恪有守府・豫戒期以選士・天子大射于澤宮・摛七侯・奠五中・歌騶虞・奏黃鍾・禮儀金石・肅肅雍雍・弧矢之利・匠作精工・比耦中鵠・以莫不拱・施于邦國・射圃常肄・以祈慶爵・乃與科試・遹聳昂乎霄壑・爰遂四方之志・笙簧定戶・龜筮立師・百工分局・禁止巫機・狥木鐸而宣聖諭・惇孝敬而戒非爲・爾乃五城巡徼・植鍛縣犢・任俠椎埋・執訽推鞫・强獷日消・奓佚成俗・銀箏瑤琯・蛾眉曼睩・度秦淮之橋・溯清溪之曲・訪太初之籬門・哂六朝之齷齪・尋建康之錦石・傷臺城之困辱・過烏衣而懷王謝・經玄風而吊江陸・裝月夜之綺裘・躡東山之墅躅・東府西州・亦已焉哉・樂遊商飈・湮爲艸萊・禊飲雨華・登高鳳臺・徐園

燕磯·飛蓋流杯·花朝鐙夕·簫鼓喧豗·其樂只且·沉湎不回·城南墾囿·花菓芳絢·蘞蒔闠隅·薑荣蔚蒨·番麥香稻·設廠分甸·豆剛用享·以芼以薦·威稜恪護·匪以遊讌·東園有桐·有漆有櫻·萬有千章·柞柞蓬蓬·戰艦海舶·防倭戒戎·飾髹結纜·免民之供·太平既闢·出自北墉·法司鼎峙·貫城表中·遵彼湖側·軒馬馮馮·澤荷隄柳·馥郁青蔥·祥刑茂對·恤民之窮·鑒哀季之虐戾·而痌瘝在躬·節用愛人·眞可謂配古哲王·道與天同者矣·

首春諏日·駕出南郊·宿陽靈之齊宮·駐招搖之龍旓·設金牀而啓大祀·奠六玉而獻陶匏·羽童羅舞乎八溢·鐘石響答于徽籞·訢合煦嫗·天地乃交·主日配月·星辰周遭·方望高深·內外弗滑·二十四壇·分藉用茅·衣玄雲而裳赤霓·以來下紛·總總乎歆燎烟而饗芳殽·宴慶成以逮百辟·奏韶鈞而儀九苞·爾乃繚垣相望·桂華都荔·別建壇宇·山川是祭·復祭先農·嚮離邇兌·其下籍田千畝成畦·獻歲發春·豫戒元辰·壝宮設柾·位著恪陳·鄭橋水于中和·集觀舍于玄眞·天子至止·冕而青紘·御耦三推·終以臣民·觀者動容·襆遝頒斌·龢風翕習·吐榮含津·將以充粢盛而縮秬鬯·告普淖于神明·通濟徂西·神皐沃壤·磊砢蕭槮·瑤琨篠簜·牧芻秆蒠·織貝紈纊·黃封紅粟·庫山庾浪·繭犢甕兎·以谷爲量·春秋殷祀·物維其時·庋書浚泮·材秀祈祈·萃于天府·禮首先師·鄉飲上齒·黃耇維祺·既臘乃儺·逐疫受釐·洽彼百禮·以莫不宜·率倡九牧·承帝之則·龜沙鱷海·風丘日域·羽族卉儀·音懷心革·太平告于顚仙·大統鳴于太白·芊年播謠·朱衣應刹·沴不干祥·火德有赫·民樂時泰·百昌邕和·慶霄在照·膏露垂華·三靈降祉·惟重嘉禾·燕幽猶盛·下國孔多·野蠶成繭·被于山阿·寶雞貢五穗之麥·句容進駢蒂之瓜·然猶遜却而弗居·惟愼德以承休嘉·居安慮危·有備無患·廟設旗纛·祭以霜旦·四十九衛·帶甲百萬·彊幹弱流·布及江岸·設小教場·覆舟南矸·本兵閱練·授以成算·亦有虎圈·雙橋外閈·象房峛崺·逾城橋畔·役以蠻隸·參以大漢·晨列魏闕·以壯觀望·設大教場·二里而遙·豁達輪囷·砥接雲霄·琉璃石亜·備砌開窯·神機有營·礨嵲岧嶢·惟帝講武·乃集金貂·操江分練·水陸同條·笳鼓震于丹浦·砲火明于碧寥·人百其勇·自比驃姚·陳法象田而畫井·猛氣升霞而建幖·釃賞金帛·驩聲飀飂·投戈等岳·揮汗成潮·于以駾倭奴·讋天驕·靖鬼戎·格狼苗·扶光秣馬·陰山射鵰·飛輪沒羽·合軌隨軺·登五鳳而藏御鎧·示萬世以威蓄而德昭·東往朝陽·園有苜蓿·念彼臨滁·遐哉太僕·雲錦成羣·歸于輦轂·驊騮騄駬·蕭蕭在牧·遡聞貴渥之龍駒·貢自開熙之夏蜀·籋雲追電·于焉寄足·錫飛越峯之嘉名·遂入天閑而不復·自爾凡材·駉駉饕肉·紛員驂靷·胡然馳逐·豈若採仙艸于攝山·振塵纓于靈谷·西往清涼·武胄有釁·鐘鼓兩觀·闛鞳鏜鞳·紅土竹片·列廠分椿·甎駢瓦儷·皠皠龐龐·紅花靛園·歙艷莽蒼·爰供絲染·石土遙望·桃葉渡絕·新亭蹟荒·烏龍潭在·激洑流淙·冶城繞朝天之北巘·石徑紆棧嶒而成樅·後有夫差之鑄跡·前爲肄儀之道宮·偭盧龍而踞獅子·將建飛樓以閱紅·納八極于彤扉·凝五雲于瑣窻·檽含白鷺之洲·碣隱朱雀之航·飛鳥抃

雷・在其下俯・見萬里之舲艭・建都鴻模・聖製有紀・堯都平陽・聲教南暨・洪造鼎新・暨北弗異・較道理之均符・當循環之初氣・匪眞遊觀・扼險據勢・察奸料敵・無微不至・昔僞漢之來寇・設伏兵以爲備・伏起而左舉黃旌・攻敵則右搖赤幟・遵約束而一鼓前驅・俘斬而溺者以千萬計・時則宋濂闡揚帝意・遙矚而動遐思・觸類而圖保治・彼齊雲落星與臨春結綺・徒醉夢于聲色・曾何足以語是・既惜費而輟工・惟摛文以見志・

北往神策・先抵金川・文皇靖難・師來自燕・谷藩曹國・開門以延・士奇草詔・超晉翰編・千官景附・揭日回天・神器載奠・歷仁及宣・迄英皇之嗣服・法北辰而北旋・乃立守備・翊茲廟社・貂璫公侯・聽于司馬・吉日僉謀・幾務施舍・虔奉陵園・紫金之野・臣工祗謁・罔有違者・寶船供御・取材梧檟・黃馬捷逾于三翼・分撥乃量夫多寡・所運伊何・珍產自南・服用所需・中貴是監・織錦三坊・金朱沘參・龍卷鸞廻・宮袂朝衫・鰣魚列廠・次以氷窨・進鱻禦暑・賚予孔覃・過定淮與清江・詢石城之往事・　江濤時入以漂人・元季日遠而忽恣・兆神武之不殺・待眞龍于濠泗・陽侯川后・奫淪戢弭・功同神禹・民愛其賜・乾維金極・營列軍容・鍾阜儀鳳・閉塞象冬・依山向澤・龍觀琳宮・火鈴冠霄・十絕盤空・騰躍雲景之轅・仰接玄仞之峯　・效仙人而詔孤處・滌玄覽以守至冲・惟彼三山・聚寶之外・大雄塔寺・報恩天界・創自赤烏之年・廓于永樂之代・旋百磴以窮九級・望須彌而同一芥・目睆睆而失驚・心獧獧其若悸・飛櫚縣鳴鐸以砰磷・露盤接相輪而岧嵽・舍利朗于夜光之上射・寶燈蝹若燭龍之下慧・雖意匠之經營・似鬼工之所陶繪・金玉相毫・十方徧現・未有若斯之宏麗者也・萬宇既同・廣堅市樓・來賓重譯・首重懷柔・龍庭鳥服・結駟方舟・管絃鏗沸・碧聳黃流・珍羣佳品・桂糈蘭羞・院本雜劇・妙舞淸謳・鶴鳴至于翠柳・隨在可以嬉遊・遇靑帘之見招・邀明月而相浮・爾乃式廓黃圖・溝封外郛・木樵校聯・撐拒相扶・藺石渠答・築闍結隅・豐墻峭嶭・鐵扇銅樞・罔連嶺屬・巘巘渠渠・如嶽之立・如雲之舒・通門二八・仰福帝居・上元佛寧・觀音伊邇・日飛懸陰・實在北鄙・江環瓜步・大類河泲・磯澎湃于浦口・味中泠于揚子・沿黃天蕩以抵濠・雲颿一瞬而千里・泊儀眞之修壖・縡虛舟而入水・地控靑齊而引荆粵・物萃陸貢海涵之珍美・東鄙妨坊・仙鶴麒麟・滄波高橋・上方以陳・倉根各啓・巇巒匍礉・標絳巖之赫奕・類成皐之帶漬・躡福地于句曲・梔良常之烟雲・三江流其限・五湖注其垠・吐瀆漊而釃涇港・吳會沃而秔稌蓁・南鄙夾岡・鳳臺有閌・大小安德・至于馴象・漂水之陽・有滄其漾・陟牛首則屝隱浮屠・凭昇元而楯掀白浪・荆溪欱流以湁潗・燕湖會江而洪漲・長淮儗伊洛以矜帶・梯航自閩廣以相向・指龍山而臨牛渚・對天門之跌蕩・西鄙江東・邳張柵欄・寶公翔市・井苔尙斑・莫愁蕩槳・湖水猶渾・汨越竦峭・大勝當關・新河雙濬・市舶盤桓・金川重闢・龍江之灣・朱臺金戶・祭江有壇・禡牙往伐・胙土分藩・嗚鑾戾止・祭告竣還・闕城鐘鼓・震蕩元間・縶飛鴞于姑餘・翦長鯨于彭瀾・平川嬰而淸島域・遏蒙狄以定中原・然後建維城以名都・宏江左于長安・晞帝鄉于鳳陽・黃河從天而

下江．于此乃乾旋坤轉．古自我作．據山帶江．則澔澔浙浙．雲霞之所濩落．阻山控野．則崷矗崱屴．日月之所迴薄．經緯不爽．與造化相雌雄．而抱德煬和．不徒設險以固國．

夫陰陽不密．則寒暑不能以成歲．幾事不密．則瑤室不能以自庇．故飛而天者潛九淵．奮而雨者復九地．作法于涼．其弊猶貪．胡然鳴豫以自勩．蕭何治未央．而建章窮于奢．貞觀幸九成而華清荒．于戲．矧中國有道．守在四𡰣．必儲東南財賦以爲西北之備．萌祇則亡．嗟彼晉睿．信導縱敦．養成反噬．崇老莊而忘胡羯．違魯褒者尙錢幣．傳宋迄陳．覆轍相繼．佛狸驅胡馬以飲江．景陽投胥井以自墜．是以雄聖沉幾于淵泉．英武先天而蓋世．廟謨碩畫．于礫純懿．迎從龍以籌帷幄．咨伯溫而候星氣．允升高築階以峙粻．中行陳時夏以禮義．不召而往就其謀．有衆莫或窺其際．故能萬全取勝．神用無方．嗜欲將至．靜定有常．碎水晶之漏．毁鏤金之牀．卻蘄竹之簟而不御．惡蒲萄之酒而不嘗．斥羽人之丹銓．寶賢才與農桑．茅茨卑宮．律堯襲禹．始進宮圖．奇麗是去．改作內禁．堅樸是予．營構絕乎泰甚．惟種蔬于隙籞．請造乘輿與法物．用銅代金而後許．礦礫蚌蜃．從民鐸取．薦梅榛薄．任物嚙處．宓穆休于泰元．恬白賁以容與．獨壯京華之外觀．用昭天下之共主．

于是頒禮式．牓德音．辭絕瑞．拒奇琛．席蘿圖．碣鏡林．錄著精誠．亭揭觀心．有赫上帝．無卽慆淫．德軼九澤之流．化涵八演之深．阜成東戶之俗．慍解南董之琴．原隰膴膴．列塲滌圃．霧滃鷄豚．櫛比環堵．前日燹昏．草沒殘礫斷礎之土也．正名嘉耦．有敍有倫．峨冠濶袖．突升垂紳．前日腥羶蒸報．辮髮左衽之民也．宮牆函丈．俊乂濟濟．邊方列署．階鬮煒煒．前日荒溝遺堞．紅巾白刃之壘也．番番黃髮．携幼含飴．三尺孱童．趨蹌攝儀．士有餘饟．工無餒師．富商野次．宿秉停菑．前日之棄家而竄．向隅而悲者也．崇禮封侯．哈出綰綬．青紫綷縩．金印在肘．挾冊編芸．闕弓穿柳．楫遜文談．網束髽首．前日之驚呼阿卜．鞭馬而走者也．天業富有．萬彙漸摩．駢田胥附．用物精多．入紅闉而俯僂．瞻孝陵之嵯峨．閃金支之熠爚．欻翠旗之袿羅．時聞鐵馬汗而玉衣舉．廼神靈助馴伐之天戈．睇懿文之附竁．駐鶴駕于瓊阿．眄陪墳之西樹．颯車騎于松蘿．揆創造之囏難．由文武之張弛．富之而任土作貢．教之而肇修人紀．實行周官之法度．意本關睢與麟趾．內章陰教于孝慈．遠紹徽音于太姒．躬率六尙而訓廸百男．上崇節儉．則下無奢靡．施重典于亂餘．繩虐吏之貪賄．稅簪珥而諷諫．仁風浩其四起．天地得一以淸寧．吹萬不同而自理．德教云遠．民俗僭偷．驕淫矜侉．放心莫收．錐刀競乎市井．服食美于王侯．其婚也．萬絲爲步障．其殯也．千衢皆蜃樓．綵花艷于隋苑．慢聲繁于箜篌．歌玉樹而袨服．倚市門而可求．等金于土價．效竹林而醉遊．徒羨蜉蝣之楚楚．永忘蟋蟀之休休．

昔者嘗竊聞諸先民矣．登高而建旆．則所示者廣．臨風而奮鐸．則所聞者遠．色非益明也．聲非加長也．得地乘勢則宏且顯也．而況承丕構．遵彝典者乎．欽誦聖謨．觀心自檢．以約失之．先聖云．鮮不受人益．亦免夭損．彼竣宇雕牆而不恤民．豈能賴先后以自免．孰若惜露臺之費．國安富而名光闡．惟能約而不侈．可以遏饕餮而靖箣辭．底愼財賦以充牣．則戎馬壯而鹵斯殄．如馳騁乎末流．奚作法之能善蒙也．雖欲殫論．舉唇而不能實．亦鬱于大道而莫施其小辯．于是先生揖燕士而告之曰．皇矣聖祖．元德無前．貽燕垂鴻．覆露丕天．容能述之．確而不譏．垂諸日月．光耀以宣．今子居燕．身在陶甄．可謂履華胥而聽鈞天者矣．安可泯默而弗言．

北京賦

燕士粲然而哂曰．固哉客之矢辭也．吾聞聖人握金鏡而明道．察玉衡以隨時．創始者恒樸．而飭終者必奇．爇石乃烹飪之所起．轉輪則鑾輅之所基．順陰陽以開闔．思與世而推移．今客徒知五材之生流遁．而不知大一統之無外．乃可以爲京師．固哉．客之矢辭也．

粵若稽古．帝軒都涿．高陽幽陵．宅繇北廓．堯之爲君．始于唐而建國．周封其後．亦于薊而列爵．帝德丕隆．莫尙于燕．明庭萬靈之所朝．光被四表之所先．夏后治水則夾石碣石．召伯分陝則錫山土田．所謂王不得則不王．而秦漢乃棄置于窮邊．晉唐雲擾而龍戰．契丹詒都于金元．天將俾于有德．固久厭其腥膻．于是文皇龍興于潛邸．北京肇建爲行在．應大興之顯符．光黃唐于遐代．北平易名以順天．旋坤軸以正乾．蓋此實天府之國．乃混一之大都會．其地博大以爽塏．亙若繩直而砥平．倚重險而壓函夏．屹若坐堂隍而眎廣庭．盪幽幷之氛雺．揭日月于泰清．峨端門以普照．合宇宙而大明．惟帝降祥．匪人弗成．假手于至元．而豫兆是名矣．蓋淪胥五百有餘歲．天運剝極而後復．析木開津．魄寶垂爥．富媼效靈．元溟溥沃．望微閭以爲鎭．宗恒山以爲岳．水還繞以爲員．山雄峙以爲幅．嵎峪叢乎沙渚．陂定注乎旱麓．儦儦而牧者．正擾之畜．穰穰而獲者．五種之穀．萬邦之方則河濟淮海．戎翟之阻則魚陽上谷．儻甚謀之不臧．奚景命之有僕．聞築黃金之高臺．思展賢才之驥足．求文武以戮力．遂永綏乎天祿．

及至定京師．建辰極也．縣水樹臬．規元矩黃．晷緯冥合．龜筮襲祥．營繕釐其務．司空提其綱．命離婁使布繩．施隸首之算章．枕居庸于紫塞．環瀛海于榑桑．襟滹沱于青邑．擁太行于雒棠．廣九門以通軌．摹八區而辨方．地不愛寶．天降珍物．神木自行．山石自出．巧倕公輸．剖劂緻紩．獻俸捐金．成功不日．闢重城于天陔．森飛觀之盤蔚．長虹帶通壑以委蛇．萬雉冠崇墉而律崛．輦道纚屬．朝著彪分．周廬拱衞．列應星文．長安大逵．冠蓋繽紛．其下九涂．簇集轒輼．曳髮編芒．鋪若烟雲．戎匠受役．伎藝精勤．角隅珥布．鄽隧孔殷．疎櫰映肆．散帙典墳．鼓篋固多霦霦文雅之士．而感慨悲歌者亦任俠而成羣．于是邸含填溢．履不容旋．紅塵冥冥．幕面頩肩．妁婥士女．輜帷高騫．明眸玄鬢．金翠翩翩．當折筓而易架．亦艷妝而逞妍．貴璫要鉉．子姓僮隸．僭侈自雄．司察反避．衣狐白而策黃乘．僂姬姜而棄憔悴．昏酣睚眦以執讐．旦暮椎埋而弗忌．京遊之士．實繁有徒．通籍禁闥．噓榮噏枯．賂之則升天階．忤之則淪淪淵壚．豺狼晝伏于當道．而惟訶彼稷鼠與城狐．至于翺翔四郊．走田飛弋．鬥鷄蹴鞠．罔事貸殖．儵掣金而訾價．俄躍馬而鳴鏑．詄皇路于天衢．是以奸慝發而忘跡．蓋圻甸提封．會歸攸止．險其走集．守其要鄙．兼夏商之職貢．奄秦漢之文軌．梯航叅乎九譯．𢈪置通乎萬里．其陰則天壽磐固．長城崔嵬．古北喜峰．蘭峪黃崖．重關疊障之槩天．守以一夫而莫開．彈琴鳴乎其峽．黃花鎮乎其隈．大翮越乎湯峪．嬀川流于懷來．野狐獨石之峞崙．龍沙瀚海之瀠洄．欖蒙狄于開平．邇龍虎之璜臺．北征于時而振旅．霓旌參簇乎斗魁．酌葡萄之玉液．旃裘伏而獻酪．其陽則三橋萬柳．玉河通惠．潮白桑乾．百泉所會．緯以涞易．磁濡經以淤溏．漳衞掖以大陸．封龍擐以井陘．無棣襟黃河而帶伊潁．絡齊魯而苞趙魏．登披雲以延佇．見天津之遐澨．東吳輸乎秔稻．叢雲飄以如簬．鱗介泳于川湄．萑葦紛乎旆旆．海陸產乎珍美．雖林閭莫能以淵計．東郊則有潞河之灣．通漕之流．控引江淮．運集粻艘．萬國冠裳．以發以休．玉田黍谷．蒙繹之枲．跨遼瀋而踰鴨綠．山川奄藹而相摎．嗟燕趙之妄謬．迎羽人于丹邱．汎延芳于漷陰．得契丹之莽洲．鵝鶩散而海青羲．尙餘回極之浮浮．西郊則有玉泉．垂虹西山．積雪西海．瀲波流入皇闕．盧師二龍．蜚遯潭穴．平波翠微．五華屏列．潭分玉淵．蕭爽皎澈．崆峒石經之夭蟜．大房孔水之融結．越鹽溝與劉李．乃縱志而舒節．督過亢之荒陂．悲丹軻之計拙．返薊邱而眺廣陽．躧齊政而蔭禪樾．渺西湖之蒲荷．絕龍舟之纜㯕．水天混而光流．涵沙禽于鏡月．

爾乃朝陽近郊．將臺威陀．偃武云久．講藝投戈．崇文覲路．曲接海涯．率茲潞渚．至于白河．直沽湍瀉．灌漑靡多．開鑿成隄．大有麥禾．穰穰歲獲．富我天家．正陽之南．苑囿闓拓．三海汪洋．四序弗涸．按鷹有臺．飛放攸泊．狐兔嚄嚛．麋鹿濯濯．浮飲衝波．宛潭漼汋．其淵則有文蛤水馬．朱鼈金龜．絕綸巨鯉．銜罟奔鯢．鰡鰡繁於涿光．鱅鱅詭于靈蠵．其坪則有雲木烟蘿．森森裊裊．隄柳汀蘆．錦梨火棗．梧竦鳳條．槐舒龍爪．猋至紛披．與波浩渼．其渟皐則有雁鷁鶃．有鳧鴛水宿．萬羽叢泆．迴翔其叢．伊何葭菼蒼蒼．蘼蕪芣苡．藁本莎香．射干陵苕．蕘韭禹糧．芙渠菁莪．兔絲鹿腸．其奧壙則多松櫻榛栝．楓楊楸樬．篔簹楩梓．梅杏棠棣．六駮四照．日爌雲芾．雨轂風胎．並育庶類．猿鶴蜚征．經息百態．上有捕雀垂蔦之錦鼯．下有嚇虎綴毬之刺蝟．初疑趍撲之可及．倏已騰躍于無際．區彌祝栗．界軼晐弓．丹翠苞薂．仰不見空．映流溢望．瀲灩成烘．暘不漏景．陰不翳風．密孕元氣．昭鋪化工．鳴嘷互而域別．谷籟荅而響同．虞官待狩．玉鑾間入．扈以羽林．騎而袴褶．長圍漸合．羽毛畢集．靳鉅來而韇忘歸．奭粖骼而攸决拾．韝適脫而戾穹昊．絛甫解而毚遐隰．于是旃門張．華旍揚．凝笳鳴．疊鼓鼛．迴飈颶．起焆烊．發矢命中．巧于更羸．罥結而震網搖．撞㧗而坤軸昂．翽翽匿爪而迅攫．㩜㩜掀斷以交鏘．其獲如雨．割鮮舉觴．羣工霑醉．分犖賜肪．蓋講武事于農隙．而匪遊豫于太康．爾乃西循宣武．越彼金岑．草場蕃育．舒雁翰音．野塘鳧藻．唼呷浮沉．至于阜成宛．開上林．蓊蔚蔓蔚．蓏果成陰．崇桃薲實．乃玉乃金．花紅青翠．香水黑琴．朱櫻素柰·若榴丹椹·虎刺斑于楹桴·蘋菝榊于來禽·英絡其間·蟬秒相引·亦有嘉蔬·綺葱豐本·黃芽赤根·天花石菌·蕪菁芸臺·葵茄薑蘘·萊菔頳于夏蕁·水蘇脆于冬笋·逆蔽循崖·元厲赤脂·青蒙白堊·金星畫眉·貞珉類玉·可碻可碑·宛平瀛壞·陶爲琉璃·光瑩鑑人·結甃成曦·蹠拳石與撮土·亦鍾淑而瓌奇·遵西直而北指·經得勝與安定·憩東直而迴眄·歸瑜珈之海印·鑿毛羣于幽都·以谷量其孳胤·彼周宣之考牧·匪直牲牷之肥腯·至乎御馬之苑·惟二十區·日閑輿衞·歲產龍駒·肇昔八駿以靖難·迄今七驥之翰如·乃有榜葛麻林·麒麟並車·周郊石固·迭獻騶虞·福祿文逾于吉皇·元虎豪勝于黔菟·馬哈雙角垂腰而類獅·馳雞玄翎玉翮而異鵌·凡致諸福之物·有王會之所未圖·而歲革月化·莽爲藪藍·尙存馬政之流弊·民癘奚繇而告蘇·然而始設京輔之屯·分自留衞之半·起富民以充殷實·于以均貧而杜亂·于是弛眞定廣·平鹻薄之田賦·與河北滄濱之鹽稅而不算·時築雲代之墩臺·歲防河間之水患·于斯萬年·既隆內治而謹外扞矣·馭世長策·豈非超黃邁唐爲百王冠者哉·

其宮室也·闢丹地之焜煌·閱天閶以高驤·垂若華之景曜·儷望舒以相頏·晃蘋萬疊·熻欻舒盪·螭旋麟萃·屹若崇岡·抗浮雲而上征·亙玉繩以齊光·正殿則奉天尊嚴·陵霄塡極·華蓋承宇·居中儼特·謹身聯後·岔邃以侐·綿邈豐彤·摎羅扱減·重陛雲簾·花礎盤碣·四面軒朱·下甃瑤堿·瑣牕藻井·間金繪飾·上規圜以穹窿·下矩折而繩直·楹繞金龍以甄甍·檐騰神鳳之翬革·繽紛九采之璀璨·罨畫罘罳之絡繹·其前則奉天之門·常朝是衙·糚眕倜儻·岳岳峨峨·飛宇建霓·扮拱蒸霞·陰蚪頁楄·陽馬承阿·中奠黃屋·鏤以金華·結臺開軒·含景敷葩·八維維像乎紫極·四表達于絳河·遏緒風于間隙·流旭日之靈穌·闔披四目·陛納九齒·明翼等威·玉筍攸止·嵬瓊機而立兩旁·文武分而鼓鐘峙·出掖門之東西·棕蓬延而對起·曰思善與景運·于左右而迤邐·雲闕翔五鳳于璇霄·玉橋亙三虹于金水·直盧宿衞·容裔于前·而斜廡矗矗乎其相睥·午門之內·殿閣嶙峋·東有文華·蒼龍守闉·上憲攝提·析木之津·先聖先師·祠禮惟寅·啓搖山之碧鏤·瞧葯邱之廣輪·扆以文淵·東觀與鄰·吏館聯開·雕牖相因·冊府甲觀·圖書萃珍·西有武英·金虎環陛·象彼觜觿·衡石積儋·虹梁鯨棟·巖㠑迢遰·端居存神·修令發制·芽璋葆旅·燚動靁厲·百爾幾務·罔有停滯·左入太廟·逌廟街門·四孟時享·對越駿奔·東建齋宮·高廣端正·築樸無華·滴萃誠敬·宮垣之外·東苑是營·坦涂豪徼·遞接南城·濬洫嬰堞·靚深覭窅·夾路嘉植·攢峰開沼·林霏幽坱·石瀨迴繚·天然縣圃·中有壺嶠·時·端陽聳·翠華翔·建鴛棚·集龍驤·擊彩毬·射垂楊·帝子王孫·金玉交相·薄言觀者·股肱之良·勁捷驊讌·藻詠柏梁·永樂之世·角蓺惟常·亭經臺始·宣朝雅制·天順復辟·式郭以麗·龍德之殿·栱根正中·崇仁廣智·左右相雄·彤墀瑤砌·壁檻綺櫳·其門則丹鳳在南·蒼龍在東·殿後秀巖·翠黛騰空·環屹運之團殿·聳縹緲之奇峰·巘亭旁峙·凌雲御風·玉梁在前·追琢瓊瓏·夾以天光雲影·表以戴鰲飛虹·永明佳麗·窈窕相通·環碧在陰·淙淙溶溶·錦鱗文禽·喁喁噰噰·淨芳瑞光·門閤穹窿·跨以

翔鳳・梯霄頫潒・別有閒館・嘉樂昭融・出入東華・是謂南宮・凡其金鋪朱戶・莫不掩映乎芳叢・聖皇大孝・世廟觀德・易乾德以重華・列鴻慶與崇質・仁以欽天・孝以追先・二閣並樹・巍乎渙然・浮丹麗紫・納雲冠月・負扆萃誠・達于天闕・協鴻名于大舜・終以崇先而昭揭・右社街門・入祭社稷・爲民祈報・如幾如式・又有西苑・越在子城・入自西安・出則乾寧・萬歲之山・秀拔崢嶸・太液之池・環抱泓渟・雖名由元立・天肇明徵・然徙宋艮岳・延引玉泉・則金世之所經營・其遵甕城而陟丹梯也・攀承光之金殿・躧飛鯨之石梁・踰數百武・則鐵綷丹檻・浮游蘭槳・達瓊華島・登廣寒殿而超方羊・邇而睇之・玉蝀金鰲・堆雲積翠・坊表金碧・照映松檜・遠而望之・崧岱並立・大河橫帶・俯視江淮・一目無際・恍若淩倒景而躡鵬翮・入鈞天而聞鳳吹・飄飄霞舉・豈非快哉・梳粧高臺・已化蔓草・而仁智之殿・據半山者亦幾經興廢矣・

介福延和・厥門尚存・而諸行殿建自元朝者・實爲大觀・東有凝和・陸離駮騀・浦溆煙緜・龍舟鳳舸・西有迎翠・遙挹山光・林幽鳥悅・岑蔚翶翔・東北太素・草繕垔飾・質任自然・如植圭璧・九島池北・涵碧亭亭・丹檻翠牖・隱映淵瀲・緣崖徂東・樂成觀櫓・雲碓風輪・于以春抒・承光南滸・崇智在茲・金蓋玉檻・旋匝循磯・芭蕉園南灌水葳葳超和者・越紅亭・闢黃扉・而見水田農舍・乃知小人之依・從南臺・達西隄・過射苑・轉芳蹊・入兔園・小山之明而躋焉・洞泉九曲・金龍注池・松蘿陰陰・居然青谿・出園東北・瞰池倚壁・暨後左門・亦寘翼室・各有平臺・迢遙靖密・武廟于斯閱騎射・而吾皇恒以延輔弼・軒曰遠趣・館曰保和・亭則歲寒飛香・與擁翠映暉・會景與澄波・飾爲錦芳・亭前有沼・啓閉通池・花卉圍繞・翠芬出竹陰・寶月藏乎樹杪・玩芳距凝素以芬葍・臨漪偭美金而濙畾・皇營新殿・淸馥是名・芝楣繡拱・虹植霓衡・耀碧霄以甜闓・垂毓華之光晶・牡丹紅藥之屬・普受和氣而嘉生・至于園有丹桂綠椒・渚有芷蒲蘅杜・而鸂鶒天鵝諸栖泊者・又莫知其數・鬈獅異獸・石臺銅柱・收放其間・匪直斑龍與皜兔・周文靈囿・于焉再睹・蓋自玄武門外出・北上中山・勢蜿蜒而未窮・其下周迴・百果蘢葱・出其委翳・回眄天池翠島・眞蓬萊之在九重也・廼立保泰・格于元極・殿聯無逸・所重民食・亭揭豳風・耕籍黍稷・倉曰恒裕・扉曰寶穡・壇祭穀祇・五福時錫・復有蠶氏之館・採桑之臺・以備親蠶・繅織裁翦・修飭仁壽之宮・踏六鰲而造三台・嘉禾連穎・甕繭成筐・則奉慈闈而進棬杯・緹幙霎韃・鳳車徘徊・而神御望清之閣・頫清虛而洞開・於以見皇心仁孝・懸玄眞而洽滄厓・

乃若後宮・則有奉先之殿・次以奉慈・禘則太先・永言孝思・配帝明堂・睿宗惟宜・夙御景神・寶善愼獨・休明昭融・迎祥安福・玉卮金扉・祇祇肅肅・淸寧之宮・掠殿以朝・後園炫暎・樹玉池瑤・乾淸坤寧・兩儀成象・純殷寶勢・闔闢相嚮・房闥內布・綷疏外陳・六宮旁列・爰處妃嬪・東則延祺鍾粹毓德・西則啓祥降禧景仁・複道迴衝以聯絡・掖庭阿那以宋循・百子符螽斯之蟄蟄・千嬰應麟趾之振振・碧瓦鱗差・朱門雯艷・欽安中黃・表儀四極・雕欒鏤楶・蕙樓椒壁・髹彤殷乎珠櫺・芳馨流乎翠帟・明珠燭元夜

以爲晝・列錢白間而成色・居瑤光之壼奧・御瓊珍之象席・銅龍嵏節其輿居・銀鑰嚴坊于昕夕・日精承千祥之滋至・月華烟百福以翼翼・東宮左達鶴禁・逶隨西內・作對燕居・惟時勦儵麗嫺・安樂且綏・撤大善而燬佛骨・崇聖學以恒緝熙・堂有精一・執中弗違・室有恭默・匪道弗思・齋有九五・天德是祗・亭有敬一・御箴永貽・乃宬皇史以寶芳策・今可述而古可稽・皇城東南・蒿宮宏啓・長孫所居・軒墀戢脅・東安巽隅・十王有邸・差次儷陳・皇皇韡韡・前星重輝・天潢分汜・萬揃鸞浮・千栖鳳起・迨夫光祿木官六科・黃門尙寶之司・亦邇東安・黃衣有徒・灑埽供事・儀文璽授・以及櫪駟・監局之號・二十有四・銀璫珥貂・時惟閹寺・出入絳闕・捧擁琱輿・遵我綸綍・敬慎不渝・于時天顏正・王道復・顯巍巍・徽穆穆・昭景鑠・絕褻慾・龍威元端・齊明盛服・貫魚有序・六尙分局・永巷愔愔・皎若承旭・出納精微・無遠弗燭・乃若九門中恢・京城之前・孔道馮隆・其直如弦・文皇肇祀・合地于天・岌集靈壇・接以山川・制倣留都・獻歲揭虔・壇分四郊・吾皇攸建・乾父坤母・南北祼獻・兄日姊月・東赫西烜・二至二分・受釐錫羡・祈穀舞雩・亦罔不徧・昭甿覃・窮靈極祉・有圖牒所靡談者矣・是以百環碧砮之貢・日旅彤庭之琛・星聚河清之歌・澄歲樂府之詠・僸佅之從王化・猶洪聲之收清響・雕題之樂神州・若游形之招惠景・會同之館・惟見其烏蠻之繹・不聞其犢・攜侔倪而爲家・日嬉遨乎市井・觀治化之元同・徼邊陲之無警・

爾乃設官分職・宅俊陟明・長安左右・三事九卿・文武分閫・曹司坒扃・玉河東西・詹宲翰瀛・太醫列院・欽天步星・太僕設寺・考牧于京・鴻臚行人・各守典刑・督府參以奉常・法司職聯乎貫城・五軍之外・三千奇兵・益以神機・爲三大營・簡其精銳・則立國營十二・丕振乎天聲・然猶偃戈鋋・修俎豆・而樂育胄監之英・是以宣后儲神・矢詩于穆清・北望崇文之閣・而思天下化成・承天之門・具瞻攸聚・月朔京尹・率見宣諭・黃圖璀錯・正厥稅賦・太倉儲粟・積墆紅蠹・督以司徒・出納俵濩・北控九邊・是致是附・垢玩綦于正德・四家埶乎百度・鎮卒不留屯而折色是需・鹽商不詣邊而轉運民部・墩臺日傾・什伍暴露・晻答內侵・皇赫斯怒・尙賴乾符助順・坤珍助富・邊郎萬鏹・賫徧于長城・工程百爾・惇大而成裕・苟徒苦節・駕言守素・則是絕文字而結繩・棄冕綖而冠布也・爾乃練時日・選車徒・萬乘出・七萃驅・稜恩揭殿・陵祀之居・行宮開闕・沙河之途・思先靈之陟降・越昌平以北盱・精禋畢戒・射夫弋・欽碣殪・封狐貙豻麚至・梟獍畢屠・銀山鐵壁・陽翠軍都・星奔電擊・驥馬燕弧・田獲庖充・爰錫大餔・乃幸九龍之池籞・時聞萬歲于寥廓・大烹陳・鞮鞻作・天酒薰・皇情樂・薄暮言旋・軍麾動乎朔漠・皇不自聖・周爰咨謀・勳戚鼎輔・召爾前旒・足食足兵・帷幄運籌・內帑充乎十庫・外庾貯于通州・瓴梘芻粟・飛輓若流・築外羅郭・紓南牧憂・磯磯金磴・枚枚雉闍・包括崇文・竣于宣武・黔首樂依・光我成祖・建旄于標・望不可仰而可俯・雖使都盧之巧捷・不敢以投足・翔翶之扶搖・不得以運羽・彼公麽之殘胡・孰有越磪碍而睎譙櫓・由此論之・策天功以臻成・必有非常之元・不惜小費・乃罔後

艱．是故襟帶周則保禦易．楨榦固則搖拔難．淵源深則瀾派浹．盤根大則奕葉繁．盍觀諸天乎．上掍三光．下輪厚坤．連珠合璧．日發斂而不憚其煩．廼能榮百昌于萬古．鋪元氣于人寰．

言甫既．吳客鞠躬而謝曰．優優暢乎．實足以砭小子之愚．而發豐蔀之障也．先生乃劃然嘆曰．嗟乎．獨見之慮．取贅于時．圓機之智．不拘于典．今聞麗澤巽源．規誦並藏．誦者能辯．如河之縣．聽者從善．如圜之轉．瀐灪駿烈．知言之選．今將授子以彤管．奉子以剡籐．叙二京之宏說．垂百世而有徵．于是燕士偕吳客起而立曰．喏．敬聞命矣．敢不承乎．欣然就坐．偏舉備述．逡巡獻辭．揖拜而出．

乾清宮賦 有序

在昔司馬相如揚雄之徒倡爲辭賦．蜚英有漢．大抵鋪采體物．協韻成文．主于諷上．不爲徒作．使誦之者矢口而易颺．聽之者感聲而自入．雖分流自詩．而不煩詠歎．觸類致情．其裨益宏矣．昭代文章．盛于永宣之間．時則有若周守陳璉．釁生金實輩．皆緣獻賦而獲晉錫．其意惟以摛藻寫志．潤色鴻猷．初非託諷爲也．惜夫體倣靈均．法追唐宋．風流所襲．談及漢賦．則遜謝不遑．使拙志爲之．未有不冗豫奪常者矣．正德辛巳佐獲廁詞林．適乾清宮告成．承命作賦．竊不自量．剽摭馬揚．鎔裁文考．質于扈閣．銓評至再而後成篇．顧辭旨雖陋．而事關化原．蓋乾坤儷德．制隆于上林河東．而神明依憑．又非魯靈光之可擬．故不敢不愼云．其辭曰．

丕鑠維明．帝晙鴻德．遹寧寰區．烈祖受之．宅離作都．秉粹精以靈承．握隆熺之昌符．文皇振業．依黔嬴而奠辰樞．繚瀛廓穹．肇此天居．粵乾清之秘宮．總黃元之噴薄．何富媪之蘊靈．竢定鼎而後獲．洎龜謀之襲契．法太紫以營敞．蓋以疏明瀹聰．儲神習體．軼煩慆而游冲莫者也．稽諸邃古．合宮象乎紫微．逮幽房之有壼．而成周燕寢之所儀．九筵五雉．于皇拓之．既普而深．亦麗且彌．匪維宴娛．日監在茲．湫漻霄窕之中．于以敬陟降而崇緝熙．建休號以詔燕謀．蓋亦已百有餘期矣．越閼逢閹茂之歲．赤熛章怒．鬱攸孔震．結構㴸涌．氛祲徹旻．豈椽人之嫁虐．將茀舊而布新．詔司空而僝工．走羣靈而驅八神．斸石則無閭不周之崐．掄材則荆揚岷峨之阻．輓修綷則山善稠嶔．伐輪囷則靁闐邪許．驞駍駖磕．淫淫與與．揮汗爲瀡．彗日成暑．陶埴鍛厲之屬．莫不阼分其曹伍．于是乎揆日晷．驗星文．陳圭臬．絜廣輪．宗伯獻模．林衡效勤．鼛聲歊岳．鍤徒篲雲．擾人司塈．匠慶揮斤．約築削屢．子來以趣．役者虎躍而霆犇．既廼考工．晐計以萬．雕摩維精．賁輪飾奐．絅然陽化．爍爾陰泮．攷眞巧于大鈞．雖鬼神其猶憚．故其爲狀也．豐融曼衍．揭孽崢嶸．縵縵莫莫．樛流交嬰．邈嶐窿以閎壯．亙砰磷而靖冥．廠敓赫以威魂．儵㞜宧而奫停．岧嶤犴于天漢．紛攢羅而混成．瓌殊俶黨．不可殫形．悅兮忽兮．擳膠葛．騰九閎．接耀魄之威神．幹璇璣而綜高明．羌跰蹡以蝎蜡魂．悚悚其若驚．

爾乃登泰階之三重．遵執涂之盤曲．鉤陳縱縱以匡衛．閣道駊駊而延屬．卬而瞻之．若燭龍之蜿蟺．引扶光而矒若木·熲而履之·若巨鰲之贔屭·運九垓而包百谷·團殿般般以離立·珠焆黃以相爥·函絪縕之元氣·又何有乎墋黷·彼會城與縣圃·昔傳聞而今駭矚·其上觚稜高標·金爵翹翹·琉璃鱗鱗·劃霓摩霄·織烏顧兔·出沒扶搖·屹華表以縈句·始立颯撥乎斗杓·簷芽翔而阿霤奮·絕浮景而翻碧寥·其下則釦砌瑤礎·右平左城·承以峻基·廣以夷石·盤以蛟螭·涂以朱碧·犖若崑崙·鎮奠南極·崱屴繒綾·磑磑卽卽·其中則縣緜房植·眈眈層覆·梅梁揭宇·藻井承漏·欂櫨□棟·修棪曲校·飛棁浮柱·支撐環句·題鄂衝菸以霞張·桷棟嫽婀而電糾·傍夭蟜以紺閜·澶沛艾以赳螑·上骫麗以互經·下㠑歙而騰湊·玉繩猗柅于奧宧·瑤光爣朗于窔牖·轉棍度闥·蠖畧鴻溶·網戶翠錢·金鋪瑣窻·五采爭勝·流煙走虹·壁門洞開·璀璨玲瓏·流蘇縣璫·招搖從風·文鏡曲瓊·燁燁雍雍·鼂采夜光之飾·與灝氣而相通·詄蕩蕩以寥豁·忽瞮瞮而冥濛·突五城而張六幕·終紛員而莫窮·其外則輦路纚連·繚垣周廻·複道遐阪·達于平臺·玄厲黃碝·間以玫瑰·菀菀蔥蒨·垂楊大櫰·永巷迤邐·是爲總街·乃顧二門·業業將將·日精月華·左右相望·鬱儀望舒·駐蹕而驤·重闈逾延·開闔陰陽·試舉其名·則維百福與千祥·杳騁騖以窅窱·儕步櫩而攀天梁·于後則坤寧嚱嚱含貞符·矩位正元·榥星躩踆·抗虹扶棟·鑿翠開簃·四榮雲譎·萬拱菱抒·玉卮金釭·鵬騫鳳舉·儷我宸極·以爲內主·若乃淸寧·仰戴慈顏·黔于黃祇·倬彼元間·朝以棕殿·問寢承歡·鳳儀所御·中建欽安·左爲延祺·鍾粹毓德·右有啓祥·降禧景仁·以至長春·百花諸宇·則又儲靡曼而列幽閈·衝風颾乎闟幙·散彧彧之椒蘭·紅繡繢以機杼·儼河鼓之天孫·函菱莪以晞日·珩瑀戛乎珊珊·樹螽斯與麟趾·司啓閉于掖垣·爰設六尙書以掌九室·冠袍韅靸·其儀有恤·彤管煒煌·伊違斯弼·敍進御之條紀·恒受環而戒逸·銘盤鑑以昭警·司精微于密勿·

爾乃煖殿宏敞·青軒彤墀·帳設甲乙·翠被絳榹·雲落簾櫳·罨畫宋扆·循除而架·有筄有箹·盠頂重橑·槎牙劌旎·方亭曲榭·獸鑰陙陝·西千嬰而東百子·乃俯瞰乎淸池·游鯈瀺灂·氿淡漣漪·鳴鳧翔鵠·頡頏棲遲·植芍藥與芙蕖·瑤艸莽乎萋萋·監宮鸛立以企幸·眂蚪蝹而瞷龍旗·挈壺之設·于彼外闈·蓮燈虬漏·貯水運機·偶神按候·與天弗違·鶏沼鵲樓·黎旭熹微·鼓登柝應·雞人嘑旦·蟲飛而會盈·燎煇而色辨·天子乃駕鸞蓋·鏗鯨鐘·淸黃道·出紫宮·端門載啓·執法當中·左掖右掖·星共雲從·羽林森森而就次·旄頭髳若其蒙茸·自三能而逮郎位·莫不天心重瞳·明庭景昃·至未遑食·庶采旣臚·乃還宮而定息·猶糾虔乎天刑·夕惕懼乎袞職·守琬琰之彝章·鋪鴻藻而立極·誕茲宮之成也·聖神聿興·時維綴旒·信帝心之簡在·用迓德而彰景休·皇輿發迹乎郢甸·鳴玉鸞之啾啾·歌斯干以考室·非鬼神而孰謀·軫民役之勞疚·仰先后之懿猷·蓋奕奕欵欵·執執如也·

于是帝幕宵縣·緹帷宿設·雲構牙赫·登降詘折·龍超虎視·遠隥近察·披檖奇妙·規矩相汁·神移天運·兪哉匠哲·夐牢籠乎宇宙·挹三神而可擷·山川瑣尾而在下·九野傱傱而昭晰·威靈旁魄而四塞·規萬世而妥洪業·乃念宣

廟・圖揭豳風・稼穡艱難・景皐心融・乃念敬考・調元習靜・光祚思賢・永言顯聖・是以服閑邪之烱戒・體愼獨之徽言・追往初之遐躅・襲得一之自然・日出王與游衍・恒對越乎昊天・昧夾兢兢而練要・蓋冥心乎馮翼之先・于是乎革粃政・尙仁厚・興禮樂・韜甲胄・振幽滯・揚側漏・咨九扈・禮三壽・乃效上元・以昭在宥・聲從海流・澤與霖究・覆露入于毫芒・猶闓澤而敷茂・慶霄掞而嘉穀穎・顯蠁胷之純祜・然猶嗛其休烈・㥯謂小康・斥去奇袤・以謹怠荒・郅大隗而問道・誦丹書而自彊・攬日月以爲明・擒雲漢以辯章・前蜚廉以渙號・後虎屛使服箱・靡握轡而爲綢・旄濛澒而慘昌光・驅豐隆與列缺・震砰震曜乎鬼方・永合德乎泰清・紘六合而爲綱・誶曰瀏瀏奧區・祀曠繹麗・麻神靈兮・睢睢盱盱・泛泛滇滇逴廣廷兮・戴盆掩袂・晞天幃日・紛萬情兮・惟皇建極・維聖存誠・則天經兮綽約指韋・元滑棄隲・洞蘗萌兮汋濣・曼羨錫胤隤祉・佐頌聲兮時來六龍・昭受休嘉・億斯齡兮・

耕籍頌 有序

維顥穹付億兆民命于我天子・我天子既昭受之・廼元年春正月・有司以耕籍請天子曰・噫・民生莫大乎食・王政莫大乎農・開務本作業之源・以爲天下先・莫大乎斯禮也・矧郊廟粢盛是之自出稼穡艱難・其可以謩古我前后・施于我祖宗・胥此焉重・今獻歲發春・土膏其動・咨爾陽官・其亟司事毋後・越明日・駕次于帷宮・淳濯圭潔・百官御事・各卽其齋・列亨先農・及期行禮・至于終畝・億兆民莫不震動・邴邴陛陛・維疆畔是事・維穜維稑・是蔗是袠・蒸膏冒樧・與緦氣通・樂和酒洽・德馨聞而頌聲作・所以興輯睦・返敦固・歆鬼神・殖國用者・於是乎在・實皇王之大典・而萬邦之所丕式也・於乎休哉・臣維漢昭帝冲齡嗣服・公卿大臣以弗克親藉爲解・乃置弄田未央宮中・昧王禮・壅治源・淫導匪彝・與魚龍曼衍等・爾時猶夸詡以爲盛偉・噫・宣王貪天禍・虢公諫不藉千畝・至今姍之・矧維漢哉・粤稽唐虞之世・重民勸農・殷商中興・諸侯承化・維競曰稼穡匪懈・卓哉隆乎配天・其澤不可上已・今我天子春秋鼎富・適符唐堯隮帝之年・體元建號・復有取乎高宗・躬率天下農以舉茲盛典・追唐蹟商・聯轍接軌・其誰曰不然・宜有歌頌以攄敷天之醇粹・臣方待罪東觀・自維譾謬・不足以鋪張盛德・然忭懌之誠・缶盈彪見・自不能已也・頌曰・

帝在在宥・時維元禩・日底天廟・太史乃事・順時颸土・土膏既滋・告稷俶載・元也其時・稷告祗祓・維帝爰若・申戒在廷・維齊維恪・帝駕載夙・言邁嘉壇・韶舞翿翿・金蚪玉鸞・凡百在服・精白職職・其職伊何・曰虞帝穡・維帝之穡・于彼南郊・洪縻序進・弗吳以吙・帝之行矣・淸畿掃路・甸師廬人・其集如霧・帝之耕矣・一撥維先・黛耜朱紘・耀日降天・公卿大夫・副耦爰叙・班于三之・以迄黎庶・音官乃省・御廩乃鍾・乃戒乃狥・農乃奮功・其奮勃勃・其來繹繹・民之刑之・萬方之極・帝乃歛蹕・儀門天開・箾鼓洋洋・駿奔鼎來・有來者尹・格爾黃耇・覲乃淸光・大小稽首・帝言錫爵・其福穰穰・鳴佩紡組・奕奕鏘鏘・帝駕乃興・天旋神迓・儲祥錫羨・豐我函

夏．維豐思匱．維帝敬旃．所其無逸．於昭萬年．

燕喜圖贊 有序

蓋自鑿楹勒社之彌文既革．而振旅奏愷之常典攸存．屬者濯征．鉅寇罪人．既得逆璉．及其羣醜．悉皆夷誅．炎嶺以東．室家相慶．仁涵義振．邇昭遠揚 ． 於是總督百川張公．偕總戎平江伯陳公．下令獻捷．用布昭我聖明神功．休兵飲至以數軍實．禮也．于時械器不遺．糧賞贏積．維藩維臬．百爾執事．凡撰文教者．罔不即次．維將維帥．百爾執戟．凡奮武衛者．亦各列席．供張星敷．旌旄林植．鼎俎罍觴．有秩有奕．郡守何君鏜再拜稽首．奉觴進曰 ． 鉅寇既平．威燀孔揚．矢聖天子之文．洽此潮邦．旨酒既升．公壽無疆．公舍觴拜揖．讓于總戎曰．秉鉞搴旗．公與二三子之功也．不佞何與焉．承天眷祐．維聖天子萬壽．乃又再拜稽首．奉觴進曰．鉅寇既平．膏澤惟溥．宣聖天子之武．震此潮土．旨酒既持．公壽無期．公復舍觴拜揖．讓于總督曰．建議運籌．公與二三子之猷也．不穀何與焉．承嘏自天．惟聖天子萬年．

於是監統五道合辭偕進曰．夫不爭善勝．天之道也．不戰自詘．天之威也．茲惟文武並用．將相調和．師出以律．行僅閱月而底武成．兵不染鍔．甲不霑汗．民出湯火．誰之賜也．昔吳平山越．猶俟秋成．宋取嶺南．尙踰再稔．然且自儗歸鎬．飲御相先．今也率循天道．肅將天威 ． 歸諸聖明．不敢自居．則燕喜受祉．固飲至之常典也．奚多讓乎．於是次第相屬曰善．敬舉君之觴．禮成之日．何君繪圖．伻來請作誦于上．予辭不獲．嘆曰．功成德讓．克對帝心．盛偉矣哉．不可以無紀．乃載筆爲紀．且贊之．贊曰．

鱷海鏡清．鳳山砥平．顯允張公．仰鼑天經 ． 謀爲淵默．斷乃雷聲．蒼龍麾旆．壘壁陳兵．飈掃聚螘 ． 雷掣奔鯨．欃槍迅熄．再睹青暝．乃文乃武．承帝威靈 ． 執律秉鉞．豈敢自矜．潮人樂只．如枯復榮．旄倪欣告 ． 春陽邑生．湛露沕潏．豐草在庭．扶珪綴組．燕喜武成 ． 於萬斯年．赫赫明明．

尺銘 有序

尺之度數出於黃鐘．故書言同律．周官璧羨以起度．八寸十寸皆爲尺．然又名八寸者爲咫．以與尺別焉 ． 家傳尺二．其一周尺．傳自司馬温公．八寸尺也．其一景表尺．得諸留都觀星臺．十寸尺也．周尺加二寸．較之景表尺猶贏一寸六分．取黑秬黍中者一百粒．日乾之．橫絫則每一寸與人手寸口及中指內文合．而猶贏九分．蓋周尺出於王莽法錢．歲久銷縮．無璧羨可稽．故爾命工製成．釐而藏之．竢興大樂者．取正焉．銘曰．黃鐘之律．出度成尺．周咫既銷．圭臬斯益．絫黍合符．工製不易．大樂可興．允茲爲則．

九州問

守一先生燕坐堂筵．客有采眞子者．來訪甚虔 ． 冠崔嵬．衣寬博．通介紹．愼唯諾．美盼瞭如．頩顏渥若．方句贅而望．復跰躃而卻．先生揖而進之．客入坐定 ． 罄折而作．拜手言曰．走東西南北之人也．昔嘗度狼望．越鯷波．

撫銅柱・涉金河・溯星宿之滉瀁・陟崑崙之嵯峨・九瀛西
戒・偏歷荒遐・林閭所不及迹・博望所不能過者・已得諸耳
目而罔遺譌矣・吾子盍亦許走少展其蘊乎・先生曰・可哉・
客曰揚州之域・淮壖海瀆・首金陵・趾朱垠・肱百粵・
股八閩・三江五湖・襟帶吐呑・山鎭則會稽雄于越壄・澤藪
則具區震于吳門・牛斗分光・纚連須女・星紀司壄・氣常炎
暑・無余開越・儉勤承禹・太伯治吳・揖讓傳緒・潮通浙
濤・舶通遐嶼・人物繁華・俗習豪舉・山澤海陸・紛錯沃
饒・稻田果布・舟礦磁窯・白鱗翠羽・篠簜硫硝・犀角象
齒・綾紵琨瑤・珠璣瑇瑁・艚鹽斛椒・金銀之氣・夜徹煙
霄・嘗聞生財有道・在人籌畫・難窮莫如懋遷・易窘莫如稅
額・是以陶朱致養魚之富・管仲運煑海之筴・將鐘鳴而鼎
食・盍棄儒而作客・走將與子變產業・售珍奇・携琴劍・別
庭闈・巨艑電逐・闊帆猋飛・旣溢囊而盈篋・乃結駟而賦
歸・裒金遶身・積錢通神・排朱門而入紫闥・出富室而成貴
人・矧又訪胥台・泛彭澤・尋花西湖・露醉采石・招五老以
爲朋・延江娥而舉白・中車秦淮・揚旆江東・望鐘山與石
城・宛踞虎而盤龍・仰神功而思聖澤・偕穹屋而無窮・盟賞
心於振鷺・寄歸興於征鴻・挹扶輿之淸淑・時盪滌乎胸中・
或訪羅浮與武夷・散塵慮而挹仙風・此天下之至樂也・吾子
其肯同乎・先生有啞其笑・超然不對・客俯而嘆曰・噫嘻
呼・奚遲爾思・可乎可・將遊以嬉・不可乎不可・將背而
馳・先生曰・惡・惡可哉・利非君子之所宜言也・端木貨
殖・仲尼戒焉・崔列銅臭・到今羞之・
客曰・靑州之境・憑海戴嶽・其辰元枵・虛危旁礴・爽
鳩之墟・伯陵之國・尙父封齊・嵎夷旣略・海市時現・可喜
可愕・斟牟棻郧・增其式廓・土多舄鹵・耕兼織作・雄狐帷
裏・不修帷箔・桓公興霸・法令仍昨・管氏三歸・淫侈弗
約・故其俗也・矜功名・好音樂・招姬姜・謀羨贏・歌舞以
嬰・衣食是營・濮濟之濱・肜樓翠櫺・靚粧袨服之娼・於焉
旅處・而靡曼充盈・粉黛絢日・椒蘭簇霧・豔歌凝而采霞
遏・妙舞奏而薌風度・諦聽及則骨騰肉蜚・眄睞交則意傾神
赴・擘縞紈與朱琲・惟恐彼妹之弗顧・斯時也・珍羞綺錯・
戲局紛披・秦箏趙瑟・簫管交吹・頻酌玉醴・迭勸金巵・紅
顏巧笑・日昃忘疲・湛歡之際・可以螟蛉宇宙・蜉蝣今古・
眇軒冕於柴柵・附旂常於塵土・徒使登牛山而悲故都・望蕩
陰而吟梁甫・無乃驅馳轁輌而役役自苦矣哉・於是就閒館・
卸華鈿・携玉手・接芳姸・銀燭燦爛・翠幄張懸・爲樂之
夕・若登蓬島而遇仙・此聲色之娛人也・吾子其亦以爲然
乎・先生未及應・客遽曰・扣縣不鳴・司樂以爲怪・攻堅弗
克・問者以爲戒・先生曰・雜哉聲色・伐之甚於斧斤・故夔
蠱元妻而伯封夷・涓獻新樂而帝受焚・
客曰・雍州之宇・神臯陸海・東井輿鬼・鶉首攸宰・三
輔之墟・五水所滙・秦漢隋唐・故都蹟在・鼎與歷俱移・玉
隨步而迭改・觀夫太華少華・宏開洞天・終南寶氣・連亙藍
田・荆岐並峙・鳥鼠西騫・商洛崆峒・驪山綉嶺・莫不嵂屼
而蜿蜒・涇屬渭汭・漆沮回旋・灃水攸同・灞滻温泉・興衰
治亂・作鑒于先・賀蘭甘涼・跨據西邊・黃河達於龍門・二
渠釃而疏川・黑水界于關中・蜀江分而及滇北・其被山帶
河・四塞宏壯・所謂金城天府・而又有潼關之保障・鹵居套

而羌八洮・在乎足兵而選將也・且民生其間・俗習華戎・勁悍質木・尙氣爭雄・耕稼餘力・鳴鏑飛鋒・挾筋竿以從禽・帶豪曹而躍驄・蓋猶有豳風之流韻・因畋狩而纘武功・時當甃歛・顥氣淸肅・聯鑣出郊・馳誰山谷・罻羅昌披・布滿林麓・放鷹鸇以競鷙・走狡獮而角逐・應弦飮羽・攫噬交并・薄暮言歸・舉柴告成・旣乃選勝張筵・置酒高會・羅列苾芬・鏗鏘劍佩・望枌楡之故社・酹英雄而慷慨・酒酣耳熱・意参心汰・地坎天嚴・曾不知其大・月謟日湛・曾不知其邁・校獵若是乎樂矣・吾子能無快乎・先生曰・否・不然・外作禽荒・古人所戒・吾嘗聞之・東南漕輓難至・關中不復可都・王氣已終・是以仰瞻長安之日色・不若燕薊之昭融・吾方志道而據德・又奚快乎馳馬而引弓・

客曰・梁州之壤・與雍綿延・華陽黑水・參井交連・蠶叢建國・巴曼開先・羅施南詔・㼜附蟬聯・抗三峨・帶兩川・控玉壘・奠金躔・劍閣表雲棧之險固・翟塘鎖巫峽之流泉・鎭以岷嶓・溉以汶瀆・井絡坤垠・民康土沃・左綿右涪・四衢水陸・碉門及播・藩籬襟束・雖近西方・蠻夷卒服・金馬碧雞之在望・夐驤首而距足・登清城之洞天・訪鶴鳴之仙族・故其民莫不惜韶華・樂昌時・陟翠嶺・臨淸池・錦官郊外・游塵四彌・遐陬僻邑・亦各歡熙・開綺筵而對璧月・酌郫筒而折瓊枝・妓呈神女之舞・客和郢人之詩・爰自龍興之宮・鷩霸之址・浣花之溪・草元之里・五石之磧・八陣之壘・香雲伏虎・孝泉躍鯉・銅官玉局之圩・赤甲白鹽之鄙・石鏡火井・義樹聖燈・羊從洞現・翁自波興・飮桐鳳翥・緣木納升・尋幽訪古・聞見斯徵・雖繫駟已疲・燭龍云暮・然猶濯纓而歌・據梧而寤・及夫稚子迎門・簪朋載路・乃賦歸來而屢回顧也・若此逍遙樂・吾子其亦慕乎・先生曰・吁咄哉・舜聖人也・禹猶戒之曰・無若丹朱傲慢遊是好・夏諺曰・流連荒亡・爲諸侯憂・有國有家者・此其罪尤也・昔昭烈任孔明而終難恢復者・豈非逸惰之兵・弗克運籌故與・是故無逸乃逸・若稽有秋・吾方持志以帥氣・又奚慕乎慢遊・

客曰・荆州之疆・衡岳之陽・星分翼軫・地接雍梁・熊繹子國・并吞日强・江漢爲池・南達瀟湘・中包雲夢・北介鄖房・戴以襄鄧・腋以蘄黃・其俗慓輕・積聚鮮藏・呰窳偷生・流移四方・果蓏蠃蛤・足食惟常・西雜溪洞・號曰蠻荒・郢爲都會・土風醇厚・自餘巫鬼・多事土偶・伐鼓吹角・聲徹星斗・野雖三戶・亦駿奔走・其大者・則有炎帝廟・善卷壇・軒轅台・赤松峘・過洞庭而訪陵竹・弔汨羅而歌澧蘭・酹息妃於挑花之洞・賦神女於陽台之蠻・淫失枝柱・連巴蜀同俗・大堤游唱・花豔驚目・酒旂相望・帆檣馳逐・連袂交歡・朝酣夕宿・淫邪起於巫風・而莫之禁其情欲・天造地獄・鎭以威神・金銀宮闕・照耀穹旻・自淨樂而度玉虛・游五龍而訪道眞・凡仙室巖泉之不可盡述者・亦皆可敬而可祈・惟仰天柱之承漢・則日月出入在下・而崧華若爲之臣・此物彪所由遁而消滅・人心所以望而自新者也・走與吾子持瓣香・度襄均・展丹悃・禮北辰・祝聖王之萬壽・日重光而月重輪・生而縣弧以志遠・其亦壯志之當伸者乎・先生曰・敬矣哉・客之言是也・然神不可以妄黷・壽不可以私祈・今也當宁至誠格亨・萬壽維祺・而乃無故輒往・心實自欺・吾惟愼獨・敬而遠之・

客曰・豫州之壄・嵩嶽嶜崿・柳七星張・鶉大昭融・三河總貫・四方來同・左瀍右澗・伊洛當中・鶉首自西・鶉尾自東・虙羲作易・始都陳而立極・軒轅問道・訪廣成於空同・西則涇渭・距北河而爲邵豳岐豐・至于宗周・鎬京辟廱・華山之陰・後爲秦封・東則汴汝・流南河而爲衞鄭鄶雍・至于覃懷・紂都邶鄘・荆山之陽・作于楚宮・其川滎澤・其浸波溠・滎波既豬・界商與夏・禹封于鈞・迺于大梁・呂侯申伯・潁川南陽・其壄則角亢及氐・壽星以光・契封于商・迺于上洛・亶甲相都・沬邦共國・其壄則營室東壁・娵訾所薄・中牟澤藪・厥有圃田・金隄玉渠・控地鎖天・武王克殷・定鼎郟鄏・周公相宅・召公考卜・分陝而治・民用和肅・敦二南之風化・綿八百之姬籙・遷于王城・周轍既東・河內賜晉・日蹙以窮・故周之爲俗也・巧爲趨利・貴財賤養・高富下貧・多商少仕・然受中以生・維岳降神・達則匡濟・窮斯隱淪・許由濯潁・伊尹耕莘・匪惟聖哲・況有仙眞・是故守黃庭・執元象・八景通・九霄亮・返始還元・氣充神暢・子晉乘化於浮邱・老聃貽詮於河上・鄭圃禦寇・漆園莊周・御風而行・逍遙以遊・霓衣廣帶・飄忽十洲・後天地而不老・玩日月之常浮・此神仙之可求者也・吾子守一處和・致虛諸極・誦猶龍之玉書・賦大鵬之雲翼・既得諸心而無遺・況求在我而有益・若竢任重而逢時・盍觀柱史之爲職・言未及徧・先生曰・善・然竊聞之・君子不遺世以自高・必修身以自見・

客曰・徐州之土・分野房心・大火西流・陽歛成陰・汴泗交溯・荆塗對岙・北連青而泰岱峻・南入海而淮沂深・呂梁之洪・險聞古今・與百步而相望・扼南北之喉襟・故大彭氏之國于茲也・號曰彭壽・久經變革・堯游定陶・舜漁靁澤・禹會塗山・湯遷亳宅・政敎景從・年踰八百・啓有畔子・西河五觀・受命徂征・既格且安・故其民俗・武力桓桓・重厚力穡而尚儉・先王之遺風尚存・周之諸侯兼幷日衆・振鐸封曹・微子封宋・景公滅曹・齊楚兵動・楚得沛豐・材勇思用・秦郡彭城・天下銷兵・豪傑屈服・意氣潛生・張良徂擊・陳勝狐鳴・劉項並起・遂滅强嬴・淸平之世・制亂未形・觀乎少年就募者・左吳鈎・右繁弱・束修纑・躡鞢韘・投石拔距・狠獷超躍・猛獸在前・袒裼徒搏・至乎勍敵猝起・羽檄紛馳・萬夫之雄・爰帥我師・節制中律・碩畫出奇・虹旍先啓・蕭斧後隨・趁驛狉豨・若合若離・斯馬足而未霣・運猿臂而射之・銜枚無聲・鼓進金止・干鹵殳鋋・應接有紀・虎視鷹揚・莫不披靡・披三屬之甲・猶以爲輕・列百里之陣・猶以爲邇・戰勝凱旋・彀騎煒煌・縵胡揚纓・金隊耀芒・休兵飲至・勒勳旂常・既受爵賞・歸乎故鄉・御田祖而歌之・歌曰・摧鋒陷陣兮・莫我侮・稅彼甲冑兮・休我墅・肴有脀兮酒有萸・神其歆兮穀我士女・祀則受福・以征則服・大彭以技敎庶人而愿足・此亦戰陣之勇也・方今邊圉未甯・吾子能無張皇之慮乎・先生曰・唯唯否否・予固未之學也・嗟乎・客之言乃前足兵選將之策耳・然聖祖龍興於淮泗・知要害之在徐方・特於城南・居有積倉・漕運西北・行有裹粮・天聲一動・則連河濟而及濠梁・邊圉賴以生殖・其甃歛之氣・舒而成陽矣乎・客曰・兗州之星・降婁奎躔・東岳岱宗・巖巖接天・魯邦所瞻・邇與齊連・東有曲阜・神農是

遷・其北壽邱・實降軒轅・是爲少昊之虛・周公封國・而尼山毓聖・孔子生焉・龜蒙鳧繹・環結後先・九河既道・會通有泉・汶沂洙泗・滄浪之淵・其民有聖人之教化・故冠章甫・衣逢掖・陳四科・通六籍・尊尊而親親・惠廸而不逆・學必愛日・行必及時・而惟寸陰之是惜・爰稽啓聖・郰人叔梁・抉門仁勇・禮義自强・事有明徵・晉伐偪陽・是故孔子知禮實由義方・知及仁守・涖之以莊・非禮不動・義乃允臧・踐履則孟懿師其禮・删述則魯壁固其藏・此博約之教當服膺而弗忘者也・夫祖述堯舜・傳自精一・憲章文武・明誠罔逸・德配天地・下襲上律・此謂合內外之道・而成己成物・乃設庠序・明人倫・審貴富・安賤貧・絕意必固我以克己・愼視聽言動以求仁・宰中都而攝相事・侵田歸而萊兵・馴爲東周而有餘裕・嘆歌鳳而悲獲麟・蓋天實爲之・不由於人・嗟乎・闕里杏壇・陋巷精舍・奎文之閣・耿光不夜・緇黃熄乎境中・文儒盛于稷下・仰想泰山沂水之登臨・猶挹綏來動和之風化・衍聖傳于萬世・人文昭于夷夏・是則五三以來・莫之並駕者也・其在於今・偕經厭書・非顓知以圓覺・則冥心而致虛・吾子豈欲援禪以講學・抑亦勵行而爲儒乎・先生曰・唯唯否否・從事博約・以學孔子・固吾所願也・讀書窮理・國家成憲・聖祖求遺書於天下・文皇輯大全之經傳・如曰・何必讀書然後爲學・好仲尼之所惡・則無復多聞多見矣・奚由培殖良心而用世以兼善耶・客之此言・固吾所願也・

客曰・冀州之都・顓頊之圩・觜觽及參・光宅唐虞・山起崑崙・河出陽紆・舜分幽州・首統堪輿・析木之津・尾箕燦如・其東碣石・達醫巫閭・漁陽溟渤・樂浪元菟・是曰營州・孤竹所居・其西雲中・鉅鹿飛狐・渾源恒嶽・總元寶符・是曰幷州・桑乾所瀦・星分昴畢・地界胡虜・九夷七戎・左衝右迮・文皇殿之・揆文奮武・紹統作京・實爲天府・北辰居而四方歸・聖人作而萬物睹・金台玉泉・軒冕相先・召公樂毅・間世豪賢・臨軒景慕・射策詳廷・倪旄紈褐・航輻趨燕・考槃無邁軸之永・入彀有茅茹之連・摛詞掞於太紫・貫道臻乎極元・神化洽乎裨海・文風扇於垓埏・綜素王之舊籍・正浮俗之譌禪・昆蚑闓澤・徵祥自天・騶牙常擾于苑卉・靇蔡多巢于沼蓮・鳴鳳蕃於蒼姬之社・馴龍夥于翠嬀之川・此彈冠結綬之會・而陳力就列之年也・言甫畢・於是先生肅容而起曰・韙哉言乎・敬受命矣・吾聞仁人不獨善而遺榮・志士不偕時而好遯・方今楓宸側席・履信思順・惠澤洽于裔夷・利用普乎才俊・台鉉有燮理寅亮之儲・薦紳多展采錯事之訊・莫不勤吐握以旁求・設席燎而招進・千載一時・際此熙運・敢不仕而爲政・國爾忘家・效捐塵於海嶽・依日月之光華・客言至矣・敬用拜嘉・爰書座右・佩服無涯・

令難對

戴子令泰甯・告曰・甚矣令之難也・持身難・難於介・處物難・難于和・和而弗介・厥流恢譎脂韋・厥咎廢・厥眚下悔・介而弗和・厥流稜厲亢戾・厥咨折・厥眚上凌・上凌下悔・其何以邑・是猶車二輪焉・缺一則爲廢車・甚矣令之難也・黃子對曰・夫令者・令也・承上之令以令下者也・故令

之道．有三衡焉．七蠹者恒敗之．有四式焉．五蠱者恒溷之．是故上之令我也．掎而難行．下之令于我也．技而莫從．何謂七蠹．曰．惰蠹農．侈蠹賈．淫蠹工．黠蠹胥．覷蠹官．衺蠹政．僞蠹敎．是故執神之樞．參化之符．與道爲徒．以衡於心．昭其文腴．運其德輿．不先而逆．不後而違．以衡于身．樹之王鈇．毋彼爲我愚．眂之侯度．毋我爲彼怒．以衡于民．此之謂三衡．何謂五蠱．曰．簿書蠱目．訟獄蠱耳．錢穀蠱形．將迎蠱神．攻取蠱心．是故朝吝瞿瞿．書聽盱盱．夕思居居．以式于中．謀于野．喛喛戒于邑．循循而忱而恂．以式于外．日以日會．月以月要．歲以歲成．以式于下．郡紀其政．其政優優．藩經其運．其運無郵．臬綜其法．其法斤斤．監攷其績．其績維勤．以式于上．此之謂四式．是故持其四式．去其五蠱．君子可以爲上矣．正其三衡．絕其七蠹．君子可以爲下矣．故能宣展宏績．弗和弗介．而人歌舞之．周詩曰．轡之柔矣．馬之剛矣．馬亦不剛．轡亦不柔．此之謂也．

瑞典

維三月丙寅．輔臣承末命．迓興世子于郢．越四月壬寅至自郢．羣臣覲于行宮勸進．翼日癸卯．祇告天地宗廟．謁先后几筵．以興王即位．奉慈指也．廼御正殿．絻有繁露．衮服執冒．黼扆南面．韶樂設而不作．法從虎賁．旁東西立焉．司樂一人．冠進賢服．晋笏授寶于几．臚贊二人．冠服如之．執笏立於阼階．在廷維三孤六卿百執事．冠進賢朝服．各執其笏．西面眂次．維公侯伯．冠貂蟬朝服．執笏．維都尉將軍諸尉．冠進賢朝服．各執其笏．東面眂次．司臚一人．冠服如之．執笏．北面宣賀．皇帝揖遜．羣臣拜手稽首．成禮而出．乃肅列于端門之外．皇帝乃興．易衰絰宅憂．入于翼室．渙大號．以維新天下．於時雲澄日輝．埃壒不揚．赤弈陰羽．祓拂容裔．耇老髦士．環輦之民．以迄蠻貊君長．咸訢訢如也．其命閣敬入典宮儀．翼日申命．閣佐副之．宗伯以聽政請詔．弗愈．越四日戊申．乃御奉天西門．素弁衰服．縞扆南面．諒闇受朝．敷裁庶績．服祖之彝．爰求舊人．班布在服．凡箮縉綖之末．各攄忠謀．贍藻儀而臣逖聽驩．無以裨益明聖．光綴正考之緒功．丕鼇先后之遐烈．謹撰述瑞典一篇．顧維奮諓．不足觀省．臣頓首昧死謹言．

其辭曰．元混之初．有飄而輪．有湫而盤．辟乎上下．品滋芸芸．卑尊互承．爰有君臣．燧昊之世．書契莫或詳已．然猶述佐紀官．烱有聞焉．故乾鈞之運必協坤軸．而後胚彙萌發．皇辟之作．必竢輔臣而後竟其德業．鏡考所由．可得而云也．夫惟皐益獻猶．唐虞用熙．伊箕作訓．殷周郅隆．聲動格乎宇宙．芬華流乎諜載．而規摹萬世之遠．允丕昭矣哉．至乎後葉．膺正統．席歸運．隮洪休．飭蠱壞．上儃優而至賢聖．下蹇諤而罕遲時．善敗不聞．驕亢滋益．於是天憲寖以陵遲．王度霣其金玉．卬夫志同道一之軌．眞如遺迹而莫收者也．是故聖王軫念崇替．身示法程．建政以位．表位以署．章署以爵．班爵以德．次德以祿．爲車服旂常以尊之．奉弓旌纁．帛以招之．施文章斧．藻以榮之．設鐘鼓鐸．韜以待之．發柔色金聲以延之．以斯用賢．其何不效．然世稱符瑞．恒專物象．夫衣冠莊恪之容．殊無奇詭昭爛之觀・而德義所鋪・釀成大和・自天降符・何以上茲・我高皇帝受天之隆命・盪蒙狄之腥螯・緝彝倫於既盭・聖武人文・震耀彤融・施及于敬考・澤積而豐・參侔泰儀・凡排虛蹠實・跂行喙息之屬・咸天庥而地涵之・功德之茂・追襲三五・垂範詒燕・守而不渝・故爾覆眂國史・窮祥極端・罄天亙土・方諸古昔・未之或聞也・故赤精降于濠梁・長庚謠于大麓・景星彪列于奎辰・甘露霄零于郊樹・瑞麥嘉瓜・三岐並蒂・騏驎騶虞・宛僤禁籞・然猶謙退弗居・惟急親賢・燕示慈惠・則不醉毋歸・內寢延談・則具明汔及・天下儒碩・爭自雕琢以充庭者・鴻漸而鷺振・蓋祥叡哲而禎緝熙者・詩人之義也・寶仁賢而重人瑞者・聖代之謨也・愼始令終於皇鑠哉・今與人相與談曰・皇帝初載丁卯黃河清・及庚辰以來卿雲三見・受命之符・於斯徵焉・夫魚龍之趣・必嚮淵澤・謳歌之歸・實應明茲・固可以頌聲・夫豈石論哉・河清之云・振古罔聞・易乾鑿度・始章其說・然元嘉形於靡頌・北齊用以紀年・其事可睹矣・若乃卿雲・談者紛如・釜山合符・黃靈邈入・伯載賡帝・嫣豩榮光・塞河著周讖・汾陰覆鼎・漢道愮澤・鷃貢圖卻・唐宗祥符繞壇・成宋封縕豫太平・德靡增損・矧非祖宗之典也・競謂蕃釐・不亦銳乎・先后倦勤・罔臣力政・回鑾於夷庚之野・鐘運於大橫之兆・天人歸心・鬼神協同・萬國來驩・詹道如咫・皇綱紘矣・宸極甯矣・天衢亨矣・股肱貞矣・臨政願治・將暵暵然如日之正中・師傅之臣・宜偕百執事燕見請問・開丹悃・納元策・斡機牙・運天樞・俾雝喈之鳴日聞・明良之響斯接・約牖之情既通・不仁之徒自遠・古箴曰・不厚其棟・不能任重・重莫如國・棟莫如德・程典曰・無虎搏翼・將飛入宮・此之謂也・臣愚戇稽古律時・注思塡臆・亦惟闡繹皇祖之霧訓・用播之罔極・

闡三綱辭

闡三綱者何・闡幽以爲顯者・風也・人之大倫・始于男女・邇則父子・遠則君臣・蓋天牖帝廸存焉・自世道汚・亂賊作・雖縉紳之貴・妃主之尊・泯滅良心・入自禽門者多矣・稽諸邑牒・若馬南寶護趙孤於蒙狄滅夏之時・阮與子封股以瘳父於垂絕之際・蕭氏女當兵戈顚沛・義不受辱・蹈白刃甘焉・此其出於編民・生於郊捆・而忠孝貞烈・卓卓如是・嗚呼難哉・顧世乃鮮有知之者・吾故爲之辭・

表忠

嗟沙涌兮龍蟠・孔蓋駐兮鳴鑾・啓蘭宮兮原埜・襲褘翟兮芳蓀・塵壓壓兮珮馬・弭絳節兮榛營・日侵以施兮將夕・列江蘺兮山之間・運極兮逢不祥・紛緫緫兮犬羊・懷瑤京兮迢遞・蹇章愴兮周章・腥風騷屑兮血人・將安適兮九坑・悵圖回兮日轂・奮余戈兮魯陽・願竭節兮效死・獻玉粲兮瓊漿・揚紛磕兮焉濟・荃胡爲兮溘而逝・元輿返兮鳴條・窆梓材兮會計悵・騁望兮履綦・風蕭蕭兮丹荔・長唫兮纍欷・杳龍髯兮高厲・遁西山兮遺褋・踏東海兮捐袂・願千秋兮翺翔・銜木石兮精衛・

旌孝

嗟赤坎兮崇岵・搴橋枝兮采芳杜・君之出兮何時・魚鱗鱗兮環堵・芝楣兮蘭楔・草生兮羅戶・親莫兮子父・哀莫哀兮危若・引鋸刀兮刲股・籲旻天兮憫下・神靈兮降燎痞・班斕

兮衣與舞．丹誠通兮齊速幡．殀壽兮在予．羌遐舉兮高尋．葛藟藟兮稷森森．恍宊入兮有人．鳥啞啞兮遺之音．誰可與兮晤語．魂彷彷兮淚涔涔．長盱睎兮遺之音．雲屈兮晝陰．世溷兮回極．心悱惻兮茲禽．驂螭兮高駝．君不可兮下臨．彼鮑篚兮毒蔓．衣夫錦兮攖金吾．君回翔兮徠下．嗜梟獍兮奚心．（建平夏宗仁進士爲令．熏揉父尸寘篚中．鮑魚臭達．爲吏民所逐．乃去．近時邑之逆民有持胡蔓殺母以嚇人財者．眞梟獍也．故辭及之．）

慨烈

嗟欖山兮嵯峨．結瓊枝兮哀歌．有兎兮爰爰．雉何爲兮罹于羅．蕙幃兮椒楨．繚之兮蘗蘅．淑女兮未纓．佩瑤琚兮象珥．芳菲菲兮若英．志皎鏡兮冰雪．氣凛凛兮不可陵．生不辰兮兵不戢．倏而嚚兮倏而突．操吳鉤兮如雲．抗虹旌兮蔽日．咨拘縛兮絲棼．熊羆革兮狗猖猖．冠履兮共狗．絢玉石兮同焚．朝北渚兮純束．夕東亭兮轉鸞．斂髮兮受刃．誓死兮身不辱．身不辱兮首離．甘荼毒兮如飴．魂爲虹兮冲天．觀者淚兮如糜．山有木兮條肆．特予心兮不移．木策策兮風脩脩．儼金文兮翠旗．

梁世驃

順德人．有譽之父．正德庚辰進士．官御史．累遷福建按察僉事．

爲重惜官職以正國典疏

臣聞賞罰者人主之大權．所以制馭臣民者．賞有不當．則惠褻而威不振．內起姦邪之希求．外起遠夷之窺伺．況官職乃天下之公器．非酬報之私物也．我祖宗以來．未聞以文職四品五品官賞人而世襲之者．陛下今與楊廷和等．以爲比之伯爵尊卑頓殊．姑與之無害也．臣聞天命必歸於有德．名器不可以假人．自古明君．一顰一笑．尚加愛惜．況官職乎．夫官品至於四五．位不爲卑．祿不爲薄．在科目出身．不知更歷幾年．練達幾任．然後得至．其可以爲私家世襲之故物乎．使果有大功顯績．則亦庶幾無愧．亦孰敢妄生異議．但本無可賞之功．皆臣子當爲之事．徒使奸諛得藉口．豈不可惜哉．陛下今日所以嗣登寶位之由．已前言官說之．詳且盡矣．臣愚豈敢多贅．獨惜此功之賞．本於定策．迎立之名．實非漢唐盛時事．其時此名一立．肇開厲階．遂至有不可言者．至今千百年後猶令人欲誅奸臣賊子而不可得．陛下何甘受此名．使大臣安受此功哉．且大學士楊廷和等皆發跡賢科．出身翰苑．讀書明理．履正奉公．亦今之譽望人物．其辭受進退．尙將正名定分．崇正抑邪．使百官則而象之．無敢越軌者．向之陳情懇辭．實皆發自衷曲．今以無功而受文職之恩蔭．所謂辭十萬而受萬矣．其心决有所不安也．以至大學士費宏之賞尤爲無謂．當陛下龍飛之日．正費宏投閑之時．乃今官蔭之併加．無亦面情之濫及．其心尤爲不安者．夫自古大臣．得以展布四體．竭盡忠力．足以爲君子所恃．小人所畏者．以其心無愧怍云爾．心既不安．則身不敢出．位不敢尸．志不敢行．於是奸邪憸惡．乘間投之．而變故不可勝言矣．臣愚以爲陛下必欲酬報大臣．當爲其子孫永計．使受之無愧容．傳之無後患．庶乎其可者．若文職之世襲．固非所以安大臣也．亦非所以遺其子孫也．臣竊思之．又有楊廷和等之所不敢言者也．實由駙馬崔元．皇親邵喜蔣輪等．乘時獲利．鑽刺貪天．其心實恐大臣之議其後也．故多方設計・眩惑聖聰・濫與職官・廣加恩廕・使得藉口・實欲大臣中其餌而不敢伸其喙耳・此誠楊廷和等所不敢言也・切照崔元貪婪阿附・實匪端人・而邵喜蔣輪冒寵叨榮・不宜太驟・況此輩巨壑之欲・本所無窮・攲器之材・滿則必覆・在陛下安全之而已・今彼既不知持盈覆滿之戒・而又使之得長奸恣欲焉・甚非所以安全之也・伏乞乾剛奮斷・離照昭明・體大臣之心・燭奸邪之計・收回成命・於大學士楊廷和等各革去世襲文職之恩・於崔元等各削去侯伯之爵・使天下之人洗心釋疑・知國家典制之尚存・大臣典刑之猶在・臺諫公論之不泯・則庶官不敢效尤以奔競・奸邪不敢萌念以覬覦・實宗社無疆之休・臣民莫大之幸・臣不勝殞越昧死之至・

爲乞回成命以保戚屬疏

臣聞親親之道・全之爲福・故自古明王於親也・莫不欲其富且貴焉・尤思所以保全之・節之以義・裁之以法・使士無異論・國無謗言・民無怨聲・斯親愛之恩・可久無患・若惟其所欲・濫與過施・猶餽而食之以毒・適所以損其生也・況常人之性・虛謙克讓者乃有終・多行無義必自敗・苟非上以義自割・則下能以謙自引者鮮矣・是故撙節裁抑之權・誠全恩之道・臣等切照都督同知陳某・本以書生・無他異藝・幸托椒房肺腑之貴・得與國家戚里之榮・天下初聞・咸謂某素習儒書・稍知義理・艱難險阻・乃所備嘗・異日必能崇禮進規・以爲密勿之助・決不至無恥壞法・爲國家羞・豈期榮寵既冒・心計轉粗・嗜利貪饕・惟日不足・向者辭給房屋以便住居・似乎稍知所擇・却陽爲虛遜・陰實廣圖・陛下不燭其表裏爲奸・貪緣設計・仍命有西安門空宅之賜・某不揣分涯・不赧面目・復安然受之・在陛下固爲特恩・在某則適所以厚其毒耳・臣等照得西安門房宅一所・向在先朝・羣奸誘惑・號爲新宅・逼近宸居・析蕩民生・塗釁膏血・不惟形勢不利於內庭・實使先帝貢謗而逝・其非祥也・明矣・陛下初政・首詔拆毀・給復民業・誠爲清明之美政・今乃舉而賜於某・何明於前而忽於此也・況某以爵則貴矣・以祿則富矣・以居則先賜以西城防・繼賜以皇華坊・甲第亦極盛矣・韋布際遇之隆亦極異矣・爲某者・正當上爲陛下惜財・下爲百姓銷怨・中爲戚里作則・再四決辭・以禍福爲去就焉・庶幾知足之戒・乃盡喪安貧守約之節・大恣驕奢侈靡之心・欲浪費民財・妄興土木・無乃使陛下失人心乎・況今天變於上・民愁苦於下・自山東以南數千里・盡無禾麥・父子夫婦・流離就食・每不相顧・力疲財竭・莫甚於此者・民窮盜起・尚恐不測・此豈費財鳩工時耶・陛下倘不是思而必欲成之・非惟損清明之政・誠非陳氏之福也・臣等嘗考之古・漢家中興・外戚能以忠謹自持福祿悠久者・惟樊陰二氏・樊宏之言也・富貴盈溢・未有能終・陰興之言曰・富貴有極・人當知足・誠後世戚里之法・其後如竇氏奪沁水公主田園・如王氏園中起土山漸臺・象白虎殿・每不得善終・一謹一縱・明效大驗昭如也・陛下縱不深究・彼其素尋行墨・頗知書史・獨不見之乎・何今之甘敗樂禍一至此也・伏望陛下以保全親親之念爲先・以防微杜漸爲戒・俯從工部科道等官所請・而收回給與起蓋之命・使中外洶洶之議・咸知陛下不示人以私・而能合天下爲公・其在中宮亦有不私外戚之譽・在某亦免不知足

之譏・而陳氏福祐長保無虞矣・

爲正國法以安人心以弭天變疏

臣聞法者天下之平・示民之中・彰善癉惡・以順承天道・以爲民休者也・昔政治之世・民無訛言・天無變色・刑底無刑・無他・君能容臣以守法・臣能執法以事君・左右不得干請・託不得行・凡百懲沮・率惟合人心之公・是故刑一人而天下罔不爲畏・惟懼君子有所恃而爲善・小人有所憚而不敢爲惡・以此故也・在古中興致治之君・宜莫如商之高宗・原其大本・則詩人頌其賞不僭・刑不濫・不敢怠遑・是高宗所以嘉靖殷邦・用成治世者・亦恃此故也・洪惟陛下即位・改元大有・意於取法高宗之義・臣私心愚見・猶謂陛下春秋鼎盛・英邁天成・必能駕而上之・凡在幅員・亦莫不詠蹈斯極・伏覩二年以來・大綱小紀・每聞有不厭天下之心・不惟比之高宗自有間殊・而中亦有類正德年間之所爲者・豈意慈仁美德・適爲無良之資・刑憲非辜・反爲士類之禁・以致君子思退・小人橫行・國威不振・人心不安・和氣未臻・咎徵迭見・誠非無故也・臣待罪言路・義不容默・切惟近事・有關於國家大計而深可爲慮者有三・一曰元惡之當誅而未誅・二曰刑獄之當正而未正・三曰不可行之非法而復行・固知煩瀆厭聞・臣恐陛下未盡知之・未深察之・臣故不避煩瀆・昧死陳焉・一曰元惡之當誅者・誠以天下之惡當與天下共棄之・切照見監問犯人某某・肆威暴虐・賊害良民・虎噬狼殘・謀殺大將・此元惡也・近該法司執奏科道糾舉・萬口一詞・咸欲速正典刑・乃日延歲緩・未懸藁街之頭・屢勘頻推・竟脫法網之外・至已死之廖鎧・法當行刑・而陛下猶惜之・失刑甚矣・今道路傳言・謂二兇請託・即通終期免死・其爲美政之累不小也・陛下儻或宥之・則河陝之怨益深・邊兵之驕益橫・天下之心益憤・庇二罪而失民心・釀邊患識治者所愼也・自茲斥逐權奸・跂足而望起者・踵日相繼矣・天下事豈可復破壞於小人之手乎・此臣所謂深爲可慮者也・二曰刑獄之當正者・蓋聞我國設立刑部・實理生殺之權・錦衣衛鎭撫司乃備巡徼之役・職各有掌・事各有名・邇者已調主事羅洪載罪不至甚者也・竟下鎭撫司以剉辱之・李陽鳳程景貴刑部都察院犯人也・亦改調鎭撫司以追問之・雖舉朝章疏・卒莫能回・法司執奏竟亦罷報・誠非設官之初意・是陛下有鎭撫司爲私獄・而法司可廢也・不惟綱紀失統・法度無章・而權奸得計・亦已甚矣・切恐憤積人心・謗流天下・將有不逞之徒・執此爲言・以議吾法之偏・以爲一方之梗・斯時鎭撫司亦能壓服之乎・臣所謂深可爲慮者・此也・三曰不可行之非法而復行者・竊聞前車之覆・後車之戒・邇者東廠受告・奏請駕貼幷差官校往拿知府郭九皐者・臣惟祖宗舊制・未嘗有此・乃正德初年・賊瑾欲成逆謀・箝制人心之術也・且有司賢否・外有撫按之訪察・內有科道之糾舉・縱有贓惡顯迹・亦難逃律例明刑・固不勞陛下之躬察也・夫一郭九皐固不足惜・所惜者類逆瑾之所爲耳・陛下知而左右行之・則爲弄權・不知而左右行之・則爲蒙蔽・履霜堅冰・將有侵尋之漸矣・臣所爲深可爲慮者此也・況今天變於上・地震於下・水旱頻仍・盜賊滋蔓・正當昭德塞違以照臨天下・不容更變法度以駭人心時也・伏望陛下以高宗爲法・以剛斷爲德・以正

德年間行事爲戒．親攬乾綱．勿使太阿之倒持．申明舊憲．毋容私竇之亂啓．即將某某及茲秋後尸諸市曹．以紓天下之久憤．自今以後．凡在京在外該問人員．下刑部以定罪．大理寺以評允．不必再下鎮撫司．以招中外之議．不必差官拿問．以長箝制之奸．如此則法平刑清．君子安．小人畏．民心和．天意悅．而嘉靖之治．永世無極矣．

和平建城記

黃宸 字拱宸．和平人．正德中貢生．授洛容知縣．遷仙遊．皆有惠政．嘗修仙遊諸邑志．

和平廣嵩良善數千家．由永樂迄弘治間．夜戶不閉．屬龍川時．八里稱爲首善之地．正德庚午惡少爲亂．若浰頭熱水岑岡．諸嵩蜂起．民苦荼毒．蓋治安之久而危亂乘之．理數然也．都憲王公守仁．興師掃蕩巢穴．首惡黨類殆盡．凱還之日．顧謂知府陳公祥曰．和平地廣山多．必立縣以鎮之．庶乎久安長治之道可圖也．否則萌孽不旋踵而復生矣．陳唯之．乃牽鄉耆自五花嶂下歷大嵩視之．有謂秋湖塘可城者．有謂舊巡司可城者．公熟視不宜．詢諸父老．亦曰不可．又涉高岡．披蒙茸．降隨綠遶而至止羊子埔焉．四顧山水環抱．形勝含宏．於時耆老黃金智拱立道傍．進而言曰．斯地頂羊子埔蹈火焰塘．古有讖云．得之者昌．前人欲移巡司於此以實之．弗克．今日定邑．亦天也．公聞言喜．遂以報于王公．疏上．詔可．命下之日．撫按守巡檄同知莫公相督自官陳震．鄉民余深．分管工役．先築土城．三旬而舉．繼砌磚石．五旬而完．蓋欲保障之急．民心踴躍．而城之速也．闢三門．南曰南薰．東曰迎流．西曰通津．北負高嶺．建樓一座．鎮之曰拱極．正德壬午逆賊千餘攻圍三日不克．以城之高堅而民之守易也．嘉靖乙酉龍川守禦千戶吳德潤．百戶胡昂戍守其地．巡視之．乃曰．城既高矣．不鑿池以界之．欲求保無虞得乎．於是督戍卒以甃其池．深廣得宜．周圍疏通．宛如天塹．戍守爲之比千萬夫．邑尹劉公琰又曰．城則高矣．池則深矣．然城門有月城．如大車之有輔也．任重者固其輔．而車安得覆乎．遂砌三月城．復於城內建兵馬司．百度皆舉．由是外入者仰瞻三門之深邃．斯民獲保障之利．外侮息覬覦之心．誠天設地造．可以歷萬年而無虞矣．斯城也．五花疊嶂負於後．錫帽奇峯列於前．東山聳翠於其左．鐵潭聚流於其右．得山水之美如此哉．邑侯劉公以予爲和人之業儒者．遂以記屬．義不容辭．乃檃栝事實以記．

唐音類選序

潘光統 字少承．順德人．以廩生貢太學．官光祿寺署丞．升京府通判．尋卒．光統出黃泰泉門．操守峻介．學亦篤實．泰泉編音唐類選．光統爲之搜訪並作序．著有史漢存疑．山房紀聞若干卷．滋蘭集二十卷．阮志藝文畧注未見．

唐詩選之行世者．元楊伯謙氏．皇明高廷禮氏而已．唐音則遺李杜而畧盛唐．鑒別案矣．品彙臚列．名第稍爲近似．至古律莫辨五言．繁猥不擇．亦奚取焉．光統嘗學詩於泰泉先生．間命廣搜遺逸．輔以二家．以爲是編．逾時遂可繕寫．因以唐樂霓裳諸譜冠於篇端．論叙其政治之得失．謠俗之美惡．於太宗之貽謨三致意焉．辨其體而繫之世．蓋寓刪述之意也．或曰．詩貴品格．尚聲吻．緣綺靡而飾觀聽．斯已矣．子是之言毋乃翦翦拘拘．非談藝之本旨與．噫．言政而不及化．言聲而不及雅．昔人憂之．溯唐之始風也．梱閣綺紈．蓋齊梁之餘習耳．迨其變也．風沙征伐．遷謫行旅．怨怒哀思．其亡國之音乎．昔李涪非太宗論樂之言．宋沉迹元宗新聲之亂．唐祚不競．職此之由．自非李杜復之於古．韓柳矯之以正．吾懼其靡靡而莫之止也．先生嘗憫樂書之缺．著爲典傳．謂唐人以五七言絕句爲樂音．如水調六么．陽關三疊．無不可被之管絃者．是知音生於心．發於聲律．徵於人事．其感召之速如此．作者其可自比於漫以壞其坊與．嗟乎．流別漸遠．古風日淪．大歷以後．遂往而不返．非聲音之遽亡也．程試之習拘之也．媒聲利而趨便易．詩安得而不亡乎．識其變而反之正．非大雅君子其孰能之．昔趙孟觀七子賦詩．知其存亡．季札歷聘列國．預覩興廢．亦惟聲音之道．莫能逃爾．先生是篇．因來昭來本隱之之顯．而有唐一代治亂興衰之迹．燦然可覩．豈惟藝學之軌則哉．審其正變．治其性情．無邪爾思．授之以政而達矣．毋曰詩藝而可以易評也．此則先生綴輯之意．固非耳學所能疵議也．嘉靖甲子仲冬望日．門人潘光統謹序．

姚文粹 字純夫．南海人．師事黃泰泉．嘗疏鍾律萬餘言．爲泰泉所嘉．與爲詩俊逸不規規字句爲工．蓄古圖籍甚富．分授諸子姪．相繼掇科第．以嗣子光泮贈御史．

寄潛精舍記

南海之濱．蟠岡之阪．爰有姚子．山水是娛．維時讀書．出龍洞中．不暇逞其志於四方．迺歲辛丑裹糧躡蹻．出羅浮之陰．道白雲之墟．涉沙灣．抵碣石．館於停雲之洞．浹旬．策馬北行十里許．有寮巋然．北山峙其北．南灶環其南．蒼焉鬱焉．森森焉若可愛也．於是泝澗搴蘿．沿徑而入．行有頃．壙然別野．扃屋數椽．有堂有室．室可息而堂可居．俯瞰大江．縈紆渺瀰．極目萬里．宣暢欝湮．導迎清曠．岳峯迤邐．空濛晻靄．又皆隱見．出沒於雲空煙水之外．若夫飛者躍者．狎而浮．馴而伏者．植而鬥芳者．鳴而擅音者．皆一時之所覩聞也．迺姚子則目豁神迅．志搖襟擴．灑然而樂．曰．佳哉．問其主人．則松波莫子藏修遊息之別區也．則又造松坡子．假而居焉．洎其至也．陳古墳．稽聖訓．鼓缶彈琴．行歌坐吟．陟淹雲之巔．盼浴日之波．逍遙乎荔枝之圃．翶翔乎松竹之徑．迓清風之南來．俟明月之東上．蓋不自知其人之爲嶺南．而居之爲嶺東矣．於是返而榜其堂曰寄潛精舍．明旦有客造而難之曰．竊聞君子不匿跡而遺名．智士不背世而滅勳．故廓然無徒．塊然獨居．囂溷云破．寂漻是愉．斯絕物之行也．子何昧大迷方．飄飄嶢嶢而樂乎．茲寮以寄以潛．且以爲舍標．姚子囅然笑曰．爰塞之通．守道之中．爰晦之庸．游神之宮．是故山居水遊．躭恬樂幽．保寂絕囂．尙潔遠溷．凡以陶性靈以俟時庸焉爾．豈敢違世而陸沉．耗神乎虛廓者耶．故潛精舍矣．又稱寄焉．斯因心以立名．循名以覈義者也．且客獨不聞珠璧蘊於山澤．將以發景曜而吐精英．蛟龍蟄乎潢汙．將以奮靈德而據昊蒼者乎．故夫泥蟠而天飛者．蛟龍之神也．先礫而後寶者．珠璧之珍也．含晦以俟發者．君子之眞也．是故易言潛矣．繼之以見焉．詩言潛矣．繼之以昭焉．皆以發顯晦之難稽也．客乃斂容爲間．避席謝曰．聞命矣．既出．遂書以爲記．

點校　紫金　藍仁均

開平　許憲安

總校　惠陽　許衍董

廣東文徵改編本第二册終